MAURICE PINAY

COMPLOT

CONTRA LA IGLESIA

OMNIA VERITAS

MAURICE PINAY

COMPLOT
CONTRA LA IGLESIA
1962

Publicado por
OMNIA VERITAS LTD

www.omnia-veritas.com

PRÓLOGO A LA EDICIÓN ITALIANA	11
PRÓLOGO A LA PRESENTE EDICIÓN	19
PRIMERA PARTE	63
LA SINAGOGA DE SATANÁS	63
CAPÍTULO I	65
Imperialismo judío y religión imperialista	65
CAPÍTULO II	79
Algo más sobre las creencias religiosas de los judíos	79
CAPÍTULO III	89
Amenazas de castigo divino a los judíos que desobedezcan los designios supremaciítas de Israel, a fin de asegurar su fidelidad y cumplimiento	89
CAPÍTULO IV	99
Matanzas de judíos perpetradas por judíos, ordenadas por Dios como castigo	99
CAPÍTULO V	105
Antisemitismo y cristianismo	105
CAPÍTULO VI	113
Cristo nuestro señor, símbolo del antisemitismo según los judíos	113
CAPÍTULO VII	123
El pueblo deicida	123
CAPITULO VIII	131
Los apóstoles culparon a los príncipes judíos y no a las autoridades romanas del asesinato de Cristo	131
CAPÍTULO IX	135
Moral combativa y no derrotismo mortal	135
CAPÍTULO X	145
Los judíos matan cristianos y persiguen a los apóstoles	145
CAPÍTULO XI	155
Las persecuciones romanas provocadas por los judíos	155
SEGUNDA PARTE	159
LA QUINTA COLUMNA JUDÍA EN EL CLERO	159

CAPÍTULO I 161
EL PULPO ESTRANGULA A LA CRISTIANDAD 161

CAPÍTULO II 165
ORÍGENES DE LA QUINTA COLUMNA 165

CAPÍTULO III 173
LA QUINTA COLUMNA EN ACCIÓN 173

CAPÍTULO IV 183
EL JUDAÍSMO, PADRE DE LOS GNÓSTICOS 183

CAPÍTULO V 195
EL JUDÍO ARRIÓ Y SU HEREJÍA 195

CAPÍTULO VI 205
LOS JUDÍOS ALIADOS DE JULIANO EL APÓSTATA 205

CAPÍTULO VII 209
SAN JUAN CRISÓSTOMO Y SAN AMBROSIO CONDENAN A LOS JUDÍOS 209
Verdadera santidad y falsa santidad 215

CAPÍTULO VIII 217
SAN CIRILO DE ALEJANDRÍA VENCE A NESTORIO Y EXPULSA A LOS JUDÍOS 217
San Agustín, san jerónimo y otros padres de la iglesia condenan a los judíos 224

CAPÍTULO IX 227
INVASIÓN DE LOS BÁRBAROS: TRIUNFO ARRIANO- JUDÍO 227

CAPÍTULO X 233
VICTORIA CRISTIANA 233

CAPÍTULO XI 239
EL CONCILIO III TOLEDANO ELIMINA A LOS JUDÍOS DE LOS PUESTOS PÚBLICOS 239

CAPÍTULO XII 243
EL CONCILIO IV TOLEDANO DECLARA SACRÍLEGOS Y EXCOMULGADOS A OBISPOS Y CLÉRIGOS QUE APOYEN A LOS JUDÍOS 243

CAPÍTULO XIII 253
CONDENACIÓN DE REYES Y SACERDOTES CRISTIANOS NEGLIGENTES EN SU LUCHA CONTRA EL CRIPTO JUDAÍSMO 253

CAPÍTULO XIV **261**

LA IGLESIA COMBATE AL CRIPTO JUDAÍSMO. EXCOMUNIÓN DE OBISPOS NEGLIGENTES 261
Destierro de obispos y sacerdotes que den poder a los judíos 270
Prohibición a los sacerdotes de que amparen a los judíos 271
Excomunión de obispos negligentes 272

CAPÍTULO XV **275**

EL CONCILIO XVI DE TOLEDO CONSIDERA NECESARIA Y VITAL LA DESTRUCCIÓN DE LA QUINTA COLUMNA JUDÍA 275

CAPÍTULO XVI **279**

EL CONCILIO XVII TOLEDANO CASTIGA CON LA ESCLAVITUD LAS CONSPIRACIONES DE LOS JUDÍOS 279

CAPÍTULO XVII **285**

RECONCILIACIÓN CRISTIANO-JUDÍA: PRELUDIO DE RUINA 285

CAPÍTULO XVIII **293**

LOS JUDÍOS TRAICIONAN A SUS MÁS FIELES AMIGOS 293

CAPÍTULO XIX **307**

LOS CONCILIOS DE LA IGLESIA LUCHAN CONTRA EL JUDAÍSMO 307
El concilio ecuménico ii de Nicea los cripto judíos 308
Origen de la quita columna judía alemana 315

CAPÍTULO XX **317**

INTENTO DE JUDAIZACIÓN DEL SACRO IMPERIO ROMANO GERMÁNICO 317

CAPÍTULO XXI **327**

EL CONCILIO DE MEAUX LUCHA CONTRA LOS JUDÍOS PÚBLICOS Y SECRETOS 327

CAPÍTULO XXII **333**

TERROR JUDÍO EN CASTILLA EN EL SIGLO XIV 333

CAPÍTULO XXIII **345**

LOS JUDÍOS TRAICIONARON A SU MÁS GENEROSO PROTECTOR 345

CAPÍTULO XXIV **351**

LA INFILTRACIÓN JUDÍA EN EL CLERO 351

CAPÍTULO XXV **367**

UN CARDENAL CRIPTO JUDÍO USURPA EL PAPADO 367

CAPÍTULO XXVI **377**

SAN BERNARDO Y SAN NORBERTO LIBERAN A LA IGLESIA DE LAS GARRAS DEL JUDAÍSMO 377

CAPÍTULO XXVII 385
UNA REVOLUCIÓN JUDEO REPUBLICANA EN EL SIGLO XII 385

CAPÍTULO XXVIII 393
LA QUINTAESENCIA DE LAS REVOLUCIONES JUDAICAS. ATAQUES SECULARES A LA TRADICIÓN DE LA IGLESIA 393

CAPÍTULO XXIX 405
EL CRIPTO JUDAÍSMO Y LAS HEREJÍAS MEDIEVALES. LOS ALBIGENSES 405

TERCERA PARTE 417
SOMETIMIENTO MUNDIAL AL IMPERIALISMO JUDÍO 417

CAPÍTULO I 419
EL PODER OCULTO DE LA MASONERÍA 419

CAPITULO II 421
LOS JUDÍOS: FUNDADORES DE LA MASONERÍA 421

CAPÍTULO III 425
LOS JUDÍOS: DIRIGENTES DE LA MASONERÍA 425
   Las doctrinas, símbolos y grados masónicos tienen su origen en el judaísmo 426
   Preponderancia judía en las logias 428

CAPÍTULO IV 431
CRÍMENES DE LA MASONERÍA 431

CAPÍTULO V 435
LA MASONERÍA PROPAGADORA DE LAS REVOLUCIONES JACOBINAS 435

CUARTA PARTE 447
EL MOTOR SECRETO DEL COMUNISMO 447

CAPÍTULO I 449
EL COMUNISMO DESTRUCTOR Y ASESINO 449

CAPÍTULO II 455
LOS CREADORES DEL SISTEMA COMUNISTA 455

CAPÍTULO III 461
LA CABEZA DEL COMUNISMO 461

Miembros del primer gobierno comunista de Moscú (1918) (Consejo de
"Comisarios del Pueblo") 461
Comisariado del interior (1918). (altos funcionarios dependientes de este
comisariado) 468
Comisariado de asuntos exteriores. (Funcionarios superiores) 469
Funcionarios superiores en el comisariado soviético de la economía (1918)
.... 470
Funcionarios superiores del comisariado de justicia (1918-1919) 471
Funcionarios superiores del comisariado de la enseñanza pública 472
Potentados en el comisariado del ejército 472
Representantes del ejército rojo en el extranjero 473
Consejeros militares del gobierno comunista de Moscú 474
Funcionarios superiores en el comisariado de higiene 475
Miembros del soviet superior de la economía popular (Moscú, 1919) 476
Miembros del primer soviet de los soldados y obreros de Moscú 477
Miembros del comité central del partido comunista soviético (1918- 1923)
.... 478
Comisarios permanentes a la disposición del soviet supremo de Moscú .. 478
Miembros del comité central del cuarto congreso de los sindicatos de los
obreros y los labriegos soviéticos 479
Miembros del comité central del quinto congreso de los sindicatos soviéticos
.... 481
Los jefes de la policía C.E.K.A. (1919) 484
Comisarios ejecutivos de la C.E.K.A. 485
Miembros del cuerpo judicial superior 486
Jueces populares de Moscú 487
Miembros de la comisión para la detención de los simpatizantes del
régimen zarista 487
Comisarios populares de Petrogrado 488
Miembros del comisariado superior del trabajo en Moscú 488
Miembros del soviet superior del comité del don 488
Comisarios y potentados comunistas en provincias 489
Miembros de la oficina central del soviet económico superior 490
Miembros de la oficina central de las cooperativas del estado 491
Miembros del comité central del sindicato de los artesanos 491
Redactores de los periódicos comunistas "pravda", "ekonomichenskaya
zizin" e "izvestia" 491
Redactores del periódico comunista "torgvopromislevnoy gazzety" 492
Redactores del periódico comunista "la bandera del trabajo" (1920) 493
Profesores de la academia "socialista" de Moscú (Centro de Instrucción de
los agentes del comunismo mundial) 494
Miembros de la comisión de ayuda a los columnistas 496
Gentes económicos soviéticos en el extranjero 496
Miembros del comisariado para la liquidación de los bancos particulares 497

    Miembros de la sección filológica del proletariado (Encargados de la creación de un nuevo diccionario propagandístico comunista). *497*
    A.- HUNGRÍA..*498*
    B.- CHECOSLOVAQUIA *500*
    C.- POLONIA:..*501*
    D.- RUMANÍA:..*502*
    E.- YUGOSLAVIA:..*506*

CAPÍTULO IV **509**
    Los financieros del comunismo 509

CAPÍTULO V **517**
    Testimonios judíos 517

CAPITULO VI **521**
    CONCLUSIÓN 521

PRÓLOGO A LA EDICIÓN ITALIANA

URGENTE AL LECTOR

Roma, 31 de agosto de 1962.

Se está consumando la más perversa conspiración contra la Santa Iglesia. Sus enemigos traman destruir sus más sagradas tradiciones y realizar reformas tan audaces y malévolas como las de Calvino, Zwinglio y otros grandes heresiarcas, con el fingido celo de modernizar a la iglesia y ponerla a la altura de la época, pero en realidad con el oculto propósito de terminar de judaizar el cristianismo convirtiendo las Iglesia en sinagogas, los sacerdotes y pastores en rabinos y los fieles cristianos en ciervos de los judíos, para someter el Estado, la Iglesia y la sociedad cristiana a los designios supremacistas de Israel. La judaización del cristianismo culminará con la abrogación del dogma de la divinidad de Cristo, la abrogación del antisemitismo teológico y los cánones conciliares anti judíos, para acelerar el derrumbe del mundo libre destruyendo el cristianismo y deshumanizando el Estado y la sociedad. Todo esto, que parece increíble, se pretende iniciar sutilmente proponiendo reformas en la doctrina de la Iglesia en la agenda de los puntos a tratar dentro del Concilio Vaticano II.

Hay una serie de evidencias que indican que los prelados cripto y filo judíos en contubernio con lo altos poderes del judaísmo internacional, del comunismo, de la masonería mundial y la sinagoga. Planean iniciar un sondeo previo y comenzar por las reformas que menos resistencia provoquen en los defensores de la Santa Iglesia, para ir llevando, poco a poco, la transformación de ésta hasta donde la resistencia de aquellos lo permita. Afirman, algo todavía más increíble para quienes ignoran que esas fuerzas anticristianas cuentan dentro de las altas jerarquías de la Iglesia con una verdadera quinta columna de agentes incondicionales de la masonería, del comunismo y del lobby internacional judío integrado por los potentados de la política, la banca, la bolsa, la industria de armamentos, del petróleo y el comercio internacional; pues indican que esos cardenales, arzobispos y obispos serán quienes formando una especie de ala progresista dentro del Concilio, tratarán de llevar a cabo las perversas reformas, sorprendiendo la buena fe y afán de progreso de muchos piadosos padres.

Aseguran que el llamado bloque progresista, que se formará al iniciarse el Sínodo, contará con el apoyo del Vaticano, al que esas fuerzas anticristianas dicen influenciar, lo cual culminará entronizando una dinastía de Papas judaizantes a cuya autoridad estarán sometidas todas las Iglesias cristianas. Esto nos parece increíble y fruto más bien de alardes jactanciosos de los enemigos de la Iglesia que de una realidad objetiva. Sin embargo, hacemos mención de esto para que se pueda ver hasta dónde quisieran llegar los enemigos de la cristiandad y del mundo libre. Además de reformas peligrosas en la Doctrina de la Iglesia y en su política tradicional, que contradicen manifiestamente los dogmas y cánones aprobados por Papas y concilios ecuménicos anteriores, para desprestigiar a la Santa Iglesia ante todos los cristianos que tratan de seguir a Cristo humanizando el Estado, la sociedad y al hombre mismo inculcando verdaderos valores opuestos al materialismo comunista o capitalista ateos.

Los conjurados tienen programado aprovechar todos los espacios que abran las reformas para judaizar no solo las Iglesias, sino la sociedad y el Estado cristiano, organizando foros, sínodos y congresos mundiales sobre el ecumenismo, el dialogó interreligioso, el holocausto, la educación y los valores, etc. Apoyados por una intensa, persuasiva y permanente campaña mediática orquestada mundialmente por los todo poderosos enemigos del cristianismo y la democracia. Estos enemigos procuran, que por ningún motivo sean invitados como observadores aquellos cristianos católicos, protestantes y ortodoxos que heroicamente están luchando contra el comunismo, el imperialismo y la deshumanización de la sociedad, sino únicamente los representantes de las sinagoga, las organizaciones judías, y Iglesias o el Consejo mundial de Iglesias reformadas de Norteamérica, Europa, África y Asia controlados por el judaísmo, la masonería y el comunismo o el poder del lobby imperial judío que los dirige.

En esta forma, los colaboradores introducidos en el clero cristiano vestidos de hábito sacerdotal que usurpan los puestos directivos en todas Iglesias, podrán colaborar sutil, disfrazada, pero efectivamente, con sus cómplices: masones, comunistas, imperialistas. Por su parte los rabinos y las organizaciones judías norteamericanas han instalado sus delegados en el Vaticano para cabildear con LA CUPULA judaizante los puntos a tratar en el Concilio Vaticano II; por otra parte, el Kremlin ha negado el pasaporte a los prelados de la Iglesia romana y de la ortodoxa rusa firmemente anticomunistas, permitiendo solamente la salida de los Estados Satélites a sus agentes incondicionales o a quienes sin serlo, se hayan doblegado ante el temor de las represalias rojas. De esta manera, la Iglesia del Silencio carecerá en el Concilio Vaticano II, de quienes mejor podrían defenderla informando al santo Sínodo la verdad de lo que ocurre en el mundo comunista. Sin duda, a quienes lean esto les va a parecer increíble, pero lo que ocurra en el santo Concilio ecuménico les abrirá los ojos y los convencerá de que estamos diciendo la verdad, porque es allí en donde el enemigo piensa jugarse una carta decisiva, contando, según asegura, con cómplices incondicionales en las más altas jerarquías eclesiásticas.

Otro de los planes siniestros que fraguan es el de lograr que la Santa Iglesia se contradiga a sí misma, perdiendo con ello autoridad sobre los fieles, porque luego proclamarán que una institución que se contradice, no puede ser divina. Con este argumento piensan dejar las iglesias desiertas y lograr que los fieles pierdan toda su fe en el clero para que lo abandonen. Proyectan que la Iglesia declare que la defensa contra el judaísmo que durante siglos protagonizó la Iglesia, afirmé ahora que fue un error, ya que el imperialismo judaísmo promovido por la sinagoga nunca ha sido enemigo de Cristo, la Iglesia, el Estado y la sociedad cristiana, ya que el *ethos* y el *pathos* judío son el mayor ejemplo de la fe. Entre otras maniobras que preparan con dicho fin destaca por su importancia el cambio de actitud de la Santa Iglesia con respecto a los judíos réprobos, como llamó San Agustín tanto a los que crucificaron a Cristo como a sus descendientes, enemigos capitales del cristianismo.

La unánime doctrina de los grandes Padres de la Iglesia, ese *"unanimis consensos Patrum"* que la Iglesia considera como fuente de fe, condenó a los judíos infieles y declaró buena y necesaria la lucha contra ellos; lucha en la que poniendo el ejemplo participaron destacadamente, como lo demostraremos con pruebas irrefutables, San Ambrosio Obispo de Milán, San Jerónimo, San Agustín Obispo de Hipona, San Juan Crisóstomo, San Atanasio, San Gregorio de Nazianzo, San Basilio, San Cirilo de Alejandría, San Isidoro de Sevilla, San Bernardo y hasta Tertuliano y Orígenes; estos dos últimos en su época de indiscutible ortodoxia. Además, durante diecinueve siglos la Iglesia luchó enérgicamente contra los judíos, como lo demostraremos también con documentos fidedignos como las bulas de los Papas, actas de concilios ecuménicos y provinciales como el famosísimo IV de Letrán y muchos otros, doctrinas de Santo Tomás de Aquino, de Duns Scott y de los más importantes doctores de la Iglesia, y también con fuentes judías de incontrovertible autenticidad, como las enciclopedias oficiales del judaísmo, las obras de ilustres rabinos y las de los más famosos historiadores judíos.

Pues bien, los conspiradores judíos, masones, comunistas e imperialistas, pretenden en el próximo Concilio, aprovechando, según dicen ellos, el desconocimiento de la mayoría del clero sobre la verdadera historia de la Iglesia, dar un golpe de sorpresa pugnando porque el santo Concilio ecuménico que está por reunirse condene el antisemitismo y condene toda lucha contra los judíos, a pesar de que, como lo demostraremos también en esta obra con pruebas incontrovertibles, son los dirigentes de la masonería y del comunismo internacional y los promotores y ejecutores del despojó, sometimiento y genocidio de los pueblos Europeos perpetrados en las revoluciones judío masónicas contra los reinos cristianos antes de la primera guerra mundial, y las revoluciones comunistas antes, en y después de la SGM. Y que se declare que la ideología y la conducta imperial supremaciíta judía que Cristo condenó en su magistral diatriba contra el puritanismo hipócrita de los sacerdotes y escribas de la sinagoga, es buena, y que los judíos réprobos, considerados como malos por la Iglesia durante diecinueve siglos, sean declarados buenos y queridísimos de Dios, contradiciendo con ello el *"unanimis consensus Patrum"* que estableció precisamente lo contrario, así como lo afirmado por diversas bulas papales y cánones de concilios ecuménicos y provinciales.

Y la Iglesia condene además, sin darse cuenta y en forma tácita, al mismo Cristo Nuestro Señor, a los Santos Evangelios, a los Padres de la Iglesia y a la mayoría de los Papas, entre ellos a Gregorio VII (Hildebrando), a Inocencio II, a Inocencio III, a San Pío V y a León XIII, que como lo demostraremos en esta obra lucharon encarnizadamente contra los judíos y la Sinagoga de Satanás. Al mismo tiempo, con tales condenaciones lograrían sentar en el banquillo de los acusados a muchísimos concilios de la Santa Iglesia, entre ellos, los ecuménicos de Nicea y II, III y IV. Como los judíos y sus cómplices dentro del clero cristiano consideran toda denuncia del complot internacional judío contra el Estado, la Iglesia y la sociedad, o toda oposición a la supremacía judía sobre todas las naciones, los pueblos, y la sociedad, es un acto de antisemitismo, declarando según lo demostraremos también en este libro, que las fuentes del antisemitismo han sido: el mismo Cristo, los Evangelios y los cánones de la Iglesia Cristiana, con los que durante casi dos mil años defendieron el cristianismo en los concilios que se celebraron con objeto de estructurar la fe en forma racional de acuerdo a las raíces helénicas de los pueblos gentiles que siguieron a Cristo a causa de mensaje universal y trascendencia.

En una palabra, los siniestros conspiradores traman que la Santa Iglesia, al condenar el antisemitismo se condene a sí misma, con los resultados desastrosos que es fácil comprender. Ya en el Concilio Vaticano anterior intentaron iniciar, aunque en forma encubierta, este viraje en la Doctrina tradicional de la Iglesia, cuando por medio de un golpe de sorpresa y de insistentes presiones lograron que muchísimos padres firmaran "un postulado a favor de los judíos", en el que, explotando el celo apostólico de los piadosos prelados, se hablaba inicialmente de un llamado a la conversión de los israelitas, proposición impecable desde un punto de vista teológico, para deslizar a continuación, encubiertamente el veneno, haciendo afirmaciones que, como lo demostraremos en el curso de esta obra, significan una contradicción abierta con la Doctrina establecida al respecto por la Santa Iglesia. Pero en esa ocasión, cuando la Sinagoga de Satanás creía tener asegurada la aprobación del postulado por el Concilio Vaticano, la asistencia de Dios a su Santa Iglesia impidió que el Cuerpo Místico de Cristo se contradijera a Sí Mismo y fructificaran las conspiraciones de sus milenarios enemigos.

Estalló súbitamente la guerra franco-prusiana; Napoleón III tuvo que retirar precipitadamente las tropas que defendían a los Estados Pontificios y los ejércitos de Víctor Manuel se aprestaron a avanzar arrolladoramente sobre Roma, por lo que se tuvo que disolver con rapidez el santo Concilio Vaticano I y tuvieron que regresar a sus diócesis los prelados, antes de que pudiera ponerse siquiera a discusión el famoso postulado en favor de los judíos. Por cierto, no fue esta la primera vez que la Divina Providencia impidió por medios extraordinarios un desastre de tal género; la historia nos muestra que lo ha hecho en infinidad de casos, utilizando como instrumento, en la mayor parte de ellos, a los Papas, a piadosos prelados como San Atanasio, San Cirilo de Alejandría, San Leandro, el Cardenal Aimerico y hasta humildes frailes como San Bernardo o San Juan Capistrano. En casos como el citado anteriormente, incluso se ha valido de monarcas ambiciosos como Víctor Manuel y el Rey de Prusia. Sabedores nosotros a mediados del año pasado que el enemigo volvía a la carga con una conspiración que tiene por objeto abrir las puertas al comunismo, preparar el hundimiento del mundo libre y asegurar la entrega de la Santa Iglesia en las garras de la Sinagoga de Satanás, nos lanzamos sin pérdida de tiempo a recopilar documentos y escribir la presente obra que, más que un libro sostenedor de cierta tesis es un conjunto ordenado de actas de los concilios, bulas de los Papas y toda clase de documentos y fuentes de las que desechamos todas aquéllas de autenticidad o veracidad dudosa, seleccionando las de valor probatorio incontrovertible.

En este libro no sólo se denuncia la conspiración del judaísmo internacional y la Sinagoga de Satanás han tramado en contra del Concilio Vaticano II, sino que se hace un estudio concienzudo de las anteriores conjuras que en más de diecinueve siglos le sirvieron de precedente, pues lo que ocurrirá en el santo Sínodo que está por reunirse ha ocurrido ya repetidas veces en los siglos anteriores. Y para poder entender en toda su magnitud lo que va a suceder es indispensable conocer los antecedentes y también la naturaleza de esa quinta columna enemiga introducida en el seno del clero, haciendo para ello un estudio detenido basado en documentación impecable. Como además lo que se pretende de la Santa Sede y del Concilio Vaticano II es que desmantelen las defensas de la Iglesia con el fin de facilitar el triunfo de la sinagoga sobre la Iglesia y el judaísmo sobre el cristianismo, en los la primera y segunda parte de esta obra hacemos un estudio minucioso recurriendo a las fuentes documentales más serias sobre lo que podría llamarse la quinta esencia de las artimañas del judaísmo y la sinagoga para someter a la Iglesia y al cristianismo, y en la tercera parte el estudio de la masonería y del comunismo ateo, en su Intento por someter a los Estados cristianos estudiando la naturaleza del poder oculto que los dirige, para ayudarnos a comprender en toda su magnitud la conspiración que amenaza a la Santa Iglesia; conspiración que no se reduce a las actividades del próximo Sínodo universal, sino que abarca todo el futuro de la Iglesia, ya que el enemigo tiene calculado que si por cualquier motivo surgen en el santo Sínodo fuertes reacciones contra sus proyectadas reformas que hagan fracasar el intento en el Concilio Vaticano II, seguirá con posterioridad aprovechando cualquier oportunidad para volver a la carga, utilizando las fuertes influencias que dice tener en la Santa Sede.

Pero estamos seguros a pesar de las asechanzas del enemigo, la asistencia de Dios a su Santa Iglesia hará fracasar esta vez, como en otras anteriores, sus pérfidas maquinaciones. Escrito está: "Las fuerzas del Infierno no prevalecerán sobre Ella". Desgraciadamente hemos durado en la elaboración de este muy documentado libro como catorce meses y faltan dos escasos para iniciarse el santo Concilio Vaticano II. Dios nos ayude a vencer todos los obstáculos para poder terminar su impresión, siquiera sea al iniciarse el Sínodo o cuando menos antes de que el enemigo pueda causar los primeros daños, pues aunque sabemos que Dios Nuestro Señor no permitirá una catástrofe como la que planean, debemos recordar como dijo un ilustre santo que aunque sepamos que todo depende de Dios, debemos obrar como si todo dependiera de nosotros. Y como afirmó San Bernardo en una crisis tan grave como la actual: "A Dios rogando y con el mazo dando".

En la tercera parte de esta obra se incluirán los nombres de los judíos bolcheviques que actualmente detentan el poder en los países integrantes de la U.R.S.S. pero el nombre de los funcionarios no están importante porque cambiaran con el devenir, lo importante es señalar que siempre seguirán siendo judíos los que detenten el poder con nombres yugoeslavos, ucranianos, servios, rusos, rumanos, polacos, lituanos, húngaros, chechenios, checoeslovacos, alemanes, albaneses etc. aunque su publicación se haga con posterioridad, esperando las réplicas y acostumbradas calumnias que lance el enemigo común de la humanidad para contestárselas en forma aplastante y contundente recurriendo -en defensa del cristianismo- al pensamiento laico, y exhortando a las editoriales cristianas para que editen en todos los idiomas y países esta importante obra y promuevan intensa y continuamente las ediciones futuras, que de antemano sabemos está vetada por las editoriales judías, también exhortamos a los fieles cristianos para que divulguen su lectura, de tal modo, que junto a cada Biblia y cada catecismo haya una edición de esta denuncia.

MAURICE PINAY

PRÓLOGO A LA PRESENTE EDICIÓN

EL OBJETO DE ESTA NUEVA EDICIÓN, ES EL DE CONVERTIR LA DENUNCIA PREVENTIVA DE UN POSIBLE COMPLOT CONTRA LA IGLESIA, EN UNA DENUNCIA DE HECHOS, EXPONIENDO EN ESTE PROLOGO LA DOCTRINA APÓSTATA PROMOVIDA POR LOS CONSPIRADORES CRIPTO Y FILO JUDÍOS INFILTRADOS EN EL SENO DE LA IGLESIA EN CONTUVERNIO CON LAS IGLESIAS REFORMADAS AFILIADAS AL CONSEJO MUNDIAL DE LAS IGLESIAS PARA ABROGAR: EL DOGMA SOBRE LA DIVINIDAD DE CRISTO Y EL MISTERIO DE LA SANTÍSIMA TRINIDAD, EL ANTISEMITISMO TEOLÓGICO Y LOS CÁNONES ANTIJUDÍOS DE LA DOCTRINA MILENARIA DE LA IGLESIA A FIN DE TERMINAR LA LABOR JUDAIZANTE INICIADA POR SAN PABLO, PROSEGUIDA POR LA REFORMA LUTERANA, Y CONTINUADA EN EL PRESENTE POR JUAN PABLO II Y BENEDICTO XVI, PARA CONVERTIR LAS IGLESIAS EN SINAGOGAS, LOS SACERDOTES Y PASTORES EN RABINOS Y LOS CREYENTES CRISTIANOS EN VASALLOS DE LOS JUDÍOS, DANDO NOMBRE Y APELLIDO DE LOS CONSPIRADORES QUINTA COLUMNISTAS, Y EL TIEMPO Y LUGAR DONDE OCURRIERON LOS EVENTOS JUDAÍZANTES, PARA EFECTO DE DETENER LA APOSTASÍA JUDAIZANTE QUE SINTETIZA LA VICTORIA DEL JUDAÍSMO SOBRE EL CRISTIANISMO:

El cristianismo se inició como un movimiento laico. La Epístola apócrifa de los Hechos de Felipe, expone al cristianismo como continuación de la educación en los valores que persigue alcanzar la *paideía* griega, promovida por los sabios alejandrinos que fueron los primeros en percatarse del movimiento secular cristiano cuando unos griegos se entrevistaron con Cristo (Jn XII, 20 al 24). Posteriormente enviaron al médico Lucas a dar testimonio escrito de los portentos, vida, ejemplo y enseñanza de Cristo, a fin de fe-datar en la persona de Cristo, que es cierta la teoría de la trascendencia humana formulada por Aristóteles al abordar el problema del alma truncada que sostiene que el hombre puede trascender a sus propias limitaciones si practica metódicamente las virtudes opuestas a sus defectos hasta alcanzar la supra humanidad. A partir de entonces, los pueblos helénicos tomando a Cristo como ejemplo de lo que es la trascendencia humana, lo siguieron no como Dios, sino como hombre, a fin de alcanzar la trascendencia humana y la sociedad perfecta que pretendía la educación en la *paideía* griega; por ello lucharon por helenizar el cristianismo a fin de estructurar la fe conforme a la razón. Lo cual propició el choque entre culturas ante la oposición radical e intransigente de los príncipes de la sinagoga, tendente a evitar que se helenizara el cristianismo. Provocando en los pueblos cristianos la estulticia generalizada y la entronización del oscurantismo, al olvidar las raíces helenistas de nuestra cultura.

Desde el Siglo I d.C. (Era común), la Iglesia es una fortaleza tomada, sus enemigos se encuentran tanto afuera como adentro. San Pablo fue un caballo de Troya enviado por el Sanedrín para infiltrar el cristianismo y mantenerlo sujeto a la Sinagoga. Separando la fe de la razón (1ª Corintios I, 17 al 27), a fin de convertir las Iglesias en Sinagogas (Escuelas bíblicas), los pastores y sacerdotes en rabinos, y los gentiles cristianos en siervos de los judíos Desde entonces el talón de Aquiles de la doctrina de la Iglesia ha sido el profetismo judío y la oposición radican e intransigente de los rabinos a que se helenizara el cristianismo estructurando la fe conforme a la razón, suscitándose interminables complots contra la Iglesia y los reinos cristianos en cada siglo.

Después de la Revolución francesa, el triunfo de las revoluciones promovidas por la masonería judía contra los reinos europeos, pronosticaban el triunfo de Israel sobre los gentiles cristianos. La emancipación de los judíos posibilitó su inserción en las sociedades civiles, y los rabinos se plantearon el interrogante sobre el problema religioso del mundo por venir. Se acercaba el retorno a la tierra de Israel y se imponía solucionar el antisemitismo teológico y la reivindicación de la Alianza del Sinaí como plataforma donde se desplanta el futuro de Israel entre los gentiles. Lo que estaba en juego en los debates teológicos de los rabinos de fines del siglo XIX puede resumirse de la siguiente manera: *"El cristianismo nace del judaísmo y, con notables esfuerzos, puede introducir elementos de espiritualidad judía; lo contrario no es posible, pero necesitamos recobraremos nuestro papel de pueblo sacerdotal entre los gentiles, traspasando algunos valores del legado judío; sino ¿cómo transformar la doctrina de la Iglesia sobre los judíos, a fin de reivindicar nuestra dignidad de pueblo escogido por Dios ante la pretensión de los cristianos de ser el Nuevo Israel?*, y para lograrlo rabinos y masones trabajaron en la elaboración de un plan conjunto.

Antes de iniciarse el siglo XX, la Iglesia había tomado una serie de actitudes de amplia visión y largo alcance, relativas a las implicaciones morales sobre cuestiones sociales y económica, expuestas por el Papa León XIII en la *Encíclica Rerum novarum* (1891), condenando abiertamente al marxismo. La condena provocó una enérgica reacción multitudinaria contra la Iglesia proveniente de la sinagoga, el judaísmo internacional, las sociedades judío masónicas y judío bolcheviques, las Iglesias del Reforma luterana y los clérigos católicos simpatizantes de los masones y los comunistas. Ante la magnitud del ataque, el Papa León XIII opinó que desde la Era común, era patrimonio de la Iglesia sufrir toda clase de ataques y contra ataques, conjuras, defecciones, difamaciones, dualidades, insultos, persecuciones y traiciones, que la hace blanco tanto del fuego amigo como del fuego enemigo.

El gran Maestre de la Logia Gran Oriente de Francia James Darmestteter, profesor de la Escuela de Altos Estudios de Paris, y su colaborador Saint Yves D'Alveydre habiendo sido enterados por un eminente rabino de la existencia del talón de Aquiles de la Iglesia "Las falsas certezas de Dios que mantienen ciegos los ojos de cristianos y judíos a la verdad (*la realidad*), y es el gusano que carcome por dentro a la Iglesia y nunca muere, alimentado por el error y la ignorancia, señalado por Cristo a sus discípulos, propiciando la arrogancia y vanidad de la sinagoga al no darse cuenta que el profetismo judío es la letrina que contamina el cristiano y convierte al judeo cristianismo en religión chatarra, al separar la fe de la razón, cuya unión inseparable, Cristo había revelado metafóricamente al ciego de nacimiento (Jn IX, 39) a causa de que sin el juicio de la razón error no podremos nunca llegar a conclusiones ciertas".

Cada época tiene su propio paradigma, debido al cambio de las ideas prevalecientes que se da en el devenir. Cada uno de los modelos formulados por la filosofía clásica y moderna, bastarían para haber superado la paradoja del Areópago que mantiene perpleja a la humanidad desde hace dos milenios; lo cual no se ha logrado a causa de la oposición de los esbirros de la Sinagoga al uso de la razón en cuestiones sagradas. Al iniciarse el siglo XX, los miembros de La Gran Logia de Oriente, propusieron un cambio de estrategia en la guerra frontal contra la Iglesia *cesando el enfrentamiento abierto a cambio de provocar sutilmente su auto destrucción promoviendo la búsqueda de una convergencia entre el profetismo judío, la ciencia y el cristianismo; a fin de criticar y abrogar la doctrina de la Iglesia, sin criticar el profetismo judío* "Las falsas certezas de Dios que mantienen ciegos los ojos de los creyentes a la verdad y la realidad, propiciando la arrogancia y la vanidad de la Sinagoga debido a que su doctrina ha quedado intacta debido a que nunca ha sido cuestionada, mientras que la doctrina medieval de la Iglesia amenaza con derrumbarse a causa de los avances de las ciencias y las humanidades"; lo cual fructificaría en un nuevo discurso de la Iglesia adecuado al mundo moderno. Tan nuevo que aspiraba a lograr que la Iglesia se convirtiera en auxiliar de la Revolución marxista mediante la ayuda de los hermanos masones que estuvieran dentro de la misma Iglesia promoviendo la Teología de la Liberación.

El plan recomendaba hacer hincapié en que el Reino no es para la otra vida, sino para está. Debería emplearse un lenguaje seductor y una táctica gradualista a fin de presentar a la Revolución y al cristianismo como movimientos paralelos que convergían en el amor por los pobres. La propuesta atrajo muchos sacerdotes e intelectuales cristianos a la causa revolucionaria. En efecto, muchos sacerdotes y pastores seguidores del Modernismo que estaban en busca de una nueva evangelización que acentuara **la preferencia por los pobres**, se afiliaron acríticamente a las filas del marxismo sin darse cuenta que colaboraban con los enemigos de la Cristo, la Iglesia, el Estado y la sociedad cristiana, porque creían que proclamaba la redención del proletariado; de hecho si la proclamaba para atraer a las masas y a los intelectuales, pero su fin verdadero era someter y despojar a todas las naciones y pueblos gentiles, comunizándolos bajo el imperio y dominio de un gobierno mundial judío.

En el Congreso espiritualista organizado por la Logia Gran Oriente De Francia en septiembre de 1889 el reverendo presbiteriano Roca, en su discurso *El Final del Mundo Antiguo* expresó que *el cristianismo puro es el socialismo, y la Revolución al igual que Cristo es redentora*. En su discurso el teólogo y orientalista francés Alfredo Loisy profesor del Instituto Católico de Paris propuso la reinterpretación modernista del simbolismo y la doctrina cristiana, para adaptar la Iglesia y su discurso a la vida, pensamientos y costumbres modernas, tanto en lo teológico, como en lo filosófico, lo político y lo social. Al mismo tiempo en otros foros, dentro de la Iglesia católica se atacó la centralización organizativa desde Roma y la influencia de la Curia papal.

La disciplina de la Iglesia sobre el clero fue **cuestionada con gran dureza**. Quizás la crítica más notable fue la el teólogo irlandés George Tyrrel S.J., al opinar ante los medios que *el depósito de la fe no fue confiado a ninguna Iglesia sino al pueblo cristiano que última instancia es el verdadero vicario y el destinatario del Evangelio, por ello el discurso cristiano no debe provenir de canales jerárquicos sino surgir desde abajo, es decir desde el pueblo y para el pueblo*. Y a petición de los eruditos solicitó al Vaticano el derecho de trabajar y publicar sin la supervisión de las autoridades eclesiásticas. Y por ello, la Iglesia cometió el error en *Syllabi de condenar* la cultura y las ciencias modernas, obstaculizando el avance hacia la religión científica y el ecumenismo, quitándose así misma la posibilidad de vivir el cristianismo actual por estar excesivamente apegada al pasado. Además Tyrrel atribuía a todas las religiones una verdadera unidad dentro de la verdad, ya que la humanidad es la revelación más vasta de Dios. El 3 de julio de 1907, el Vaticano publicó el Decreto del Santo Oficio: *Lamentabili sane* enumerando y condenando como heréticas, falsas, temerarias, audaces y ofensivas, 65 de las propuestas modernistas, 38 de las cuales se referían a la crítica bíblica y el resto al modernismo.

El 8 de septiembre del mismo año, el papa publicó la Encíclica, *Pascendi dominici gregis* (De las obligaciones principales), donde afirma: "El modernismo, es una síntesis de todas las herejías", "una alianza entre la fe y la falsa filosofía", resultado de la curiosidad y el "orgullo, que despierta el espíritu de la desobediencia y demanda un compromiso entre la autoridad y la libertad". Tyrrel criticó la Encíclica *Pascendi Regis*, motivo por el cual fue expulsado de la Compañía de Jesús y excomulgado en 1907. El 1-IX-1910 Pío X recurrió al **autoritarismo como medida disciplinaria**, concluyendo su ataque al modernismo de motu propio (mensaje que sólo puede elaborarse por exclusiva iniciativa papal) denominado *Sacrorum antistitum* (De los obispos sagrados) condenando las ideas de los teólogos modernistas: Alfred Loisy, Edouard Le Roy. Ernst Dimmet y Albert Houstin. Tres meses después el Papa Pío X, publicó la encíclica *Pacendi domini gregis*, y el 1° de septiembre de 1910 decretando el *Juramento antimodernistico* que desde hoy en adelante debería de acatar el profesorado magisterial, para poder controlar la actualización de la liturgia y la proliferación de las escuelas bíblicas, y así contener la modernidad; generando una oposición generalizada contra el autoritarismo pontificio.

En Italia el sacerdote Rómulo Murri divulgó el modernismo, en Alemania lo divulgó el teólogo Schell y en Inglaterra el teólogo británico (de familia austriaca) barón Friedrich von Hügel, cuyas ideas contravenían las enseñanzas tradicionales de la Iglesia. Reprendidos por el Vaticano, Loisy fue suspendido del Instituto Católico de Paris y excomulgado, y las obras del teólogo Schell fueron des autorizadas. La corriente modernista seguida por muchos intelectuales entre los que destacaron los filósofos franceses Eduardo Le Roy y Luciano Llaberhoniere fortaleció un movimiento tenaz dentro de la Iglesia que no retrocedía ni ante las amonestaciones, suspensiones o excomuniones de sus seguidores. En esta situación en septiembre de 1907 el Papa Pío X señaló en la Encíclica *"Pacendi Dominici Gregis"* las verdaderas intenciones de los iniciadores del modernismo.

Estas intenciones, no son todas buenas, ni todas malas, encubren tanto el fuego enemigo como el fuego amigo, de tal modo que no se sabe quién es amigo y quien es enemigo, ni permite estar seguros si nuestros propios pensamientos y sentimientos son correctos o incorrectos porque mueven los cimientos y estructura de nuestra fe. Y ante la incertidumbre, lo sensato es examinar minuciosamente los frutos para distinguir el árbol; ya que lo encontrado de nuestros pensamientos, no se debe a los esfuerzos por conjuntar del profetismo judío, la doctrina de la iglesia con la filosofía y la ciencia; ni a los esfuerzos por adaptar el discurso de la Iglesia a la cultura moderna para hacerlo más entendible; sino al gusano que corroe por dentro a la Iglesia y nunca muere hasta que el gusano mate a la Iglesia o exterminemos al gusano) o error fundamental inducido por San Pablo al separar la fe de la razón a fin de evitar que se criticara el profetismo judío, uniendo el Antiguo y el Nuevo Testamento como si fueran la misma cosa, siendo antípodas.

Y el propio Papa incapaz de descifrar las incógnitas que planteaba el modernismo, en ritual de la ordenación de sacerdotes agregó el juramento contra el modernismo. Todo lo cual no fue suficiente, dos años después Pio X en la Encíclica *Communium Ferum* reiteró que el modernismo implicaba una doble guerra: una desde el exterior (promovida por los masones esbirros de la sinagoga que pretenden que el cristianismo solo conserve el nombre), y otra desde el interior y doméstica, tanto mas peligrosa cuanto más sutil y encubierta (promovida por los emisarios de la sinagoga conservadores y modernistas renuentes a criticar el profetismo judío que es la letrina sagrada que contamina al cristianismo y convierte al judeo cristianismo en religión chatarra). Cinco años más tarde Pío X en su alocución *"El grave dolor: retoma el tema de la guerra encubierta con la que atacan a la Iglesia hasta sus propios hijos"*. Posteriormente el Papa Benedicto XV en la Encíclica *"Ad Beatissime"* ante la incapacidad de la Iglesia de detener la avalancha modernista reitera la condena, exponiendo que algunos llevaron a tal punto su temeridad que no dudan en oponerse a toda autoridad jerárquica que les impida modernizar la doctrina y el discurso de la Iglesia que conlleva la síntesis de todas las herejías que citando al Job bíblico, *es fuego que devora hasta la destrucción*.

Los teólogos norteamericanos con objeto de defender los puntos fundamentales de la fe amenazados por la exégesis moderna publicaron entre (1910 y 1915) *The Fundamentals: a Testimony to Truth*: Señalando como inamovibles los siguientes dogmas:1) la encarnación de Cristo, como hijo de Dios y tercera persona de Dios mismo; 2) el nacimiento virginal de Jesús;

3) el carácter expiatorio de la muerte de Cristo para la salvación del genero humano; 4) la esurrección corporal de Cristo; 5) la fe en su segundo regreso al final de los tiempos; 6) el aborrecimiento del pecado como impedimento que nos aleja de Dios; 7) la salvación por la gracia y no por las obras humanas (apostasía inducida por San Pablo); 8) la inerrancia de las Escrituras y su autoridad incuestionable en todos los campos del saber (fideísmo bíblico).

En 1917, año en el que Rusia se estaba implantando el comunismo, el teólogo Walter Rauchembusch, sutilmente ató el marxismo a la corriente modernista, y los jesuitas Heman Gruber y Bertelootse promotores del modernismo austriaco se reunieron con los dirigentes judíos: de la Gran Logia Austriaca, el Gran Maestre Eugen Lenhoff y Kart Reichl del Consejo Supremo, y el secretario general de la Gran Logia de Nueva York Ossian Lang con el fin de tender un puente de un solo sentido a través del cual la masonería pudiera influir en algunos clérigos modernistas, sin que estos pudieran influir en aquella. Suscitándose frecuentes encuentros en los que participaron los sacerdotes Gierens de Alemania, Macé y Teilhard de Chardin de Francia. En 1933 el filósofo marxista Ernst Bloch con sutiles argumentos se dedicó a reforzar los lazos que unen el modernismo con al marxismo.

El teólogo Paul Tillich catedrático de la Universidad Dresde y del Instituto Sozialforschung Frankfort, ensambló al socialismo y al cristianismo en una sola doctrina de la liberación; desde luego que se refería al socialismo marxista no al nacional socialismo, ya que el judaísmo siempre había a tacado al patriotismo en los Estados donde residían colonos judíos por carecer de un Estado propio; pero a la fundación del Estado de Israel el Nacional Israelismo es Igual de xenofobico que el nacional socialismo alemán, y solo reconoce plenos derechos ciudadanos a los judíos, y a los no judíos (palestinos israelíes) solo reconoce el estatus de residentes sin derecho alguno y lucha por expulsarlos del territorio israelí. En España el alto clero español se puso del lado de los franquistas, y los insurgentes se sintieron traicionados por la Iglesia; sentimiento que fue aprovechado por los comunistas para lanzar una ofensiva frontal contra el catolicismo. En 1937, la envestida comunista contra los países europeos, motivó al Papa Pío X a declarar al comunismo intrínsecamente perverso Encíclica *Divinis Redemptoris*.

La formidable ofensiva del ejército alemán en el frente Ruso, provocó a las Logias masónicas a lanzar una formidable campaña mundial contra el Fuher, utilizando los foros abiertos por los filósofos y teólogos modernistas, y los intelectuales marxistas, los sindicatos de trabajadores, las universidades y los partidos políticos, en especial en Alemania. El grupo Kreisau donde militaban los padres Alfred Delp, Herman Griber Roech y Koening, S.J., y el pastores Eugen Gerstenmaier, Dietrich Bonhoeffer y Matín Niemoeller, utilizaron sus frecuentes viajes a Inglaterra, Suecia y Suiza para canalizar ayuda económica y llevar correos secretos para conspirar contra Xitler. También se encargaron de reclutar a líderes católicos alemanes para que colaborarán a canalizar las fuerzas de oposición en diversos sectores: como Bernard Letterhaus dirigente de la

Asociación de Trabajadores Católicos, Jacob Kaiser jefe regional de los Sindicatos Cristianos, Y el líder sindical Max Habermanan.

En Francia el filósofo Emanuel Mounier Publicó en 1938 la revista católica *Espirit* redactando una serie de escritos donde en forma gradual fue conduciendo a sus seguidores hasta desembocar en la convergencia con el marxismo. Y el padre Berteloot publicó en la revista de Paris un artículo abogando a favor de un ensamble entre el marxismo y el catolicismo, lo mismo publicaron el padre Teilhard de Chardin, el filósofo Aldos Husley y el ocultista Dr. Alendy, y varios cabalistas patrocinados por la Banca Works. Los modernistas de la Iglesia católica se plantearon cuestiones que no podían ser contestadas en los mismos términos de las creencias tradicionales, y tendían a negar algunas creencias tradicionales y a considerar determinados dogmas de la Iglesia como simbólicos más que como verdades literales; por ello en 1943, el Papa Pio XII publicó la encíclica *Divino afflante spiritu animando a los estudiosos a profundizar sobre las circunstancias de los redactores* bíblicos, pero ante las controversias que se suscitaron el Papa Pío XII en 1950 retrocedió al publicar la encíclica *Humani generis* poniendo fin a las iniciativas renovadoras condenando al modernismo y a sus promotores, expulsando de sus cátedras a los teólogos vanguardistas o desterrándolos (Y. Congar: *Diario de un teólogo*).

Posteriormente a fin de terminar con el clima de sospecha y recelo que causo la condena y expulsión de los teólogos vanguardistas el Papa Juan XXIII convocó como peritos del Concilio Vaticano II (1962-1965) a los teólogos modernistas condenados por Pío XII, propiciando una década de apertura pos-conciliar en cuestiones tan importantes como la eclesiología (con el paso de la concepción de la Iglesia como sociedad perfecta, a la de comunidad de seguidores de Cristo), la liturgia como celebración festiva de la fe, la apertura de la Iglesia al mundo, la defensa de la libertad religiosa y la pluralidad, el dialogo ecuménico, la teología moral, el respeto a los derechos humanos, etc.

La sustitución del cristianismo por la religión noáquida (Michel Laurigan: *del "mito de la sustitución" a la religión noáquida*). Concluida la SGM, los agentes y las organizaciones judías redoblaron sus eternos esfuerzos por abrogar la doctrina antisemita de la Iglesia esgrimiendo la urgente necesidad de revisar la enseñanza de la Iglesia sobre el judaísmo. Inicialmente Jules Isaac promovió en Oxford una conferencia entre cristianos y protestantes para preparar la agenda del asunto, acordando la celebración de una conferencia en Seelisberg (Suiza), cuyo objetivo era promover la rectificación de la enseñanza cristiana a fin de abrogar el antisemitismo teológico y canónico. La conferencia concertó "*Los diez* *puntos de Seeligsberg"* a efecto de abrogar el anti judaísmo bíblico. En octubre de 1949 Jules Isaac entregó al Papa Pio XII el libro *'Jesús e Israel'* donde señaló *"veintiún puntos para la elaboración de una nueva teología cristiana"* filo judía, y fundó la liga de La Amistad Judeo Cristiana. Diez años después, por conducto del Cardenal cripto judío Agustín Bea, Jules Isacc entregó al Papa Juan XXIII el documento titulado *"Necesidad de una reforma de la enseñanza cristiana respecto a Israel"*.

En agosto de 1962, el Cardenal Tisserant fue comisionado por el Papa Juan XXII para que se entrevistara con una delegación llegada de Moscú a fin de formalizar la asistencia de observadores soviéticos al Concilio Vaticano II. La entrevista se efectuó en la residencia del Arzobispote Metz, Paul Joseph Smitt. Como representante del Kremlin asistieron un comisario de asuntos exteriores Anatoly Adamshin y el patriarca Nikodemo Rostov incondicional de Moscú quienes tenían la consigna de aprovechar el deseo sincero del Papa de que asistieran al Concilio los obispos y patriarcas rusos para imponer condiciones si querían que se otorgara la visa a los prelados rusos. El Kremlin otorgaría la visa a cambio de que en el Concilio no se condenara al ni criticara a la Unión Soviética marxismo, tal como estaba previsto. El Cardenal Tisserant fue autorizado por Roma para aceptar la petición del Kremlin; el pacto fue confirmado en una conferencia de prensa el 9 de febrero de1963 por Monseñor Schitt obispo de Metz. La revista católica *Itineraires* (No 285) y el diario católico Le Crix (15 I 63), confirmaron la existencia del pacto de Metz. El boletín del partido comunista de Francia *France Nouvell* del 22 de febrero de 1963, informó a sus lectores la decisión del Vaticano atribuyéndola a que como el comunismo ya era una fuerza mundial la iglesia no podía más que cambiar su actitud respecto al marxismo para adecuar su discurso a los tiempos modernos.

El hecho de que se hubiera pactado no condenar al comunismo ni criticar a la Unión Soviética, fue tomado por los comunistas como anuencia pontificia para que se realizara un moviendo prosetilista a favor de su ideología, y sin permiso alguno el movimiento marxista Pax montó en Roma dos centros de prensa que se convirtieron en centros de *"Información y documentación Conciliar* (IDO-C)" y propaganda, que el lobby internacional judío equipó con 130 editorialista judíos del New York Times, importantes magistrados judíos de la Suprema Corte de Estados Unidos, destacados rabinos y potentados representantes de sociedades y asociaciones judías y projudías. La meta de los rabinos era abrogar sutilmente la doctrina de la Iglesia elaborada durante los veinte siglos anteriores promoviendo la adecuación de la teología y el discurso de la Iglesia a los tiempos modernos para azuzar la disputa entre los conservadores y de los progresistas interlocutores de la controversia entre la fe y la razón, a efecto de: "1) judaizar de la doctrina de la Iglesia, anteponiendo las Escrituras a los dogmas; 2) sacralizar la educación, anteponiendo el creacionismo al evolucionismo -VS- 3) secularizar el cristianismo anteponiendo lo social a lo sobrenatural; 4) socializar la doctrina de Cristo, anteponiendo la redención económica a la redención por fe; 5) abrogar la democracia, optando por los pobres para comunizar a sacerdotes y fieles; 6) abrogada la doctrina Cristo y destruida la Iglesia, presentarse como salvadores traspasando algunos valores del judaísmo al cristianismo.

Los teólogos jesuitas se convirtieron en la avanzada de estas reformas. Algo fundamental había cambiado en la Compañía de Jesús: Siempre había acostumbrado en sus campañas discurrir sobre la manera más eficaz de servir a los fines sobrenaturales de la Iglesia, pero ahora se ponía a discusión (redefinición) los fines mismos, por destacados teólogos progresistas encabezados por el padre Pedro Arrupe, general de la Compañía de Jesús, que en una entrevista opinó: *"El marxismo y el Comunismo no son la meta de la teología de la liberación de la Compañía de Jesús, sino la meta es la justicia social"*. Entrevistado en España el padre José María Diez de Alegría S.J. opinó: *"La ideología marxista lo había llevado a redescubrir a Cristo y optar por los pobres en la lucha de clases, por ello debemos hacer cusa común con todos aquellos que se comprometen a la causa revolucionaria del socialismo"*. El padre Arthur F. M'c Govern S.J.: (*El marxismo: Perspectiva Cristiana Norteamericana*), interpretó los Evangelios y misión de Cristo en un sentido terrenal socioeconómico, ajeno a la vida trascendente. El padre James Francis Carney S.J. recomendó a los hondureños *"Liberarse de los prejuicios contra la revolución armada, el socialismo, el marxismo y el comunismo, Ya que no hay tercer camino entre ser cristiano y ser revolucionario"*.

Ante tales pronunciamientos, el 3 de diciembre de 1963, 213 padres conciliares de todo el mundo entregaron un escrito por conducto del arzobispo brasileño de la Arquidiócesis Diamantina Monseñor Gerardo Proenca, solicitando que en la asamblea del Concilio se reiteraran las numerosas condenas al comunismo hechas por la Iglesia en los años anteriores o al menos se refutaran los errores del marxismo en las áreas religiosa, filosófica, social y económica. Pero la Comisión competente a retuvo, negándose a que fuera discutida en el Concilio. En vista de lo cual, el 25 XII 63, 450 Obispos, refrendaron la misma petición, pero también fue rechazada. Días antes de celebrarse el Concilio II, el Comité Judío Norteamericano, la Liga Antidifamatoria, la B'nai B'rith, el Congreso Judío Mundial y la Conferencia Mundial de Organizaciones Judías, presionaron insistentemente al Vaticano a fin de promover la reforma anti judía en el Concilio.

Abraham Herschel rabino del Seminario Teológico de Nueva Cork, entregó al Cardenal Bea dos ponencias preparadas por el Comité Judío Norteamericano sobre *"la imagen de los judíos en la enseñanza Cristiana"*, señalando en los Evangelios, los Cánones y la doctrina de la Iglesia los textos anti judíos, a fin de corregirlos. Basando en las ponencias judías el Cardenal Bea cabeza visible de los conjurados, encomendó a sus ayudantes padre Baum y a Mons. Jhon Oesterreicher la redacción de una ponencia conciliar refutando la acusación de deicidio, redactando una serie de escritos que se editaron con el tituló: *"El puente"*.

La experiencia concreta de judíos y cristianos norteamericanos que colaboraron en la elaboración de otras ponencias judaizantes, aunque no produjo demasiada reflexión teológica sistemática sobre los vínculos entre judíos y cristianos, fue creando una atmósfera positiva para tal replanteo. El 31 de marzo de 1963, el Cardenal Bea se reunió con el Comité Judío Norteamericano para elaborar un plan de acción para presionar a los padres conciliares a que cambiaran los textos evangélicos y los cánones antisemitas. Tratando de influir a la asamblea conciliar se estrenó el film *"El Vicario"*. El 8 de diciembre de 1964 obispo de Edimburgo Walter Kampe declaró ante los medios que después del Concilio se iniciaría la adecuación paulatina de las relaciones jerárquicas para democratizarlas.

Ante la actividad de los conjurados, los defensores de la Iglesia tratando de impedir que en ese entonces próximo concilio se discutieran reformas tendentes a abrogar la doctrina milenaria de la Iglesia sentando en el trono de San Pedro a una estirpe judaizante, entregó a los obispos y los Cardenales participantes en el concilio un documento titulado **Complot contra la Iglesia.** Los prelados conjurados reaccionaron y durante la II[a] sesión entregaron discretamente a los obispos conciliares las ponencias preparadas por el Comité Judío Norteamericano como parte de la declaración sobre el judaísmo. El Sr. Schuster, director del área europea del Comité Judío Norteamericano, juzgó que la distribución de la ponencias judías a los Padres conciliares, fue uno de los momentos más importantes de la historia. Alarmados los defensores de la Iglesia distribuyeron entre la curia conciliar el documento: *"Los judíos a la luz de la Escritura y la Tradición"*.

Días antes de que se celebrara la III[a] sesión, Licheten de la Liga Antidifamatoria, Shuster y Sperry del Comité Judío Norteamericano, Arthur Goldbeg Juez de la Suprema Corte de Estados Unidos y el rabino

Heschel, apoyados por el Cardenal Spellman presionaron a el Papa Pablo IV a fin de que se deslindara conciliar mente la posición de la Iglesia frente al judaísmo. El Papa Pablo IV encomendó al padre León de Poncins la redacción del opúsculo '*El Problema Judío frente al Concilio*' que se distribuyo entre la curia antes de la cuarta y última sesión. Finalmente fue aprobada en la IV sesión celebrada el 28 de octubre de 1965 la siguiente declaración: "*Los judíos no deben ser presentados ni como réprobos ni como malditos por Dios, como si tal se derivara de la Escritura*", " ya que para la sinagoga solo existe la Torah y los textos que condenan el *ethos* y el *pathos* de Israel se encuentran en el Nuevo Testamento".

En 1985, al clausurar los eventos del Concilio II, se aceleró el antiguo afán rabínico de abrogar de la doctrina de la Iglesia: el dogma sobre la Trinidad y la divinidad de Cristo, así como la teología y los cánones antisemitas, a fin de terminar de judaizar el cristianismo y comunizar la sociedad cristiana para someterla y despojarla haciéndose del poder; tal como había sucedido en la Unión Soviética en nuestros tiempos y en Era común, lo cual era el fin oculto que perseguían, los emisarios de la Sinagoga progresistas en su intento de ensamblar el cristianismo con el comunismo. En cuanto terminó el Concilio II el equipo de redactores y asesores de los centros de prensa montados en Roma por el lobby internacional judío, a fin de coadyuvar con los rabinos en su propósito de destruir los cimientos teológicos del cristianismo; es decir la parte cimentada sobre el Nuevo Testamento, dejando intocable la parte cimentada sobre el Antiguo Testamento dio los primeros pasos prácticos manipulando los documentos conciliares aprovechando los puntos y párrafos poco precisos para darles sutiles interpretaciones a favor del progresismo y el comunismo, tomando por sorpresa al mundo.

El Pontífice romano publicó la histórica declaración *Nostra Aetate* sobre las relaciones del cristianismo con las religiones no-cristianas, que incluía una innovadora sección sobre los vínculos permanentes de la Iglesia con el pueblo judío a través de Jesús. Esta declaración tuvo un impacto significativo en el pensamiento cristiano ortodoxo acerca de la cuestión judía. En 1975 el Vaticano publicó una serie de directivas judaizantes para implementar la sección de *Nostra Aetate* sobre el pueblo judío. Esas directivas realmente iban más allá del documento conciliar original en algunos aspectos. Después de *Nostra Aetate* aparecieron más de cincuenta declaraciones adicionales de dirigentes religiosos y de Iglesias regionales de Norteamérica, Europa occidental y América del Sur apoyando la judaización del cristianismo. Después del Concilio la declaración apostata y demoledora del teólogo suizo Hans Küng causó sorpresa y confusión al afirmar: "*Los dogmas son formulas humano históricas susceptibles de mejoramiento*".

El cardenal Jose Siri, ya había refutado la falacia hermenéutica del libre examen aduciendo libertad de conciencia para auto interpretar las Sagradas Escrituras sin ingerencia de la Iglesia, pero sin criticar el profetismo judío, propia del examen protestante y del escepticismo filosófico, que termina por refutar todo (a excepción del pensamiento único formulado por los rabinos y sus esbirros masones, protestantes, progresistas y comunistas).

Entre los principales pronunciamientos protestantes figuran la declaración del Sínodo de Renania de 1980 publicadas en el documento de trabajo titulado *'Consideraciones ecuménicas sobre el diálogo judeo-cristiano'*, impuestas en 1982 a los miembros del Consejo Mundial de Iglesias (WCC) "como directrices a seguir dictadas por los rabinos a los prelados conjurados". En 1985, Roma presentó a los cristianos las *"Notas para una correcta presentación de los judíos y el judaísmo en la predicación y la catequesis"* dictadas por la sinagoga enunciando la claudicación de la defensa de Iglesia, reconociendo finalmente el triunfo del judaísmo sobre el cristianismo". Los acontecimientos posteriores a la declaración *Nostra Aetate* evidencian que a pesar de la denuncia de Maurice Pinay, los conspiradores cripto judíos ganaron; y a fin de evitar que los conjurados causen más daño a la sociedad cristiana, es necesario exponer su judaizante doctrina:

Maurice Pinay en su denuncia ofreció como sustento del complot milenario de los judíos contra la Iglesia la sociedad y el Estado cristiano, la documental histórica integrada por: a) una relación pormenorizada de las maldiciones divinas conjuradas por los profetas contra los hijos de Israel que no acaten los designios divinos imperial supremacistas, b) una muestra de la perversidad de las directrices talmúdicas que santifican la violencia, el crimen, el despojo y el genocidio en contra de los pueblos gentiles, c) una relación pormenorizada de las herejías que han promovido los judíos a lo largo de la historia en su intento por abrogar el dogma de la divinidad de Cristo, d) una relación pormenorizada de los complots, genocidios y revoluciones cripto judíos contra la Iglesia, el Estado y la sociedad en su intento por someter a los pueblos gentiles, e) una relación pormenorizada de los documentos que contienen las bulas y cánones pontificios y sinodales que la cuestión judía originó a lo largo de la historia. Es por ello que los libre pensadores retomamos la denuncia de Maurice Pinay, haciendo nuestra la documental histórica ofrecida en la denuncia como evidencia del eterno complot judío, añadiendo la presente crítica a la utopía cristiana tratando de defender no solo a la Iglesia sino al Estado y la sociedad cristiana. Y en consecuencia:

1: Constituido en fiscal de la verdad, Yo acuso a San Pablo de haber judaizado el cristianismo: 1° injertando Cristo en el árbol genealógico de Israel, como descendiente del rey David [*Mateo I,1 al 16*]. 2° Induciendo el error fundamental [*2ª Timoteo III, 16, 17*] al unir la doctrina supremacíita de Israel que promueve el despojo, la opresión y el genocidio de los pueblos gentiles, con la doctrina trascendente de Cristo que promueve el altruismo y el misticismo intenso, como si fueran iguales, siendo contrarias para que los judíos cristianos siguieran siendo Israel y los gentiles cristianos ayudara a Israel sin darse cuenta, a fin de hacer de Israel la principal de las naciones. 3° Induciendo la dualidad moral, separando la fe de la razón [*1ª Corintios I, 17 al 27*],; lo cual hace patente el daño moral que ha causado a la humanidad y a la sociedad durante dos milenios, y considero un deber supremo impedir que siga causando daño en lo futuro, ya que San Pablo como buen maestro del engaño y la manipulación, entretejió hábilmente la verdad junto con la mentira, a fin de hacer pasar la mentira como verdad sin que se dieran cuenta, poniendo candados teológicos a sus argucias para someter a los creyentes al dominio de Israel; por consiguiente al inducir el error fundamental separó la fe de la razón como candado para amordazar a los gentiles cristianos, y apeló a la honra de los ancestros de Israel como candado a los judíos cristianos.

San Pablo usurpó el liderazgo de los apóstoles arguyendo ser el más docto en la Ley de Israel, ya que su autoridad provenía del espíritu y no de la carne, pues fue Cristo resucitado, ante quien toda rodilla se dobla en el cielo, la tierra y el abismo, quien le otorgó su apostolado después de haber resucitado en todo su esplendor y gloria [*Filipenses, II, 5,,11*], [*2ª Corintios 13, 4*]; por ello descalificó la salvación por las obras instruida por Cristo sin que nadie lo interpelara y la sustituyó por la salvación por la ley y por la salvación por designio divino, cerrando el candado. La genialidad retórica de Pablo expuesta en el Areópago dejó perpleja a la humanidad durante dos milenios, posteriormente liberó a Israel del crimen de Cristo, inculpando a Dios de la muerte de su hijo como pago por nuestros pecados, siendo que Cristo al final de su condena a la opresión de los sacerdotes anticipadamente señaló a los que lo asesinarían. Aprovechando lo expuesto por Mateo [*Mat. V,19*], exhumó la ley de Israel e inhumo la doctrina de Cristo, y para que nadie quebrantara la Ley de Israel arguyó: "*La finalidad de la Ley, es Cristo*": [*Romanos X, 41*].

Y como prueba de que San Pablo fue un manipulador y darnos cuenta de la felonía moral que cometió San Pablo en sus epístolas al desviar el movimiento cristiano inicialmente laico, hacia la ecumene Abrahámica. Cambiando la objetividad de los hechos y enseñanzas de Cristo hombre narrados en los Evangelios, como ejemplo para motivarnos a seguirlo practicando el altruismo, el misticismo y el activismo social intensos, a fin de alcanzar la trascendencia humana y la sociedad perfecta por la subjetividad de la explicación teológica para seguir a Cristo resucitado, practicando la el culto, el rezo, el rito y la lectura bíblica. Convirtiendo en religión, el movimiento cristiano inicialmente laico, con el fin de que los judíos cristianos siguieran cumpliendo la ley de Israel o Torah, y los cristianos no judíos siguieran a Israel sin darse cuenta. Privando a la humanidad de la posibilidad del hombre de desarrollarse espiritualmente siguiendo las jornadas y metas del camino ecuménico que siguen los místicos a fin de alcanzar el perfil de humanidad perfecta o trascendencia humana cuyos razgos elevó Cristo a bienaventuranza eterna. Y con el propósito de ganarse el favor del emperador romano, sometió a los creyentes a su imperio, arguyendo: "Sométase todo individuo a la autoridad constituida, ya que no existe autoridad que Dios no haya designado"; y como candado indicó: "toda autoridad viene de Dios, y por lo tanto, el insumiso al imperio de la autoridad se opone a los designios de Dios" [*Romanos XIII, 1, 2*], dando lugar a la teología de la dominación y al derecho divino que han aducido tener: reyes, imperios y potentados, en nombre de los cuales someten y despojan a pueblos y naciones, y liquidan adversarios y opositores. Muerto San Pablo, los sacerdotes de Israel perpetuaron el complot contra Cristo y sus seguidores gentiles, vigilando que los atavismos teológicos no se aflojen.

2: Yo acuso que no obstante de que en el Concilio de Jerusalén San Pedro y San Pablo acordaron la separación física de la Iglesia y la Sinagoga, liberando a los gentiles de la obligación judía de acatar la ley de Israel; los rabinos lo impidieron uniendo el Antiguo y el nuevo Testamento como partes inseparables de la misma doctrina a fin de judaizar el cristianismo y mantenerlo sujeto a la Sinagoga; suscitándose interminables complots contra la Iglesia y los reinos cristianos en cada siglo. Después de la Revolución francesa, el triunfo de las revoluciones promovidas por la masonería judía contra los reinos europeos, pronosticaban el triunfo de Israel sobre los gentiles cristianos. La emancipación de los judíos posibilitó su inserción en las sociedades civiles, y los rabinos se plantearon el interrogante sobre el problema religioso del mundo por venir. Se acercaba el retorno a la tierra de Israel y se imponía solucionar el antisemitismo teológico y la reivindicación de la Alianza del Sinaí como plataforma donde se desplanta el futuro de Israel entre los gentiles. Lo que estaba en juego en los debates teológicos de los rabinos de fines del siglo XIX puede resumirse de la siguiente manera: *"El cristianismo nace del judaísmo y, con notables esfuerzos, puede introducir elementos de espiritualidad judía; lo contrario no es posible, pero necesitamos recobraremos nuestro papel de pueblo sacerdotal entre los gentiles, traspasando algunos valores del legado judío; sino ¿cómo transformar la* doctrina de la Iglesia sobre los judíos, a fin de reivindicar nuestra dignidad de pueblo escogido por Dios ante la pretensión de los cristianos de ser el Nuevo Israel?, y para lograrlo rabinos y masones trabajaron en la elaboración de un plan conjunto para destruir la iglesia y su doctrina promoviendo sutilmente, la lucha intestina entre conservadores y modernistas con el pretexto de adecuarla a los tiempos modernos.

3: Yo acuso que la Reforma protestante desde su origen fue un movimiento auspiciado por la sinagoga para que los cristianos reformados atacaran a la Iglesia, su doctrina y jerarquía, como si fueran judíos a fin de devolver la Iglesia a su pureza primitiva (Era común cuando los cristianos y los ortodoxos eran judíos, y todos estaban obligados a seguir las tradiciones judías y las leyes de Moisés) como lo confirma el rabino Israel Newman en su obra: *Jewish Influence en Cristian Reform Movements*. La inmensa mayoría de los cristianos reformados, olvidando que somos gentiles cristianos [que teníamos nuestras propias leyes (derecho romano), cultura y tradiciones (grecorromanas)] actúan como si fueran judíos enemigos acérrimos de los gentiles y sus instituciones, y por atacar a la Iglesia católica atacan la religión cristiana judaizándola.

4: Yo acuso la labor judaizarte de las Iglesias regionales de Norte América, Europa y Sud América integrantes del Consejo Mundial de las Iglesias Reformadas en su campaña permanente por desprestigiar la Iglesia, traicionado a Dios, a Cristo y la humanidad cristiana, como aconteció en el Sínodo de las Iglesias protestantes celebrado en Renania (1980) donde aprovechando las implicaciones judaizantes de *Nostra Aetate* **cambiaron el Credo cristiano de la Nueva alianza de Dios y el hombre a través de Cristo por el Credo de la doble alianza** de Dios, que pregona: *"Yo creo en la elección permanente del pueblo judío como pueblo de Dios y entendemos que a través de Jesucristo entramos a la alianza del Dios de Israel"*. Nuevo Credo cristiano formulado a expensas de la nueva relación entre el Cristianismo y el judaísmo expuestas en las *"Consideraciones Ecuménicas sobre el dialogo judío cristiano"* que tiene por objeto reforzar los atados de San Pablo que mantienen amordazados a los gentiles cristianos a instancias de los interlocutores judíos y pro judíos participantes en el Sínodo de Renania: Agustín Bea, Charles Jounet, J. Cos Schhoneveld, Jhon Pawlikauski, Jean Daniélou, Bertod Klappert, Hans Urs von Baltasar, Kart Barth, Marcel Dubois, Roi Eckardt, Monika Helwing, Michel Remau. Paul von Buren y Peter von Osten en su intento por abrogar el dogma de *"la vieja alianza del Sinaí que unió al pueblo judío con YHVH al obligarse a observar los preceptos de la Torah, que prescribió al darse la nueva alianza del creyente individual y Dios a través de Cristo"* sustituyéndolo por el dogma de *"una doble alianza que acepta la permanencia de la alianza del pacto del Sinaí después del acontecimiento Pascual, como* *un misterio solo comprendido por Dios, para conformar la plataforma donde se desplanta el futuro de judíos y cristianos".*

Abrogando sutilmente la doctrina formulada por los Padres de la Iglesia en su esfuerzo por estructurar racionalmente la fe cristiana de acorde a nuestras raíces helenistas y comprender las cuestiones espirituales para redimir a los hombres del dolor, el sufrimiento, las limitaciones de los sentidos y de los procesos mentales siguiendo la vida, ejemplo y enseñanzas de Cristo; ignorando que el hecho que motivó el asesinato de Cristo, fue que el humanismo cristiano es una doctrina antípoda al anti humanismo supremaciíta judío; y que si Cristo volviera a nacer, los judíos lo volverían a matar. Y con el beso de Judas el Consejo Mundial de las Iglesias Reformadas anglicanas y luteranas en el Sínodo de Renania, entregó el cristianismo a los príncipes de la sinagoga, reivindicando el pacto de la Antigua Alianza, abrogado de facto el pacto de la Nueva Alianza predicado por la Iglesia; y el Papa Juan Pablo II, al igual que San Pedro, negó a Cristo al opinar falazmente que los judíos son nuestros hermanos mayores en la fe, abrogando sutilmente los textos evangélicos y cánones antisemitas surgidos en los concilios para defender la Iglesia, el Estado y la sociedad cristiana de los ataques encubiertos de los judíos en su intento por someter a la humanidad al supremacismo imperial de Israel, y abrogando la sentencia de Cristo que condena a la pena eterna a los seguidores de la doctrina y ejemplo de Israel.

5: Acusación de la implicación judaizante de la *declaración Nostra Aetate*. Es necesario no peder de vista el cambio que representa la declaración *Nostra Aetate* respecto a la situación previa de la doctrina de la Iglesia después que Juan Pablo II, traicionando a Cristo y al cristianismo, abrió la puerta de la fortaleza cristiana al judaísmo: *"Los prelados de Iglesia admiten que los judíos ya no son "un pueblo maldito". Maldito no, ¿pero tampoco réprobo? De ahora en adelante -* la Iglesia reconoce la permanencia del judaísmo en los planes de Dios y el carácter irreversible de los principios sentados por Nostra Aetate, que disuelven toda restricción y toda ambigüedad en el dialogo con los judíos". Son muchos los testimonios que permiten constatar la victoria judía traducida en la sustitución de la doctrina milenaria de la Iglesia por una doctrina judaizante: Jean Halpérin, miembro de la oficina del Congreso Judío Mundial con sede Ginebra, señaló durante un coloquio tenido en Friburgo: Hay que destacar que la declaración Nostra Aetate de 1965 abrió verdaderamente el camino hacia un dialogo absolutamente nuevo dando una nueva perspectiva de la Iglesia Cristiana respecto a los judíos y al judaísmo, manifestando su disposición a reemplazar la enseñanza del desprecio por la del respeto "refiriéndose al reemplazo de la teología y a los cánones antisemitas por una nueva herejía judaizante".

Las implicaciones judaizantes post Conciliares alcanzaron su clímax en los pontificado de Juan Pablo II y Benedicto XVI, causando la oposición de los sedevacantistas que desconocen los cambios modernistas tratando de evitar la abrogación sutil de los dogmas de la divinidad de Cristo, la divina Trinidad, la Nueva Alianza, los Evangelios y Cánones antisemitas fruto de los concilios organizados para defender a la Iglesia de los eternos ataques de la Sinagoga, a fin de exonerar a el pueblo judío del crimen de Cristo y convertir a la Iglesia Católica en una escuela bíblica portavoz de la moral natural dictada por Dios a Noe (noeajida) para gobernar a las bestias humanas (goyins: los pueblos no judíos). La táctica sutil (elevada a dogma de fe) empleada por Juan Pablo II para derribar las defensas de la Iglesia contra los ataques de la Sinagoga, opinando ante los medios que "los judíos son nuestros hermanos mayores en la fe" (siendo enemigos acérrimos del cristianismo desde la Iglesia primitiva hasta nuestros días), a merita la revisión jurídica del diferendo pontificio - {opuesto a la sentencia culposa dictada por Cristo [Mateo XXIII, 1 al 35] en su diatriba contra el puritanismo hipócrita de los sacerdotes y escribas de la Sinagoga señalando como reos de pena eterna a los seguidores de la doctrina judía (ethos: religión racista) y la conducta (pathos criminal y genocida serial) de Israel. A la luz de los genocidios seriales bíblicos e históricos cometidos por el pueblo judío, a fin de determinar la vigencia del ad quem recurrido}_ que decidirá la victoria o derrota del judaísmo sobre el cristianismo y, la trascendencia o la involución de la humanidad. Tanto el diferendo pontificio a la sentencia culposa dictada por Cristo, como la posterior beatificación de Juan Pablo II, son directrices dictadas por la Sinagoga para culminar la labor judaizante intra iglesia ejercitando el autoritarismo pontificio para imponerlas. Y ante la oposición de los padres de FSSPX a los cambios modernistas de la Iglesia post conciliar, los barones de la banca mundial judía representados por Wolfgang Tírese en la resiente entrevista con el Cardenal Kart Koch, pidieron a Benedicto XVI que durante las negociaciones entre la fraternidad sacerdotal Sn Pio X y la Santa Sede se exigiera a los lefebvristas la aceptación de la encíclica "Nostra Aetate", que marca la posición de la Iglesia ante los judíos. Haciendo evidente la subordinación apostata de la Iglesia postconciliar a las directrices de los príncipes de la sinagoga y el gobierno mundial judío, y la traición a Cristo y a la Iglesia de Juan Pablo II y Benedicto XVI, jefes de los conjurados; por ello, apelamos la beatificación de Juan Pablo II, y exigimos la abdicación inmediata de Benedicto XVI.

El rabino Paul Giniewski, señala en su obra: "El cambio: Anti judaísmo cristiano": "El documento Nostra Aetate sobre los judíos, que se podía considerar como la conquista de un objetivo, resultó, en cambio y muy rápidamente, el principio de una nueva era en la feliz evolución de las relaciones judeocristianas que permite avanzar en el camino del mutuo reconocimiento de judíos y cristianos" "refiriéndose al reconocimiento de la dignidad humana exclusiva de los judíos, y de la calidad de bestias de los gentiles judeo cristianos y del camino mutuo que recorren juntos oprimidos y opresores es decir las bestias gentiles y sus amos judíos". "La purificación del espacio cristiano "quiere decir la judaización del espacio cristiano" permite avanzar hacia la introducción de la religión de Noé", "a fin de concluir la controversia que en la Era común se daba dentro de las sinagogas entre los judíos seguidores de Moisés y los judíos seguidores de Cristo", que se resume así: "Al principio los príncipes de la sinagoga negaron los servicios sacramentales del ritual judío y las demás ceremonias, a los seguidores de Cristo (equivalente a la excomunión) y desheredaron a los proscritos de los beneficios de las promesas de Dios a los descendientes del patriarca Abrahán. Y ante el libelo de repudio, los judíos cristianos replicaron: "Nosotros también somos Israel." Los príncipes de la sinagoga negaron que los proscritos fueran el verdadero Israel, y los judíos cristianos replicaron: "Nosotros también somos el verdadero Israel." Un poco más tarde, las descalificaciones mutuas a las interpretaciones teológicas de la Sinagoga y la Iglesia, llevaron a los judíos cristianos a argüir: "Sólo nosotros somos el verdadero Israel". "En el transcurso del primer milenio d. C., las tensiones dentro de la sinagoga entre los judíos talmúdicos y los judíos cristianos, se trasladaron a la Iglesia, transformándose en tensiones entre judíos -VS- gentiles helénicos; lo cual disolvió la controversia entre judíos talmúdicos y judíos cristianos que discutían cual de ellos era el verdadero Israel, ya que los pueblos helénicos nunca han pretendido ser Israel, en cambio los judíos siempre han plagiado la nacionalidad, los nombres y lenguaje de los pueblos donde han establecido sus colonias".

6: **Adoctrinamiento de las tres etapas del perdón a los cristianos** por defender la Iglesia, el Estado y la sociedad de los complots, revoluciones y matanzas perpetradas por los judíos a lo largo de la historia, señaladas Paul Giniewski. Analizando la enseñanza de los últimos acontecimientos en términos del pensamiento judío:

1. "viduy": es decir el *reconocimiento sincero* del incumplimiento (?) y las *faltas* (?). El 12 de marzo del año 2000 Juan Pablo en nombre de la Iglesia Cristiana, pronunció el "mea culpa" por los pecados cometidos por los cristianos a lo largo de la historia contra los judíos.

Este gesto no se comprende si no se coloca en el contexto de la toma de conciencia de una Iglesia que, "por la Inquisición" persiguió al pueblo de la Alianza, desposeído y oprimido al mismo tiempo "Inquisición: Organismo de la Iglesia coadyuvante del Estado encargado de investigar, perseguir e interrogar a los conversos judíos sospechosos de seguir siendo judíos secretamente, a fin de descubrir el entramado de las conjuras judías en contra de la Iglesia, el Estado y la sociedad". Y para conocimiento del Altísimo, el texto del arrepentimiento fue colocado por el propio Juan Pablo II en un intersticio del Muro de los Lamentos "ya que los judíos creen que traspasando los huecos del muro sus escritos llegan al Altísimo" vestigio del Templo de Salomón *que los príncipes de la sinagoga convirtieron en cueva de ladrones,* y que sólo aguarda los generosos donativos cristianos para su reconstrucción".

2. "teschuva": que se supone la conversión de la conducta contraria "es decir pasar de la oposición a ser sometidos por Israel, a la sumisión o colaboración voluntaria con Israel".

¿Hasta dónde hemos llegado?, se pregunta el escritor judío. Hasta el "teschuva", responde, sin el menor margen de duda "ya que casi han logrado judaizar totalmente el cristianismo". Esto terminará "hasta que la enseñanza del aprecio por Israel se traduzca en textos didácticos "textos judaizantes" *y su propagación haya suscitado numerosas vocaciones de alumnos y profesores*" "colaboracionistas con el enemigo judío"". El objetivo es ambicioso: es hacer oír y aceptar una enseñanza contraria lo que hasta ahora se enseñó "pasar del antisemitismo teológico y los cánones anti judíos, a alabar a los judíos"". De esta forma se descrucificara a los judíos"

3. finalmente el más importante "tikkun": es decir la *reparación.* "La Iglesia deberá reparar a Israel por su antisemitismo teológico, la usurpación de la promesa del Sinaí y el despojó de su Libro" "para despojar a los cristianos, los judíos no tienen rival, algunos ya han descrito lo que será el alud de reparaciones que Israel exigirá a los países cristianos aduciendo el tikkun". Lo judíos podrán entonces retomar su papel en medio de las naciones como pueblo sacerdotal, un roll explicado en muchas obras y resumido por Patrick Petit Ohayon: *"La misión de Israel, un pueblo de sacerdotes".*

Olvidando que los cristianos actuales no somos judíos sino gentiles helenistas, las discusiones que siguieron a la "toma de conciencia" "mas bien demencia que nos lleva a alucinar que los gentiles cristianos somos judíos cristianos" del Concilio Vaticano II fueron preparando poco a poco al mundo cristiano para asumir una nueva teología de las relaciones "subordinación" de la Iglesia con el judaísmo". El objetivo de las directivas judaizantes del Vaticano y de los episcopados -desde hace casi cuarenta años- se encaminó a transformar la mentalidad de los creyentes por medio de un "**gran esfuerzo de re-educación** de los pueblos del espacio cristiano conquistado por el imperio judío".

7: Adoctrinamiento de las cinco metas de la reeducación de los cristianos para judaizarlos Este esfuerzo tiende a: 1) recordar la perpetuidad de la primera Alianza como plataforma donde se desplanta el futuro de la humanidad "olvidando que solo es un montaje escenográfico de la constitución de Israel como nación"; 2) inculcar el aprecio del pueblo judío en su carácter de "pueblo sacerdotal" "genocidas, saqueadores y subversivos hipócritas, vestidos de levita"; 3) renunciar a la pretensión cristiana de convertir a judíos al cristianismo "esfuerzo inútil y peligroso": 4) familiarizarse constantemente con el diálogo y la cooperación con el judaísmo "colaborar con el enemigo a fin de someternos voluntariamente"; 5). preparar los caminos para no borrar de la superficie de la tierra la doctrina de la Iglesia sino "transformarla" según los criterios de la ley noáquida "abrogando el dogma de la trinidad considerando a Cristo un humano más, y a cambio nos regalan un código nuevo de conducta".

"Se trata de la libre elección del toshav "extranjero: bestia gentil" de acercarse a la tradición de Israel observando las Siete Leyes -llamadas leyes noáquidas - de la moral natural reveladas antaño a Noé, padre del todos los vivientes" "prueba de que los diez mandamientos son exclusivos para Israel, (ya que son los únicos humanos), no para las bestias gentiles que los siguen rumbo al matadero": Estrategia ideada en 1884 por el rabino cabalista de Livorno Elías Benamozegh, en su libro "Israel y la Humanidad" donde en: El estudio sobre el problema de la religión universal "imperialismo judío" y su solución "sumisión total o exterminio", a la cual van a atenerse poco a poco los seguidores del judaísmo "el judeo cristianismo que impuso San Pablo", propuso una reforma a la doctrina de la Iglesia, a fin de adoctrinar a los cristianos basada en los tres puntos siguientes:

8: Adoctrinamiento de los tres puntos de la reforma de la enseñanza de la Iglesia propuesta por el rabino Elías Benamozegh para reivindicar la primera alianza y la dignidad de pueblo judío como pueblo sacerdotal a costa de la abrogación de la divinidad de Cristo

1. Debe cambiar su visión del pueblo judío, para rehabilitarlo como pueblo primogénito, pueblo sacerdotal "que se consagraron como sacerdotes de Satanás ungiendo sus manos con la sangre fratricida

de su pueblo asesinado en las faldas del Sinaí por mandato de Moisés", que "ha sabido conservar la religión primitiva en su pureza original "imperialismo supremaciíta"". El pueblo judío ni es deicida ni ha sido reprobado por Dios "Satanás no reprueba a sus sacerdotes del mal". Ninguna maldición pesa sobre él, al contrario, le cabe predicar la felicidad y la unidad de la humanidad judía, "mientras esgrime el puñal con el que extermina a las bestias gentiles"

2. Debe de "Renunciar a su creencia en la divinidad de JesuCristo, este Hijo del Hombre como Él mismo se llamaba, era judío y como tal permaneció. Predicar a JesuCristo judío, despojado de divinidad "un testigo mas de Jehová que vino a predicar a los gentiles la moral natural para la felicidad de todos los hombres", (olvidando que Cristo era en todo igual a los hombres, excepto en el pecado)

3. Debe aceptar una reinterpretación -no una supresión- del misterio de Trinidad "abrogando la creencia sobre la divinidad de Cristo". Reunidas estas tres condiciones, la Iglesia tiene la misión de propagar la moral natural llamada noaquismo "moral ligh". De esta manera, como decía Lustiger "las Iglesias cristianas serán promotoras de una moral destinada a todos los pueblos del espacio cristiano" "la moral derrotista de los esclavos y oprimidos" La Iglesia "convertida en sinagoga" tiene la misión de propagar la moral inherente al noaquismo "el sometimiento a la voluntad imperial de Israel"

9: **Adoctrinamiento de los siete mandamientos de Noe que regirán la moral cristiana por órdenes de la Sinagoga.** La declaración sobre el judaísmo del episcopado norteamericano del 13 de agosto contiene una referencia explícita al respecto: *El judaísmo considera que todo pueblo no judío está obligado a observar una ley universal conocida como los Siete Mandamientos de Noé. Ordenando: (1) el establecimiento de tribunales de justicia, de modo que la ley gobierne la sociedad* "Marco legal que nos deviene del derecho romano, no de la ley judía por ello no es obligatorio para los judíos su cumplimiento", *y la prohibición de la: (2) blasfemia, (3) idolatría* "YHVH es ídolo virtual", *(4) incesto, (5) derramamiento de sangre judía* "solo Israel tiene licencia para matar a los gentiles impunemente, ya que para la ley sagrada judía los hijos de los gentiles solo son un trozo de carne con la que se puede hacer lo que se quiera", *(6) hurto* "solo Israel puede despojar a los pueblos impunemente" *y (7) comer la carne de animales vivos.* El nuevo objetivo de la Iglesia consiste en promover el noaquismo a fin de enaltecer la dignidad humana del pueblo judío ante los pueblos gentiles que solo son bestias en dos patas que hay que someter o aniquilar "indoctrinando a los pueblos en la moral de esclavos, el supremacismo judío y su gobierno mundial". Se redefinirá la primacía de los PONTÍFICES CRIPTO O FILO JUDÍOS para facilitar la unidad de los cristianos "como colaboracionistas voluntarios al servicio de Israel". Los no judíos no pueden aspirar a convertirse al judaísmo o mosaísmo talmúdico, religión reservada a los elegidos. La solución Benamozegh, silenciada por largo tiempo, ahora es retomada por los dirigentes del mundo judío. Altas autoridades vaticanas indujeron a los episcopados a publicar declaraciones cuyo contenido teológico se opone claramente al magisterio de la Iglesia, promoviendo los siguientes adoctrinamientos judaizantes:

10: **Adoctrinamiento de la nueva teología de la doble Alianza.** El texto de la Comisión del Episcopado Francés para las Relaciones con el Judaísmo (Pascua, 1973), expone: 1) *Los cristianos no deben ver al judaísmo como una realidad solamente social e histórica sino esencialmente religiosa; no como reliquia de un pasado venerable y acabado, sino como una realidad viva a través del tiempo. Las principales señales de esta vitalidad del pueblo judío son: el testimonio de su fidelidad colectiva al único Dios, su fervor en escrutar las Escrituras para descubrir, a la luz de la Revelación, el sentido de la vida humana, la búsqueda de su identidad en medio de los otros hombres, sus constantes esfuerzos por congregarse en una comunidad reunificada. Como cristianos, estos signos nos plantean un interrogante que toca el corazón de nuestra fe: ¿Cuál es la misión propia del pueblo judío en el plan de Dios?.* 2) *Una elección que* perdura: la primera Alianza no ha caducado. Contrariamente a lo que sostuvo una exégesis tan antigua como cuestionable, no se podría deducir del nuevo Testamento que el pueblo judío ha sido privado de su elección. El conjunto de las Escrituras, por el contrario, nos invita reconocer la fidelidad de Dios a su pueblo en la preocupación de fidelidad del pueblo judío a la Ley y a la Alianza.

11: **Adoctrinamiento de la perpetuidad de la primera Alianza: a)** La primera Alianza, en efecto, no queda abrogada por la nueva. El pueblo judío tiene conciencia de haber recibido, a través de su vocación particular, una misión universal frente a las naciones. 3) La declaración, más reciente, sobre ¿cuál es esta misión? Está expuesta en las "Reflexiones sobre la Alianza y la Misión" del episcopado norteamericano (13 de agosto, 2002): "El pensamiento del episcopado norteamericano manifiesta un creciente respeto por la tradición judía que se desarrolla desde el Concilio Vaticano II. La profundización de la valoración Cristiana sobre la alianza eterna entre Dios y el pueblo judío, así como el reconocimiento de la misión que Dios asignó a los judíos de atestiguar el amor fiel de Dios "evidentes en las revoluciones contra los reinos europeos promovidas por las organizaciones judío masónicas, y el genocidio, despojo y esclavitud de los pueblos ex integrantes de la U.R.S.S., y de los pueblos palestinos ocupados por Israel", llevan a concluir que las acciones encaminadas a convertir a los judíos al cristianismo ya no son teológicamente aceptables en la Iglesia Cristiana" "lo que si es aceptable es convertir las Iglesias en sinagogas, los sacerdotes y pastores en rabinos, y los cristianos en vasallos de los judíos"

"Cambiar la teología sobre la perpetuidad de la primera Alianza": La noción de una sustitución de la antigua Alianza por la nueva está en el origen mismo de la división judeocristiana y sus consecuencias. Norbert Lohfink, cripto judío jesuita profesor de investigación bíblica en la Universidad Pontificia de Roma, en su libro:*"La alianza nunca derogada",* reflexiona que "la concepción cristiana ordinaria sobre la nueva Alianza favorece el anti judaísmo, "sin tomar en cuenta que LA ALIANZA DEL SINAÍ ES SOLO UN MONTAJE ESCENOGRÁFICO PARA CONSTITUIR A ISRAEL COMO NACIÓN ADUCIENDO SER UN ACTO DE LA VOLUNTAD DIVINA PARA SANTIFICARLO". Y señala: "Creemos que Cristo instauró una nueva Alianza, y cuestiona: ¿Caducó con ello la antigua?, lo sostuvimos durante dos milenios y probablemente existen cristianos que aún hoy lo piensan".... Alain Marchandour en un coloquio titulado "Proceso a Jesús, ¿proceso a los judíos?", no duda en afirmar:

"Durante mucho tiempo los cristianos percibieron a Israel como vestigio de una realidad absorbida esencialmente por el cristianismo convertido en nuevo Israel". Semejante percepción es indefendible: "Israel existe con su historia, sus instituciones, sus textos".

"El judaísmo no se extinguió con la llegada del cristianismo. "tiene toda la razón, se trata de dos movimientos distintos y separados que pueden subsistir independientemente pero Israel insiste en terminar de judaizar al cristianismo", *Sigue siendo el pueblo de la Alianza del Sinaí"* **"acto constitutivo de Israel** que unió las siete tribus de Israel en un solo pueblo, a fin de ser una sola nación, aduciendo que es voluntad de Dios para santificarlo y santificar a sus ancestros y los hechos ancestrales, su pueblo, su territorio, Jerusalén, su templo, y las directrices imperial supremacistas plasmadas en su Libro; lo cual no tiene ningún significado para los que no son de Israel". Charles Perrot, profesor del Instituto Cristiano de París, coincide con la misma idea: *"Si la doctrina de Iglesia sustituye a Israel, si lo reemplaza, esto no significa que también lo elimine, por absorción o algo peor aún. Ahora bien, expresarse así es peligroso.*

¿Es admisible hoy en día?" En octubre de 1988 con motivo de la entrega del premio *Nostra Aetate* el filo judío cardenal M. Lustiger arzobispo de Paris para júbilo de los asistentes expuso *"La teoría de la sustitución, la*

suplantación y la usurpación" arguyendo que los cristianos desposeyeron a los judíos de su papel de pueblo elegido y pueblo sacerdotal portador de la salvación de los hombres, pero que ha llegado el tiempo de devolver la herencia a su legítimo propietario Y en el año 2002 ante el congreso judío europeo, el congreso mundial y el Comité Judío Norteamericano, Lustiger expuso una falaz apología del sincretismo judeo cristiano.

12: Adoctrinamiento de la necesidad de que las élites (los lideres de opinión) revisen la historia del cristianismo para judaizarla. Al igual que su teología, la Iglesia debe "revisar" su historia "La denuncia del presente complot contra la iglesia, esta sustanciada por la revisión histórica de la defensa de la Iglesia en contra de los intentos de la Sinagoga por destruirla o nulificarla", *"La teología expuesta en los Evangelios nos da la certidumbre de que los hombres al seguir la doctrina de la trascendencia humana ilustrada por la vida, ejemplo y enseñanzas de Cristo pueden transformarse en seres de humanidad perfecta, y por consiguiente lo único que hay que revisar son las conjeturas de que el Antiguo y el Nuevo Testamento, tienen el mismo significado aplicando el principio de objetividad expuesto por Cristo: "por sus frutos se conoce el árbol"".* En ese sentido, Albert Einstein (*Mein Weltbild*, Amsterdam 1934) expresando los sentimientos por su pueblo, sostiene: *"El judaísmo también es una tentativa de fundar sobre el miedo una moral "no como pretende el Código Hammurapi que trata de proteger la vida, derechos y bienes de las personas imponiendo drásticas sanciones a los infractores para asegurar la armonía social o penitencias reeducativas al estilo del Código Romano, sino una moral criminal para actuar impunemente",* lo cual no deja de ser una tentativa deshonrosa....

Resulta así que el judaísmo no representa una religión de carácter trascendente, sino que se relaciona solo con la vida que vivimos, palpable en cierto modo, y no aspira a otro fin; por ello resulta dudoso que pueda llamársele religión, puesto que del judío no se requiere ninguna creencia, sino la santificación de su entorno "Israel santifica su entorno como la mafia su territorio, imponiendo su ley mediante el crimen y la violencia en contra de victimas indefensas para someterlas y despojarlas de sus bienes impunemente ". Mientras que la cúpula judaizante del Vaticano multiplica las reuniones de expertos para dilucidar el mejor modo de reformar la doctrina de la iglesia, en Roma y en otras ciudades europeas se han celebrado numerosos coloquios que tienen por tema la historia de la Iglesia en relación a su actitud frente al judaísmo:

El 30 de noviembre de 1997 tuvo lugar en Roma un encuentro sobre las raíces judías. Del cristianismo. Historiadores venidos de todo el mundo escucharon a expertos en relaciones judeocristianas. Claude-Françoise Jullian reporta en *Le Nouvelle Observateur* cuál fue el objeto del debate: *Todos los expertos reafirmaron los orígenes judíos del cristianismo y calificaron a la teología de la sustitución -esto es, la Nueva Alianza en Cristo, que rompe con la Antigua Alianza- como una aberración.* Al abrir el simposio, el cardenal Etchegaray (Presidente del Comité Organizador del Jubileo) explicó: *"Se trata de que examinemos las relaciones a menudo alteradas entre judaísmo y cristianismo."* El pensamiento fue recogido por el animador del encuentro, el dominico suizo Georges Cottier, teólogo privado del Papa (y Presidente del Comité histórico-teológico del Jubileo), que recordó: *"nuestra reflexión apunta al plan divino de la salvación y al lugar que corresponde al pueblo judío, pueblo de la elección, de la alianza y de las promesas".* Un participante afirmó: *"La aberración de la teología de la sustitución es admitida desde el Vaticano II, pero dicha aberración es difícil de aceptar por las bases".* El editorialista de un semanario se preguntaba: *¿Por qué Roma reúne a expertos de los cinco continentes para aprobar una nueva interpretación teológica que hoy se toma ya como verdad de fe?*

"Otro coloquio se celebró a la Universidad de Friburgo del 16 al 20 de marzo de 1998 sobre el tema *Judaísmo, anti judaísmo y cristianismo*. Las actas se publicaron en las ediciones Saint-Augustin del año 2000 y todas las intervenciones revisten el mayor interés.

"El 28 y 29 de enero de 2002 el Congreso Judío Europeo organizó en París los Encuentros Europeos entre Judíos y Cristianos sobre el tema: *Después del Vaticano II y Nostra Aetate: Profundización de las relaciones judeo cristianas en Europa bajo el pontificado Juan Pablo II.* Durante el congreso se honraron varias personalidades comprometidas en el diálogo entre judíos y cristianos.

"Unas jornadas vespertinas efectuadas en los salones del Hôtel de la Ville de Paris el 28 de enero de 2003 reunió unas 700 personas, tanto judíos como cristianos. En la lista de oradores figuraban como presidente de estos encuentros Maître Henri Hajdenberg, el profesor Jean Halpérin del Comité del Enlace entre judíos y cristianos, el cardenal Lustiger, el gran rabino de Moscú Pinchas Goldschmidt, el gran rabino René Samuel Sirat, el doctor Michel Friedman, vicepresidente del Congreso Judío Europeo y el cardenal Walter Kasper, Presidente de la Pontificia Comisión para las relaciones religiosas con el Judaísmo. En sus discursos todos los oradores destacaron la importancia de los pasos dados desde *Nostra Aetate, para abrogar el antisemitismo teológico de la doctrina de la Iglesia y reivindicar la eternidad de la primera Alianza...* Muchas cosas se dijeron esa tarde sobre las actuales relaciones entre judíos y cristianos. Sopló un nuevo espíritu palpable en los gestos y las palabras de los cristianos, especialmente de Juan Pablo II. *"Una nueva etapa, una nueva Era",* era el sentimiento que, por otra parte iba a confirmarse en el transcurso del día siguiente.

Después de las exposiciones de los distintos oradores y de la proyección de la película *"El Papa Juan Pablo II en Tierra Santa"*, se hizo un gran silencio en la extensa sala. Durante el día siguiente, 29 de enero, ante un público más limitado y en presencia de varios cardenales, obispos y personalidades judías, de algunas delegaciones venidas de Alemania, Austria, Bélgica, Italia, Suiza y Polonia, en un mismo clima de positividad y de verdad se abordó el tema: *"La evolución de las relaciones judeo Cristianas. De la teoría de la sustitución, al respeto mutuo. Acerca de la necesaria transmisión de la memoria de la Shoa en el contexto actual"*. Por la tarde diversos oradores expusieron sobre *"Los retos de la asimilación y la secularización de las relaciones judeo Cristianas con el Estado de Israel y Jerusalén a fin de reivindicar el derecho del Estado de Israel sobre los Santos lugares y la administración del catastro de tal modo que las Iglesias y las mezquitas paguen impuestos prediales y de usufructo al ayuntamiento israelí"*. Las jornadas concluyeron con una declaración común de judíos y cristianos.

13: Adoctrinamiento de la necesidad de cambiar el contenido espiritual de la predicación y la catequesis para ensalzar el judaísmo. Los documentos romanos del 24 de junio de 1985: *"Notas para una correcta presentación de los judíos y el judaísmo en la predicación y la catequesis"*, deben leerse y meditarse a la luz de lo que se ha dicho en los discursos y los escritos judaizantes.

14: Adoctrinamiento de la necesidad de cambiar el simbolismo ritual de la liturgia por los gestos espectaculares que usan los rabinos en sus rituales. Un ejemplo es la gesticulación simbólica y constante de la Cruz para bendecir a las multitudes. Otro es el gesto del Papa filo judío Juan Pablo II a la Sinagoga de Roma del 13 de abril de 1986. La visita fue todo un símbolo: *"La Iglesia de Cristo, por medio de Juan Pablo II, se traslada a la Sinagoga y descubre su vínculo con el judaísmo explorando su propio misterio"*. Por este motivo, Juan Pablo II declaró: *La religión judía no nos es "extrínseca", sino que en determinado sentido es "intrínseca" a nuestra religión. Tenemos, pues, a su respecto, relaciones que no tenemos con ninguna otra religión. Vosotros sois nuestros hermanos preferidos, y se podría decir en cierto sentido, nuestros hermanos mayores en la fe*. "Si el despojo, sometimiento y genocidio de los pueblos cristianos perpetrados por Israel a lo largo de la historia es una muestra de hermandad, que esperamos para sacar de las cárceles a todos los criminales cristianos, ya que por mucho sus crímenes son menores comparados con los cometidos por Israel impunemente".

15: Adoctrinamiento de la obligación de los cristianos de respetar el derecho de Israel a la tierra prometida (derecho que nos obliga a defender y sostener económicamente a Israel, aduciendo que hasta el nombre les debemos) centro físico de la Alianza. El acontecimiento más importante para los judíos desde el holocausto fue el restablecimiento de un Estado judío en la Tierra prometida. Como miembros de una religión basada en la Biblia, los cristianos deben valorar que la tierra de Israel haya sido prometida y dada a los judíos en calidad de centro físico de su Alianza con Dios. A los cristianos no les queda más alternativa que alegrarse de la presencia de los judíos en Tierra Santa

16: **Continuación de la defensa de Maurice Pinay.** Y a pesar de que ha pasado invertida la abrogación de la doctrina milenaria de la Iglesia, convirtiendo las Iglesias en sinagogas, los pastores y sacerdotes en rabinos y los pueblos cristianos en vasallos de los judíos, aún es tiempo de liberar al cristianismo de las mordazas con las que los príncipes de la sinagoga nos mantienen atados al Libro de Israel; por ello fue que los libre pensadores, en defensa de Cristo, la Iglesia, el Estado y la sociedad, **proseguimos la obra de Maurice Pinay criticando la utopía cristiana, y consecuentemente el profetismo judío, los textos talmúdicos, las sociedades judío masónicas, el supremacismo comunista judío y el supremacismo imperial judío**; crítica que habia sido vedada por la sinagoga, y consecuentemente nos esforzamos en demostrar objetivamente que el mensaje de Cristo es universal o genérico por estar cifrado en la doctrina de la trascendencia humana; y que es opuesto al internacionalismo judío cifrado en la doctrina imperial supremaciíta de la sinagoga, por ello Cristo señalo como reos merecedores de pena eterna a los seguidores de la doctrina y ejemplo de Israel; lo cual prueba que el cristianismo no nace del judaísmo como aseguran los rabinos, y que no puede traspasar valores (trascendentales) al cristianismo porque el judaísmo no aspira a la trascendencia sino a la supremacía de Israel sobre todas las naciones sometiendo a los pueblos gentiles, haciendo objetivo que el judaísmo es la letrina que contamina al cristianismo; por ello es necesario separar el Antiguo Testamento de nuestra fe, a fin de disolver la guerra intestina de la Iglesia y derrotar a los esbirros de la sinagoga, editando conjuntamente las obras del pensamiento religioso y el pensamiento laico utilizando el mismo seudónimo; y consecuentemente:

17: **Constituido en fiscal de la verdad, Yo acuso a San Pablo de haber judaizado el cristianismo:** 1° injertando Cristo en el árbol genealógico de Israel, como descendiente del rey David [*Mateo I,1 al 16*]. 2° Induciendo el error fundamental [*2ª Timoteo III, 16, 17*] al unir la doctrina supremaciíta de Israel que promueve el despojo, la opresión y el genocidio de los pueblos gentiles, con la doctrina trascendente de Cristo que promueve el altruismo y el misticismo intenso, como si fueran iguales, siendo contrarias para que los judíos cristianos siguieran siendo Israel y los gentiles cristianos ayudara a Israel sin darse cuenta, a fin de hacer de Israel la principal de las naciones. 3° Induciendo la dualidad moral, separando la fe de la razón [*1ª Corintios I, 17 al 27*],; lo cual hace patente el daño moral que ha causado a la humanidad y a la sociedad durante dos milenios, y considero un deber supremo impedir que siga causando daño en lo futuro, ya que San Pablo como buen maestro del engaño y la manipulación, entretejió hábilmente la verdad junto con la mentira, a fin de hacer pasar la mentira como verdad sin que se dieran cuenta, poniendo candados teológicos a sus argucias para someter a los creyentes al dominio de Israel; por consiguiente al inducir el error fundamental separó la fe de la razón como candado para amordazar a los gentiles cristianos, y apeló a la honra de los ancestros de Israel como candado a los judíos cristianos. San Pablo usurpó el liderazgo de los apóstoles arguyendo ser el más docto en la Ley de Israel, ya que su autoridad provenía del espíritu y no de la carne, pues fue Cristo resucitado, ante quien toda rodilla se dobla en el cielo, la tierra y el abismo, quien le otorgó su apostolado después de haber resucitado en todo su esplendor y gloria [*Filipenses, II, 5,,11*], [*2ª Corintios 13, 4*]; por ello descalificó la salvación por las obras instruida por Cristo sin que nadie lo interpelara y la sustituyó por la salvación por la ley y por la salvación por designio divino, cerrando el candado.

La genialidad retórica de Pablo expuesta en el Areópago dejó perpleja a la humanidad durante dos milenios, posteriormente liberó a Israel del crimen de Cristo, inculpando a Dios de la muerte de su hijo como pago por nuestros pecados, siendo que Cristo al final de su condena a la opresión de los sacerdotes anticipadamente señaló a los que lo asesinarían. Aprovechando lo expuesto por Mateo [*Mat. V,19*], exhumó la ley de Israel e inhumo la doctrina de Cristo, y para que nadie quebrantara la Ley de Israel arguyó: "*La finalidad de la Ley, es Cristo*": [*Romanos X, 41*]. Y como prueba de que San Pablo fue un manipulador: con el propósito de ganarse el favor del emperador romano, sometió a los creyentes a su imperio, arguyendo: "Sométase todo individuo a la autoridad constituida, ya que no existe autoridad que Dios no haya designado"; y como candado indicó: "toda autoridad viene de Dios, y por lo tanto, el insumiso al imperio de la autoridad se opone a los designios de Dios" [*Romanos XIII, 1, 2*], dando lugar a la teología de la dominación y al derecho divino que han aducido tener: reyes, imperios y potentados, en nombre de los cuales someten y despojan a pueblos y naciones, y liquidan adversarios y opositores. Muerto San Pablo, los sacerdotes de Israel perpetuaron el complot contra Cristo y sus seguidores gentiles, vigilando que los atavismos teológicos no se aflojen.

28: Acusación de la fiscalía de la verdad en contra de la Iglesia judeo cristiana porque que a pesar de que San Pedro y San Pablo en el Concilio de Jerusalén acordaron la separación física de la Iglesia y la Sinagoga, mantuvieron unidos el Antiguo y el Nuevo Testamento como si fueran una misma cosa, a fin de abrogar el helenismo cristiano sin que se dieran cuenta. Suscitándose interminables complots contra la Iglesia y los reinos cristianos en cada siglo. Después de la Revolución francesa, el triunfo de las revoluciones promovidas por la masonería judía contra los reinos europeos, pronosticaban el triunfo de Israel sobre los gentiles cristianos. La emancipación de los judíos posibilitó su inserción en las sociedades civiles, y los rabinos se plantearon el interrogante sobre el problema religioso del mundo por venir. Se acercaba el retorno a la tierra de Israel y se imponía solucionar el antisemitismo teológico y la reivindicación de la Alianza del Sinaí como plataforma donde se desplanta el futuro de Israel entre los gentiles. Lo que estaba en juego en los debates teológicos de los rabinos de fines del siglo XIX puede resumirse de la siguiente manera: *"El cristianismo nace del judaísmo y, con notables esfuerzos, puede introducir elementos de espiritualidad judía; lo contrario no es posible, pero necesitamos recobraremos nuestro papel de pueblo sacerdotal entre los gentiles, traspasando algunos valores del legado judío; sino ¿cómo transformar la doctrina de la Iglesia sobre los judíos, a fin de reivindicar nuestra dignidad de pueblo escogido por Dios ante la pretensión de los cristianos de ser el Nuevo Israel?*, y para lograrlo rabinos y masones trabajaron en la elaboración de un plan conjunto para destruir la iglesia y su doctrina promoviendo sutilmente, la lucha intestina entre conservadores y modernistas con el pretexto de adecuarla a los tiempos modernos.

19: Acusación de la fiscalía de la verdad en contra de la Reforma protestante porque desde su origen fue un movimiento auspiciado por la sinagoga para atacar a la Iglesia y abrogar su doctrina y jerarquía, a fin de devolver la Iglesia a su pureza primitiva (Era común) cuando en la asamblea todos eran judíos (los que seguían a Cristo y los que seguían a los rabinos) y todos estaban obligados a seguir las tradiciones judías y las leyes de Moisés, como lo confirma el rabino Israel Newman en su obra: *Jewish Influence en Cristian Reform Movements*. La inmensa mayoría de los cristianos reformados, olvidando que somos gentiles cristianos [que teníamos nuestras propias leyes (derecho romano), cultura (helénica) y tradiciones] actúan como si fueran judíos enemigos acérrimos de los gentiles y sus instituciones, y por atacar a la Iglesia católica atacan la religión cristiana judaizándola.

20: Acusación de la fiscalía de la verdad en contra de las Iglesias judeo cristianas por haber cambiado mensaje y ejemplo de Cristo destinados a trasformar a los hombres y la sociedad mediante la práctica del altruismo, el misticismo y el activismo social intensos a fin de alcanzar la trascendencia humana y la sociedad perfecta por una mística piadosa centrada en el rito, el rezo, el mito y la lectura bíblica destinada a enajenar a lo fieles; por ello es que después de dos milenios de cristianismo no se ha alcanzado la trascendencia humana ni la sociedad perfecta, ya que nunca han rectificado la errada visión oscurantista promovida por el Libro de Israel. Y ahora que la corriente modernista ha arrastrado a muchos intelectuales cristianos filósofos y teólogos en su esfuerzo por buscar una convergencia entre el profetismo judío del Libro de Israel, la ciencia y el cristianismo, mal intencionadamente: a) se critica la doctrina de la Iglesia pero no se critica el profetismo judío, imponiendo el cuento creacionista del Génesis a la teoría de la evolución de las especies (Expuesta en el Siglo I, por Ovidio: *Metamorfosis*, y posteriormente ratificada por Darwin) a efecto de perpetuar el oscurantismo falsificando la realidad; y solo se ataca a Cristo y la doctrina Milenaria de la Iglesia b) se critica la autoridad jerárquica pero no se critica el complot de los conjurados que azuzan la rebelión de los filósofos y teólogos modernistas a fin de demoler la Iglesia. c) se ataca la democracia dejando de criticar las atrocidades del comunismo cerrando los ojos al despojo, el sometiendo y genocidio de los pueblos ex integrantes de la Unión Soviética, empleando un doble lenguaje para imponer "el judaísmo al cristianismo, la sinagoga a la Iglesia"; "la teología de la liberación por medio de la lucha armada _a_ la teología de la salvación por medio de las obras"; "el materialismo ateo _a_ la espiritualidad cristiana"; " el comunismo marxista _a_ el socialismo cristiano"; "el totalitarismo bolchevique _a_ la democracia"; promoviendo la lucha intestina dentro de la Iglesia para destruirla, semejante a los que esta ocurriendo actualmente en la lucha fraticida que promovieron las fuerzas invasoras en Irak". La Iglesia alarmada por la rebelión y los estragos causados por la corriente progresista, no ha tenido otra salida que optar por el autoritarismo para imponer la disciplina y la obediencia entre los intelectuales religiosos amotinados, recordándoles que los religiosos consagrados están obligados a sujetarse a la autoridad Pontificia, restableciendo una dictadura eclesiástica semejante al *Dictatus papae*; publicado en 1075 por el Papa Gregorio VII.

Tarea ingrata encomendada al Cardenal Ratzinger titular de la Congregación para la Defensa de la Fe, que le valió el sobre nombre de: *el dóberman del Vaticano*. Peyorativo ganado a pulso después de que en el *Informe sobre la fe*, resumió el daño causado a la doctrina de la Iglesia por la rebelión de los modernistas, señalando a la apertura secular y pluralista del Concilio Vaticano II de ser la responsable de la socavación de los cimientos de la autoridad de las Iglesias cristianas que contribuye a la disgregación constante del monolito cristiano (Casiano Floristán: *El Vaticano II, veinte años después*). Opinando que el mejor antídoto contra el anarquismo modernista es el totalitarismo eclesiástico: *(opinión reseñada por John Allen corresponsal del Nacional Catolic Reporter)*; y sin tomar en cuenta el ataque a los dogmas, prácticas y ritos de la doctrina de la Iglesia que no están de acuerdo a los tiempos modernos sin atacar los dogmas, prácticas y ritos fruto de la paranoia del profetismo judío, tiene como consecuencia la abrogación sutilmente de la doctrina de Cristo para terminar de judaizar el cristianismo; en un sospechoso e irresponsable arranque teatral y sensacionalista el teólogo suizo Hans Küng: (*Contra el fundamentalismo católico romano de nuestro tiempo*), sin darse cuenta que tomó partido por la sinagoga, difirió de esta opinión calificando a el Cardenal Ratzinger de tirano espiritual, emulador del nazismo y el comunismo que sojuzgaron a su patria y le impidieron educarse en la democracia, y por irrespetuoso, Küng fue expulsado de la cátedra de Teología ecuménica de Tubinga.

Tanto el celo del Papa Juan Pablo II y del Cardenal Ratzinger, como el arrojo del Teólogo Hans Küng quien emulando a Guillermo Tell, vendado de ojos lanza sus dardos contra la tiara Papal ante el regocijo de los esbirros de la sinagoga, podrían parecer a unos justos y a otros injustificables, ya que en la guerra intestina, no se sabe quién está a favor o en contra de la Iglesia. La insubordinación de Küng es reprobable y su rebeldía ante el oscurantismo pontificio sería encomiable si no buscara la modernización en Atenas omitiendo criticar no solo el profetismo judío sino los textos perversos del Talmud; ya que una formulación de fe verdadera que no tenga como meta el recto obrar (ortopraxis) no solo es sospechosa de manipulación sino de alienante; y aunque Küng sea un destacado exponente del modernismo que recién descubrió la relación entre la religión y ciencias humanas no deja de ser un teólogo fideísta enervado por la teología del absurdo expuesta en el Libro de Israel, como lo evidencia su errada opinión de la existencia de una ecumene Abrahánica entre cristianos, judíos y musulmanes, patente en: a) en la creencia de un Dios único amante de Israel y enemigo de los pueblos gentiles; b) el legado de odio del patriarca contra los gentiles donde participamos como pueblos enemigos que hay que someter o exterminar a fin de hacer de Israel la principal de las naciones; c) lazos históricos de conjuras, rebeliones, despojo y exterminio de los pueblos cristianos y musulmanes instigadas por los judíos en los países donde han residido fruto de los textos criminales del Talmud.

El cambio de paradigmas (La teología ante el acoso de la modernidad), trauma tanto a modernistas como a conservadores, acentuando la controversia que se da entre la fe y la razón es decir entre los avances de la ciencia, los planteamientos existenciales de la filosofía moderna y las conclusiones de la psicología que contravienen o ratifican la fe cristiana al obstruir la visión de los teólogos tanto en cuestiones de fe, como en la observación de la realidad. "La in-completitud de la ciencia la lleva a demarcar campos del conocimiento, deslindar competencias y formular nuevas teorías y paradigmas que den respuesta a las nuevas incógnitas y paradojas. La primera premisa de la triada preteológica, describe la fenología de las experiencias místicas. La segunda premisa explica las fenomenologías formulando hipótesis, teorías, doctrinas; o mitos religiosos. Y la tercera premisa aplica: las teorías o doctrinas a fin de inducir trasformaciones buenas y convenientes para los individuos y la sociedad; o los mitos teológicos para enajenar a los creyentes a fin de someterlos sutilmente aduciendo voluntad divina".

Como ejemplo del velo que obstruye la visión de los ojos de los modernistas, el teólogo J.B. Metz: (*Perspectivas de un cristianismo multicultural*) expone correctamente que desde su origen el cristianismo entraña un movimiento multicultural que requiere el desarrollo de una atmósfera plural y sensible que permita la convivencia pacífica con los extraños en un mismo espacio. Esta atmósfera plural exige la supresión de toda dualidad de comportamiento y la renuncia a toda pretensión supremaciíta de hacerse del poder y someter a los demás; y al mencionar tres imperativos bíblicos que establecen una ética de comportamiento ante el extranjero, los ojos de su razón no se percatan de los imperativos talmúdicos que pregonan el odio, el sometimiento o exterminación de los gentiles (los que no son descendientes de Abraham); contradiciendo lo que acertadamente considera como **1er.** Imperativo.

Y al considerar las perspectivas de un cristianismo multicultural, el Cardenal Razinger actuando como traidor colaboracionista filo judío, no pudo dejar de denunciar el antisemitismo en Europa y el supuesto holocausto judío como expresión del antisemitismo teológico y canónico cristiano olvidándose del genocidio de su propio pueblo por instigación de los judíos en la SGM (la ciudad Alemana de Dresde fue bombardeada con una fuerza destructiva diez veces mayor que la de las atómicas arrojadas en Hisroshima y Nagasaky, juntas); y opina estultamente ¿acaso el espíritu (criminal) judío no debiera haberse desarrollado en Europa por medio y de la mano del cristianismo?, ¿que acaso Jesús mismo no fue judío?. Sin embargo en el seno del cristianismo europeo se puso en marcha una estrategia de expropiación y desheredamiento espiritual sosteniendo una peligrosa teología de suplantación y se adjudico la identidad de ser el nuevo Israel.

21: **La apostasia de Juan Pablo II°.** La exclusión de la realidad en los racionamientos de los teólogos, los incapacita para encontrar la solución a las problemáticas eclesiásticas, y adjudican las causales del seísmo cristiano al inevitable dominio del racionalismo científico en la cultura moderna, (Antoni, Robin y Schwarts: *Movimientos religiosos contemporáneos y secularización*): Según ellos la aparición de nuevas religiones es fruto de la convicción de que el racionalismo por si solo es incapaz de orientar la vida contemporánea, porque no aceptan la realidad de que la mitología cristiana emanada del AntigoTestamento, la intromisión de la sinagoga en la elaboración o abrogación de los dogmas cristianos, y las herejías promovidas por los judíos (vg.: supuestamente los textos del *Curso de los milagros* de moda en los círculos sociales laicos, fueron dictados por Dios, a otra judía), es la causa verdadera del seísmo. Lo mismo sucede con las resoluciones de su Excelencia Juan Pablo II: "la intolerancia y la condena a los esfuerzos de filósofos y teólogos modernistas que sobrepasan las explicaciones de la fe, confrontando la reflexión teológica con un análisis metodológico de la realidad social, es reprochable porque es indignante que la Iglesia judeo cristiana cierre sus oídos a los reclamos de la razón"; pero también es reprochable la excomunión del Obispo Lefebvre y sus seguidores tradicionalistas por no acatar las resoluciones modernistas del Concilio Vaticano II, en afán de preservar las tradiciones de la Iglesia para evitar que termine de judaizarse.

Es decir, lo que es indignante es la estulticia de modernistas y conservadores, ya que nunca han criticado el profetismo judío, que es la letrina sagrada que contamina al cristianismo y convierte el judeo cristianismo en religión basura.

BREVE CRÍTICA AL PROFETISMO JUDÍO DEL ANTIGUO TESTAMENTO. La relación entre la fe y la razón expuesta parabolicamente por Cristo al ciego de nacimiento (Juan IX, 39), nos enseña la necesidad de hacer un juicio justo de nuestras creencias utilizando el raciocinio para indagar "si es verdad o es mentira" que los textos bíblicos son palabra de Dios, a fin de disolver las falsas certezas de la fe que nos hacen ciegos a la verdad. Lo cual nos exige criticar el profetismo judío o revelación, enmarcado la crítica en el fenómeno espiritual de la trasformación humana y, las ciencias y técnicas que nos ayudan a desarrollarnos espiritualmente. Abordados por la doctrina y la teoría de la trascendencia humana, conceptualizadas por los filósofos griegos y la sabiduría védica, instruida por Buda e ilustrada por Cristo, la cual concuerda con los planteamientos de la filosofía clásica y moderna, y las respuestas que la ciencia ha dado a los planteamientos trascendentales: (psicología, psicoterapia, logoterápia, desarrollo humano,). Utilizando los principios universales del saber filosófico y espiritual como tabla rasa, a fin de deslindar y hacer objetivo lo "que es" o "no es" del mundo del espíritu. Método o criterio que nos ayuda a discernir objetivamente La evidencia de la verdad o la falsedad del profetismo judío, se encuentran discerniendo objetivamente los elementos de la triada preteológica (la fenomenología, su explicación y su aplicación). Vg. la interpretación onírica de los sueños de Dios del patriarca Abraham inducidos por el deseo intenso y obsesivo de riqueza y descendencia incontable; la descripción neutra del encuentro cercano del patriarca Moisés, al ser explicados como sobre naturales, fenómenos naturales, como (la zarza ardiente o fuego fatuo; el pie del rayo que cruzó el altar de Moisés; la nube y los rayos que anuncian una tormenta como evidencia de presencia de Dios en el Monte Sinaí); el Pacto del Sinaí, mito fundacional de Israel como nación entre las naciones por voluntad divina El antagonismo entre las directrices de la reflexión existencial del devenir de Israel entre las naciones que orienta el pensamiento de los profetas bíblicos y talmúdicos –VS- la reflexión de la vida después de la vida o existencia eterna que orienta el pensamiento existencial de los místicos (las moradas celestiales; la salvación o la condena eterna, a causa de nuestra obras). La trayectoria racista, rapaz, criminal y genocida serial de Israel en su devenir entre las naciones que han promovido las directrices ancestrales de sus patriarcas y profetas (las leyes de guerra dictadas por Moisés, la ley del talión, el canto de Lamec,,) <opuesto al perfil de humanidad perfecta que Cristo trató de inculcar a sus seguidores cuyos rasgos fueron elevados a bien aventuranzas en el Sermón del Monte> nos dan la certeza de la maldad y falsedad del profetismo judío. Convirtiendo los textos sagrados del (Antiguo Testamento o Torah, el Talmud, el Mishná, la Halaja, la Cabala, el Libro de Mormon) en una letrina moral que envenena el alma En cambio la vida, ejemplo y enseñanzas de Cristo iluminan con luz meridiana las jornadas y metas del camino del desarrollo espiritual que recorren los místicos en su búsqueda del encuentro cercano de Dios, unicidad o experiencia de la común unión (el Padre y yo, somos una misma cosa), convirtiendo las disciplinas místicas en medicina del alma.

Y aunque "la defensa de Cristo, la Iglesia y la sociedad cristiana sea la razón del autoritarismo pontificio"; lo paradójico es que debido a la presión interna y externa de los esbirros de la Sinagoga, las resoluciones pontificias no son bien recibidas por propios y extraños, minado la autoridad moral de la Iglesia y su doctrina. Es por ello, que a fin de quedar bien con los esbirros de la Sinagoga, el Papa Juan Pablo II, sin darse cuenta, se vio obligado a traicionar a Cristo y la doctrina de la Iglesia, al considerar a Israel hermano mayor en la fe; lo cual equivalente al abrazo de la Bestia y pastor antes de ser asesinado con todo y su rebaño.

En el flujo y reflujo de la lucha intestina, un paso hacia delante fue la publicación de la encíclica *Dignitatis humanae* (7 diciembre de 1965), pero una vez mas, la Congregación para la defensa de la fe dio marcha atrás con la declaración solemne *Dominus Jesus* (6 de agosto de 2000), condenando a los teólogos promotores del modernismo: Curran, Harring, Küng, Pohier, Schillbeeckx, Rahner, etc. y a los promotores de la teología de la liberación: L. Boff, G. Gutiérrez (*reinventar el rostro de la Iglesia*), Jhon Sobrino (*Cristotogía desde América Latina*), y a los interlocutores del diálogo interreligioso Anthony de Mello, Tissa Balasuriya, y Jacques Dupuis; y agraviando a los interlocutores del diálogo interreligioso con una declaración inoportuna (inciso 22),: "*si bien es cierto que los no cristianos pueden recibir la gracia divina, también es cierto que se hallan en situación gravemente precaria si se comparan con la de aquellos que en la Iglesia tienen la plenitud de los medios salvíficos*, y añade: *El diálogo es parte de la misión evangelizadora de la Iglesia, la igualdad de los interlocutores es el presupuesto del diálogo, pero no a los contenidos del diálogo, ni mucho menos a Cristo (que es el mismo Dios hecho hombre) comparado con los fundadores de otras religiones;* según Hans Küng la *Declaración* viene a legitimar y reforzar el paradigma católico medieval. El comentario crítico sobre la Declaración bajo el titulo Josef Card, expresado por L. Boff:

¡Ratzinguer!: ¿*exterminador futuro del ecumenismo y la modernidad?*, esclarece el verdadero motivo de la descalificación de la iluminación de Buda, contradiciendo el espíritu ecuménico cifrado en la universalidad de la doctrina de la trascendencia humana expuesta por Buda e ilustrada y ratificada por Cristo, sustituyéndola por gestos espectaculares expresados en el abrazo del Papa Pablo VI al Patriarca Atenágoras en Jerusalén y el obsequio de su anillo pastoral (que no era suyo sino de la Iglesia) al arzobispo de Cantenbury, la visita del Papa Juan Pablo II a la sinagoga de Roma y su oración en el muro de las lamentaciones, el encuentro ecuménico en Asís, etc. Y ante la abrogación de la doctrina de la Iglesia sustituyéndola por el noaquismo que termina de judaizar el cristianismo, anunciando el próximo holocausto del pueblo Norteamericano: (*Deuteronomio II:25, VI:24, VII:16*), {*Talmud de Babilonia Schabadd f. 120, c.1, Sanhedrín f.88, c.2, f.89, c.1, Aboda Sara 26 Thosephot, Baba Metzia f.114,c.2, Eben Ha Eser 6y8, Jebamoth f.94,c.2, etc.*}.

La perpetua intromisión de la Sinagoga en los asuntos de la Iglesia, una vez mas quedó al descubierto ante la decisión del Papa Benedicto XVI de abrogar la excomunión de los seguidores del Monseñor Lefebvre, debido a que el Obispo Richard Williamson días antes, redujera el holocausto a doscientos mil judíos y negara que fueran exterminados con vapores de arsénico, fundado en la investigación escrita por David Irving; lo cual provocó que los primeros ministros de Alemania, Francia e Israel, la presidente de Argentina, el rabinato de Roma, el congreso mundial judío, el congreso Argentino judío, y todas las organizaciones judías, indignados lincharan al Obispo Williamson, exigiendo al Papa un castigo ejemplar, removiéndolo de la dirección del Seminario de la Reja, y lo obligara a que públicamente se retractara de la opinión negacionista expresada ante la televisión Sueca. La expulsión del nuevo mártir cristiano de la república Argentina, la posibilidad de que sea enjuiciado penalmente por los tribunales alemanes, la intensa presión ejercida por los esbirros de la Sinagoga sobre el Papa llamándolo Nazinger, a fin de poner en entre dicho su autoridad moral y desprestigiar a la Iglesia, **tiene tremendas:**

22: implicaciones cismáticas en diversos planos:

> **En el plano inter-eclesiástico** la incongruencia entre fines y medios de: "la doctrina de la trascendencia humana que Cristo predicara, que tiene como objeto desarrollar en sus seguidores el perfil de humanidad perfecta a fin alcanzar la sociedad perfecta - VS- la ideología criminal y genocida que promueve el Libro de Israel a fin de sin escrúpulo alguno alcanzar la supremacía entre todas las naciones", tiene como fruto la apostasía, la disgregación de los cristianos en miríadas de iglesias a causa de la infinidad de interpretaciones teológicas que se dan a causa del error fundamental, la constante agresión y descalificación mutua en el eterno conflicto que protagonizan la hermanas locas, ciegas y sordas en que se han convertido las Iglesias de Cristo; lo cual contribuye al derrumbe cismático de las Iglesias que los cristianos reformados, mormones, testigos de Jehová, etc., atribuyen a vicios de la Iglesia de Roma, sin darse cuenta que la verdadera causa del seísmo cristianismo son las semillas del mal contenidas en el Antiguo Testamento que exaltan anti valores como si fueran valores dictados por Dios, incubando en el corazón de los hombres el crimen, el despojo y el genocidio. **En el plano moral** la incongruencia tiene como fruto la dualidad y el puritanismo hipócrita con que se manejan las personas, las familias, la sociedad, los pueblos y las naciones.

> **En el plano de la Inter-culturalidad** entendida como la exigencia de un espacio comunitario en el que los emigrantes puedan integrarse a otros pueblos en un ambiente plural de mutua comprensión, tolerancia y respeto, fincado en la dignidad humana y los derechos humanos y un destino genérico; lo cual permite esclarecer que la conciliación en todos los planos solo es posible si transita por el ecumenismo corrigiendo el error fundamental para pasar de la simple tolerancia y aceptación indiferente de otros

pueblos y creencias, a la pluralidad total (G. González: *La interculturalidad como categoría moral*).

> **En el plano intelectual**: Los teólogos al separar la fe de la razón, separaron la religión de la ciencia, consecuentemente la psicología experimental y el psicoanálisis fueron rechazados desde sus inicios al considerarlos una moderna expresión del agnosticismo, el liberalismo ilustrado y el libertinaje moral, y no solo condenaron las concepciones religiosas de los psicólogos sino que pusieron en tela de juicio la posibilidad de un estudio científico de la conducta humana (Pió XXII: en diversas ocasiones previno a la jerarquía contra los principios de psicoanálisis y su aplicación en la pastoral, Juan XXIII: *Monitum*: prohibió a los clérigos y de ejercer prácticas psicoterapéuticas o procedimientos psicoanalíticos, el Papa Pablo VI: manifestó reservas similares en las audiencias); lo cual nos permite esclarecer que la raíz del conflicto "**de la ciencia -VS- la religión**" no se encuentra en la religión que es el continente sino en la teología judía que es una de sus partes, y para no atribuir al todo los defectos de una de sus partes e impedir que la teología habiendo abrogado la razón, siga presumiendo de tratado de Dios, sin serlo; es necesario delimitar la religión y la teología comenzando por redefinir los conceptos para corregir los errores semánticos sustituyendo las palabras: teología por tratado sagrado o historia sagrada de Israel, Dios por espíritu, divino por espiritual, ciencia teológica por técnica interpretativa, ya que solo es ciencia espiritual la religión científica. La religión debe permanecer en estrecho contacto con la filosofía, no solo para defender la fe, sino sobretodo para auto criticarse y enriquecerse con la aportación positiva de las ciencias humanas, ya que para facilitar el abordaje de las cuestiones espirituales, es invaluable la ayuda de la antropología, psicología y el psicoanálisis, la sociología y la teoría crítica de la sociedad, y en reciprocidad la religión puede facilitar a las ciencias la información de las fenomenologías, las explicaciones, las doctrinas y las prácticas espirituales que ha recolectado durante los cuatro milenios pasados; en ese sentido el Concilio Vaticano II, atento a los esfuerzos de los estudiosos por descifrar los misterios alojados en las profundidades del alma humana, expresó la necesidad del diálogo entre la ciencia y la religión (GS 36), generando una tímida pero importante respuesta de los teólogos liberales interlocutores del dialogo de la Iglesia con la ciencia, representados por: E. Shchillebeekx: *La categoría crítica de la teología*, J. Boada: *Método histórico crítico, psicología profunda y revelación*, C. C. Jung: *Psicología y religión*, J.M.Pohier: *Psicología y teología*, C. Domínguez: *Teología y psicoanálisis*, A. Górres: *Psicoanálisis*

en *Sacrementum Mundi*, G. Theisen: *Aspectos psicológicos de la teología paulina*, E. Drewermann: *Psicología profunda y exégesis*. A pesar de la amenaza de ser suspendidos de sus cátedras, trabajos de investigación, autorizaciones sacramentales, o ser desterrados de sus diócesis, forzados a jubilarse, o retirados de sus funciones y privilegios, debido a la férrea oposición de las jerarquías oscurantistas enemigos del cambio hacia la modernidad pero amigos del giro hacia la judaización de la Iglesia y su doctrina comandados por el entonces Cardenal Razinger.

➢ **En el plano secular:** La secularización se caracteriza por la liberación del pensamiento humano de los mitos sobrenaturales que nutrían nuestra imaginación infantil, dando lugar a que los fenómenos que se dan en la naturaleza y en el hombre se despojen de todo misterio y sacralidad. A medida que las disciplinas e instituciones se emancipan de toda tutela religiosa, las cuestiones fundamentales son abordadas por la filosofía y las ciencias humanas, avanza la secularización sin embargo aunque para J.B. Metz: *"La secularización no es un fenómeno lineal, transparente, luminoso, sino que es ambiguo y deja amplias zonas en la penumbra y está lleno de trampas. En su pretensión de explicarlo todo racionalmente deja de lado una parte importante de la realidad aquella que ni es ni puede ser objeto de verificación empírica, de comprobación racional, de explicación científica: el misterioso sagrado, lo simbólico, la mística, y en general todo lo que tiene que ver con la religión"*, los teólogos no se esfuerzan en esclarecer las zonas de la realidad sutil que la ciencia no ha abordado, al secularizar la teología (vg. al formular la teología de la liberación) dejan de lado lo espiritual y la transforman en una ideología socioeconómica. La exclusión de la realidad sutil en los racionamientos de los teólogos, los incapacita para encontrar la solución a los conflictos de la teología y la doctrina de la Iglesia ante el acoso de la modernidad, y por ello, los conservadores adjudican las causales del seísmo cristiano al inevitable dominio del racionalismo científico en la cultura moderna, (Antoni, Robin y Schwarts: *Movimientos religiosos contemporáneos y secularización*): *La aparición de nuevas religiones es fruto de la convicción de que el racionalismo por sí solo es incapaz de orientar la vida contemporánea)*, sin caer en cuenta que la verdadera causa de la aparición de nuevas religiones es la falta de significado del Antiguo Testamento para los que no son de Israel.

La ambigua conducta observada por las Iglesias desde los primeros padres, es una constante que oscila entre el oscurantismo y la luz de la razón desde que Cristo iluminó metafóricamente la relación inseparable entre la fe y la razón y San Pablo la obscureció, así al mismo tiempo que el Papa Juan Pablo II internamente avalaba la represión y la condena a los teólogos liberales por conducto del titular de la Congregación para la defensa de la fe, externamente promovía el ecumenismo y la modernidad; lo mismo acontece en Norteamérica donde las Iglesias reformadas luchan a favor de oscurantismo magisterial promoviendo que en las aulas se enseñe el bello cuento de la creación expuesto en el Génesis y se omita las teorías científicas del big-bang y de la evolución darwinista, por ello critican los esfuerzos de la Iglesia romana a favor de la razón

23: Implicaciones de la controversia entre: "el creacionismo bíblico - VS- la teoría de la evolución natural de las especies"

> **En el plano educativo**: La controversia de los creacionistas -VS- los evolucionistas es un asunto de lesa humanidad muy delicado, porque el cristianismo ortodoxo bíblico pretende la mutilación genérica de las facultades psíquico espirituales siguiendo un ambicioso plan intensivo para inducir la enajenación colectiva valiéndose de todos los medios y espacios posibles: la escuela, las iglesias, los medios, de puerta en puerta etc. Jerry Falwell: (*Listen, América*), apuntaba: "*Hasta hace unos treinta años, las escuelas públicas americana se leía la Biblia para orientar y ayudar a los niños y jóvenes; pero la educación pública sufrió una enorme fatalidad y decadencia cuando la Suprema Corte retiró de las clases la lectura de la Biblia. Nuestro sistema educativo está ahora permeado por el humanismo secular, que ha omitido a Dios de su pensamiento enseñando que los valores son relativos. Con el presunto propósito de la educación sexual, los libros de texto están pervirtiendo a nuestros jóvenes. Yo creo que la grandeza de América puede atribuirse al Gran Libro, así como los buenos libros científicos, literarios e históricos nos han llevado a asimilar los conocimientos necesarios para construir una gran república bajo la tutela de Dios*".

La decisión de la Suprema Corte en el primer juicio del "libre ejercicio": Reynos-VS- U.S. (98 U.S. 145 1878) dio gran libertad al Estado para reglamentar el comportamiento religioso. Reforzando el juicio de creencia – acción en 1940: Cantwell-VS- Connecticut (310 U.S. 296) decidió a favor del demandante, pero insistió en que el Estado tiene la obligación y el derecho de proteger del mal a los ciudadanos, aun cuando las acciones fueran perpetradas dentro de las practicas religiosas. El problema ha sido tratado a fondo por diversos investigadores (Robert M. Healey: *Jefferson en religión y educación Pública*). No obstante el oscurantismo impera en la universidad estadounidense. Steve Bitterman profesor universitario de Southwestern Community College (Red Oak Iowa, USA), fue despedido tras manifestar en una de sus clases que la historia bíblica de Adán y Eva no debe interpretarse al pie de la letra.

La confrontación que se da en el sistema educativo norteamericano entre creacionistas y evolucionistas, es un asunto que no solo atañe a los norteamericanos sino que atañe a todos los pueblos cristianos. Debido a que el creacionismo es el argumento más fuerte que sostiene al mítico pacto del Sinaí, en afán de sustituir la plataforma helénica donde se desplanta en la ciencia y las humanidades el futuro de la humanidad, por el urdimbre bíblico que castra mentalmente a nuestros jóvenes apartando la razón de la religión, a fin de convertirlos en zombis al servicio de Israel (el pacto del Sinaí es el pacto constitutivo de la nación judía que une las doce tribus de Israel en un solo pueblo, por eso solo tiene significado para los judíos, para los que no somos judíos este pacto, como dogma de fe, es ignominioso porque es una fantasía, un mito, un montaje escenográfico).

La pretensión de los libre pensadores al criticar la utopía cristiana, es desenmascarar el crimen de lesa humanidad que cometen los creacionistas y fideístas al convertir a las escuelas bíblicas en incubadoras de generaciones de zombis, dejando en claro que la continuidad histórica del helenismo cristiano no comienza en el pacto del Sinaí, sino que comienza con Cristo, insertando su vida ejemplo y doctrina en el humanismo secular helénico con la finalidad de alcanzar la trascendencia humana y la sociedad perfecta; lo cual no tiene nada que ver con el nefasto Libro de Israel o Antiguo Testamento; porque la enajenación inducida mediante el adoctrinamiento provoca el bloqueo parcial del pensamiento lógico a través de una persuasión psíquico espiritual dirigida, afectando el sentido común y los instintos de auto seguridad y preservación de tal modo que las personas afectadas pueden actuar contra sus propios intereses sin darse cuenta.

La evidencia objetiva más notoria de la contradicción alojada en la estructura de nuestro pensamiento, es patente en la enajenación y la deshumanización generalizada de la sociedad cristiana. "si la doctrina de Cristo y la ideología supremaciíta expuesta en el libro de Israel, fueran una misma cosa, sería absurda la sentencia condenatoria de Cristo contra los seguidores de la doctrina y conducta de Israel, dictada en la diatriba contra los sacerdotes y escribas de Israel; luego entonces la revisión del diferendo pontificio señalando a Israel como hermano mayor de la fe cristiana, es el asunto más relevante del cristianismo que urge resolver, ya que: 1) Si Cristo tuvo razón en condenar a los seguidores de la doctrina y conducta de Israel, a causa de la opresión de los príncipes de la Sinagoga con pretexto del culto y los genocidios bíblicos perpetrados por Israel aduciendo voluntad divina; luego entonces la opinión contraria de Su Excelencia Juan Pablo II, y de su sucesor Benedicto XVI, que comparten los Obispos integrantes del Consejo Mundial de las Iglesias Protestantes aduciendo que los judíos son nuestros hermanos mayores en la fe, es una apostasía porque contradice la condena de Cristo.

2) Si el Papa tiene razón y Cristo condenó sin derecho o justicia a los seguidores de la doctrina y conducta de Israel, evidenciaría que Cristo fue falible, y por lo tanto no fue perfecto ni divino, y seguiría sin confirmar que es posible alcanzar la trascendencia humana, condición indispensable para alcanzar la sociedad perfecta como sustentaron Buda , Cristo y los filósofos helénicos". 3) Si tanto el Papa como Cristo tuvieron razón; quiere decir que tanto la doctrina como la conducta de Israel expuesta en los hechos bíblicos causales de la condena de Cristo, cambió después de Cristo, disolviendo las causales por las que fueron condenadas; pero si no ha habido cambio alguno, el diferendo colegiado evidencia que los pastores cristianos traicionando a Cristo y al cristianismo, entregaron el rebaño a la bestia judía. Es precisamente el severo daño moral, mental y espiritual causado a los creyentes y la sociedad, a causa de la enajenación que promueven las Iglesias al encubrir el Error Fundamental, **lo que da lugar a que exista el:**

24: Interés jurídico del Estado y la sociedad para denunciar, investigar, perseguir y fincar responsabilidades a quien resulte responsable de esta felonía. Y solo falta que los agraviados promuevan su denuncia penal ante las Autoridades Judiciales competentes; de allí nuestra justa indignación y convocatoria a los jóvenes y organizaciones activistas, a luchar por el cambio de ideas entre generaciones promoviendo esta querella penal ante las Autoridades Judiciales Competentes de su localidad, ciudad y país, y promoviendo el activismo social utilizando las herramientas informáticas para divulgar masivamente la litis, la protesta pública en plazas, escuelas y universidades arrancando de la Biblia el Antiguo Testamento para arrojarlo a la basura, desalojando los religiosos fideístas de seminarios e iglesias, a efecto de equilibrar la correlación de fuerzas entre "el poder de los beneficiarios y promotores de la enajenación -VS- la sociedad agraviada"; por ello es importantísimo ahondar en las principales religiones para conocer las semillas de verdad que demarcan el camino común por el que transita la humanidad.

Para que después de haber constatado las identidades o paralelismos que hay entre los planteamientos existenciales de los místicos y los filósofos, así como las respuestas teórico experimentales que la ciencia ha elaborado, tengamos la certeza que no nos equivocamos al señalar la desviación del cristianismo hacia el abismo de la perdición eterna al que conduce la ecumene Abraham-ica, que nos han impedido alcanzar la trascendencia humana y la sociedad perfecta que Cristo predicara; porque de lo que se trata es retomar el activismo, el altruismo y el misticismo intensos que predicara y ejemplificara Cristo, cuya practica incesante tiene por objeto trasformar la sociedad, humanizando sus estructuras al mismo tiempo que se trasforma el corazón de los hombres; porque hombre y mundo son una sola y misma cosa; por ello es que hasta después de revisar jurídicamente el diferendo pontificio, pronunciaremos los agravios correspondientes rectificando o abrogando la sentencia culposa dictada por Cristo, proponiendo las medidas correctivas indispensables para perfeccionar la democracia. Lo cual exige interponer el recurso de:

25: APELACIÓN EN CONTRA DE LA BEATIFICACIÓN DE JUAN PABLO II:

Innumerables fueron los méritos de nuestro querido pontífice. Su mayor mérito fue su contribución al desmantelamiento de la Cortina de Hierro. En su peregrinaje trasmitió un mensaje de paz y esperanza a las multitudes de los pueblos cristianos que visitó. Sin embargo, estos méritos del mejor de los pontífices, no son suficientes para su beatificación, a pesar de haber llevado una vida virtuosa y ejemplar, a causa de haber promovido la judaización sutil del cristianismo. En estos momentos en los que la lucha intestina entre conservadores y modernistas, promovida encubiertamente por los esbirros de la Sinagoga, amenaza abrogar la doctrina milenaria y la autoridad pontificia, dejando intacto el profetismo judío. Las implicaciones judaizantes post Conciliares alcanzaron su clímax en el pontificado de Juan Pablo II y Benedicto XVI, causando la oposición de los sedevacantistas que desconocen los cambios modernistas tratando de evitar la abrogación sutil de los dogmas de la divinidad de Cristo, la divina Trinidad, la Nueva Alianza, y los Evangelios y Cánones antisemitas, y la liturgia tridentina, que convierten a la Iglesia Católica en una escuela bíblica portavoz de la moral natural dictada por Dios a Noe (noaquida) para gobernar a las bestias humanas (goyins: los pueblos no judíos). La opinión expresada ante los medios por Juan Pablo II de que "los judíos son nuestros hermanos mayores en la fe", es una grave apostasía tendente a abrogar sutilmente la doctrina milenaria de la Iglesia, que a merita la revisión jurídica del diferendo pontificio {opuesto a la sentencia dictada por Cristo [Mateo XXIII, 1 al 35] en su diatriba contra el puritanismo hipócrita de los sacerdotes y escribas de la Sinagoga señalando como reos de castigo eterno a los seguidores de la doctrina (ethos supremaciíta) y la conducta (pathos criminal y genocida serial) de Israel. A la luz de los genocidios seriales bíblicos e históricos cometidos por el pueblo judío, a fin de determinar la vigencia del ad quem recurrido}, que decidirá la victoria o derrota del judaísmo sobre el cristianismo y, la trascendencia o la involución de la humanidad. Y por tratarse de una gravísima apostasía, también amerita la objeción, apelación y revisión del procedimiento de beatificación.

CONCLUSIÓN: a pesar de que ha pasado invertida la abrogación de la doctrina milenaria de la Iglesia, convirtiendo las Iglesias en sinagogas, los pastores y sacerdotes en rabinos y los pueblos cristianos en vasallos de los judíos, aún es tiempo de aprovechar el cambio promovido por los conjurados para liberar al cristianismo de las mordazas con las que los príncipes de la sinagoga nos mantienen atados al Libro de Israel; por ello fue que los libre pensadores, en defensa de Cristo, la Iglesia, el Estado y la sociedad, proseguimos la obra de Maurice Pinay criticando la utopía cristiana, y consecuentemente el profetismo judío, los textos talmúdicos, las sociedades judío masónicas, el supremacismo comunita judío y el supremacismo imperial judío; crítica que había sido vedada por la sinagoga, y consecuentemente nos esforzamos en demostrar objetivamente que el mensaje de Cristo es universal o genérico por estar cifrado en la doctrina de la trascendencia humana; y que es opuesto al internacionalismo judío cifrado en la doctrina imperial supremaciíta de la sinagoga, por ello Cristo señalo como reos merecedores de pena eterna a los seguidores de la doctrina y ejemplo de Israel; lo cual prueba que el cristianismo no nace del judaísmo como aseguran los rabinos, y que no puede traspasar valores (trascendentales) al cristianismo porque el judaísmo no aspira a la trascendencia sino a la supremacía de Israel sobre todas las naciones sometiendo a los pueblos gentiles, haciendo objetivo que el judaísmo es la letrina que contamina al cristianismo; por ello es necesario separar el Antiguo Testamento de nuestra fe, a fin de disolver la guerra intestina de la Iglesia y derrotar a los esbirros de la sinagoga, editando conjuntamente las obras del pensamiento religioso y el pensamiento laico utilizando el mismo seudónimo.

Atte. Rodolfo Plata López

PRIMERA PARTE
LA SINAGOGA DE SATANÁS

MAURICE PINAY

CAPÍTULO I

IMPERIALISMO JUDÍO Y RELIGIÓN IMPERIALISTA

La iglesia primitiva nació entre las tensiones que se dieron entre los príncipes de la sinagoga encargados de vigilar el cumplimiento de la Ley de Israel y de sancionar a los infractores; por ello fue que los primeros seguidores de Cristo fueron perseguidos por blasfemos y condenados a la muerte súbita por lapidación. Los cristianos basaban su defensa en una nueva interpretación bíblica que derogaba la vieja alianza del Sinaí, donde el pueblo hebreo fue escogido por Dios como pueblo sacerdotal, cuya misión que perduro hasta la venida del Mesías prometido con Quién se cumplirían las profecías del Antiguo Testamento, al ser intermediario de una Nueva Alianza entre Dios y los hombres para salvación de todos los pueblos del mundo.

La profecía de un reinado Dios en la Tierra, la interpretaron los judíos como la promesa de un reino y dominio mundial de Israel sobre todos los pueblos, mediante el sometimiento o exterminio de todos los pueblos gentiles de la Tierra. Cuando Cristo predicó la igualdad y fraternidad de todos los hombres y todos los pueblos sobre la tierra, la universalidad del mensaje de Nuestro Señor Jesucristo Cristo era opuesta a la ideología supremaciíta de Israel. Lógicamente su doctrina atrajo a los pueblos gentiles a las filas de sus seguidores, y en su magistral diatriba contra la santidad hipócrita de los sacerdotes de la sinagoga, y de los escribas de la ley, condenó la opresión de los príncipes de la sinagoga por las pesadas cargas impositivas que imponían al pueblo y señaló como reos merecedores de la pena eterna a los seguidores de la doctrina y ejemplo supremacista de Israel.

El carácter impositivo de ley exigía a los rabinos no solo interpretaciones teológicas claras y objetivas sino actos concretos a favor de Israel y en contra de los gentiles; los cuales provocaron reacciones defensivas de los gentiles cristianos en contra de las agresiones de los judíos. La réplica judía a las reacciones cristianas requirió nuevas reinterpretaciones (Mihsna) a la luz específica de los momentos históricos del devenir de Israel entre las naciones visualizando nuevas directrices santas a los actos beligerantes. Las interpretaciones y actos imperial supremaciítas y sus réplicas, así como las reacciones cristianas que generaron conforman un panorama histórico que nos permiten visualizar objetivamente el perfil verdadero del judaísmo para comprenderlo; también nos proporciona los elementos objetivos de juicio que nos permiten justificar el anti semitismo teológico y doctrinal de la Iglesia, así como los instrumentos encargados de dar cumplimiento a los cánones anti judíos (Santa Inquisición: institución encargada de indagar las denuncias y perseguir a los sospechosos de conjura y subversión contra la Iglesia y el Estado). Lo cual nos permite concientizarnos de la vigencia, relevancia y el interés jurídico del Estado en la cuestión judía, cuya problemática trasciende las fronteras y va más allá de un conflicto entre religiones y se sitúa en un conflicto bélico entre culturas que ha generado muchas batallas, pero la guerra no ha terminado pues continuará hasta lograr la victoria o la derrota total judía o cristiana.

Ante la imposibilidad de aceptar la cruenta realidad de las interpretaciones rabínicas que redundaban en ataques subversivos en contra de la Iglesia y los Estados los gentiles, el sabio Filón de Alejandría la interpretación alegórica de los textos del Antiguo Testamento a fin de disolver la inquina de las interpretaciones supremaciítas judías en contra los gentiles las cuales fundamentaron los convencionalismos sagrados y los cánones conciliares de la doctrina cristiana, lo cual condujo a que judíos ortodoxos o mosaicos y judíos cristianos se descalificaran mutuamente, no solamente en lo que se refiere a las interpretaciones teológicas, sino los ritos y festividades tradicionales. Para las masas ignorantes judías o gentiles, las disputas generadas por la práctica de tal o cual rito o creencia se convirtió en la manzana de la discordia entre judíos y cristianos; pero para los estudiosos lo importante no solo era dirimir la oposición de las interpretaciones teológicas de la Iglesia contra las de la sinagoga, sino dirimir las agresiones subterráneas de los judíos contra ella Iglesia y el Estado Cristiano; por ello fueron perseguidos los judíos, y se exhortó a los fieles a denunciar a los posibles sospechosos de practicar el judaísmo en secreto. En atención a las denuncias, se empezaba por investigar a los sospechosos de practicar el judaísmo en secreto, pero lo que verdaderamente se perseguía no era la práctica de tal o cual rito judío sino el complot contra la Iglesia y la subversión contra el Estado cristiano. Como ejemplo de la dualidad en las interpretaciones teológicas de la sinagoga que originaban las agresiones judías contra la Iglesia y el Estado, y la réplica interpretativa de la Iglesia se pueden citar los siguientes ejemplos:

1. En el Génesis (capítulo XXII, versículos 17 y 18) el Ángel del Señor dice a Abraham: "17. Te bendeciré, y multiplicaré tu descendencia como las estrellas del cielo, y como la arena que está a la ribera del mar: Tu posteridad poseerá las puertas de tus enemigos gentiles1, 18. Y en tu simiente serán benditas todas las naciones de la Tierra...".[1] A la luz del imperialismo supremaciíta los doctores de la Ley o rabinos interpretan estos versículos como designio divino multiplicarse y dispersarse por todo el mundo que es el reino que Dios les ofrece, como descendientes sanguíneos de Abraham, adueñándose de las puertas de sus enemigos, y solo a través del imperio mundial judío podrán ser benditas todas las naciones de la Tierra. En cambio, la Santa Iglesia interpreta alegóricamente estas profecías a la luz del significado universal de la vida, ejemplo y enseñanzas de Cristo; que traerá el Reino de Dios a la tierra cuando la humanidad a imitación de Cristo haga que el amor, la bondad, la misericordia, la justicia y la paz reine sobre todas las naciones.[2] Isaías profetizó el significado universal del mensaje, vida y ejemplo de Cristo, XLII, dice Dios Nuestro Señor:

"1. He aquí a mi siervo, Yo estaré con Él, mi escogido, en quien se complace el Alma Mía, sobre Él he derramado mí espíritu; Él mostrara la justicia a las naciones"

"2. Mansísimo y modesto no voceará, ni será aceptador de personas; no se oirá en las calles su voz"

"3. La caña cascada, no la quebrantará; ni apagará el pabilo que aún humea; ejercerá el juicio conforme a la verdad"

"4. No será melancólico su aspecto, ni turbulento, mientras establecerá en la tierra su justicia; y de Él esperarán la ley divina las islas". Y para que no quede duda alguna de que Cristo es el Mesías largamente esperado por Israel, y que por medio de la justicia serán benditas en Él todas las naciones, Isaías, reafirma:

---

[1] Biblia Scio traducida al español de la "Vulgata" latina por el Ilmo. Sr. D. Felipe Scio de San Miguel, 5 vols. Madrid: Gaspar y Roig, Editores. 1852. Tomo I, p.59.
[2] Biblia Scio, Profecía de Isaías Isaías Capitulo XLII, incisos1,2,3,4,5,6.

"5. Yo el Señor te he llamado por amor o celo de la justicia, te he tomado de la mano, te he puesto para ser el reconciliador del pueblo y luz de las naciones y preservado".

"6. La justicia en su sentido más amplio abarca la equidad entre pueblos y naciones, la cual genera la paz; decir es opuesta al imperio y opresión de los poderosos sobre los menos afortunados e indefensos; y para mayor alegría de los hombres en mensaje universal de Cristo no solo se refiere a la sociedad perfecta sino a la trascendencia humana. En el capítulo X Mateo el evangelista nos comunica esa buena nueva.

"7. Y en prueba de vuestra doctrina curad enfermos, resucitad muertos, limpiad leprosos, lanzad demonios. Dad graciosamente lo que graciosamente habéis recibido". Los rabinos al interpretar al mesías como un gran líder judío que conquistará a todas las naciones, se niegan a reconocer el perfil pacifista y justiciero del mesías esperado, reflejo en Cristo, que traerá el reino de Dios a la tierra, y hasta la fecha continúan esperando el verdadero mesías; lo cual es la evidencia o prueba del error de las interpretaciones talmúdicas".

2   En el Deuteronomio (capítulo II, versículo 25), dice el Señor: "25. Hoy comenzaré a poner tu terror y espanto en los pueblos, que habitan debajo de todo el cielo: para que oído tu nombre se pongan despavoridos y como las mujeres que están de parto tiemblen, y sean poseídos de dolor". Dondequiera que triunfaron a través de la Edad Media los movimientos heréticos dirigidos por judíos (aunque tales triunfos fueran locales y efímeros), iban siempre acompañados del crimen, del terror y del espanto. Lo mismo ha ocurrido con sus revoluciones masónicas, como la de 1789 en Francia o la de 1931-1936 en España. ¡Y ya no se diga de las revoluciones judeo-comunistas!. En la Unión Soviética, donde los hebreos han logrado implantar su dictadura totalitaria, han sembrado el pavor y la muerte de manera tan cruel que los pobres rusos esclavizados al oír actualmente la palabra "judío" tiemblan de terror, ya que han desarrollado una ciencia de la tortura utilizando los conocimientos médicos para acrecentar y prolongar el suplicio de sus víctimas. También a este pasaje la Santa Iglesia da una interpretación alegórica, completamente distinta del sentido imperialista judío, traducido en una alerta preventiva para que los defensores de la Iglesia y la sociedad cristiana permanezcamos siempre alertas vigilando al enemigo e implementando acciones de defensivas contra en el reino de terror promovido por Israel encubiertamente en su perpetuo intento de destruir la fé en Cristo, destruir a la Iglesia, y someter o

exterminar a los pueblos cristianos, a fin de que Israel llegue a ser la principal de todas las naciones.

3. Otro ejemplo de interpretación que a la luz del imperialismo supremaciíta judío hacen los rabinos del versículo 16, del capítulo VII del citado Deuteronomio, que dice: "16. Devorarás todos los pueblos, que el señor Dios tuyo te ha de dar. No los perdonará tu ojo ni servirás a sus dioses...". Mientras la Santa Iglesia da a este pasaje una interpretación igualmente alegórica, los judíos lo entienden de una manera monstruosa, en el sentido de que Dios les ha dado el derecho para devorar a todos los pueblos de la Tierra y adueñarse de sus riquezas comenzando por conquistar y someter o exterminar a los pueblos cananeos en tiempos bíblicos, conquista que se prolonga hasta nuestro días, logrando conquistar a los pueblos y naciones que integran la U.R.S.S.. Ya veremos (en el capítulo IV de la Primera Parte de esta obra), lo que el rabino Baruch Levi escribía a su discípulo el joven judío Karl Marx (más tarde fundador del socialismo malamente llamado científico), dando supuestos fundamentos teológicos al derecho de los judíos para adueñarse de las riquezas de todos los pueblos de la Tierra mediante los movimientos revolucionarios comunistas, o el imperio de los potentados y las trasnacionales sobre las naciones y los individuos, controlados por el judaísmo.

4. El versículo 24 del mismo capítulo VII, reza así: "24. Y entregará sus reyes en tus manos, y borrarás los nombres de ellos de debajo del cielo: nadie te podrá resistir, hasta que los desmenuces". En razón del supremacismo imperial judío, los sabios de Israel han desarrollado estrategias y acciones no solo para infiltrar a todos los reinos, naciones y Estados gentiles, de modo que los reyes, presidentes, jefes de gobierno, etc. -sean judíos- En los próximos capítulos citaremos suficiente información sobre los gobiernos que han infiltrado los judíos a través de la historia en cumplimiento de las profecías de la Sagrada Biblia y además como un medio útil para lograr el dominio del mundo, que también creen les fue ordenado por Dios en las Sagradas Escrituras.

4. La constante tergiversación del sentido verdadero de las profecías de la Biblia por los judíos, se encuentra nuevamente al leer el versículo 27 del capítulo VII de la profecía de Daniel: "27. Y que todo el reino, y la potestad, y la grandeza del reino, que está debajo de todo el cielo, sea dado al pueblo de los santos del Altísimo: cuyo reino es reino eterno, y todos los reyes le servirán, y obedecerán", los judíos consideran que ese reinado eterno sobre el mundo será el de su raza sobre los demás pueblos, que llegarán a formar un solo rebaño con un solo pastor, salido, naturalmente,

de la grey de Israel. La profecía de Isaías señala:(capítulo LX, versículos 10, 11 y 12), "10. Y los hijos de los extraños edificarán tus muros, y los reyes de ellos te servirán...11. Y estarán tus puertas abiertas de continuo: de día y de noche no se cerrarán, para que sea conducida a ti la fortaleza de las naciones, y te sean conducidos sus reyes. 12. porque la nación y el reino, que a ti no sirviere, perecerá; y las naciones serán destruidas y desoladas".[3] Siguiendo la directriz de esta profecía, desde los tiempos bíblicos los judíos han logrado a base de astucia utilizar su influencia con los emperadores, reyes, jefes de estado o presidentes que los imperios les construyan graciosamente sus templos, edificios y amurallen sus ciudades; así lo hicieron con los fenicios, los sirios, los caldeos los romanos y ahora utilizan la buena voluntad y magnanimidad del pueblo norteamericano.

El imperio mundial judío mantiene abiertas las puertas de todas las naciones para los judíos emigrantes, utilizando a sus infiltrados en el servicio exterior de todas las naciones para de inmediato expedir pasaportes, visas, intercambios culturales o permisos de importación o exportación de mercancías o servicios a sus correligionarios sin traba alguna, así pueden entrar o salir y radicar en el país que deseen pues tienen varias nacionalidades y pasaportes, y además que al país donde fueren hay colonias o mutualidades que los alojan o ayudan, relacionan, emplean o financian. El impune exterminio de individuos, pueblos y naciones viene a cristalizar en hechos, claramente reconocibles, dondequiera que se haya impuesto la dictadura judeo comunista. En todos estos pueblos, los que no han servido a los judíos o han osado rebelarse contra su servidumbre, han sido destruidos. No hay más dueño que los judíos, porque ellos se apoderaron de la fortaleza de todas esas naciones.

Así podrían seguirse citando versículos del Antiguo Testamento que han sido interpretados a la luz del imperialismo judaico; es obvio que todas las interpretaciones talmúdicas o reinterpretaciones del Mishná aterricen en hechos concretos, de esta manera los ojos de los materialistas ávidos de riqueza y poder al igual que los ojos criminales de los malvados aseguran enfáticamente que el judaísmo es mejor religión que el cristianismo y las interpretaciones de los rabinos son exactas y verdaderas. En cambio los ojos espirituales de los altruistas, los empáticos, los médicos de almas, los místicos y los pacificadores, que con su labor a favor de la humanidad confirman que el cristianismo es la religión verdadera, y que las interpretaciones de los padres de la Iglesias son alegorías parabólicas que tratan de estructurar la fe.

---

[3] Biblia Scio, Profecía de Isaías, Cap. IX, Vers. 10-12. Tomo IV, p. 115.

5. Si tenemos presente que muchos de los profetas fueron asesinados por los judíos sólo porque contradecían y censuraban sus perversidades, el conflicto más grave que ocacionarón las interpretaciones supremaciítas de los rabinos, fue el que se relacionó con la venida del Mesías. Ya en tiempo de N. S. Jesucristo estaba tan arraigada entre los israelitas la interpretación imperialista, que la generalidad pensaba que en el Mesías prometido sería un rey o caudillo guerrero, que conquistaría a todas las naciones de la Tierra por medio de guerras sangrientas en las que Israel resultaría siempre vencedor. Por ello, cuando Nuestro Señor Jesucristo, Redentor del género humano que venía a restablecer el reinado del verdadero Dios en el mundo mediante la equidad y la justicia, a fin de alcanzar la sociedad perfecta, y redimir al género humano enseñando la doctrina de la trascendencia humana enmarcada en la práctica intensa del amor misericordioso; se opuso a las pretensiones imperialistas de los príncipes de la sinagoga, manifestando que su reino no era de este mundo, los supremacistas judíos sintieron naufragar todas sus esperanzas y ambiciones y empezaron a temer seriamente que la doctrina de Cristo llegara a convencer a todos los hebreos, y los hiciera reconocer en Él al Mesías prometido. Así es que cuando Nuestro Señor Jesucristo predicó la igualdad de todos los hombres ante Dios, los príncipes de la sinagoga pensaron - y con muy justa razón- que Cristo con sus doctrinas echaba abajo sus equivocadas creencias acerca de Israel como pueblo escogido de Dios para dominar materialmente al mundo, anulando, al mismo tiempo, la idea de un pueblo superior a los demás por voluntad divina que estaba, según ellos, destinado por orden de Dios a esclavizar a los demás pueblos y a adueñarse de sus riquezas.

6. Por ello, cuando N.S. Jesucristo condenó las pesadas cargas que los príncipes de la sinagoga imponían al pueblo, Caifás, sumo pontífice de Israel, en defensa del imperio de los príncipes de la sinagoga y de la tesis del supremacismo imperialista judío conspiró para asesinar legalmente a N.S. Jesucristo sin que el pueblo se sublevara ante tal injusticia, aduciendo la conveniencia de que muriera un hombre, Jesucristo, para salvar a un pueblo de la represión romana que causaría la sublevación el pueblo judío con motivo del asesinato del verdadero y único Mesías prometido no solamente a Israel sino a muchos pueblos de la antigüedad como lo prueban los reyes magos venidos de oriente a rendir pleitesía al niño que sería el redentor de la humanidad y la búsqueda de los helenistas estoicos que llevó a Israel a san Lucas en busca de Cristo el hombre justo de devenir perfecto. Con posterioridad al crimen más negro y trascendental cometido en la historia de la humanidad, o sea, el asesinato del hijo predilecto de Dios debido a que su doctrina se oponía a los planes supremaciítas de los rabinos, éstos siguieron empecinados en sus

ambiciones imperialistas, tratando de justificar su artero crimen y su guerra sub terranea contra la humanidad gentil, recopilando en un libro secreto, las sagradas interpretaciones imperialistas de la Thorá. Así, surgió el Talmud, para que sirviera de Jurisprudencia sagrada para dirimir las cuestiones teológicas y las estrategias y directrices a seguir a fin de hacer realidad los designios supremaciítas de Israel en su devenir entre las naciones. Después surgió la recopilación de la Cábala judía, que quiere decir tradición, en la que fue consignada -también por inspiración divina, según los judíos- la interpretación esotérica, es decir, oculta y verdadera de las Sagradas Escrituras... A continuación citaremos algunos textos talmúdicos inscritos en los "libros santos" del judaísmo moderno, ya que la índole de este trabajo nos impide extendernos más sobre la materia:

7. "Vosotros israelitas, sois llamados hombres, en tanto que las naciones del mundo no merecen el nombre de hombres, sino el de bestias".[4] "La progenie de un extranjero es como progenie de animales".[5] Inicialmente expusimos algunas interpretaciones rabínicas de las Sagradas Escrituras a la luz del imperialismo supremacista de los judíos, las cuales engendran directrices criminales y genocidas en el corazón de sus seguidores. La directriz del mal inmanente en los textos talmúdicos arriba citados de acuerdo al criterio objetivo expuesto por Cristo al asegurar que por sus frutos se conoce el árbol, son evidencia irrefutable de que no todos los textos sagrados son divinamente inspirados como asegura San Pablo, también son evidencia de la perversidad, hipocresía y cobardía de Israel: ya que primero niega la dignidad humana de los pueblos gentiles, es decir, niega a todos los pueblos de la Tierra su carácter humano, a fin de justificar su exterminio rebajándolos la categoría de bestias, y posteriormente apela a la humanidad de los pueblos gentiles para exigir respeto al derecho de Israel a existir en el concierto de las naciones, mendigando la ayuda perpetua y gratuita de las potencias cristianas, y disfrazándose de victima siendo el victimario, inventando el genocidio para causar lastima.

Para darse cuenta de la perversidad de esta infamia hay que tener en presente que, según la Revelación Divina del Antiguo Testamento, todos los animales y bestias fueron creados por Dios para servicio del hombre, el cual puede comer su carne, utilizar su piel como vestido, matarlos, desollarlos y hacer con ellos todo aquello que le convenga. En cambio, obligó al hombre a guardar los Mandamientos respecto a sus semejantes, los demás hombres. Para los judíos -según la falsa interpretación que dan,

---

[4] Talmud tratado "Baba Metzia". Folio 114, columna 2.
[5] "Jebamoth". Folio 94, columna 2.

de las Escrituras-, tanto los gentiles cristianos como los que profesan otras religiones, son simples bestias y no seres humanos, por lo que automáticamente, los hebreos quedan sin obligación de guardar los Mandamientos con respecto a ellos, sintiéndose, al mismo tiempo, con todo el derecho de matarlos, desollarlos y privarlos de todo lo que tengan, como a cualquier animal. Jamás ha existido, ni existe sobre la Tierra, un imperialismo tan implacable y totalitario como el de los judíos. Este precepto talmúdico acerca de la animalidad de los demás pueblos explica claramente la conducta implacable, cruel y despectiva hacia todo derecho humano observada por los jerarcas judíos del comunismo internacional.

8. Su desprecio por los demás llega al extremo de hacerlos afirmar: "¿Qué es una prostituta? Cualquier mujer que no sea hebrea?".[6] Esto explica la promesa del dios de Israel al patriarca Abrahán de que las princesas gentiles serán nodrizas de los judíos; según lo han repetido y denunciado varios escritores de distintas nacionalidades, el hecho de que los judíos hayan sido y sigan siendo en todas partes sobre todo en los pises integrantes de la U.R.S.S., los más inescrupulosos comerciantes en la trata de blancas y los más asiduos defensores de las doctrinas disolventes, el amor libre y la promiscuidad, mientras mantienen a sus familias en la más absoluta disciplina y moralidad. Es que siendo animales los cristianos y gentiles, nada de extraño tiene que vivan en la prostitución y en la promiscuidad.

9. El siguiente texto "Al mejor entre los gentiles, mátalo"[7] En cuanto a los instintos asesinos de los judíos, manifestados a través de los siglos, se ven alentados con la que ellos creen inspiración divina del Talmud y de la Cábala, pero que según la Santa Iglesia, no es sino obra satánica.. Si Dios es amor, no pudo ordenar asesinar a lo mejor de los gentiles y sus simpatizantes judíos como lo evidencia la Pasión y Muerte de Cristo, las torturas y matanzas de las revoluciones judeo masónicas, la revolución comunista en Rusia que comenzó por exterminar a la nobleza zarista y a los terratenientes pero continuo hasta exterminar totalmente a los intelectuales rusos y a los patriotas que amaban a su patria, etc., ¿qué de extraño tiene que, donde pueda hacerlo, asesine a todos aquellos que en alguna forma se oponen a sus perversas maquinaciones?; pero hipócritamente y en forma cobarde siendo el más perverso de los asesinos pretende impunidad, acusando a los que se defienden de antisemitismo.

---

[6] "Jebamoth". Folio 94, columna 2.
[7] "Aboda Sara" 26B Tosephot.

10. Ese odio diabólico, ese sadismo que han demostrado siempre los judíos en contra de los demás pueblos, tiene también su origen en la interpretación falsa de la Revelación divina, es decir, en la cábala y el Talmud. Sirva de ilustración el siguiente ejemplo: "¿Qué significa 'Har Sinaí'? Significa el monte desde el cual se ha irradiado el Sina, es decir, el odio contra todos los pueblos del mundo".[8] Es necesario recordar, que fue en el Monte Sinaí donde Dios reveló a Moisés los Diez Mandamientos; pero los judíos modernos consideran, en forma tan equivocada como absurda, que allí fue revelada la religión del odio que ellos observan hasta nuestros días; odio satánico contra los demás pueblos que ha tenido su manifestación extrema en los tormentos y matanzas perpetradas por las revoluciones judeo masónicas y el comunismo internacional.

11. La Cábala, reservada para los altos iniciados del judaísmo, no para la plebe, llevó la división entre judíos y gentiles -entre los que incluyen a los cristianos- a los extremos más absurdos. Mientras por una parte, se rebajaba a los gentiles a la categoría de simples animales, por otra parte, se elevaba a los judíos a la categoría de dioses, identificándolos con la divinidad misma. ¡Hasta ese grado han falseado los judíos el significado del Pentateuco y en general del Antiguo Testamento! El blasfemo pasaje que aparece a continuación, es sumamente ilustrativo al respecto: "Dios se exhibe en la Tierra en las semblanzas del judío. Judío, Judas, Judá, Jevah o Jehová, son el mismo y único ser. El hebreo es el Dios viviente, el Dios encarnado, es el hombre celeste, el Adán Kadmon, por esa razón inventaron que Cristo tenía el perfil del judío clásico, para que los cristianos adoraran el perfil camélido. Los otros hombres son terrestres, de raza inferior; sólo existen para servir al hebreo, son pequeñas bestias"[9] 9. Es natural que semejante manera de pensar haya llevado a los judíos a la conclusión lógica de que todo cuanto existe en la Tierra les pertenece, incluso las bestias -entre las que nos incluyen a los demás hombres- y todo lo que a esas bestias pertenece.

12. Los falsificadores de las Sagradas Escrituras intentaron, tanto en el Talmud como en la Cábala, fortalecer el imperialismo judaico dándole el carácter de mandato divino. Los siguientes pasajes lo demuestran: "El Altísimo habló a los israelitas así: Vosotros me habéis reconocido como único dominador del mundo y por esto yo he de haceros los únicos dominadores del mundo"[10] 10"Dondequiera que se establezcan los hebreos, es preciso que lleguen a ser amos; y mientras no posean el

---

[8] "Shabbath". Folio 89, columna 2.
[9] Kabala ad Pentateucum. Folio 97, columna 3.
[10] "Chaniga". Folio 3ª. 3b.

absoluto dominio, deben considerarse como desterrados y prisioneros. Aunque lleguen a dominar naciones, hasta que no las dominen todas, no deben cesar de clamar: '¡Qué tormento!' '¡Qué indignidad!'"[11]...

13. Esta falsa revelación divina, contenida en el Talmud, es una de las bases teológicas de la política del judaísmo moderno, que realizándola al pie de la letra cree cumplir con la voluntad de Dios. Cuando los pueblos cristianos y gentiles han abierto generosamente sus fronteras a los emigrantes judíos, equiparándolos a los ciudadanos nativos, jamás han podido imaginar que dan albergue a eternos conspiradores, siempre dispuestos a trabajar en la sombra y sin descanso hasta dominar al pueblo ingenuo que les abrió sus puertas. El Talmud claramente señala que los judíos no deben descansar hasta que el dominio sea absoluto. Los judíos Los judíos han comprendido que la democracia y el capitalismo - que les ha permitido dominar a los pueblos- no les ha proporcionado ese dominio absoluto ordenado por el Dios de que habla el Talmud; por eso, los judíos Karl Marx y Federico Engels inventaron un sistema totalitario que les asegure poder quitar a cristianos y gentiles todas sus riquezas, todas sus libertades y, en general, todos sus derechos humanos, hasta igualarlos con las bestias.

La dictadura del socialismo comunista de Marx permite a los judíos alcanzar ese dominio absoluto; por ello, desde que la implantaron en Rusia, han trabajado sin descanso para destruir el régimen capitalista que ellos mismos habían creado, pero que fue incapaz de hacerlos llegar a la meta deseada. Como revela el Talmud, no basta a los judíos dominar algunas naciones, sino que deben dominarlas todas; mientras no lo logren, deben clamar: "¡Qué tormento!" "¡Qué indignidad!". Esto explica el por qué es insaciable el imperialismo judío comunista. Pone de manifiesto lo absurdo que es creer en una sincera convivencia pacífica o en la posibilidad de que el comunismo cese en su ambición de conquistar a todas las naciones de la Tierra. Los judíos creen que Dios les ha ordenado imponer un dominio total a todas las naciones y que ese dominio total lo conseguirán sólo por medio de la dictadura totalitaria socialista del comunismo. Como ese dominio integral debe extenderse a todas las naciones del mundo, no descansarán hasta imponer la esclavitud comunista a todos los pueblos de la Tierra.

Es indispensable que los cristianos y gentiles acaben tan tremenda tragedia. La existencia de un totalitarismo cruel e imperialista, impulsado por un grupo de carniceros fanáticos y locos que realizan todos sus

---

[11] Talmud de Babilonia, tratado "Sanhedrín". Folio 104, columna 1.

crímenes y todas sus perversidades creyendo firmemente que están cumpliendo con fidelidad los mandatos de Dios, es una ominosa realidad. Llega su maldad hasta tal grado, que creen moralmente lícito hacer triunfar el ateísmo y el materialismo comunista en todo el mundo, de manera transitoria, mientras ellos, que son religiosos y creyentes, logran destruir "al odiado cristianismo y demás religiones falsas", con el fin de hacer imperar sobre las ruinas de todas, la religión actual de Israel, la cual aduce el derecho de Israel a dominar el mundo en su carácter de pueblo escogido por Dios para dominar sobre todos los pueblos gentiles.....

14. El Talmud desconociendo a Cristo como el Mesías prometido, dice: "El Mesías dará a los hebreos la dominación del mundo y a ella estarán sometidos todos los pueblos"[12] 12. Podría seguirse citando pasajes de los distintos tratados del Talmud y de la Cábala judía - tan elocuentes como los anteriores- que nos permitirían percibir los motivos por el que los rabinos autores del supremacismo imperialista descalifican a Cristo como el Mesías esperado, y el peligro que significa el judaísmo para la Cristiandad y para el resto de la humanidad. Cuanto más se profundice en esta materia, más claro se verá el abismo que media entre las enseñanzas, vida y ejemplo de Cristo expuestas en los Evangelios y la falsa religión que fueron elaborando los redactores bíblicos al santificar y glorificar los hechos ancestrales y las reinterpretaciones talmúdicas que se dieron a los acontecimientos del devenir de Israel entre las naciones gentiles después de Cristo a fin de hacer realidad los designios divinos que profetizaban la supremacía de Israel sobre todos los pueblos de la tierra, sobre todo, a partir de la aparición del Talmud de Jerusalén y el de Babilonia y de la posterior elaboración de los libros cabalísticos "Sepher-Ha-Zohar" y "Sepher-Yetsirah", libros sagrados que son la base de la religión de los judíos modernos....

Si existe un abismo entre la religión primitiva de Abraham que honra a los ancestros de Israel, y la beligerancia de las leyes de la guerra de Moisés contra los pueblos gentiles, éste abismo se hace insondable entre la intolerancia mosaica y la perversidad del judaísmo talmúdico moderno; puede decirse que este último no es solo la antítesis y la negación misma de la religión cristiana, contra la cual destila odio y afán destructor en sus libros sagrados y en sus ritos secretos, así como de toda educación y derecho que promueva el respeto por la dignidad de todas las personas, los derechos humanos, la equidad, la justicia, y la convivencia pacífica entre

---

[12] Talmud de Babilonia, tratado "Schabb". Folio 120, columna 1; Tratado "Sanhedrín". Folio 88, columna 2 y folio 89, columna 1.

los pueblos y los hombres de buena voluntad sino la antítesis y negación de la dignidad humana de todos los hombres...

15. La lucha milenaria de la Santa Iglesia en contra de la religión judía, no tuvo por origen, como falsamente se ha dicho, la intolerancia religiosa del cristianismo, sino la intolerancia y crímenes de los príncipes de la sinagoga y los fariseos contra Cristo y sus seguidores; la cual perpetuaron los rabinos hasta nuestros días en su lucha sub terranea por destruir la Iglesia y someter a los reinos cristianos, reflejo de la maldad inmensa de la religión judía, que presenta una mortal amenaza para la Cristiandad. La multitud de mártires cristianos asesinados por los judíos radicales, fue lo que obligó a la Iglesia primitiva de los gentiles-tan indefensa en un principio contra el poderío de la sinagoga- a defenderse de los ataques sub terraneos de la sinagoga y a defender a los fieles cristianos de las conjuras de los cripto judíos infiltrados en las estructuras del poder de los Estados. Es, pues, errónea y mal intencionada la opinión de algunos pastores protestantes que se dicen cristianos, pero que le hacen el juego a los judíos en forma bastante sospechosa, en el sentido de que es ilícito combatir al judaísmo porque los judíos ortodoxos tienen una religión afín y hermana de la cristiana. En primer lugar, es falsa la base de su tesis. Lo hemos demostrado en este capítulo y podrá comprobarlo quien profundice su estudio en los secretos de la religión judía post bíblica; secretos que fueron condenados en la doctrina de los Padres de la Iglesia, en los concilios ecuménicos y provinciales y en los estudios de ilustres clérigos cristianos de la Edad Media y de los siglos anteriores al presente.

En segundo lugar, lo que los judíos pretenden realmente con imponer a los cristianos esa tesis de la ilicitud de combatir a la criminal secta judaica, es lograr la adquisición de una patente de impunidad que les permita, sin exponerse a contraataques directos, seguir adelante en sus movimientos revolucionarios masónicos o comunistas, hasta lograr la destrucción de la Cristiandad y la esclavización de la humanidad. Los judíos y sus cómplices dentro del cristianismo quieren asegurar, en forma cómoda el triunfo definitivo del imperialismo judaico, ya que si los cristianos se abstienen de atacar y vencer a la cabeza de toda la conspiración, reduciéndose a atacar únicamente su rama masónica, anarquista, comunista o cualquier otra, la cabeza -el judaísmo-, libre de ataques, conservará todo su vigor mientras sus tentáculos masónicos y comunistas, con todos sus derivados, se dedicarán a atacar de manera inmisericorde, como lo han venido haciendo, a las instituciones religiosas, políticas y sociales de la Cristiandad y del mundo entero...

MAURICE PINAY

Capítulo II

Algo más sobre las creencias religiosas de los judíos

La interpretación imperial supremaciíta de las Sagradas Escrituras hizo a los judíos apartarse cada día más de la primitiva religión primitiva que promovía el culto a Dios único y la honra a los ancestros desde de Abraham a Moisés y los profetas, para llegar, con la aparición del Talmud y de la Cábala, a una ideología del mal que nada tiene que ver con Dios. Utilizamos para demostrarlo, entre otras pruebas, textos sagrados de los libros talmúdicos que sirven de base a la religión del judaísmo moderno. En el presente capítulo abundaremos sobre las directivas sagradas de los textos talmúdicos para poder demostrar, con mayor claridad, que ninguna afinidad o parentesco existe entre el judaísmo y la religión cristiana. Aquí es pertinente señalar a nuestros lectores que esta denuncia preventiva es un trabajo conjunto de varios sacerdotes que trabajaron independientemente en sus propias diócesis aportando la información documental a su alcance y muchas veces repetitiva, defecto que no pudo salvarse al sumar esfuerzos:

1. Lo primero que debe tomarse en cuenta al abordar el problema de la religión talmúdica, es que se trata de una religión secreta, a diferencia de las demás religiones cuyos dogmas, doctrinas y ritos son de carácter público y, por lo tanto, pueden ser conocidos por cualquier extraño a ellas; en contraste con los planes subversivos y conjuras que necesariamente deben de mantenerse en secreto hasta su realización, y también debe mantenerse en secreto la puesta en práctica de las directivas subversivas hasta su triunfo o derrota. Por ello fue que los judíos dispersados por las provincias romanas de oriente y occidente, fueron -a través de los siglos- ocultando a los gentiles cristianos las directivas criminales expuestas en los textos talmúdicos, ya que por constituir una amenaza contra los demás hombres necesitaban mantenerse en secreto. Temían, con toda razón, que al quedar a descubierto las directivas criminales y genocidas de los textos

talmúdicos, con justo derecho los gentiles que les habían abierto las fronteras de sus países, reaccionaran violentamente en contra de las comunidades judías. Lo cual evidencia que Israel es consciente de ser un conspirador, criminal y genocida, merecedor del exterminio que sufriría si se conocieran las conspiraciones y delitos de lesa humanidad que ha cometido, y es por ello que en su propio libro sagrado, el Talmud, previenen al pueblo hebreo a guardar en secreto los textos talmúdicos. La previsión talmúdica dice lo siguiente: "Comunicar algo de nuestra ley sagrada a un gentil equivale a la muerte de los hebreos, pues si los Goyim (gentiles) supieran lo que nosotros enseñamos a propósito de ellos (los planes y directivas quinta columnistas, criminales judío masónicas y judío comunistas contra la Iglesia y los Estados), nos exterminarán sin más".[13] Los planes secretos necesitan de la mentira y de la hipocresía para ocultarse:

2 La mentira y la hipocresía ha sido el arma principal de los rabinos o sacerdotes de la "Sinagoga de Satanás". nombre que Cristo Nuestro Señor llamó, ya desde entonces, a los templos judíos convertidos en cueva de conspiradores, asesinos y ladrones. Con mentiras y engaños han controlado a los pueblos en sus revoluciones masónicas y las revoluciones comunistas para hacerse de todo el poder y todos los bienes de los pueblos cristianos y musulmanes, a fin de someter o exterminar impunemente a los pueblos gentiles. Baste decir que hasta se manejan con la mentira para los asuntos relacionados con su propia religión. A los cristianos y a los gentiles los engañan haciéndoles creer que la actual religión judía es como todas las demás: que se limita a rendir culto a Dios, a fijar normas de moralidad y a defender los valores del espíritu. Pero tienen mucho cuidado de ocultar que su religión es, en realidad, una secta criminal secreta que conspira para destruir a la Cristiandad, ya que sigue odiando a muerte a Cristo, su Iglesia y los pueblos gentiles, y por ello, primero trata de dominarlos sub terraneamente y esclavizarlos después para que Israel impere sobre todos los pueblos de la Tierra. La Santa Iglesia, al descubrir lo que en secreto enseñaban los maestros o rabinos a sus fieles, mandó requisar y destruir en diversas ocasiones los libros del Talmud, ante el peligro que significaban sus enseñanzas para los judíos, convirtiéndolos en una secta de conspiradores, ladrones y asesinos; peligro mayor para aquellos que, siendo más fervorosos en su religión, aceptaban sin condiciones y con fanatismo las enseñanzas del Talmud y de la Cábala.

---

[13] Divre en "Dav". Folio 37.

3. Una de las estrategias judías utilizadas para engañar a las autoridades que los investigaban, consistió en redactar textos apócrifos del Talmud omitiendo los pasajes cuya lectura se consideraba peligrosa para los cristianos, ante de hacerlos del conocimiento de las autoridades civiles y eclesiásticas que los requería judicialmente. Con frecuencia, tanto la Santa Iglesia como las autoridades judiciales descubrían los textos auténticos ante la indignación general que generaba a menudo reacciones violentas contra los judíos, cuyos auténticos libros sagrados contienen ya los lineamientos de la conspiración que han venido desarrollando en contra de la humanidad entera. El escritor judío Cecil Roth, en su obra "Storia del pòpolo ebraico", habla con extensión de la condenación del Talmud por el Papa Gregorio IX y demás condenaciones sucesivas hasta aquella del Papa León X, en el siglo XVI, que tuvo su origen en una denuncia al Cardenal Carafa, de que los textos talmúdicos eran perniciosos y blasfemos. Esta denuncia tuvo como consecuencia, la quema pública del Talmud en el "Campo dei fiori", de Roma, en el otoño de 1553.[14]

En los procesos de la Inquisición, seguidos en contra de los judíos clandestinos, llamados por la Santa Iglesia, "herejes judaizantes", se encuentra una fuente muy copiosa sobre las ocultas y verdaderas enseñanzas religiosas de los judíos. Quienes deseen profundizar en este estudio necesitarán consultar los archivos de la Inquisición de las ciudades italianas donde más se introdujeron los judaizantes; de Carcasona, de Narbona y de otros lugares de Francia; de Simancas, en España; de la Torre do Pombo, en Portugal; de México y de otros países de la catolicidad. Por nuestra parte, nos limitaremos a citar los "Procesos de Luis de Carvajal" (El Mozo), en donde se puede apreciar la mentalidad infantil de la generalidad de los judíos y cristianos de aquellos tiempos, teniendo en cuenta que el delito que investigan las autoridades no era la práctica de tal o cual rito prohibido, sino descubrir a los conspiradores cripto judíos infiltrados en el seno de la Iglesia o del Estado. Se trata de una edición del Gobierno de México del año de 1935, publicación oficial del Archivo General de la Nación. En éste se encuentran los manuscritos originales con las consiguientes firmas del judío procesado, de los inquisidores, testigos, etc. La autenticidad de estos documentos judiciales queda fuera de duda; ni los mismos judíos contemporáneos han podido negarla jamás, por el contrario, los consideran como valiosos documentos históricos y los citan en algunas obras hebreas. El contenido de estos documentos revela: monstruosas blasfemias contra Nuestro Señor

---

[14] Cecil Roth, Storia del popolo ebraico. Milán: 1962. pp. 327, 408.

Jesucristo y María Santísima; odio satánico hacia el cristianismo; odio que nada tiene que ver con la ley dada por Dios a Moisés en el Sinaí, pero que es la esencia de la religión oculta del judaísmo moderno; religión de odio, de odio feroz contra la Cristiandad; odio que inspira las matanzas de cristianos y las persecuciones contra la Santa Iglesia y que se ha desatado en forma explosiva, irrefrenable y ominosa en todos los lugares donde han triunfado las revoluciones judeo-masónicas y judeo-comunistas.

El segundo proceso contra Luis de Carvajal, iniciado por el Santo Tribunal de la Inquisición a fines del siglo XVI, en el año 1595, Investiga la denuncia de blasfemia contra Cristo Nuestro Señor y a María Santísima y la práctica secreta del judaísmo, a fin de descubrir a los conspiradores cripto judíos que atentan sub terraneamente contra la Iglesia y el Estado. Actualmente algunos clérigos judaizantes de la reforma protestante, afirman que es indebido combatir al judaísmo por su afinidad con la religión cristiana, afirmación que raya en la demencia y que sólo puede prosperar entre quienes, desconociendo la lucha eterna de Israel Contra la iglesia y los Estados cristianos, se convierten en cristianos traidores y colaboradores del enemigo de la humanidad. La innegable religiosidad de Luis de Carvajal se manifiesta en diversos pasajes del proceso; también se manifiesta su ignorancia infantil a través de las blasfemias y obscenidades cometidas en las imágenes sagradas de Nuestro Señor Jesucristo y María Santísima.

Transcribimos a continuación el testimonio judicial de Manuel de Lucena, judío, amigo de Luis de Carvajal: "...y lo que pasa es que habrá año y medio que yendo éste a Santiago a ver a Luis de Carvajal y visitándole en el colegio de los indios en un aposento de él, que estaba sacando moralidades de la Biblia, y éste le dijo: 'cosas lindas estáis escribiendo' ; y el dicho Luis de Carvajal le respondió que tales eran, y que se espantaba cómo no abría los ojos de toda criatura, y que quebrantado fuese quien quebrantaba la palabra del Señor, diciéndolo por los cristianos que fuesen quebrantados, porque quebrantaban la Ley de Moisén, que llamaba la Ley del Señor;..." Después, sigue diciendo Manuel de Lucena, que manifestándole algunas dudas: "...al dicho Luis de Carvajal como a hombre que guarda la Ley de Moisén y es muy leído en la Biblia, se las declaraba y le satisfacía; y el dicho Luis de Carvajal le decía a éste cómo vio que guardaba la Ley de Moisén y que también estaba en ella por haberle comunicado la Ley y tratado de autoridades del Testamento Viejo: que de allí en adelante le tendría por hermano y aunque indigno, lo encomendaría a Dios en sus oraciones...".[15]

Hasta aquí aparece Luis de Carvajal como un piadoso judío, fervorosamente religioso; pero que ya demuestra su odio al cristianismo cuando dice: "quebrantados sean los cristianos", porque quebrantan la Ley de Moisés. El mismo judío, Manuel de Lucena, afirma que en cierta ocasión preguntó a Luis de Carvajal "...cómo se entendía un capítulo de Zacarías que dice: 'despierta, cuchillo, contra mi pastor y contra el hombre, conjunto amigo, etc. Y el dicho Luis de Carvajal le respondió que ese texto es la sentencia que dirá el Señor el día del Juicio a Jesucristo, por haberse hecho Dios, condenándole a Él y a todo su reino a los infiernos."[16]

Aquí, las interpretaciones equivocadas del Antiguo Testamento llevan a un judío piadoso en su religión, a destilar odio contra Cristo Nuestro Señor, al afirmar que Este y su reino serán condenados a los infiernos, blasfemia lanzada contra el Hijo de Dios por un hebreo intensamente religioso, considerado actualmente por los judíos como un santo varón y mártir. Sigue diciendo después el mismo Lucena, en su testimonio, que cierto día fue a casa de Luis de Carvajal y halló "...al dicho Luis de Carvajal, doña Francisca su madre, doña Isabel, doña Leonor y doña Mariana, sus hermanas, hincadas de rodillas hacia el Oriente, rezando Salmos y oraciones de la Ley de Moisén, y con voz baja y llorando el dicho Luis de Carvajal, decía los dichos Salmos y oraciones; y las dichas doña Francisca, doña Isabel, doña Leonor y doña Mariana respondían de la misma manera, la voz baja y llorando; todo lo cual hacían en guarda y observancia de la Ley de Moisén y del Día Grande del Señor...".[17] La religiosidad y piedad de este ferviente judío quedan, por tanto, fuera de duda, no es un delito profesar la religión judía, ni cualquier otra religión, lo que es delito no son sus ritos y ceremonias de la religión judía, sino el odio traducido en atentados contra la Iglesia, los Estados y la sociedad cristiana.

Los inquisidores, para ayudarse en el esclarecimiento de la verdad, utilizaban, además de los testimonios de algunos judíos, un medio consistente en introducir a la celda del reo a un sacerdote cristiano, que conociendo las creencias y ritos secretos del judaísmo, apareciera ante el preso como otro judío encarcelado en la misma celda. Con esta estratagema, se logró que Carvajal, creyéndose acompañado por un

---

[15] Gobierno de México, Procesos de Luis de Carvajal (el mozo). México: Archivo General de la Nación, 1935. XXVIII, pp. 127-128.
[16] Procesos de Luis de Carvajal (el mozo). Edición citada, p. 128.
[17] Procesos de Luis de Carvajal (el mozo). Edición citada, pp. 130-131.

hermano y correligionario, externara los verdaderos sentimientos ocultos en su corazón. El clérigo escogido fue don Luis Díaz, cuyos testimonios constan en las actas de la audiencia celebrada en la ciudad de México, el 9 de febrero de 1595. Ante el Inquisidor Don Alfonso de Peralta, el sacerdote mencionado, bajo juramento prestado, hizo, entre otras, las siguientes declaraciones: "...que es verdad que él ha pedido audiencia, para decir y declarar dichas cosas que le han pasado con Luis de Carvajal, compañero de cárcel de éste, acerca de la Ley de Moisén; y en aprobación de ella le dijo a éste el dicho Luis de Carvajal que no se encomendase a Ntra. Sra. La Virgen María, porque era una mujercita lujúrienta, mujer de un carpintero, para que éste viese lo poco, en que la había de estimar, le hizo saber que estando un día la Virgen Santísima, apartada de José, su santo esposo, vino a visitarla un herrero que andaba enamorado de su Divina Majestad, y estándo con su menstruo tuvo acceso carnal con ella y entonces engendraron a Nuestro redentor Jesucristo, llamándole el perro embaucador, y que por él había venido la perdición de todo el género humano, y que por esta causa están Nuestro redentor Jesucristo y su Santísima Madre y todos los Apóstoles y santos. que los cristianos llaman mártires, ardiendo en los infiernos; y porque la creyese éste y no tuviese duda, le dijo el dicho Luis de Carvajal que Adonay, verdadero Dios de los Ejércitos y de las hazañas, había pronosticado al profeta Daniel que había cuatro reinos, y que en el postrero vio el dicho profeta que había una figura espantable, y que le salían de la frente diez cornezuelos y entre los cuales había uno muy pequeño que tenía ojos y boca, y daba a entender esta bestia fiera que era Jesucristo Ntro. Redentor, llamándole bestia abominable; y que esta visión que vio el dicho profeta pronosticaba la perdición que (a la venida de Jesucristo, habría en el mundo, y que como Cristo había sido tan gran pecador, lo eran también los Sumos Pontífices y todos los prelados de las iglesias) que seguían su doctrina y que cuando la magdalena fue a pedir perdón a Cristo y le ungió y le dijo: 'Remitunt tibi peccato', la estaba contemplando para pecar con ella".[18]

Sigue la declaración del clérigo cristiano, Luis Díaz, en los siguientes términos: "Item, dijo: que queriendo éste saber del dicho Luis de Carvajal qué cómplices había que guardasen la Ley de Moisén, fingiendo éste que la quería guardar, para venir luego y manifestarlos ante los Sres. inquisidores, le dijo el dicho Luis de Carvajal que pues él estaba determinado a confesar y a morir en la Ley de Moisén, podría acudir éste a Manuel de Lucena y a

---

[18] Procesos de Luis de Carvajal (el mozo). Edición citada, pp. 140-141.

Manuel Gómez Navarro y a Pedro Enríquez, que eran grandes judíos y guardaban con perfección la Ley de Moisén..."[19]

A continuación, se transcribe una escena inmunda relatada por el padre Luis Díaz, en la que se ve de lo que pueden ser capaces esos judíos muy fervorosos y apegados a su fe religiosa. Se trata del propio Luis de Carvajal, cuya religiosidad es ya conocida, de Manuel Gómez Navarro, de quien dice aquél ser gran judío y guardar con perfección la Ley de Moisén y de Diego Enríquez, de quien dice ser el mayor judío que había en la Nueva España. La declaración del R.P. Díaz dice: "...se acuerda que el dicho Luis de Carvajal dijo a éste que Diego Enríquez, penitenciado por este Santo Oficio, hermano del dicho Pedro Enríquez, era aunque mozo, el mayor judío que había en al Nueva España y de mayor pecho y valor, y que estándo en esta ciudad, en casa del dicho Diego Enríquez, se quedaron a dormir con el dicho Diego Enríquez en una misma cama el dicho Luis de Carvajal y Manuel Gómez Navarro, y toda la noche estuvieron en mucha chacota comiendo nueces y pasas, y el dicho Luis de Carvajal les hizo una plática en alabanza de la Ley de Moisén, y el dicho Diego Enríquez, después de una plática, se levantó al servicio, y habiendo puesto un Cristo que tenía a la cabecera de la cama, atado a los pies de ella, estándose proveyendo, decía: por Nuestro Redentor Jesucristo, esto puedo almorzar este perro por la mañana; y volviéndose a la cama, como dormía el dicho Diego Enríquez en medio del dicho Luis de Carvajal y Manuel Gómez Navarro, teniendo el rostro de Cristo a sus pies, alzaba la copa y ventoseaba diciendo al Cristo: bebe, perro, juro a Dios que os he de poner las barbas bermejas; y el dicho Manuel Gómez Navarro, no pudiendo sufrir el hedor, dijo al dicho Diego Enríquez: idos de ahí, lleva a ese perro con todos los diablos, a otra parte y allí dadle de beber cuanto vos queráis; y entonces dijo el dicho Luis de Carvajal: dejadlo estar que yo me alegro mucho y no hay agua rosada ni agua de ángeles para mí, como ver tratar mal a este perro ahorcado, embaucador y hechicero".[20]

La escena evidencia que, el odio satánico de los judíos hacia Cristo Nuestro Señor seguía siendo el mismo mil seiscientos años después de su crucifixión. Y, del mismo modo, evidencia que es falsa la tesis sostenida por muchos israelitas en el sentido de que, los enemigos implacables de Cristo y de su Iglesia son los judíos descreídos y no los judíos fieles a su religión, la cual es pariente cercana de la cristiana. Es evidente en los mismos rabinos, que los judíos más fieles a su monstruosa religión son los más enconados enemigos de Cristo y de la Cristiandad, ya que es en tal

---

[19] Procesos de Luis de Carvajal (el mozo). Edición citada, pp. 141.
[20] Procesos de Luis de Carvajal (el mozo). Edición citada, pp. 158-159.

secta religiosa donde beben el odio implacable contra Jesús y contra todo lo cristiano. Por el contrario, los pocos hebreos que venciendo el temor a las terribles amenazas -incluso el asesinato de los llamados apostatas y de represalias contra sus familias- logran desligarse de la secta demoníaca y adquieren el calificativo de judíos de sangre; pero incrédulos en su religión, acaban por perder su odio hacia la Cristiandad y hacia la humanidad entera, al dejar de absorber constantemente ese ambiente de odio contra la Iglesia, ese afán de esclavizar y odiar a la humanidad, que infesta las Sinagogas de Satanás. Desgraciadamente son poquísimos los que lo hacen, puesto que casi nadie se atreve a desafiar las iras de los dirigentes judíos manifestadas, a menudo, por represalias y bloqueo económico, expulsión de la comunidad y amenazas de muerte, siempre pendientes sobre las cabezas de los incrédulos que se atrevan a desligarse de la Sinagoga.....

Siguiendo con las constancias del expediente del segundo proceso en contra del judío Luis de Carvajal, encontramos en las declaraciones del Padre Díaz que habiendo preguntando al primero con qué otros judíos de confianza podía tratar, respondióle Carvajal: "...con el dicho Antonio Díaz Márquez, porque era gran siervo de Dios y guardaba la Ley de Moisén y que si no fuera casado con una perra cristiana, hija de villanos, se hubiera ido a una judería...que el dicho Antonio Díaz Márquez, cuando iba a la iglesia y se hincaba de rodillas y hacía que rezaba y decía a las imágenes de los santos semejantes sean a vosotros los que en vosotros adoran...y que cuando salía el sacerdote a decir misa al altar, de la hostia decía el dicho Antonio Díaz Márquez, en un solo Dios creo, en un solo Dios adoro y no en este perro que no es sino un pedazo de engrudo...y luego se apartó hacia donde tenía el dicho Luis de Carvajal un Cristo y unas imágenes, y se llegó al Cristo y le dio una higa, metiéndosela en los ojos por dos veces y diciéndole: ¿qué secreto nos tendrá este perro de barbillas? Y entonces le escupió en el rostro y luego se levantó el dicho Luis de Carvajal, diciendo: no me habéis de llevar en eso ventaja; y escupiendo a la imagen de Nuestro Señor Jesucristo, dijo: no habéis de llamar a éste perro, sino Juan Garrido...y que cuando la dicha Constanza Rodríguez va a la iglesia, cuando el sacerdote alza la hostia, dice: encomendado seas a los diablos tú y quien te alza, confundido seas por misterio del cielo, caiga aquí un rayo y confunda a todos estos herejes, diciéndolo por los cristianos..."[21]

En el testimonio de Pedro de Fonseca, mandado por los inquisidores a petición del Padre Díaz, para que escuchara junto a la puerta de la cárcel la conversación sostenida por el sacerdote con Luis de Carvajal, afirmó que pudo escuchar, en la hora fijada por el Padre Luis Díaz, entre otras cosas,

---

[21] Procesos de Luis de Carvajal (el mozo). Edición citada, pp. 143-144, 150.

lo siguiente: "...que el Mesías aún no había venido y que Jesucristo era profeta falso, y que era el Anticristo que dicen los cristianos y que cuando venga el Anticristo, vendrá el Mesías prometido en la Ley, y que los cristianos andan engañados y están en los infiernos, y que el que tiene mayor dignidad entre ellos, tendrá mayor pena en los infiernos, y que el Papa y el rey y todos los grandes inquisidores y ministros del Santo Oficio, perseguidores de los que guardan la Ley de Moisén que es la verdadera, y que los apóstoles están también en el infierno, y que no hay santos en el cielo, y que Jesucristo estuvo amancebado con la Magdalena, y que Nuestra Señora está en los infiernos y era una puta que había parido cinco veces, y entonces el dicho Luis Díaz de Carvajal, respondió: cómo se ha de creer en María Hernández, madre de Juan garrido, que tenía una imagen de Jesucristo, a los pies de su cama, y que cuando se bajaba de ella para sus necesidades, pasaba por encima de él y lo ventoseaba, para ver si le respondía, y que algunas veces lo ensuciaba, y que el dicho Juan Garrido (diciéndolo por el Cristo), le tenía buen secreto y se reía de él".[22] Luis de Carvajal, judío ejemplar, seguidor de la ley de Moisés, identificó al Mesías con el Anticristo.

En resumen: las blasfemias y profanación de imágenes en contra de N.S. Jesucristo, la virgen santísima los santos cristianos o la Iglesia eran las evidencias que investigaba el Tribunal de la Santa Inquisición, para descubrir las redes subterráneas de los cripto judíos infiltrados en La Iglesia, el Estado y la sociedad para subvertirlos; crimen de lesa patria por el la Santa Iglesia, entregaba a la justicia y brazo secular para que fueran quemados en la hoguera o muertos por medio del garrote. Sólo la ignorancia del peligro que representa la ideología imperial supremaciíta de los judíos para la Iglesia, el Estado y la sociedad cristiana, puede llevar a difamar a la Santa Iglesia de intolerancia por motivos banales como las blasfemias y las profanaciones sacrílegas, ya que es una certidumbre metafísica la obligación de los judíos de colaborar y atacar en todo tiempo y lugar a la iglesia, al Estado y la sociedad cristiana, y en razón a esa certidumbre de ser culpables del delito de lesa patria eran ajusticiados públicamente. En realidad, se requiere mucha ignorancia o mala fe, para asegurar a los cristianos que puede haber convivencia pacífica entre la Santa Iglesia y la Sinagoga de Satanás; ya que es la cabeza del comunismo y la masonería, impregnados -por los judíos- de ese odio diabólico a Cristo, a María Santísima y a la Cristiandad.

Es muy significativo que, por otra parte, diversos concilios de la Santa Iglesia Cristiana, con su gran autoridad, hayan afirmado que los judíos son

---

[22] Procesos de Luis de Carvajal (el mozo). Edición citada, pp. 162-164.

verdaderos ministros del Anticristo Desde el año 633, el Concilio IV de Toledo, integrado por los metropolitanos y obispos de España (incluyendo la actual Portugal) y las Galias visigodas, aseguraba en el canon LVIII que eran del cuerpo del Anticristo los obispos, presbíteros y seglares que prestaran apoyo a los judíos en contra de la fe cristiana, declarándolos sacrílegos y excomulgados.[23] En su Canon LXVI llama a los hebreos "Ministros del Anticristo".[24] No deja, pues, de ser muy notable que personas tan autorizadas de las dos partes en pugna, es decir, de la Santa Iglesia de Cristo y de la Sinagoga de Satanás, hayan establecido alrededor del problema del Anticristo posiciones similares, aunque desde un ángulo opuesto.

Por otra parte, del estudio profundo de la religión secreta de los judíos en la Era Cristiana se llega a la conclusión cierta, de que dicha religión, lejos de tener parentesco y afinidad con el cristianismo, es la antítesis y la negación suprema de la fe de Cristo, con la que no hay la más remota posibilidad de entendimiento; **lo cual nos permite percatarnos de que una de las causas de los triunfos judíos es la suspensión de la defensa de la Iglesia promovida por los clérigos cripto y filo judíos infiltrados en las altas jerarquías** -*al impedir la difusión intensa y permanente entre los fieles la reseña histórica de la defensa de la Iglesia en contra de los ataques de la sinagoga en su intento por someter a la Iglesia, al Estado y la sociedad cristiana, utilizando tanto el catecismo como las homilías que se exponen en los servicios-* impidiendo que los fieles estén siempre alertas vigilando al enemigo; obligación que debe asumir el Estado moderno cristiano, pero por increíble que parezca, hoy en día, no hay un solo Estado que cumpla con esta obligación de inteligencia porque estando infiltrado por el judaísmo aduce ser laico y respetuoso de las creencias religiosas; pero es indiscutible el interés jurídico del Estado por tratarse de un asunto de lesa patria, *causas belli.*

---

[23] Juan Tejada y Ramiro, Colección de cánones y de todos los concilios de la Iglesia en España y América. Madrid, 1859. Tomo II, p. 305.
[24] Juan Tejada y Ramiro, Colección de cánones y de todos los concilios de la Iglesia en España y América. Madrid, 1859. Tomo II, p. 305.

Capítulo III

Amenazas de castigo divino a los judíos que desobedezcan los designios supremaciítas de Israel, a fin de asegurar su fidelidad y cumplimiento

La judeo-masonería, el comunismo y las diversas fuerzas políticas que ambos controlan, han lanzado innumerables ataques contra la política secular de la Santa Iglesia Cristiana. Uno de los puntos más atacados, ha sido el relativo al Santo Oficio de la Inquisición y a sus autos de fe, que algunos clérigos -por ignorancia de la historia y por influencias propagandísticas masónico-liberales- los han llegado a ver tan deformados hasta que la Santa Iglesia se equivocó en su política inquisitorial, llegando al extremo de tratar de evadir esta cuestión en cualquier controversia, con un sentimiento de culpabilidad a veces subconsciente. Esta actitud vergonzante, contrasta con la propia postura de algunos historiadores judíos que, conocedores de la verdad, reconocen algunos aspectos positivos del sistema inquisitorial, como Cecil Roth, que en su obra "Storia del pòpolo ebraico", dice textualmente: "...Es necesario reconocer que, desde un punto de vista, la Inquisición raramente procedía sin base seria; y, cuando una investigación estaba en marcha, el objetivo último era el obtener una confesión completa que, unida a la expresión del arrepentimiento, salvaría a las víctimas de los horrores de los tormentos eternos. Los castigos impuestos eran considerados más como una expiación que como un castigo...".[25] En este asunto tan controvertido -que los enemigos del cristianismo han considerado como el tendón de Aquiles de la Iglesia-, es preciso no perder vista la realidad en medio del cúmulo de mentiras, distorsiones y fraudes históricos que ocultan la verdad con una espesa maraña tejida especialmente con este objeto, por los judíos y sus cómplices; ya que el fin último que perseguían los inquisidores era

---

[25] Cecil Roth, Storia del pòpolo ebraico. Milán, 1962. p. 477.

descubrir las redes clandestinas de cripto judíos infiltrados en la Iglesia, el Estado y la sociedad, es decir descubrir a los subversivos y a los traidores infiltrados en las altas esferas del poder eclesiástico y secular.

La política inquisitorial de la Santa Iglesia, lejos de ser algo condenable, algo de los cual la Iglesia tenga que avergonzarse, fue, no sólo teológicamente justificada, sino de grandes beneficios para el cristianismo y la humanidad. Gracias a la Santa Inquisición - llamada santa por Papas, concilios, teólogos y santos de la Iglesia- la humanidad se vio entonces, libre de la catástrofe que ahora la amenaza y que se habría producido hace varios siglos. La Inquisición logró detener seis siglos la espantosa revolución mundial judía que está a punto de arrasarlo todo y de esclavizar a todos los hombres. No somos partidarios de que en la actualidad se trate de imponer la religión por la fuerza, ni de que se persiga a nadie por sus ideas; porque la verdad deberá imponerse solamente por medio de la libre discusión, sin necesidad de medios coercitivos; pero es necesario defender nuestras convicciones discerniendo lo bueno y malo que hay tras las convicciones propias y ajenas. Sabemos que la Santa Iglesia, tolerante y benévola en sus primeros tiempos, tuvo que enfrentarse a una situación extraordinaria: la amenaza de muerte planteada a la Cristiandad entera, por el judaísmo internacional, en el siglo XII; amenaza cuya gravedad es comparable tan sólo con la que representa actualmente el comunismo judaico para la humanidad libre.

Para salvar a la Cristiandad de ese peligro, la Santa Iglesia tuvo que recurrir a medios extraordinarios, cuya justificación se evidencia con el solo hecho de haber aplazado varios siglos el desastre que ahora se cierne sobre la humanidad.... En su lucha milenaria contra la Iglesia de Cristo, los judíos emplearon un arma básica de combate: la quinta columna y el mimetismo (camuflaje). Esta lucha subversiva nació al irse convirtiendo fingidamente al cristianismo millares y millares de judíos de todo el mundo, adoptando nombres cristianos para disfrazar su origen judío. El ya mencionado historiador judío, Cecil Roth, afirma textualmente en la pág. 229 de su obra ("Storia del pòpolo ebraico", edición Milán, 1962): "...Naturalmente en la mayor parte de los casos las conversiones eran fingidas, así como su nacionalidad...". Los falsos conversos se bautizaban, cristianizando sus nombres y apellidos, y adoptaban al nacionalidad del país donde residían, pero en secreto seguían siendo tan judíos como antes; pues detestaban la Iglesia, a los cristianos y al país donde habían emigrado. Asistían a sinagogas secretas; se reunían en casas particulares y en otros sorprendentes lugares, como después se verá. Estos emigrante conversos en apariencia, observadores - hasta ostentosos- del culto, ritos y oraciones cristianos y del patriotismo, pero en secreto, no sólo practicaban el judaísmo sino que conspiraban contra la Iglesia, la sociedad y las instituciones del país donde residían _haciendo partícipes del odio por Cristo, la Iglesia, los cristianos y la conspiración contra las instituciones del país donde residían, a sus hijos que a determinada edad eran iniciados ocultamente en el judaísmo por medio de secretas e imponentes ceremonias, que nos recuerdan las iniciaciones masónicas.

Este sistema de judaísmo subterráneo ha existido desde los primeros siglos del cristianismo hasta nuestros días, sin solución de continuidad. Pronto se vio que la Cristiandad entera estaba amenazada de muerte si no tomaba con urgencia las medidas necesarias para contrarrestar las organizaciones secretas del judaísmo y las asociaciones ocultas que los judíos clandestinos usaban para reclutar entre las filas del cristianismo a colaboradores incondicionales que traicionaban inadvertidamente a Cristo, su Iglesia, el Estado y la sociedad cristiana; llegándose a la conclusión de que la Santa Iglesia y el Estado sólo podrían defenderse y defender a la sociedad de la destrucción, formando una organización investigadora y represiva, también secreta que trabajara conjuntamente. No quedaba más remedio que oponer a las organizaciones ocultas anticristianas, estructuras de inteligencia y represión también secretas. Así nació la eficacísima organización oculta del Santo Oficio de la Inquisición. Mucho se ha criticado el procedimiento secreto empleado por la Inquisición, así como el sigilo absoluto que rodeaba a todas sus actividades. La Santa Iglesia no tuvo alternativa, y hubo de comprender lo infructuoso que resulta combatir a una organización secreta con simples actividades públicas.

También los gobiernos han necesitado combatir las actividades secretas de espionaje y sabotaje de sus enemigos, con servicios secretos equivalentes, ya que de lo contrario, sucumbirían. Siendo las organizaciones secretas la única medida verdaderamente efectiva contra el judaísmo emboscado, no es extraño que éstas hayan sido las que con más saña han combatido los judíos por todos los medios posibles. Así, cuando Santo Domingo de Guzmán y otros santos varones de su época lucharon por la creación de la Inquisición, los judíos ocultos, metidos en el clero, organizaron innumerables intrigas para impedirlo, tratando incluso de sublevar a los obispos en contra de la medida y atacando sistemáticamente lo relativo al secreto. No hay cosa que tema más la quinta columna judía, que el que la Santa Iglesia y los cristianos utilicen para combatirla, las mismas armas secretas que ella. Por eso aún en nuestros días, cuando para combatir a la masonería o a las organizaciones secretas del comunismo, algún grupo de cristianos quiere oponerles organizaciones también reservadas, inmediatamente, los judíos subterráneos, organizan intrigas para que el obispo de la diócesis o sus superiores condenen y destruyan la organización reservada. Los judíos y sus agentes dentro del clero cristiano, saben muy bien que contra una organización oculta fracasarán todas las de carácter público que se le enfrenten y que para dominarla serán precisas estructuras también de carácter secreto que, como la Santa Inquisición, funcionen de acuerdo con la Doctrina Cristiana.

Otro aspecto muy atacado de la Inquisición, es el relativo a la quema de judíos y herejes o a su ejecución por el garrote; siendo difícil precisar las cifras exactas de los ejecutados por herejes de distintas sectas o por herejes judaizantes, como llamaba la Iglesia a los que, siendo cristianos en apariencia, practicaban en secreto el judaísmo. Muchos calculan en millares y otros hasta en decenas de miles, tan sólo los judíos clandestinos muertos por la Inquisición en la hoguera y por medio del garrote; pero sea la cantidad que sea, los enemigos de la Iglesia han lanzado contra ésta injustificados ataques por estos procedimientos. La defensa que se ha hecho de la Iglesia, sobre la base de que ella no los ejecutaba directamente, sino que los entregaba al brazo seglar para que éste dictara las sentencias de muerte y las ejecutara, es fácilmente refutada por los enemigos del cristianismo *si no se toma en cuenta que la pena de muerte era por el delito contra el Estado, y que la Santa Inquisición era el órgano investigador que consignaba al Estado a los culpables del delito de lesa patria, para que el Estado los ejecutara* diciendo que aunque la Iglesia no los condenara ni matara directamente, había dado su aprobación a los procedimientos inquisitoriales y a las leyes que penaban con la muerte a los herejes judíos relapsos y que, además, durante seis siglos había dado su aprobación a estas ejecuciones.

Otro argumento aparentemente débil de los defensores de la Iglesia, ha sido el pretender que la Inquisición de España y de Portugal eran instituciones de Estado, no dirigidas por la Iglesia; pero el razonamiento es endeble, puesto que éste no puede aplicarse a la Inquisición pontificia que funcionó durante tres siglos en toda la Europa cristiana y que estaba dirigida, nada menos que por Su Santidad el Papa, quien personalmente nombraba al Gran Inquisidor; ya que ni la Santa Iglesia ni el estado pueden ser juez y parte, así como tampoco acusador e investigador. Los demás inquisidores, franciscanos o dominicos, ejercían sus funciones como delegados papales con autoridad papal. Es cierto que la Inquisición Pontificia llevó a la hoguera a millares de judíos y herejes que, aunque ajusticiados por el brazo seglar, morían, no obstante, con la aprobación de la Santa Iglesia que había sancionado los procedimientos para juzgarlos, las leyes que los condenaban y las ejecuciones mismas. Si la Iglesia no hubiera estado de acuerdo con las condenaciones a muerte de judíos y herejes, las hubiera evitado con sólo ordenarlo. Incluso, en lo referente a la Inquisición española y portuguesa, que eran instituciones de Estado donde el Gran Inquisidor era nombrado por el rey y no por el Papa, la Santa Iglesia autorizaba a la Orden de Santo Domingo para constituir los tribunales de la Inquisición, para perseguir y descubrir a los judíos y herejes, para encarcelarlos y para llevar todo el proceso hasta la relegación al brazo seglar. También en estos casos, la Iglesia había dado su aprobación a las leyes que autorizaban al brazo seglar para quemar o dar garrote a estos delincuentes. Para lograr una defensa eficaz y contundente de la Santa Iglesia y de la Inquisición, es preciso tener el valor de recurrir a la verdad y a toda la verdad. La Santa Iglesia no podrá jamás temerla ya que sus actos han sido siempre normados por la equidad y la justicia. Por eso, con la verdad, que es siempre arrolladora, -expuesta ampliamente en la Cuarta Parte de este libro ("La quinta columna judía en el clero")-, se logrará una defensa colectiva de la Santa Iglesia Cristiana, en lo que respecta a su política inquisitorial.

Ante la constante amenaza de la confiscación de los bienes a favor del Estado, el destierro, el suplicio y la muerte que pendían como espada de Damocles sobre la cabeza de los judíos en la diáspora, uno se pregunta ¿QUE TIENE LA FE JUDÍA PARA ASEGURAR LA FIDELIDAD DE SUS SEGUIDORES?. La primera causa de fidelidad ha sido la solidaridad ejemplar de los judíos tanto en su país como en la diáspora, para combatir a los que consideran sus enemigos. La segunda causa han sido las directivas o líneas de acción perfectamente claras para alcanzar la supremacía de Israel sobre todas las naciones; lo cual nos permite comprender que una de las verdaderas causas de la fidelidad de los judíos a su religión ha sido la búsqueda de poder, riqueza y seguridad, pero también el deseo de saciar sus instintos criminales y genocidas impunemente. La tercera causa de fidelidad de los judíos a su religión, ha sido la característica impositiva y coercitiva de la ley que estipulaba la pena de muerte súbita por lapidación a los blasfemos. La cuarta causa de fidelidad, son las amenazas de castigo por su infidelidad a los designios imperial supremacíitas dictados por los príncipes de la sinagoga en boca de los profetas. Para acreditar las amenazas del castigo divino a los infractores, los tibios y remisos en la lucha de Israel contra los pueblos gentiles:

1. En el Deuteronomio (capítulo XXVIII, versículos 1 y 2), Moisés, transmitiendo a los hebreos la voluntad divina, define claramente esa situación. "1. Y si oyeres la voz del Señor Dios tuyo, para cumplir y guardar todos sus mandamientos, que yo te intimo hoy, el Señor te ensalzará sobre todas las gentes, que hay sobre la Tierra. 2. Y vendrán sobre ti, y te alcanzarán todas esa bendiciones: con tal que escuches sus mandamientos". Hay que

tener presente que después de mencionar Moisés todas las bendiciones que otorgaría Dios a los israelitas si cumplían con todos los mandamientos y oían la voz del Señor, enumera las tremendas maldiciones que haría caer sobre ellos si hacían lo contrario. Quien quiera conocerlas íntegras puede consultar el propio Deuteronomio, capítulo XXVIII; y Levítico, capítulo XXVI. Nos reduciremos aquí únicamente a insertar algunas de las más importantes:

2   En el Deuteronomio (capítulo XXVIII), dice Moisés, transmitiendo lo ordenado por Dios: "15. Pero si no quisieres escuchar la voz del Señor Dios tuyo, para guardar, y cumplir todos sus mandamientos y ceremonias, que yo te prescribo hoy, vendrán sobre ti, y te alcanzarán todas estas maldiciones:"

"16. Serás maldito en la ciudad, maldito en el campo. "17. Maldito tu granero, y malditas tus obras".

"18. Maldito el fruto de tu vientre, y el fruto de tu tierra, las manadas de tus vacas, los rebaños de tus ovejas".

"19. Serás maldito cuando entres, y maldito cuando salgas".

"20. El Señor enviará sobre ti hambre y ansia por comer, y maldición sobre todas tus obras, que tú hicieres: hasta que te desmenuce, y pierda prontamente, a causa de tus malísimas invenciones, por las cuales me abandonaste".

"22. El Señor te hiera con suma pobreza, con calentura y frío, con ardor y bochorno, y aire corrompido, y añublo, y te persiga hasta que perezcas".

"24. Dé el Señor a tu tierra polvo en vez de lluvia, y descienda del cielo ceniza sobre ti, hasta que seas desmenuzado".

"25. Haga el Señor que caigas delante de tus enemigos (tremenda amenaza de destrucción). Salgas por un camino contra ellos, y huyas por siete, y seas disperso por todos los reinos de la Tierra".

"43. El extranjero, que vive contigo en tu tierra, subirá sobre ti, y estará más alto: y tú descenderás, y quedarás más bajo".[26]

"45. Y vendrán sobre ti, y te perseguirán y alcanzarán todas estas maldiciones, hasta que perezcas: por cuanto no oíste la voz del Señor Dios tuyo, ni guardaste sus mandamientos y ceremonias que te mandó".

"48. Servirás a tu enemigo, que el Señor enviará contra ti, con hambre y con sed, y con desnudez, y con todo género de carestía: y pondrá un yugo de hierro sobre tu cerviz, hasta que te desmenuce". (Tremenda profecía de esclavitud primero, y luego, de aniquilamiento de los judíos, a manos de enemigos que el mismo Dios les echará encima, como castigo y maldición). "54. El hombre más delicado de los tuyos, y el más entregado a placeres, será mezquino con su hermano, y con su mujer, que duerme en su seno".

"55. Para no darles de las carnes de sus hijos, que se comerá: por cuanto ninguna otra cosa tendrá en el cerco y en la penuria, con que te habrán destruido tus enemigos dentro de todas tus puertas". "62. Y quedaréis en corto número, los que antes por la multitud erais como las estrellas del cielo, por cuanto no oíste la voz del Señor Dios tuyo"[27]

3. El Levítico (capítulo XXVI), también hace mención al dilema presentado por Dios al pueblo judío, prometiéndole que será su pueblo escogido y bendito si cumple con los mandamientos y lo maldecirá si no los cumple; profetizando además, los castigos con que penará su mala conducta. De las maldiciones lanzadas directamente por Dios contra los israelitas, en este último caso, insertaremos sólo las que consideramos de mayor trascendencia, remitiendo a los quieran conocerlas todas a la propia Sagrada Biblia, que nos sirvió en este asunto:

"14. Más si no me oyéreis, ni cumpliéreis todos mis mandamientos".

"15. Si despreciáreis mis leyes, y no hiciéreis aprecio a mis juicios, de manera que no cumpláis las cosas que yo he establecido, e invalidáseis mi pacto": (Aquí alude Dios Nuestro Señor, al hecho de que los judíos,

---

[26] "Los Padres de la Iglesia entienden en esta profecía la vocación de los gentiles a la fe, los cuales fueron por esta causa gloriosamente preferidos a los judíos" (S. Cipriano, -VS- Judae. Libro I, Cap. 21) en Biblia Scio, edición citada. Tomo I, nota 2, p. 447.
[27] Biblia, Deuteronomio, Cap. XXVIII, Vers. 43, 45, 48, 54, 55, 62.

con sus pecados, son los que invalidan y rompen el pacto o alianza que celebró Dios con dicho pueblo).

"16. Yo también haré esto con vosotros: Os visitaré prontamente con carestía, y con un ardor que acabe con vuestros ojos, y consuma vuestras almas. En vano sembraréis granos, que serán devorados por vuestros enemigos".

"17. Pondré mi rostro contra vosotros, y caeréis delante de vuestros enemigos (otra predicción de aniquilamiento) y quedaréis sujetos a aquellos que os aborrecen. Huiréis sin que ninguno os persiga". ...Es impresionante la impunidad con que ha actuado Israel, después de haber cometido el genocidio y sometimiento de los pueblos cristianos y musulmanes ex integrantes de la U.R.S.S. y del pueblo alemán por oponerse a ser sometido, origen del delirio de persecución colectivo y paranoia que padece el pueblo judío, porque teme ser enjuiciado por los crímenes que ha cometido....

"18. Y si ni aun así me obedeciéreis, añadiré siete tantos más a vuestros castigos por causa de vuestros pecados.

"38. Pereceréis entre las gentes, y la tierra enemiga os consumirá".

"39. Y si quedaren aún alguno en sus iniquidades en las de ellos, se pudrirán en sus iniquidades en la tierra de sus enemigos, y serán afligidos por los pecados de sus padres y por los suyos"[28]

"28. La palabra de Dios habla por sí sola. Dios dio a Israel enorme privilegio, pero no para que usara de él como de un fuero que le permitiera cometer impunemente toda clase de pecados y de crímenes, violando los mandamientos y órdenes divinas. Es por esto que Dios, que es todo justicia, sujetó la existencia de ese privilegio y de esa bendición a condiciones muy rigurosas, que garantizaran el buen uso de los mismos por parte de los judíos, imponiéndoles como condición guardar no solamente algunos, sino precisamente todos los mandamientos, tal como expresamente lo dicen diversos versículos del Deuteronomio y del Levítico. Les mandó también que oyeran los mandatos divinos, hicieran aprecio de sus juicios y cumplieran las cosas por Dios establecidas (Levítico, capítulo XXVI, versículos 14 y 15), so pena de invalidar el pacto o alianza otorgada por Dios a dicho pueblo.

---

[28] Biblia, Levítico, Cap. XXVI, Vers. 14-18 y 38-39.

Pero, ¿qué es lo que han hecho los judíos durante tres mil años? En vez de cumplir con los mandamientos y demás condiciones por Dios establecidas, asesinaron a gran parte de los profetas, renegaron del Hijo de Dios, lo calumniaron y asesinaron; faltando al primer mandamiento que es amar a Dios sobre todas las cosas; al 5° que prescribe no matar; al 8° que prohibe levantar falso testimonio y mentir. Además de asesinar a muchos discípulos de Cristo, manchan sus manos en sangrientas revoluciones en donde han matado a millones de seres humanos y despojado a los cristianos y gentiles de sus riquezas, robándolos primero, con la usura y luego con el comunismo. Blasfeman horriblemente contra el nombre de Dios en los países comunistas, sin que valga la justificación que dan en sus reuniones secretas, en el sentido de que sólo lo harán transitoriamente durante algunos siglos, mientras la máquina destructora del socialismo comunista aniquila todas las religiones falsas, para edificar sobre la ruina de éstas la religión -totalmente deformada- del Dios de Israel y de su pueblo escogido, que será la futura aristocracia de la humanidad. Es preciso notar que las blasfemias contra Dios y las negaciones del comunismo materialista no van dirigidas contra tal o cual religión tenida como falsa, sino contra Dios en general y contra todos los valores del espíritu. Ni el delirio de grandeza de la Sinagoga de Satanás ni su imperialismo demoníaco, podrán justificar jamás las monstruosas blasfemias que contra Dios se lanzan en los Estados sujetos a la dictadura socialista del comunismo: aunque se diga que es una situación meramente transitoria de unos cuantos siglos.

En una palabra, en lugar de cumplir con los mandamientos y con todo aquello que Dios puso como condición para que fueran su propio pueblo escogido, lo han violado todo sistemáticamente en la forma más trascendental, sobre todo al perpetrar el deicidio crimen horrendo consistente en el asesinato de Dios Hijo-, culminación espantosa de tantos crímenes y violaciones a los mandamientos, que ha continuado cometiendo hasta nuestros días. Así, se han hecho merecedores de todas las maldiciones y castigos con que Dios mismo los amenazó, ya que, en vez de cumplir todos los mandamientos, los desobedecieron. Estas maldiciones y castigos profetizados por el propio Dios Nuestro Señor, se han ido cumpliendo al pie de la letra a lo largo de la historia de Israel, hasta el más mínimo de ellos si se repasan de nuevo los versículos de la Biblia insertados anteriormente que hablan de los castigos anunciados por Dios Padre hace miles de años para el pueblo judío. Evidentemente, Dios Padre ha utilizado incluso a los pueblos paganos -como los caldeos, los romanos, etc. como instrumentos de la Divina Providencia para castigar los delitos y pecados del pueblo judío y hacer cumplir las maldiciones predichas por el mismo Dios. La Santa Inquisición, al castigar con la muerte a los judíos infiltrados en la Iglesia y en el clero, no fue más que otro instrumento de la

Divina Providencia para aplicar sobre ellos los castigos anunciados por Dios al propio Moisés. Si los hebreos o sus instrumentos dentro de la Cristiandad se sienten molestos al leer estas líneas, deben reconocer, sin embrago, que ni debemos ni podemos modificar los mandatos divinos. En el capítulo siguiente veremos cómo los príncipes de la sinagoga por boca de los profetas amenazan con el castigo divino a los judíos que no obedezcan los designios imperiales supremaciítas de Israel.

Capítulo IV

Matanzas de judíos perpetradas por judíos, ordenadas por Dios como castigo

1. De los tremendos castigos prescritos por Dios en contra de los judíos, hablan también, constantemente, los profetas de la Sagrada Biblia. El capítulo XXXII del Éxodo relata la primera matanza de judíos perpetrada por judíos a causa de su deslealtad: "15. ...Entonces Moisés bajó del monte, trayendo en su mano las tablas de la Ley.." "17. Más oyendo Josué la algarabía del pueblo, dijo a Moisés: alaridos de guerra se oyen en el campamento" "19. Respondió Moisés: no son gritos de exhorten al combate, ni gritos apresurando a otros a la fuga; lo que oigo yo, es la algarabía de gentes que cantan" "19. Y habiéndose acercado lo suficiente al campamento, vió el becerro de oro y las danzas; irritado sobre manera, arrojó las tablas que traía y las hizo pedazos en la falda del monte" "20. Y arrebatando el becerro que habían hecho, lo arrojó al fuego..." "26. Poniéndose en la puerta del campamento dijó: el que sea del Señor júntese conmigo. Reuniéronsele luego todos los hijos de Leví". "27. A los cuales les dijo: Esto dice el Dios de Israel: Ponga cada uno la espada a su lado; pasad y traspasad por medio del campamento de una a otra puerta, y matad al hermano, al amigo y al vecino". "28. Ejecutaron los levitas la orden de Moisés; y perecieron en aquel día como veintitrés mil hombres" "29. Y Moisés dijo: hoy habéis consagrado vuestras manos al Señor, matando cada uno con santo celo, aun al propio hijo y al hermano: por lo que seréis benditos". La sangre criminal y genocida que sirvió para consagrar las manos de los sacerdotes judíos revela sin lugar a dudas que los rabinos son sacerdotes de Satanás.... En la profecía de Isaías, Dios, por boca de aquél, predice contra los israelitas varias sanciones que sería largo transcribir, reduciéndonos solamente a estos dos versículos del capítulo LXV (remitiendo a quienes quieran profundizar este tema a las Sagradas Escrituras): "11.

Más vosotros que desamparásteis al Señor, que olvidásteis mi santo monte, que ponéis mesa a la Fortuna, y derramáis libaciones sobre ella". "12. Por cuenta os pasaré a cuchillo, y todos caeréis en la matanza: porque llamé, y no respondísteis: hablé, y no oísteis: y hacéis el mal delante de mis ojos, y escogísteis lo que yo no quise".[29]

2. El profeta Ezequiel narra que, indignado el Señor por la idolatría de los judíos (¿cómo estará indignado ahora con ese tipo nuevo de idolatría del Estado socialista y de otros fetiches que los judíos han instaurado en los infiernos comunistas?), le había revelado Dios: Capítulo VIII. "18. Pues también yo haré en mi furor: no perdonará mi ojo, ni tendré piedad: y cuando gritaren a mis orejas a grandes voces, no los oiré".[30]

3. Capítulo IX. "1. Y gritó en mis orejas con grande voz, diciendo: Se han acercado las visitas de la ciudad, y cada uno tiene en su mano un instrumento de matar". 5. "Y les dijo, oyéndolo yo: Pasad por la ciudad siguiéndole, y herid: no perdone vuestro ojo, ni os apiadéis". "6. Matad al viejo, al jovencito, y a la doncella, al niño, y a las mujeres hasta que no quede ninguno: más a todo aquel, sobre quien viéreis el tháu no le matéis, y comenzad por mi santuario. Comenzaron pues por los hombres más ancianos, que estaban delante de la casa". "7. Y les dijo: profanad la casa, y llenad los patios de muertos: salid. Y salieron, y mataban a los que estaban en la ciudad". "8. Y acabada la mortandad, quedé yo: y me postré sobre mi rostro, y dije a voces: Ah, ah, ah, Señor Dios: ¿por ventura destruirás todas las reliquias de Israel, derramando tu furor sobre Jerusalén?" "9. Y me dijo: La iniquidad de la casa de Israel y de Judá es grande muy en demasía, y llena está la tierra de sangres, y la ciudad llena está de aversión: porque dijeron: Desamparó el Señor la tierra, y el Señor no ve". "10. Pues tampoco mi ojo perdonará, ni tendré piedad: retornaré su camino sobre sus cabezas".[31] La palabra de Dios Nuestro Señor habla por sí sola. No podemos, sin blasfemar, contradecirla o criticarla. Es la justicia divina, tal como nos la revelan las Sagradas Escrituras, y no como la falsifican tanto los judíos declarados como los clérigos que se dicen cristianos, pero que **obran como si fuesen judíos,** haciéndole el juego a la Sinagoga de Satanás.

4. En la profecía de Oseas, se habla de los crímenes de Israel y de Judá y de los castigos que Dios les impondrá: Capítulo IV. "1. ...porque no hay verdad, ni hay misericordia, ni conocimiento de Dios en la tierra".

---

[29] Biblia, Profecía de Isaías, Cap. LXV, Vers. 11-12.
[30] Biblia, Profecía de Ezequiel, Cap. VIII, Vers. 18.
[31] Biblia, Profecía de Ezequiel. Cap. IX, Vers. 1, 5-10.

"2. La maldición, y mentira, y homicidio, y robo, y adulterio la inundaron, y un homicidio se toca con otro homicidio"[32]

5. Capítulo V. "2. Y las víctimas hicísteis caer en el abismo..." "5. Y se mostrará la arrogancia de Israel y Ephraím, caerán en su maldad, caerá también Judá con ellos".[33] Al tiempo que se refiere a las maldades de Israel, expresa Dios Nuestro Señor, en la profecía de Amós, su resolución de no permitir que esas maldades pasen más adelante:

6. Capítulo VIII. "2. Y dijo: ¿Qué ves tú, Amós? y dije: Un garabato para frutas. Y me dijo el Señor: Venido es el fin sobre mi pueblo de Israel: no le dejaré ya pasar más adelante".[34]

7. Capítulo IX. "1. Vi al Señor que estaba sobre el altar, y dijo: Hiere en el quicio, y estremézcanse los dinteles: porque hay avaricia en la cabeza de todos, y mataré a espada hasta el ínfimo de ellos: ninguno escapará. Huirán y ninguno de los que huyere se salvará".[35]

8. En la profecía de Daniel, menciona éste lo que le reveló el Arcángel San Gabriel acerca de la muerte de Cristo, manifestando que el pueblo que lo repudió no sería ya más el pueblo escogido de Dios, sino que vendría la desolación a Israel hasta la consumación y el fin del mundo: Capítulo IX. "25. Sabe pues, y nota atentamente: Desde la salida de la palabra, para que Jerusalén sea otra vez edificada, hasta Cristo príncipe, serán siete semanas, y sesenta y dos semanas: y de nuevo será edificada la plaza, y los muros en tiempos de angustia". "26. Y después de sesenta y dos semanas será muerto el Cristo: y no será más suyo el pueblo que le negará. Y un pueblo con un caudillo que vendrá, destruirá la ciudad, y el santuario; y después del fin de la guerra vendrá la desolación decretada". "27. Y afirmará su alianza con muchos (es decir, con lo que abracen el cristianismo que sustituirá al antiguo pueblo elegido) en una semana: y en medio de esta semana cesará la hostia y el sacrificio: y será en el templo la abominación de la desolación: y durará la desolación hasta la consumación final" (es decir, hasta el fin del mundo).[36]

Es increíble que algunos clérigos que se dicen buenos cristianos, pero que más se preocupan por defender al judaísmo que por defender a la Santa Iglesia, se atrevan a sostener, en nuestros días, que el pueblo deicida

---

[32] Biblia, Profecía de Oseas. Cap. IV, Vers. 1-2.
[33] Biblia, Profecía de Oseas. Cap. V, Vers. 2, 5.
[34] Biblia, Profecía de Amós. Cap. VIII, Vers. 2.
[35] Biblia, Profecía de Amós. Cap. IX, Vers. 1.
[36] Biblia, Profecía de Daniel. Cap. IX, Vers. 25-27.

sigue siendo todavía el pueblo escogido de Dios, a pesar de todos sus crímenes y de los pasajes de las Sagradas Escrituras, que demuestran qué lejos de ser en la actualidad el pueblo elegido - como lo fue antes de Jesucristo, es un pueblo maldito de Dios por haber caído sobre él las maldiciones que el Señor le lanzó en caso de que no cumpliera con todos sus mandamientos; maldiciones que con mayor razón cayeron sobre los judíos por haber cometido el crimen más atroz y punible de todos los tiempos: desconocer, martirizar y crucificar a Dios Hijo en persona. Es muy duro comprender toda la verdad sobre este asunto. Sobre todo la verdad desnuda en un mundo influenciado, desde generaciones atrás, por un cúmulo de mentiras y de fábulas judaicas, usando las propias palabras de San Pablo;[37] fábulas que han ido deformando la verdad acerca del problema judío, en la propia mente de los cristianos.

Es, pues, urgente que alguien se atreva a hablar claro, aunque resulte desagradable a todos los que en la Cristiandad, con sus actitudes erróneas o de mala fe, se sientan heridos en carne propia. Recordemos que el mismo Cristo Nuestro Señor nos dijo claramente que sólo la verdad nos haría libres.[38] Por otra parte, la palabra de Dios antes transcrita, nos demuestra que así como Dios fue enérgico e implacable en su lucha contra Satanás, también es implacable en su lucha contra las fuerzas de Satanás en la Tierra. Esto deja sin fundamento los intentos del enemigo de maniatar a los cristianos con una moral derrotista y cobarde, basada en la idea de una supuesta caridad cristiana que ellos modelan a su antojo y cuyo uso prescriben para enfrentarse a las ya señaladas fuerzas de Satanás en la Tierra; moral que contradice visiblemente la actitud combativa y enérgica de Dios Nuestro Señor en estos casos. Con los anteriores pasajes del Antiguo Testamento, que contienen lo que Dios Nuestro Señor reveló por conducto de Moisés y de los profetas, queda echado por tierra el mito de que el pueblo judío es intocable, que nadie puede combatir sus crímenes porque es una especie de pueblo sagrado, pues ya se ha visto que Dios prescribió los castigos que haría caer sobre él si lejos de cumplir con todos los mandamientos, los violara.

La Santa Iglesia, al dar su aprobación a la política represiva del Santo Oficio de la Inquisición. Obró en armonía con lo que Dios había previsto en el Antiguo Testamento y defendió a toda la humanidad, deteniendo durante varios siglos el progreso de la conspiración sangrienta que está por hundir al mundo en el caos y en la esclavitud más monstruosa de todos los

---

[37] 37 San Pablo (Epístola a Tito, Cap. I, Vers. 13-14) le decía: "Y que no den oído a las fábulas judaicas, ni a mandamientos de hombres, que se apartan de la verdad".
[38] Biblia, Evangelio según San Juan, Cap. VIII, Vers. 32.

tiempos. Nosotros, sinceramente, somos enemigos del derramamiento de sangre; nuestro fervoroso anhelo es que las guerras desaparezcan de la faz de la Tierra. Pero los judíos deben comprender que esas terribles matanzas que han sufrido a través de los milenios, han sido la consecuencia, en su mayor parte, de una conducta criminal observada por los israelitas en el territorio de los pueblos que generosamente los dejaron inmigrar y les brindaron cordial hospitalidad. Si los hebreos en cada país que los recibe con los brazos abiertos pagan esa bondadosa acogida iniciando una traidora guerra de conquista, organizando complots, haciendo estallar revoluciones y matando por millares a los ciudadanos de la nación anfitriona, es natural que sufran las consecuencias de sus actos criminales. Y si nosotros lamentamos el derramamiento de sangre hasta de los criminales (aunque tenga su justificación), con mayor razón, lamentamos el derramamiento de sangre cristiana y gentil que los judíos hacen verter a torrentes con sus revoluciones masónicas y comunistas o con el terror rojo donde logran imponerlo. Los judíos no pueden pretender impunidad por sus crímenes y genocidios. Si los judíos no quieren que en el futuro los pueblos reaccionen violentamente contra ellos, es necesario que demuestren su buena voluntad con hechos y no con cobardes lloriqueos haciéndose pasar por víctimas, haciendo promesas que nunca han cumplido, y abstenerse de seguir agrediendo a dichos pueblos con sus organizaciones revolucionarias y terroristas de distinto género.

Por ello es que se debe disolver la masonería, los partidos comunistas y demás asociaciones que ellos utilizan como medio de dominación; también se debe liberar a los pueblos esclavizados por sus dictaduras comunistas, permitiéndoles la realización de elecciones libres, y llevar a juicio por genocidio a los jerarcas judío bolcheviques ante los Magistrados de la Corte Penal Internacional, y devolver los bienes y riquezas de los pueblos y naciones despojados por los bolcheviques, y hacer pagar a Israel la reparación de los daños causados por las revoluciones y guerras promovidas por los judíos. En una palabra, hacer justicia, para cesar la agresión que en todo el mundo realizan los judíos contra las distintas naciones cristianas y musulmanas, pues deben comprender que quien inicia una conquista, está expuesto al contraataque que en legítima defensa le lance el pueblo agredido, **porque el que a hierro mata, a hierro muere**, sentencia con la que reprendió Nuestro Señor Jesucristo a San Pedro en el Huerto de los olivos, cuando los príncipes de la sinagoga fueron a aprenderlo...

Capítulo V

Antisemitismo y Cristianismo

En todas sus empresas imperialistas y revolucionarias, los judíos han empleado una táctica inconfundible para engañar a los pueblos, utilizando conceptos abstractos y vagos o juegos de palabras de significado elástico que pueden manipularse en forma equívoca y aplicarse de diferentes maneras. Manipulan, por ejemplo, los conceptos de igualdad, libertad, fraternidad universal o dicen luchar para imponer la tiranía de proletariado para promover las revoluciones que los llevara a usurpar el poder, y, sobre todo, manipulan el antisemitismo como patente de impunidad, vocablo este último de elasticidad enorme; abstracción a la que van dando distintos significados y aplicaciones tendientes a amordazar a los pueblos cristianos y musulmanes, para impedir que puedan defenderse del despojo, el sometimiento y el genocidio perpetrado por imperialismo judío. La engañosa maniobra puede sintetizarse como sigue:

PRIMER PASO: logran la condenación del antisemitismo por medio de hábiles campañas propagandísticas a través de los medios de su propiedad, y de presiones de todo género - insistentes, coordinadas y enérgicas-, ejercidas por las sociedades y organismos nacionales e internacionales controladas por el judaísmo o ejecutadas por medio de sus agentes secretos introducidos en las Iglesias cristianas y en las Instituciones de los Estados. Para poder dar ese primer paso y lograr que los dirigentes religiosos y políticos de la Cristiandad vayan, uno tras otro, condenando el antisemitismo, dan a éste un significado inicial que lo representa:

1.- Como una discriminación racial del mismo tipo que la ejercida por los blancos de ciertos países contra los negros o por los negros contra los Blancos, (o como las que se dan el el Estado de Israel contra los ciudadanos que no son judíos). También presentan el antisemitismo como un racismo que discrimina por inferiores a otras razas (como Israel que califica de bestias malignas a todos los hombres de la tierra que no son judíos, y solo reserva el estatus humano para los hijos de Israel), contrario a las enseñanzas y a la doctrina del Mártir del Gólgota, que estableció y afirmó la igualdad de los hombres ante Dios.

2.- Como simple odio gratuito al pueblo judío, que contradice la máxima sublime de Cristo: "Amaos los unos a los otros".

"3.- Como ataque o condenación al pueblo que dio su sangre a Jesús y María. A éste, los judíos le han llamado el "argumento irresistible". Dando al antisemitismo inicialmente esos u otros significados análogos, han logrado los judíos o sus agentes infiltrados en la Cristiandad, sorprender la caridad, la bondad y buena fe de muchos gobernantes cristianos e incluso de jerarcas religiosos, tanto de la Santa Iglesia Cristiana como de las iglesias protestantes y disidentes[39] para que, cediendo a tan bien organizadas como oscuras y persistentes presiones, se formulen censuras o condenaciones abstractas y generales contra el antisemitismo, sin entrar en detalles sobre lo que realmente se condena o sobre lo que significa ese antisemitismo censurado, dejando así, impreciso y vago, lo que fue realmente objeto de condenación, con peligro de dejar a los judíos y a sus agentes dentro de la Cristiandad como únicos intérpretes de tan graves decisiones. Cuando los jerarcas religiosos - sometidos a inconfesables presiones- tienen por lo menos el cuidado de definir lo que entienden por ese antisemitismo que condenan, el peligro es menor, ya que en la condenación quedan bien precisos los términos de lo que se condena, por ejemplo, la discriminación racial o el odio a los pueblos. Así, aunque los judíos tengan, de todos modos, la audacia de pretender una interpretación más amplia del antisemitismo para extender mañosamente el radio de acción de la condenación, es más fácil descubrir y demostrar el sofisma en todos sus alcances.

"4.- Repiten mundial y anualmente las campañas contra el antisemitismo arguyendo falsamente la shoah.

SEGUNDO PASO. Después que los judíos o sus agentes secretos logran la condenación del antisemitismo, presionan, sobornan, amenazan, chantajean, difaman o atentan contra a los legisladores y sus familias a fin de que tipifiquen como delito el antisemitismo, omitiendo en los códigos penales el sentido genérico de la ley referente al delito de discriminación racial para evitar que algún judío sea sancionado por discriminar a los que no son de su raza, dando a este vocablo un significado muy distinto del

---

[39] Atendiendo al deseo que tenemos de lograr la unidad de los cristianos, sobre las bases de la auténtica ortodoxia. Las iglesias cristianas incluyen a todas: católica, ortodoxa, protestantes, etc.

que le asignaron para obtener tales condenaciones. Entonces, serán anti semitas:

1º Los que defienden a sus países de las agresiones del imperialismo judaico, haciendo uso del derecho natural que tienen todos los pueblos de defender su independencia y su libertad.

2º Los que critican y combaten la acción disolvente de las fuerzas judaicas que destruyen la familia cristiana y degeneran a la juventud con la difusión de falsas doctrinas o de toda clase de vicios.

3º Los que denuncian el complot judío contra el Estado y sus Instituciones, o denuncian las traiciones de lesa patria o crímenes cometidos por los judíos contra los cristianos o musulmanes y demandan el merecido castigo, impidiendo a toda costa se averigüe judicialmente la verdad que hay en ello; lo mismo sucede a:

4º Los que en cualquier forma censuran o combaten el odio y la discriminación racial, que los judíos se creen con derecho a ejercer en contra de los cristianos y musulmanes, aunque hipócritamente traten de ocultarlo como difamación con los que, en alguna forma.

5º Los que desenmascaran al judaísmo como dirigente del comunismo, de la francmasonería y de otros movimientos subversivos, pidiendo que se adopten las medidas necesarias para impedir su acción subversiva en el seno de la sociedad.

6º Los que en cualquier forma se oponen a la acción judía tendiente a destruir a la Santa Iglesia y a la civilización cristiana en general. Este juego sucio salta a la vista: obtienen censuras o condenaciones contra un antisemitismo que identifican con una discriminación racial o con una manifestación de odio a los pueblos ejercida contra los judíos, ambas contrarias a la Doctrina cristiana, para después dar al vocablo nuevos significados y tratar de que quienes defienden a la Santa Iglesia, a sus naciones, a sus familias o sus derechos naturales en contra de las agresiones del imperialismo judío, queden atados de pies y manos e impedidos para realizar tan justa defensa.

Para lograrlo, las fuerzas hebreas públicas y secretas montan un aparato estruendoso de propaganda y de lamentos, quejándose clamorosamente de los anti semitas, que son los que hacen uso de tales derechos de legítima defensa. Los rabinos se desgañitan y desgarran sus vestiduras afirmando que la Iglesia condenó el antisemitismo y condenan en su nombre a dirigentes que, según aseguran, ningún creyente debe secundar en esa labor antisemítica en defensa de su patria, sus pueblos, sus familias y de la Santa Iglesia contra la acción subversiva del imperialismo judío; maniobra burda, pero que logra sembrar la desorientación y provocar la desbandada, debilitando la acción de esos respetables caudillos en defensa de sus naciones y de la civilización cristiana. Es la forma más segura que ellos han ideado para conseguir el triunfo de las conjuras y las revoluciones judeo-masónicos o judeo-comunistas...

Estas tácticas han asegurado el triunfo del judaísmo en los últimos tiempos y han provocado la consiguiente catástrofe que amenaza al mundo cristiano. Por ello, esta denuncia del complot internacional judío contra los pueblos cristianos y musulmanes, es un asunto de suma relevancia que debe ser estudiado a fondo por los gobiernos, los legisladores, las universidades, las fundaciones que patrocinan estudios e investigadores sobre el gobierno, la ley, la seguridad nacional, los crímenes de lesa humanidad, los genocidios , etc., y meditado por todos los que estamos obligados a defender a la Santa Iglesia, la Patria y la sociedad de cualesquier peligro que los amenace....

Un ejemplo de estas increíbles maniobras nos lo presenta el siguiente caso: el respetable escritor cristiano don Vicente Risco, nos describe cómo ciertas organizaciones, fundadas para lograr la conversión de los judíos, habiendo sido infiltradas, han sido más eficaces para defender a la raza judía que para convertirla. Los hermanos Lemann, por ejemplo, aprovecharon el celo evangélico de la Santa Iglesia, más para defender al pueblo judío que para lograr resultados eficaces en la conversión. Así, cuando el escritor cristiano Drumont denunció el siglo pasado en su obra "La France Juïve", la conspiración judía para destruir a la Cristiandad y dominar al pueblo francés, el P. Lemann contestó en defensa de su raza, colaborando con ello a la derrota de los cristianos en Francia y al triunfo judeo masónico. Otro tanto ocurre con la Orden de Nuestra Señora de Sión, fundada por judíos conversos, la cual se dedica más a defender a los hebreos afiliados a la Sinagoga de Satanás, que a convertirlos de verdad.

En el presente siglo se fundó otra asociación ("Amigos de Israel") destinada a incorporar a los judíos a la Iglesia, mediante su conversión. Tan evangélico ideal captó muchas simpatías, logrando atraer innumerables adhesiones de clérigos y seglares. El culto historiador Vicente Risco dice al respecto: "De ella formaban parte numerosos fieles influyentes y ricos, obispos y hasta cardenales. Hacían propaganda, y publicaron un folleto favorable a los judíos, titulado "Pax Super Israel".

Esta asociación comenzó a sostener doctrinas extravagantes 'un poco al margen del genuino espíritu de la Iglesia Cristiana, separándose paulatinamente de la tradición y de las enseñanzas de los Santos Padres y de la Liturgia. Dice una revista Cristiana: "dicen que ahora no debe de hablarse de 'conversión' de los judíos, sino solamente de 'ingreso' en la Iglesia, como si los judíos no tuvieran para ello que abandonar sus errores. Rechazaban los calificativos de pueblo 'deicida' aplicado a los judíos, de ciudad 'deicida' aplicado a Israel, como si los judíos no hubiesen asesinado a Jesús, y como si la liturgia no les llamase 'pérfidos'. Incriminaban a los Santos Padres por 'no haber comprendido al pueblo júdaico', como si éste no fuese culpable al persistir voluntariamente en la lucha, sometimiento y exterminio de los pueblos cristianos.

Por último, insistían en la nacionalidad judía de Jesucristo, y hacían observar que los cristianos, por medio de la Sagrada Comunión, nos unimos con los judíos y contraemos con ellos parentesco de sangre..." Naturalmente, esto era ya demasiado aventurado. La Iglesia no podía tolerarlo y la Sagrada Congregación del Santo Oficio no tuvo más remedio que intervenir. Como entre tan temerarios 'Amigos de Israel' había muchos fieles de buena fe, obispos y cardenales, la Congregación, en su decreto, que es del año 1928, no pronunció una condena formal, sino implícita, suprimiendo la asociación y el folleto 'Pax Super Israel', origen de la intervención".[40]

La revista de la Compañía de Jesús "Civiltá Cattòlica" editada en Roma, dedicó -en el año de 1928- el opúsculo 1870 a combatir esa infiltración judía bajo el título de: "El peligro judaico y los 'Amigos de Israel'". La asistencia divina fue patente, una vez más, al quedar desbaratada esta nueva conjura llevada a las más altas esferas de la Santa Iglesia. Este ejemplo tiene gran actualidad, porque según hemos sabido, los israelitas están tramando algo mucho más grave para el Concilio Vaticano II, en donde aprovechándose del santo celo de la unidad cristiana y de al conversión de los judíos, tratan de lograr que se aprueben resoluciones respecto a los hebreos que no sólo contradigan la Doctrina sostenida por la Santa Iglesia durante siglos, sino que, en forma casi imperceptible para la gran mayoría de los Padres del Concilio, constituyan, tales resoluciones, una condenación tácita de la política observada por Papas y concilios anteriores, durante mil quinientos años.

---

[40] Vicente Risco, Historia de los judíos. 3ª edición. Barcelona: Editorial Surco, 1960. pp. 430-431.

Respecto a la asociación filosemita "Amigos de Israel", de la cual formaban parte cardenales, obispos y fieles, y su folleto "Pax Super Israel", su condenación implícita por el Santo Oficio -mediante el decreto de supresión del año 1928-, no fue cosa fácil. Hubo lucha encarnizada en las más altas esferas de la Iglesia, según se dice en fuentes dignas de crédito; y cuando sus miembros vieron inevitable la disolución de la sociedad y la prohibición consiguiente, dieron un contra golpe desesperado, aprovechándose nuevamente de la caridad cristiana y de la buena fe de los altos jerarcas de la Santa Iglesia para lograr que se condenara también el antisemitismo, considerándolo como una manifestación del odio de razas contrario a las prédicas de Cristo Nuestro Señor, basadas en el sublime lema: "Amaos los unos a los otros". Así lograron, después de ejercer influencias y presiones múltiples, que el Santo Oficio que disolvía a la asociación filosemita, promulgara un decreto el 25 de marzo del mismo año en el cual se establecía la Santa Iglesia: "Así como reprueba todos los odios y animosidades entre los pueblos, así condena el odio contra el pueblo en otros tiempos escogido por Dios, este odio que hoy de ordinario se designa con la palabra antisemitismo".

Como de costumbre, el judaísmo -por medio del grupo condenado "Amigos de Israel" y su publicación "Pax Super Israel"- consiguió también una condenación del antisemitismo, identificándolo como un odio a determinado pueblo, odio incompatible con las prédicas de amor de Cristo Nuestro Señor; con posterioridad ha tratado de hacer caer esa condenación sobre los cristianos que defienden de la conspiración judía a la Santa Iglesia, a su patria y a sus hijos, dándole a la palabra antisemitismo otro significado distinto del que sirvió de base a la condenación. Con esta técnica seguida por los judíos, cuando algún ciudadano, funcionario o legislados de estados Unidos o Europa denuncia a la mafia judía, los espías, conspiradores, corrupciones, fraudes o traiciones de ciudadano judíos, de inmediato son acusados de anti semitas, y son condenados por la Iglesia, la sociedad, la democracia y la Nación, y por ello: lo silencian, amenazan, difaman, dimiten, renuncian, persiguen, encarcelan o atentan contra su vida y la de su familia. Si alguien denuncia a los judíos como dirigentes del comunismo y de la masonería y pone en claro sus deseos de destruir a la Santa iglesia, será también condenado por anti semita.

El resultado de estos sofismas e intrigas, es lograr que se considere a los judíos como intocables, para que impunemente puedan cometer toda clase de crímenes contra los cristianos, musulmanes y demás gentiles; urdir las más destructoras conspiraciones en contra de la Iglesia y de los estados cristianos y realizar las más demoledoras revoluciones francmasónicas o comunistas, sin que nadie pueda tocarlos, castigarlos ni mucho menos impedir sus actividades, pues sería acusado de antisemitismo y caería dentro de la condenación del Santo Oficio. Si los dirigentes de esta benemérita Institución (Sagrada Congregación del Santo Oficio), que disolvieron la organización filojudía "Amigos de Israel" y su folleto "Pax Super Israel", se hubieran dado cuenta del mal uso que iban a hacer -el judaísmo y todos sus agentes del decreto que condena el odio a todos los pueblos y por lo tanto, al pueblo judío, se habrían quedado, sin duda, horrorizados.

Si se quiere ver más claramente la patraña urdida por el judaísmo a este respecto, basta con tener en cuenta un ejemplo muy elocuente que hace ver lo malévolo de estos verdaderos malabarismos, realizados por los hebreos y sus cómplices, con la palabra antisemitismo. ¿Qué les parecería a los judíos, si partiendo de la base de que la Santa Iglesia condena el odio de unos pueblos contra otros, se hubiera llegado durante la guerra pasada a la conclusión de que dicha condena incluye el odio al pueblo alemán, llamado por analogía anti germanismo, para luego declarar ilícita toda lucha contra los nazis, ya que éstos eran Alemanes, y que combatirlos es un manifestación de anti germanismo, condenado previamente? ¿Hubieran los judíos aceptado semejante manera de razonar, permitiendo que al amparo de estos juegos de palabras se pretendiera declarar intocable a la Alemania nazi? Ante un silogismo semejante, los judíos, como su antecesor Caifás, hubieran desgarrado sus vestiduras protestando contra los criminales juegos de palabras, lo cual no obsta para que los hebreos, con tranquilidad y cinismo utilicen estos equívocos para tratar de impedir que los cristianos puedan defenderse.

Los judíos acechan actualmente a la Santa Iglesia como antes acechaban a Cristo Nuestro Señor. Recordemos cuántas veces sus dirigentes, sacerdotes, escribas y fariseos, le tendían lazos y le ponían trampas para lograr que se contradijera y perdiera su influencia sobre el pueblo o para tratar de colocarlo en una situación falsa que les permitiera justificar su asesinato. Algo similar ocurre ahora con la Santa Iglesia, que habiendo condenado al judaísmo y a los judíos en repetidas ocasiones, durante mil ochocientos años y habiendo también luchado contra ellos en forma tenaz y enérgica durante mil quinientos años, está teniendo que sortear más que nunca, las trampas y lazos que le preparan los hebreos para hacerla contradecirse a sí misma, utilizando a sus agentes dentro del clero con el fin de empujarla por medio de engaños sutiles a condenar la doctrina y la política de los padres de la Iglesia, de SS. SS. los Papas y de los concilios ecuménicos y provinciales que durante tantos siglos condenaron repetidamente a los judíos como ministros del demonio, y también a quienes, dentro del clero, los ayudaban en perjuicio de la fe cristiana.

En cuanto a las condenaciones del racismo, ocurre algo por el estilo. Los israelitas y sus cómplices dan al vocablo racismo un significado restringido, equiparándolo a la pretensión de determinada raza de considerar inferiores a los demás o a un racismo anti semita que sacrílegamente incluye en sus diatribas a Cristo Nuestro Señor y a la Santísima Virgen. Los judíos y sus colaboradores dentro del clero quieren lograr contra impresionantes argumentos, una condenación del racismo en general (desde luego hipócritamente, no condenan el racismo anti gentil que practican fanáticamente los judíos), para luego acusar como racistas a todos los que luchan en defensa de la Iglesia y de su patria, en contra de la agresión, infiltración y dominio judaicos. Además, debemos tomar en cuenta que los prelados que condenan al racismo sin condenar al judaísmo racista, son colaboracionistas encubiertos, lo cual es loado por los hebreos y penado para la Iglesia Cristiana, y que existen bulas de SS. SS. los Papas Paulo III y Paulo IV, prohibiendo y confirmando la prohibición de acceso a las dignidades de la iglesia a los cristianos de raza judía; existen también bulas que definen esta doctrina -las cuales estudiaremos más adelante- por lo que una condenación al concepto abstracto del racismo, al que los hebreos le van dando la interpretación y significado que mejor les conviene, según las circunstancias, se prestará a que los mal intencionados puedan afirmar que la Santa iglesia se contradijo a sí misma, y lo que es más grave aún, que condena tácitamente a algunos de sus más ilustres Papas, que confirmaron los llamados Estatutos de Limpieza de Sangre...

Capítulo VI

Cristo nuestro Señor, símbolo del antisemitismo según los judíos

Para que se den cuenta los clérigos cristianos bienintencionados de lo peligroso que es este asunto del antisemitismo, deben saber que los hebreos en distintas épocas han considerado como anti semitas a Nuestro Señor Jesucristo, a los Evangelios, a diversos Papas, concilios y santos de la Iglesia. Y es natural que lo hayan hecho, ya que consideran como anti semita a todo aquel que critica o combate sus maldades, sus crímenes o sus conspiraciones contra la humanidad; tanto Nuestro Señor Jesucristo como los apóstoles y demás autoridades Cristianas mencionadas, criticaron y combatieron en diversas ocasiones las depredaciones de los judíos. El Nuevo Testamento de la Sagrada Biblia, los cánones de los concilios, las bulas y breves de los Papas y los testimonios fidedignos de santos canonizados por la Iglesia, así como las confesiones de parte hechas por los mismos judíos, lo demuestran irrecusablemente las depredaciones de los judíos. Para que los cristianos no tengan la menor duda sobre los testimonios que se señalan, vamos a transcribir, por principio de cuentas, lo que el destacado escritor sionista, Joseph Dunner, escribió en su libro "La República de Israel", en el cual afirma lo siguiente: "Para toda secta creyente en Cristo, Jesús es el símbolo de todo lo que es limpio, sano y digno de amar. Para los judíos, a partir del siglo IV, es el símbolo del antisemitismo, de la calumnia, de la violencia, de la muerte violenta".[41] Al considerar a Cristo Nuestro Señor como símbolo del anti semitismo, o mejor dicho, del anti judaísmo, los israelitas tienen toda la razón, pues si llaman anti semita a todo aquel que censura y combate sus maldades, nuestro Divino Redentor fue el primero que lo hizo:

---

[41] Joseph Dunner, The Republic of Israel. Edición octubre de 1950. p. 10.

Jesucristo Nuestro Señor, discutiendo con unos judíos entabló con ellos el siguiente diálogo, según lo narra el Evangelio de San Juan: Capítulo VIII.

1. "39. Respondieron, y le dijeron: Nuestro padre es Abraham. Jesús les dijo: Si sois hijos de Abraham, haced las obras de Abraham".

"40. Mas ahora me queréis matar, siendo hombre, que os he dicho la verdad, que oí de Dios: Abraham no hizo esto".

"41. Vosotros hacéis las obras de vuestro padre. Y ellos le dijeron: Nosotros no somos nacidos de fornicación: un Padre tenemos que es Dios".

"42. Y Jesús les dijo: Si Dios fuese vuestro Padre, ciertamente me amaríais. Porque yo de Dios salí, y vine: y no de mí mismo, mas El me envió".

"43. ¿Por qué no entendéis este mi lenguaje? Porque no podéis oír mi palabra".

"44. Vosotros sois hijos de satanás, y queréis cumplir los deseos de vuestro padre: él fue homicida desde el principio, y no permaneció en la verdad: porque no hay verdad en él: cuando habla mentira, de suyo habla, porque es mentiroso, y padre de la mentira".

"47. El que es de Dios, oye las palabras de Dios. Por eso vosotros no las oís, porque no sois de Dios".

"48. Los judíos respondieron, y le dijeron: ¿No decimos bien nosotros, que tú eres Samaritano, y que tienes demonio?"

"49. Jesús respondió: Yo no tengo demonio: más honro a mi Padre, y vosotros me habéis deshonrado".

"52. Los judíos le dijeron: Ahora conocemos, que tienes demonio. Abraham murió y los profetas: y tú dices: el que guardare mi palabra, no gustará muerte y vivirá para siempre". Y este pasaje de Evangelio termina con estos versículos:

"57. Y los judíos le dijeron: ¿Aún no tienes cincuenta años, y has visto a Abraham?"

"58. Jesús les dijo: En verdad, en verdad os digo, que antes que Abraham fuese, yo soy".

"59. Tomaron entonces piedras para tirárselas: más Jesús se escondió, y salió del templo"[42] "42 En el pasaje anterior del Evangelio de San Juan, se ve cómo Cristo Nuestro Señor, con palabras serenas les echa en cara sus intentos homicidas, llamando concretamente a los judíos hijos de satanás. Este pasaje tan ilustrativo muestra cómo los hebreos desde los tiempos de Cristo, tenían las mismas malas ideas que ahora. En efecto, los judíos no pueden sostener una discusión en forma serena y honesta sin hacer intervenir en ella las amenazas, los insultos, la calumnia o la acción violenta, según les conviene. Y si con nuestro Divino Salvador emplearon la mentira y el insulto tratando de deshonrarlo -como El mismo lo testifica en el mencionado versículo

"49- o pretendiendo terminar la discusión a pedradas; ¿qué podemos esperar de ellos nosotros, que no somos perfectos como Cristo

En el capítulo XXIII del Evangelio según San Mateo, Nuestro Señor Jesucristo, refiriéndose a los príncipes de la sinagoga que tanto lo combatieron[43]

"43, los llama hipócritas (versículos 13, 14, 15); llenos de iniquidad (versículo 28); necios, ciegos (versículo 17); limpios por fuera y llenos de rapacidad y de inmundicia por dentro (versículo 25); sepulcros blanqueados, que parecen de fuera hermosos a los hombres y dentro están llenos de corrupción (versículo 31); terminando dicho capítulo de los Santos Evangelios con esta terminante acusación de Nuestro Señor Jesucristo contra los judíos que renegaron de su Mesías y lo combatían y que por su importancia insertamos completa:

"33. Serpientes, raza de víboras, ¿cómo huiréis del juicio de la gehenna" (infierno)?

"34. Por esto he aquí, yo envío a vosotros profetas y sabios, y doctores, y de ellos mataréis, y crucificaréis y de ellos azotaréis en vuestras Sinagogas; y los perseguiréis de ciudad en ciudad":

---

[42] Biblia. Evangelio según San Juan, Cap. VIII, Vers. 39-44, 47, 48, 49, 52, 57, 58, 59.
[43] Nuestro Divino Redentor increpa aquí a los escribas, fariseos y rabinos, gentes todas que integraban la intelectualidad dirigente del pueblo judío.

"35. Para que venga sobre vosotros toda la sangre inocente, que se ha vertido sobre la tierra, desde la sangre de Abel el justo, hasta la sangre de Zacarías, hijo de Baraquías, al cual matásteis entre el templo y el altar".

"36. En verdad os digo, que todas estas cosas vendrán sobre esta generación".

"37. Jerusalén, que matas los profetas y apedreas a aquellos que a ti son enviados, ¿cuántas veces quise allegar a tus hijos, como la gallina allega sus pollos debajo de las alas, y no quisiste?".[44] Cristo Nuestro Señor, mejor que nadie, denuncia aquí los instintos asesinos y crueles de los judíos, siendo comprensible por qué en la revelación que hizo a su discípulo amado Juan y que éste consignó en el Apocalipsis, llamó a los judíos que desconocieron a su Mesías, la "Sinagoga de Satanás";[45] denominación tan acertada, como divina, que en los siglos posteriores fue usada por la Santa Iglesia Cristiana, con mucha frecuencia, como designación del judaísmo criminal y conspirador, ya que desde que asesinó al Hijo de Dios no ha cesado de cometer toda clase de crímenes contra Dios y contra la humanidad.

Por nuestra parte, en el presente libro utilizaremos el término Sinagoga de Satanás para identificar con frecuencia al judaísmo moderno (talmúdico), ya que difícilmente se podrá encontrar un calificativo más apropiado que el utilizado por Cristo Nuestro Señor. Muy difícil será encontrar entre los caudillos, que han combatido al judaísmo en la Era Cristiana, quiénes hayan usado palabras tan duras en su contra, como las que usó el propio Jesucristo. No es, pues, de extrañar que el escritor judío Joseph Dunner, en su obra citada, asegure que los judíos consideran a Cristo como "símbolo del antisemitismo", máxime cuando muchos cristianos y gentiles han sido acusados de antisemitismo por ataques mucho más leves. Por eso es tan peligroso que los clérigos cristianos bien intencionados se dejen arrastrar por aquellos que no lo son, a lanzar condenaciones generales y vagas del antisemitismo que los expone a condenar al propio Cristo Nuestro Redentor, a sus apóstoles, santos y papas - calificados como anti semitas por la Sinagoga de Satanás-. También es peligroso que lo hagan, porque los judíos tratan luego de utilizar tales condenaciones como una nueva patente de corzo capaz de facilitarles la ejecución y garantizarles la impunidad en toda clase de crímenes, delitos y conspiraciones contra la humanidad, que ni siquiera podrá defenderse eficazmente física ni judicialmente, de ellos.

---

[44] Biblia, Evangelio según San Mateo, Cap. XXIII, Vers. 33-37.
[45] Biblia, San Juan, Apocalipsis, Cap. II, Vers. 9; Cap. III, Vers. 9.

Es preciso tener en cuenta que en todo país o institución en que el judaísmo llega a tener influencia suficiente, ya sea con sus actividades públicas o de manera secreta, por medio de su quinta columna, lo primero que hace es lograr una condenación del anti semitismo que impida o paralice, según el caso, cualquier intento de defensa. Cuando logran con sus engaños imponer una acción tan subversiva, cualquier complot, cualquier traición, cualquier crimen o delito político tan sólo podrá ser castigado si es cometido por un cristiano o un musulmán; pero no, si los cometen una organización o ciudadano judíos. Si alguien quiere imponer en este caso la sanción a los responsables, intentaran sobornarlo, chantajearlo difamarlo, intimidarlo amenazarlo, agredirlo o atentan contra la vida de él denunciante o su familia, al mismo tiempo que escuchará el clamor de las campañas de prensa, radio y de manifestaciones protesta social de incautos ciudadanos, artificialmente organizadas por el poder oculto judaico, protestando airadamente contra el anti semita. Esto es a todas luces injusto, increíble y absurdo, ya que los judíos carecen del derecho de exigir un privilegio especial que les permitía impunemente cometer crímenes, traicionar a los pueblos que les dan asilo y organizar conspiraciones y revueltas con el fin de asegurar su dominio sobre los ciudadanos oriundos. Sin distinción de razas o religiones, toda persona u organización responsable de la comisión de esta clase de delitos, debe recibir el merecido castigo. Esta verdad no puede ser más evidente y simple y aunque los judíos no lo quieran, está plenamente vigente también para ellos.

Es también muy frecuente que los judíos además de aprovechar las condenaciones del anti semitismo en la forma que ya se ha visto, utilicen otro ardid con iguales fines. Este ardid se basa en el sofisma, urdido por los mismos judíos y secundado por clérigos cristianos y protestantes que consciente o inconscientemente les hacen el juego, consistente en afirmar en forma solemnemente dogmática "que es ilícito luchar contra los judíos porque son el pueblo que dio su sangre a Jesús". Tan burdo sofisma es muy fácil de refutar, citando tan sólo el pasaje de los Santos Evangelios en que Cristo Nuestro Redentor, después de llamar una vez más a los judíos que lo combatían "raza de víboras";[46] rechaza claramente, para lo sucesivo, los parentescos de carácter sanguíneo, reconociendo sólo los de carácter espiritual.

En efecto, en este pasaje se lee lo siguiente: San Mateo (capítulo XII).

---

[46] Biblia, Evangelio según San Mateo, Cap. XII, Vers. 34.

"47. Y le dijo uno: Mira que tu madre, y tus hermanos,[47] están fuera y te buscan".

"48. Y El respondiendo al que le hablaba, le dijo: ¿Quién es mi madre, y quiénes son mis hermanos?"

"49. Y extendiendo la mano hacia sus discípulos, dijo: Ved aquí mi madre, y mis hermanos. Porque todo aquel que hiciere la voluntad de mi Padre, que está en los cielos: ese es mi hermano, y hermana y madre"[48]

"48. Por ello, aunque Jesús tuvo parentesco sanguíneo por parte de su madre con el antiguo pueblo hebreo de los tiempos bíblicos, es evidente que para el futuro daba valor sólo a los parentescos espirituales, prescindiendo de los nexos sanguíneos existentes con sus allegados y con mayor razón con el pueblo judío, que lo rechazó como Mesías, renegando de Él; lo martirizó y asesinó en medio de lento y cruel suplicio hasta consumar el crimen más atroz de todos los tiempos, convirtiéndose en el pueblo deicida. Pero al llamar Cristo a los judíos -que lo repudiaron- hijos del diablo y raza de víboras, afirmaba ser Él el Hijo de Dios; haciendo ver que ningún parentesco podía vincularlo a ellos, ya que ninguno puede haber entre el Hijo de Dios y los hijos del demonio, ni puede existir nexo alguno entre el bien y el mal.

Es, pues, completamente falsa y hasta herética la tesis de que la Sinagoga de Satanás, es decir, el judaísmo moderno, haya dado su sangre a Cristo y que por ello no pueda combatírsele. Si fuera cierta tan infame tesis ni Jesucristo mismo, ni sus apóstoles, ni muchos santos, concilios y Papas, lo habrían combatido. Es absurdo identificar al primitivo pueblo hebreo de Abraham, Isaac, Jacob, Moisés, María Santísima y los apóstoles, que a pesar de haber recibió el honor de ser el pueblo escogido por Dios para que naciera N.S. Jesucristo, se hicieron acreedores por sus crímenes, apostasías y maldades al título de la Sinagoga de Satanás. El privilegio de pueblo escogido de Dios ha sido heredado por la Santa Iglesia, verdadera sucesora espiritual de Cristo.

Las profecías del Antiguo Testamento respecto al verdadero pueblo de Dios rigen para la Iglesia de Cristo, que actualmente es, según la Doctrina

---

[47] Lo cual no invalida el dogma de la virginidad de María Santísima que coincibió a Cristo Nuestro Señor por gracia del espíritu Santo sin que haya tenido contacto con barón alguno; lo cual es confirmado por las potencias del espíritu reflejas en Cristo; posteriormente pudo tener otros hijos con su esposo Jose.
[48] Biblia, Evangelio según San Mateo, Cap. XII, Vers. 47-50.

de la Iglesia, el verdadero pueblo de Dios. Por lo tanto, considerar ahora pueblo de Dios al de Israel, es negar los efectos de la venida de Cristo y negar la razón de ser del cristianismo. Sólo los clérigos sucesores de Judas Iscariote podrían afirmar semejante aberración. .... En la misma confusión en que incurren los clérigos cristianos que hacen el juego a la Sinagoga de Satanás, cayeron -aunque con objetivos completamente opuestos- ciertas políticas anti judías del nazismo, los cuales en su afán de defender su país de los bolcheviques judíos y al judaísmo internacional, sustentaron la tesis racista del supremacismo ario en base a las virtudes y patriotismo del pueblo alemán, a fin de combatir la tesis racista del supremacismo judío. Por amor a su patria y a su pueblo, los Alemanes anticomunistas lucharon contra el complot de los bolcheviques judíos Alemanes tratando de expulsar a los judíos de su país, y el complot del judaísmo internacional que les había declarado la guerra por no dejarse someter, como lo estaban haciendo en Rusia, lo cual origino la segunda guerra mundial.

Se debe meditar serenamente este asunto, para que aquellos cándidos cristianos que están defendiendo a los judíos, no cometan de nuevo el error atacar y exterminar a otro pueblo cristiano que se defiende del sometimiento judío, como lo hicieron cuando ayudaron a los judíos bolcheviques a someter al pueblo ruso y posteriormente a todos los pueblos integrantes de la U. R. S. S. y cuando los aliados atacaron arteramente al el heroico pueblo alemán en la primera y segunda guerra mundial a instancias de los judíos. El mismo error lo están cometiendo el Oriente medio, al atacar a los pueblos árabes y musulmanes que defienden del despojo, sometimiento y exterminio de sus pueblos a manos de los judíos. Ya que los conjurados judíos infiltrados en la Iglesia cristianas aducen que los cristianos deberemos de alegrarnos del retorno de Israel a la tierra donde vivieron sus ancestros, y por ello impongan la obligación a los países cristianos de luchar por Israel, abastecerlo y construir sus muros gratuitamente.

Esa exigencia judía de que los cristianos sean sus mecenas y esbirros mientras que nos tratan a los cristianos como tapete para limpia las suelas de sus zapatos, es absurda y anticristiana que no esta de acuerdo con la dignidad humana, los derechos del hombre y la soberanía de las naciones, ya que además de ser entreguista, derrotista, racista, injusta, equivocada, blasfema y demencial, provoca la indignación de los cristianos que están concientes que la dignidad humana es totalmente congruente con la bondad, la virtud y la justicia de la doctrina, vida y ejemplo de Cristo, la soberanía de su patria y la lealtad que los ciudadanos deben a sus Instituciones, y totalmente en desacuerdo con la tesis del supremacismo judío y su imperio del mal....

En estos momentos en que es necesaria la unión de todos los hombres honrados del mundo, de todos los que creen en Dios y en la causa del Bien, sean cristianos, budistas, hinduistas, musulmanes, sintoístas, etc., debemos luchar juntos para combatir a la bestia judeo comunista y el imperialismo judío que avanza incontenible y sanguinaria, amenazando por igual a toda la humanidad, sin distinción de razas o de religiones. Para dar un prueba contundente de lo peligroso que es formular condenaciones generales del antisemitismo, vamos por último a citar un documento irrefutable, el de una de las obras oficiales más importantes del judaísmo contemporáneo, la "Enciclopedia Judaica castellana" (publicada en 1948 por la Editorial Enciclopedia Judaica, México, D. F.), y en cuya elaboración colaboraron, entre otros: Ben-Zion Uziel, gran rabino de Tierra Santa; máximo Yagupsky, del departamento latinoamericano del "American Jewish Commitee" de Nueva York; Profesor Dr. Hugo Bergmann, catedrático y exrector de la Universidad Hebrea de Jerusalén; Isidore Meyer, bibliotecario de la "American Jewish Historical Society" de Nueva York; Haim Nahoum; Effendi, gran rabino de Egipto; Dr. Georg Herlitz, director de los archivos centrales sionistas de Jerusalén y muchísimos otros destacados dirigentes y hombres de letras del judaísmo mundial.

Lo más importante es que dicha enciclopedia judía, en la palabra "antisemitismo", hace una definición de lo que los hebreos consideran como tal, diciendo entre otras cosas lo siguiente: "B). En la edad Media.- Con el establecimiento de la Iglesia cristiana como religión de Estado y su expansión en Europa, empezó la persecución de los judíos por los cristianos gentiles. Los motivos fueron al principio puramente religiosos. La autoridad espiritual de la Iglesia no quedó en realidad establecida sino muy imperfectamente. A medida que la herejía de los gentiles, levantaba la cabeza, la persecución se hacía más intensa y se abatía comúnmente también sobre el judío, perenne y cómoda cabeza de turco. Frente a los esfuerzos propagandísticos de la Iglesia gentil, el judío era el negador constante. Gran parte del antisemitismo cristiano se debía a la transformación del ritual religioso que la Iglesia había adoptado del judaísmo, en simbolismo anti judío. La fiesta judía de la Pascua se relacionó con la crucifixión...Y los sermones empezaron a llamar a los judíos pérfidos, sanguinarios, etc., y a excitar contra ellos los sentimientos del pueblo. Se les atribuían poderes mágicos y maléficos debido a su alianza con Satanás.

El mundo cristiano llegó a creer que los judíos sabían que la doctrina cristiana era la verdadera, pero que se negaban a aceptar esa verdad y que falsificaban los textos bíblicos para impedir su interpretación cristológica.

La alianza judía con Satanás no era una alegoría para al mentalidad medieval, ni invento de un clero fanático. El mismo Evangelio (Juan 8, 44) decía que los judíos son hijos del diablo. Los ministros de la Iglesia recalcaban constantemente el satanismo de los judíos y los llamaban discípulos y aliados del diablo. La constante acusación eclesiástica del deicidio, de su sed de sangre cristiana, de sus azotamientos mágicos de crucifijos, de su testarudez y de sus malos instintos produjeron un cuadro demasiado horrible para que no ejerciera los efectos más profundos sobre las muchedumbres... Aunque la Iglesia trató de contener, por medio de bulas papales y encíclicas, el odio popular que ella misma había creado, los sentimientos anti judíos de la época se tradujeron en excesos del populacho, en matanzas de judíos, expulsiones, conversiones forzadas...". Y después de citar los enciclopedistas hebreos las leyes anti judías de algunos monarcas cristianos, algunas de las cuales dicen haber sido inspiradas por varios Padres de la Iglesia, como Ambrosio y Crisóstomo, concluyen afirmando que "Sin embargo, la legislación más hostil provenía de la misma Iglesia, de sus concilios, de los acuerdos papales y del derecho canónico, cuya severidad creció constantemente desde el siglo IV hasta el XVI"[49]

Una de las últimas manifestaciones de la literatura judía, que sostiene la tesis de que la Iglesia ha sido injusta contra los judíos desde que: "los romanos condenaron a Cristo", son los libros de Jules Isaac: "Jésus et Israël", y el reciente, "L'enseignement du Mépris" enaltecidos por el escritor y político Carlo Bo.[50] Las presiones constantes de quienes -dentro de la Santa Iglesia- sirven a los intereses del judaísmo, dirigidas a obtener condenaciones ambiguas del antisemitismo, no pueden tener otro objeto siniestro que lograr que la Iglesia acabe condenándose a sí misma, ya que los judíos que se sienten más que nadie autorizados para definir el antisemitismo, consideran a la Santa Iglesia, como aquí puede verse, como la responsable principal de un feroz antisemitismo cristiano.

---

[49] Biblia, Evangelio según San Mateo, Cap. XII, Vers. 47-50
[50] Carlo Bo, E ancora deficile dire ebreo, artículo de la revista "L'Europeo".

Capítulo VII

El pueblo deicida

Recordemos que la asociación "Amigos de Israel" -de la que formaban parte incluso cardenales y obispos- fue disuelta por S.S. Pío XI, por conducto de la sagrada Congregación del Santo oficio, en el año de 1928. Entre las novedades escandalosas que dicha asociación divulgó, se encuentra la afirmación de que el pueblo judío no fue deicida; contradiciendo lo sostenido por la Santa Iglesia durante casi veinte siglos. Condenada implícitamente por la Iglesia, esta asociación fue disuelta por el decreto mencionado. Nadie imaginaba que volvieran a resurgir sus aventuradas y - según algunos- hasta heréticas tesis hasta que, con gran sorpresa, se comprobó que más de treinta años después, los judíos las han hecho resucitar, siendo secundados por un grupo numeroso de clérigos que, desafiando la condenación implícita del Santo Oficio, aseguran que es completamente falso que Nuestro Señor Jesucristo haya sido muerto por los judíos, siendo los romanos los verdaderos responsables del asesinato; debido a lo cual, es injustificado llamar deicida al pueblo judío. La audacia de los nuevos amigos de Israel raya en los límites de lo inconcebible, puesto que se atreven a contradecir no sólo a los apóstoles del Señor sino al propio Cristo, como se demostrará a continuación con textos del Nuevo testamento que revelan las siguientes tesis:

1ª Cristo acusó a los judíos y no a los romanos de quererlo matar.

a) En el Evangelio según San Juan (capítulo VIII), narra el apóstol que, discutiendo Jesús con unos judíos les dijo: "37. Yo sé que sois hijos de Abraham: más me queréis matar, porque mi palabra no cabe en vosotros". Y después, según lo indica el apóstol, (capítulo VIII, versículo 40), Jesucristo Nuestro Señor vuelve a decir a los judíos: "40. mas ahora me queréis matar, siendo hombre que os he dicho la verdad, que oí de Dios: Abraham no hizo esto".[51]

b) Y en otro capítulo (VII) señala el discípulo amado que cierto día habiendo subido Jesús al templo a predicar, decía a los judíos: "19. ¿Por ventura no os dio Moisés la ley: y ninguno de vosotros hace la ley?" "20. ¿Por qué me queréis matar?...".[52] En ningún pasaje de los Santos Evangelios aparece que Cristo Nuestro Señor haya dicho que los romanos querían matarlo, sino por el contrario, acusa a los judíos de quererlo hacer. ¿Creen, pues, los clérigos que sostienen la novedosa tesis, que Cristo Nuestro Señor se equivocó y que ellos acaban de descubrir en este siglo lo que Nuestro Señor Jesucristo no pudo ni sospechar o sea, que eran los romanos y no los judíos los que lo querían matar?.

2ª Fueron los judíos y no los romanos quienes planearon matar a Jesús y quienes intentaron destruirlo en varias ocasiones antes de su Pasión y Muerte.

PRUEBAS: a) El Evangelio según San Mateo (capítulo XXI), nos narra que Cristo Nuestro Señor, "23. Y habiendo ido al templo, los príncipes de los sacerdotes y los ancianos del pueblo se llegaron a Él a sazón que estaba enseñando, y le dijeron: ¿Con qué autoridad haces estas cosas? ¿Y quién te dio esta potestad?". A continuación, el evangelista sigue narrando la discusión sostenida por Jesús con tan altos dirigentes del pueblo judío; para terminar el pasaje con estos dos versículos: "45. Y cuando los príncipes de los sacerdotes, y los fariseos oyeron sus parábolas, entendieron que de ellos hablaba". "46. Y queriéndole echar mano, temieron al pueblo: porque le miraba como un profeta".[53] Este pasaje muestra que los intentos de agresión no partían de judíos irresponsables, sino de los principales dirigentes del pueblo judío que eran entonces los príncipes de los sacerdotes y los ancianos del pueblo, así como los fariseos que también eran de influencia decisiva en el gobierno de esa nación.

b) En el Evangelio de San Marcos (capítulo III), se lee lo siguiente: "1. Y entró Jesús de nuevo en la Sinagoga, y había allí un hombre que tenía una manos seca". "2. Y le estaban acechando, para ver si curaba a los enfermos en día sábado, para acusarle de infrigir la ley". "5. Y mirándolos alrededor con indignación, condolido de la ceguedad de su corazón, dice al tullido: Extiende tu mano. Y la extendió, y le fue sanada la mano". "6. Más

---

[51] Biblia, Evangelio según San Juan, Cap. VIII, Vers. 37 y 40.
[52] Biblia, Evangelio según San Juan, Cap. VII, Vers. 19, 20.
[53] Biblia, Evangelio según San Mateo, Cap. XXI, Vers. 23, 45 y 46.

los fariseos saliendo de allí, entraron luego en consejo contra El con los herodianos, buscando medios de ejecutarlo"[54]

Se ve entonces, que los príncipes dirigentes del pueblo judío habían tramado la muerte de Jesús mucho antes de que fuera llevado a Pilatos, sin que exista, en cambio, ninguna evidencia en los pasajes de los Evangelios que indique alguna intención o plan de los romanos tendiente a asesinar a Jesús. San Juan narra que habiendo sanado en sábado Jesús al paralítico, los judíos lo perseguían, diciendo matad a este blasfemo infractor del savad (capítulo V, versículo 18): "18. Y por esto los judíos tanto más procuraban matarlo: porque no solamente quebrantaba el sábado, sino porque también decía que era Dios su Padre, haciéndole igual a Dios...".[55]

c) En el Evangelio de San Lucas, nos relata cómo estándo Cristo en Nazaret fue el sábado a la sinagoga y empezó a predicar, causando gran disgusto en muchos de los asistentes con sus prédicas. Dice el evangelista (capítulo IV, versículos 28, 29): "28. Y fueron en la sinagoga todos llenos de saña, oyendo esto". "29. Y se levantaron, y lo echaron fuera de la ciudad: y lo llevaron hasta la cumbre del monte, sobre la cual estaba edificada su ciudad, para despeñarlo".[56] Si en su propio pueblo intentaron matarlo, quiere decir que, los deseos de asesinarlo eran generales, no sólo confinados a los dirigentes judíos de Jerusalén. Nuevamente San Juan señala (capítulo VII, versículo 1): "1. Y después de esto andaba Jesús por la Galilea, porque no quería pasar a la Judea, por cuanto los judíos le buscaban para matarle".[57] Más claro no puede ser este pasaje. En toda Judea los judíos buscaban a Jesús para matarlo; mas no habiendo llegado su hora El prefería no entrar a esa región. Fueron varios los intentos y conjuras previas para matar a Jesús; fueron los judíos también y no los romanos los que prepararon la conspiración final que dio como resultado su martirio y muerte en la cruz.

3ª Los judíos y no los romanos los instigadores y verdaderos responsables del asesinato de Cristo.

PRUEBAS: a) En el Evangelio de San Lucas (capítulo XXII), dice el apóstol: "1. Y estaba ya cerca la fiesta de los azimos, que es llamada

---

[54] Biblia, Evangelio según San Marcos, Cap. III, Vers. 1, 2, 5, 6.
[55] Biblia, Evangelio según San Juan, Cap. V, Vers. 18.
[56] Biblia, Evangelio según San Lucas, Cap. IV, Vers. 28, 29.
[57] Biblia, Evangelio según San Juan, Cap. VII, Vers. 1.

Pascua". "2. Y los príncipes de los sacerdotes, y los Escribas, buscaban cómo harían morir a Jesús...".[58]

b) A su vez, en el Evangelio según San Juan (capítulo XI), se encuentra lo que sigue: "47. Y los príncipes de los sacerdotes, y los fariseos juntaron concilio, y decían: ¿Qué hacemos, porque este hombre hace muchos milagros?" "49. Mas uno de ellos llamado Caifás, que era el sumo pontífice de aquel año, les dijo: Vosotros no sabéis nada". "50. Ni pensáis que os conviene que muera un hombre por el pueblo, y no que toda la nación perezca". "53. Y así desde aquel día pensaron cómo le darían la muerte. 54. Por lo cual no se mostraba ya Jesús en público entre los judíos...".[59]

c) San Lucas narra que fueron los judíos y no los romanos quienes sobornaron a Judas, para que entregara a Cristo (capítulo XXII): "3. Y Satanás entró en uno de los apóstoles de Cristo llamado Judas, que tenía por sobrenombre Iscariotes". "4. Y traicionando a Jesús, trató con los príncipes de los sacerdotes, y con los magistrados, el precio y el lugar donde les entregaría a su Maestro". "5. Y estando de acuerdo, un piquete de alguaciles de la sinagoga acompañó a Judas, para aprender a Nuestro Señor Jesucristo...".[60] Fueron, por tanto, los judíos y no los romanos, quienes tramaron el complot final para asesinar a Cristo Nuestro Señor y quienes además pusieron los medios para capturarlo, dando dinero a Judas Iscariote.

d) San Juan (capítulo XVIII) deja constancia en su Evangelio de cómo fue aprehendido Jesús: "1. ...Cuando Jesús hubo dicho estas cosas, salió con sus discípulos de la otra parte del arroyo de cedrón, en donde había un huerto, en el cual entró El, y sus discípulos". "2. Y Judas, que lo había traicionado, sabía también aquel lugar: porque muchas veces concurría allí Jesús con sus discípulos". "12. La cohorte pues, y el tribuno, y los ministros de los judíos prendieron a Jesús, y lo ataron". "13. Y lo llevaron primero a Anás, porque era suegro de Caifás, el cual era pontífice aquel año". "14. Y Caifás era el que había dado el consejo a los judíos: Que convenía que muriese un hombre por el pueblo". "24. Y Anás lo envió atado al pontífice Caifás". "28.llevan pues a Jesús desde casa de Caifás al pretorio. Y era por la mañana: y ellos no entraron en el pretorio, por no contaminarse, y por poder comer la Pascua". "39. Costumbre tenéis vosotros de que os suelte uno en la pascua: ¿queréis pues que os suelte al Rey de los Judíos?" "40 Entonces volvieron a gritar todos diciendo: No a éste

---

[58] Biblia, Evangelio según San Lucas, Cap. XXII, Vers. 1, 2.
[59] Biblia, Evangelio según San Juan, Cap. XI, Vers. 47, 49, 50, 53, 54.
[60] Biblia, Evangelio según San Lucas, Cap. XXII, Vers. 3-6.

sino a Barrabás. Y Barrabás era un ladrón".⁶¹ Y en el capítulo XIX sigue narrando que después de azotar Pilatos a Jesús, con el fin (según comenta la nota 3 de la Biblia de Scio, tomo V, página 255), de que viendo a Jesús en ese estado que podía mover a compasión a las mismas fieras, se ablandara su corazón: "4. Pilato pues salió otra vez fuera, y les dijo: Ved que os le saco fuera, para que sepáis que no hallo en El causa alguna". "5. (Y salió Jesús llevando una corona de espinas, y un manto púrpura). Y Pilato les dijo: Ved aquí al hombre". "6. Y cuando le vieron los pontífices, y los ministros daban voces diciendo: Crucifícale, crucifícale. Pilato les dice: Tomadle allá vosotros, y crucificadle: porque yo no hallo en El causa". "7. Los judíos le respondieron: Nosotros tenemos una ley, y según la ley debe morir, porque se hizo Hijo de Dios". "15. Y ellos gritaban: Quita, quita, crucifícale. Les dice Pilato: ¿A vuestro Rey he de crucificar? Respondieron los pontífices: No tenemos Rey, sino a César". "16. Y entonces se lo entregó para que fuese crucificado. Y tomaron a Jesús, y le sacaron fuera". "17. Y llevando su cruz a cuestas salió para aquel lugar, que se llama Calvario, y en hebreo Gólgotha". "18. Y allí lo crucificaron, y con El a otros dos, de una parte, y a Jesús en medio".⁶²

e) A Pilatos le ocurrió lo que a otros que no son de esa "raza de víboras" -utilizando las propias palabras de Cristo quien no se imaginó hasta qué grado llegaría su crueldad, pues es algo excepcional en la historia de la humanidad. Y es que habiendo renegado de su Dios y Señor, cayeron hasta lo más profundo del abismo. Si con Jesús hicieron lo que hicieron, ya no puede extrañarnos el horrible crimen ritual que estuvieron realizando los judíos durante varios siglos, de cuyos monstruosos casos existen irrefutables testimonios, incluso de santos de la Iglesia Cristiana. Este crimen ritual consistía - según es sabido- en capturar un inocente niño cristiano y someterlo, en Viernes Santo, a todas las torturas de la Pasión, haciéndole padecer la muerte cruel que dieron a Cristo Nuestro Señor. Reproducían con sangre fría, en el infeliz niño, la Pasión y Muerte de Jesús. La veneración que se rinde aquí en Italia al B. Simoncino de Trento y al B. Lorenzino de Marostica, tienen precisamente su origen en que ambos fueron martirizados por los judíos. Todo esto nos parecería increíble si no existieran pruebas irrefutables de su realización, no sólo a través de la Edad Media, sino también en la Edad Moderna. Sólo una "raza de víboras" - como la calificara el Hijo de Dios- raza fría e inmisericorde, asesina de Jesucristo, puede haber llegado a esos extremos de vesania, que aún hoy día seguimos presenciando en los

---

⁶¹ Biblia, Evangelio según San Juan, Cap. XVIII, Vers. 1, 2, 12, 13, 14, 24, 28, 39, 40.
⁶² Biblia, Evangelio según San Juan, Cap. XIX, Vers. 4, 5, 6, 7, 15, 16, 17, 18.

países comunistas en donde con lujo de crueldad torturan y matan a millones de cristianos y musulmanes.

f) Mientras la bestia permaneció encadenada -según los términos del Apocalipsis de San Juan- durante mil años, es decir, del siglo V al siglo XV, se redujo a crucificar niños indefensos, a escupir crucifijos e imágenes de maría Santísima, a ultrajar objetos sagrados, a intentar enlodar la santa memoria de Jesús y de María con blasfemias y calumnias horrendas; pero cuando la bestia se desató, a principios del siglo XVI, terminó por arrollar al mundo en los siglos XIX y XX. Ya no se redujo entonces a escupir y ensuciar sacrílegamente a los crucifijos ni a las imágenes de María Santísima, ni a calumniar horriblemente la memoria de Estos. A falta de otros objetivos, ya no fue necesario que reconcentrara todo su odio y toda su crueldad sobre niños inocentes. Libre el monstruo apocalíptico de sus cadenas, libre ya de las leyes eclesiásticas y civiles que mantenían a los judíos encerrados en los guettos, separados de los cristianos, sin la prohibición de ocupar puestos dirigentes en la sociedad una tras otra, desatando su odio diabólico sobre toda la Cristiandad, que en los países comunistas está siendo sistemáticamente destruida. Confirma lo anterior el escritor judío Salvatore Jona, al decir: "Los hebreos, salidos del guetto, se lanzaron a la conquista de todas aquellas posiciones, materiales y espirituales, que les habían sido negadas en los siglos pasados..."[63]

g) Sólo la mano que martirizó a Jesucristo puede ser capaz de organizar checas y policías secretas para cometer crímenes espantosos y en número escalofriante, que no tienen paralelo en la historia. San Marcos en el capítulo XIV de su evangelio, nos dice: "1. Y dos días después era la Pascua, y los Ázimos: y los príncipes de los sacerdotes, y los escribas andaban buscando cómo lo prenderían por engaño, y le harían morir". "10. Y Judas Iscariotes uno de los Doce, fue a los príncipes de los sacerdotes, para entregárselo". "11. Ellos, cuando lo oyeron, se holgaron: y prometieron darle dinero. Y buscaba ocasión oportuna para entregarle". Es necesario hacer notar que Judas no intentó siquiera entregarlo a los romanos, sino a los judíos, porque eran ellos y no los romanos los interesados en matar a Cristo. Por otra parte, no fueron los romanos, sino los judíos los que pagaron a Judas por su traición. Con un pasaje que demuestra cómo fueron los dirigentes del pueblo judío y no los romanos los que mandaron aprehender a Jesús.

h) San Marcos, continúa: "43. Y estando aún Él hablando, llega Judas Iscariotes, uno de los Doce, y con él grande tropel de gente, con

---

[63] Salvatore Juna, Gli ebrei in Italia durante il fascismo. Milán, 1962. p. 7.

espadas, y palos, de parte de los príncipes de los sacerdotes, y de los escribas y del concejo de ancianos". "44. Y el traidor de Judas les había dado una señal, diciendo: Aquel que yo besare, es Jesua: prendedle, y llevadle con cuidado". "46. Entonces los alguaciles le amarraron las manos y le prendieron". "53. Y llevaron a Jesús a casa del sumo sacerdote: y se juntaron todos los sacerdotes, y los escribas, y los ancianos". (Es decir, los dirigentes del pueblo judío). "55. Y los príncipes de los sacerdotes, y todo el concilio buscaban algún testimonio contra Jesús para hacerle morir, y no lo hallaban. 56. Porque muchos daban testimonio falso contra El..." "59. Y no se concertaba el testimonio de ellos". "60. Y levantándose en medio el sumo sacerdote, preguntó a Jesús, diciendo: ¿No respondes alguna cosa, a lo que estos atestiguan contra Ti?". "61. Mas El callaba, y nada respondió. El sumo sacerdote le volvió a preguntar a Jesus, y le dijo: ¿Eres tu el Cristo, el Hijo de Dios bendito?" "62. Y Jesús le dijo: Yo soy: y veréis al Hijo del hombre sentado a la diestra del poder de Dios, y venir con las nubes del cielo". "63. Entonces el sumo sacerdote, rasgando sus vestiduras, dijo: ¿Qué necesitamos ya de testigos?" "64. Habéis oído la blasfemia: ¿Qué os parece? Y le condenaron todos ellos a muerte". "65. Y algunos comenzaron a escupirle, y cubriéndole las cara, le daban golpes, y le decían: Adivina: y los ministros le daban de bofetadas".[64] Durante cerca de dos mil años, todo el mundo se ha quedado horrorizado de la crueldad y dureza de corazón demostradas por los judíos en el martirio del hijo de Dios. Crueldad y sadismo que se ha manifestado con posterioridad en dondequiera que han promovido las revoluciones judío masónicas contra los reyes cristianos, y la dictadura totalitaria, socialista o comunista.

j) Los santos Evangelios nos muestran claramente tres -de las que han sido y siguen siendo- armas favoritas del judaísmo en su lucha contra la Cristiandad: el engaño, la calumnia y el crimen; las tres, utilizadas implacablemente hasta contra el hijo de Dios y sus seguidores. Posteriormente las utilizan contra toda la humanidad, habiéndoles valido el nombre que tan justamente ostentan de "padres del engaño y de la calumnia". Con estos latrocinios innobles abaten fácilmente a los más firmes defensores de nuestra fe, quienes caen sin remedio ante el ataque traidor de los agentes del judaísmo metidos en la Iglesia. Los supremos gobernantes y dirigentes de Israel -el sumo pontífice Caifás, los príncipes de los sacerdotes, los ancianos, magistrados, escribas, herodianos y hasta los influyentes fariseos-

---

[64] Biblia, Evangelio según San Marcos, Cap. XIV, Vers. 1, 10, 11, 43, 44, 46, 53, 55, 56, 59-65.

fueron responsables del deicidio, puesto que en un principio el pueblo en masa seguía a Cristo y los que planeaban su muerte temían al pueblo; pero, poco a poco, fueron los sacerdotes y príncipes de la sinagoga envenenando el ambiente y convenciendo al pueblo en contra de Jesús, hasta que por fin consiguieron enfrentar a las turbas contra el Mesías, como lo prueba el siguiente pasaje del Evangelio según San Mateo: Capítulo XXVII.

j) "1. Y venida la mañana, todos los príncipes de los sacerdotes, y los ancianos del pueblo entraron en consejo contra Jesús, para entregarle a la muerte". "2. Y lo llevaron atado, y lo entregaron al procurador romano Poncio Pilato ". "15. Por el día solemne acostumbraba el procurador romano entregar libre al pueblo un preso, el que querían". "16.- Y a la sazón tenía preso a un rebelde sedicioso muy famoso, que se llamaba Barrabás". "17. Y habiéndose ellos juntado, les dijo Poncio Pilatos: ¿A quién queréis que os entregue libre? ¿A Barrabás, o por ventura a Jesús, que es llamado el Cristo?". "20. Mas los príncipes de los sacerdotes, y los ancianos persuadieron al pueblo que pidiese a Barrabás, y que hiciese morir a Jesús". "21. Y Poncio Pilatos le respondió, y dijo: ¿A cuál de los dos queréis que os entregue libre? Y dijeron ellos: a Barrabás". "22. Pilato les dice: ¿Pues qué haré de Jesús, que es llamado el Cristo?" "23. Dicen todos: Sea crucificado. El Procurador romano les dice: ¿Pues qué mal ha hecho?. Y ellos levantaban más el grito, diciendo: Sea crucificado". "24. Y viendo Pilato que nada adelantaba, sino que crecía más el alboroto; tomando agua, se lavó las manos delante del pueblo, diciendo: Inocente soy yo de la sangre de este justo: allá os lo veáis vosotros". "25. Y respondiendo todo el pueblo, dijo: Sobre nosotros, y sobre nuestros hijos caiga su sangre". "26. Entonces les soltó a Barrabás: y después de haber hecho azotar a Jesús, se lo entregó a los judíos para que lo crucificasen".[65] Este pasaje, por sí solo, constituye una prueba de plena culpabilidad de los judíos en el asesinato de Cristo Nuestro Señor. Demuestra también, la responsabilidad que tuvieron los príncipes de la sinagoga y el pueblo judío en este crimen, pues, no obstante que sus dirigentes lo premeditaron, lo prepararon y lo consumaron, a última hora el pueblo en masa pudo haberlo salvado, pidiendo a Jesús en lugar de Barrabás, en vez de lo cual pidió que se dejara libre a este último y exigió que se crucificara a Jesús, aunque cayese sobre ellos y sus descendientes la sangre del Hijo de Dios.

---

[65] Biblia, Evangelio según San Mateo, Cap. XXVII, Vers. 1, 2, 15, 16, 17, 20-26.

CAPITULO VIII

LOS APÓSTOLES CULPARON A LOS PRÍNCIPES JUDÍOS Y NO A LAS AUTORIDADES ROMANAS DEL ASESINATO DE CRISTO

PRUEBAS: a) En el libro de la sagrada Biblia los Hechos de los Apóstoles (capítulo II), San Pedro, dirigiendo la palabra a los judíos de diversos países reunidos en Jerusalén, en donde cada cual (después de la venida del Espíritu Santo) entendía la palabra del apóstol en su propia lengua, les dijo: "14....Varones de Judea, y todos los que habitáis en Jerusalén, esto os sea notorio, y oíd con atención mis palabras". "22. Varones de Israel, escuchad estas palabras: A Jesús Nazareno, Varón aprobado por Dios entre vosotros, como también vosotros sabéis". "23. A Este que por determinado consejo y presciencia de Dios fue entregado, lo matasteis, crucificándole por manos de malvados".[66] San Pedro echa, pues, claramente la responsabilidad del asesinato de Cristo sobre todo el pueblo judío y no culpa a los romanos.

¿Supondrán los clérigos que sostienen en forma tan increíble lo contrario, que San Pedro mintió cuando dice a los judíos venidos de otras tierras: "Varones de Israel, lo matasteis, crucificándolo"?

b) En el Capítulo III de los Hechos de los Apóstoles, encontramos el pasaje de la curación del inválido nacimiento: "11. Y estando asido de Pedro, y de Juan, vino apresuradamente a ellos todo el pueblo al pórtico, que se llama de Salomón, atónitos". "12. Y viendo esto Pedro, dijo al pueblo: Varones Israelitas, ¿por qué os maravilláis de esto, o por qué ponéis los ojos en nosotros, como si por nuestra virtud o poder hubiésemos sanado el pie tuyido del cojo de nacimiento?" "13. El Dios de Abraham, Isaac, y de Jacob, el Dios de nuestros padres ha glorificado a su Hijo Jesús, a quien vosotros

---

[66] Biblia, Hechos de los Apóstoles, Cap. II, Vers. 14, 22, 23.

entregasteis, y negasteis al Santo, y al Justo, y pedísteis que se liberase a un homicida". "15. Y matásteis al hijo de Dios autor de la vida, a quien Dios resucitó de entre los muertos, de lo cual nosotros somos testigos".[67] En este pasaje del Nuevo Testamento, estando reunido todo el pueblo, San Pedro echó en cara a los judíos el haber matado a Cristo.

c) Otro testimonio de la culpabilidad de Israel la encontramos en los hechos de los Apóstoles (capítulo V), en donde no sólo San Pedro sino también los demás apóstoles acusan categóricamente de la muerte de Cristo al Concilio de Ancianos de Israel, convocado por los sacerdotes: "29. Y respondiendo Pedro y los Apóstoles, dijeron: Es menester obedecer a Dios antes que a los hombres". "30. El Dios de nuestro padres resucitó a Jesús, a quien vosotros matásteis, poniéndole en la cruz".[68] Tenemos aquí, un testimonio colectivo de los apóstoles acusando a los judíos y no a los romanos de haber dado muerte a Cristo.

d) Por si todo esto no fuera suficiente, citaremos los testimonios de San Pablo y de San Esteban primer mártir del cristianismo. San Pablo, en su Epístola Primera a los Tesalonicenses (capítulo II), refiriéndose a los judíos, dice hablando de los judíos: "15. Los cuales también mataron al Señor Jesús, y a los Profetas, y nos han perseguido a nosotros, y no son del agrado de Dios, y son enemigos de todos los hombres".[69] San Pablo, en este versículo, calificó contundentemente a los judíos como "enemigos de todos los hombres", realidad que no puede ser puesta en duda por quien haya estudiado a fondo la ideología y las actividades clandestinas del pueblo judío. Pero es muy probable que si San Pablo hubiera vivido en nuestros días, habría sido condenado por anti semita al declarar públicamente una verdad que, según los judíos y sus cómplices dentro del clero, no debe jamás mencionarse.

e) Por su parte, el protomártir San Esteban, dirigiéndose a los judíos de la sinagoga de los liberios, de los cireneos, de los alejandrinos y de aquellos que eran de Cilicia y del Asia, es decir, a judíos de distintas partes del mundo, les dijo en presencia del sumo sacerdote, jefe espiritual de Israel: "51. Duros de cerviz, e incircuncisos de corazones y de orejas, vosotros resistís siempre al Espíritu Santo, como vuestros padres, así también vosotros". "52. ¿A cuál de los profetas no persiguieron vuestros padres? Ellos mataron a los que anunciaban la venida del Justo, del cual vosotros ahora habéis sido

---

[67] Biblia, Hechos de los Apóstoles, Cap. III, 11-15.
[68] Biblia, Hechos de los Apóstoles, Cap. V, Vers. 29, 30.
[69] Biblia, Epístola I de San Pablo a los Tesalonicenses, Cap. II, Vers. 15.

traidores, y homicidas".[70] El testimonio de San Esteban coincide, pues, con el de los apóstoles y el de San pablo, al considerar a los judíos globalmente como pueblo, es decir, tanto a los de Jerusalén y demás lugares de Judea, como a los que vivían en otras partes del mundo, responsables del deicidio y la persecución contra los cristianos y contra la Iglesia. Todo esto consta en los libros sagrados; donde no se encuentra un solo versículo que culpe a los romanos del asesinato.

En resumen, tanto las denuncias previas de Cristo Nuestro Señor, como los testimonios de los apóstoles, de los Santos Evangelios, de San Pablo y de San Esteban, constituyen una prueba irrefutable de que la Santa Iglesia, lejos de haber estado equivocada durante diecinueve siglos al considerar deicida al pueblo judío, ha estado en lo justo; y que al achacar a los romanos la responsabilidad del crimen, carece de todo fundamento. En consecuencia, es de sorprender la postura de ciertos clérigos al pretender adulterar la verdad histórica en forma tan increíble, en un intento verdaderamente audaz y demente, consistente en tratar de realizar mas que una nueva reforma, destruir la Santa Iglesia convirtiéndola en Sinagoga de Satanás, al pretender hacerla renegar de su doctrina milenaria y contradecirse consigo misma. Si Cristo Nuestro Señor condenó a los judíos que lo desconocieron, si los apóstoles tuvieron que combatir sus maldades, si San pablo y San Esteban lucharon constantemente en contra de ellos, si los Papas y los concilios ecuménicos y provinciales durante varios siglos les lanzaron las más tremendas condenaciones y lucharon en contra de la Sinagoga de Satanás, los conjurados contra la Iglesia pretenden una nueva reforma que al igual que la reforma luterana, contradiga la Doctrina tradicional de la Santa Iglesia, para que ésta en alianza con la Sinagoga de Satanás, entregue las cabezas del pueblo cristiano a los asesinos judíos, y sus cristianas almas a Satanás. Esta es una de las cosas que desea imponer al Concilio Vaticano II este grupo de clérigos, en el que a semejanza de la asociación "Amigos de Israel" - condenada por el Santo Oficio en 1928- figuran hasta cardenales y según hemos sabido, dicho grupo trata de cambiar a la Santa Iglesia de ruta, pugnando porque se tomen acuerdos que impidan a los cristianos defenderse de las agresiones del imperialismo judío. En estas circunstancias, no podría lograrse convertir las Iglesias en sinagogas, los sacerdotes y pastores en rabinos y los fieles cristianos en vasallos de los judíos, sin antes derogar la divinidad de Cristo considerándolo como un testigo más de Jehová, un hombre judío que vino a traer al mundo la moral natural para la felicidad de los gentiles prescindiendo de los valores

---

[70] Biblia, Hechos de los Apóstoles, Cap. VI, Vers. 9; Cap. VII, Vers. 51, 52.

trascendentales, derogar el Nuevo Testamento, derogar la Nueva Alianza o salvación que Cristo con su vida, ejemplo y enseñanzas vino a traer al mundo, derogando la doctrina milenaria de la Iglesia, considerando a los judíos como el mayor ejemplo de la fe, y culpar a los romanos y no los judíos como responsables del crimen deicida, y tomar como sagrados las conspiraciones, las revoluciones, el sometimiento, esclavitud, crímenes y genocidios de Israel perpetrados contra los pueblos cristianos y musulmanes, la usurpación del poder y despojo de la riqueza nacional, la abrogación de la libertad, y los derechos humanos, y la propiedad y bienes de los ciudadanos cristianos en los países sometidos por los bolcheviques judíos, aduciendo acatar la voluntad divina. Con este fin están realizando una activa propaganda tendiente a lograr sus objetivos. También proyectan -si no les da resultado culpar a los romanos de la muerte de Cristo- hacer recaer esa culpa en toda la humanidad, empleando el sofisma de confundir la causa eficiente con la causa final y afirmando que, puesto que Cristo murió con el fin de redimirnos, nosotros fuimos los asesinos y no los israelitas. Con este absurdo sofisma, no sólo tratan de obligar a la Iglesia que les retire a los judíos su responsabilidad en la muerte de Cristo Nuestro Señor, sino que pretenden hacernos creer a los fieles cristianos, que nosotros somos los asesinos deicidas.

Los planes judíos para convertir a la Iglesia en un dócil instrumento a su servicio, llegan a los límites de la locura. Hemos sabido, además, que los judíos ya cantan victoria asegurando que han logrado mover con todo éxito sus influencias para conseguir que en breve se haga también una verdadera reforma en la liturgia Cristiana, a fin de disolver el antisemitismo bíblico y dogmático, de la doctrina milenaria de la Iglesia y todos los ritos, como el de la pasión de Cristo, alusivos a las "supuestas" perfidias y maldades del pueblo judío. En una palabra, entre las reformas a la Iglesia que proyectan los judíos, por medio de sus agentes cripto judíos infiltrados y conspirados conjurados, figura la supresión en la liturgia y en los ritos cristianos, de todo aquello que tiene por objeto prevenir a los cristianos y a la Santa Iglesia en contra del peligro judío y de las acechanzas de la Sinagoga de Satanás, para que, al desconocer los clérigos y los fieles la gravedad de esos peligros, sean vencidos y dominados más fácilmente por el judaísmo internacional. Pero por más que realicen toda clase de ardides para tratar de engañar a Su Santidad o para controlar el Concilio Ecuménico Vaticano II, se estrellarán ante la asistencia Divina a la Iglesia. Confiamos tranquilos en la sublime promesa hecha a Pedro por Dios Nuestro Señor de que "las puertas del infierno no prevalecerán contra Ella".

Capítulo IX

Moral combativa y no derrotismo mortal

1. Uno de los más perversos ardides, de magnífico resultado para los judíos es su lucha por el debilitamiento del cristianismo con el fin de lograr su destrucción, ha sido el de explotar la idea de una supuesta moral y caridad cristiana - creada a su arbitrio- que utilizan con demoledora precisión como arma destructiva contra la Cristiandad. Parece increíble que cosas tan nobles como la moral y la caridad cristiana queden convertidas a su influjo maléfico, en peligrosas emboscadas. Los judíos han venido haciendo esta hábil y letal transmutación con resultados tan destructivos para la Santa Iglesia, que es preciso dar la voz de alerta, exponiendo el peligro con claridad para evitar a los cristianos una fatal caída en la trampa. Podemos ilustrar la estrategia judía con un ejemplo hipotético, supongamos que un pugilista judío se enfrenta a un contrincante cristiano, y a media pelea se acusa al cristiano de anti semita y se obliga al boxeador cristiano a seguir peleando amordazado de manos y pies, mientras que contrincante judío sigue golpeando al cristiano hasta que lo derrota. En las revoluciones judío masónicas y comunistas, contra los reinos europeos esta estrategia ha sido empleada por los judíos contra los pueblos cristianos manipulando la caridad y la moral cristianas para que las potencias cristianas ayuden a los judíos a amordazar a otras naciones cristianas para doblegarlas, someterlas, esclavizarlas y exterminarlas cobardemente. Así, cada vez que los cristianos reaccionan en un intento de defenderse de la Sinagoga de Satanás, de defender a la Santa Iglesia, a su patria, o de preservar los derechos naturales que tienen como personas, como padres de familia, etc., siempre que están a punto de obtener la victoria, de derrotar y de castigar a los judíos o sus satélites, éstos recurren a la tabla de salvación: la manipulación de la caridad cristiana, tratando de mover a los cristianos con ese recurso para lograr que suspendan la legítima lucha de los pueblos agredidos

contra los revolucionarios bolcheviques, o se abstengan de evitar que los revolucionarios bolcheviques sometan, esclavicen o exterminen a los patriotas que defienden a su patria, como sucedió con el pueblo ruso y posteriormente con los países esclavos de la U.R.S.S.

2. También recurren a este ardid para impedir que se les imponga el castigo que proceda, como criminales responsables de complot y la agresión contra un Estado cristiano. Todo con el fin de que al amparo de esa tregua o perdón obtenidos, gracias a un abuso de la caridad cristiana, puedan las fuerzas del judaísmo rehacer sus huestes, recuperar el poder necesario e iniciar de nuevo el ataque arrollador e inmisericorde, demoledor e irremediable, tras de cuya victoria no habrá que esperar ninguna clase de moral ni de caridad de los judíos genocidas. Para lograr sus intentos de maniatar a los cristianos e impedir que se defiendan eficazmente del imperialismo judaico, los israelitas echan mano de juegos de palabras y de conceptos sofísticos. Dicen por ejemplo: si Dios perdona a cualquier pecador que se arrepiente antes de la muerte ¿por qué ustedes, cristianos, no imitan a su Dios y Señor? Parten, pues, de una premisa verdadera, la Doctrina cristiana acerca del perdón de los pecados, para tratar de aplicarla de forma sofística, sacando consecuencias falsas, olvidando además que Dios castiga a los pecadores que no se arrepienten, con el terrible infierno eterno y a los que sí se arrepienten con el purgatorio; castigos divinos estos, más duros que los que los hombres puedan aplicar. Pero los judíos quieren tergiversar lo relativo al perdón cristiano. En esta forma deducen, que los judíos están obligados a acatar las directivas sagradas para someter y exterminar a las naciones gentiles, y por ello tienen el santo derecho para asesinar a reyes, presidentes de república o a cualquier otro cristiano que se interponga a sus planes de dominio mundial. Y por ello los cristianos están obligados a dejar sin castigo -y aun a poner en libertad a los judíos conspiradores- a los que urden una revolución sangrienta, y a los genocidas judíos que realizan o promueven una limpieza étnica, por mandato divino. Y a dejar en libertad a los espías que entreguen secretos vitales a una potencia enemiga, porque todo lo hacen siguiendo el mandato divino para hacer de Israel la principal de las naciones, o lo hacen por el temor al castigo divino si desobedecen.

3. Con malabares sofistas como estos, los agentes judíos infiltrados en el clero cristiano sorprenden la buena fe de muchos ingenuos que caen fácilmente en el engaño, dando a los conspiradores judíos y sus satélites la posibilidad de triunfo en sus satánicos propósitos. Sin embargo, está bien claro que el hecho de que la Iglesia Cristiana

acepte el perdón de los pecados, no implica la aceptación de que los conspiradores, terroristas, sediciosos, traidores, espías, criminales y genocidas judíos deban escapar a la justicia humana porque cometieron sus latrocinios de lesa patria y lesa humanidad, siguiendo la sagrada Ley Talmúdica. En muchas ocasiones, los judíos y sus satélites tienen el cinismo y el atrevimiento de utilizar ese ardid de la moral y de la caridad cristiana incluso para impedir que los cristianos se defiendan y defiendan a sus naciones e instituciones religiosas de las conspiraciones y agresiones provenientes de la Sinagoga de Satanás, para lo cual utilizan siempre clérigos cristianos o protestantes que, diciendo ser buenos cristianos, hacen el juego constantemente a la masonería, al comunismo o a cualquier otra empresa judía, y mientras hablan como cristianos devotos, actúan en beneficio de la revolución judaica y en perjuicio de la Santa Iglesia.

4. El escritor filo semita, Ernesto Rossi, cita como un llamado de atención a los cristianos -en un capítulo dedicado a la defensa de los judíos- las palabras del evangelista San Mateo: "Entonces Pedro, acercándosele, le dijo: Señor, ¿cuántas veces perdonaré a mi hermano que haya pecado contra mí? ¿Hasta siete? Jesús le responde: Yo no te digo que hasta siete, sino setenta veces siete.[71] Y Julien Green, citado por Carlo Bo, en el artículo a que nos hemos referido, dice: "Cristo es judío; no se puede golpear a un judío sin tocar al mismo tiempo a aquél judío que es el hombre por excelencia y la flor de Israel. Cristiano, seca las lágrimas y la sangre de tu hermano judío y el rostro de Cristo resplandecerá". Los clérigos filo semitas han llegado al extremo de recordar a los cristianos el Sermón de la Montaña y otras prédicas de Nuestro Señor Jesucristo sobre el perdón a los enemigos, el amor a los enemigos, etc., con vistas a conmover y persuadir a los cándidos cristianos por medio de elaborados sofismas, presionándolos sicológicamente y obligándolos moralmente a dejar de luchar y someterse voluntariamente a las fuerzas del mal. La traición de estos clérigos filo o cripto judíos ha sido con frecuencia responsable en gran parte de los triunfos masónicos y comunistas. Podemos asegurar, sin temor a duda, que estas perversas maquinaciones han sido en gran parte las que permitieron a la Sinagoga de Satanás cambiar, al menos hasta ahora, el rumbo de la historia en forma desastrosa para las fuerzas del bien y de manera favorable para las huestes del mal.

---

[71] Ernesto Rossi, Il manganello e l'aspersorio, Florencia, p. 356.

5. La Santa Iglesia pudo, durante mil años, hasta fines del siglo XV, derrotar a la Sinagoga de Satanás en todas las batallas que año tras año tuvo que librar contra ella. la Cristiandad estuvo, entonces, a punto de obtener una victoria definitiva que hubiera salvado al cristianismo del cisma protestante, de las sangrientas guerras de religión, de las revoluciones masónico- liberales que ensangrentaron al mundo entero y de las revoluciones socialistas del comunismo, todavía más sangrientas y amenazadoras. El Santo Oficio de la Inquisición tan calumniado por la propaganda judía -que fue creado con el fin de combatir y vencer al judaísmo y a los movimientos subversivos que en forma de herejías utilizaba para dividir y desgarrar a la Cristiandad- habría podido, con lo medios con que contaba, obtener una victoria definitiva de la Santa Iglesia si los pérfidos judíos no hubieran logrado impedirlo, utilizando los ardides que estamos analizando. Precisamente en los momentos decisivos de esas luchas, esgrimiendo sofísticamente la caridad cristiana (que los judíos nunca practican) para conmover a los jerarcas cristianos, eclesiásticos y civiles, y lograr su protección contra los celosos inquisidores y conseguir aun perdones generales de los criminales, quienes en vez de agradecerlos, los utilizaban sólo para rehacer en secreto sus fuerzas y volver años después a la lucha con nuevas herejías, una, otra y más veces. Hasta que por fin, a principios del siglo XVI, la judería internacional logró quebrar la unidad de la Cristiandad y abrir el boquete a través del cual se lanzó al asalto de la ciudadela cristiana, con las consecuencias catastróficas que en la actualidad todos podemos percibir. Se aprovecharon, por tanto, muy astutamente de la bondad de los cristianos, utilizando las medidas de perdón y de tregua logradas por medio de engaños de todo género, para cambiar el rumbo de la historia en sentido favorable a las fuerzas de Satanás y de su Sinagoga.

La Santa Iglesia puede medir la magnitud de la catástrofe, considerando los millones y millones de almas que se perdieron para el cristianismo con la escisión protestante, las revoluciones masónico-liberales y sobre todo con las revoluciones comunistas de nuestros días. Es preciso hacer constar esta significativa coincidencia: aquellos períodos de la historia en que los jerarcas cristianos, civiles o eclesiásticos han tolerado y protegido más a los judíos, son los períodos en que la Sinagoga de Satanás ha hecho más progresos en su lucha contra la Santa Iglesia y los pueblos cristianos logrando victorias arrolladoras. Por el contrario, aquellas otras etapas históricas en que los Papas, los concilios ecuménicos y los monarcas cristianos observaron una política enérgica contra el judaísmo, fueron de triunfo para la Santa Iglesia y para los pueblos cristianos en su lucha contra los hebreos y las herejías que éstos organizaban y esparcían; triunfos logrados a veces hasta con la fuerza de las armas y que permitieron salvar millones de almas cristianas. No es idea nuestra criticar o censurar a los jerarcas cristianos, religiosos y civiles, que de muy buena fe cometieron errores políticos al dar al enemigo una protección que a la larga facilitó a éste sus triunfos sobre la Cristiandad. Lo que realmente ocurrió, fue que sucumbieron frente a los hábiles engaños de la Sinagoga atraídos por el señuelo de esas temibles "fábulas judaicas" de que hablaba San Pablo. Es preciso recordar que el Demonio es el padre de la mentira y maestro en el arte de engañar a los hombres, arte que fue heredado por sus malévolos hijos los judíos modernos, de quienes Cristo Nuestro Señor dijo que eran "hijos del Diablo". Tampoco es el momento de criticar a nadie ni de lamentaciones inútiles sobre lo que otros pudieron hacer y no hicieron; lo que urge es que nosotros actuemos con rapidez y energía antes de que sea demasiado tarde. Es apremiante que los cristianos y demás cristianos interrumpamos nuestro sueño y despertemos a la actual realidad.

En Rusia, al implantarse la dictadura socialista, millares de arzobispos, obispos, dignidades eclesiásticas y sacerdotes, fueron sumidos en cárceles inmundas donde pasaron años enteros hasta su muerte; otros muchos fueron torturados cruelmente y asesinados; millones de cristianos de todas las clases sociales estuvieron sujetos a indecibles tormentos e introducidos en oscuras y sucias prisiones por años y más años; otros millones de ellos sufrieron espantoso aniquilamiento a manos de los judíos implacables que no perdonan, que destruyen y esclavizan. Estos tremendos peligros amenazan a todo el mundo por igual. Si el comunismo llegara a triunfar en la totalidad del planeta, como va a suceder si no nos unimos para impedirlo - ya que Dios no ayuda al que no se ayuda- entonces, cardenales, arzobispos, obispos, canónigos, sacerdotes y frailes serían internados en oscuras cárceles y horrendos campos de concentración por largos años, torturados y finalmente asesinados. Sirvan de ejemplo Rusia, China comunista y todos los demás países en donde va triunfando el arrollador alud del comunismo judaico. Karl Marx, Engels y Lenin, cuyas doctrinas siguen los comunistas, lo dijeron claramente en sus obras: el clero de las distintas religiones y sobre todo el cristiano, debe ser exterminado. La clase burguesa tiene que ser destruida, aniquilada totalmente; entendiendo por clase burguesa a los propietarios de fincas urbanas o rurales, de fábricas, de servicios públicos, de talleres y de comercios. Todos deben ser asesinados sin distinción de ideología, sean derechistas, centristas o izquierdistas, pues se trata no de la destrucción de tal o cual sector burgués, sino de la totalidad de la clase burguesa. Así está decretado por los fundadores y jerarcas del comunismo. Los únicos que se escapan de la matanza, como es natural, son los judíos, aunque pertenezcan a cualquiera de las clases sentenciadas, ya que ni siquiera se salvan los masones burgueses de origen cristiano, quienes también son asesinados. Con esto último, demuestra una vez más el judaísmo su ingratitud hacia los que lo ayudan, a los cuales aprovecha mientras los necesita para luego eliminarlos. Tampoco se salvarán del desastre las clases proletarias, obreros, campesinos, los parias, etc. utilizadas por el judaísmo como escalón para instaurar las dictaduras socialistas, porque el experimento ruso y el chino han demostrados claramente que dichas clases sociales, además de haber sido cruelmente esclavizadas, fueron diezmadas asesinando a millones de sus componentes, que habían cometido el grave delito de protestar por el engaño urdido en su perjuicio por aquellos que prometiéndoles un paraíso les habían dado el infierno. Esta es la tremenda realidad. Es inútil que se trate de ocultarla restarle importancia o hasta negarla. Los miembros de esa "quinta columna" enemiga introducidos en las filas de la Cristiandad y cuya existencia demostraremos -en la Cuarta Parte de esta obra- con pruebas evidentes e irrefutables; estos falsos cristianos quinta columnistas al servicio del enemigo, tratan de hacer creer que el peligro no existe o cuando menos de restarle la importancia o relevancia que realmente tiene, para adormecernos a todos e impedir que nos defendamos con eficacia.

Si a esto se añade la hábil explotación mal intencionada y sofística de la caridad y de la moral cristiana, se dará una idea de los demoledores recursos con que cuenta el enemigo para desarmarnos, impidiéndonos luchar contra el comunismo ateo y contra la Sinagoga de Satanás. No hay que olvidar que la caridad cristiana obliga a proteger a los buenos de la corrupción de los malos; pero la hipocresía judía los lleva a disfrazarse de mansos corderos siendo sanguinarios depredadores o victimas siendo los asesinos, a fin de dejarles las manos libres para que puedan pervertir a los buenos, robarlos y esclavizarlos, al mismo tiempo que se ata de pies y manos con una moral falsa, a las fuerzas del bien para que puedan ser dominadas por las fuerzas del mal. Es evidente, sujetándonos absoluta e incondicionalmente a las declaraciones de SS. SS. Los Papas -al hablar ex-cátedra- y a las de los concilios ecuménicos, que cualquier interpretación que se quiera hacer de la moral o de la caridad cristiana, que tenga por resultado facilitar el triunfo de las fuerzas del mal sobre las fuerzas del bien, estará equivocada, pues Dios Nuestro Señor hizo la moral y la caridad para lograr el triunfo del bien sobre el mal y no a la inversa. El judaísmo, por medio de su quinta columna en el clero cristiano, utiliza a esos sacerdotes y jerarcas que le sirven de instrumento para paralizarnos e impedir nuestra defensa contra las fuerzas de Satanás y sus cómplices, llenándonos de escrúpulos para detener el triunfo del bien sobre el mal, tergiversando el objeto básico de la moral cristiana, que es precisamente lograr dicho triunfo del bien sobre el mal, el cual jamás podrá obtenerse con una moral derrotista y falsa sino con una moral combativa que llene su objetivo básico. Las palabras del Señor, transcritas en el capítulo III de esta parte de la obra, dan cuenta de cómo Dios, en su lucha contra Satanás o contra los judíos, que siguieron la senda de éste, fue enérgico y no débil; fuerte y no derrotista. No vale alegar con recursos deshonestos y amorales, como lo hacen los quintacolumnistas, que Cristo Nuestro Señor predicó el amor a los enemigos y el perdón a los mismos, poniendo una aparente y sofística contradicción entre lo dicho por Dios Hijo en el Nuevo Testamento y lo establecido por Dios Padre en el Antiguo; los teólogos saben muy bien que esas contradicciones no existen y que el amor y el perdón a los enemigos -doctrina sublime de nuestro Divino Salvador-, se refiere a los enemigos de orden personal y privado que surgen a cada momento en nuestras relaciones sociales; pero no al enemigo que lucha por precipitarnos al abismo de la perdición eterna, o fuerzas del mal esbirros de Satanás. Ni amor ni perdón predicó jamás Cristo para Satanás y sus obras del mal, sino todo lo contrario. Cuando se trató de atacar a las fuerzas del mal, fue tan terminante y enérgico Jesús como su Padre Eterno. En vano se trataría de hallar contradicción entre la actitud de una y otra Persona Divina.

Por lo que respecta a los representantes de la sinagoga -que renegaron del Mesías fueron denominados por Cristo mismo representantes de "la Sinagoga de Satanás". Nuestro Señor Jesucristo lo trata en forma enérgica e implacable en varios pasajes del Evangelio; sobre todo cuando el apóstol San Mateo expresó textualmente: "11. Y os digo, que vendrán muchos de Oriente, y de Occidente, y se asentarán con Abraham, y Isaac, y Jacob en el reino de los cielos". "12. Mas los hijos del reino (es decir los hebreos) serán echados en las tinieblas exteriores: allí será el llanto y el crujir de dientes".[72] Este pasaje de los Santos Evangelios demuestra cómo Cristo anuncia que los gentiles venidos de fuera, por su fe en el Mesías, heredarían el privilegio que el pueblo de Israel no supo conservar; mientras que éste - el judaísmo que desconoció a Cristo- será lanzado al infierno donde imperará el llanto y crujir de dientes. Contra las fuerzas del mal Jesús fue estricto como Dios Padre; y existe congruencia y armonía entre la actitud de ambas personas del mismo Dios. Por eso, nuestra lucha contra las fuerzas de Satanás debe ser lo suficientemente enérgica, lo suficientemente eficaz, para permitirnos derrotarlas; los judíos y los clérigos filo judíos que les hacen el juego tratan de llenar nuestra conciencia con escrúpulos de una falsa moral cristiana que ellos mismos nos han inoculado, para hacer nuestra postura tan débil y derrotista que asegure el triunfo de las fuerzas del infierno, aunque sea temporalmente y con pérdida de millones de almas para la Santa Iglesia y asesinatos en masa de millones de inocentes, como ocurre en los países que por nuestras

---

[72] Biblia, Evangelio según San Mateo, Cap. VIII, Vers. 11, 12.

debilidades y falta de acción enérgica, siguen sometidos y esclavizados por los judíos comunistas. "L'Osservatore Romano", citando una importante publicación dice: "La revista 'Time', en su número del 6 de marzo de 1956, menciona que en China, en 5 años de dominación comunista, han sido asesinadas 20 millones de personas y otros 23 millones retenidas en campos de trabajos forzados".[73]

Para terminar, aduciremos la autoridad de los grande Padres de la Iglesia y el significado que daban a la caridad cristiana. Vamos a utilizar como fuente la "Historia de la Iglesia Cristiana", escrita por tres padres jesuitas, Llorca, García-Villoslada y Montalbán, por todos conceptos insospechables de anti judaísmo y por cuya razón preferimos utilizarla en este caso, ya que se limitan a seguir la corriente unánime de los historiadores de la Santa Iglesia. Al efecto dice tal obra textualmente: "5.- Grandes figuras de la caridad cristiana en el Oriente.- En medio de este ambiente tan cristiano, no es de sorprender sobresalieran algunas figuras por su acendrada caridad para con los pobres y necesitados, las cuales contribuyeron a su vez poderosamente a fomentar ese mismo espíritu. En la imposibilidad de enumerarlas todas, escogeremos algunas de las que más se distinguieron en los siglos IV-VII". Después de citar los mencionados padres jesuitas a San Basilio, pasan a describir la figura del gran Padre de la Iglesia, San Juan Crisóstomo y dicen: "No menos ilustre es San Juan Crisóstomo como gran promotor de la caridad cristiana". A continuación, los autores siguen relatando una serie de hechos que presentan a Crisóstomo como ejemplo de la caridad cristiana y pasan, luego, a referirse a otros dos grandes Padres de la Iglesia, San Ambrosio, obispo de Milán, y San Jerónimo. Del primero, entre otras cosas, afirman: "6.- Grandes figuras de la caridad en Occidente.- San Ambrosio ha sido siempre el modelo de un Obispo cristiano. Por esto no es de sorprender que fuera también el ejemplo más acabado de la caridad y de la beneficencia". A continuación siguen narrando los citados jesuitas, hechos que comprueban su aserto de que San Ambrosio fue el ejemplo más acabado de la caridad cristiana. Refiriéndose a San Jerónimo, señalan los estudiosos sacerdotes que: "San Jerónimo, que tan profundamente conocía la sociedad más elevada de Roma, con todas sus sombras y sus lados luminosos, nos ha transmitido los ejemplos más sorprendentes de la caridad cristiana...".[74] A este respecto, los mencionados jesuitas citan las obras de Liese y de San Gregorio Nacianceno, gran Padre de la Iglesia, irreprochables como fuentes y autoridades eclesiásticas.

---

[73] "L'Osservatore Romano" del 19 de abril de 1956, p. 3.
[74] B. Llorca, S.J., R. García-Villoslada, S.J. y F. J. Montalbán, S.J., Historia de la Iglesia Católica. Madrid: Biblioteca de Autores Cristianos, 1960. Tomo I, pp. 927, 928.

Ahora veremos lo que relata el clásico historiador israelita Graetz - cuyas obras son tenidas en los medios judíos como dignas de todo crédito sobre San Juan Crisóstomo, San Ambrosio y San Jerónimo, considerados por la Iglesia como ejemplos de caridad cristiana dignos de imitar En la obra "Historia de los Judíos" que los hebreos cultos consideran una honra poseer, dice Graetz textualmente, refiriéndose a la tremenda lucha sostenida en esos tiempos entre la Santa Iglesia contra el judaísmo: "Los principales fanáticos contra los judíos fueron en esta época Juan Crisóstomo de Antioquia y Ambrosio de Milán, quienes los atacaron con gran ferocidad". Luego detalla Graetz las actividades de San Juan Crisóstomo contra los hebreos, de las que se hablará en la Cuarta Parte de este libro. Refiriéndose a las de San Ambrosio dice: "Ambrosio de Milán, era un oficial ignorante de toda Teología, cuya violencia célebre en la Iglesia, lo había elevado al rango de Obispo, él era sin embargo, más virulento todavía contra los judíos".[75] También, en la Cuarta parte de esta obra, nos referimos a la lucha anti judía de San Ambrosio, gran Padre de la Iglesia. Y en el índice de materias del tomo segundo de la obra de Graetz, páginas 638 y 641, sintetiza el objeto de esta materia en forma muy elocuente: "Ambrosio, su fanatismo contra los judíos" y "Crisóstomo, su fanatismo contra los judíos". Por lo que respecta a San Jerónimo, otro gran Padre de la Iglesia, símbolo de la caridad cristiana, el tan autorizado escritor en medios hebreos, Graetz, señala que para recalcar dicho santo su ortodoxia, dijo literalmente: "Y si en la fe judía es requisito despreciar los individuos y a las nación gentiles, en reciprocidad yo aborrezco a los judíos con un odio imposible de expresar... comentando, en seguida, e prestigiado historiador israelita. "Esta profesión de fe concerniente al odio hacia los judíos, no era una opinión privada de un escritor aislado, sino el oráculo para toda la Cristiandad, que presurosa aceptó los escritos de los Santos Padres de la Iglesia, que fueron reverenciados como santos. En tiempos posteriores esta profesión de fe, armó a los reyes, al populacho, a los cruzados y a los pastores (de almas), contra los judíos, que inventaron los instrumentos para su tortura, y construyeron las hogueras fúnebres para quemarlos".[76]

Como se ve, esos símbolos de la caridad cristiana que fueron San Juan Crisóstomo, San Ambrosio de Milán y San Jerónimo, nos dejaron una definición clara de la misma, indicándonos que ella no excluye la acción enérgica, implacable contra los agresores judíos y contra la Sinagoga de Satanás, lucha que ellos convirtieron en parte importantísima de su santa

---

[75] Heinrich Graetz, History of the Jews. Filadelfia: Jewish Publication Society of America, 5717 (1956).
[76] Graetz, obra citada, edición citada. Tomo II, pp. 625-626. Tomo II, pp. 613- 614.

vida; nos enseñaron, también, que la caridad cristiana no se ejerce en beneficio de las fuerzas del mal, que ellos identificaron principalmente con el judaísmo. Por otra parte, es cierto lo que dice el israelita Graetz al afirmar que ésta fue la doctrina unánime de los Padres de la Iglesia. Los que se interesen en profundizar en este tema, pueden hacerlo directamente en las obras de los Padres. Ahí podrán comprobar que todos condenaron enérgicamente las agresiones y complots de los judíos contra la Iglesia y la sociedad y lucharon en forma resuelta y sin titubeos en contra de esos enemigos de la humanidad, como acertadamente los llamó San Pablo. Los cristianos sabemos que la opinión unánime de los Padres de la Iglesia en materia doctrinal es, en muchos casos, norma obligatoria de conducta para todos los fieles y en todos los casos, sin excepción, ejemplo digno de imitar; solamente el complejo de Judas Iscariote puede explicar la traición a la Iglesia y a los cristianos de muchos clérigos que se nombran cristianos, pero que sirven más a a la Sinagoga de Satanás que a la Iglesia, pretendan darnos falsas normas de moral y de caridad cristiana para atarnos de manos e impedir que luchemos con toda energía y eficacia contra el judaísmo y sus satélites: la masonería y el comunismo

Capítulo X

Los judíos matan cristianos y persiguen a los apóstoles

El judaísmo hizo una guerra a muerte a la iglesia desde el nacimiento de ésta, sin motivo alguno, sin provocación, sin que la Iglesia durante sus tres primeros siglos contestara siquiera a la violencia con la violencia. Los judíos abusaron en forma cruel de la mansedumbre de los primeros cristianos que se redujeron a combatir a sus mortales adversarios, simplemente, con bien fundamentados razonamientos, teniendo que sufrir en cambio, las demoledoras calumnias de los judíos, sus encarcelamientos, asesinatos y todo género de persecuciones. Empezaron por asesinar a Cristo Nuestro Señor en forma injusta y cruel; siguieron con el homicidio de san Esteban, que la Sagrada Biblia, en "Los hechos de los Apóstoles", nos describe en todo su horror desde la planeación del crimen en el seno de las sinagogas, pasando por el soborno empleado para que algunos lo calumniaran lanzándole acusaciones venenosas, hasta el empleo de falsos testigos para probar estas acusaciones y al final el asesinato del santo por los judíos, consumado a pedradas en forma fiera, sin que San Esteban haya cometido otro delito que predicar la verdadera religión.[77] Fue el protomártir del cristianismo; y fueron los judíos quienes fueron los primeros en derramar la sangre cristiana, después del deicidio de Jesús. La misma Biblia, en los hechos de los Apóstoles (capítulo XII), señala cómo el rey judío Herodes:

1. ...envió tropas para maltratar a los cristianos que estaban rezando en la Iglesia". "2. Y mató a cuchillo a Santiago hermano de Juan". "3. Y viendo que hacía placer a los judíos, pasó también a aprender a Pedro...".[78] Los hebreos no contentos con iniciar el asesinato de los obispos y diáconos del naciente cristianismo, se lanzaron a realizar crueles persecuciones contra los seguidores de Cristo que degeneraron en

---

[77] Biblia, Hechos de los Apóstoles, Cap. VI, Vers. 7-15; Cap. VII, Vers. 54-59.
[78] Biblia, Hechos de los Apóstoles, Cap. XII, Vers. 1, 2, 3.

tremendas matanzas, según nos narra la Biblia en los hechos de los Apóstoles, que dieron al cielo los primeros mártires de la Iglesia. En estas persecuciones participó Saulo -el futuro San Pablo- antes de convertirse,[79] con un celo que él mismo describe en su Epístola a los Gálatas (capítulo I), de la siguiente manera: "13. Porque ya habéis oído de qué manera vivía en otro tiempo en el judaísmo: y con qué exceso perseguía la Iglesia de Cristo, y la destruía".[80]

LOS JUDÍOS NO SON DEL AGRADO DE DIOS, AFIRMA SAN PABLO.

Los hebreos persiguieron con especial empeño, como es natural, a los apóstoles y a los primeros caudillos de la Iglesia, de lo cual nos da testimonio San Pablo, en su Epístola primera a los Tesalonicenses, en la que también afirma que: "los judíos no son del agrado de Dios". Dice textualmente lo siguiente: "14. Porque vosotros, hermanos, os habéis hecho imitadores de las Iglesias de Dios, que hay por la Judea en Jesucristo: por cuanto las mismas cosas sufrísteis también de los de vuestra nación, que ellos de los judíos": "15. Los cuales también mataron al Señor Jesús, y a los profetas, y nos han perseguido a nosotros, y no son del agrado de Dios...".[81] Es, por ende, falso que los judíos sean del agrado de Dios, como están afirmando los Clérigos filo y cripto judíos que les hacen el juego con el fin de paralizar la defensa de los pueblos cristianos en contra del imperialismo judaico y su acción revolucionaria. ¿Será posible que esos eclesiásticos filo semitas pretendan tener razón y que San Pablo mintió cuando aseguró que los judíos no eran del agrado de Dios? Sin embargo, bien claro se ve que las fuerzas del mal, los hijos del Diablo -como les dijo Cristo a los integrantes de la Sinagoga de Satanás, no pueden ser del agrado de Dios. Los judíos con frecuencia encarcelaron a los apóstoles. En "Los Hechos de los Apóstoles", se afirma que los sacerdotes judíos, los saduceos y el magistrado del templo, echaron mano de San Pedro y San Juan "...y los metieron en la cárcel...".[82] Y en el capítulo V se narra lo siguiente: "17. Mas levantándose el príncipe de los sacerdotes y todos los que con él estaban (que es la secta de los saduceos), se llenaron de celo": "18. Y prendieron a los apóstoles, y los pusieron en la cárcel pública".[83] Entre las persecuciones desatadas por los judíos contra los primeros cristianos caudillos de la Iglesia, destaca por su encarnizamiento,

---

[79] Biblia, Hechos de los Apóstoles, Cap. VIII, Vers. 1, 2, 3; Cap. XXVI, Vers. 10, 11; Cap. XXII, Vers. 4, 5.
[80] Biblia, Epístola de San Pablo a los Gálatas, Cap. I, Vers. 13.
[81] Biblia, Epístola I de San Pablo a los Tesalonicenses, Cap. II, Vers. 14, 15.
[82] Biblia, Hechos de los Apóstoles, Cap. III; Cap. IV, Vers. 1, 2, 3.
[83] Biblia, Hechos de los Apóstoles, Cap. V, Vers. 17, 18.

la que llevaron a cabo contra San Pablo. En los Hechos de los Apóstoles (capítulo IX), se señala: "22. Mas Saulo mucho más se esforzaba, y confundía a los judíos que moraban en Damasco, afirmando que Este es el Cristo". "23. Y como pasaron muchos días, los judíos tuvieron juntos consejo para matarlo".[84] Después, en Antioquía, discutiendo San Pablo y San Bernabé sobre cuestiones religiosas con los judíos, éstos acabaron con su acostumbrado fanatismo e intolerancia; empleando el argumento de la violencia. Los citados "Hechos de los Apóstoles", lo consignan: "50. Más los judíos concitaron algunas mujeres devotas e ilustres, y a los principales de la ciudad, y movieron una persecución contra Pablo, y Bernabé: y los echaron de sus términos".[85] Luego (capítulo XIV), sea firma que en la población de Iconio, después de otra discusión teológica de San Pablo y San Bernabé con los judíos, ocurrió que: "4. Y se dividieron las gentes de la ciudad: y los unos eran por los judíos, y los otros por los apóstoles". "5. Más los judíos con sus caudillos azuzaron a los gentiles, y se amotinaron para ultrajar y apedrear a los cristianos", "6. Entendiéndolo ellos, huyeron a Lystra, y Derbe, ciudades de Lycoania...", "18. Más algunos judíos de Antioquía, y de Iconio, habiendo ganado la voluntad del pueblo, y apedrearon a Pablo, y le sacaron arrastrando fuera de la ciudad, creyendo que estaba muerto".[86] A lo lejos se ve, que ya para estas fechas la división estaba clarísima: por una parte los partidarios de los apóstoles, es decir los cristianos; y por otra parte, los judíos.

En el Nuevo Testamento de la Sagrada Biblia, el evangelista se sirve de la palabra "judíos" para designar a los miembros del antiguo pueblo elegido que asesinaron a Dios Hijo y combatían a su Iglesia. Asimismo se señala que los que se habían convertido a la fe del Señor no eran hebreos, sino cristianos. El Evangelio de San Juan -el discípulo amado también ya titula "judíos" en forma expresa a los miembros del antiguo pueblo de Dios, que se negaron a reconocer a Cristo, lo llevaron a la muerte y combatieron a los apóstoles. El Evangelio de San Juan ha sido considerado por los israelitas como el más anti semita de los evangelios; el judaísmo proyecta eliminarlo de la Santa Misa y para lograrlo dice tener poder suficiente en el Vaticano. Tal eliminación la proyecta -según hemos sido informados- recortando la Misa para que termine con la Bendición, suprimiendo así el Evangelio de San Juan, el más anti semita de los evangelios, con el que actualmente finaliza la Misa. Nos parece increíble que los judíos tengan tantas infiltraciones en el Vaticano como para poder lograr esto. Pero ante cualquier eventualidad, hemos considerado necesario

---

[84] Biblia, Hechos de los Apóstoles, Cap. IX, Vers. 22, 23.
[85] Biblia, Hechos de los Apóstoles, Cap. XIII, Vers. 44-50.
[86] Biblia, Hechos de los Apóstoles, Cap. XIV, Vers. 1-6, 18.

denunciar esto para que las autoridades eclesiásticas impidan este atraco a la Santa Misa por parte del judaísmo y sus agentes secretos en el alto clero. Los judíos, que en nuestros días siguen persiguiendo a la Iglesia y amenazan con dominar y esclavizar a la humanidad, son continuadores de la obra demoledora de la Iglesia primitiva por esos mismos judíos -que renegaron de su Mesías, lo asesinaron y combatieron y continúan combatiendo al cristianismo, siguiendo aferrados a sus organizaciones criminales en nuestros días, como dijera antaño San Pablo- no son del agrado de Dios. Los clérigos traidores que en lugar de servir a la Iglesia están sirviendo a la Sinagoga de Satanás, hacen una sofística mezcla de conceptos para engañar a los sinceros cristianos y hacerles creer, en contradicción con lo asegurado por San Pablo, que los criminales judíos modernos son del agrado de Dios, con el fin de impedir que los cristianos defiendan a sus pueblos y a sus familias contra sus pérfidas empresas quinta columnistas judío masónicas y comunistas, y su acción subversiva, criminal, genocida y corrupta contra la Santa Iglesia y la sociedad.

En el capítulo XVII del Nuevo Testamento, se dice que San Pablo y Silas: "1...llegaron a Tesalónica, en donde había una sinagoga de judíos". "5. Más los judíos, movidos de celo, y tomando consigo algunos hombres malos de la plebe, y sublevando a la gente, levantaron la ciudad: y asediaron la casa de Jasón, queriendo presentarlos al pueblo". "6. Y no hallándolos, llevaron violentamente a Jasón y a algunos de los hermanos a los magistrados de la ciudad, gritando: Estos son los que vinieron a alborotar la ciudad", "7. los cuales han sido acogidos por Jasón, y todos éstos conspiran contra los decretos de César, diciendo que hay otro rey: que es Jesús". "8. Y alborotaron al pueblo y a los principales de la ciudad al oír estas cosas". "9. Más los magistrados quedaron satisfechos con la declaración de Jasón, y de los otros, dejároslos ir libres".[87] Los pasajes citados del Nuevo Testamento, demuestran claramente que fueron los judíos los únicos enemigos del naciente cristianismo; pero en todas partes no sólo perseguían directamente a los cristianos sino que con calumnias, trataban de sublevar contra ellos a los pueblos gentiles y lo que es más grave, a las autoridades del Imperio Romano. En el anterior pasaje de "Los Hechos de los Apóstoles" se ve diáfanamente cómo empleaban la calumnia en un criminal intento de lanzar toda la fuerza del entonces invencible Imperio Romano sobre la Santa Iglesia, acusando a los cristianos, ni más ni menos, que de reconocer a otro rey en substitución del César, delito que enfurecía al máximo a los emperadores romanos y a sus colaboradores, ya que esta forma de traición contra el César acarreaba la inmediata pena de muerte. Por ello, no cabe duda alguna de lo que

---

[87] Biblia, Hechos de los Apóstoles, Cap. XVII, Vers. 1, 5-9.

pretendían los israelitas era exterminar a los cristianos. Los judíos siguieron durante muchos años empleando todo tipo de calumnias e intrigas, hasta que por fin, a fuerza de insistir tanto, lo lograron con Nerón persiguiera a los cristianos hasta casi exterminarlos. También hubo un intento de lanzar a los gobernantes de Roma contra San Pablo, como lo muestra el siguiente pasaje del Nuevo Testamento: "12. Y siendo Galión procónsul de la Achaya, los judíos se levantaron de acuerdo contra Pablo, y le llevaron al tribunal". "13. Diciendo: Que éste persuade a los hombres que sirvan a Dios contra la ley". "14. Y como Pablo comenzase a abrir su boca, dijo Galión a los judíos: Si fuese algún agravio, o enorme crimen, os oiría, oh judíos, según derecho". "15. Más si son cuestiones de palabra, y de nombres, y de vuestra ley, vedlo allá vosotros: porque yo no quiero ser juez de estos asuntos". "16. Y los hizo salir de su tribunal". "17. Entonces ellos echándose sobre Sóstenes príncipe de la sinagoga, le daban golpes delante del tribunal: sin que Galión hiciese caso de ello".[88] Este pasaje de la Sagrada Biblia nos hace ver por una parte, la tolerancia religiosa de las autoridades romanas y la falta absoluta de interés en hostilizar a los cristianos; por otra parte, que los hebreos eran los que constantemente estaban buscando medios para lanzar a los gobernantes del Imperio Romano contra los cristianos en intentos repetidos, aunque carentes de éxito; y por último, que como buenos paranoicos, los judíos, al fracasar en un intento malvado, acaban por pelearse unos contra otros. Aquí fue Sóstenes, el príncipe de la sinagoga, el infeliz objeto de esa rabia y furor hebreos. Y desde luego, no podemos dudar de la veracidad de estos hechos, ya que se trata de un pasaje literal del Nuevo Testamento. No cabe la menor duda que siguen siendo los mismos de siempre, es pues, muy explicable, que cuando esta jauría de lobos quedó desatada y además con plenos poderes al triunfar las revoluciones comunistas, haya realizado increíbles matanzas haciendo correr torrentes de sangre cristiana y musulmana para terminar esclavizando a los sobre vivientes.

El apóstol San Lucas, en los Hechos de los Apóstoles nos narra otra de las persecuciones llevadas a cabo por los judíos contra san Pablo, y al describirnos la manera de ser de los hebreos en aquellos tiempos, nada parece haber cambiado en casi dos mil años, cualquiera diría que nos los está describiendo ahora.. Cuenta San Lucas que estando san Pablo en Jerusalén: "27. ...los judíos del Asia que estaban allí, cuando le vieron en el Templo, alborotaron todo el pueblo, y le echaron mano, diciendo a gritos": "28. Varones de Israel, éste es el hombre, que por todas parte predispone a todos contra el pueblo y contra la ley, y contra este lugar, y demás de esto ha introducido los gentiles con él. Y al encontrar en la

---

[88] Biblia, Hechos de los Apóstoles, Cap. XVII, Vers. 12-17.

ciudad a Trophimo de Epheso, creyeron los judíos que Pablo lo había metido en el templo". "30. Y se conmovió toda la ciudad, y concurrió el pueblo. Y trabando de Pablo, le arrastraron fuera del templo: y luego fueron cerradas la puertas". "31. Y queriéndole matar, fue dado aviso al tribuno de la corte: Que toda Jerusalén estaba en alboroto". "32. El tribuno romano tomó luego soldados y centuriones, y corrió al templo. Ellos, cuando vieron al tribuno y a los soldados, cesaron de herir a Pablo".[89] Este pasaje del Nuevo Testamento nos señala cómo los judíos acusaban a san Pablo de "predisponer a todos contra el pueblo", es decir, lo hacen aparecer calumniosamente como enemigo del pueblo, para ellos justificar su asesinato. Más de diecinueve siglos después, cuando los judíos en la Unión Soviética y países comunistas quieren asesinar a alguien, lo acusan de ser enemigo del pueblo y enemigo de las clases trabajadoras y enemigos del Estado. Los métodos son los mismos; no han cambiado en cerca de dos mil años. También acusan calumniosamente a San Pablo de predicar contra el templo y finalmente lo acusan de introducir gentiles al templo profanando ese santo lugar, ya que los judíos para tales fechas consideraban cerrado el templo para los gentiles, como ahora consideran cerrado el judaísmo para los hombres de otras razas. Si entonces admitían sólo a los prosélitos de la puerta, que nada más podían asistir al templo de puertas para afuera, dejándolos en instalaciones periféricas, sin introducirlos nunca en las verdaderas sinagogas y comunidades de la judería. También en esto, los métodos siguen siendo los mismos. Siguen narrando en los Hechos de los Apóstoles que cuando el tribuno permitió a Pablo dirigir la palabra a los judíos amotinados, tratando con palabras serenas de suavizarlos, ocurrió que: "22. Y le habían escuchado hasta esta palabra, más levantaron entonces el grito, diciendo: Quita del mundo a tal hombre: porque no es justo que él viva". "23. Y con alaridos se quitaron sus ropas y arrojaron polvo al aire".[90] Ya vemos aquí a los verdaderos energúmenos, que siglos después, en medio del terror judío comunista, despedazarán a sus infelices víctimas con todo lujo de crueldad. El narrador de los Hechos de los Apóstoles, continúa después diciendo que el tribuno romano quiso saber al día siguiente: Capítulo XXII. "30. ...de cierto la causa que tenían los judíos para acusarle, le hizo desatar, y mandó que se juntasen los sacerdotes y todo el concilio, y sacando a Pablo, lo presentó delante de ellos". Capítulo XXIII. "6. Y sabiendo Pablo, que una parte era de los saduceos, y la otra de fariseos, arguyó: Debido a la esperanza en la resurrección de los muertos soy yo juzgado". "7. Y cuando esto dijo, se sucitó una grande disensión entre los fariseos y los saduceos, y se dividió la multitud". "8. Porque los saduceos dicen que no hay

---

[89] Biblia, Hechos de los Apóstoles, Cap. XXI, Vers. 27-32.
[90] Biblia, Hechos de los Apóstoles, Cap. XXI, Vers. 35-40; Cap. XXII, Vers. 19-23.

resurrección, ni ángel, ni espíritu: mas los fariseos confiesan lo uno y lo otro". "9. Hubo pues grande vocería. Y levantándose algunos de los fariseos altercaban diciendo: No hallamos mal ninguno en este hombre: ¿cuánto más, si le ha hablado espíritu, o ángel?".[91] Después de la violenta pugna entre los judíos, que obligó al tribunal romano a hacer intervenir a los soldados, sigue narrando el apóstol (capítulo XXIII): "12. Y cuando fue de día, se conjuraron algunos de los judíos, y se maldijeron, diciendo: Que no comerían ni beberían hasta que matasen a Pablo". "13. Y eran más de cuarenta hombres los que habían hecho esta conjura": "14. Los conjurados fueron a los príncipes de los sacerdotes y al concejo de los ancianos, y dijeron: Nosotros nos hemos obligado so pena de maldición a no gustar bocado, hasta que matemos a Pablo". "15. Pues ahora vosotros con el concilio solicitad al tribuno, que os lo saque fuera, como que queréis conocer con más certidumbre de su causa. Y nosotros estaremos esperando para matarle antes que llegue". El recelo del tribuno, que conocía bien a los judíos, frustró sus planes criminales mandando a San Pablo escoltado por doscientos soldados al mando de dos centuriones, aclarando el versículo lo que hizo el tribuno romano": "25. (Porque temió que se lo arrebatasen los judíos, y lo matasen, y después le calumniasen a él de haber recibido dinero:)".[92]

Este ilustrativo pasaje del Nuevo Testamento pone en evidencia que los judíos maestros del soborno, la difamación, el complot y la conjura juraron no comer ni beber hasta que lograran matar a Pablo. Por otra parte, se ve que ya desde lejanísimas fechas, los practicaba a practica las mafiosa de asesinar a los presos al ser trasladados en el camino de una población a otra; y se observa que hasta los romanos tenían miedo a las calumnias de los judíos, a quienes sin duda conocían como maestros en este arte maléfico. Para dar a conocer las actividades siniestras del judaísmo y su manera de actuar aventajando a las mafias modernas, y no es necesario exhibir las directivas de los famosos "Protocolos de los Sabios de Sión" para descubrir los planes criminales de las sociedades secretas judío masónicas; basta con las enseñanzas de la Sagrada Biblia y otros documentos fidedignos e indiscutible procedentes del talud, una de las más insospechables fuentes hebreas. Después de conducido San Pablo ante el gobernador Festo, siguen narrando los Hechos de los Apóstoles: "2. Y los príncipes de los sacerdotes, y los principales de los judíos acudieron a Festo contra Pablo: y le rogaban". "3. Pidiendo favor contra él, para que le mandase venir a Jerusalén, poniéndole asechanzas para asesinarle en el camino". "4. Más Festo les respondió, que estaba guardado Pablo en

---

[91] Biblia, Hechos de los Apóstoles, Cap. XXII, Vers. 30; Cap. XXIII, Vers. 1-9.
[92] Biblia, Hechos de los Apóstoles, Cap. XXIII, Vers. 12-15.

Cesarea: y que él cuanto antes partiría". "5. Y los principales (dijo) de vosotros vengan conmigo, y si hay algún delito en este hombre, acúsenle". "7. Y cuando fue llevado, le rodearon los judíos, que habían venido de Jerusalén, acusándole de muchos y graves delitos, que no podían probar". "8. Y Pablo se defendía, diciendo: En nada he pecado, ni contra la ley de los judíos, ni contra el templo, ni contra César".[93] Para comprendérsete dramático suceso, hay que tomar en cuenta que San Pablo era un hombre virtuoso e iluminado por la gracia divina, en forma que le ha hecho digno de ser considerado como uno de los más grandes santos de la Cristiandad; pero a pesar de ello, los judíos, con su perfidia peculiar y su perseverancia paranoica, se ensañaron contra él en la forma descrita por los anteriores pasajes de los Hechos de los Apóstoles, agravándose el problema porque no fueron sólo los judíos de Palestina sino los de las más diversas partes del mundo, los que demostraron sus instintos asesinos y malvados; y que no fueron sólo los de la secta de los fariseos sino también los saduceos, rivales de los anteriores. No fueron individuos aislados y sin representación los que destilaron tanta maldad sino los príncipes de los sacerdotes, los escribas, jerarcas y hombres más ilustres de Israel. Todos cortados con la misma tijera.

Los pasajes del Nuevo Testamento, nos enseñan a conocer el peligro que significa para la humanidad el judaísmo moderno, cuya maldad traspasa los límites de todo lo que otras naciones pueden imaginar. Por ello los Papas y los concilios les llamaron repetidamente "judíos pérfidos"; haciendo figurar éste y otros elocuentes términos en la liturgia y ritos de la Santa Iglesia, que los israelitas quieren ver del todo eliminados para sumirnos a los cristianos en mayor ignorancia todavía, acerca de la inmensa perversidad de nuestros milenarios enemigos y así podernos vencer más fácilmente, utilizando con mayor éxito sus engaños y sus acostumbrados golpes de sorpresa. Lo más significativo es que en la descripción de la perfidia de esta raza de víboras -como los llamó Cristo Nuestro Señor coinciden perfectamente el Nuevo Testamento con los escritos elaborados siglos después por los Padres de la Iglesia, con los cánones de diversos concilios de la Iglesia, con los procesos de la Santa Inquisición, con las opiniones de Martín Lutero y con las acusaciones que en distintos siglos, en los más diversos países, fueron lanzadas por conocedores del problema, cristianos, protestantes, ortodoxos, rusos, mahometanos e incrédulos como Voltaire y Rosenberg, que sin haberse puesto de acuerdo, han coincidido en denunciar la perfidia y maldad extremas de los judíos a través de los últimos dos mil años. Esto demuestra que por desgracia esa maldad y perfidia, peligrosísimas para los

---

[93] Biblia, Hechos de los Apóstoles, Cap. XXV, Vers. 2-5, 7, 8.

demás pueblos, corresponden a una realidad comprobada e incontrovertible. San Matías apóstol propagó largamente la palabra de Dios, primero en Macedonia y después en Judea, convirtiendo a muchos a la fe de Jesucristo con su predicación y prodigios. Se dice que no pudiendo los judíos sufrir esto, le echaron mano, le apedrearon hasta el punto de dejarlo poco menos que muerto y por último fue degollado[94]

---

[94] San Jerónimo en el Catálogo citado en las tablas cronológicas de Adricomio (compendiadas por la Biblia Scio, edición citada, Tomo V, p. 670, columna 2). Esta misma fuente cita otra versión distinta sobre la muerte de este apóstol (San Matías), en la cual se señala Egipto o Etiopía como el lugar de su fallecimiento. Sin embargo, dada la persecución desatada por los judíos contra los cristianos en todo el mundo, la primera versión nos parece muy factible; además, la fuente que señalamos, la cita en primer término.

Capítulo XI

LAS PERSECUCIONES ROMANAS PROVOCADAS POR LOS JUDÍOS

Ya estudiamos en el capítulo anterior diversos intentos hechos por los judíos para lanzar a las autoridades romanas en contra de San Pablo, acusando a éste de ir contra el César y reconocer a otro rey en su lugar, diciéndolo por Jesús. Sobre estas intrigas y calumnias constantes nos da noticia un documento incontrovertible, o sea el Nuevo Testamento. Estas repetidas tentativas de lanzar el poderío del Imperio Romano en contra de la naciente Cristiandad se sucedieron con frecuencia; aunque infructuosamente durante algún tiempo. Que los romanos eran tolerantes en materia religiosa es un hecho históricamente incontrovertible y también que no eran hostiles por ningún concepto a los cristianos, como lo demuestran además de la postura de Pilatos en el caso de Jesús, las intervenciones favorables de las autoridades del Imperio en las persecuciones desatadas por los judíos contra San Pablo y los primeros cristianos. El siguiente hecho es del todo significativo y es consignado por Tertuliano y Orosio, al señalar que "ante los conatos de persecución hebrea surgida contra los cristianos, el emperador Tiberio hizo publicar un edicto amenazando de muerte a los que acusaran falsamente a los cristianos".[95] El año noveno de su imperio, manda Claudio que todos los judíos salgan de Roma porque según testimonio de Josefo, habían hecho abrazar los ritos judaicos a Agripina su mujer; o también, como escribe Suetonio, porque a impulso de las persecuciones de los cristianos, movían frecuentes sediciones.[96] Se ve pues que el emperador pagano Claudio fue en extremo tolerante hacia los cristianos y harto ya de los motines que promovían los hebreos, los expulsó de la ciudad de Roma. De esta expulsión hablan también los Hechos de los Apóstoles.[97] Se ve aquí la tendencia hebrea de hacer subir su valimiento hasta las gradas del trono controlando a la emperatriz para poder ejercer -por medio de ella- su

---

[95] Tertuliano, Apologeticum, Libro V; Orsio, Libro VII, Cap. II.
[96] Tablas cronológicas de Adricomio, citadas en Biblia Scio, Tomo V, p. 662, columna II.
[97] Biblia, Hechos de los Apóstoles, Cap. XVIII, Vers. 2.

influencia sobre el emperador, observando al parecer, las enseñanzas todas desfiguradas por una interpretación imperialista, tomadas del libro bíblico de Esther; esa judía que ocultando su judaísmo, logró convertirse en reina de Persia y ejerció su influencia decisiva sobre el rey para destruir a los enemigos de los israelitas. Sin embargo, en el caso del emperador Claudio fracasó, por lo visto, el intento; cosa que no sucedió con Nerón, a quién lograron acercarle una judía llamada Popea, quien pronto se convirtió en amante del emperador y, según algunos cronistas hebreos, en la verdadera emperatriz de Roma, la cual llegó a ejercer una influencia decisiva sobre este emperador.

Tertuliano, uno de los padres de la Iglesia, quien en su obra "Scorpiase" dice: "Las sinagogas son los puntos de donde salen las persecuciones de los cristianos". Y en su libro "Ad nationes" escribe el mismo Tertuliano: "De los judíos es de donde salen las calumnias contra los cristianos".[98] Durante el reinado de Nerón hubo en un principio tolerancia hacia los cristianos, pero acabó el emperador por ceder a las intrigas persistentes de su amante judía Popea, a quien se señala como auTorah de la idea de inculpar a los cristianos por el incendio de la ciudad de Roma, hecho con el cual se justificó la primera y cruel persecución de los cristianos llevada a cabo por el Imperio Romano. Los padres jesuitas B. Llorca, R. García- Villoslada y F. J. Montalbán, reconocen, en relación con las persecuciones iniciales de la Roma pagana contra los débiles e inermes cristianos, a partir de Nerón, lo siguiente: "Los judíos fueron los elementos más activos en fomentar el ambiente de odio contra los cristianos, a quienes consideraban como suplantadores de la ley mosaica..." "Esta actividad de los judíos debió ejercer notable influencia, pues nos consta que ya en el tiempo de Nerón gozaban de gran ascendiente en Roma, y es bien sabido que, con ocasión del martirio de san Pedro y San Pablo, algunos insinuaron la idea de que habían muerto por celos de los judíos". "Existiendo, pues, este ambiente, azuzado por el odio de los judíos, se concibe fácilmente la persecución de Nerón. Como capaces de toda clase de crímenes, fue fácil señalar a los cristianos como causantes del incendio de Roma. Al pueblo no le costó mucho creerlo".[99] En efecto, los judíos llegaron a acusar a los cristianos calumniosamente hasta de cometer el nefando crimen de comerse a los niños en sus ceremonias,[100] lo que indignaba como es muy natural, a las autoridades y al pueblo romano. Es comprensible que esta intriga constante, esta persistente labor de calumnia

---

[98] Tertuliano, Scorpiase y Ad Nationes, citado por Ricardo C. Albanés en Los judíos a través de los siglos, México, 1939, p. 435.
[99] B. Llorca, S.J., R. García-Villoslada, S.J. y F.J. Montalbán, S.J., Historia de la Iglesia Católica, edición citada, Tomo I, pp. 172, 173.
[100] Ricardo C. Albanés, obra citada, p. 435.

y difamación que los hebreos lanzan siempre contra quienes estorban sus planes, realizada en el Imperio Romano por miles de individuos día tras día mes tras mes, año tras año, haya por fin logrado sus objetivos un buen día, lanzando contra la naciente Cristiandad, que ellos no podían aniquilar por sí solos, todo el gigantesco poderío del Imperio Romano en un afán destructor jamás conocido en la historia de la humanidad. En apoyo de esta verdad citaremos el testimonio incontrovertible de una autorizada fuente judía: "El Rabino Wiener, que en su libro "Die Juvisechen Speisegsetz", confiesa que los judíos fueron los causantes de las persecuciones de Roma contra los cristianos; observando que en el reinado de Nerón y en el año 65 de nuestra Era, cuando Roma tenía por emperatriz a una judía, Popea, y por Prefecto de la Ciudad a un judío, se inicia la era de los mártires, que debía prolongarse 249 años".[101]

En estas instigaciones de los hebreos para provocar las persecuciones de los romanos en contra del cristianismo, intervinieron incluso rabinos tan destacados en la historia de la Sinagoga como el famoso "...Rabino Jehuda, uno de los autores del Talmud (que como se ha dicho, es uno de los libros sagrados, fuente de la religión del judaísmo moderno), obtuvo en el año 155 de nuestra Era una orden para que fueran sacrificados todos los cristianos de Roma, muriendo en virtud de ella muchos miles, siendo precisamente judíos los verdugos de los Papas mártires Cayo y Marcelino".[102] El Arzobispo Obispo de Port- Louis, Monseñor León Meurin, S.J., en su obra "Filosofía de la Masonería", página 172, afirma que cuando los judíos acaudillados por Bar Kochba, un falso Mesías, se sublevaron contra Roma y recobraron por tres años (132-135 d.C.) su independencia, en ese corto espacio de tiempo asesinaron por lo menos a ciento cuatro mil cristianos. Cantidad exorbitante en relación con la población cristiana de Palestina en esa época. Esto nos da una idea de lo que sucederá cuando los judíos impongan a todo el mundo su dictadura totalitaria. Durante tres siglos, los cristianos resistieron heroicamente sin contestar a la violencia con la violencia; pero es comprensible que cuando el cristianismo -después de tres siglos de persecuciones- logró un triunfo completo en el Imperio Romano con la conversión de Constantino y la adopción de la religión cristiana como religión de estado, se haya por fin resuelto a contestar a la violencia con la violencia, para defender de las conspiraciones constantes del judaísmo, tanto a la triunfante Iglesia como a los pueblos que habían depositado su fe en ella y que también se encontraban siempre amenazados por la acción destructiva y demoledora

---

[101] Rabino Wiener, Die Jüdischen Speisegesetze, citado por Ricardo C. Albanés, obra citada, p. 435.
[102] August Rohlieng, sacerdote católico, Die Polemik und das Manschenopfer des Rabbinismus, citado por Ricardo C. Albanés, obra citada, p. 435.

del imperialismo judaico. Por otra parte, es preciso que los cobardes que ante la situación actual piensan capitular por miedo a las persecuciones, al poderío u la influencia de la Sinagoga de Satanás, tomen en cuenta que las terribles amenazas de nuestros días están muy lejos de ser tan graves como las que tuvieron que afrontar Cristo Nuestro Señor, los apóstoles y los primeros cristianos, enfrentados no sólo al poderoso judaísmo sino al entonces aparentemente invencible poderío del Imperio Romano, el más grande y fuerte de todos los tiempos. A estas amenazas mortales, hay que añadir la originada por la desintegración interna que los hebreos, por medio de su quinta columna, provocaron en el seno del cristianismo, con el gnosticismo y otras destrucTorahs herejías. Tomen en cuenta que si a pesar de esa situación mucho más difícil y trágica que la actual, la santa iglesia no sólo pudo salvarse sino hasta lograr una completa victoria sobre sus mortales enemigos, fu porque contó con unos pastores que jamás desmayaron, jamás se acobardaron ni aceptaron pactos vergonzosos con las fuerzas de Satanás. En ningún momento pensaron buscar situaciones de componenda, basadas en una tan pretendida como falsa prudencia, ni coexistencias pacíficas, ni capitulaciones diplomáticas, que son siempre sofismas empleados por los clérigos cobardes o cómplices del enemigo, los cuales pretenden, en nuestros días, que la santa iglesia y sus pastores entreguen en las garras del lobo las ovejas cuya custodia celosa les encomendó Cristo Nuestro señor, con perjuicio del prestigio de la misma Iglesia y de la fe que en ella han depositado los fieles cristianos.

SEGUNDA PARTE
LA QUINTA COLUMNA JUDÍA EN EL CLERO

Capítulo I

El pulpo estrangula a la Cristiandad

La revolución masónico jacobina logró ir derrotando a toda la Cristiandad por la misma razón que ahora sigue triunfando en forma arrolladora la revolución judeo-comunista: porque la Santa Iglesia Cristiana y la Cristiandad entera tan sólo han podido combatir los tentáculos del pulpo (partido comunista, grupos revolucionarios y en pocos casos, como en España, la masonería), dejando incólume la cabeza vigorosa. Por eso ha podido el monstruo regenerar y reconstruir los miembros que circunstancialmente le cercenan para emplearlos de nuevo, en forma más eficiente, hasta ir logrando la esclavización de medio mundo cristiano (Rusia, países de Europa Oriental y Cuba), estando ya a punto de esclavizar el resto de la humanidad. El triunfo constante de las revoluciones judeo-masónicas y judeo-comunistas -desde fines del siglo XVIII hasta nuestros días- se debe también, a que ni la Santa Iglesia Cristiana ni sus hermanas las Iglesias reformadas,[103] han luchado eficazmente en contra de la quinta columna judía introducida en el seno de ellas. La quinta columna está formada por descendientes de judíos que fueron forzados por ordenanza real o bula pontificia a convertirse al cristianismo en siglos anteriores, pero en secreto seguían siendo judíos. En la actualidad desaparecieron las conversiones forzadas, pero la gran utilidad que prestaron los forzados a la causa judía actuando como cristianos siendo judíos, originó a los cripto judíos, es decir a sacerdotes, pastores y dignatarios judíos con nombre y apellidos cristianos. Los forzados practicaban en público y en forma aparentemente fervorosa la religión de Cristo mientras, en secreto, conservaban su fe judaica, llevando a cabo ocultamente los ritos y ceremonias judías y organizándose en comunidades y sinagogas secretas que han funcionado en la clandestinidad durante varios siglos en la sociedad cristiana tratando de destruirla desde dentro, para lo cual han sembrado herejías y disidencias, tratando incluso de apoderarse del clero en las distintas Iglesias cristianas. Para ello usan la

---

[103] Con el ánimo de lograr la formación de un frente político común contra el imperialismo judaico, el término Iglesias nos referimos la Iglesia indivisible, es decir a todas, sin excepción.

estratagema de introducir cristianos cripto judíos en el clero cristiano, los cuales podrían ir escalando primero las distintas dignidades de la Santa Iglesia y posteriormente las Iglesias reformadas.

En los desacuerdos existentes entre las distintas Iglesias, los judíos clandestinos siempre han tenido gran influencia. Mientras que la Iglesia de Roma, los Papas y los concilios ecuménicos lucharon eficazmente durante el milenio de la Edad Media en contra del judaísmo y sobre todo contra la quinta columna, los movimientos revolucionarios - organizados para dividir y destruir a la Cristiandad- fueron completamente vencidos y aniquilados. Así ocurrió desde los tiempos de Constantino hasta finales del siglo XV. Desgraciadamente, la Santa Iglesia -por razones que posteriormente se señalan- ya no pudo atacar en forma eficaz a la quinta columna constituida por judíos clandestinos, introducidos en su seno como fieles, como clérigos y hasta como dignatarios. Fue entonces cuando el empuje del movimiento judeo revolucionario se tornó cada vez más vigoroso hasta adoptar a fines del siglo XVIII el carácter de alud incontenible. En el siglo XX, en el que las tretas judías han llegado al extremo de llevar a los cristianos al olvido de la gigantesca lucha de varios siglos librada entre el cristianismo y el judaísmo, es cuando este último ha obtenido los mayores progresos en sus planes de dominio mundial, porque ha logrado esclavizar, ya bajo la dictadura judeo comunista, a una tercera parte de la humanidad. En la Edad Media, los Papas y los concilios lograron destruir los movimientos revolucionarios judíos que en forma de herejías surgían dentro de la Cristiandad; movimientos que eran iniciados por cristianos en apariencia, pero judíos en secreto, que luego iban enrolando a sinceros y buenos cristianos en el naciente movimiento herético, engañándolos en forma muy hábil. Los judíos clandestinos organizaban y controlaban secretamente esos movimientos generadores e impulsores de graves herejías, como la de los iconoclastas, los cataros, los patarinos, los albigenses, los husitas, los alumbrados y otras herejías más.

La labor de estos judíos, introducidos como quinta columna en el seno de la Iglesia de Cristo, se facilitaba con la fingida conversión al cristianismo de ellos o de sus antepasados, los cuales transformaban sus nombres y apellidos judíos y los convertían en nombres y apellidos cristianos; con lo cual lograron diluirse en la sociedad cristiana, pero sin mezclarse, a excepción de que tuvieran como objetivo adueñarse de los apellidos o fortunas de las principales familias de Alemania, Austria, España, Francia, Inglaterra, Italia, Portugal, Polonia, Rusia, Ucrania y demás países de la Europa cristiana. Con este sistema lograron introducirse en el seno mismo de la Cristiandad con el fin de conquistarla por dentro y desquiciar la médula de las instituciones religiosas, políticas y económicas. La red de judíos clandestinos existente en la Europa medieval transmitía en secreto la fe judaica de padres a hijos, no obstante que aparentaran todos una vida cristiana en público y llenaran sus casas de crucifijos y de imágenes de santos. Por regla general observaban ostentosamente el culto cristiano y aparecían como los más fervorosos devotos para no despertar sospechas. Como es natural, esta estrategia judía de convertirse al cristianismo fingidamente para invadir la ciudadela cristiana y facilitar su desintegración, fue al fin descubierto y combatido por la Santa Iglesia con el consiguiente escándalo e indignación de los clérigos cripto judíos que se oponían al combate de los judíos conversos quinta columnistas en los concilios ecuménicos y provinciales. Pero lo que más escándalo provocó fue el hecho de que estos judíos clandestinos introdujeran a sus hijos en el clero ordinario y en los conventos, con tan buen resultado que muchos llegaron a escalar las dignidades de canónigo, obispo, arzobispo y hasta la de cardenal. Sin embargo no se contentaron con eso, sino que su audacia llegó hasta el extremo de pretender conquistar para ellos la corona pontificia, mismo, sueño ambicioso que siempre han acariciado y que estuvieron a punto de lograr en el año de 1130 cuando el Cardenal Pierleoni, un falso cristiano -judío en secreto- logró por medio de la manipulación y el soborno que las tres cuartas partes de los cardenales lo eligieran Papa en Roma con el nombre de Anacleto II. Por fortuna, la asistencia de Dios a su Santa Iglesia pudo una vez más salvarla en tan tremendo trance.

En esta ocasión, la Divina Providencia se valió principalmente de San Bernardo y del Rey de Francia, que ayudaron al grupo heroico de cardenales anti judíos enfrentados a las fuerzas de Satanás y eligieron Papa a Inocencio II, logrando salvar a la Iglesia de una de las crisis más graves de su historia. Aunque el antipapa judío Anacleto II permaneció hasta su muerte usurpando la corona pontificia, el sucesor cripto judío impuesto por él fue obligado a dimitir por las tropas de la cruzada organizada a instancias de San Bernardo. Mediante ésta se logró, con la ayuda de Dios, salvar a la Santa Iglesia de las garras del judaísmo, mientras San Bernardo alcanzaba su merecida canonización. Los concilios ecuménicos y provinciales de la Edad Media combatieron encarnizadamente al judaísmo y a la quinta columna judía introducida en las filas del propio clero cristiano; nos queda constancia en sus sagrados cánones (normas de obligatoria observancia para los cristianos) de la gigantesca lucha sostenida en contra del judaísmo satánico durante mil años, hasta fines de la Edad Media. Lucha odiada y calumniada por la propaganda secular judío masónica, y por los cripto y filo judíos dentro de las Iglesias de la reforma, precisamente porque durante ese período de la historia fracasaron los judíos en todos sus intentos de destruir a la Cristiandad y de esclavizar a la humanidad. Para combatir no sólo a los tentáculos del pulpo -que eran en la Edad Media las revoluciones heréticas- sino a la cabeza misma que era el judaísmo, la Santa Iglesia Cristiana recurrió a diversos medios entre los que destaca por su importancia el Santo Oficio de la Inquisición, tan calumniado por la propaganda judía. Esta organización fue destinada a extirpar las herejías y a acabar con el poder oculto del judaísmo que las dirigía y alentaba. Gracias a la Inquisición pudo la Santa Iglesia derrotarlo y detener varios siglos la catástrofe que ahora se cierne amenazadora sobre la humanidad. Varias de las llamadas herejías eran ya movimientos revolucionarios de tantos alcances y pretensiones como los de los tiempos modernos, que pugnaban no sólo por destruir la Iglesia de Roma, sino por derrocar a todos los príncipes cristianos y aniquilar el orden social existente en lo reinos cristianos en beneficio del judaísmo, director oculto de esos movimientos heréticos y posteriormente de las revoluciones masónicas jacobinas y judeo- comunistas de los tiempos actuales. Los clérigos cristianos que se horrorizan al oír el nombre de la Inquisición, influidos por la propaganda secular del judaísmo internacional y sobre todo por la de la quinta columna judía introducida en su clero, debieran de considerar que si tantos Papas y concilios (ecuménicos y provinciales) apoyaron durante seis siglos, los esfuerzos de los gentiles helénicos por estructurar racionalmente la fe, ante la oposición a las interpretaciones teológicas de los judíos ortodoxos, que tuvieron como resultado la lucha interna dentro de la Iglesia entre gentiles helénicos apoyados por los reyes y potentados cristianos -VS- los judíos cristianos azuzados por los príncipes de la Sinagoga. La defensa de la la Iglesia y los pueblos cristianos encomendada a la Santa Inquisición Pontificia, debe ser asumida por todos los cristianos e Iglesias, ya que los rabinos continúan su guerra de conquista educando a la juventud judía desde su infancia a participar activamente y contribuir en la luchar para someter a los cristianos a su dominio mundial mediante una permanente campaña intensa en las sinagogas, las escuelas confesionales judías, los hogares judíos, las sociedades secretas masónico judías y las organizaciones judeo comunistas, los medios propiedad de los judíos, apoyados por el poder del lobby internacional judío.¿En cambio los jóvenes cristianos no solo son educados a espaldas de esta lucha, sino en contra de la defensa del cristianismo y sus instituciones religiosas y seculares. Una cosa es un ignorante ingenuo y otra un estulto. Los cristianos que se escandalizan y horrorizan al oír hablar del Santo Oficio es porque desconocen los hechos que se acaban de mencionar y cuya veracidad se demostrará con documentación fidedigna y fuentes incontrovertibles en capítulos posteriores, a efecto de que con conocimiento de causa las futuras generaciones procedan en consecuencia.

Capítulo II

Orígenes de la quinta columna

Para comprobar parte de los hechos mencionados en el capítulo anterior echaremos mano de una primera e irrefutable prueba, el testimonio del historiador judío contemporáneo más autorizado en la materia, el diligente y minucioso Cecil Roth, que en justicia es reconocido en los medios israelitas como el investigador contemporáneo más ilustre, sobre todo en materia de cripto judaísmo. En su célebre obra "Historia de los Marranos" (argumento de la película "Day of Wrath", protagonizada por Christopher Lambert) Cecil Roth da detalles muy interesantes de cómo los judíos, gracias a sus conversiones tan aparentes como falsas, quedaron introducidos dentro de la Cristiandad, actuando en público como cristianos pero conservando en secreto su religión judía. Nos muestra también cómo esta fe clandestina se fue transmitiendo de padres a hijos cubierta con la apariencia de una exterior militancia cristiana. Para ser más objetivos dejaremos la palabra al propio historiador israelita Cecil Roth, del que reproducimos a continuación una parte de la introducción a esta obra publicada por la Editorial Israel de Buenos Aires, que textualmente dice: **"Introducción:**

ANTECEDENTES DEL CRIPTO JUDAÍSMO: El cripto judaísmo, en sus diversas formas, es tan antiguo como los mismos judíos. En los tiempos de la dominación helénica en Palestina, los débiles de carácter trataban de esconder su origen, a fin de escapar al ridículo en los ejercicios atléticos. Bajo el imperio romano extendiéronse igualmente los subterfugios de los judíos para evitar el pago del impuesto: el "Fiscus Judaicus", instituido después de la caída de Jerusalén; y el historiador Suetonio hace un animado relato de las indignidades infligidas a un nonagenario, con el ánimo de descubrir si era o no judío. La actitud judía oficial, tal como se expresa en las directrices de los rabinos, no podía ser más clara. Un hombre puede -y debe- salvar su vida en peligro, por cualquier medio, Esta directriz aplicábase en los casos en que se imponía hacer un gesto público de renuncia a la fe judía. La simple ocultación del judaísmo, en cambio, era cosa muy distinta. Los rigoristas ortodoxos exigían que no se renunciase a las vestimentas típicas, si ello no fuese impuesto como medida de opresión religiosa. Tan firme fidelidad a los principios no podía pedirse a todas las personas. La ley judía tradicional establece excepciones para los forzados en casos en que, por coacción judicial, sea imposible observar los preceptos ('ones'), o en que todo el judaísmo viva días difíciles ('scheat ha-schemad'). El problema actualizóse en las postrimerías de los tiempos talmúdicos, en el siglo quinto, durante las persecuciones zoroástricas en Persia siendo obligados por el Sultán a portar como identificación un listón amarillo atado en el brazo debido a la participación activa de los judíos en la secta de los asesinos. El judaísmo volvióse, en cierto modo, subterráneo, y sólo recobró su entera libertad años después.

"Con el auge de las doctrinas cristianas, impuestas definitivamente en Europa en el siglo cuarto, inicióse una fase muy distinta de la vida judía. La nueva fe cristiana reclamaba para sí la exclusiva posesión de la verdad y consideraba, inevitablemente, al proselitismo como una de sus mayores obligaciones morales. No obstante en un principio la Iglesia reprobaba, la conversión forzosa de los judíos. Bautismos realizados en semejantes condiciones eran considerados írritos. El Papa Gregorio el Grande (590-604) condenólos repetidamente, aunque acogía de buenas ganas a los prosélitos atraídos por otros medios. La mayor parte de los pontífices sucesores siguieron su ejemplo. Con todo, no siempre se hacía caso de la prohibición Papal. Se reconocía, naturalmente, que la conversión forzada no era canónica. Para evitarla, amenazaban a los judíos con la expulsión o la muerte, y les daban a entender que con el bautismo se salvarían. Ocurría, a veces, que los judíos se sometían a la dura necesidad. En tales casos, su aceptación del cristianismo se consideraba espontánea. Así, hubo una conversión forzosa en masa, en Mahón, Menoría (año 418 d. C.), bajo los auspicios del obispo Severo. Un episodio similar ocurrió en Clermont, Auvernia, en la mañana del día de la Asunción, del año 576; y, no obstante la desaprobación de Gregorio el Grande, cundió el ejemplo en diversos lugares de Francia. En 629, el rey Dagoberto ordenó a todos los judíos del país que aceptaran e bautismo, so pena de destierro. La medida fue imitada poco después en Lombardía. Evidentemente, las conversiones obtenidas por tales medios no podían ser sinceras. En la medida de lo posible, los forzados continuaban practicando ocultamente el judaísmo, y aprovechaban la primera oportunidad para volver a la fe de sus antepasados. Un caso tal, notable, se produjo en Bizancio, bajo León el Isaurio, en 723. La Iglesia lo sabía y hacía cuanto estaba a su alcance para evitar que los judíos siguiesen manteniendo relaciones con sus hermanos renegados, fuesen cuales fuesen los medios con los cuales se hubiera logrado su conversión. Los rabinos llamaban a esos apóstatas reluctantes:

'anusim' (forzados), tratándolos en modo muy distinto a los que renegaban por propia voluntad.

1. Una de los primeros exponentes de la solidaridad judía para con los forzados en Europa constituyóla el libro del rabino Gerschom, de Maguncia, "La Luz del Exilio" (escrito más o menos en el año 1000), el cual prohibía tratar rudamente a los forzados que retornaban al judaísmo. Su propio hijo había sido víctima de las persecuciones; y aunque muriera como cristiano, Gerschom estuvo de duelo, como si hubiera muerto en la fe judía. En el servicio de la sinagoga hay una oración que implora la protección divina para toda la casa de Israel, y también para los 'forzados' que estuviesen en peligro, en tierra o en el mar, sin hacer el menor distingo entre unos y otros. Cuando se inició el martirologio del judaísmo medieval con las matanzas del Rin, durante la primera Cruzada (1096 d. C.), numerosos judíos aceptaron el bautismo para salvar la vida. Más tarde, alentados y protegidos por Salomón ben Isaac de Troyes (Raschi), el gran sabio franco judío, muchos de ellos retornaron a la fe mosaica, por más que las autoridades eclesiásticas veían con malos ojos la pérdida de esas almas judías, ganadas por ellos para la Iglesia. Del mismo modo, doscientos años después de haber sido expulsados los judíos del sur de Francia, genealogistas maliciosos encontraban en algunas linajudas familias (que, según díceres, seguían practicando el judaísmo en el interior de sus hogares) trazas de la sangre de aquellos judíos, que prefirieron quedarse en el país como cristianos públicos y confesos. Lo cual ilustra que el cripto judaísmo o judaísmo clandestino, en sus diversas formas, es tan antiguo como los mismos judíos y que los judíos, incluso en los tiempos de la antigüedad pagana, ya recurrían al artificio de ocultar su identidad como tales, para aparecer como miembros ordinarios del pueblo gentil en cuyo territorio vivían

2. El fenómeno del marranismo además de la conversión fingida y de la práctica del judaísmo en secreto, una arraigada tradición que obliga a los judíos a transmitir esta práctica de padres a hijos. Su característica esencial es que esa fe clandestina trasmitíase de padres a hijos la lucha sin cuartel contra la iglesia y los reinos cristianos. Hay que hacer notar que después de 1290, el judaísmo quedó proscrito en Inglaterra y que nadie podía radicar en el país sin ser cristiano. Cita el autor lo ocurrido en Inglaterra y Escocia a partir de 1290, en donde una de las razones aducidas para expulsar a los judíos, fue la de que inducían a los conversos a practicar el judaísmo, y la de que muchos niños conversos fueron secuestrados y enviados al norte del país, donde continuaron practicando su religión antigua, es decir, la judía. Hay que hacer notar que después de 1290, el judaísmo quedó proscrito en

Inglaterra y que nadie podía radicar en el país sin ser cristiano, y ciertas peculiaridades dietéticas judías que se observan en Escocia. La versión no es tan improbable como podría parecer a simple vista, y constituye un ejemplo interesante de cómo el fenómeno del cripto judaísmo puede aparecer en los lugares aparentemente menos esperados. Es muy interesante la mención que hace el ilustre historiador hebreo de la afirmación de un cronista judío, en el sentido de que la presencia del cripto judaísmo se debió el que los ingleses hubieran aceptado tan fácilmente la Reforma, así como su predilección por los nombres bíblicos. Fue, por tanto, una falsa conversión de judíos al cristianismo, lo que formó dentro de la iglesia de Inglaterra esa quinta columna que había de facilitar su separación de Roma. Es también evidente que con las falsas conversiones de los judíos en Inglaterra, lejos de lograr la Santa Iglesia la esperada salvación de almas, obtuvo la pérdida de millones de ellas, cuando los descendientes de esos falsos conversos fomentaron el cisma anglicano.

3. En el marranismo,.. hay otros casos consignados por Cecil Roth muy destacados de falsas conversiones de judíos a cristianismo,[104] que fueron perseguidos por la Inquisición, muriendo muchos en Roma quemados en la hoguera. Es importante citar el hecho de que la Inquisición que funcionaba en Roma era, naturalmente, la santa Inquisición Pontificia, cuya benemérita actuación en la Edad Media logró detener durante tres siglos los progresos de la bestia apocalíptica del Anticristo. Existen ejemplos similares mucho más próximos en el tiempo. El más notable de todos es el de los 'neofiti', de Apulia, traído recientemente a la luz después de muchos siglos de olvido. Al finalizar el siglo XIII, los Angevin, que reinaban en Nápoles, provocaron una conversión general de los judíos en sus dominios, ubicados en las cercanías de la ciudad de Trani. Bajo el nombre de 'neofiti', los conversos continuaron viviendo como cripto judíos, por el espacio de más de tres centurias. Su secreta fidelidad al judaísmo fue uno de los motivos por los cuales la Inquisición se volvió activa en Nápoles, en el siglo XVI. Muchos de ellos murieron en la hoguera, en Roma, en febrero de 1572; entre otros, Teófilo Panarelli, sabio de cierta reputación. Algunos lograron escapar a los Balcanes, donde se incorporaron a las comunidades judías existentes. Sus descendientes conservan hasta hoy en el sur de Italia, algunos vagos recuerdos del judaísmo.

---

[104] Cecil Roth, Historia de los marranos. Buenos Aires: Editorial Israel, 1946 (año judío de 5706), pp. 11 a 18.

4. El auge de las doctrinas cristianas en el siglo IV, inició una nueva fase en la vida judía al reclamar para sí la nueva fe, una exclusiva posesión de la verdad, considerando inevitablemente, el proselitismo como una de sus mayores obligaciones morales. Aunque la Iglesia de Cristo condenaba las conversiones obligadas y trató de proteger a los judíos contra ellas, aceptó, no obstante, que se les sometiera a dilemas y presiones que les inclinaran a la conversión, en cuyo caso eran juzgadas como espontáneas. Cita luego el autor conversiones de este tipo realizadas en Menorca, Francia e Italia en los siglos V y VI de la Era Cristiana, para luego concluir que tales conversiones de los judíos al cristianismo no podían ser sinceras y que los conversos seguían practicando ocultamente su judaísmo. Señala Roth, cómo en Bizancio ocurrió algo semejante en tiempos de León el Isaurio en el año 723, demostrando que ya en el siglo VIII de la Era Cristiana, es decir, hace más de mil doscientos años, de Francia a Constantinopla, de un extremo a otro de la Europa cristiana, se estaba generalizando la infiltración de los judíos en el seno de la Santa Iglesia mediante las falsas conversiones y se iba formando al lado del judaísmo que públicamente practicaba su religión, un judaísmo subterráneo (clandestino) cuyos miembros en apariencia eran cristianos. Cecil Roth[105] habla de la leyenda de Elkanan, el Papa judío. En ella se observa que el ideal supremo que han tenido en todos los tiempos esos falsos cristianos, judíos en secreto, ha consistido en apoderarse de las altas dignidades de la Iglesia Cristiana, hasta colocar un Papa judío clandestino en el trono de San Pedro, con el que se adueñarían de la Iglesia y la hundirían.

5. El fenómeno del cripto judaísmo no quedó De ningún modo confinado al mundo cristiano. Se encuentran aún en diversos lugares del mundo musulmán antiguas comunidades cripto judías, como señala Cecil Roth, quien enumera algunos ejemplos de comunidades judías en que los hebreos, siendo musulmanes en público, siguen siendo judíos en secreto, lo cual quiere decir que también los judíos tienen introducida una quinta columna en el seno de la religión islámica, explicando quizás este hecho, tantas divisiones y tantas revueltas habidas en el mundo de Mahoma. Encuéntrense aún, en diversos lugares del mundo musulmán, antiguas comunidades de cripto judíos. Los 'daggatun' del Sahara continuaron practicando los preceptos judíos mucho después de su conversión formal al Islam, y sus vástagos actuales no los han olvidado del todo. Los 'donmeh' de Salónica, descienden de los partidarios del seudo mesías Sabbetai Zeví, que lo acompañaron en la apostasía, y aunque ostensiblemente

---

[105] Cecil Roth, Historia de los marranos, p. 13, nota 1.

son musulmanes cumplidos, practican en sus hogares un judaísmo mesiánico. Más al este hay otros ejemplos. Las persecuciones religiosas en Persia, iniciadas en el siglo XVII, dejaron en el país, particularmente en Meshed, a numerosas familias, que observan el judaísmo en privado con puntillosa escrupulosidad, mientras que exteriormente son adeptos devotos de la fe dominante.

6. Más el país clásico del cripto judaísmo es España. La tradición ha sido allí tan prolongada y general, que es de sospechar la existencia de una predisposición marránica en la misma atmósfera del país. Ya en el período romano, los judíos eran numerosos e influyentes. Muchos de ellos pretendían descender de la aristocracia de Jerusalén, llevada al destierro por Tito, o por conquistadores anteriores. En el siglo V, después de las invasiones de los bárbaros, su situación mejoró con mucho, pues los visigodos habían adoptado la forma arriana del cristianismo y favorecían a los judíos, tanto por ser monoteístas estrictos, como por constituir una minoría influyente, cuyo apoyo valía la pena asegurarse; mas, convertidos después a la fe Cristiana, empezaron a demostrar el celo tradicional de los neófitos. Los judíos sufrieron de inmediato las desagradables consecuencias de semejante celo.

En 589, entronizado Recaredo, la legislación eclesiástica comenzó a serles aplicada en sus menores detalles. Sus sucesores no fueron tan severos; pero subido Sisebuto al trono (612-620), prevaleció el más cerrado fanatismo. Instigado quizá por el emperador bizantino Heraclio, publicó en 616 un edicto que ordenaba el bautismo de todos los judíos de su reino, so pena de destierro y pérdida de todas sus propiedades. Según los cronistas cristianos, noventa mil abrazaron la fe cristiana. Este fue el primero de los grandes desastres que señalaron la historia de los judíos en España. Hasta el reinado de Rodrigo, el 'último de los visigodos', la tradición de las persecuciones fue seguida fielmente, salvo breves interrupciones. Durante gran parte de ese período, la práctica del judaísmo estuvo completamente prohibida. Sin embargo, en cuanto se relajó la vigilancia gubernamental, los recién convertidos aprovecharon la oportunidad para retornar a la fe primitiva.

Sucesivos Concilios de Toledo, desde el cuarto hasta el decimoctavo consagraron sus energías a inventar nuevos métodos para impedir el retorno de la sinagoga. Los hijos de los sospechosos fueron separados de sus padres, y criados en una atmósfera cristiana incontaminada. Obligóse a los conversos a firmar una declaración, que los comprometía a no practicar en lo futuro ningún rito ni tradición judía, excepto la interdicción de la carne de cerdo, por la cual decían sentir una repugnancia física. Más, a pesar de tales medidas, la notoria infidelidad de los recién convertidos y sus descendientes continuó siendo uno de los grandes problemas de la política visigoda, hasta la invasión árabe en 711. El número de judíos encontrados en el país por los últimos prueba el completo fracaso de las repetidas tentativas por convertirlos. La tradición marrana había perdurado en la Península, con el arribo de los árabes comenzó para los judíos de España una Edad de Oro; primero, en el Califato de Córdoba, y, después de su caída (1012 d.C.), en los reinos menores que se levantaron sobre sus ruinas. Vigorizase notablemente el judaísmo peninsular. Sus comunidades excedieron en número, en cultura y en riqueza, a las de los demás países del Occidente.

Mas la larga tradición de tolerancia interrumpióse con la invasión de los Almorávides, a comienzos del siglo XII. Cuando los puritanos Almohades, secta norteafricana, fueron llamados a la Península, en 1148 d.C., para contener el amenazador avance de las fuerzas cristianas, la reacción hízose violenta. Los nuevos gobernantes introdujeron en España la intolerancia que habían ya mostrado en África. La práctica, tanto del judaísmo como del cristianismo, quedó prohibida en las provincias que continuaban aún sujetas al dominio musulmán. La mayor parte de los judíos huyeron entonces a los reinos cristianos del norte: en ese período inicióse la hegemonía de las comunidades de la España cristiana. La minoría que no pudo huir, y que se salvó de ser degollada o vendida como esclavos, siguió el ejemplo dado en años anteriores por sus hermanos del Norte de África, y abrazó la religión del Islam. En lo profundo de sus pechos continuaron, sin embargo, siendo fieles a la fe de sus mayores. Nuevamente conocióse en la Península el fenómeno de los prosélitos insinceros, que pagaban tributo con los labios a la religión dominante y observaban en lo íntimo de sus hogares a las tradiciones judías. Su infidelidad era notoria".2 . Creemos que eso mismo puede decirse de Portugal y de la América Latina, en donde las organizaciones secretas de los marranos-cubiertas con la máscara de un falso cristianismo- han creado, como en España, tantos trastornos, infiltrándose en el clero y organizaciones Cristianas, controlando las logias masónicas y los partidos comunistas, formando el poder oculto que dirige la masonería y el comunismo, estructurando la anti patria, que como en todas partes del mundo, está dirigida por hebreos, cuyo judaísmo es subterráneo y está oculto bajo la máscara de un cristianismo falso, de nombres cristianísimos y apellidos: alemanes, albaneses, anglos, checoeslovacos, chechenios, españoles, franceses, húngaros, italianos, lituanos, polacos, portugueses, serbios, rumanos, rusos, etc. según convenga que hace cuatro o cinco siglos tomaron sus antepasados de los padrinos de bautismo que intervinieron en su conversión al cristianismo: conversión tan ostentosa como falsa.

Capítulo III

La quinta columna en acción

El célebre escritor judío Cecil Roth, declara -como se vio con anterioridad-, que el cripto judaísmo (la postura de los hebreos que ocultan su identidad como tales, cubriéndose con la máscara de otras religiones y nacionalidades) es tan antiguo como el propio judaísmo. La infiltración de los hebreos en el seno de las religiones y nacionalidades gentiles, conservando su antigua religión y sus organizaciones, hoy día más secretas que antes, es lo que ha formado verdaderas quinta columnas israelitas en el seno de los demás pueblos y de las distintas religiones. Los judíos introducidos en la ciudadela de sus enemigos, obran dentro de ella siguiendo órdenes y realizando actividades planeadas en las organizaciones judaicas clandestinas, tendientes a dominar desde dentro al pueblo cuya conquista han determinado; así mismo tratan de lograr el control de sus instituciones religiosas, la desintegración de las mismas o cuando menos -si una u otra cosa fueren del todo posibles- la reforma de esas religiones, de manera que favorezcan los planes judaicos de dominio mundial. Es evidente que cuando han logrado conquistar desde dentro los mandos de una confesión religiosa, los han utilizado siempre para favorecer sus planes de dominio universal, aprovechando sobre todo su influencia religiosa para destruir o cuando menos debilitar las defensas del pueblo amenazado. es preciso que se nos graben estos tres objetivos medulares de la quinta columna, ya que a través de casi dos mil años han constituido lo esencial de sus actividades, sean éstas de conquista o de subversión; ya sea que se presenten en el seno de la Santa iglesia de Cristo o en el de otras religiones gentiles, lo cual explica que la labor del judío quintacolumnista haya resultado más eficaz cuanto mayor haya sido la influencia adquirida por éste en la religión en donde se encuentre emboscado. Por eso, una de las más importantes actividades de los quinta columnistas cripto judíos ha sido la de introducirse en las filas del propio clero con objeto de escalar las jerarquías eclesiásticas de la iglesia de Cristo o religión gentil que quieren dominar, reformar o destruir.

También es para ellos una actividad de primera importancia crear santones seglares que en este campo puedan controlar a las masas de fieles con determinado fin político, útil a la Sinagoga de Satanás, en un plan de combinación y mutua ayuda con los sacerdotes y jerarcas religiosos quintacolumnistas que están trabajando con el mismo fin, de quienes esos caudillos santones reciben siempre valiosa ayuda, decisiva -con frecuencia-, dada la autoridad espiritual de que lograron revestirse primeramente esos jerarcas religiosos cripto judíos. En esta forma, los sacerdotes y jerarcas eclesiásticos, con la ayuda de los caudillos políticos santones, pueden hacer pedazos a los verdaderos defensores de la religión y de los pueblos, y así facilitar el triunfo del imperialismo judaico y de sus empresas revolucionarias. Es importante grabarse indeleblemente estas verdades, pues en estos pocos renglones, se resume el secreto de los éxitos que ha tenido desde hace varios siglos, la política imperialista y revolucionaria hebrea. Es preciso que los defensores de la religión o de su patria amenazada tomen en cuenta que el peligro no proviene sólo del lobby internacional judío que comanda la fuerzas imperialistas de ultraderecha o de los grupos revolucionarios judaicos, sino que procede del seno de la misma religión, según el caso, ya que ha sido táctica milenaria del judaísmo invadir secretamente todos los sectores y las propias instituciones religiosas y seculares para anular, por medio de la intriga calumniosa bien organizada, a los verdaderos defensores de la patria y de la religión, sobre todo y especialmente a quienes por conocer la amenaza judaica estarían en posibilidades de salvar la situación. Con estas medidas los eliminan y los sustituyen por falsos apóstoles que lleven al fracaso las defensas de la religión o de la patria, haciendo posible el triunfo de los enemigos de la humanidad. Como llamara San Pablo tan acertadamente a los judíos. En todo esto ha radicado el gran secreto de los triunfos judaicos, especialmente en los últimos quinientos años.

Es preciso que todos los pueblos y sus instituciones religiosas tomen medidas de defensa adecuadas contra ese enemigo interno, cuyo centro motor está constituido por la quinta columna judía introducida en las Iglesias y, sobre todo, en el clero cristiano y en las demás religiones gentiles. Si Cecil Roth -el Flavio Josefa de nuestros días- nos asegura que la casi totalidad de las conversiones de los judíos al cristianismo han sido fingidas, podríamos preguntarnos si sería concebible que dichos judíos pudieran engañar a Cristo Nuestro Señor que trató de convertirlos, al verdad es que se están engañando así mismos pensando que la maldad es virtud, y que los textos sagrados del Talud aunque son el sumum del mal provienen de Dios. La contestación tiene que ser negativa, ya que a Dios nadie puede engañarlo, ni tiene que ver con el mal; y además, los hechos lo demuestran. Jesús sentía mayor confianza en la conversión de los samaritanos, de los galileos y de otros habitantes de Palestina que en la de los judíos propiamente dichos, que despreciaban a los demás por considerarlos inferiores a pesar de que también observaban la Ley de Moisés. Cristo nos e fiaba de la sinceridad de las conversiones de los judíos porque conocía mejor que nadie, como nos lo demuestra el siguiente pasaje del Evangelio de San Juan: Capítulo II. "23. Y estando en Jerusalén en el día solemne de la Pascua, muchos creyeron en su nombre, viendo los milagros que hacía". "24. Mas el mismo Jesús no se fiaba de ellos, porque los conocía a todos".[106] Al propio Jesús lo despreciaban los judíos por ser galileo. Desgraciadamente, con el pasar del tiempo, al quedar los samaritanos, galileos y otros habitantes de Palestina asimilados al judaísmo moderno, fueron pervertidos por éste, salvo los que ya se habían convertido previamente a la fe de nuestro Divino Redentor.

Esta norma de desconfiar de las conversiones de los judíos fue observada también por los apóstoles y después por diversos jerarcas de la Iglesia Cristiana. En todos los casos en que no se tomaron precauciones para poner en evidencia la sinceridad, los resultados fueron desastrosos para la cristiandad, ya que estas conversiones sólo sirvieron para engrosar la destrucTorah quinta columna cripto judía introducida en la sociedad cristiana. 1.- El ilustrativo pasaje del Evangelio de San Juan (capítulo VIII, versículos 31 al 59), nos muestra cómo varios judíos que -según el versículo "31- habían creído en Jesús, luego trataron de contradecir sus prédicas y hasta de matarlo, como el mismo Cristo lo afirma5 -versículos 37 y 40-;[107] teniendo el Señor que discutir primero con ellos, enérgicamente, en defensa de Su Doctrina y esconderse después para que no lo fueran a lapidar, porque todavía no había llegado su hora". El Evangelio de San Juan nos muestra aquí otra de las tácticas clásicas de los falsos judíos conversos al cristianismo y de sus descendientes: aparentan creer en Cristo para luego tratar de destruir a su Iglesia, como entonces intentaron destruir al propio Jesús.

2.- En el Apocalipsis aparece otro pasaje muy significativo al respecto. Capítulo II. "1. Escribe al ángel de la Iglesia de Éfeso"..."2. Sé tus obras y tu trabajo, y tu paciencia, y que no puedes sufrir los malos: y que probaste a aquellos, que se dicen ser apóstoles, y no lo son: y los has hallado mentirosos".[108] Esta es una alusión clara a la necesidad de probar la sinceridad de los que se dicen apóstoles, ya que de esas pruebas resulta que muchos son falsos y mentirosos. Las Sagradas Escrituras nos demuestran

---

[106] Biblia, Evangelio según San Juan, Cap. II, Vers. 23, 24.
[107] Biblia, Evangelio según San Juan, Cap. VIII, Vers. 31-59.
[108] Biblia, Apocalipsis, Cap. II, Vers. 1, 2.

que Cristo Nuestro Señor y sus discípulos no sólo conocían el problema de los falsos conversos y de los falsos apóstoles (los obispos son considerados sucesores de los apóstoles), sino que nos dieron expresamente la voz de alerta para que nos cuidáramos de ellos. Si Cristo Nuestro Señor y los apóstoles hubieran querido evadir el tema por miedo al escándalo -como muchos cobardes quisieran ahora hacerlo- no habrían consignado el peligro en forma tan expresa ni se hubiesen referido tan claramente a hechos tremendos, como la traición a Cristo de Judas Iscariote, uno de los doce elegidos. Es más, si Cristo hubiera creído inconveniente el desenmascaramiento público de esos falsos apóstoles, que tanto abundan en el clero del siglo XX, habría podido como Dios evitar que el causante de la máxima traición fuera, precisamente, uno de los doce apóstoles. Si lo hizo así y lo desenmascaró después públicamente, quedando consignada la máxima traición en los Evangelios para conocimiento de todos los cristianos hasta la consumación de los siglos, fue por alguna razón especialísima. Este hecho indica que tanto Cristo Nuestro Señor como los apóstoles consideraron que es un mal menor desenmascarar a tiempo a los traidores para evitar que sigan causando males mortales a la Iglesia, y que es mucho peor encubrirlos por temor al escándalo, permitiéndoles seguir destruyendo a la Iglesia y conquistando a los pueblos que en ella depositaron su fe y su confianza. Ello explica por qué la Santa Iglesia, siempre que surgió un obispo o cardenal hereje o cismático o un falso Papa (antipapa), consideró indispensable desenmascararlos públicamente para evitar que pudieran seguir arrastrando a los fieles al desastre.

Un clérigo que esté facilitando en su país el triunfo de las revoluciones judío masónicas o comunistas o del imperialismo del lobby internacional judío, con peligro de muerte para la Santa Iglesia y para los demás clérigos, debe ser inmediatamente acusado a la Santa Sede, no por uno, sino por varios conductos -por si alguno falla-, con el fin de que conocido el peligro se le prive de los medios de seguir causando tantos males. Es monstruoso concebir que la confianza depositada por las naciones en el clero sea aprovechada por los Judas para conducir al abismo a dichos pueblos. Si esto se hubiera hecho a tiempo, la catástrofe de los países ex integrantes de la U.R.S.S. se hubiera impedido y la Iglesia, el clero y los pueblos cristianos y musulmanes de la Unión Soviética no hubieran sido hundidos en la sima insondable en que se encuentran actualmente. La labor perniciosa, solapada y traidora de muchos clérigos en favor de los judíos bolcheviques que no denunciaron en Europa y América el complot del lobby internacional judío contra el pueblo ruso y alemán fue el factor decisivo para el triunfo judío, cuando lograron silenciar a la mayoría del clero cristiano europeo y norteamericano que de buena fe, sin darse cuenta del engaño, empujó a su vez, inconscientemente, a las potencias aliadas a derrotar, someter, masacrar y esclavizar al pueblo alemán, ruso y los pueblos del Este de Europa; pueblos que precisamente habían luchado por defender su fe y su patria, contra el complot del imperialismo judío internacional, depositado su fe en que toda la cristiandad los defendería. Señalamos esta circunstancia con absoluta claridad para que todos se den cuenta de la gravedad del problema, en vista de que los clérigos quinta columnistas que no denunciaron el complot colonialista en Argentina (tan judaizada esta Argentina que Teodoro Hertzl la había propuesto junto con Angola para fundar el Estado de Israel), tratan de someter al imperialismo del lobby internacional judío o al comunismo, según convenga a más estados cristianos como España, Portugal, Paraguay, Guatemala y otros, usando como medio los más sutiles engaños y encubriendo su actividad con un celo tan hipócrita como falso, aparentando defender a la propia religión que en el secreto de su corazón quieren hundir. Estos traidores deben ser rápidamente desenmascarados en público para nulificar su acción e impedir con ello que su labor destructora abra las puertas al triunfo de las revoluciones judeo masónicas, imperialistas o comunistas. Si los que están en posibilidad de hacerlo guardan silencio por cobardía o por indolencia, son, en cierta forma, casi tan responsables como los clérigos quintacolumnistas. de la catástrofe que sobrevenga....

3.- San Pablo, en los Hechos de los Apóstoles, narra que en cierta ocasión antes de salir él para Jerusalén, convocó en Éfeso a los obispos y presbíteros de la Iglesia y les dijo: Capítulo XX. "18. Ellos vinieron a él, y estando todos juntos, les dijo: Vosotros sabéis desde el primer día que entré en el Asia, de qué manera me he portado todo el tiempo que he estado con vosotros". "19. Sirviendo al Señor con toda humildad y con lágrimas, y con tentaciones, que me vinieron por las acechanzas de los judíos". "28. Mirad por vosotros y por toda la grey, en la cual el Espíritu Santo os ha puesto por obispo para gobernar la Iglesia de Dios, la cual El ganó con su sangre". "29. Yo sé, que después de mi partida entrarán a vosotros lobos arrebatadores, que no perdonarán a la grey". "30. Y de entre vosotros mismos se levantarán hombres, que enseñaran cosas perversas, para llevar discípulos tras de sí". "31. Por tanto velad, teniendo en memoria, que por tres años no he cesado noche y día de amonestar con lágrimas a cada uno de vosotros".[109] San Pablo creyó indispensable abrir los ojos a los obispos, previniéndoles que entrarían entre ellos lobos arrebatadores que no perdonarían a la grey y que de entre los mismos obispos se levantarían hombres que enseñarían cosas perversas para llevarse los discípulos tras de sí. Esta profecía de San Pablo se ha ido

---

[109] Biblia, Evangelio según San Juan, Cap. VIII, Vers. 31-59.

cumpliendo, a través de los siglos, al pie de la letra, incluso en nuestros días en que reviste una actualidad trágica. Y tenía que ocurrir así, ya que San Pablo hablaba con inspiración divina; y Dios no se puede equivocar cuando predice las cosas futuras. Es también interesante que este mártir, apóstol de la Iglesia, lejos de querer ocultar la tragedia por temor al escándalo quiso prevenir a todos contra ella, encomendando a los obispos presentes que estuvieran constantemente alerta y tuvieran memoria ("velad, teniendo en memoria"), memoria que por fallarnos tanto a los cristianos ha hecho en gran parte posibles los triunfos de la Sinagoga de Satanás y de su destrucTorah revolución comunista e imperialista. Por otra parte, es digno de hacer notar que si los apóstoles hubieran considerado imprudente o peligroso hablar de los lobos y traidores que habrían de surgir en el propio episcopado, se hubiera omitido este pasaje del libro bíblico de los Hechos de los Apóstoles; pero al haberse consignado allí, demuestra que lejos de considerar escandaloso o imprudente su conocimiento, consideraron que era indispensable que se perpetuara y divulgara hasta la consumación de los siglos, para que la Santa Iglesia y los cristianos pudieran estar siempre alerta en contra de ese peligro interno, en muchos casos más destructivo y mortal que el representado por los enemigos de fuera.

Como lo demostraremos en el curso de esta obra, con pruebas irrefutables, los peligros más graves surgidos en contra de la Cristiandad han venido de esos lobos de que habla tan claramente la profecía de San Pablo, que en contubernio con el judaísmo y sus destructoras herejías o revoluciones han facilitado el triunfo de la causa judaica. Siempre que la Santa Iglesia se aprestó a maniatar e inutilizar a tiempo a estos lobos pudo triunfar sobre la Sinagoga de Satanás; esta última empezó a tener victorias cada vez de mayor importancia a partir del siglo XVI, cuando en una buena parte de Europa se suprimió la vigencia de la Inquisición Pontificia ejercida constantemente en las filas del mismo clero y del episcopado y se dejó de aplastar sin piedad a cuanto lobo con piel de oveja surgía en sus filas. También en el imperio español y el portugués, la actividad judaica empezó a tener éxitos decisivos cuando, a fines del siglo XVIII, se maniató a la Inquisición de Estado, existente en ambos imperios, porque entonces los lobos con piel de oveja pudieron libremente, desde el seno del mismo clero, facilitar primero los triunfos judeo-masónicos y después los judeo-comunistas, que serán cada día mayores en número si se permite a los lobos introducidos en el alto clero utilizar la fuerza de la iglesia para aplastar a los auténticos defensores de ésta, a los patriotas que defienden a sus naciones y a quienes luchan contra el comunismo, la masonería o el judaísmo.

4.- San Pablo, en su Epístola a los Gálatas, hace una clara mención de la labor de los quintacolumnistas cuando dice: Capítulo II. "1. Catorce años después subí otra vez a Jerusalén con Bernabé, tomando también conmigo a Tito". "3. Mas ni aun Tito, que estaba conmigo, siendo gentil, fue apremiado a que se circuncidase. 4. Ni aun por los falsos hermanos, que se entremetieron a escudriñar nuestra libertad, que tenemos en Jesucristo, para reducirnos a servidumbre". "5. A los cuales ni una hora sola quisimos estar en sujeción, para que permanezca entre nosotros la verdad del Evangelio".[110] Muy ilustrativa alusión a los falsos hermanos, es decir, a los falsos cristianos que pretenden sujetarnos a la servidumbre judía, desvirtuando la verdadera Doctrina de Cristo y del Evangelio y a cuya sujeción jamás toleraron someterse ni San Pablo ni sus discípulos. Dicho caudillo de la Iglesia en su Epístola a Tito, hace también alusión a esos habladores de vanidades e impostores - principalmente judíos- que tanto mal hacen. Diciendo al respecto: Capítulo I. "10. Porque hay aún muchos desobedientes, habladores de vanidades, e impostores: mayormente los que son de la circuncisión".[111]

5.- En siglos posteriores, los hechos demostraron que de los falsos conversos del judaísmo y sus descendientes salieron los más audaces impostores, los sembradores del terrorismo, la sedición y la anarquía en la sociedad cristiana y los más atrevidos charlatanes y adulares o "habladores de vanidades" como les llama San Pablo, que en su Epístola II a los Corintios hace ver, claramente, las apariencias que tomarían en el futuro los falsos apóstoles, diciendo literalmente: Capítulo XI. "12. Mas esto lo hago y lo haré, para cortar la ocasión a aquellos que buscan ocasión de ser hallados tales como nosotros, para hacer alarde de ello". "13. Porque los tales falsos apóstoles son obreros engañosos, que se transfiguran en Apóstoles de Cristo". "14. Y no es de extrañar: porque el mismo Satanás se transfigura en ángel de luz". "15. Y así no es mucho, si sus ministros se transfiguran en ministros de justicia: cuyo fin será según sus obras".[112] En este pasaje del Nuevo Testamento, con palabras proféticas, pinta San Pablo con su divina inspiración algunas características esenciales de los clérigos quintacolumnistas al servicio de la Sinagoga de Satanás, falsos apóstoles de nuestros días, ya que según la Santa Iglesia los obispos son los sucesores de los apóstoles. Estos jerarcas religiosos, al mismo tiempo que están en oculto pero eficaz contubernio con el comunismo, la masonería y el imperialismo capitalista judío, intentan - como Satanás- transfigurarse en verdaderos ángeles de luz tomando la

---

[110] Biblia, Epístola de San Pablo a los Gálatas, Cap. II, Vers. 1, 3, 4, 5.
[111] Biblia, Epístola de San Pablo a Tito, Cap. 1, Vers. 10.
[112] Biblia, Epístola II de San Pablo a los Corintios, Cap. XI, Vers. 12-15.

apariencia de ministros de justicia; pero no hay que juzgarlos por lo que dicen, sino por sus obras y sus eficaces complicidades con el enemigo. También son muy dignas de tomar en cuenta las palabras proféticas de San Pablo cuando los acusa en el citado versículo 12, en el que se hacen alarde de ser como ellos, los verdaderos apóstoles. Es curioso que quienes hacen más alarde de su alta investidura en el clero son los que están ayudando al comunismo, a la masonería o al imperialismo capitalista judío, porque lo necesitan para aplastar con su autoridad eclesiástica a los que defienden a su patria o a la Santa iglesia en contra del imperio judío. A éstos les ordenan en privado, como prelados, que suspendan tan justificada defensa. Se valen así de su autoridad episcopal usándola para favorecer el triunfo de los judíos y de los poderes ocultos que los dirigen e impulsan. Pero si a pesar de tan sacrílego uso de la autoridad episcopal que hacen los falsos apóstoles dentro del clero, los defensores del cristianismo y de la patria siguen luchando, entonces se les acusa de rebeldes a la autoridad eclesiástica, de rebeldes a las jerarquías y a la Iglesia, para que los fieles les nieguen su apoyo y la defensa fracase, empleando en gran escala ese alarde de que habla San Pablo, en forma altamente perjudicial para nuestra religión.

6.- Por último citaremos la Epístola II del apóstol San Pedro, primer Sumo Pontífice de la Iglesia, quien dice: Capítulo II. "1. Hubo también en el pueblo falsos profetas, así como habrá entre vosotros falsos doctores, que introducirán sectas de perdición, y negarán a aquel Señor que los rescató: atrayendo sobre sí mismos apresurada ruina". "2. Y muchos seguirán sus disoluciones, por quienes será blasfemado el camino de la verdad". "3. Y por avaricia con palabras fingidas harán comercio de vosotros, cuya condenación ya de largo tiempo no se tarda: y la perdición de ellos no se duerme".[113] Ya veremos en el curso de los siguientes capítulos cómo se fueron cumpliendo estas predicciones del primer Vicario de Cristo en la Tierra, siendo también útil hacer notar que los Papas y los concilios de la Iglesia las aplicaron a los judíos que se convertían y a sus hijos, que recibiendo las aguas del bautismo, practicaban después el judaico rito, dicho por San Pedro en otro pasaje de la citada Epístola, cuando manifiesta: Capítulo II. "21. Porque mejor les era no haber conocido el camino de la justicia, que después del conocimiento, volver las espaldas a aquel mandamiento santo que les fue dado". "22. Pues les ha acontecido lo que dice aquel proverbio verdadero: Tornóse el perro a lo que vomitó. (Proverbios XXVI, 11) y la puerca lavada a revolcarse en el cieno". Hacemos alusión a esto, ya que muchos hebreos han criticado lo duro del término empleado por varios concilios de la

---

[113] Biblia, Epístola II del Apóstol San Pedro, Cap. II, Vers. 1-3.

Santa Iglesia en contra de los que habiendo sido lavados de pecado por las aguas del bautismo tornaban al "vómito del judaísmo". Es digno de hacer notar, que los santos sínodos no hicieron otra cosa que tomar las palabras de San Pedro citando los referidos versículos bíblicos. Por los pasajes del Nuevo Testamento que acabamos de citar, se puede afirmar que tanto Cristo Nuestro Señor como los apóstoles desconfiaban de la sinceridad de las conversiones de los judíos; y que dándose cuenta cabal de lo que habrían de hacer los falsos conversos y los falsos apóstoles que surgirían, previnieron a los fieles contra ese mortal peligro para que pudieran defenderse.

Capítulo IV

EL JUDAÍSMO, PADRE DE LOS GNÓSTICOS

La primera herejía que puso en peligro la vida de la iglesia naciente fue la de los gnósticos, que estuvo constituida no por una sola, sino por varias sectas secretas que empezaron a realizar una labor de verdadera descomposición en el seno de la Cristiandad. Muchas sectas gnósticas pretendían dar más amplio significado al cristianismo, enlazándolo - según manifestaban- con las más antiguas creencias. De la Cábala judía se trasplantó al cristianismo la idea de que las Sagradas Escrituras tenían dos significados: uno exotérico, es decir, exterior y literal, conforma al texto visible en los Libros Sagrados y otro, esotérico u oculto, sólo accesible a los altos iniciados conocedores del arte de descifrar el significado secreto del texto de la Biblia. Muchísimos siglos antes de la aparición de las obras cabalistas "Sefer-Yetzirah", "Sefer-Zohar" y otras de menor importancia, se practicaba la Cábala oral entre los hebreos, sobre todo en las sectas secretas de altos iniciados, cuyas interpretaciones falsas de las Sagradas escrituras tanto influyeron en apartar al pueblo hebreo de la verdad revelada por Dios. Sobre el verdadero nacimiento del gnosticismo, los ilustres historiadores John Yarker y J. Matter convienen en que fue Simón el mago, judío converso al cristianismo, el verdadero fundador del gnosticismo, quien además de ser un místico cabalista era aficionado a la magia y al ocultismo, habiendo constituido con un grupo de judíos un sacerdocio de los "misterios", en el cual figuraban, formando parte de sus colaboradores, su propio maestro Dositeo y sus discípulos Menandro y Cerinto.[114] Simón el Mago, fundador de la herejía gnóstica -primera que desgarró a la joven Cristiandad-, fue también uno de los iniciadores de la quinta columna judía introducida en el seno de la Santa Iglesia. La Sagrada Biblia, en los Hechos de los Apóstoles, nos narra cómo se introdujo al cristianismo el referido judío: Capítulo VIII. "9...Había allí un varón por nombre Simón, que antes había sido mago en la ciudad, engañando a las gentes de Samaria, diciendo que él era una gran persona". "12. Mas habiendo creído lo que Felipe les predicaba

---

[114] John Yarker, The Arcane Schools p. 167; y J. Matter, Histoire du gnosticisme, 1844, tomo II, p. 365.

del reino de Dios, se bautizaban en el nombre de Jesucristo hombres y mujeres". "13. Simón entonces creyó él también: y después que fue bautizado, se llegó a Felipe. Y viendo los grandes prodigios y milagros que se hacían, estaba atónito de admiración". "14. Y cuando oyeron los apóstoles, que estaban en Jerusalén, que Samaria había recibido la palabra de Dios, les enviaron a Pedro y a Juan". "15. Los cuales llegados que fueron, hicieron por ellos oración para que recibiesen el Espíritu Santo". "16.

Porque no había venido aún sobre ninguno de ellos, sino que habían sido solamente bautizados en el nombre de Nuestro Señor Jesús". "17. Entonces ponían las manos sobre ellos, y recibían el Espíritu Santo". "18. Y como vio Simón, que por la imposición de las manos de los apóstoles se daba el espíritu Santo, les ofreció dinero". "19. Diciendo: Dadme a mí también esta potestad, que reciba el Espíritu Santo todo aquel a quien yo impusiere las manos". "20 Y Pedro le dijo: Tu dinero sea contigo en perdición: porque has creído que el don de Dios se alcanzaba por dinero".[115] Y después de reprenderlo San Pedro, Simón contestó": "24. Rogad vosotros por mi al Señor, para que no venga sobre mi ninguna cosa de las que habéis dicho".[116]

En este pasaje, el Nuevo testamento nos narra cómo nació y cuál iba a ser la naturaleza de la quinta columna de falsos judíos conversos; Simón el mago se convierte al cristianismo y recibe las aguas del bautismo; pero luego, ya en el seno de la iglesia trata de corromperla intentando comprar, ni más ni menos, que la gracia del Espíritu Santo. Al fracasar en sus intentos frente a la incorruptibilidad del apóstol San Pedro, jefe supremo de la iglesia, finge arrepentimiento para después iniciar el desgarramiento interno de la Cristiandad, con la desintegración herética de los gnósticos. En esto como en otras cosas, Los Hechos de los Apóstoles nos da la voz de alerta mostrando lo que había de suceder en un futuro, pues los quinta columnistas judíos dentro de la Iglesia y del clero siguieron el ejemplo de Simón el Mago, convirtiéndose al cristianismo para tratar de corromperlo por la simonía, desintegrarlo por medio de herejías e intentar adueñarse de las más altas dignidades de la Iglesia por diversos medios, incluyendo el de comprar la gracia del espíritu Santo. Como luego veremos, los concilios de la Santa Iglesia se ocuparon de reprimir con energía a los obispos que habían de adquirir el puesto por medio de dinero, y cómo comprobó la

---

[115] Biblia, Hechos de los Apóstoles, Cap. VIII, Vers. 9, 12-20.
[116] John Yarker, The Arcane Schools p. 167; y J. Matter, Histoire du gnosticisme, 1844, tomo II, p. 365.

Santa Inquisición que los clérigos de ascendencia hebrea eran los propagadores principales de la simonía y de la herejía.

Otro ejemplo clásico que nos presentan los Santos Evangelios es el de Judas Iscariote-uno de los doce apóstoles- que traiciona a Cristo vendiéndolo a los príncipes de la sinagoga por treinta monedas de plata: Es evidente que antes de que Judas Iscariote siguiera a Cristo, Nuestro Señor sabía que Judas lo iba a traicionar. ¿Por qué lo escogió nuestro Divino Redentor? ¿Es que se equivocó al hacer tal selección?. Esta claro que si Cristo hizo tal cosa es porque lo decidió para cumplir las profecías sobre su vida, pasión y muerte, y mostrar claramente a su Santa Iglesia de dónde iba a proceder el mayor peligro para su existencia; es decir, quiso prevenirla contra los enemigos que surgieran dentro de sus propias filas y sobre todo en las más latas jerarquías de la Iglesia, ya que si de entre los escogidos como apóstoles por Cristo mismo, salió un Judas, claro es que con mayor razón tendrían que salir de entre los nombrados por los sucesores de Cristo. Los fieles no deben escandalizarse jamás, ni perder la fe en la Iglesia, cuando se enteren, por la historia, de aquellos cardenales y obispos herejes y cismáticos que pusieron en peligro La Santa Iglesia; mucho menos, cuando se den cuenta, que en la lucha de nuestros días hay en las filas de La Iglesia cardenales y obispos cripto judíos que ayudan secretamente a la francmasonería, al comunismo y al propio judaísmo en su tarea de destruir al cristianismo y esclavizar a todos los pueblos de la Tierra.

Volviendo al gnosticismo originado por el judío converso Simón el Mago, es preciso hacer notar, que muchos años después, San Ireneo señaló a Valentinus, un hebreo de Alejandría, como el jefe de los gnósticos.[117] J. Matter, el famoso historiador del gnosticismo, nos dice que los dirigentes judíos, los filósofos alejandrinos Filón y Aristóbulo, del todo fieles a la religión de sus padres, resolvieron adornarla con los despojos de otros sistemas y abrir al judaísmo el camino para inmensas conquistas; ambos eran dirigentes también del gnosticismo y cabalistas, aclarando dicho autor que aquello de que: "La Cábala es anterior a la gnosis, es una opinión que los escritores cristianos no comparten, pero que los eruditos del judaísmo profesan con legítima seguridad"; afirmando también que el gnosticismo no fue, precisamente, una defección del cristianismo, sino una combinación de sistemas en los cuales pocos elementos cristianos fueron introducidos.[118] A su vez, la culta escritora inglesa Nesta H. Webster deduce después de laborioso estudio sobre la materia que: "La meta del

---

[117] William Thomas Walsh, Felipe II, Madrid: Espasa Calpe, 1958, p. 266.
[118] J. Matter, Histoire du gnosticismo tomo I, p. 12.

gnosticismo no era cristianizar a la Cábala, sino cabalizar al cristianismo, mezclando su enseñanza pura y simple con la teosofía y aún con la magia".[119] Este intento de cabalizar a la Cristiandad lo han repetido los judíos cabalistas cada vez que han podido. Después del fracaso gnóstico lo introdujeron en las sectas maniqueas, después en los albigenses, en los rosacruces, en la francmasonería, en las sociedades teosóficas, espiritistas y en otras sectas de distintas épocas que han dicho practicar el ocultismo, que no es otra cosa que la Cábala hebrea con todas sus derivaciones. Que los cabalistas dieron origen a la gnosis nos lo confirma el famoso historiador de la francmasonería, Ragon, quien dice: "La Cábala es la llave de las ciencias ocultas. Los gnósticos nacieron de los cabalistas".[120]

La "Jewish Encyclopedia" afirma que el gnosticismo: "Fue de carácter judío antes de convertirse en cristiano".[121] Una coincidencia interesante es que el principal centro del gnosticismo en la época de su apogeo fue Alejandría, que a su vez fue en esos tiempos el centro más importante del judaísmo fuera de Palestina, hasta que San Cirilo, obispo de dicha ciudad - siglos después dio un golpe mortal a este foco de infección de la Cristiandad, expulsando a los hebreos de Alejandría. El testimonio de los Padres de la Iglesia viene a completar el conjunto de pruebas que presentamos para demostrar que la gnosis fue obra del judaísmo, ya que ellos llamaban judíos a algunos de los jefes de las escuelas gnósticas.[122] Por otra parte, la "Enciclopedia Judaica Castellana" indica que: "El hecho de que el gnosticismo primitivo, tanto cristiano como judío, utilizara nombres y términos hebreos en su sistema y que se base, aun en su hostilidad, en conceptos bíblicos, indica su origen judío". Dice, además, que influyó en el posterior desarrollo de la Cábala.[123]

Habiendo probado que el gnosticismo fue de origen hebreo y que estuvo dirigido por judíos -algunos introducidos en la Cristiandad por medio del bautismo- veremos cuáles fueron sus alcances en el mundo cristiano. Lo más peligroso del gnosticismo es su presentación como una

---

[119] Nesta H. Webster, Secret Societies and Subversive Movements. Londres: Boswell Printing and Publishing Co., Ltd., 1924, p. 24.
[120] Ragon, Maçonnerie occulte. p. 78.
[121] "Was Jewish in character long before it became Christian". Jewish Encyclopedia. Londres: Funk and Wagnalls Company, 1904. Vol. III, vocablo Cábala, p. 458, col.
[122] Enciclopedia Judaica Castellana. México, D.F.: Editorial Enciclopedia Judaica Castellana, 1948. Vocablo gnosticismo. Tomo V, p. 84, col. 1.
[123] Enciclopedia Judaica Castellana, vocablo gnosticismo. Esta obra, en oposición a las otras fuentes citadas, afirma que fue el gnosticismo el que dio origen a la Cábala y no viceversa. Pero, como quiera que sea, acepta el origen judío de la gnosis y esta divergencia en nada afecta la tesis que sostenemos al demostrar, en el presente capítulo, el origen hebreo de la gnosis.

revelación o conocimiento del arcano, sobre el verdadero significado de los pasajes bíblicos. Además, no tuvieron escrúpulos al introducir en la gnosis ideas del dualismo persa y de la cultura helénica, que fueron factor decisivo en la propagación del gnosticismo. Es necesario tener en cuenta que también a este respecto las tácticas judaicas no han cambiado, ya que han introducido en las doctrinas, ritos y símbolos de la masonería -además del elemento cabalista y judaico-, elementos de origen grecorromano, egipcio y oriental con el fin de desorientar a los cristianos sobre las verdaderas enseñanzas y su significado oculto. Por otra parte, es evidente que sólo los judíos ya dispersos por todo el mundo conocido pudieron elaborar esa mezcolanza de ideas judaicas, cristianas, platónicas, neoplatónicas, egipcias, persas y hasta hindúes que integraron la gnosis, la cual -a semejanza de la Cábala hebrea- se estableció como doctrina esotérica para gente selecta y se difundió en forma de sociedades secretas al estilo judío. Estas se fueron multiplicando en número y diferenciando cada vez más en sus doctrinas, lo cual dividió el movimiento en infinidad de sectas, a veces rivales entre sí. Eso de encontrar, por medio de alegorías semejantes a las de la Cábala, un significado oculto a las Sagradas Escrituras, se prestaba para que cada quien diera diversas interpretaciones a los Evangelios.

En la primera Epístola de San Juan, el místico iluminado escribió a los Partos para prevenirlos de que se cuidasen de los falsos apóstoles o seductores que llamaba Anticristos, exhortándolos a combatir los herejes gnósticos que negaban la divinidad de Cristo como Corinto y Ebión, y los que negaban su humanidad como Basíledes. Encomendándoles encarecidamente la necesidad de buenas obras, los invitaba a discernir si un determinado texto es o no es divinamente inspirado, en el Capítulo IV, textualmente dice: "1 Queridos míos, no deberéis creer a todo espíritu, sino examinad si son de Dios o siguen su doctrina, porque se han presentado en el mundo muchos falsos profetas". "2 En esto se conoce el espíritu de Dios: todo espíritu que confiesa que Jesucristo vino al mundo en carne verdadera, es de Dios"." 3 Y todo espíritu que desune a Jesús, no es de Dios; antes éste es espíritu del Anticristo que habéis escuchado que viene, y ya desde ahora está en el mundo". "4 Vosotros, hijos míos, de Dios sois, y habéis vencido aquél, porque el que esta con vosotros y os ayuda con su gracia, es mayor que el espíritu del Anticristo, que esta en el mundo". "5 Esos tales son del mundo, y por eso hablan el lenguaje del mundo y el mundo los escucha". "6 Nosotros somos de Dios. Quien conoce a Dios, nos escucha a nosotros, quien no es de Dios, no nos escucha: en esto conocemos que están animados del espíritu de la verdad, y los que están animados del espíritu del error". "7 Carísimos, amémonos los unos a los otros, porque la caridad procede de Dios. Y todo aquel que así ama es hijo de Dios, y conoce a Dios". "8 Quien no tiene este amor, no conoce a Dios, puesto que Dios es todo caridad y amor". "9 En esto se demostró la caridad de Dios sobre nosotros, en que Dios envió a su hijo unigénito al mundo para que por él tengamos vida eterna". ....**Sin duda alguna el criterio de prueba contenido en este documento epistolar es el arma más importante que nos legaron los apóstoles para defender a Jesucristo Nuestro Señor y a su Santa Iglesia de los esbirros la sinagoga de Satanás, destruyendo punto por punto los sofismas, las imposiciones pontificias, los consensos y revisiones de la doctrina de la Iglesia en los concilios o sínodos ecuménicos, con el pretexto de modernizar o adecuar las enseñanzas a los nuevos tiempos, y todas las artimañas que puedan emplear los conjurados contra Cristo y la Iglesia por muy alta que sea su jerarquía y su número, por ello recomendamos a todos nuestros queridos hermanos en Cristo su lectura, aprendizaje y puesta práctica...**

La creencia en la existencia de significados ocultos, distintos al del texto literal de la Biblia, propició que los gnósticos se alejaran completamente de la verdadera doctrina cristiana, llegando a constituir con su multitud de sectas un verdadero cáncer que amenazaba con desintegrar internamente a toda la Cristiandad. La gnosis partía de la base de la existencia de un Dios bueno y de una materia concebida como origen del mal. Ese Dios, Ser Supremo, produjo por emanación unos seres intermediarios llamados eones entrelazados, que unidos al Ser Supremo, constituían el reino de la luz y que eran menos perfectos a medida que se alejaban de Dios; pero incluso el eón inferior tenía partículas de la Divinidad y era, por lo tanto, incapaz de crear la materia, mala por naturaleza. La creación del mundo la explicaban por medio de uno de esos eones, que llamaban Demiurgo, el cual ambicionó llegar a ser como Dios y se rebeló contra El, por lo que fue expulsado del reino de la luz y lanzado al abismo en donde creó nuestro universo, dando forma a la materia y creando al hombre, cuya alma -una partícula de luz- quedó aprisionada en la materia. Entonces Dios, para redimir a las almas del mundo perverso, mandó a la Tierra otro eón llamado Cristo, fiel al Ser Supremo, que jamás tuvo un cuerpo real, ya que la materia es intrínsecamente mala. Las diversas sectas gnósticas dieron diferentes interpretaciones a todo este mecanismo, llegando algunas a identificar a Jehová con el perverso Demiurgo. Para otras Jehová fue el Ser Supremo y para otras era sólo un eón fiel a Este. El dualismo persa tomó en el gnosticismo la forma de una lucha entre el mundo del espíritu y de la materia. La redención de las almas encerradas en la materia se operaba, según este cúmulo de sectas, por medio de la gnosis, es decir, el conocimiento de la verdad, sin necesitarse la moral ni las buenas obras.

Esto trajo la consecuencia catastrófica de provocar en muchas sectas la más escandalosa inmoralidad y licencia de costumbres.

De todas estas sociedades secretas, la más peligrosa para la Cristiandad fue la dirigida por el cripto judío Valentinus, que era el tipo del clásico quinta columnista, ya que actuaba en lo exterior como verdadero cristiano y sembraba la disolución en la Santa Iglesia extendiendo su nefasta secta. Primero tuvo a la ciudad de Alejandría como su principal baluarte, pero a mediados del siglo II se fue a Roma con el intento de socavar a la Cristiandad, en la capital misma del Imperio. Los valentinianos amenazaron seriamente con desintegrar por dentro a la Santa Iglesia, la que por fin, para quebrantar la nefasta labor de ese falso cristiano, verdadero judío quinta columnista, lo expulsó de su seno. El gnosticismo llegó a propagar doctrinas que ahora son básicas en muchos movimientos judaicos subversivos de los tiempos modernos. Así, la secta de los carpo cracianos atacaba todas las religiones entonces existentes, reconociendo únicamente la gnosis - conocimiento dado a los grandes hombres de cada nación, Platón, Pitágoras, Moisés, Cristo-, la cual "libra a uno de todo lo que el vulgo llama religión" y "hace al hombre igual a Dios". El gnosticismo en sus formas más puras aspiraba, según decían, a dar un significado más amplio al cristianismo, enlazándolo con las más antiguas creencias. "La creencia de que la divinidad se ha manifestado en las instituciones religiosas de todas las naciones, conduce a la concepción de una especie de religión universal que contenga los elementos de todas".[124] Muchos de estos conceptos los encontramos actualmente en la doctrina secreta de la francmasonería y de las sociedades teosóficas. Nesta H. Webster en su laboriosa investigación sobre la materia, encuentra que en la secta gnóstica de los citados carpo cracianos del siglo II, "...llegaron a muchas de las mismas conclusiones de los modernos comunistas con relación al sistema social ideal. Así Epiphanus sostenía que puesto que la naturaleza misma revela el principio de la comunidad y unidad de todas las cosas, las leyes humanas que son contrarias a esta ley natural son culpables de las infracciones al legítimo orden de las cosas. Antes de que estas leyes fueran impuestas a la humanidad, todas las cosas estaban en común, la tierra, los bienes y la mujeres. De acuerdo con ciertos contemporáneos, los carpo cracianos volvieron a este primitivo sistema instituyendo la comunidad de mujeres e incurriendo en toda clase de licencias".[125]

Como puede verse, los movimientos subversivos modernos del judaísmo son en gran parte una repetición de las doctrinas de la gran

---

[124] J. Matter, Histoire du gnosticismo. 1844. Tomo II, p. 188 y tomo I. p. 44.
[125] Nesta H. Webster, Secret Societies and Subversive Movements, pp. 30, 31.

revolución gnóstica, aunque partiendo de una base filosófica opuesta, ya que el comunismo moderno es materialista, mientras la gnosis consideraba mala y despreciable a la materia. Sin embargo, los hechos nos demuestran que los judíos han sido muy hábiles en utilizar los sistemas filosóficos más opuestos para lograr resultados políticos similares. Los gnósticos tenían misterios e iniciaciones. "Tertuliano, Padre de la Iglesia, afirmaba que la secta de los valentinianos pervirtió los misterios de Eleusis, de los que hicieron un "santuario de prostitución".[126] Y no debemos olvidar que Valentinus -falso cristiano de Alejandría- fue señalado por San Ireneo como jefe de los gnósticos, cuyas sectas, según algunos, estaban dirigidas por un mismo poder oculto. Es evidente, que los hebreos siguen siendo los mismos que hace mil ochocientos años y que entonces como ahora, siembran la inmoralidad y la prostitución en la sociedad cristiana para corromperla y facilitar su destrucción. Algunas sectas gnósticas llegaron en sus doctrinas secretas a los grados máximos de perversión. Así, Eliphas Levi, afirma que ciertos gnósticos introdujeron en sus ritos la profanación de los misterios cristianos, que debían servir de base a la magia Negra,[127] cuyos principales propagadores han sido también hebreos. Dean Milman en su "Historia de los judíos", dice que los ofitas adoraban a la serpiente porque los había rebelado contra Jehová, "a quien se referían ellos bajo el término cabalístico del Demiurgo".[128] Es evidente que esa glorificación del mal que tanta importancia tiene en los movimientos revolucionarios modernos, controlados secretamente por la Sinagoga de Satanás, tampoco es cosa nueva; pues había sido lanzada como veneno sobre la naciente sociedad cristiana por los judíos gnósticos hace ya más de dieciocho siglos.

E. de Faye en su obra "Gnostiques et Gnosticisme" y también J. Matter en su citada "Histoire du Gnosticisme", afirman que otra secta secreta gnóstica llamada de los cainitas (por el culto que rendían a Caín), consideraban a éste, a Dathan y Abiram, a los homosexuales habitantes de Sodoma y Gomorra y al propio Judas Iscariote como nobles víctimas del Demiurgo, o sea, del maligno creador de nuestro universo, según sus perversas doctrinas.[129] Evidentemente, estas sectas gnósticas fueron el antecedente de los bogomilos, de los luciferianos, de la Magia negra y de algunos aunque reducidos círculos masónicos satanistas, que además de rendir culto a Lucifer han considerado como bueno todo lo que el cristianismo considera malo y viceversa. El propio Voltaire reconoce a los judíos como propagadores, durante la Edad Media, de la magia Negra y del

---

[126] J. Matter, obra citada, tomo II, p. 365.
[127] Nesta H. Webster, Secret Societies and Subversive Movements, pp. 30, 31.
[128] Dean Milman, History of the Jews. Everyman's Library Edition. Tomo II, p. 491.
[129] E. De Faye, Gnostiques et gnosticisme. 1913, p. 349; y J. Matter, obra citada, tomo II, p. 171.

satanismo. El marqués De Luchet en su obra famosa titulada "Ensayo sobre la secta de los iluminados" afirma que los cainitas, animados por su odio en contra de todo orden social y moral, "llamaban a todos los hombres a destruir las obras de Dios y a cometer toda clase de infamias".[130] El gran caudillo que surgió en la Iglesia para combatir y vencer el gnosticismo fue precisamente San Ireneo, quien estudiando a fondo sus nefastas sectas y sus doctrinas ocultas se lanzó a combatirlo encarnizadamente con la acción y con la pluma, atacando al mismo tiempo a los judíos, a quienes señalaba como jefes de este demoledor movimiento subversivo,[131] cuya secta más fuerte y más peligrosa para la Cristiandad fue la de los valentinianos, encabezada por Valentinus, tras cuyo falso cristianismo San Ireneo descubrió la identidad judía. Debido a la viril e incansable labor de San Ireneo, la Santa Iglesia logró triunfar sobre la gnosis, que fue para la naciente Cristiandad un peligro interno más amenazador que las graves asechanzas externas representadas entonces por los ataques frontales de la Sinagoga y sus intrigas, las cuales lograron, como ya estudiamos, lanzar contra la naciente Iglesia todo el poder del Imperio Romano con sus tremendas persecuciones que tantos mártires dieron al cristianismo. Estos hechos demuestran que desde sus primeros tiempos, fue más peligrosa para la Santa Iglesia la acción de la quinta columna judía introducida en su seno que la de los enemigos exteriores.

Sin embargo, la existencia de un clero virtuoso y muy combativo que ignoraba claudicaciones disfrazadas con el ropaje de convivencia pacífica, de diálogo o de diplomacia, hicieron que de esta terrible lucha la Santa iglesia saliera victoriosa y completamente vencidos sus enemigos: el judaísmo, el gnosticismo judaico y el paganismo romano. Jamás la situación actual ha sido tan grave para la Iglesia como la de esos tiempos, porque entonces el cristianismo era mucho más débil que en la actualidad y la diferencia de fuerzas entre la Iglesia y sus enemigos era inmensamente mayor a favor del adversario. Si entonces pudo triunfar la Santa Iglesia sobre enemigos relativamente más poderosos que los actuales, con mayor razón podrá hacerlo ahora, siempre que se logre combatir y anular la acción derrotista y entreguista de la quinta columna cripto judaica introducida en el clero, y siempre también, que en las jerarquías religiosas o en los fieles celosos surjan caudillos que imitando a San Ireneo lo sacrifiquen todo por defender la fe de Cristo y la causa de la humanidad amenazada por feroz esclavitud; caudillos que puedan, asimismo, vencer la resistencia que presentan los cobardes y los acomodaticios, que aun siendo sinceros en su fe, piensan más en no comprometer soñados

---

[130] Marqués de Luchet, Essai sur la secte des Iluminés. p. 6.
[131] Entre sus obras destaca, por su importancia, "Adversus Haereses".

encumbramientos eclesiásticos, en sostener posiciones tranquilas o situaciones económicas, que en defender a la Santa Iglesia y a la humanidad en estos instantes de mortal peligro.

Finalmente, examinaremos otra de las enseñanzas del movimiento revolucionario gnóstico. Los judíos, que sembraron el veneno en la sociedad cristiana, tuvieron cuidado de impedir que dicho veneno acabara por intoxicar a los mismos envenenadores. La Sinagoga tuvo que enfrentarse por primera vez a tan grave revés. Es muy difícil sembrar ideas venenosas sin correr el riesgo de contagiarse con ellas. Es verdad que la gnosis que inicialmente sembraron los hebreos en la Sinagoga, eran principalmente un conjunto de interpretaciones místicas de las Sagradas Escrituras relacionadas íntimamente con la Cábala, pero el conjunto de absurdos, contradicciones y actos perversos que los hebreo introdujeron en la gnosis cristiana llegó a constituir una seria amenaza para la misma Sinagoga; peligro que ésta tuvo el cuidado de conjurar a tiempo, combatiendo con energía cualquier posibilidad de contagio entre los judíos. Dieciocho siglos después está ocurriendo el mismo fenómeno; los hebreos propagadores del ateísmo y del materialismo comunista entre los cristianos, musulmanes y demás gentiles, toman toda clase de precauciones para evitar que el cáncer del ateísmo materialista infecte a las comunidades israelitas. Esto lo han podido lograr con mayor éxito ahora que en los tiempos del gnosticismo, ya que la experiencia de dieciocho siglos en esta clase de menesteres ha convertido, a estos pervertidores en verdaderos maestros en el arte de manejar los venenos y esparcirlos en el mundo ajeno a sus comunidades, sin que la ponzoña pueda infectar a los judíos mismos. De todos modos, aun en nuestros días, los rabinos tienen que estar constantemente alerta para impedir que el materialismo con que han impregnado el medio ambiente cause estragos en la fe de las familias hebreas. Constantemente están tomando medidas de distinto género para impedirlo. La ponzoña atea y materialista está sólo destinada a cristianos y gentiles para facilitar su dominio; y al judaísmo debe mantenérsele con su doctrina más pura que nunca. Ellos saben que el fanatismo es lo que torna invencibles a los hombres que luchan por una meta. Y así como los hebreos no tuvieron escrúpulos en otros tiempos para propagar doctrinas contra el propio Jehová y en favor del culto de Satanás -tan común en la Magia Negra-, ahora tampoco tienen escrúpulos en propagar el materialismo ateo de Marx, aunque niegue la existencia del propio Dios de Israel. El fin justifica los medios. Esta máxima la observan los hebreos hasta sus últimas consecuencias. Con la conversión de Constantino el triunfo de la Santa Iglesia sobre el paganismo, el gnosticismo y el judaísmo, fue completo. Conquistada por la Santa Iglesia la confianza del Imperio Romano, los judíos carecieron de casi toda posibilidad para seguir combatiéndola, atacarla directamente y lanzar contra el cristianismo la persecución de los emperadores paganos, como lo habían venido haciendo. Si bien, ante cuadro tan desolador, la Sinagoga de Satanás no se dio por vencida; comprendió claramente que para destruir a la Iglesia no le quedaba más que un recurso - de los tres que llevamos estudiados-, puso especial atención a su quinta columna de falsos conversos introducidos en la Cristiandad, quienes por medio de cismas y movimientos subversivos internos podrían lograr el ansiado objetivo de la Sinagoga: aniquilar a la Iglesia de Cristo. El hecho de que en algunos aspectos no estuviese todavía bien definido el dogma cristiano, les facilitó en extremo su tarea demoledora y subversiva.

Capítulo V

El judío Arrió y su herejía

El arrianismo, la gran herejía que desgarró a la Cristiandad durante más de tres siglos y medio, fue la obra de Arrió, un judío subterráneo que en público practicaba el cristianismo. Modelo destacado e ilustre de los actuales sucesores de Judas Iscariote, que tales son los clérigos miembros de esa quinta columna judía introducida en el clero católico. El célebre escritor norteamericano William Thomas Walsh, notable por su ferviente cristianismo y sus tan documentadas obras, nos dice refiriéndose a la actuación de los judíos introducidos en el cristianismo: "Arrió, el judío católico (padre de la herejía) atacaría insidiosamente la divinidad de Cristo y lograría dividir al mundo cristiano durante siglos enteros".[132] De los procesos inquisitoriales contra los cripto judíos, llamados herejes judaizantes, se desprende que uno de los dogmas cristianos que más rechazan los hebreos es el de la Trinidad, porque en su odio a muerte contra Cristo lo que más les repugna del cristianismo es que Jesucristo sea considerado como Segunda Persona de la Santísima Trinidad, es decir, del Dios Uno en esencia y Trino en persona. Es, pues, comprensible pues que una vez que lograron introducirse en la Iglesia a través de su falsa conversión al cristianismo, los hebreos intentaran modificar el dogma de la Iglesia, estableciendo la unidad de Dios en personas y negando la Divinidad de Cristo. Arrió nació en el siglo III en Libia, entonces bajo la dominación de los romanos. De joven se adhirió al cisma de Melesio, quién usurpó el puesto de Obispo de Alejandría, pero al sufrir duros reveses la causa de Melesio, Arrió se reconcilió con la Iglesia. Ya es sabido cómo se burlan los judíos de estas reconciliaciones con la Iglesia que, según dicen, realizan como verdaderas comedias cuando así les conviene. La Santa Iglesia, tan bondadosa como siempre, que está presta por principio a perdonar al pecador que se arrepiente, admitió la reconciliación de Arrió volviéndolo a su santo seno, mientras el judío clandestino se aprovechaba de esta bondad sólo para causarle después daños catastróficos que hubieran podido desembocar en un desastre como el que actualmente nos amenaza. Después de reconciliado, Arrió se ordenó

---

[132] William Thomas Walsh, Felipe II, p. 266.

de sacerdote católico y, ya como presbítero quedó encargado –por designación de Alejandro, Obispo de Alejandría- de la Iglesia de Baucalis. Varios destacados historiadores eclesiásticos atribuyen a Arrió un aparatoso e impresionante ascetismo y un ostentoso misticismo, unidos a grandes dotes de predicador y a una gran habilidad dialéctica que le permitían convencer a las grandes masas de fieles e incluso a los jerarcas de la Santa Iglesia. Como principio básico de la doctrina de Arrió figuraba la tesis judaica de la unidad absoluta de Dios, negando la Trinidad y considerando a Cristo Nuestro Señor solamente la más excelsa de las criaturas, pero de ninguna manera poseedor de una condición divina, siendo éste uno de los primeros intentos serios de judaización del cristianismo. No atacaba ni censuraba a Cristo como lo hacían los judíos públicos, porque entonces hubiera fracasado en su empresa, ya que ningún cristiano lo hubiera secundado: por el contrario, para no provocar sospechas, hacía toda clase de elogios de Jesús, con lo que lograba captarse la simpatía y la adhesión de los creyentes, destilando luego su veneno en medio de todas esas alabanzas con la negación insidiosa de la divinidad de Jesucristo, que es lo que más repudian los judíos. Es curioso que mi cuatrocientos años después, los judíos hayan vuelto a la carga negando la divinidad de Cristo mientras que como Hombre lo llenan de elogios en las doctrinas y enseñanzas que los fundadores y organizadores de la masonería establecieron en sus primeros grados para no provocar en los cristianos fuertes reacciones al iniciarse en la secta. Otra de las novedades que trajo la herejía arriana fue la de intentar cambiar la doctrina y la política de la Iglesia con relación a los judíos. Mientras Cristo Nuestro Señor los condenó y atacó duramente en diversas ocasiones y otro tanto hicieron los apóstoles y en general la Iglesia de los primeros tiempos, Arrió y su herejía trataron de hacer una verdadera reforma al respecto, realizando una política pro-judía y de acercamiento con la Sinagoga de Satanás

Como Juan Huss, Calvino, Carlos Marx y otros caudillos hebreos revolucionarios, Arrió era un hombre de gran dinamismo, de excepcional perseverancia, apto con la palabra y con la pluma, que escribía folletos y hasta libros[133] para convencer a jerarcas, religiosos, gobernantes civiles y personas destacadas del Imperio Romano. Su primer apoyo de importancia fue el Obispo Eusebio de Nicomedia, quien, por su gran amistad con el emperador Constantino, tuvo la audacia de intentar atraer a éste a la herejía de Arrió; y aunque no lo obtuvo, logró desgraciadamente, desorientar a Constantino haciéndole creer que se trataba de simples discusiones entre diversas posturas de la ortodoxia. Con esta idea, el Emperador trató vanamente de conseguir un avenimiento entre Arrió y el

---

[133] Su obra Thalia fue de gran importancia en la propagación de la herejía.

Obispo de Alejandría sin resultado alguno, a pesar de que envió a su consejero Osio, Obispo de Córdoba, para que intentara ponerlos de acuerdo. ¡Como si se tratara de una simple pugna entre el Obispo Alejandro y Arrió! En el curso de estas negociaciones fue cuando Osio y la Iglesia se convencieron de que no se trataba de una simple pugna de escuelas o de personas, sino de un incendio que amenazaba arrasar a toda la Cristiandad. Esto es digno de notarse, porque es la técnica clásica con que los judíos inician un movimiento revolucionario. En muchas ocasiones le dan una apariencia de algo inocente, bien intencionado, de escasas proporciones y sin ninguna peligrosidad, para que las instituciones amenazadas con el brote revolucionario no le den la importancia que realmente tiene y se abstengan de emplear contra él toda la fuerza indispensable para aplastarlo rápida y eficazmente. Adormecidos por las apariencias, los dirigentes cristianos o gentiles suelen dejar de reaccionar en la forma adecuada, de lo cual se aprovecha el judaísmo para ir propagando subrepticiamente el incendio en forma tal que, cuando los cristianos deciden reprimirlo, ha tomado ya una fuerza arrolladora imposible de contener. Es interesante hacer notar que luego de ser excomulgado Arrió por el sínodo convocado en el año 321 por el Prelado de Alejandría y compuesto por más de cien obispos, se dirigió el heresiarca a conquistar adeptos yendo en primer lugar a Palestina. El primer sínodo, que dio su apoyo a Arrió traicionando así al cristianismo, fue precisamente el de Palestina, además del de Nicomedia, de donde Eusebio – brazo derecho de Arrió- era obispo. Es evidente que en Palestina, a pesar de las represiones de Tito y de Adriano, era donde había una población judía más compacta y donde la quinta columna hebrea introducida en al Iglesia podía ser más poderosa. No tiene, por lo tanto, nada de misterioso que Arrió-puesto en situación crítica por la excomunión de la cual era reo- haya recurrido a refugiarse y a adquirir refuerzos con sus hermanos de Palestina, lográndolo con tal amplitud que todo un sínodo de obispos y clérigos destacados, como lo fue el de Palestina, lo apoyó decididamente, inyectando nueva fuerza y prestigio a su causa que amenazaba con hundirse después de la condenación del santo Sínodo Alejandrino. Así mismo, otro Sínodo reunido en Nicomedia apoyó a Arrió. Este sínodo, al igual que el de Palestina, le dio autorización para que regresara a Egipto. En esta forma Arrió y sus secuaces oponían a un sínodo, otros sínodos, dividiendo el episcopado del mundo católico. El estudio de esta gigantesca lucha de siglos es muy útil. Nos hace ver que la quinta columna judía introducida en el clero de la Santa Iglesia operaba desde entonces con los mismos métodos que utilizaría centurias después, cuando logró usurpar el Papado por medio de un criptojudío, el cardenal Pierleoni; son los mismos métodos denunciados mil años después por la santa Inquisición y los mismos que estamos presenciando en nuestros días.

Arrió y los obispos arrianos intrigaban contra los sacerdotes que defendían a la Santa iglesia; perseguían, hostilizaban e incluso atacaban a los más respetables obispos y a todos los clérigos que –sin distinción de jerarquía- destacaban por su celo en la defensa de la ortodoxia, los cuales eran acosados y combatidos por medio de la intriga venenosa y secreta, así como de falsas acusaciones, hasta lograr eliminarlos o nulificarlos. Por otra parte, trataban de ir controlando los puestos de obispo que quedaban vacantes, por medio de una acción bien organizada, logrando que esos puestos fueran ocupados por clérigos de su ralea e impidiendo que los eclesiásticos fieles ascendieran a esas jerarquías. Esta labor perversa fue realizada, sobre todo, después del Concilio Ecuménico de Nicea, en que fueron condenados Arrió y su herejía, a pesar de la oposición de una minoría de obispos herejes que habiendo asistido con aquél al Concilio, trataron en vano de hacer prevalecer sus puntos de vista, tan novedosos y contrarios a la doctrina tradicional cristiana, como los que ahora quieren hacer prevalecer algunos obispos en el actual Concilio Ecuménico Vaticano II. En la campaña organizada por los obispos herejes contra los ortodoxos, destaca la que iniciaron contra Eustasio, Obispo de Antioquía, al que acusaron de fingir que sostenía acuerdos del Concilio de Nicea para defender en realidad la herejía sabeliana y provocar disturbios. Con estas y otras acusaciones obtuvieron los clérigos herejes que Eustasio fuera destituido y que en su lugar fuera nombrado un obispo arriano, logrando además engañar a Constantino, quien, creyendo hacer un bien a la Iglesia, desterraba al virtuoso obispo y daba su apoyo a los hipócritas herejes, considerándolos como los sinceros defensores de la Iglesia.[134] Pero todavía es más importante la conjura que urdieron para hundir a San Atanasio, el cual, al morir Alejandro, lo había sucedido en el Patriarcado de Alejandría. Ya en el Concilio de Nicea había demostrado Atanasio ser uno de los baluartes en la defensa de la Santa Iglesia, lo cual le costó el odio de los clérigos herejes que vieron la necesidad de eliminarlo. Para ganarse éstos al emperador Constantino, acusaron calumniosamente a San Atanasio de mantener relaciones con ciertos rebeldes del Imperio, maniobra clásica del judaísmo de todos los tiempos, que cuando quiere distanciar a algún dirigente del jefe del Estado, urde en el momento oportuno toda una intriga para hacer creer a este último que el primero conspira contra él y que está unido secretamente con sus enemigos. Así, logran que el jefe del estado elimine al dirigente que estorba los planes judíos. Igualmente acusaron a san Atanasio de haber vejado al clero, imponiéndole una contribución sobre el lino y de sembrar la discordia en las filas de la Iglesia. Esta calumnia es también clásica de la quinta columna, que cuando

---

[134] Cavallera, Le schisme d'Antioche; R. V. Sellers, Eustatius of Antioch and his place in the early Christ doctrine. Cambridge, 1928.

ésta ve que se urde una conjura contra la Santa Iglesia y alguien la denuncia o se lanza a la defensa de la institución, apresta a sus clérigos cripto judíos para que acusen a los defensores de la Iglesia de estar quebrantando su unidad y de sembrar divisiones en la Cristiandad, cuando precisamente son ellos –los enemigos de Cristo infiltrados en el clero- quienes con sus conspiraciones y su actividad siniestra provocan esos cismas y esas divisiones, y no los sinceros cristianos que tienen la obligación de defender a la Iglesia e impedir que aquéllos progresen. Así ocurrió en el caso de san Atanasio, en que los clérigos herejes, siendo quienes en realidad estaban propagando con su actuación el cisma, tuvieron el cinismo de acusar a San Atanasio de sembrar la discordia porque trataba de defender a la Santa Iglesia contra las maquinaciones de la herejía. Además, el golpe iba dirigido muy arriba, ya que sabiendo Arrío y sus secuaces que Constantino tenía como mira suprema la unidad de la Iglesia, esperaban hundir a San Atanasio con el específico cargo a provocar la discordia. Posteriormente, los herejes melesianos unidos a los arrianos, acusaron a San Atanasio de haber asesinado a uno de los colaboradores del jefe de los melesianos, pero por fortuna, Atanasio logró encontrar al falso difunto, quedando los calumniadores en evidencia.

Como hasta esos momentos habían fracasado todas las intrigas, los herejes recurrieron a una maniobra final: convocar un sínodo de obispos en Tiro, en donde acusaron a San Atanasio de haber seducido a una mujer, calumnia que éste logró también destruir. Sin embargo, los obispos arrianos lograron controlar el Concilio de Tiro y acordaron la destitución de San Atanasio como Patriarca de Alejandría, enviando candente nota sinodal al episcopado de todo el mundo para que rompiera toda clase de relaciones con San Atanasio, al que se acusaba de diversos crímenes. Constantino, que tenía en mucho aprecio las resoluciones de los sínodos episcopales, se impresionó grandemente; y esto, unido a otra calumnia más certeramente dirigida, consistente en acusar a San Atanasio de comprar el trigo a los egipcios impidiendo que fuera llevado a Constantinopla –con el fin de provocar el hambre en la capital del Imperio Romano- puso fuera de sí al Emperador, quien desterró al infeliz Atanasio, considerándolo ya, a la sazón, como peligrosísimo perturbador del orden público y de la unidad de la Santa Iglesia. En todo ese tiempo los obispos arrianos, ganándose primero a Constancia, hermana del Emperador –que tenía mucha influencia sobre él- y a otros allegados, fingiéronse hipócritamente muy celosos de la unidad de la Iglesia y del Imperio, tan deseadas por Constantino, y acusaron a los defensores de la Iglesia y del Imperio, tan deseadas por Constantino, y acusaron a los defensores de la Iglesia de estar quebrantando esa unidad con sus intransigencias y exageraciones. Así lograron que Constantino, que había apoyado la ortodoxia en el Concilio de Nicea, diera un viraje a favor de Arrió, aceptando que la readmisión solemne de éste en la Iglesia, tuviera lugar en Constantinopla, capital del Imperio. Esto, sin duda, hubiera sido la apoteosis y triunfo del judío Arrió, que ya acariciaba la idea de llegar a Papa de la Santa Iglesia Católica, cosa no imposible desde el punto de vista humano, ya que contaba con la tolerancia amistosa del Emperador y con el apoyo, cada día mayor, de los obispos de la Cristiandad. Sin embargo todos los cálculos humanos se frustran ante la asistencia de Dios a su Santa Iglesia, -que será perseguida pero jamás vencida- y Arrió, en los umbrales mismos de su victoria, murió en forma tan misteriosa como trágica, según el testimonio que nos legara el propio San Atanasio.

Es muy interesante transcribir lo que enseña la "Enciclopedia Judaica Castellana", documento oficial judío, sobre este santo y gran Padre de la Iglesia que fue Atanasio: "Atanasio (San), Padre de la Iglesia (293-373), patriarca de Alejandría, enemigo decidido de las doctrinas arrianas que se hallan más cerca del monoteísmo puro y por lo tanto de las doctrinas judías. Atanasio polemizó contra los judíos por motivos dogmáticos, pero en todas partes donde las doctrinas de Atanasio prevalecieron contra las arrianas, como entre los visigodos de España, la situación de los judíos empeoró".[135] San Atanasio, como otros Padres de la Iglesia, luchó encarnizadamente no sólo contra los arrianos sino contra los judíos, concediendo éstos – como se ve- tal importancia a sus doctrinas que la "Enciclopedia Judaica Castellana", afirma categóricamente que donde triunfaron las doctrinas de San Atanasio, la situación de los hebreos empeoró. Es por ello comprensible el odio satánico que desataron contra el Patriarca de Alejandría las fuerzas del mal. Si San Atanasio y otros Padres de la Iglesia hubieran vivido en nuestros días, la quinta columna judía introducida en el clero habría de seguro intentado que la Iglesia los condenara por antisemitismo. En cuanto a Osio, Obispo de Córdoba – otro paladín de la Iglesia en la lucha contra el arrianismo y alma del Concilio de Nicea- fue también un activo luchador contra el judaísmo. Habiéndose destacado en el Concilio de Elbira, llamado Iliberitano, celebrado en los años del 300 al 303, tuvo influencia decisiva en la aprobación de cánones tendientes a realizar una separación entre cristianos y judíos, dada la influencia nefasta que esa convivencia ejercía sobre los cristianos; y como ya entonces fuera muy frecuente la nociva fraternización de los clérigos cristianos con los judíos, el Concilio Iliberitano trató de evitarla con medidas drásticas. Son interesantes al respecto las siguientes disposiciones: Canon L. "Si algún clérigo o fiel comiere con judíos, sea separado de la comunión para que se enmiende".

---

[135] Enciclopedia Judaica Castellana, vocablo Atanasio. Tomo I, p. 593, col. 2.

Canon XLIX. "Se tuvo a bien que los profesores fueran amonestados, para que no toleren que sus frutos que de Dios reciben, sean bendecidos por los judíos, para que no hagan nuestra bendición débil o inútil; si alguien después del entredicho, se arrogase a hacerlo, sea arrojado del todo de la Iglesia". Canon XVI. Que ordena entre otras cosas que no les fueran dadas a los judíos esposas católicas, ni a los herejes: "Para que no pueda haber sociedad alguna de fiel con infiel". Este último canon es claro y tajante: considera peligrosa toda sociedad de cristiano con judío.

El Concilio Iliberitano tuvo mucha importancia porque sus medidas disciplinarias pasaron en gran parte a integrar la legislación general de la Iglesia. Muerto Constantino, sus tres hijos: Constantino II y Constante en Occidente y Constancio en Oriente, se hicieron cargo del gobierno del Imperio; los dos primeros, fervientes cristianos; y en cuanto a Constancio, aunque buen cristiano, estaba muy influido por la amistad del amigo de su padre, el arriano Eusebio de Nicomedia. Sin embargo, el propio Constancio, después de muerto Constantino, aprobó junto con sus dos hermanos el regreso del destierro de San Atanasio y otros obispos ortodoxos desterrados a causa de las intrigas de los arrianos. Además, la muerte de Eusebio de Nicomedia en 342, eliminó esa mala influencia sobre Constancio, quien bajo el influjo de su hermano Constante y del Papa Julio, acabó por apoyar la ortodoxia católica. Alarmado enormemente por los progresos del judaísmo, Constancio inició, además, contra éste, lo que los hebreos llaman la primera gran persecución cristiana en su contra. Durante doce años, hasta la muerte de Constante y del Papa Julio, los cristianos lograron casi dominar al arrianismo, que estuvo a punto de eclipsarse bajo las prédicas y el prestigio aplastante de San Atanasio y del Obispo Osio de Córdoba. Constancio llegó a tener en Antioquia larga entrevista con San Atanasio, cordial en extremo, en la que el Emperador de Oriente le dio grandes muestras de deferencia, haciendo con posterioridad, el ilustre Padre de la Iglesia, su entrada en Alejandría en forma de verdadera apoteosis. Los cristianos llamaban entonces a los hebreos "los asesinos de Dios", según afirma el israelita Graetz. Los judíos, en réplica, organizaron algunas revueltas aisladas en contra del Imperio, pero éstas fueron sofocadas de forma aplastante. Pero todos estos descalabros no dieron por vencido al enemigo, que agazapado en la sombra esperaba la primera oportunidad para resurgir. La oportunidad empezó a bosquejarse al morir primero Constante y después el Papa Julio, cuya benéfica influencia había mantenido a Constancio en el cristianismo. Los dirigentes arrianos Valente y Ursacio, que habían pedido su reconciliación con la ortodoxia, por lo visto hipócritamente, ahora volvían a la carga con sus intrigas, tratando a toda costa de distanciar a Constancio de la ortodoxia, explotando para ello su egolatría y sus reacciones violentísimas contra todo aquello que mermara su autoridad o su prestigio. En la sombra, los arrianos organizaron una verdadera conjura para distanciar a Constancio de San Atanasio y lograr con ellos su alejamiento de la ortodoxia. Entre otras falsedades, lo acusaron de hacer contra el Emperador labor de difamación: de ser hereje y de estar excomulgado, tratando de mermarle así el apoyo del pueblo y al mismo tiempo exhibir falazmente a San Atanasio como enemigo del Emperador; presentándose los arrianos como sus más fieles súbditos. Estas negras intrigas contra Atanasio y los cristianos, enfurecieron a Constancio, echándolo más y más en brazos de los arrianos, hasta llegar al extremo de ir con ellos a pedir al nuevo Papa Liberio que destituyera al ilustre Padre de la Iglesia.

Es increíble cómo puede a veces el judaísmo convertir en aliados inconscientes a los que han sido sus jurados enemigos, empleando para lograrlo, como en este caso, las más innobles conjuras. Casos como el de Constancio han sido una constante en la historia de las relaciones judeo cristianas. Su Santidad, presionado por el emperador Constancio, indicó la necesidad de convocar a un nuevo concilio para tratar de poner fin a tantas disensiones y, con la aceptación imperial, se convocó al Concilio de Arlés – con asistencia de dos legados Papales- el cual se celebró en el año 353. La esperanza que los buenos cristianos tenían de lograr la unidad cristiana en este Concilio era grande, pero los obispos al servicio de la quinta columna, dirigidos por Valente y Ursacio, lograron urdir tales intrigas y ejercer tales presiones, que el Concilio acabó por doblegarse a las exigencias de los arrianos, contando en su apoyo con las implacables presiones del poder imperial. Hasta los dos legados del Papa se doblegaron y como funesta consecuencia se aprobó la injusta condenación de San Atanasio. El único obispo que se opuso a ello fue paulino de Tréveris, quien, por esa causa, fue desterrado. Mas, cuando el Papa Liberio tuvo conocimiento de la catástrofe ocurrida protestó, proponiendo la celebración de otro Concilio, que se celebraría en Milán el año 355. Este nuevo Concilio, al que asistieron 300 obispos, fue objeto también de innumerables conjuras y presiones por parte de los obispos herejes apoyados por el Emperador, hasta lograr que se condenara una vez más a San Atanasio. Así, el arrianismo tuvo un triunfo completo y pudo desterrar de nuevo al ilustre santo. Con posterioridad y ante la resistencia del Sumo Pontífice a doblegarse a las exigencias de los arrianos y de Constancio, el Emperador desterró también al Papa, destierro en el que permaneció algún tiempo. Pero los esfuerzos de ese santo y Padre de la Iglesia, de ese hombre de hierro, dinámico, lleno de valentía y de perseverancia en la adversidad que fue Atanasio, habrían de fructificar con el tiempo. Después de tres siglos de lucha, acabó por triunfar la Santa Iglesia sobre el judaísmo y su herejía. Hombres del temple, del valor y de la energía de San Atanasio son los que necesita actualmente la Iglesia y la humanidad para conjurar la amenaza judeo-comunista, que al igual que la herejía judeo arriana ha colocado en trance de muerte al cristianismo. Estamos seguros de que en esta, como en situaciones parecidas, Dios Nuestro Señor hará que surjan entre los jerarcas de la Santa Iglesia los nuevos Atanasios que necesita para salvarse, máxime en los momentos actuales en que los modernos instrumentos del judaísmo dentro de la Iglesia, cual falsos apóstoles, siguen haciendo el juego al comunismo, a la masonería y a la Sinagoga de Satanás, paralizando las defensas de la Iglesia para confundir a los buenos y facilitar el triunfo del enemigo secular, tal como pretenden hacerlo en el actual Concilio Ecuménico Vaticano II, convocado por Juan XXIII.[136] Finalmente señalaremos que la volubilidad de Constancio también se manifestó en su actitud hacia el judaísmo y, en contradicción con su política adversa, dictó medidas que los favorecieron, como la ley que, poniendo en un plano de igualdad con el clero cristiano a los patriarcas y oficiales judíos, encargados del servicio en las sinagogas, eximió a estos últimos de la carga pesada de la magistratura, según nos lo relata el propio historiador israelita Graetz...

---

[136] Obras y autores consultados en este capítulo: H. Graetz, History of the Jews, Filadelfia, 1956, tomo II, Cap. XXI y XXII; Joannis Harduini, S.J., Acta Conciliorum et epistolae decretales ac Constitutiones Summorum Pontificum, edición de París, 1715, tomo I, fol. 255; Enciclopedia Judaica castellana; SanAtanasio, Historia arrianorum, Ad monachos y Oratio contra arrianos; Eusebio de Cesarea, Vita Constantinus; Gwatkin, Studies on arianism; Pedro Enrique Batifoll, Les sources de l'histoïre du Concilie de Nicée, Echos d'or, 28, 1925; Sócrates el escolástico, Historia eclesiástica; Greves, Athanasius de morthe Arii referns; San Hilario, Hist. 2. 20. Frag., De fide adversus arianos; Carlos José Hefele, Histoire géneral des Conciles; Hermias Sozomeno, Historia eclesiástica, cap. I; San Epifanio, Obispo de Salamina; Haereses; Wand., The Four Great Heresies, edic. 1955.

Capítulo VI

Los judíos aliados de Juliano el Apóstata

En el año de 360, Juliano, primo de Constancio, fue proclamado Emperador de Roma por el ejército; y habiéndose dirigido Constancio a combatirlo fue envenenado por un asistente judío en el camino, lo que facilitó a Juliano la victoria definitiva y su proclamación como Emperador de Oriente y Occidente. Juliano era de ascendencia judía y pagana, por consiguiente la política de Juliano tuvo tres objetivos principales: 1°- Restaurar el paganismo, convirtiéndolo de nuevo en la religión oficial del Imperio, con la idea de que Roma volviera a su antiguo esplendor, eclipsado -según él- por el cristianismo. 2°- Destruir al cristianismo. 3°- Restablecer al judaísmo a las posiciones de que había sido desalojado por Constantino y sus hijos (los judíos llegaron al extremo de ordenar la reconstrucción del Templo de Salomón). Los judíos, desde el primer momento, fueron aliados incondicionales de Juliano lo cual demuestra, una vez más, que cuando les conviene son capaces de luchar sin escrúpulo alguno a favor del paganismo y de la idolatría -aun en contra del monoteísmo siempre que con ello logren la destrucción de la Iglesia, aunque ellos en su interior sean monoteístas y enemigos de la idolatría. Los judíos al unirse a Juliano y apoyarlo, estaban propiciando el restablecimiento del culto idolátrico, que ellos dicen abominar tanto; pero con tal de conseguir sus fines consistentes en destruir al cristianismo, han probado ser capaces de todo. El famoso historiador judío Graetz, hablando de Juliano, dice: "El emperador Juliano fue uno de esos caracteres superiores que imprimen sus nombres de forma indeleble en la memoria de los hombres. Y fueron sólo su temprana muerte, y el odio de la Iglesia dominante, los que evitaron que adquiriera el título de Juliano, el Grande". Añade que Juliano en contraposición a su deseo de restablecer la religión romana, sentía gran admiración por la religión judía y el pueblo de Israel, haciendo constar que: "El reinado de Juliano que duró escasos dos años (noviembre 361 a junio 363), fue un período de extrema tolerancia para los judíos del Imperio Romano".[137] Constata Graetz, que al patriarca Hilel, jefe supremo del judaísmo en el Imperio, Juliano lo llamó expresamente: "su venerable amigo", prometiéndole, en carta autógrafa, que pondría fin a los males seguidos contra los judíos por los emperadores cristianos. Además, el Emperador hizo todos los preparativos necesarios para iniciar las obras de reconstrucción del Templo de Jerusalén y cursó a todas las congregaciones hebreas del Imperio una carta dirigida en términos amistosos, en que trata de hermano al patriarca Julos (Hilel), jefe del judaísmo en el Imperio; promete la supresión de las altas contribuciones impuestas por los emperadores cristianos a los israelitas; ofrece que nadie en lo futuro podrá acusarlos de blasfemos; brinda libertades y garantías, y asegura que cuando volviera victorioso de la guerra de Persia, reconstruirá por su cuenta la ciudad de Jerusalén. Para la reconstrucción del Templo de Jerusalén, Juliano nombró a su mejor amigo, Alipio de Antioquía, a quien le dio instrucciones de no reparar en gasto alguno, ordenando a los gobernantes de Palestina y de Siria que ayudaran a Alipio en todo lo que necesitara.

En su afán de restaurar el paganismo, Juliano facilitó también toda clase de medios para la reconstrucción de sus templos; dio una mejor organización al sacerdocio pagano, creándole una jerarquía parecida a la de la Iglesia; restableció el culto pagano con toda pompa y reanudó las celebraciones fastuosas de sus fiestas. Labriolle y Koch nos dan cuenta del empeño de Juliano en dar vigor al paganismo con instituciones de beneficencia parecidas a las cristianas: hospicios, albergues de niños y ancianos, instituciones caritativas y otras, tratando, asimismo, de adaptar al paganismo una especie de Órdenes religiosas parecidas a las de los monjes cristianos. No sólo se trataba de una restauración idolátrica, sino de la creación de un paganismo reformado y reforzado con sistemas tomados del cristianismo. La amenaza que se cernía sobre la Santa Iglesia no podía ser más grave: el Emperador, el paganismo y el judaísmo, unidos estrechamente para hacerle una guerra a muerte. Aunque Juliano en principio aseguraba sostener la tolerancia religiosa, recordando el mal resultado que les había dado a los emperadores romanos las persecuciones violentas, empleó toda clase de medios para lograr la destrucción del cristianismo, situación que dio lugar a muchos martirios, ocasionados por la saña de los infieles, según narra San Gregorio Nacianceno, quien califica el reinado de Juliano "como la más cruel de las persecuciones". Entre las medidas dictadas por Juliano contra el cristianismo, destacan: la nueva expulsión de san Atanasio -considerado como baluarte de la ortodoxia-, la

---

[137] Heinrich Graetz, History of the Jews. Diladelfia: Jewish Publication Society of America, 5117 (1956). Tomo II, Cap. XXI, pp. 295, 297.

eliminación en las monedas de todos los símbolos cristianos y la supresión al clero de los privilegios concedidos por los emperadores cristianos, eliminando así a los cristianos de los puestos públicos, salvo que renegaran. Todo esto lo hizo el Emperador fingiendo que se trataba de medidas necesarias para la libertad religiosa y la igualdad de todas las creencias en el Estado romano. Las verdaderas intenciones del Emperador quedaron patentes cuando manifestó que los galileos (discípulos de Cristo) debían desaparecer por ser enemigos del helenismo; los libros que personalmente escribió y en los cuales combate el cristianismo, son otra prueba del odio que el Emperador sentía por la Iglesia. El hecho de que la reconstrucción del templo judío haya fracasado, debido entre otras causas a que salían de la tierra llamas misteriosas que quemaban a los que trabajaban, tiene todos los fundamentos del hecho histórico comprobado, ya que por una parte los historiadores cristianos lo confirman, mientras por otra parte, historiadores hebreos tan prestigiosos como Graetz la aceptan también; explicando que probablemente se debió a gases comprimidos formados en pasajes subterráneos y obstruidos por el derrumbe, que al ser descubiertos y tomar contacto con el aire provocaron esos incendios, que contribuyeron, junto con otros motivos, a inducir a Alipio a suspender la obra.

Los martirios y matanzas de cristianos en esa época no fueron realizados únicamente por las hordas paganas, ya que los judíos -gozando de la protección y amistad del emperador- se desbordaron, lanzándose a la destrucción de iglesias en Judea y en los países circunvecinos, tratando de hacer el mayor daño posible a los cristianos, según lo narran historiadores cristianos, no obstante que el judío Graetz llama maliciosas a esta versiones. Para quienes hemos visto de lo que son capaces de realizar contra la Cristiandad los hebreos cuando han tenido las manos sueltas, no puede extrañarnos que en cuanto pudieron, como en el tiempo de Juliano, se hayan lanzado a la destrucción de los templos cristianos. Así lo hicieron en la edad Media, apoyados en algunas sectas heréticas y así lo han hecho en nuestros días, al amparo del triunfo de sus revoluciones masónicas o comunistas. Mucho de lo que están realizando en la actualidad es repetición de lo que aprendieron a hacer en tiempos de Juliano el Apóstata reinado que de durar más tiempo, hubiera sido catastrófico para la Iglesia. Por fortuna murió Juliano, antes de poder hacer mayor mal a la Cristiandad, en una batalla decisiva contra los persas, en que una flecha lo hirió de muerte. Se ha dicho que antes de morir, dirigiéndose a Nuestro Señor Jesucristo, exclamó: "Venciste, Galileo". Con la muerte de Juliano el Apóstata, se libró la Santa Iglesia de la más tremenda amenaza de exterminio que había tenido que afrontar desde las últimas persecuciones paganas. Por lo que respecta a los hebreos, el siguiente comentario del historiador Graetz habla por sí solo: "La muerte de Juliano en las cercanías del Tigris (junio 363) privó a los judíos de su último rayo de esperanza, por una vida pacífica y sin molestias".[138] Y la "Enciclopedia Judaica Castellana" comenta en su vocablo "Juliano" lo siguiente: "...Y tuvo notables consideraciones para con los judíos. Tenía amplio conocimiento de asuntos judaicos y se refiere en sus escritos a varias instituciones religiosas judías. Parece que trató de fundar entre los judíos de Palestina una orden de patricios (llamada en el Talmud'Aristoi') que debían ejercer funciones judiciales...Y consideraba al judaísmo superior al cristianismo, aunque inferior a la filosofía pagana...[139]

---

[138] H. Graetz, obra citada, tomo II, Cap. XXI, p. 602.
[139] Enciclopedia Judaica Castellana. Vocablo "Juliano el Apóstata", tomo VI, pp. 359, Otras obras consultadas en este capítulo: H. Graetz, History of the Jews, tomo II, Cap. XXI; Koch, Commens lémpereur Juliane tâche de fonder Eglise païenne; artículos en la "Revue de Philosophie de l'Histoire", 6 año 1927-1335 y 7 – 1928-485; Labriolle, La reaction païenne, 1934; San Gregorio Nacianceno, Oratio I en Julianum.

Capítulo VII

San Juan Crisóstomo y san Ambrosio condenan a los judíos

Las primeras disensiones ocurridas en el bando arriano, fueron originadas al parecer por las tendencias cada vez más moderadas de los obispos, que aunque equivocados, lo estaban de buena fe; chocando, por lo tanto, con los extremistas, indudablemente controlados por la quinta columna. Esto fue debilitando la herejía en el Imperio Romano. A la muerte de Juliano el ejército proclamó emperador al general Joviano, cristiano, con lo que la ortodoxia casi dominó la situación. El nuevo Emperador llamó a San Atanasio del destierro y lo nombró su consejero, pero por desgracia murió inesperadamente Joviano al año siguiente, siendo proclamado nuevo emperador Valentiniano I, que nombró regente de la parte oriental del Imperio a su hermano Valente. Así, mientras Valentiniano I se colocó en un plano de libertad religiosa, Valente, arriano apasionado, trató de hacer resurgir esta herejía cuando menos en la parte oriental del Imperio. Entre tanto los herejes aprovecharon la situación para seguir controlando las tribus bárbaras germánicas, que fueron abrazando el arrianismo y con él, el filo judaísmo. Valente, al mismo tiempo que desató una nueva persecución contra los cristianos (San Atanasio, ya anciano, fue desterrado una vez más), procedió -según lo afirma el historiador cristiano Teodoreto- a conceder toda clase de garantías a los judíos y a los paganos; y no se contentó con perseguir a los cristianos, sino que acosó a los arrianos moderados, quienes sin desearlo, fueron echados en brazos de la Santa Iglesia. El historiador hebreo Graetz coincide con lo anterior al señalar que Valente: "...era arriano, y había sufrido tanto por causa del poderoso partido cristiano, como para volverse intolerante. Protegió a los judíos, y les otorgó honores y distinciones". Es evidente que al volver a Oriente el resurgimiento arriano, éste coincidió con las persecuciones en contra del cristianismo y con una situación de privilegio al judaísmo.

A partir de Graciano, se inician unos años de lucha mortal entre paganos y cristianos, con diversas alternativas, hasta que el general ibérico Teodosio obtuvo el poder imperial tanto en Oriente como en Occidente. Teodosio el Grande asestó golpes mortales tanto al paganismo como al arrianismo. Este último había resurgido en Oriente bajo la protección de Valente. Teodosio dio al cristianismo el triunfo definitivo en el Imperio, siendo de esperarse que combatiera también al judaísmo; pero los hebreos supieron a tiempo ganarse hábilmente su tolerancia, al amparo de la cual comenzaron a extender de nuevo su influencia en la sociedad romana en forma tan peligrosa para la Santa Iglesia, que tanto San Ambrosio, Obispo de Milán, como Crisóstomo, otro de los grandes Padres de la Iglesia, vieron la necesidad de dirigir enérgica lucha contra los judíos y contra los cristianos que practicaban en secreto el judaísmo, lucha de la que nos da cuenta el historiador israelita Graetz, a quien dejaremos la palabra: "En los sábados y festivales judíos, muchos cristianos, especialmente del sexo femenino, señoras de alcurnia y mujeres de baja posición, se reunían regularmente en las sinagogas. Ellos escuchaban con devoción el toque de la trompeta en el día del Año Nuevo Judío, asistían al servicio solemne en el Día de la Expiación, y participaban en la alegría de la Fiesta de los Tabernáculos. Les atraía más el hecho de que todo esto tenía que hacerse a espaldas de los sacerdotes cristianos y por el hecho de que tenían que pedir a los vecinos que no los traicionaran. Fue en contra de ese voluntario honor hecho por los cristianos a las instituciones judías, que Crisóstomo dirigía la violencia de sus sermones capuchinos empleando toda clase de epítetos duros contra ellos, y proclamando que las sinagogas eran escenarios infames, cuevas de ladrones, y todavía peores cosas"38. Indudablemente que este gran Padre de la Iglesia dijo enormes verdades; pero si las hubiera expresado en nuestros días, tanto los judíos como los clérigos cristianos que les hacen el juego, lo habrían condenado por anti semita. Por otra parte, se puede ver lo extendido que estaba ya, en la Roma de ecos tiempos, el núcleo de cristianos en apariencia, pero que en secreto practicaban el judaísmo, como nos lo dice Graetz. Es por ello natural que el gran Padre de la Iglesia, Crisóstomo, haya fulminado a estos falsos cristianos, ya que todavía no organizaba la Santa Iglesia la institución que había de combatirlos y perseguirlos, o sea, el Santo Oficio de la Inquisición.

San Ambrosio, Obispo de Milán, uno de los grandes santos y de los más ilustres Padres de la Iglesia, ejerció una decisiva influencia sobre los emperadores Graciano y Teodosio I. A él se debe principalmente el triunfo definitivo de la Iglesia Cristiana en el Imperio Romano y fue el más incansable y enérgico luchador de su tiempo contra la Sinagoga de Satanás. San Ambrosio condenó a los judíos en diversas ocasiones y trató de impedir que se fueran apoderando del Imperio Romano, como eran sus deseos. Les impidió que lograran destruir a la Santa Iglesia, sobre todo cuando el usurpador Máximo se adueñó temporalmente de medio Imperio, pues según la afirmación del propio San Ambrosio, Máximo era judío y había logrado ser coronado emperador de Roma, asesinando al muy cristiano Graciano. Máximo, como era de esperarse, apoyó de nuevo a los judíos y a los paganos que se agruparon a su alrededor, pero por fortuna fue derrotado por Teodosio el año de 378, esfumándose las esperanzas que los hebreos acariciaban de adueñarse esta vez del Imperio de los Césares. Para darnos una idea de este fervor anti judío, así como de la santidad de San Ambrosio, dejaremos hablar una vez más a ese historiador oficial y clásico del judaísmo, que goza de tanto prestigio y autoridad en los medios hebreos, Graetz, quien afirma indignado: "Ambrosio de Milán era un oficial violento, ignorante de toda teología, cuya violencia célebre en la Iglesia, lo había elevado al rango de Obispo...En cierta ocasión, cuando los cristianos de Roma habían quemado una sinagoga y Máximo, el usurpador, ordenó al Senado Romano reconstruirla a expensas del Estado, Ambrosio lo llamó judío. Habiendo hecho quemar el Obispado de Calínico, en la Mesopotámia del Norte, por los monjes, una sinagoga situada en tal distrito. Teodosio le ordenó reconstruirla de nuevo por su cuenta y castigó a los que habían participado en el acto.[140] Ante esto la furia de Ambrosio fue inflamada en forma más violenta, y en la carta que con tal motivo envió al emperador, empleó términos tan agudos y provocadores, que el monarca se vio obligado a revocar la orden. Ambrosio acusó a los judíos de despreciar las leyes romanas y los ridiculizó mofándose de ellos por el hecho de que no les estaba permitido colocar de entre ellos un emperador o gobernador, ingresar al ejército o al senado, y ni siquiera sentarse a la mesa de los nobles".[141] Además de cosas interesantísimas, el destacado israelita Graetz nos narra algo de capital importancia, o sea, que San Ambrosio debió su encumbramiento a la dignidad episcopal "a su fama de ser violento". En realidad, como luego iremos confirmando, en las épocas de apogeo de la Santa Iglesia -como aquella de los tiempos de San Ambrosio- las jerarquías de la misma elegían de entre aquellos que más celo y más energía ponían en defender a la Iglesia, sobre todo del judaísmo, su principal enemigo.

Eso explica, precisamente, el apogeo del cristianismo en tales períodos, ya que una jerarquía combativa y consciente del enemigo que tiene que afrontar, garantiza las posibilidades de triunfo mientras que una jerarquía poco combativa, ignorante del verdadero peligro o infiltrada por el

---

[140] Graetz, History of the Jews, tomo II, Cap. XXII, pp. 613, 614.
[141] Graetz, obra citada, tomo II, Cap. XXII, p. 614.

enemigo, coincidirá exactamente con las épocas de debilidad y decaimiento de la Santa Iglesia. La época de San Atanasio y los triunfos arrianos coincide con el hecho indudable de que las jerarquías de la Iglesia son acaparadas por tibios y hasta por miembros de la quinta columna; en este período los verdaderos defensores de la Iglesia son hechos a un lado, despreciados y hasta perseguidos, como ocurrió con Atanasio el gran Padre de la Iglesia y con todos los obispos y clérigos que lo seguían. Así está ocurriendo en algunos lugares actualmente, en donde muchísimos clérigos y jerarcas religiosos que han destacado por su fidelidad a Cristo y por su energía en la defensa de la Santa Iglesia se ven separados, humillados y hasta perseguidos por otros clérigos que, haciéndole el juego al comunismo, a la masonería, sirviendo a los intereses del al imperio de los potentados judíos o los de la Sinagoga de Satanás, tratan de acaparar las vacantes de obispos y de cardenales, como lo hacían sus antecesores de los tiempos de Arrió. Esta maniobra oculta es la que ha facilitado los triunfos masónicos comunistas o imperialistas que ya parecen incontenibles. Por medio de esta táctica oculta de calumniar a los prelados fieles y hacerlos a un lado, para luego organizar con los prelados conjurados una labor de acaparamiento de las dignidades eclesiásticas -por fortuna sin éxito en muchos lugares, pero con éxito completo en otros-, ha podido la quinta columna en estos últimos años antes del Concilio Vaticano II, ir controlando posiciones que, aunque minoritarias, por ahora, son decisivas dentro del clero de la Santa Iglesia, y constituyen la causa principal de que en algunos países, una parte más o menos considerable del clero cristiano, haya apoyado los movimientos revolucionarios masónicos, comunistas, fascistas, o imperialistas, debilitado por completo las defensas de los gobiernos democráticos o cuando menos patriotas.... Es natural que San Ambrosio, Obispo de Milán y gran caudillo de la Iglesia en esos tiempos, se indignara porque Teodosio permitía a los judíos burlar las leyes romanas que le prohibían ingresar al Senado, al ejército y a los puestos de gobierno, pues bien se daba cuenta del grave mal que podían causar a la Cristiandad y al Imperio si se adueñaban del gobierno.

Es preciso recordar también un hecho muy importante: los judíos, como iniciadores y propagadores de la herejía arriana, eran aliados incondicionales de los arrianos, y cuando les convenía eran incondicionales de los emperadores paganos o se coludían con los bárbaros germanos de las regiones fronterizas, quienes, lo que ya no era un secreto, ambicionaban invadir el Imperio Romano y conquistarlo; es decir que los judíos no tenían escrúpulo alguno en aliarse con cualesquier enemigo pagano, arriano o lo que fuera, con tal de poder destruir a los cristianos. En ese período, la implacable defensa de la Santa Iglesia contra los judíos, estuvo comandada por San Ambrosio y San Juan Crisóstomo, en relación a estos caudillos de la Santa Iglesia el hebreo Graetz dice a la letra: "Los principales fanáticos en contra de los judíos en este período, fueron Juan Crisóstomo de Antioquía y Ambrosio de Milán, quienes los atacaron con gran ferocidad".[142] La lucha de estos campeones de nuestra Santa Iglesia no solamente se desarrolló en el frente externo contra la enjundia de la Sinagoga de Satanás, sino en el frente interno contra el complot de los cripto judíos y los arrianos infiltrados. La lucha interna, motivó esa histórica carta firmada por plumas tan autorizadas en el cristianismo como son las de treinta y tres de sus más distinguidos obispos, entre los cuales se contaban Melesio de Antioquía, primer presidente del Concilio Ecuménico de Constantinopla; San Gregorio Nacianceno, gran Padre de la Iglesia, que presidió dicho Concilio Ecuménico al morir Melesio; San Basilio, también Padre de la Iglesia y otras personalidades destacadas por su fama y santidad. De dicha carta insertaremos literalmente los siguientes párrafos: "Se trastornan los dogmas de la religión; se confunden las leyes de la Iglesia. La ambición de los que no temen al Señor salta a las dignidades, y se propone el episcopado como premio de la más destacada impiedad, de suerte que a quien más graves blasfemias profiere, se le tiene por más apto para regir al pueblo como obispo. Desapareció la gravedad episcopal. Faltan pastores que apacienten con ciencia el rebaño del Señor. Los bienes de los pobres son constantemente empleados por los ambiciosos para su propio provecho y regalos ajenos. Oscurecido está el fiel cumplimiento de lo cánones...Sobre todo eso ríen los incrédulos, vacilan lo débiles en la fe, la fe misma es dudosa, la ignorancia se derrama sobre las almas, pues imitan la verdad los que mancillan la palabra divina en su malicia. Y es que las bocas de los piadosos guardan silencio..."[143]

En realidad, lo dicho en esta memorable carta por los santos obispos antes mencionados denunciando el daño moral que causan a Nuestra Santa Iglesia los prelados: traidores, los tibios, los infiltrados y la falta de obras de caridad y amor para con los desamparados y los necesitados, así como la ausencia de compromiso y determinación para luchar por la victoria de la Iglesia sobre la Sinagoga de Satanás, puede aplicarse a lo que ocurre actualmente en algunas diócesis, aunque por fortuna no en todas. Sin embargo, en aquella época esos santos, ahora canonizados por la Iglesia, sin descuidar la lucha en el frente interno lograron salvar la situación. Haciendo a un lado falsas prudencias y cobardías, sin temor al escándalo se enfrentaron con resolución a los conjurados infiltrados y a los tibios faltos de compromiso, amonestándolos y desenmascarándolos

---

[142] Graetz, obra citada, tomo II, Cap. XXII, p. 613.
[143] San Basilio y San Gregorio Nacianceno, Padres de la Iglesia. Carta publicada en Obras de San Juan Crisóstomo. Madrid: Biblioteca de Autores Cristianos, 1958, p. 7.

públicamente. El resultado de tan clara como enérgica actitud, fue el triunfo de la Santa Iglesia sobre el judaísmo, el paganismo, el arrianismo y demás herejías.... Los santos que salvaron al cristianismo en tan difíciles tiempos tuvieron que sufrir un doloroso calvario, no sólo de parte del judaísmo -al cual con tanta resolución combatieron- sino de que aquéllos que desde dentro del clero estaban sirviendo al enemigo, consciente o inconscientemente. Para ilustrar lo que tuvieron que sufrir esos santos, transcribiremos lo que los referidos biógrafos del santo dicen textualmente, y que citan como fuentes al propio Crisóstomo y a los historiadores cristianos Juan Casiano, Martirio y otros: "Lo sorprendente y maravilloso, para nosotros como para Juan Casiano y el oscuro panegirista del siglo VII, Martirio, es que (San Juan Crisóstomo) no fue condenado al destierro y, en definitiva, a muerte por ningún lugarteniente de Decio o Diocleciano, sino por una pandilla de obispos, ambiciosos o resentidos...Unos obispos, por otra parte, que a par que insinúan al débil Arcadio y a la furibunda Eudoxia que Juna es reo de lesa majestad -lo que era pedir no menos que su cabeza- protestan que en eso no pueden ellos intervenir y allá el emperador sabrá qué haya de hacer en el caso, nada leve por cierto. ¿Y cómo no recordar las terribles escenas de cesárea de capadocia, cuando por allá pasa el santo camino del remoto Cocuso, extenuado, agotado, delirante por la altísima fiebre, y está a punto de ser despedazado por una horda (así los llama él mismo) de monjes salvajes, azuzados por el obispo, terror que son de la misma guardia que conduce al pobre desterrado? Y mientras el pueblo llora, demostrando que era mejor que sus pastores, la envidia del obispo local persigue sañudamente al obispo proscrito hasta en el refugio que le ofrece la caridad magnánima de una noble matrona, y le obliga a emprender la marcha en noche sin luna, por entre ásperos senderos de montaña...".[144] Estos fueron los hombres que engrandecieron al cristianismo, que lo hicieron triunfar y los que salvaron a la Santa Iglesia de todas las acechanzas de sus enemigos externos e internos. Este mismo tipo de cristianos, clérigos y seglares, son los que se necesitan en la actualidad para salvar a la Cristiandad y a toda la humanidad amenazadas por el comunismo, la masonería y la Sinagoga de Satanás, que dirige toda la conspiración.

---

[144] Sources Chrétiennes, 13, p. 142 y ss., en Biblioteca de Autores Cristianos, Obras de San Juan Crisóstomo, Madrid, 1958, p. 5.

Verdadera santidad y falsa santidad[145]

Los altos jerarcas de la Iglesia y los dirigentes políticos seglares que luchen por salvar al cristianismo en trances tan difíciles, deberán estar resueltos no sólo a sufrir agresiones de todo género por parte de las fuerzas revolucionarias, comunistas, e imperialistas del judaísmo, sino también de los sucesores de Judas Iscariote, que dentro del respetable clero están haciendo el juego, en una forma o en otra, a las fuerzas de Satanás. Esos nuevos Judas han usurpado, con osadía, altos rangos de la Santa Iglesia y desde ahí lanzan los ataques más tremendos, más demoledores y más dolorosos en contra de los que luchan en defensa de la Cristiandad y de sus naciones gravemente amenazadas. Que Dios Nuestro Señor dé fe, fortaleza y perseverancia a quienes imitando a Cristo, estén dispuestos a tomar su cruz y seguirlo en esta hora decisiva para los destinos del mundo y para la Iglesia. Esta es la verdadera santidad que Cristo definió diciendo: "¿Quieres salvarte? Guarda los mandamientos. ¿Quieres llegar a la perfección (santidad?. Déjalo todo, toma tu cruz y sígueme". La santidad definida por Cristo es renuncia de todo, posiciones, posesiones, riquezas, diversiones, etc., para tomar la cruz y seguirlo en la lucha contra el mal. La vida pública de Cristo fue de prédica y de una lucha constante y enérgica contra la Sinagoga de Satanás y contra el pecado y el mal en general, practicando la virtud en grado sumo. La verdadera santidad radica en imitar a Cristo en todo, tal como lo hicieron San Juan Crisóstomo, San Atanasio y los otros santos de la Cristiandad. La santidad requiere la práctica de la virtud en grado heroico; cualquier otra santidad distinta de la definida por Cristo Nuestro Señor, es una falsa santidad farisaica, inventada por ciertos clérigos y ciertas organizaciones que adulan a los incautos haciéndoles creer que se pueden hacer santos fácil y cómodamente e incluso amasar fortunas personales, con el fin - oculto, por cierto- de convertirlos en traidores colaboradores y sobre todo de impedir que participen activamente en las luchas que libran los patriotas de los países cristianos para salvar a su nación de la conquista judía, revolucionaria, socialista comunista, reduzca a tales incautos a la esclavitud, expropiándoles todos sus bienes, o sometiéndolos al imperio de las trasnacionales y los potentados judíos.

Por otra parte, Cristo Nuestro Señor -al luchar activamente contra Satanás y su Sinagoga y contra el mal en general asumió una actitud "anti

---

[145] Adición hecha por los autores de este libro en sus nuevas ediciones en vista del grave mal que están haciendo, en los países católicos, los clérigos y seglares que propagan esas ideas, ya sea en lo individual o por medio, sobre todo, de organizaciones genialmente concebidas y hermosamente estructuradas que narcotizando a sus adherentes.

Satanás", "anti imperio de los príncipes de la Sinagoga" y ¡anti-maldad" en general. La sospechosa actitud de ciertos clérigos y seglares con una falsa mística, les impiden realizar una lucha eficaz en contra del comunismo y del poder judaico oculto que lo dirige y lo propaga; en cambio, toleran que se calumnien que dicen condenar todos los "antis" además de ser notoriamente herética y apóstata (porque hipócritamente, aunque sin decirlo expresamente, discrepan del mismo Cristo, quien sostuvo una actitud "anti" en los terrenos antes mencionados) tiene el propósito de paralizar la lucha anticomunista y enemiga de la democracia, ya que ésta va en contra del imperialismo judaico. Es indispensable que en esta batalla anti comunista o anti imperialista colaboren activamente las mayorías populares como único medio de evitar que la nación entera caiga en las garras de la horrible esclavitud comunista o el sometimiento de los imperios y potentados judíos. Por otra parte, es sumamente sospechoso que estos clérigos y seglares que dicen condenar todos los "antis", un buen día lancen ataques o permitan -sin luego condenarlos- que otros miembros de sus Iglesias los lancen, precisamente, en contra de escritores, reporteros y comunicadores valientes, caudillos u organizaciones patrióticas que heroicamente están luchando por impedir que sus naciones caigan en las garras del judaísmo, del comunismo o el imperio de potentados judíos. Al incurrir en esta contradicción, las personas honradas, patriotas y bien intencionadas que con engaños han caído bajo la influencia y en las redes de esas organizaciones secretas o corrientes políticas erigidas para atraparlos, deberán abrir los ojos y darse cuenta del hábil engaño de que han sido objeto y liberarse de la influencia espiritual y social de esos fariseos, que cual sepulcros blanqueados ocultan su complicidad con la Sinagoga de Satanás bajo la falsa apariencia de una ostentosa y farisaica piedad religiosa y de un hipócrita y falso apostolado cristiano....

Capítulo VIII

San Cirilo de Alejandría vence a Nestorio y expulsa a los judíos

Como ya mencionamos anteriormente, a la muerte de Teodosio I heredaron el trono del Imperio ya dividido, sus hijos Honorio en Occidente y Arcadio en Oriente. Su política fue débil frente al enemigo judío, debido a que desatendieron por completo las normas de lucha enérgica preconizadas por San Juan Crisóstomo y San Ambrosio. Es más, en Oriente, Arcadio se rodeó de consejeros venales que vendieron su protección a los hebreos Rufino y Eutropio, quienes según Graetz: "...eran extremadamente favorables a los judíos. Rufino amaba el dinero y los judíos habían descubierto ya el mágico poder del oro para suavizar a los funcionarios y a los magistrados. Debido a eso, varias leyes favorables a los judíos fueron promulgadas". Entre estas leyes está la que revalidó y confirmó la promulgada por Constancio, de la cual dice Graetz: "...los patriarcas y también todos los oficiales religiosos de la Sinagoga fueron exentos de la fuerte carga de la magistratura, al igual que el clero cristiano".[146] Lo que el famoso historiador israelita Graetz recalca aquí, es verdaderamente de capital importancia, porque demuestra que los judíos habían ya descubierto el poder del oro para sobornar a los dirigentes cristianos y gentiles, aunque en realidad ya lo habían descubierto mucho antes, como lo demuestran el hebreo Simón el Mago que quiso sobornar al mismo San Pedro, y los dirigentes judíos que lograron comprar a uno de los doce apóstoles para que entregara a Jesús.... En el curso de la historia, los hebreos han utilizado sistemáticamente el poder del oro para comprar a dirigentes políticos y religiosos, con el fin de obtener una política favorable al judaísmo. Con tal procedimiento, los sucesores de Judas Iscariote han causado graves estragos a la Santa Iglesia y a la humanidad; y esos dirigentes que se venden por dinero o por obtener o conservar prebendas y puestos son, en gran parte, los responsables del desastre que tenemos en puerta...

---

[146] Graetz, obra citada, tomo II, pp. 615, 616.

La protección en Oriente y la tolerancia en Occidente, permitieron a los judíos adquirir bastante fuerza, sumamente peligrosa si se toma en cuenta que eran enemigos tradicionales de la Iglesia y del Imperio. Incluso en los tiempos modernos existen testimonios hebreos de ese odio que sienten los judíos por la antigua Roma y por la Iglesia. En el Imperio de Oriente, Teodosio II, sucesor de Arcadio, se dio cuenta a tiempo del peligro y tomó una serie de medidas para conjurarlo, combatiendo la amenaza judía en distintas formas. Sin embargo, los historiadores judíos califican siempre esas medidas de defensa de los Estados cristianos, de persecuciones provocadas por el fanatismo y anti judaísmo del clero cristiano. El judío Graetz, hablando de estos acontecimientos, señala que: "Para el judaísmo, la Edad Media empieza en realidad con Teodosio II (408-450), un Emperador bien dotado pero dirigido por los monjes, cuya debilidad dio impunidad al celo fanático de algunos obispos; aquí como en todos los casos, los historiadores judíos dan cuenta de las medidas que toma la Santa Iglesia o los monarcas cristianos, en contra de ellos, pero nunca mencionan las agresiones judías que provocaron esas reacciones. Teodosio II ofreció construir nuevas sinagogas, ejercer el oficio de jueces entre los litigantes judíos y cristianos, y prohibió poseer esclavos cristianos y otras prohibiciones de menor interés. Fue bajo este Emperador que el Patriarcado finalmente cayó...".[147] El Patriarcado fue una institución que constituyó durante mucho tiempo la jefatura del judaísmo en todo el Imperio Romano y en otras muchas partes; tenía su sede en Jerusalén.

En la lucha de la Iglesia contra el judaísmo en el siglo V, es preciso mencionar la decisiva intervención de San Cirilo de Alejandría, que estaba siendo el alma de la defensa en contra de una nueva herejía, dirigida por Nestorio, y que estuvo a punto de desgarrar a la Iglesia como lo había hecho la herejía arriana. San Cirilo, Patriarca de Alejandría en esos momentos, desempeñó en la lucha contra el nestorianismo el mismo papel que años antes representara el gran padre de la Iglesia San Atanasio en la lucha contra el arrianismo; y como este último, también San Cirilo tomó parte muy activa en la defensa contra el judaísmo, condenando a los hebreos en diversas ocasiones y combatiendo todas sus perversas maquinaciones. La herejía de Nestorio dividió también al episcopado, pues varios obispos hicieron causa común con el Patriarca hereje de Constantinopla, pero San Cirilo, después de prolongada lucha, logró obtener la condenación de Nestorio por Su Santidad el Papa; y posteriormente, reunido el Concilio Ecuménico III de Éfeso, los obispos herejes fueron totalmente derrotados, triunfando el cristianismo. Por supuesto que el alma de dicho concilio fue San Cirilo de Alejandría quien,

---

[147] Graetz, obra citada, tomo II, p. 617.

todavía después del mismo, tuvo que seguir luchando contra los restos de la herejía hasta lograr su aniquilamiento. Para conocer con claridad la actitud de San Cirilo hacia los judíos, nos referimos a las palabras del historiador israelita Graetz, que representa fielmente el sentir de los judíos hacia los Padres y santos de la Iglesia:

"Durante el reinado de Teodosio en Oriente y de Honorio en Occidente, Cirilo, Obispo de Alejandría, notable por su afición a la riña, por su violencia y su impetuosidad, había tolerado que se maltratara a los judíos y los echó de la ciudad. Reunió una turba de cristianos y, con su excesivo fanatismo, los incitó contra los judíos; entró por la fuerza en la sinagogas, de las cuales tomó posesión para entregarlas a los cristianos, y expulsó a los habitantes judíos, semidesnudos, de la ciudad que ellos habían llegado a ver como su hogar. Sin reparar en medios, Cirilo entregó sus propiedades al pillaje de la turba siempre sedienta de saqueo".[148] A su vez, la citada "Enciclopedia Judaica castellana" en el vocablo respectivo dice: "Cirilo (San), de Alejandría, patriarca (376-444). Fue prácticamente dueño y señor de Alejandría, donde atemorizó a la población no cristiana. En 415 ordenó la expulsión de los judíos, pese a las protestas de Orestes, prefecto imperial".[149] Todas las referencias históricas de la Iglesia coinciden en afirmar que aunque San Cirilo era un hombre de lucha, era de carácter moderado y conciliador; un hombre virtuosísimo en toda la extensión de la palabra, por lo cual mereció ser canonizado. ... Lo que los historiadores hebreos -tan venerados en los medios judíos, como Graetz- o las enciclopedias oficiales del judaísmo dicen de todos aquellos que se atreven a luchar en contra de la acción destructora de los israelitas, da una idea de los extremos a que llegan para desprestigiar y enlodar la memoria de los más insignes santos de la Iglesia. Eso de que San Cirilo expulsó de Alejandría semidesnudos a los judíos y de que entregó sus bienes al pillaje de las turbas, es lo que los judíos han practicado contra los cristianos a lo largo de los siglos en los países y las épocas donde han logrado hacerse del poder tras el trono o el Estado. Lo que ocurrió, en realidad, fue que desde hacía mucho tiempo Alejandría se había convertido en el principal centro de conspiración judaica contra la Santa Iglesia y contra el Imperio. Esta ciudad había sido el principal centro del gnosticismo judaico y de ella irradiaban toda clase de ideas disolventes en contra del orden establecido contra el Imperio romano, contra la Iglesia, contra los pueblos idólatras y contra los pueblos cristianos, por lo que no es de extrañar que San Cirilo, consciente de lo que significaba la amenaza judía, haya resuelto extirpar con energía ese tumor canceroso, expulsando a los judíos de la ciudad,

---

[148] Graetz, obra citada, tomo II, p. 617.
[149] Enciclopedia Judaica Castellana, tomo II, p. 30, col. 1.

como antes y después lo harían el faraón de Egipto, el califa de Babilonia, los emperadores romanos antes de que fueran cristianos, los reyes cristianos y otros prelados defensores de la Cristiandad, sin poder evitar cualquier exceso o abuso cometido por las masas indignadas de la población, lógicamente exacerbadas ante la perfidia judía.

Continúa el historiador judío Graetz narrando los cruentos episodios de esa terrible lucha librada por San Cirilo y los cristianos contra los judíos. Entre otras cosas, asegura Graetz: "El prefecto Orestes, que tomó mucho a pecho el bárbaro trato dado a los judíos, carecía sin embargo de fuerza para protegerlos; todo lo que fue capaz de hacer fue lanzar una acusación en contra del obispo (San Cirilo), pero éste ganó la causa en la Corte de Constantinopla. Lo que ocurrió en Alejandría, después de la expulsión de los judíos, demuestra lo grande que era el fanatismo de este obispo. No lejos de la ciudad había una montaña llamada Nitra, donde habitaba una Orden de monjes cuya ansia de ganar la corona del martirio los había convertido casi en animales feroces. Azuzados por Cirilo, estos monjes se echaron encima de Orestes y lo apedrearon hasta dejarlo casi muerto, como un castigo por no haber aprobado la expulsión de los judíos. Según Graetz, fue este mismo grupo fanático el que linchó a la célebre astrónoma y filósofa Hipatia discípula de Platón, que escribió notables comentarios sobre temas matemáticos y astronómicos y está considerada como la primera científica y filósofa de occidente que había asombrado al mundo por su profunda ciencia, su elocuencia y su pureza".[150] ... Lo cual es una tergiversación de la verdad histórica, ya que son los textos sagrados judíos los que promueven el odio contra las ciencias gentiles, los templos y las divinidades helénicas de sus altares; odio que no comparten los textos evangélicos de Cristo, por ello es que los gentiles los siguieron, además de que los gentiles cristianos nunca renegaron de sus raices helenistas. El clero cristiano de esa época, consciente de lo que significaba el terrible problema judío, conocedor a fondo de las conspiraciones hebreas contra los cristianos, la Iglesia y el Imperio, y como buen pastor de sus ovejas, se lanzó sin titubeos a defenderlas de las asechanzas del lobo; pero los historiadores judíos distorsionan siempre lo ocurrido, interpolando pasajes espeluznantes, tendientes a desprestigiar al cristianismo y a los santos que defendieron a la Iglesia. Además, como hemos visto, todas estas narraciones históricas de la lucha de Israel contra los cristianos expuestas en términos exagerados e impresionantes, sirven a los hebreos para educar a sus juventudes, inculcándoles desde temprana edad un odio satánico contra la Iglesia y los pueblos cristianos, así como una sed implacable de venganza, que en la primera oportunidad que se presenta se manifiesta en

---

[150] Graetz, obra citada, tomo II, Cap. XXII, p. 619.

sometimiento y genocidio de los pueblos cristianos y musulmanes, saqueos y quemas de conventos y destrucción de iglesias y mezquitas, matanzas crueles de sacerdotes y toda clase de desmanes en contra los gentiles...

Es indudable que si San Cirilo hubiera vivido en nuestros tiempos, no sólo hubiera sido condenado por anti semita, sino hasta hubiera sido declarado criminal de guerra y condenado a muerte por un Tribunal como el de Núremberg que enjuicia a los que defendieron heroicamente a su patria contra la agresión y el complot de los bolcheviques judíos apoyados por los potentados imperialistas judíos incrustados en los centro de poder de las potencias occidentales, las sociedades secreta judío masónicas, las organizaciones terroristas judías o las mafias criminales judías. Los judíos se creen con derecho de conspirar contra los pueblos, de ensangrentarlos con guerras civiles, de cometer crímenes y toda clase de maldades sin recibir el merecido castigo, pero cuando alguien con la energía de San Cirilo reprime y castiga justamente sus desmanes y delitos, lo llenan de improperios y tratan de desprestigiarlo en vida, sin perdonarlo tampoco después de muerto, tal como ocurre con este insigne santo de la Iglesia Cristiana.... Es interesante conocer la descripción de Graetz sobre cómo festejaban los israelitas, en tiempos de San Cirilo de Alejandría, la festividad del Purim de la Reina Esther: "Este día los judíos en medio de su alegría, acostumbraban ahorcar sobre un tablado la figura de Amán, su archi enemigo, y el patíbulo, que quemaban a continuación, tomaba accidental o intencionadamente la forma de una cruz. Naturalmente los cristianos se quejaron de que su religión era profanada; y el Emperador Teodosio II orden al gobernador de la provincia poner un hasta aquí a tan mal comportamiento, bajo la amenaza de severos castigos, sin haber logrado sin embargo, evitar tales actos. En una ocasión, esta alegría de carnaval, según se dice, tuvo horribles consecuencias. Los judíos de Imnestar, una pequeña población de Siria situada entre Antioquia y Calcis, habiendo levantado uno de estos patíbulos para Amán, fueron acusados por los cristianos de haber colgado a un niño cristiano, crucificándolo en él y habiéndolo azotado hasta matarlo. Por ello el Emperador ordenó, en el año 415, que los culpables fueran castigados".[151] ¡A esto llama alegría y diversión carnavalesca el tan célebre autorizado historiador israelita Graetz, tan respetado en los medios judíos!

Es fácil suponer la indignación provocada entre los cristianos por semejante conducta judía y hasta el amotinamiento de las masas del pueblo, similar al que se provocaría actualmente en la Unión Soviética y demás países satélites con los sacrificios, blasfemias y asesinatos políticos

---

[151] Graetz, obra citada, tomo II, Cap. XXII, pp. 620, 621.

que comenten los judíos comunistas, si no fuera porque éstos tienen ya, en los lugares, esclavizados a los cristianos e incapacitados para defenderse. Las sinagogas, a diferencia de los templos de otras religiones, no se han reducido a rendir culto a Dios, sino que son cetros de conspiración donde se discuten y aprueban resoluciones planes para someter a los gentiles cristianos y musulmanes. Desde las sinagogas, las sociedades secretas, las mutualidades judías o las comunas o kibutz, traman toda clase de medidas tendientes a conquistar, someter, esclavizar y despojar de su patria y su riquezas, a los pueblos que benévolamente les dieron hospitalidad, ya que los hebreos creen que les pertenecen por derecho divino; tan cierto es esto que retamos a los judíos a dirimir públicamente la veracidad las directivas criminales y genocidas de sus libros sagrados que aducen les dan ese derecho. Con cuánta razón afirmó el gran Padre de la Iglesia, San Juan Crisóstomo, que las sinagogas eran "escenarios infames y cuevas de conspiradores, sediciosos, subversivos, terroristas, criminales y ladrones e incluso cosas peores". Es, pues, comprensible que el clero cristiano de esa época -consciente del peligro que representaban para la Cristiandad y para el Imperio tratara de clausurar esos centros de conspiración y de maldad...

Debido a que los judíos no tuvieron el buen juicio de dejar en el pasado las luchas contra los gentiles cristianos y musulmanes sino que la proyectaron no solo al presente sino en lo futuro, es interesante citar lo ocurrido en la isla de Menorca, entonces posesión romana, donde nos dice Graetz que: "Severo, el obispo de ese lugar, quemó sus sinagogas y arrasó a los judíos con ataques en las calles, hasta que obligó a muchos de ellos a abrazar el cristianismo".[152] Esta última medida constituyó un gravísimo error, porque como ya antes señaló el famosos historiador israelita Cecil Roth, estas conversiones fueron fingidas y los judíos, en secreto permanecieron adictos a su vieja religión, viniendo a aumentar el número de judíos subterráneos que, practicando en público la religión cristiana, constituían en el seno de la Santa Iglesia la quinta columna hebrea, autora de la mayor parte de las herejías a las cuales prestaba todo su apoyo e impulso con tal de subvertir el cristianismo. Otro notable adversario de los judíos, en esta etapa, fue el célebre asceta San Simón Estilita, bien conocido por la rigurosísima penitencia que observó toda su vida, sentado sobre una columna durante varios años, mortificándose y haciendo penitencia para convertir al cristianismo a varias tribus nómadas procedentes de Arabia; y por su santidad llegó a ser muy venerado del emperador Teodosio II, ante el cual Simón siempre intercedía por todos los perseguidos. En las controversias de la Iglesia Cristiana con los herejes, llegó a ejercer su influencia en favor de la ortodoxia. ¡Qué tan grandes

---

[152] Graetz, obra citada, tomo II, pp. 619, 620.

serían las maldades de los judíos y las conjuras de sus sinagogas que este hombre todo caridad y tolerancia, conciliador en extremo, amparo de los perseguidos, santo canonizado por la Iglesia, famoso por su penitencia y dechado de virtudes, tratándose del judaísmo hizo una excepción en su vida apacible, para intervenir enérgicamente en la decisiva lucha que libraba contra la Sinagoga de Satanás!. En relación con este santo, señala Graetz, que cuando los cristianos de Antioquía quitaron por fuerza a los judíos sus sinagogas en venganza de la muerte infligida por los judíos al niño cristiano de Imnestar, durante la fiesta del Purim, el prefecto de Siria notificó al emperador de este despojo de sinagogas en forma tan convincente, que logró que Teodosio II, a pesar de su "fanatismo frailuno", ordenara a los habitantes de Antioquía la devolución de las mismas, cosa que indignó mucho a San Simón Estilita. Así se expresa sobre el particular, el famoso historiador hebreo Graetz: "Pero esta decisión fue denunciada por Simón Estilita, quien llevaba una vida de riguroso ascetismo en una especie de establo no lejos de Antioquía. Desde lo alto de su columna, él había renunciado al mundo y sus costumbres, pero su odio a los judíos fue, sin embargo, suficiente para obligarlo a inmiscuirse en asuntos terrenos. Apenas tuvo conocimiento de la orden de Teodosio relativa a la devolución de las sinagogas robadas, le dirigió al Emperador una carta insultante, solicitando airadamente que revocara el edicto. Teodosio no pudo resistir semejante intimidación, revocando su orden en el año 423 e incluso quitando de su cargo al prefecto sirio que había levantado su voz en favor de los judíos".[153]

Lo expuesto en los anteriores capítulos, nos muestra la clase de clero y de santos de la Iglesia que defendieron a la Iglesia y al cristianismo frente a los enemigos mortales de Cristo y de la humanidad. El presente Concilio Ecuménico Vaticano II brindará una gran oportunidad para lograr que nuestro clero actual se ponga a la altura de los que en aquellos tiempos pudieron salvar a la Santa Iglesia, en medio de tantas catástrofes, y la hizo prevalecer frente a la astucia y maldad de los esbirros de la Sinagoga de Satanás infiltrados en las altas jerarquías eclesiásticas y en los centros de poder de las naciones y sociedad cristiana. Esto es urgentísimo en vista de que el peligro materialista del comunismo marxista y del imperialismo internacional judío que amenaza con arrasarlo todo, sólo podrá ser conjurado si esa moral combativa y ese espíritu de sacrificio que caracterizaron a las jerarquías y a los fieles cristianos durante los primeros siglos del cristianismo, vuelve al clero de la Santa Iglesia y a los dirigentes seglares. Si no se logra una reacción enérgica en este sentido, es posible

---

[153] Graetz, obra citada, tomo II, pp. 621, 622.

que Dios nos castigue con el triunfo mundial del comunismo y el capitalismo despiadado, con la consiguiente catástrofe para la humanidad...

SAN AGUSTÍN, SAN JERÓNIMO Y OTROS PADRES DE LA IGLESIA CONDENAN A LOS JUDÍOS

San Jerónimo, gran Padre de la Iglesia, en sus deseos de estudiar la Biblia en sus mismas fuentes, se empeñó en conocer a fondo el hebreo, por lo cual entró en contacto con judíos tan destacados como Bar Chanina; pero a pesar de la amistad personal que tuvo el santo con distinguidos hebreos, la actitud de los judíos hacia San Jerónimo era de franco repudio extendido a todos los gentiles. Lo mismo puede decirse del ilustrísimo Padre de la Iglesia, San Agustín, Obispo de Hipona. Se utilizarán como información, los textos de autores hebreos, de indiscutible autoridad en los medios judíos, para evitar que puedan tacharse de anti semitas estas fuentes. Con respecto a San Jerónimo y a san Agustín, dice expresamente el historiador israelita Graetz, refiriéndose en primer término a San Jerónimo: "Habiéndole reprochado sus enemigos, en relación con sus estudios judaicos, de estar contaminado de herejía, San Jerónimo los convenció de su ortodoxia haciendo valer su odio a los judíos. 'Si fuere requisito despreciar a los individuos y a la nación, yo aborrezco a los judíos con un odio difícil de expresar'. Pero Jerónimo no era el único que opinaba de esta manera, ya que sus opiniones eran compartidas por un contemporáneo más joven, Agustín, el Padre de la Iglesia. Esta profesión de fe, concerniente al odio hacia los judíos, no era una opinión privada de un escritor aislado, sino el oráculo para toda la Cristiandad, que presurosa aceptó los escritos de los Padres de la Iglesia, que fueron reverenciados como santos. En tiempos posteriores, esta profesión de fe, armó a los reyes, al populacho, a los cruzados y a los pastores (de almas), contra los judíos, que inventaron los instrumentos para su tortura, y construyeron las hogueras fúnebres par quemarlos".[154] Así tergiversando la verdad histórica fe datada en los Hechos de los Apóstoles las persecuciones y exterminación de los primeros mártires cristianos cometidos por los fanáticos judíos, resume Graetz la política seguida por la Santa Iglesia y por la Cristiandad en contra del judaísmo durante más de mil años, pero lo que naturalmente oculta es cuáles fueron las agresiones judías que obligaron a la Iglesia, a los Papas y a los concilios a tener que asumir ese tipo de defensa... Los que vieron o sufrieron en carne propia las matanzas de cristianos y los que fueron testigos de

---

[154] Graetz, obra citada, tomo II, pp. 625, 626.

profanaciones de iglesias realizadas por el populacho a causa de las instigaciones de los hebreos; los que de igual modo presenciaron matanzas y persecuciones personalmente cometidas por los judíos en las revoluciones europeas en contra de los reinos cristianos, y los crímenes cometidos por los israelitas en la Rusia soviética y países comunistas, sí podemos entender que tanto la Santa iglesia como las naciones cristianas y musulmanas tengan el derecho, el deber y la prudencia de defenderse de un enemigo tan extraordinariamente avieso y criminal. También entendemos que la humanidad y la religión, al verse ante tal peligro, echen mano de medidas tan extraordinarias como la maldad del enemigo las haga necesarias.

Capítulo IX

Invasión de los bárbaros: triunfo arriano-judío

El prestigiado historiador hebreo Narcisse Leven, en su obra titulada: "Cincuenta años de historia: La Alianza Israelita Universal" -a la que después nos referiremos más ampliamente-, señala entre otras cosas que al triunfar la iglesia en el Imperio Romano y convertirse en la religión oficial, "dirige la fuerza del Imperio contra los judíos", persiguiendo tanto a los judíos públicos en su religión, como a los convertido al cristianismo por las aguas del bautismo, añadiendo: "El 'jus honorem' les es quitado; aun los bautizados son excluidos de las funciones superiores y de la carrera militar; les es prohibido bajo pena de muerte tener comercio con los cristianos, poseer esclavos aun paganos... Justiniano va tan lejos como a rehusar toda fuerza al testimonio de los judíos contra los cristianos delante de los tribunales..." diciendo el escritor israelita, finalmente, que estas disposiciones "...fueron recopiladas en los Códigos de Teodosio II y de Justiniano, siendo derribadas con la invasión de los bárbaros. El Imperio de Oriente las conserva y las renueva, en el Imperio de occidente la invasión de los bárbaros detiene la persecución".[155] Lo más interesante de la legislación de la Roma Cristiana, estriba en que los jerarcas del Imperio y de la Santa Iglesia aprobaron excluir de las funciones superiores y de la carrera militar no sólo a los judíos declarados como tales, sino también a los bautizados. Quiere decir que a los judíos convertidos al cristianismo y a sus descendientes, unos y otros bautizados, se les segregó de los puestos dirigentes del Estado y del ejército. La razón de tales medidas queda patente, si se toma en cuenta que otros autorizados historiadores judíos como Graetz y Cecil Roth, nos confiesan claramente que las conversiones realizadas por los hebreos al cristianismo eran fingidas, ya que aunque practicaran en público dicha religión, en secreto seguían siendo tan hebreos como antes; y que entre tales falsos cristianos, la práctica oculta del judaísmo se transmitía de

---

[155] Narcisse Leven, Cinquante ans d'histoire: L'Alliance Israélite Universelle (1860-1910). París, 1911. Tomo I, pp. 3, 4.

padres a hijos, aunque estos últimos fueran bautizados y vivieran en público como cristianos. Ante tales hechos, es muy comprensible que sabedoras las autoridades de que la conversión para los hebreos, en su casi totalidad, no era más que una farsa y el bautismo otra, cuando se tomaron las medidas para evitar que dominaran el Imperio - eliminándolos de los puestos públicos y de los grados militares- acordaron que se incluyera en tales medidas a los descendientes de judíos, aunque hubieran recibido las aguas del bautismo... Estas medidas de defensa fueron, sin duda, un antecedente remoto de las famosas leyes o estatutos de limpieza de sangre, por los cuales se eliminó de los puestos dirigentes del Estado y de las dignidades de la Santa Iglesia Cristiana -en algunos países- a los cristianos que tuvieran ascendencia judía. Estas leyes de limpieza de sangre fueron aprobadas por los Papas Paulo III, Paulo IV y otros, como medio para impedir que siguieran invadiendo el clero de la Iglesia los falsos cristianos que en secreto eran judíos, es decir, la quinta columna hebrea introducida en el seno de la clerecía y que fue la responsable principal de los triunfos de la herejía en un principio, y lo es, posteriormente, de las revoluciones masónicas y comunistas, como lo vimos en su oportunidad...

La situación de los hebreos en víspera de la caída del Imperio Romano de Occidente, es descrita por el israelita Graetz, como sigue: "El fanatismo de Teodosio II operó también en Honorio, Emperador de Occidente, y por sus absurdas leyes, ambos colocaron a los judíos en esa extraordinaria posición en que los encontraron los nuevos Estados germanos que s formaron. Ya no se permitió más a los judíos desempeñar puestos públicos, ni adquirir grados militares, como antes se les había permitido ocupar".[156] El historiador y gran amigo de los judíos, José Amador de los Ríos, comentando la situación de los hebreos en el Imperio después del Concilio Iliberitano, dice "No podía, en verdad, ser más comprometida ni desconsoladora para los hijos de Israel la situación que, en virtud de semejantes proyectos, le creaban los PP. del Concilio Iliberitano. Animados éstos sin duda del mismo espíritu que, al declinar aquel siglo, iba a resplandecer, según dejamos notado, en la lira de Prudencio, o tal vez interpretando el universal sentimiento de los cristianos, daban insigne muestra de la desdichada animadversión, con que era en todos los confines del mundo saludada la desventurada grey, cuya frente agobiaba la terrible acusación del deicidio"... [157] La lamentable situación jurídica de los judíos descrita por los escritores Graetz y de los Ríos, fue provocada por el eminente peligro que representaban para el Imperio romano la lucha

---

[156] Graetz, obra citada, tomo II, p. 622.
[157] José Amador de los Ríos, Historia de los judíos en España y Portugal. Madrid, 1875. Tomo I, p. 75.

permanente de los fanáticos judíos por infiltrarlo y conquistarlo encubiertamente; ante este esta amenaza al imperio no cabe duda de que la legislación anti judía de los emperadores romanos Teodocio II y Justiniano no era una cuestión racista en un imperio tolerante a todas las razas, religiones y legislaciones usos y costumbres propias de los pueblos conquistados que daba igualdad de oportunidades a los ciudadanos de sus provincias, sino de defensa contra un enemigo emboscado. Los escritores judíos y los filo semitas se lamentan de la situación de los hebreos en los últimos tiempos del mundo romano, pero se cuidan de no mencionar las verdaderas causas que los orillaron a tal situación, siendo digno de tomarse en cuenta que fue, precisamente, cuando la bestia judaica quedó encadenada, cuando el cristianismo logró su triunfo completo en el Imperio, coincidencia muy significativa. Por ello, la invasión de los germanos arrianos fue para los judíos un gran triunfo, aunque fuese solamente temporal...

En efecto, los judíos fundadores y promotores de la secta arriana, informados de los frecuentes intentos de las tribus germánicas del norte por invadir y conquistar al imperio romano de occidente, infiltraron la religión germánica, y por esta razón los líderes judíos seguían una política de amistad y alianza con las tribus germánicas, semejante a la que observaban los cristianos triunfantes en el Imperio Romano. Debido a esta circunstancia, al invadir los bárbaros el Imperio de Occidente, se invirtió la situación de los judíos y de los cristianos: los hebreos volvieron a escalar las gradas del poder y la influencia; y los cristianos, tuvieron que sufrir, sobre todo en algunos lugares, las más crueles persecuciones de los invasores germanos instigados por los judíos. Algunos autores afirman que los hebreos instigaron a los caudillos germanos a invadir el Imperio y que incluso les ayudaron en su labor de conquista. Al respecto encontramos en la "Enciclopedia Judaica Castellana" algo de mucho interés en el vocablo arrianismo, que al referirse al buen trato que daban los invasores germanos a los hebreos, dice: "Como consecuencia del trato tolerante que recibieron, los hebreos por parte de los invasores germanos se solidarizaron con aquéllos en sus guerras contra las monarquías Cristianas. Así, tomaron parte activa en la defensa de Arlés contra el rey franco Clodoveo (año 508) y en la de Nápoles (año 537) contra Justiniano".[158] Además, el historiador hebreo Graetz anota que: "En Italia se tiene noticia de la existencia de judíos desde los tiempos de la República, habiendo estado en pleno goce de los derechos políticos, hasta que les fueron arrebatados por los emperadores cristianos...".[159] Los hebreos probablemente vieron como un

---

[158] Enciclopedia Judaica Castellana. Vocablo arrianismo. Tomo I, p. 514, col. 1.
[159] Graetz, obra citada, tomo III, p. 27.

gran triunfo de la conspiración judía, la caída de Roma y se regocijaron al ver la ciudad que regía al mundo convertida en presa de los bárbaros. Es evidente que a los judíos no les conviene reconocer que fueron en gran parte responsables de la destrucción del Imperio Romano y de las catástrofe que ese hecho significó para la civilización, pero ese placer que sintieron con la caída de Roma y la afirmación general de que se solidarizaron con los invasores germánicos "en sus guerras contra las monarquías Cristianas", hace recordar que la principal monarquía Cristiana contra los que lucharon los invasores germanos infiltrados por Arrió, fue precisamente el Imperio Romano de Occidente.

Para esclarecer la verdad histórica y deslindar responsabilidades será necesario que se trate de explicar esto, tomando en cuenta que a nadie más que a los judíos convenía la destrucción del orden entonces imperante y la sustitución por otro favorable a ellos. La casi totalidad de las tribus germanas que invadieron el Imperio eran arrianas, destacando entre las pocas excepciones, la de los francos, que abrazó el cristianismo desde un principio. El escritor filosemita J. Amador de los Ríos describe el cambio político operado con las invasiones bárbaras, dice, refiriéndose a la Península Ibérica: "Fue así como, abriéndole la tolerancia arriana las vías de una prosperidad desacostumbrada, aumentábase prodigiosamente en el suelo ibérico la grey israelita durante la primera época de la dominación visigoda, y como, merced a su inteligencia y sus riquezas, alcanzaba dentro del Estado no escaso valimiento e importancia. Levantándose al ejercicio de los cargos oficiales, lo cual les daba inusitada representación en la república...".[160] A su vez, el historiador hebreo Cecil Roth, se refiere también al hecho de que los visigodos arrianos favorecían a los judíos, en contraste con los cristianos, que eran perseguidos.[161] Un ejemplo que demuestra la buena situación de que gozaban los judíos en las tierras conquistadas por los nórdicos, en contraste con la que disfrutaban en los reinos cristianos, nos la describe el historiador judío Graetz, quien, después de narrar que en el Imperio Bizantino, entonces cristiano, uno de los emperadores había echado a los judíos de su sinagoga, convirtiéndola en la iglesia de "La madre de Dios" y que en medio de tantas persecuciones los hebreos habían tenido que llevar, de un lugar a otro, los vasos sagrados del Templo de Salomón, hasta conducirlos a un lugar seguro que fue Cartago, entonces bajo el dominio de los germanos invasores, cuenta que: "...Permanecieron cerca de un siglo. Y fue con gran dolor que los judíos de la capital bizantina presenciaron su transporte a Constantinopla, por Belisario el Conquistador del Imperio de los

---

[160] José Amador de los Ríos, obra citada, tomo I, p. 79.
[161] Cecil Roth, Historia de los marranos, pp. 15, 16.

Vándalos. Los trofeos judíos fueron llevados en son de triunfo, junto con Gelimer, el Príncipe de los Vándalos, y nieto de Genserico, y en unión de los tesoros del infortunado monarca".[162]

Durante el desgarramiento del Imperio Romano de Occidente por los bárbaros germánicos, los judíos se dedicaron en gran escala al comercio de esclavos. A este respecto, el israelita Graetz constata que: "Las repetidas invasiones de las tribus bárbaras y las numerosas guerras habían incrementado el número de prisioneros y los judíos llevaban a cabo un animado comercio de esclavos, aunque no eran los únicos que lo hacían".[163] Es bueno hacer notar que los judíos han desempeñado un papel capital en el comercio de esclavos a través de la historia y que en los siglos XVII y XVIII fueron los principales mercaderes de este infame comercio, capturando en África a los infelices negros y arrancándolos despiadadamente de sus hogares, para venderlos como siervos en distintas partes del mundo, principalmente en América del Norte y del Sur.

---

[162] Graetz, obra citada, tomo III, p. 26.
[163] Graetz, obra citada, tomo III, pp. 28, 29.

Capítulo X

Victoria cristiana

La conquista por parte del Imperio Romano de Oriente de grandes territorios dominados por los bárbaros germanos y la conversión al cristianismo de todos los monarcas germanos, antes pertenecientes a la secta del judío Arrió, cambiaron una vez más la situación de Europa con el triunfo logrado por el cristianismo sobre esta herejía; triunfo que como era natural iba a modificar otra vez la situación de los judíos, haciéndoles perder su posición privilegiada y su posibilidad de seguir hostigando a los cristianos. Es preciso notar que la influencia de los judíos arrianos sobre las tribus germánicas invasoras era débil, ya que ésta dependía, principalmente, de la conversión y fidelidad de los reyes germanos a la herejía; de manera que cuando éstos fueron ganados para el cristianismo, debido a la incansable labor evangelizadora de la Santa Iglesia, el arrianismo recibió un golpe mortal. No es de extrañar que después de tantos abusos y desmanes cometidos por los hebreos bajo la protección de los germanos arrianos, a su hundimiento se provocara una verdadera reacción anti judía en los países nuevamente conquistados para la Iglesia de Roma. Hasta José Amador de los Ríos, tan favorable a los hebreos, después de mencionar el hecho de que los judíos de la época arriana escalaron los puestos de gobierno y obtuvieron inusitada influencia adquiriendo esclavas y mancebas cristianas, contra lo dispuesto por el Concilio Iliberitano, convertido en letra muerta por los arrianos, dice: "Tan estimadas prerrogativas, no concedidas al pueblo hispano-latino respecto de la grey visigoda, contradiciendo terminantemente al Concilio Iliberitano, si pudieron por algún tiempo lisonjear el orgullo de los descendientes de Judá, mostrando su preponderancia, iban no obstante a comprometer gravemente su provenir, al levantarse vencedora sobre los errores de Arrió la doctrina del cristianismo".[164] Por otra parte, los judíos trataron a toda costa de impedir el triunfo de los ejércitos cristianos. Así, aun en el caso del reino ostrogodo establecido en Italia, donde los hebreos ya habían empezado a tener choques con Teodorico, vemos cómo al surgir la amenaza de invasión del emperador cristiano Justiniano, apoyaron los

---

[164] José Amador de los Ríos, Historia de los judíos en España y Portugal, tomo I, p. 80.

judíos resueltamente a su amigo arriano, el rey Teodato, sucesor de Teodorico, con tenacidad y fanatismo. Después, cuando los ejércitos de Justiniano atacaron la plaza de Nápoles, los habitantes de la ciudad se dividieron en dos bandos: uno por la capitulación y otro por la guerra. En este caso, el partido belicista no estaba dispuesto a sacrificarse por los ostrogodos que, según afirma Graetz, eran odiados en toda Italia. Y sobre el particular, recalca dicho autor judío: "Sólo los judíos y los letrados Pastor y Asclepiodoto, que se habían encumbrado gracias a la influencia de los reyes ostrogodos, se opusieron a la rendición de la ciudad al general bizantino. Los judíos que eran ricos y patriotas (en ningún país donde han residido las comunidades judías, han sido patriotas, sino que han luchado por someter las naciones al imperio judío), ofrecieron sus vidas y sus fortunas por la defensa de la ciudad (defendían sus propios intereses no los del pueblo italiano). Y con el fin de allanar el temor de la escasez de provisiones, ellos prometieron surtir a Nápoles con todo lo necesario durante el sitio".[165]

Dado lo extenso de este trabajo no nos es posible seguir citando ejemplos de esta naturaleza, pero es indudable que en todas partes los judíos trataron desesperadamente de impedir el triunfo del cristianismo sobre el arrianismo. Con respecto a lo que sucedió después de la victoria decisiva de la Santa Iglesia, es muy elocuente lo ocurrido en el reino visigodo, que habiendo sido la más poderosa monarquía que lograron fundar los bárbaros seguidores de Arrió, y fue considerada como el principal baluarte del arrianismo, donde, como se ha visto, los hebreos lograron escalar los puestos de gobierno y tener privilegiada influencia, el triunfo de la iglesia sobre el arrianismo dio un giro a la situación privilegiada de los hebreos en el reino visigodo. El historiador hebreo Cecil Roth apunta que, convertidos los visigodos al cristianismo "...empezaron a demostrar el celo tradicional de los neófitos. Los judíos sufrieron de inmediato las desagradables consecuencias de semejante celo. En 589, entronizado Recaredo, la legislación eclesiástica comenzó a serles aplicada en sus menores detalles. Sus sucesores no fueron tan severos; pero subido Sisebuto al trono (612-620), prevaleció el más cerrado fanatismo. Instigado quizá por el emperador bizantino Heraclio, que publicó en 616 un edicto que ordenaba el bautismo de todos los judíos de su reino, so pena de destierro y pérdida de todas sus propiedades. Según los cronistas cristianos, noventa mil abrazaron la fe cristiana".[166] En el Imperio Bizantino también se aprobaron medidas tendientes a lograr la conversión de los hebreos al cristianismo. La "Enciclopedia Judaica

---

[165] Graetz, obra citada, tomo III, p. 32.
[166] Cecil Roth, Historia de los marranos, p. 16.

castellana" dice que Justiniano "...ordenó la lectura de la "Thorá" (Biblia) en griego, esperando la conversión de los judíos por este método, y en 532, declaró nulo todo testimonio de un judío contra un cristiano"

Esta medida fue hecha ley con posterioridad en casi toda la Cristiandad, teniendo como lógico fundamento el que los judíos, al serles inculcado desde que nacen el odio contra la ley y las instituciones de los gentiles, hicieron tan general su falso testimonio, que hubiera sido pueril darles crédito. Por ello, se negó toda validez judicial al testimonio de un judío contra un cristiano, siendo además comprobado a través de los siglos, que para el judío la mentira y el engaño son una de sus más utilizadas y eficientes armas de lucha...

Todas las medidas que se tomaron en los Estados cristianos para provocar la conversión de los judíos, desde el convencimiento pacífico hasta la violencia, fueron originadas por el celo apostólico de la Santa Iglesia, deseosa de convertir infieles a la verdadera religión; y por otra parte, porque tanto la Santa Iglesia como los Estados cristianos, comprendieron la necesidad vital de acabar con la Sinagoga de Satanás, ya que en realidad, eran un grupo de extranjeros infiltrados en los estados cristianos, conspirando siempre contra la Iglesia, contra el Estado y la sociedad; por lo cual eran un peligro permanente tanto para la estabilidad de las instituciones como para la defensa de esos pueblos contra sus enemigos exteriores, máxime cuando los hebreos habían demostrado estar siempre prestos a traicionar al país que benévolamente les daba hospitalidad -si así convenía a sus intereses bastardos-, ayudando a los invasores extranjeros y socavando la entrañas mismas de la infeliz nación que les brindaba albergue.... Un camino para solucionar tan tremendo problema, parecía ser el de aniquilar la nefasta secta del judaísmo, convirtiéndola a la fe cristiana. Al dejar todos ellos de ser judíos y asimilarse al pueblo en cuyo territorio vivían e incorporándose a su religión cristiana, a la vez qu desaparecería esa quinta columna extraña -peligrosa para cualquier nación- se lograba la salvación de sus almas en la fe de Nuestro Divino Redentor. Estos fueron los razonamientos que indujeron al muy cristiano rey visigodo Sisebuto a ordenar a los judíos de su reino que se bautizaran, bajo las razones que tuvo presentes el no menos cristiano emperador bizantino Basilio I, el Macedonio (años 867-885), quien forzó a los judíos a tomar las aguas del bautismo, ofreciendo a los que lo hicieran toda clase de honores y exenciones de impuestos.[167] Desgraciadamente todas las medidas fracasaron. Lo único que se logró fue

---

[167] Sobre esta conversión forzada en el Imperio Bizantino, véase la Enciclopedia Judaica Castellana, vocablo Bizantino (Imperio), tomo II, p. 289, col. 1.

fomentar las conversiones fingidas, como lo asegura el historiador israelita Cecil Roth, pues los hebreos mantuvieron en secreto su adhesión al judaísmo, con lo que se aumentó enormemente el contingente de la quinta columna judía en el seno de la Santa Iglesia y los Estados cristianos.

Dice la Enciclopedia Judaica que con la conversión realizada en tiempos del emperador Basilio: "Más de mil comunidades se vieron obligadas a someterse al bautismo pero volvieron a su religión primitiva después de la muerte del Emperador".[168] No dio mejores resultados la conversión en masa de los judíos del Imperio Visigodo realizada en tiempos de Sisebuto. El judío Cecil Roth dice: "...la notoria infidelidad de los recién convertidos y sus descendientes continuó siendo uno de los grandes problemas de la política visigoda, hasta la invasión árabe en el año de 711".[169] De nada sirvieron tampoco todas las medidas que se tomaron en contra de la infidelidad de los conversos del judaísmo y de sus descendientes, ya que esos falsos conversos fueron sometidos a la rigurosa vigilancia gubernamental, que llegó hasta el extremo de separar de los sospechosos de cripto judaísmo a sus hijos, para que éstos fueran criados en una atmósfera cristiana incontaminada. De igual forma, afirma el mismo historiador hebreo que: "...en cuanto se relajó la vigilancia gubernamental, los recién convertidos aprovecharon la oportunidad para retornar a la fe primitiva". Termina Roth esta exposición con la conclusión de que con todos estos hechos se había iniciado en la Península Ibérica la tradición marrana,[170] es decir, la tradición del judaísmo subterráneo cubierto con la máscara del cristianismo. Alarmados los Papas y muchos reyes cristianos por los falsos conversos que estaban inundando la Santa Iglesia, tomaron medidas para prohibir e impedir que se convirtiera a los judíos por la fuerza; entre otras, podemos citar la que nos relata la "Enciclopedia Judaica Castellana", que dice a este respecto "León VI, el Filósofo (emperador bizantino), hijo de Basilio, restauró la libertad religiosa, con objeto de evitar la existencia de falsos cristianos".[171]

El Papa San Gregorio comprendió este problema en toda su magnitud, así como el enorme peligro que significaban para la Santa Iglesia los falsos conversos, por lo que dictó órdenes terminantes prohibiendo que se persiguiera a los judíos o se les obligara en alguna forma a convertirse. Los obispos, acatando tales instrucciones, se opusieron a todo lo que significara forzar la conversión de los hebreos aunque reduciéndolos a la impotencia para que no pudieran subvertir y envenenar la sociedad

---

[168] Enciclopedia Judaica Castellana, vocablo Bizantino (Imperio), tomo II, p. 289.
[169] Cecil Roth, obra citada, p. 16.
[170] Cecil Roth, obra citada, p. 17.
[171] Enciclopedia Judaica Castellana, vocablo Bizantino (Imperio), tomo II, p. 289.

cristiana. El historiador judío Graetz, en relación con estas medidas hace un comentario interesante: "Pero la tolerancia incluso de los obispos más liberales no tenía gran significación. Ellos se reducían a abstenerse de hacer proselitismo, por medio de las amenazas de destierro o de muerte, porque ellos estaban convencidos que por estos medios la Iglesia se vería poblada con falsos cristianos que la maldecirían en lo más íntimo de su corazón. Pero ellos no dudaron en encadenar y acosar a los judíos, y colocarlos muy cerca de los siervos, en la escala de la sociedad. Esta manera de proceder pareció por completo justa y piadosa a casi todos los representantes de la Cristiandad durante los siglos de barbarie".[172] Aquí resume el historiador israelita uno de los aspectos de la nueva política que habían de seguir algunos Papas de la Santa Iglesia durante la Edad Media. Convencidos de lo peligroso que era obligar a convertirse a los judíos. Por medio de la persecución o de las amenazas, trataron de impedir tales conversiones forzadas, declarándolas incluso anticanónicas. Al mismo tiempo se tomaban medidas enérgicas en contra de los falsos conversos y de sus descendientes: los falsos conversos judaizantes.

Algunos Papas y reyes dieron libertades a los judíos para que practicaran en público su religión, tratándolos con tolerancia y hasta otorgándoles protección contra injustas agresiones, pero también ese nuevo tipo de política fracasó al chocar con la maldad y perfidia del judaísmo, que lejos de agradecer la bondad de algunos Sumos Pontífices, no cesó de aprovechar la indulgencia para tramar y preparar toda clase de conspiraciones en contra de la Iglesia y del Estado. Esta obstinación obligaba luego a los Papas a cambiar de política, intentando impedir que la bestia judaica desencadenada lo arrasara todo, tratando de atarla de nuevo para que no pudiera seguir haciendo daño. Tal es la verdadera explicación de lo que podría parecer una política contradictoria respecto a los judíos, seguida por unos y otros Papas. Podría compararse con el caso de un hombre virtuoso y honesto que tuviera por vecino a un criminal sanguinario y que aun conociendo su maldad, tratara de llevar a cabo buenas relaciones con él, dándole un trato benévolo y cristiano, llevado por sus buenos sentimientos, pero que al darse cuenta de que se aprovechaba de esa benevolencia para devolverle mal por bien, para causarle a él y a su familia daños irreparables, reaccionara en forma enérgica, tratando de defenderse y de poner fuera de combate a su adversario, haciendo uso del derecho de legítima defensa. Además, es preciso hacer constar que los Papas y los reyes no representaban intereses particulares como los del vecino del ejemplo antes citado, sino los intereses de la Iglesia y de sus estados cristianos. Es, por lo tanto,

---

[172] Graetz, History of the Jews, tomo III, pp. 25, 26.

explicable que al ver que las medidas de tolerancia con el enemigo daban resultados catastróficos, se viera la urgencia de tomar medidas enérgicas para salvar a la Cristiandad de las asechanzas de la Sinagoga de Satanás. Desgraciadamente estas fluctuaciones en la política de los jerarcas cristianos fueron a la larga nocivas para la Santa Iglesia y para la Cristiandad. Si se hubiera seguido sin interrupción la acción enérgica dirigida contra el judaísmo por los Padres de la Iglesia y por muchos Papas y concilios, quizá se hubiera conjurado a tiempo la amenaza del imperialismo judaico que actualmente está por arrollarlo todo y derrotar a la Iglesia conduciendo a los fieles al precipicio de la perdición eterna.

Capítulo XI

El Concilio III Toledano elimina a los judíos de los puestos públicos

Cuando el rey visigodo Recaredo se convirtió del arrianismo al cristianismo la secta del hebreo Arrió recibió un golpe decisivo, ya que como se ha dicho, el Imperio Visigodo era el baluarte de la herejía. Todavía quedaban, a la sazón, tristes recuerdos y heridas abiertas por la sangrienta persecución desatada por el arriano Leovigildo en contra de los cristianos, persecución en la que habían participado cruelmente los judíos, por lo que en la España gótica era general el resentimiento del pueblo cristiano en contra de la grey de Israel. Es explicable que al abjurar los jerarcas visigodos de la herejía arriana y adoptar el cristianismo, se tomaran una serie de medidas adecuadas para frenar la expansión dominadora de los judíos. El escritor filo judío, José Amador de los Ríos, reconoce al respecto que: "Abiertas tenían, en efecto, los hebreos las puertas de los cargos públicos, a cuya posesión los habían subido los reyes arrianos: dado les era introducirse en la familia cristiana por medio del matrimonio, lo cual facilitaban grandemente su posición y sus riquezas, asegurándoles para lo futuro no escaso influjo en el Estado: desvanecidos por su fortuna y su poder, habían tenido acaso alguna parte en la última y más dolorosa persecución ejecutada por los arrianos contra los cristianos, durante el reinado de Leovigildo. No era, por tanto, despreciable y pueril recelo el temor de los PP. Toledanos, conocidos el interés que al triunfar el cristianismo representaban y la causa que defendían; y apoyados en el ejemplo del Sínodo Iliberitano, propusiéronse refrenar en cierto modo a los israelitas, reduciéndolos a la impotencia contra los cristianos..."[173]

Entre los cánones del Concilio III de Toledo aprobados con tal objeto, destaca por su importancia el canon XIV, que refiriéndose a los judíos, dice: "Que no se les confieran cargos públicos en virtud de los cuales

---

[173] José Amador de los Ríos, Historia de los judíos en España y Portugal, tomo I, p. 82.

puedan imponer penas a lo cristianos".[174] Este ordenamiento de la Santa Iglesia Cristiana no podía estar más justificado, ya que los hebreos siempre han utilizado los puestos de gobierno conquistados por ellos -en los pueblos que les brindan hospitalidad- para causar perjuicios a los cristianos beneficiando a los de su propia comunidad, en una u otra forma; siendo indudable que si lo metropolitanos y obispos del Concilio III Toledano hubiera vivido en nuestros días, hubieran sido acusados de cruel antisemitismo por la quinta columna judía introducida en el clero cristiano. También ordenaban los prelados del Concilio III de Toledo que: "Si algunos cristianos hubieren sido manchados por ellos con el rito judaico, o circuncidados, sean restituidos en la libertad y religión cristiana, sin rescate alguno".

El mencionado historiador, J. Amador de los Ríos, comentando otras disposiciones anti judías del santo Concilio III Toledano, dice: "Aspiraban los PP., al aconsejar a Recaredo estas represivas disposiciones, como punto más principal y de mayor trascendencia, a segundar el propósito de los de Elbira, negando a los hebreos toda alianza y mezcla con la raza hispano- latina, dado que la visigoda habíase mantenido hasta entonces, y se mantuvo mucho tiempo después, inaccesible a las gentes por ella dominada".[175] Entre las disposiciones del referido Concilio Toledano figuran las de prohibir a los judíos comprar esclavos cristianos; disposiciones éstas congruentes con las órdenes dadas en igual sentido por S.S. el Papa San Gregorio el Magno, que al mismo tiempo que se oponía firmemente a las conversiones forzadas de judíos y a toda clase de opresiones que les obligaran a convertirse en falsos cristianos, les prohibía terminantemente poseer esclavos cristianos, y combatía con energía cualquier manifestación de judaísmo subterráneo practicado por quienes aparecían en público como cristianos. Es muy interesante al respecto un caso que nos cita el historiador israelita Graetz, quien dice del Papa San Gregorio que: "Habiendo oído que un judío llamado Nasas había erigido un altar a Elijah, (probablemente una sinagoga conocida por ese nombre) en la isla de Sicilia, y que cristianos se reunían allí para celebrar el servicio divino (judío), Gregorio ordenó al prefecto Libertino derrumbar el edificio e imponer pena corporal a Nasas por esa ofensa. Gregorio persiguió vigorosamente a los judíos que compraban o poseían esclavos cristianos. En el Imperio de los francos, donde el fanatismo no había todavía arraigado, los judíos no tenían prohibido participar en el comercio de esclavos. Gregorio estaba indignado por esto y escribió al rey Teodorico

---

[174] Juan Tejada y Ramiro, Colección de cánones de todos los concilios de la Iglesia de España y América. Madrid, 1859. Tomo II, p. 304.
[175] José Amador de los Ríos, obra citada, tomo I, p. 83.

(Dieterich) de Burgundia, a Teodoberto rey de Austrasia, y también a la reina Brunilda expresando s asombro de que ellos permitieran a los judíos poseer esclavos cristianos. El los exhortó con gran celo a que remediaran ese mal y a que liberaran a los verdaderos creyentes del poder de su enemigo. Recaredo, rey de los visigodos que se sometió a la Santa Sede, fue halagado en gran medida por Gregorio para que promulgara un edicto de intolerancia".[176] Se ve pues, que las medidas de encadenamiento de la bestia judaica aprobadas por el visigodo Recaredo fueron inspiradas, según afirma el judío Graetz, ni más ni menos que el por el Papa San Gregorio Magno, que durante algún tiempo trató, en vano, de ganarse a los judíos por medio de la bondad y de la tolerancia.

Es interesante hacer notar que el Papa San Gregorio Magno, al mismo tiempo que rechazaba las conversiones forzadas, alimentó la esperanza de evangelizar a los hebreos por medios pacíficos. Pero sabedor de que las conversiones, por lo general, eran fingidas y falsas, esperaba que cuando menos los hijos de los conversos arraigaran sinceramente en el cristianismo. A este respecto dice claramente el mencionado historiador hebreo, refiriéndose a San Gregorio: "El, sin embargo, no se engañaba creyendo que los conversos que fueran obtenidos de esta manera fueran leales cristianos, pero él tomaba en cuenta a sus descendientes. 'Si nosotros no los ganamos a ellos, al menos ganaremos a sus hijos'".[177] Decía el citado escritor, que era muy digno de notar, que el propio Papa San Gregorio Magno -de tan ilustre memoria en la historia de la Iglesia- ya sabía que las conversiones de los judíos al cristianismo eran falsas y lo que pretendía con ellas era ganarse a los hijos educados ya cristianamente. Desgraciadamente la maldad y la perfidia del judaísmo hacen que fallen hasta los cálculos más lógicos en apariencia. Ya vimos en el capítulo II de esa Cuarta Parte cómo el historiador israelita Cecil Roth afirma que el marranismo, es decir, el judaísmo clandestino, se caracteriza por la transmisión de padres a hijos de la secreta religión judía, ocultada por las apariencias de un cristianismo practicado en público por los marranos. Por ello, los cálculos de todos los jerarcas de la Iglesia y de los Estados cristianos - basados en la idea de que aunque las conversiones fueran fingidas y falsas podría convertirse a los descendientes de los conversos en buenos cristianos- fallaron lamentablemente a lo largo de los siglos, como lo iremos analizando en su oportunidad.

---

[176] San Gragorio Magno, citado por Graetz en History of the Jews, tomo III, pp. 33, 34.
[177] Graetz, obra citada, tomo III, p. 33.

Capítulo XII

El Concilio IV Toledano declara sacrílegos y excomulgados a obispos y clérigos que apoyen a los judíos

Una de las causas principales del triunfo lento pero progresivo del imperialismo judaico en los últimos mil novecientos años, ha sido la mala memoria de los cristianos y gentiles que mientras son educados no son enterados de la lucha que libra Israel en contra de los cristianos y musulmanes desde hace dos mil años y ajenos al peligro judío siempre están prestos a olvidar el pasado y no tomar en cuenta que la historia es la maestra de la vida; mientras los judíos son permanente e intensamente educados e inducidos a luchar por la supremacía judía; Siempre que los judíos - valiéndose de su inmensa habilidad para engañar al prójimo- lograban la confianza de los magnates cristianos, de eclesiásticos y seglares, podían irse adueñando de los puestos de gobierno y adquiriendo gran influencia dentro de la sociedad cristiana. Este poder, adquirido de tal forma, era utilizado por ellos para causar perjuicios a los ingenuos que les habían abierto las puertas y para conspirar con mayores probabilidades de éxito en contra de la santa Iglesia o de los Estados cristianos; es entonces cuando surgía la reacción defensiva de los sectores amenazados por la bestia desencadenada, los cuales, tras difíciles luchas y después de vencer innumerables obstáculos, volvían a amarrarla para impedir que siguiera haciendo daño a la Iglesia, al Estado y a la cristiandad. Así vemos que muerto Recaredo y olvidados los motivos que habían justificado la exclusión de los judíos de los puestos públicos, volvieron a ser admitidos en el desempeño de los mismos y a reincidir en sus malos hábitos, que habían provocado las acertadas sanciones del Concilio III Toledano. De esta forma, constituyeron nuevamente un grave problema en el Imperio Gótico. Por ello, lo primero que intentó Sisebuto al ser electo en el año 612 por el voto de los magnates visigodos y la sanción del episcopado, fue poner coto a los abusos de los hebreos, haciendo efectivos los cánones del Concilio III Toledano, que por negligencia o condescendencia de gobiernos anteriores se habían dejado de aplicar en gran parte, sobre todo la prohibición rigurosa que impedía que los judíos pudiesen comprar siervos cristianos.

J. Amador de los Ríos afirma al respecto: "Sisebuto, firme en su empeño de separar la raza hebrea de la cristiana, quitando a la primera todo poder sobre la segunda, mandaba que fuesen restituidas a la corona todas las rentas, beneficios o donaciones, obtenidas con engaño de los reyes que le habían precedido..." Manifestándo el citado historiador que con su afán de restablecer en todo su vigor las disposiciones de Recaredo, Sisebuto se "...ganaba para sí la aprobación del episcopado y el aplauso de los cristianos..." y en cambio, la pertinaz oposición de los israelitas, "...ya calificados con el duro título de "pravedad judaica".....".[178] Por fin Sisebuto se resolvió a extirpar el mal de raíz, eliminando de su Imperio a esa comunidad de extranjeros perniciosos que no dejaba vivir en paz ni a la nación visigoda ni a la grey hispano latina, ya que aquéllos constituían una constante amenaza para la Iglesia y el Estado. Pronunció fulminante edicto, expulsando de su Imperio a todos los dependientes de judíos, pero cometiendo el error gravísimo de exceptuar de esta medida a los que se convirtieran al cristianismo, ya que la mayoría prefirió quedarse, bautizándose; y como lo ha dicho el escritor hebreo Cecil Roth, semejantes conversiones fueron fingidas y tuvieron sólo por consecuencia sustituir el judaísmo que practicaban abiertamente como su religión, por un judaísmo oculto o clandestino que después ejercieron en secreto, con lo que se fortaleció su quinta columna, organización mucho más peligrosa que la pública.

El historiador jesuita Mariana, hablando de esta conversión general de los hebreos ibéricos, dice que, publicado el edicto de Sisebuto "...gran número de judíos se bautizó, algunos de corazón, los más fingidamente..."; agregando después que los judíos que recibieron las aguas deL bautismo para hurtarse del edicto de Sisebuto, al morir éste en 621 "...volvieron con mayor empeño a abrazar las creencias de sus mayores..."...[179] La falta de memoria de los gobernantes cristianos, tan desastrosa en sus consecuencias para nosotros y tan útil para los hebreos, hizo que en el curso de la Historia, olvidándose los cristianos y gentiles de las lecciones del pasado, reincidieran al tratar de solucionar el terrible problema judío, ordenando la expulsión de la quinta columna pero dejándoles la válvula de escape de la conversión, con lo que solamente se logró empeorar las cosas, ya que la mayoría prefería quedarse, convirtiéndose falsamente al

---

[178] José Amador de los Ríos, obra citada, tomo I, pp. 85, 87.
[179] Juan de Mariana, S.J., Historia General de España. Valencia, 1785. Libro VI, Cap. II.

cristianismo y engrosar una quinta columna que se volvía cada vez más sutil, más secreta y, por lo tanto, muchísimo más peligrosa. La expulsión de todos los judíos del Imperio Gótico habría solucionado el problema si ésta hubiera sido total y si no se les hubiera dado a los hebreos la oportunidad de burlarla con las aparentes conversiones. Por otra parte, la expulsión era justificada, ya que el dueño de una casa tiene todo el derecho de despedir a un huésped si éste, lejos de agradecer la hospitalidad recibida, conspira para despojarlo de su propiedad, robarlo o crearle problemas... Es muy significativo al respecto el comentario que hace el judío Graetz en relación con el edicto de expulsión de Sisebuto, al decir que: "Con esta persecución fanática Sisebuto allanó el camino para la disolución del Imperio Visigodo".[180] Se refiere, indudablemente, al hecho de que la complicidad de los judíos facilitó el triunfo de los mahometanos invasores.

La realidad es que desde la conversión de los visigodos al cristianismo y su abjuración del arrianismo, los hebreos no cesaron de conspirar contra el nuevo orden de cosas; si hubo algún error en Sisebuto o sus sucesores, fue el de no haber expulsado totalmente a los conspiradores extranjeros introducidos en su territorio, los cuales, en verdad, facilitaron desde dentro la conquista árabe. Sin hebreos en el territorio godo no se hubiera podido realizar la labor de espionaje, la entrega de plazas y las defecciones en el ejército de don Rodrigo, tal como sucedió. El error de los godos fue haber dejado que se quedaran los judíos en sus tierras, con el subterfugio de la falsa conversión. Siempre es peligroso dejar subsistente cualquier tipo de quinta columna. Es muy importante hacer notar que Sisebuto estaba consciente de la falta de firmeza por parte de los cristianos para seguir una política definitiva en contra de sus enemigos, y también de la mala memoria de la gente en relación con las lecciones que la Historia les había brindado en el pasado. Por eso hizo lo indecible para impedir que sus sucesores, cayendo presa de los hábiles engaños de los judíos, fueran a revocar las leyes que en defensa de la Iglesia y del Estado habían promulgado. La legislación que dejó al respecto y que fue perpetuada en el Fuero Juzgo, fue muy especialmente recomendada a sus sucesores por le mismo Sisebuto, para que éstos empleasen todo rigor en la observancia de las leyes anti judías, so pena de verse difamados entre los hombres, y al morir ser lanzados de la grey de los fieles de Cristo y arrojados entre los hebreos para que ardiesen perpetuamente en las rabiosas llamas del infierno.[181] Y no andaba tan equivocado Sisebuto que bien conocía las

---

[180] Graetz, obra citada, tomo III, p. 49.
[181] Fuero Juzgo, Libro XII, Título II, Ley 14. La fórmula de maldición contra los reyes que no observaron la legislación antijudía, dice así: "Sit in hoc saeculo ignominiosior cunctis hominibus...Futuri etiam examinis terribile quum patuerit tempus, et metuendus Domini

pertinaces flaquezas de los jerarcas cristianos, ya que apenas murió éste, el nuevo rey Swintila sucumbió rápidamente ante esa hábil labor de los hebreos, que tienen el don supremo de inspirar confianza a sus futuras víctimas a quienes envuelven con un trato en extremo cordial, fingiendo una amistad y una lealtad que encubre sus negros propósitos y haciéndose aparecer como víctimas de las más infames injusticias. Lograron con sus clásicos enredos ganarse a Swintila quien haciendo a un lado las exhortaciones de Sisebuto a sus sucesores para que no modificaran las leyes anti judías de defensa del reino ignorando las maldiciones lanzadas contra quienes las desacatasen, repudió toda la legislación anti hebrea, y con ella el edicto de expulsión de los judíos, pudiendo los falsos conversos que así lo quisieron, volver a practicar en público su judaísmo y regresar al país del que habían sido expulsados.

A este respecto, el judío Graetz, mejor informado que el Padre Mariana de los asuntos internos del judaísmo, dice que: "A pesar del bautismo los judíos conversos no habían abandonado su religión". Graetz no hace la insinuación que hace Mariana de que aunque la mayoría se hubiera convertido fingidamente, algunos lo hubiesen hecho de corazón. Por otra parte, sigue diciendo Graetz que en la época del filo semita Swintila, "El acto del bautismo era considerado suficiente en este período, pero nadie se preocupaba por investigar si los conversos todavía retenían sus antiguas costumbres y usos. El noble rey Swintila, fue sin embargo destronado por una conspiración de los nobles y del clero, que pusieron en su lugar a Sisenando, dócil instrumento de ellos.[182] Aquí el judío Graetz hace mención a un estado de cosas que es ideal para los falsos conversos del judaísmo, a cuya virtud se acepta que con el solo bautismo ya se convirtieron en sinceros cristianos, sin que nadie se preocupe de investigar si los conversos y sus descendientes practican el judaísmo en secreto. ... Esta es, precisamente, la actual situación de los descendientes de los falsos conversos que actúan libremente como poderosa quinta columna dentro de la Iglesia, causando daños catastróficos a la Cristiandad, sin que nadie abra una investigación efectiva para descubrir quién es judaizan en secreto, tanto porque de la gran mayoría ya se ha perdido el rastro de su origen judío, como porque dejó de ser un motivo de persecución; pero no es necesario investigar a fondo los antecedentes judíos de los dignatarios eclesiásticos sino que sus acciones y palabras que atentan contra la fe en Cristo, su vida, ejemplo, enseñanzas, trascendencia y divinidad, que sustentan la doctrina de la Iglesia y la unidad del cristianismo, los delatan;

---

adventus fuerit reservatus, discretus a Chisti grege perspicuo, ad laevam cum hebraeis exuratur flammis atrocibus..." etc.
[182] Graetz, obra citada, tomo III, p. 49.

porque actualmente la conjura contra la Iglesia y la traición o apostasía a Cristo y sus enseñanzas, no se queda en las palabras pronunciadas en secreto sino que las acciones y las palabras apostatas son expresadas y promovidas públicamente en los Sínodos y los Concilios.... En cambio, en otras épocas de la monarquía visigoda se vigilaba con cuidado a los conversos y a sus descendientes para descubrir quiénes practicaban ocultamente el rito judaico. Es natural que al amparo de la protección de Swintila, los judíos recuperaran gran poder en el reino, haciendo peligrar de nuevo las instituciones cristianas, lo que explica y justifica la conspiración del clero cristiano para derrocar al traidor monarca, elogiado -claro está por los hebreos, como bondadoso liberal.

San Isidoro de Sevilla, otro de los más ilustres Padres de la Iglesia, fue el caudillo de esta nueva lucha contra la Sinagoga de Satanás, quien después del derrocamiento del infidente Swintila y de la coronación de Sisenando, organizó y dirigió el Concilio IV Toledano, tan autorizado en doctrina eclesiástica. ... Lo más grave de esta situación era que los conversos del judaísmo y sus descendientes, siguiendo su tradicional costumbre, hacían ingresar a sus hijos al sacerdocio cristiano para que pudieran incluso escalar y obtener las sedes episcopales, empleándolas para ayudar a los judíos en sus conjuras contra la fe Cristiana, caso típico de la actividad de la quinta columna hebrea introducida en la Iglesia, cuya acción destrucTorah se ha seguido manifestando hasta nuestros días. En otros casos, los hebreos recurrían al sistema iniciado por su predecesor el judío Simón el Mago, comprando los favores de los clérigos, que aunque no eran judíos subterráneos, vendían su apoyo a la causa del demonio, al igual que su antecesor Judas Iscariote, uno de los doce elegidos... La traición, encumbrada en las altas esferas de la Santa Iglesia, provocó la indignación del Concilio IV Toledano y de su caudillo, San Isidoro de Sevilla, llevando a los metropolitanos y obispos reunidos a consignar en los sagrados cánones una serie de disposiciones no sólo tendientes a conjurar a tiempo la amenaza judaica, sino también a refrenar y castigar las traiciones en el alto clero, más peligrosas para la Santa Iglesia y para los estados cristianos que ningunas otras. Así, entre los cánones aprobados con tales fines, destacan los siguientes:

Canon LVIII.- "De aquellos que prestan auxilio y favor a los judíos en contra de la fe de Cristo.- Es tal la codicia de algunos, que por ella se separan de la fe, conforme expresó el apóstol: como que muchos aun de entre los sacerdotes y legos, recibiendo dones de los judíos, fomentaban su perfidia patrocinándolos; los que no sin razón se conocen ser del cuerpo del Antecristo, puesto que obran en contra de Cristo. Cualquier obispo, presbítero, o seglar, que en adelante les prestare apoyo (a los judíos) contra la fe cristiana, bien sea por dádivas bien por favor, se considerará como verdaderamente profano y sacrílego, privándole de la comunión de la Iglesia Cristiana, y reputándole como extraño al reino de Dios, pues es digno que se separe del cuerpo de Cristo el que se hace patrono de los enemigos de este Señor".[183] Debe haber sido muy grave la amenaza nacida para la Iglesia y la sociedad cristiana por la complicidad de obispos y presbíteros con los judíos, enemigos capitales de la Cristiandad, para que el sabio y santísimo varón Isidoro de Sevilla, Padre de la Iglesia, que dirigió el Concilio y los metropolitanos y obispos que lo integraron hayan tenido que denunciar en el canon citado este mal, llamando profanos y sacrílegos a los obispos y presbíteros que ayudaran a los israelitas, sancionándolos al mismo tiempo con la pena de excomunión. ... Que tomen nota todos estos altos y altísimos dignatarios eclesiásticos, que más que servir a la Santa Iglesia están ayudando actualmente a los judíos -enemigos capitales de Cristo- o a las empresas judaicas como la masonería, el comunismo y el imperialismo trasnacional judíos, y que se den cuenta de la grave responsabilidad en que están incurriendo y el gravísimo pecado que están cometiendo....

Como es sabido, los concilios toledanos tienen gran autoridad en la Santa Iglesia Cristiana y sus disposiciones fueron incluso trasladadas a la legislación civil. Así, las ordenanzas y sanciones del canon acabado de transcribir fueron trasladadas al Fuero Juzgo, que se promulgó con la aprobación de la Santa Iglesia. En el artículo XV del título II, libro XII de la ley 15, se ordena: "Por lo que debemos siempre conseguir que el engaño de los judíos no haya manera de crecer en forma alguna, ni que hagan (practiquen) sus establecimientos (estatutos, leyes), (los cuales están) excomulgados. Por lo tanto establecemos en esta ley que ningún hombre que sea de cualquier religión, orden o dignidad, (o que pertenezca) a nuestra corte, ni ningún (hombre) pequeño o grande, ni ningún hombre de cualquier nación, o de cualquier linaje, ni ningún príncipe ni poderosos traten o deseen de corazón amparar a los judíos que no se quisieron bautizar porque siguen en su fe y en sus costumbres, ni a los que fueren bautizados y se tornaren a su perfidia y a sus malas costumbres. Que nadie ose defenderlos con su poder en cosa alguna ya que estarían (compartirían) en su maldad. Que nadie haga esfuerzos por ayudarlos, ni de razón, ni de hecho, ya que iría en contra de la santa fe de los cristianos, ni intente, ni diga, ni toque cosa contra ella (la fe) ni en secreto, ni abiertamente. Y si alguno deseare hacerlo y éste es obispo, clérigo, de orden o lego, que se le pruebe (la culpa), sea separado de la compañía de los cristianos, sea

---

[183] Juan Tejada y Ramiro, Colección de cánones de todos los concilios de la Iglesia de España y América, tomo II, p. 305.

excomulgado por la Iglesia y pierda la cuarta parte de toda su hacienda, pasando ésta al rey".[184] En esta forma sancionaron en esos críticos tiempos la Santa Iglesia y el Estado cristiano, con la aprobación de la primera, a los cómplices del judaísmo en el seno de la Iglesia y en las altas jerarquías del propio clero. Volviendo al Concilio IV Toledano vamos a transcribir lo ordenado por el Canon LIX que se refiere directamente a los judíos que habiéndose convertido al cristianismo fueren después descubiertos en sus secretas prácticas del judaísmo. Al efecto, dice el canon citado "Muchos judíos admitieron la fe cristiana por algún tiempo y ahora blasfemando de Cristo, no sólo se entregan a los ritos judaicos, sino que hasta llegan a ejecutar la abominable circuncisión. Acerca de los cuales y a consulta del piadosísimo y religiosísimo príncipe señor nuestro Rey Sisenando, decretó este Santo Concilio, que semejantes transgresores corregidos por la autoridad pontificia, sean vueltos al culto del dogma cristiano, de modo que aquéllos a quienes no enmienda la voluntad propia, les refrene el castigo sacerdotal. Y respecto a las personas a quienes circuncidaron, se ordena que si son hijos suyos, sean separados de la compañía de sus padres; y su siervos, por la injuria que se cometió en su cuerpo, se les conceda la libertad".[185] Aunque tanto Cecil Roth como otros judíos afirman que las conversiones en sí mismas eran fingidas -coincidiendo en ello con el historiador jesuita Mariana y con lo asentado en diversos documentos medievales de fidelidad indiscutible_, para la Iglesia, mientras no se probara que el cristiano converso practicaba en secreto los ritos hebreos, era tenido por cristiano sincero; al menos en los primeros tiempos. Después se empezaron a considerar como sospechosos de cripto judaísmo a todos los israelitas convertidos al cristianismo y a sus descendientes, porque se pudo comprobar que, salvo algunas excepciones, todos se convertían fingidamente y transmitían su religión oculta de padres a hijos. No es, pues, extraño que en el Canon LIX acabado de citar, se tomaran medidas para evitar que los cripto judíos falsos conversos transmitieran a sus hijos el rito hebreo, separándolos de ellos con ese fin.

Con el mismo objeto, el Santo Concilio IV Toledano aprobó su Canon LX, que, según el compilador Tejada y Ramiro, se refiere a los judíos llamados relapsos, es decir, a los cristianos que reincidían en el delito de practicar el judaísmo en secreto. Dicho canon dice: "Decrétase que los hijos e hijas de los judíos, con objeto de que no sean en adelante envueltos en el error de sus padres, sean separados de su compañía, y entregados o a un monasterio o a hombres o mujeres cristianas que teman a Dios, a fin de

---

[184] Fuero Juzgo (en latín y castellano), cotejado con los más antiguos y preciosos códices por la Real Academia Española. Madrid, 1815.
[185] Juan Tejada y Ramiro, compilación de cánones citada, tomo II, pp.305, 306.

que en su trato aprendan el culto de la fe; e instruidos mejor, progresen en adelante en costumbres y creencias".[186] Como se podrá ver, los anteriores cánones iban dirigidos principalmente a destruir la quinta columna judía introducida en la Santa Iglesia, ya sea castigando a los falsos cristianos o tratando de evitar que éstos transmitieran a sus hijos el clandestino rito. Para la Iglesia era y sigue siendo peligrosísimo tener en sus filas miembros de la secta judaica disfrazados de buenos cristianos que aspiran a destruir al cristianismo, ya que eso significa tener el enemigo dentro, y nadie ha discutido el derecho que tiene toda sociedad humana de extirpar el espionaje de potencias enemigas, mucho menos al deshacerse de los saboteadores. Las medidas tomadas por la Santa Iglesia para defenderse de la infiltración judaica que trataba de desintegrarla por dentro, aunque pudieran parecer muy rígidas, estuvieron completamente justificadas, como lo están las que toman las naciones modernas en este sentido.

La Historia comprobó que aun cuando el judaísmo público fue expulsado y proscrito en muchas naciones, el cripto judaísmo por sí solo siguió viviendo bajo la máscara del cristianismo; sin embargo, siempre se creyó muy lógico que el trato de los judíos convertidos con los que seguían practicando públicamente su rito era nocivo, ya que estos últimos podían inducir a judaizar a los primeros. En el canon LXII del santo Concilio mencionado se trata de conjurar este peligro: "De los judíos bautizados que se reúnen con los judíos infieles.- Si pues muchas veces la compañía de los malos, corrompe también a los buenos, ¿con cuánta más razón a aquéllos que son inclinados al vicio? No tengan pues en adelante trato alguno los hebreos convertidos al cristianismo, con los que aún conservan el rito antiguo, no suceda que sean pervertidos por ellos; y cualquiera que en lo sucesivo no evitara su compañía, será castigado del modo siguiente, si es hebreo bautizado, entregándolo a los cristianos, y si no es bautizado, azotándolo públicamente".[187] El Canon LXIV niega la validez al testimonio no ya del judío público, sino del cristiano cripto judío. Hasta estos momentos la legislación cristiana había venido negando la validez del testimonio de los judíos públicos contra los cristianos, pero el Canon LXIV constituye una innovación, pues niega validez también al testimonio del cristiano que practica en secreto el judaísmo: Canon LXIV "...No puede ser fiel para los hombres el que ha sido infiel para Dios, por lo tanto los judíos que se hicieron cristianos y prevaricaron contra la fe de Cristo, no deben ser admitidos como testigos aunque digan que son cristianos; porque así como son sospechosos en la fe de Cristo, también deben

---

[186] Juan Tejada y Ramiro, compilación de cánones citada, tomo II, p. 306.
[187] Juan Tejada y Ramiro, compilación de cánones citada, tomo II, pp. 306, 307.

tenerse como dudosos en el testimonio humano...".[188] Más lógica no puede ser la argumentación de los padres del concilio, ya que si los judíos mienten en los asuntos de Dios, es lógico que mientan en los de los hombres. Por otra parte, se ve claro que tanto San Isidoro de Sevilla como los metropolitanos y obispos del concilio, ya conocían perfectamente las constantes simulaciones y fingimientos en que vivían los falsos cristianos cripto judíos. Eso mismo podemos decir hoy en día de tantos que se dicen cristianos pero que actúan como israelita. A pesar de esta tremenda lucha defensiva de la Santa Iglesia y del Estado cristiano en contra de las infiltraciones peligrosas de la quinta columna judaica, debe ésta haber seguido conquistando puestos en el gobierno, sobre todo durante el nefasto reinado del filo semita Swintila, en grado tan peligroso que tanto el monarca cristiano reinante como el santo Concilio IV Toledano se decidieron a poner fin a semejante situación, incluyendo en sus sagrados cánones la terminante prohibición de que los judíos pudieran obtener puestos públicos en la sociedad cristiana.

El Canon LXV, ordena lo siguiente: "...Por precepto del señor y excelentísimo rey Sisenando, estableció este Santo Concilio, que los judíos o los de su raza, no desempeñen cargos públicos, porque con este motivo injurian a los cristianos y por lo tanto, los jueces de las provincias, en unión de los sacerdotes, suspenderán sus engaños subrepticios, y no les permitirán que desempeñen en cargos públicos; y si algún juez lo consintiere, será excomulgado como sacrílego, y el reo del crimen de subrepción, será azotado públicamente". El Canon LXVI llama textualmente a los judíos "ministros del Anticristo".[189] Como otro canon ya citado señalaba a los obispos y presbíteros que ayudaran a los hebreos, como formando parte del cuerpo del Anticristo. Es digno de notar que el Canon LXV introduce en las leyes de la Santa Iglesia Cristiana una innovación: ya no sólo se prohíbe el ascenso a los puestos de gobierno de los judíos declarados, sino de todos los de su raza. Esto no debe interpretarse como una discriminación racial, ya que la Santa Iglesia considera a todos los hombres iguales ante Dios, sin distinción de raza, pero existiendo la convicción comprobada repetidamente por lo hechos, de que los cristianos de raza judía -con rarísimas excepciones practicaban en secreto el judaísmo, no como una religión positiva sino como un culto satánico que tiene por objeto someter encubiertamente a todos los hombres y pueblos gentiles, era lógico que se tratara de evitar la infiltración de los cripto judíos a los puestos públicos, como una medida defensiva vital del Estado cristiano, ya que si éste llegaba a ser gobernado

---

[188] Juan Tejada y Ramiro, compilación de cánones citada, tomo II, pp. 307.
[189] Juan Tejada y Ramiro, compilación de cánones citada, tomo II, p. 308.

por sus enemigos mortales, enemigos capitales también de la Santa Iglesia, ambas instituciones peligrarían gravemente. Cerrar a los judíos militantes o conversos las puertas del poder del Estado no sólo era prudente sino indispensable para salvaguardarlo de la poderosa quinta columna, que en un momento dado podía provocar su hundimiento. Así ocurrió en forma catastrófica cuando un gobernante imprudente, violando todas estas leyes eclesiásticas y las promulgadas por sus antecesores, dio de nuevo a los israelitas la posibilidad de que se adueñaran de los puestos directivos en el Imperio Gótico. Esta ley de seguridad pública es sin duda el precedente de otras más enérgicas y trascendentales que aprobó la Santa Iglesia muchos siglos después.

Es pertinente hacer notar que San Isidoro de Sevilla en su lucha contra el judaísmo escribió dos libros contra los hebreos, que según el judío Graetz fueron elaborados "...con esa falta de gusto y de sentido, que había sido empleada por los Padres (de la Iglesia), desde un principio en la polémica bélica contra el judaísmo"...[190] Es muy natural que a los hebreos no les gusten los escritos y documentos anti judíos de los Padres de la Iglesia, pero es necesario comprender que los israelitas oscurecen la verdad histórica tratando de desprestigiar a los que han combatido, aunque sean varones tan santos, doctos e ilustres como los Padres de la Santa Iglesia. Es indudable que si San Isidoro de Sevilla y los metropolitanos y obispos del Concilio IV Toledano hubieran vivido en nuestros aciagos días, habrían sido acusados de antisemitismo o de racismo criminal, no solamente por los judíos sino también por los clérigos que pasando por cristianos están realmente al servicio del judaísmo, aún después de haber triunfado un complot contra la Iglesia o los pueblos cristianos previamente anunciado, como el que se esta fraguando con antelación al Concilio Vaticano II para abrogar la doctrina milenaria de la Iglesia pretextando recuperar la pureza de la Iglesia primitiva y adecuarla a los tiempos modernos...

---

[190] Graetz, History of the Jews, tomo III, p. 50.

Capítulo XIII

Condenación de reyes y sacerdotes cristianos negligentes en su lucha contra el cripto judaísmo

Como habrá podido observarse, los sagrados cánones del Concilio IV Toledano tenían por objeto destruir definitivamente la quinta columna judaica introducida en la sociedad cristiana; y sus decisiones habrían resultado más efectivas si no hubiera sido por esa ancestral habilidad política y diplomática de los hebreos: simulaciones de perfecta lealtad, argumentaciones falsas y comedias inspiradoras de confianza. Asimismo es justo mencionar que otra de las causas de los triunfos judaicos ha sido su gran valor para enfrentarse a la adversidad, su resolución de jamás rendirse ante sus enemigos y de combatir a los que no luchan, desertores e indecisos en sus propias filas; estos factores son los que hacen que derrotas que pudieran ser momentáneas, se puedan convertir en definitivas. También combaten a los traidores como los que hay en las altas jerarquías de la Cristiandad, que han sido los causantes de tantas rendiciones y claudicaciones en los últimos tiempos e incluso tienen el cinismo de disfrazar su cobardía y su egoísmo con argumentos de pretendida prudencia o espíritu de conciliación, sin importarles que su conducta lleve a pueblos enteros a la perdición eterna, la esclavitud comunista o el sometimiento de los potentados imperialistas judíos, conformándose con colaborar con la bestia para conservar sus privilegios, aunque los pueblos de su rebaño sean sometidos y exterminados. ¡Esa es la suma ratio de sus falsas prudencias y de sus claudicaciones! Si los hebreos obraran como esos eclesiásticos cobardes, su derrota hubiera sido definitiva en el Imperio Gótico al venírseles encima el desastre que les causó el cristianismo triunfante en el Concilio IV Toledano. Pero lejos de rendirse -como quisieran hacerlo ahora los cobardes- siguieron luchando con ardor y fanatismo, preparando el momento de iniciar nueva batalla que les diera las posibilidades de triunfar. Empezaron con su perseverancia habitual por intentar burlar las leyes que para reducirlos a la impotencia aprobó el santo Concilio IV Toledano, apoyaron el espíritu de rebelión de los nobles contra el rey, lo agravaron con sus intrigas y cuando los ánimos estaban ya, bien exaltados, se presentaron como eficaces sostenedores de las pretensiones de la nobleza rebelde. Mientras el rey, la Santa Iglesia y la aristocracia visigoda permanecieran unidos, los judíos no podrían vencerlos; era, pues, preciso quebrantar esa unidad y dividir al enemigo para debilitarlo. La cosa no era difícil, dada la tendencia frecuente de los nobles a rebelarse contra el poder real. Los judíos explotaron esa tendencia, aprovecharon las fricciones ocurridas para agrandar las pugnas y fueron logrando progresivamente sus objetivos, empezando por obtener, antes que nada, la protección de ciertos aristócratas que les permitiera burlar la ejecución de los cánones toledanos y de las leyes promulgadas por el monarca, ya que los nobles engañados por la falsía judaica habían caído en la trampa al considerar a los hebreos como aliados muy útiles en su lucha contra el rey. Tal cosa la obtuvieron, sobre todo, los judíos conversos y sus descendientes que aparentaban ser fieles cristianos, pudiendo así ganarse más fácilmente la confianza de la aristocracia visigoda

El historiador hebreo Graetz comenta: "Estas resoluciones del Concilio IV de Toledo y la persecución de Sisenando contra los judíos conversos, no parece haberse llevado a cabo toda la severidad proyectada. Los nobles hispano visigodos fueron tomando a los judíos más y más bajo su protección, y contra aquéllos la autoridad real carecía de fuerza".[191] Se ve pues, que los judíos conversos pudieron hábilmente encontrar el punto débil del Imperio Visigodo y explotarlo con gran eficacia, como supieron hacerlo mil años después en Inglaterra, donde se abrieron paso hacia la conquista de la nación, explotando y hasta agudizando las pugnas de los nobles parlamentarios en contra del monarca. En medio de crecientes luchas intestinas que empezaron a debilitar gravemente el heroico Imperio Visigodo, subió al poder Chintila, a principios de cuyo reinado se reunió el Concilio IV Toledano.[192] La falta de perseverancia de los no judíos en su lucha contra el enemigo capital seguía siendo una enfermedad crónica, que facilitaba los progresos de este último, aun en el caso de los monarcas cristianos visigodos, tan conscientes de la amenaza judía y deseosos de extirparla. Por eso fue necesario que los metropolitanos y obispos reunidos en el concilio trataran de poner remedio a estos males, expresando en su Canon III: "Parece que al fin, por la piedad y potencia superior, se reducirá la inflexible perfidia de los judíos, pues se sabe que

---

[191] Graetz, obra citada, tomo III, P. 51.
[192] Respecto al año exacto en se reunió el Concilio, hay diferencia de opiniones. Algunos, como el Cardenal Aguirre, afirman que fue en el segundo año; en cambio, Tejada y Ramiro opina que la reunión se llevó a cabo en el tercero (del reinado de Chintila).

por inspiración del Sumo Dios, el excelentísimo y cristianísimo príncipe, inflamado del ardor de la fe, en unión de los sacerdotes de su reino, ha determinado arrancar de raíz las prevaricaciones de aquellos, no permitiendo vivir en su reino al que nos era cristiano...Mas debe decretarse por nuestro cuidado y con gran vigilancia, que su ardor y nuestro trabajo, adormecido algunas veces, no se resfríe en las posteriores, por lo cual promulgamos con él, de corazón y boca, sentencia concorde que ha de agradar a Dios y al mismo tiempo también sancionamos, con consentimiento y deliberación de sus próceres e ilustres, que cualquiera que en los tiempos venideros aspirare a la suprema potestad del reino, no suba a la regia sede, hasta tanto, que entre los demás sacramentos de las condiciones haya prometido, no permitir que los judíos violen esta Cristiana fe (es decir, los judíos convertidos al cristianismo fingidamente), y que no favorecerá de ningún modo a su perfidia, ni llevado de ninguna negligencia o codicia ('neglectu aut cupiditate') abrirá paso para la prevaricación, a los que caminan a los precipicios de la infidelidad, sino que hará que subsista firme para en adelante, lo que con gran trabajo se ha adquirido en nuestro tiempo, pues se hace un bien sin efecto, si no se provee con su perseverancia. Y si después de hecho esto, y de ascender al gobierno del reino, faltare a esta promesa, sea anatema maranatham, en la presencia del sempiterno Dios, y sirva de pábulo al fuego eterno, y en compañía de él, cualquiera sacerdotes o cristianos, que estuviesen envueltos en su error. Nosotros pues decretamos estas cosas presentes, confirmando las pasadas que acerca de los judíos se ordenaron en el Sínodo Universal (Concilio Ecuménico) porque sabemos que en éste se prescribieron las cosas necesarias que pudieron sancionarse por su salvación; por lo cual juzgamos que debe valer, lo que entonces se decretó".[193]

Más dura no podía ser la catilinaria lanzada en contra de los reyes y de los clérigos cristianos que desatendían la lucha ahora dirigida no ya contra los judíos públicos, sino en contra de la traición de los cristianos de origen judío, llamados judaizantes; siendo de notar que mientras hasta estos momentos las condenaciones y sanciones de los santos concilios de la Iglesia habían sido lanzadas en contra de los obispos y sacerdotes que ayudaban a los judíos, sirviéndoles de cómplices, ahora se lanza también fulminante excomunión en contra de los sacerdotes que simplemente carezcan de perseverancia y muestren negligencia en la lucha sin cuartel sostenida por la Santa Iglesia en contra del cripto judaísmo. Se ve, por tanto, que los metropolitanos y obispos del santo concilio, a la vez que conocían perfectamente la perfidia del enemigo judaico, sabían muy bien

---

[193] Juan Tejada y Ramiro, colección de cánones citada, tomo II, pp. 333, 334.

las debilidades y la falta de perseverancia de los jerarcas civiles y religiosos de la Cristiandad, para sostener tan justa lucha. Es curioso, sin embargo, hacer notar que todavía en este concilio se reducen a combatir la negligencia de los sacerdotes, sin mencionar la de los obispos, quizá debido a que siendo estos últimos quienes aprobaron estas disposiciones, no se atrevieron a incluirse ellos mismos entre los merecedores de tales sanciones; no obstante, en lo sucesivo debió haber sido tan grave la negligencia de los propios prelados que en el posterior concilio ellos mismos tronaron indignados contra los culpables, como antes habían declarado sacrílegos y excomulgados a los obispos que ayudaban a los judíos, en perjuicio del cristianismo. También es importante notar que este canon vuelve a hablar de los que por codicia abren paso a la prevaricación de los judíos conversos, siendo indudable que los sobornos simoníacos desempeñaron capital papel en las intrigas judaicas, lo cual parece confirmar precisamente el canon siguiente, que es el IV: "Por lo tanto, cualquiera que se hiciere imitador de Simón, autor de la herejía simoníaca, para obtener los grados de las órdenes eclesiásticas, no por la gravedad de costumbres, sin por dádivas y por ofertas, etc.".[194] Fue el judío Simón el Mago el que inició dentro de la Santa Iglesia esta política de soborno que, precisamente por él, fue denominada simonía. Y en el transcurso de los siglos pudo comprobarse que los conversos del judaísmo y sus descendientes, ya infiltrados en el orden sacerdotal y en las jerarquías de la Santa Iglesia, habían aprendido muy bien a su antecesor Simón el Mago, comprando dignidades eclesiásticas o vendiendo a su vez objetos de la Santa Iglesia, según lo denunciaron repetidamente la Santa Inquisición y las autoridades eclesiásticas. Es digno de notar el comentario que hace el historiador israelita Graetz en relación con la orden dada por el rey Chintila y aplaudida por el Concilio VI Toledano de no permitir que habitaran en el gótico reino quienes no fueran cristianos, disposición dirigida manifiestamente contra los hebreos, diciendo:

"Por segunda vez los judíos fueron obligados a emigrar, y los conversos, quienes eran fieles al judaísmo en el secreto de su corazón, fueron obligados a firmar una confesión, obligándose a observar y obedecer a la religión Cristiana sin reservas. Pero la confesión así firmada por hombres cuyas sagradas convicciones eran ultrajadas, no fue ni podía ser sincera. Ellos esperaban resueltamente mejores tiempos, en que ellos pudieran estar en posibilidad de arrojar la máscara, y la constitución de la monarquía electiva del Imperio Visigodo, hizo eso posible. La situación presente sólo duró lo cuatro años (638-442) del reinado de Chintila".[195]

---

[194] Juan Tejada y Ramiro, colección de cánones citada, tomo II, p. 334.
[195] Gratez, obra citada, tomo III, pp. 51, 52.

Más claro no podía hablar el historiador hebreo sobre el falso cristianismo de los judíos conversos y la nula validez de sus confesiones y promesas. Sigue diciendo Graetz que los judíos convertidos al cristianismo y que violaron la promesa de no practicar el rito hebreo y de ser sinceros cristianos, fueron sancionados por Chintila "a ser muertos por medio del fuego o de pedradas". El historiador J. Amador de los Ríos señala los resultados prácticos de todas estas medidas: "Llamar debe, no obstante, la atención que esta excesiva severidad de los legisladores no fue bastante a reprimir la impaciencia de los hebreos, cuando no andados aún quince años (reinando Recesvinto), se veían los PP. forzados a repetir el mandato que obligaba al rey electo a jurar que 'defendería la fe contra la perfidia judaica'".[196] Este acuerdo fue tomado por el Concilio VIII de Toledo en su Canon X. Como dijo Graetz, al morir Chintila los hebreos lograron -merced al carácter electivo de la monarquía- un cambio favorable a sus intereses con el nuevo monarca electo, lo que prueba una vez más ese mal crónico que padecemos los cristianos, y también los gentiles, de ser incapaces de sostener una conducta firme y continuada frente al enemigo, a través de las distintas generaciones de gobernantes.

Entre nosotros los cristianos y también entre los gentiles, hay tal afán de innovación entre los gobernantes, que lo que hace uno es desbaratado por el siguiente, no siendo posible que se continúe una política uniforme frente al judaísmo; y aunque es indudable que los hebreos influyen bastante en esos cambios de política, muchas veces es nuestra propia inconstancia y nuestra falta de perseverancia la principal culpable. Muy interesante resulta un memorial de tiempos de Recesvinto enviado a éste por los judíos conversos y sus descendientes toledanos, en el que pedían: "...que pues los reyes Sisebuto y Chintila les habían obligado a renunciar a su ley, y vivían ya en todo como cristianos, sin engaño ni dolo, se les eximiera de 'comer carne de puerco'; y esto (decían), más porque su estómago no la llevaba, por no estar acostumbrado a tal vianda, que por escrúpulo de conciencia'".[197] Empero, es preciso anticipar que siglos después, cuando la persecución inquisitorial puso en peligro de muerte al cripto judaísmo, los cristianos que judaizaban en secreto tuvieron muy a su pesar que comer la carne de cerdo, ya que los inquisidores y en general todas las gentes, consideraban sospechoso de judaísmo secreto al cristiano que se abstuviera de comer carne de puerco, así juraba hacerlo sólo por repugnancia. Desde entonces hasta nuestros días se suprimió en el judaísmo subterráneo la prescripción religiosa de abstenerse de tal vianda, con el fin de no inspirar sospechas a sus vecinos; por eso un judío

---

[196] José Amador de los Ríos, obra citada, tomo I, p. 93.
[197] José Amador de los Ríos, obra citada, tomo I, p. 95.

clandestino en la actualidad come de todo y nadie sospecha que es hebreo por esta razón de alimentos; sólo uno que otro fanático entre lo cristianos marranos sigue absteniéndose de comerla. Desgraciadamente, no se puso una barrera eficaz para impedir que los conversos del judaísmo y sus descendientes pudieran introducirse en el clero; y a medida que más se infiltraban, aumentaban los casos de simonía en un grado tan alarmante, que el Concilio VIII Toledano tuvo que combatir este vicio de origen judaico con toda energía, señalando en su **Canon III** que algunos han pretendido comprar "...la gracia del Espíritu Santo dando un vil precio, para recibir la sublime cumbre de la gracia pontifical, olvidándose de las palabras de San Pedro a Simón el mago: 'tu dinero sea contigo en perdición, porque juzgaste poseer el don de Dios por dinero'".[198] Luego, adopta sanciones para los que incurran en tal delito. Dice el escritor israelita Graetz, que dándose cuenta el rey de que los nobles levantiscos del país otorgaban a los judíos su protección y que permitían a los conversos practicar el judaísmo, "...promulgó un decreto prohibiendo a todos los cristianos proteger a los judíos secretos..." imponiendo penas a los que violaran tal mandato; y concluye: "Pero estas medidas y precauciones no obtuvieron el resultado deseado". "Los judíos secretos, o como eran oficialmente llamados, los cristianos judaizantes, no podían arrancar el judaísmo de sus corazones.

Los judíos españoles, rodeados como estaban por el peligro de muerte, de antaño aprendieron el arte de permanecer fieles a su religión en lo más recóndito de su corazón, y de escapar de las agudas miradas de sus enemigos. Ellos seguían celebrando las festividades judías en sus hogares, despreciando los días de fiesta instituidos por la Iglesia. Deseosos de poner fin a tal estado de cosas, los representantes de la Iglesia aprobaron un decreto (año 655), que tenía por objeto obligar al clero a mantener en constante vigilancia a las familias judías en los días de fiesta judíos y cristianos, con el objeto de obligarlos a desatender los primeros y a observar los segundos".[199] Aquí el historiador israelita Graetz, antes citado, olvida todo subterfugio y llama a los cristianos de raza judía por su verdadero nombre: judíos secretos o cristianos judaizantes; es decir, judíos que practican el judaísmo en secreto, dando muy interesantes detalles de cómo celebraban las fiestas hebreas en lo íntimo de sus hogares, ya que por ser cristianos en apariencia no podían hacerlo en sinagogas ordinarias. Al mismo tiempo, este ilustre historiador judío explica el por qué de la decisión del Concilio IX de Toledo, obligando a los conversos a pasar los días de fiesta judíos y cristianos bajo la vigilancia del clero cristiano. **El**

---

[198] Juan Tejada y Ramiro, colección de cánones citada, tomo II, p. 375.
[199] Graetz, obra citada, tomo III, p. 104.

Canon XVII del Concilio I Toledano, al que visiblemente se refiere Graetz, dice textualmente: "Que los judíos bautizados celebren los días festivos con bautizados en cualquier lugar o tiempo, puedan reunirse; pero mandamos que en las fiesta principales consagradas por el Nuevo Testamento y en aquellos días que en otro tiempo juzgaban ellos en observancia de la antigua ley, que eran solemnes, se congreguen en las ciudades en las juntas públicas, en unión de los sumos sacerdotes de Dios, para que el pontífice conozca su vida y fe, y sea una verdad su conversión".[200] Este canon hace ver que los obispos del Concilio seguían -con fundamento- desconfiando de la sinceridad del cristianismo de los judíos convertidos a nuestra santa fe.

Muerto Recesvinto, fue electo en su lugar Wamba; y los judíos aprovecharon de nuevo las discordias de la nobleza para tratar de cambiar a su favor el orden de cosas existentes. José Amador de los Ríos, refiriéndose a que el Concilio X Toledano casi no se había ocupado de los hebreos, comenta: "Creyeron tal vez los legisladores (eclesiásticos) en la sinceridad de la casi universal conversión de los hebreos, esperando que, reducidos todos al cristianismo, terminase felizmente la íntima lucha que con ellos mantenían; pero fue vana su esperanza. No bien había ocupado Wamba la silla de Recaredo, cuando la rebelión de Hilderico y de Paulo les dio ocasión de manifestar su no extinguida ojeriza, poniéndose abiertamente de parte de los amotinados. Tornaron con esto al Imperio Visigodo, principalmente a las comarcas de la Galia Gótica (en el sur de Francia) donde había tomado cuerpo la rebelión, muchas familias hebreas de las que habían sido lanzadas del reino desde los tiempos de Sisebuto; mas vencidos y aniquilados en Nimes los revoltosos, hiciéronse repetidos edictos para castigo y escarmiento de los judíos, quienes fueron nuevamente arrojados en masa de la referida Galia Gótica".[201] El padre jesuita Mariana también afirma que después de la derrota de los rebeldes: "Hiciéronse nuevos edictos contra los judíos, con que fueron echados de toda la Galia Gótica".[202]

Pero el judío Graetz nos da más interesantes datos al respecto cuando nos informa que muerto Recesvinto, "...los judíos conversos tomaron parte en una revuelta contra su sucesor Wamba (672-680). El Conde Hilderico, Gobernador de Septimania, una provincia de España, habiéndose rehusado reconocer al recién electo rey, enarboló la bandera de la revuelta. Y con el fin de ganar partidarios y recursos, él prometió a los

---

[200] Juan Tejada y Ramiro, colección de cánones citada, tomo II, p. 404.
[201] José Amador de los Ríos, obra citada, tomo I, pp. 96, 97.
[202] Juan de Mariana, obra citada, tomo I, Libro VI, Cap. XIII, p. 183.

judíos conversos un lugar dónde refugiarse con libertad religiosa, en su propia provincia, y ellos aprovechando la invitación acudieron en gran número. La insurrección de Hilderico de Nimes asumió grandes proporciones, y en principio abrigó esperanzas de una exitosa victoria, pero los insurrectos fueron finalmente derrotados. Wamba apareció con un ejército frente a Carbona (Francia), y expulsó a los judíos de esa ciudad".[203] Por más que se la quiera vigilar, la quinta columna aprovecha siempre la primera oportunidad para echar abajo el régimen cuya existencia no le conviene, siendo evidente una vez más que las discordias y las ambiciones personales de los aspirantes al gobierno del reino o del Estado han brindado a los judíos la oportunidad de encumbrarse. Por fortuna en este caso el conde rebelde perdió la batalla, sin conseguir la modificación del orden de cosas imperante, lo cual hubiera sido fatal para la Iglesia. Gracias a esto el cristianismo logró un triunfo completo sobre el judaísmo y sus ocasionales y egoístas aliados. Sin embargo, al mismo tiempo que se lograba decisiva victoria sobre el enemigo visible y franco, se iba perdiendo lentamente terreno frente a la quinta columna, ya que a medida que más arraigaba la infiltración judía en el seno de la Santa Iglesia, más se agudizaba la simonía, vicio de origen judaico propagado por los falsos conversos del judaísmo y por sus descendientes infiltrados en el clero. El Concilio XI de Toledo, celebrado bajo el reinado de Wamba, en su Canon IX insiste en la represión de la simonía pugnando por impedir los ardides de que se valen los que "tratan de comprar la dignidad de obispo", tan ambicionada por los judíos quinta columnistas.

---

[203] Graetz, obra citada, tomo III, pp. 104, 105.

Capítulo XIV

La Iglesia combate al cripto judaísmo. Excomunión de obispos negligentes

Hacía ya medio siglo que se había realizado la gran conversión al cristianismo de los judíos del Imperio Gótico y tres décadas de lo que el historiador Amador de los Ríos llama la casi universal conversión. No obstante, el reino de Recaredo estaba infestado y minado por doquier de falsos cristianos que practicaban el judaísmo en secreto y conspiraban en las sombras por aniquilar a la Iglesia y al Estado. La situación era tan grave que en el año de 681 -primero del reinado de Ervigio-, de común acuerdo el respetable clero cristiano y el monarca, elaboraron una legislación civil a la vez que eclesiástica, con el fin de destruir la quinta columna introducida por el judaísmo en la Cristiandad. En ella se castigaba severamente a todo aquel que, siendo cristiano, practicara ocultamente los ritos y costumbres hebreas, así como a quienes apoyaran o encubrieran en alguna forma a estos falsos cristianos, sin exceptuar a los obispos que se hicieren culpables de tales faltas. Primero fue aprobada esta legislación por el monarca -con la colaboración de miembros destacados del clero y posteriormente fue presentada a la consideración del Concilio XII de Toledo, en el que metropolitanos y obispos, con su autoridad eclesiástica, la aprobaron plenamente y la incluyeron en los cánones del referido santo Sínodo.... Para poder comprender los fundamentos de los cánones de los concilios de la Santa Iglesia -tanto ecuménicos como provinciales- que trataron de solucionar el terrible problema judaico y el presentado en particular por la quinta columna introducida en la sociedad cristiana, es preciso tomar en cuenta que tanto en la antigüedad, como en nuestro días, ninguna nación ha tolerado que un grupo de extranjeros la traicionen, haciendo labor de espionaje y sabotaje en beneficio de potencias extrañas, y abusando de la hospitalidad que se les ha brindado generosamente; lo inverosímil es que a los judíos se les ha permitido hacer esto y más, debido a que son intocables porque aducen ser reprimidos a causa del antisemitismo. En la antigüedad todos los pueblos, sin excepción, castigaban con la pena de muerte a tales espías y saboteadores, y en los tiempos modernos Israel somete a los posibles espías y saboteadores a los tribunales militares, privándolos de todo derecho los atormenta y asesina aduciendo que son terroristas, en cambio en las democracias, el presunto delincuente después de capturado in fraganti o como resultado de una investigación judicial, sin violar sus derechos humanos y constitucionales, es juzgado, procesado y sentenciado por los Tribunales Federales, excepto si es judío porque además de ser defendido por abogados judíos, consiguen ser juzgados por jueces, magistrados y jurados judíos, que casi siempre los absuelven, y en caso de ser declarados culpables, los gobernantes de Israel, el lobby judío, y la comunidad judía internacional presionan y consiguen el indulto presidencial. Si a ello añadimos que, la quinta columna judía introducida en las naciones cristianas y gentiles, además de hacer labor de espionaje, sabotaje y sedición, ha desplegado -a través de los siglos- un trabajo de conquista interna provocando guerras civiles que han costado millones de vidas de los pueblos que generosamente les abrieron sus fronteras, robándolos y esclavizarlos, es pues indudable, que la guerra encubierta tras las comunidades, mutualidades y sociedades secretas judías en los Estados cristianos y musulmanes, sean mucho más peligrosas y más dañinas para las naciones donde han emigrado, que los que causan los espías y saboteadores de países declarados enemigos; y si a los miembros de éstas se les ha castigado con la pena de muerte sin distinción de raza, religión o nacionalidad, ¿por qué habría de hacerse una excepción en beneficio de los hebreos y del tipo de quinta columna más peligroso, dañino y criminal? ¿Qué privilegio tienen los judíos para que cuando cometen un delito de alta traición, espionaje, sabotaje o conspiración contra el pueblo que les da albergue, se les perdone y no se les castigue como se hace con los espías de otras razas o nacionalidades?

Los delitos de lesa patria cometidos por extranjeros de una potencia declarada enemiga o residentes extranjeros perniciosos son los únicos responsables de las medidas que los pueblos traicionados y amenazados tomen en contra de los enemigos encubiertos, no por cuestiones racistas sino por seguridad nacional. Así lo comprendió la Santa Iglesia y así lo comprendieron los monarcas cristianos. En algunos concilios -como luego veremos- hasta se dijo claramente que los culpables de tales crímenes eran acreedores a la pena de muerte, pero, por lo general, en vez de aplicar tal sanción tan común y justificada en esos caos, la Santa Iglesia y los reyes cristianos hicieron una excepción con los hebreos, perdonándoles la vida centenares de veces, comprometiendo con ello peligrosamente su futuro y su derecho de vivir en paz y con libertad en su propio territorio. Y en uso de tan excepcional benevolencia, para evitar que las quinta columnas judías pudieran hacer todo el daño que intentaban, en vez de suprimirlas radicalmente, recurrieron a una serie de medidas que, perdonándoles la existencia, les redujeran sin embargo, a la impotencia para que no pudieran causar daño al pueblo que les daba albergue, y con tal fin los diversos concilios de la Iglesia y las bulas de los Papas fueron aprobando una serie de cánones y leyes, imitando al califa de Babilonia quien, a causa de los horrendos crímenes que cometían a diario la secta judía de los asesinos contra la población local, ordenó poner a los judíos una señal para que los distinguiera su pueblo y se cuidaran de las actividades criminales de los judíos emboscados. Señales que variaron desde rayarles (raparles) la cabeza, hasta obligarlos a usar un gorro, un vestido o un distintivo especial (sambenito). En otros casos, la legislación canónica y los mandatos pontificios ordenaron que se les confinara en bArriós especiales llamados guettos; que se les prohibiera adquirir puestos de gobierno o jerarquías dentro de la Iglesia para impedirles llevar adelante su labor encubierta de conquista y dominio del pueblo que por desgracia les había abierto sus fronteras.

A los reincidentes alguna vez se les ejecutaba, pero en la mayor parte de los casos se les perdonaba la vida una vez más, reduciéndose a castigarlos con la confiscación de bienes, con la expulsión del país o con penas más leves como la de los azotes, ahora fuera de uso, pero en otros tiempos tan común en todos los pueblos de la Tierra. Como estas peligrosas quinta columnas judías siguieron conspirando, una y otra vez, contra los pueblos cristianos y contra la Santa Iglesia, ésta, en vez de recurrir al expediente definitivo de aniquilarlas usando la pena de muerte -como todo pueblo lo hace con los espías y saboteadores profesionales-, trató de suprimirlas por medios más suaves, reduciendo a la impotencia a los adultos y tomando a los niños inocentes para que fueran educados en conventos o en casas de cristianos honrados, para, en esta forma, luego de dos o tres generaciones, quedara extirpada la amenazadora quinta columna judía, sin tener que recurrir a las ejecuciones en masa de esos maestros en el arte del espionaje, del sabotaje y de la traición. Sin embargo, es necesario reconocer que esta benevolencia excepcional que usaron, tanto la Santa Iglesia como los monarcas cristianos y los jerarcas del mundo islámico, no les dio resultado, ya que además que las medidas de represión que tomaron contra los quinta columnistas parecieron odiosas, los judíos se valieron siempre de infinidad de ardides para burlar las medidas tendientes a maniatarlos e impedir que siguieran haciendo tanto mal. Se valieron del soborno - comprando a precio de oro a los malos jerarcas civiles y eclesiásticos- para que convirtieran en letra muerta los cánones y leyes vigentes o recurrieron a infinidad de intrigas para librarse de ese control tendiente a reducirlos a la impotencia, provocando nuevas revueltas, urdiendo cada vez más peligrosas conspiraciones, hasta que aprovechándose de la bondad de la

Iglesia y de los pueblos cristianos, lograron en los tiempos modernos romper los frenos que les impedían causar mayor daño e irrumpir en la sociedad cristiana amenazándola con el total aniquilamiento.

Para poder entender la justificación de todas las leyes canónicas (que expondremos en el curso de esta obra) y de todas las medidas tendientes a salvaguardar a los pueblos de la acción conspiradora de esos extranjeros dañinos, es preciso que tomemos en cuenta todo lo anterior, con lo cual entenderemos que la Santa Iglesia, lejos de ser cruel, como afirman los israelitas, fue en extremo benévola con ellos, y quizá fue esa extrema benevolencia la que permitió a los judíos hacer grandes progresos en su labor de conquistar y esclavizar a los pueblos, como está ocurriendo actualmente en los desgraciados países dominados por la dictadura totalitaria del socialismo judaico; situación catastrófica ésta, que hubiera ocurrido muchas centurias antes, si la Iglesia no hubiera tomado siquiera las medidas preventivas que estudiaremos en el resto de la presente obra. Hechas estas justas aclaraciones en defensa de la política preventiva anti judía seguida a través de los siglos por la Santa Iglesia, pasaremos a ocuparnos de lo aprobado al respecto en el Concilio XII de Toledo. En el pliego presentado por el rey Ervigio al santo Sínodo, se señala lo siguiente: "Reparad reverendísimos Padres y honorables Sacerdotes de los Ministerios celestes...por eso me presento con efusión de lágrimas en la venerable reunión de Vuestra Paternidad, para que con el celo de vuestro régimen, se purgue la tierra del contagio de la maldad. Levantaos os ruego, levantaos, desatad las ligaduras de los culpables, corregid las costumbres deshonestas de los transgresores, haced ver la disciplina de vuestro fervor contra los pérfidos y extinguid la mordacidad de los soberbios, aliviad el peso de los oprimidos y lo que es más que todo esto, extirpad de raíz la peste judaica, que cada día va creciendo con mayor furor ('et quod plus hic omnibus est, Iudaeorum pestem, quae in novam semper recrudescit insaniam, radicibus extirpate'). Examinad también con la mayor detención, las leyes que nuestra gloria promulgó hace poco contra la perfidia de los judíos, añadid a ellas vuestra sanción y reunidlas en un solo estatuto para refrenar los excesos de los mismos pérfidos".[204]

Es interesante notar, que entre las calamidades que eran denunciadas al mencionado Sínodo, se considera como la más grave de todas la de la peste judaica, que cada día iba creciendo en proporción alarmante. En el Canon IX de dicho santo Concilio se consignó la legislación aprobada por éste en contra del cripto judaísmo, es decir, contra los hebreos que vivían cubiertos con la máscara de un falso cristianismo a quienes tanto el

---

[204] Juan Tejada y Ramiro, colección de cánones citada, tomo II, pp. 454, 455.

monarca como el Sínodo llaman ya judíos, a secas, dada la seguridad que se tenía de que los descendientes de los conversos del judaísmo practicaban en secreto la religión hebrea, puesto que debe recordarse que para estas fechas estaba proscrito totalmente el judaísmo en el Imperio Gótico y que sólo podía existir clandestinamente. Del citado canon, que comprende toda la legislación anti hebrea citada, tomaremos solamente las partes más importantes al tema que nos ocupa: Canon IX.- "Confirmación de las leyes promulgadas contra la maldad de los judíos ('De confirmatione legum, quae in judaeorum nequitiam promulgatae sunt'), siguiendo el orden de los distintos títulos en que se hallan, cuyo orden se enumera en este Canon. Hemos leído en títulos distintos las leyes que nuevamente ha promulgado el glorioso príncipe, acerca de la execrable perfidia de los judíos, y las hemos aprobado con examen severo, y, porque dadas con razón han sido aprobadas por el Sínodo, serán observadas en adelante irrevocablemente, en contra de sus excesos...".[205]

A continuación se transcriben las leyes, que aprobadas, pasan a formar parte integrante del mencionado Canon IX, destacando por su interés las siguientes disposiciones: **La ley I** habla de que la gran perfidia de los judíos y sus oscuros errores "...se vuelven muy sutiles y se acrecientan en sus malas artes y engaños..." ya que fingían ser buenos cristianos y trataban siempre de eludir las leyes que prohibían su clandestino y subterráneo judaísmo.... **Las leyes IV y V** castigan a los cripto judíos que celebran los ritos y festividades hebraicas y pretenden apartar a los cristianos de la fe en Cristo. No se trata aquí de castigar los ritos o ceremonias de una religión extraña, sino de castigar a los falsos cristianos que, a pesar de su simulación, en secreto practican el judaísmo como quinta columna anticristiana. Las medidas represivas son, por lo tanto, tendientes a destruir la quinta columna hebrea introducida en el seno de la Santa Iglesia y del Estado cristiano.... **La ley VI** prohíbe a los judíos cubiertos con la máscara del cristianismo practicar las costumbres religiosas hebreas en materia de carnes, pero aclaran que se permite a los conversos, que sean buenos cristianos, se abstengan de comer carne de puerco. Se ve que esos falsos cristianos todavía seguían engañando al clero y al rey con su pretendida repugnancia por la carne de cerdo. ..**La ley IX** les prohíbe hacer labor subversiva en contra de la fe cristiana, imponiendo fuertes castigos a quienes lo hagan: además, este ordenamiento ya castiga a los cristianos que los encubran y ayuden. A este respecto, dice "...si algún (judío) enseñare a alguno de éstos (de los que ha hecho apartarse de la ley de Cristo) dónde esconderse y lo encubriere él (el judío) en su casa o bien si él (el judío) lo acogió (al que ha hecho apartarse de la ley de Cristo) ...

---

[205] Juan Tejada y Ramiro, colección de cánones citada, tomo II, pp. 476, 477.

reciba cada uno de ellos (el judío y el que huye) 100 azotes y el rey confisque sus bienes y sean desterrados para siempre...". Terrible castigo contra los que ayudaban a los hebreos encubriéndolos, con los cual pensaban los obispos del Concilio y el mismo monarca terminar con aquéllos que ayudan a los judíos sirviéndoles de cómplices en su lucha contra la Cristiandad. Es evidente, que ahora más que nunca se necesita que se hagan efectivas las disposiciones de este sagrado canon, porque sólo así tendremos esperanza de vencer a la bestia judaico comunista, cuyos triunfos son posibles debido al entreguismo de quienes diciéndose cristianos, ayudan a judíos y comunistas, facilitando su victoria en contra de los pueblos cristianos y nuestra Santa Iglesia.... **La ley X** sigue fulminando y sancionando a quienes ayuden al judaísmo, sin distinción de clase y jerarquía, diciendo entre otras cosas: "De ahí que, si algún cristiano, de cualquier linaje que sea, o de cualquier dignidad o de cualquier orden que sea, ya sea varón, o clérigo o lego, que tomare algo de comer o algún regalo por ayudar, contra la ley de Cristo a algún judío o a alguna judía, o bien recibiere de ellos, o de sus enviados cualquier regalo que sea, o empezare a no defender y sostener los preceptos de la ley de la Santa Iglesia* que actuaren movidos por la pasividad o los regalos o dádivas o bien encubrieren la falta de algún judío si la saben, o si cesaren de escarmentar su maldad de alguna manera, que sufran los mandamientos de los santos padres que están en los decretos y paguen a la tesorería del rey el doble de lo que recibieron del judío o de la judía, si les fuere probado".[206]

Se ve, en efecto, que los judíos han sido siempre maestros en el arte de comprar la complicidad de los cristianos y gentiles, sacerdotes o seglares, y que éstos han padecido con frecuencia el mal crónico de venderse a la Sinagoga de Satanás.... Las embajadas y organizaciones judías en distintos países del mundo han estado haciendo sospechosas invitaciones a arzobispos y destacados dignatarios de la Iglesia Cristiana, a quienes han seducido con un interesante viaje a Tierra Santa, con todos los gastos pagados y un itinerario hábilmente confeccionado -como los de esos viajes a la Unión Soviética. Esto lo estaban haciendo en vísperas del actual Concilio Ecuménico Vaticano II; y con ello, según hemos sabido, tratan de comprar su adhesión a la ponencia de condenación del antisemitismo, que la judería internacional tiene preparada para que sus agentes quinta columnistas en el Concilio la hagan aprobar. Esperamos que este tipo de soborno fracase y que ningún sucesor de los apóstoles incurra en el pecado de Judas, de venderse por treinta monedas de plata.... Siempre preocupó a las jerarquías de la Santa Iglesia encontrar las causas que encadenaban al cripto judaísmo, tanto a los conversos como a sus descendientes; una de

---

[206] Fuero Juzgo. Madrid: Real Academia Española, 1815. pp. 186-192.

ellas fue localizada en los libros judaicos que estos falsos cristianos leían en la clandestinidad y cuyas enseñanzas trasmitían de padres a hijos. **La ley XI** se propone castigar severamente este delito, ordenando entre otras cosas que: "Si algún judío leyere...los escritos de los judíos, los cuales (libros) contradicen la fe de Cristo o aquellos libros fueren hallados en casa de algún judío o los escondiera y se le descubrieran, que le rayen (rapen) la cabeza y reciba cien azotes y haga sobre ello un escrito con testigos (en el que mencione) que nunca más los volverá a leer o tener...y si después de hecho el escrito señalado hiciere lo que nosotros defendemos... (además de las penas dichas) pierda toda su fortuna y sea echado de la tierra (de los dominios del Rey) por siempre; y si reincidiera, el Rey dará toda su fortuna a quien quisiere de sus varones ... Y si algún maestro fuere hallado enseñando tal error (judaizando) ... y si volviera a enseñar esto que nosotros defendemos (prohibimos) ... pierda toda su fortuna, en favor del Rey, y ráyenle (rápenle) la cabeza y reciba cien azotes y sea echado de la tierra por siempre ... quedarán libres (sus discípulos) de esas penas cuando fuere probado que son menores de doce años; y si tuvieran más de doce años y leyeran aquellos errores, sufran la pena, el tributo y los azotes que sus maestros han de padecer en esta nuestra constitución".[207]

Se ve, por consiguiente, que con esto se hacía un esfuerzo supremo para impedir que los falsos cristianos transmitieran de padres a hijos su cripto judaísmo, por medio de la enseñanza de su doctrina y de los libros clandestinos. Al mismo tiempo se hace un vano intento de lograr que los culpables no reincidan, por medio de una promesa formal hecha por escrito ante testigos de que no lo harán, promesa inútil, ya que los hebreos en estas como en otras ocasiones nunca han cumplido sus promesas ni sus pactos solemnes, según lo demostraron los hechos en los años siguientes.... **La ley XII** estableció que: "Si algún judío, por astucia y por engaño, o por miedo de perder sus bienes dijere que sostiene las costumbres de la ley de los cristianos y cumpliere -de dicho (de palabra) la ley de Cristo y dijere que no liberará a sus siervos cristianos porque es cristiano; nosotros ya hemos explicado de qué manera es conveniente que afirme lo que dice para que de allí en adelante no pueda engañar ni falsificar en lo que dice. Y por consiguiente, establecemos de común acuerdo, que todos los judíos que estén en las provincias de nuestro reino, puedan vender a sus siervos cristianos tal como les mandamos en la ley de arriba, la que está antes de ésta. Y si ellos (los judíos) quisieran tenerlos (a los cristianos) consigo, afirmen (los judíos) -de la manera que nosotros explicamos en este libro-, que se han hecho cristianos, ya que les dimos tiempo para que no caiga sospecha sobre ellos y para que se deshagan de

---

[207] Fuero Juzgo, edición citada, pp. 192, 193.

todo engaño, y les dimos 60 días, desde el 1er. día de febrero hasta el 1º de abril de este año...y que nunca retornen a su antigua infidelidad y a todos sus otros pactos, tal como nosotros hemos explicado en este capítulo, bajo tal condición, que profesen y declaren de palabra (la fe cristiana) y que no tengan otra cosa en el corazón, sino sólo lo que dicen por la boca y que no tengan ninguna oportunidad de mostrar por fuera que no son cristianos y ocultar en sus corazones el judaísmo...Y el que de ellos se dijere cristiano, después de haber hecho el testimonio y después de haber jurado, y por sí mismo retornare a la ley de los judíos, y la creyere, y abandonare lo que juró, y no lo cumpliere, y jurare por el nombre de Dios en falso, y se tornare a la infidelidad del judaísmo, confísquenle todos sus bienes y que pasen al rey y reciba (el judío) 100 azotes y rápenle la cabeza y sea desterrado".[208] Con esta disposición, que formó parte de la citada legislación aprobada y confirmada por el Canon IX del santo Concilio XII Toledano, los metropolitanos y obispos del santo Sínodo trataban de evitar que los judíos -cubriéndose con la apariencia del cristianismo- pudieran tener bajo su dominio a siervos cristianos. Sin embargo, dadas las precauciones extremas que tomaron tanto los prelados como el rey cristiano, se ve claramente que con tal de conservar sus siervos cristianos, los israelitas fingían ser leales a la fe de Cristo, mientras en secreto seguían siendo judíos y formando parte de esa destructora quinta columna judaica introducida en la Cristiandad. Por eso, se les amenazaba con severísimas penas al descubrirlos haciendo tal cosa, en un vano intento de asegurar la conversión sincera de los hebreos y de sus descendientes y el aniquilamiento de la peligrosa quinta columna.

Desgraciadamente, ni la Santa Iglesia ni los monarcas cristianos pudieron lograr ambos anhelos; lo único que ocurrió fue que los los falsos cristianos con la experiencia que iban adquiriendo al darse cuenta de las imprudencias o indiscreciones que los descubrían, ocultaron en forma cada vez más eficaz su judaísmo subterráneo refinando los métodos de simulación a tal punto que, a través de los siglos, llegaron a la perfección posible en ese arte. Por ello es que el santo Concilio XII de Toledo, aprueba que se les "raye" la cabeza, con lo cual los señalaba como peligrosos cripto judíos, en forma quizá más eficaz que la que emplearon después otras instituciones cristianas y musulmanas y últimamente los nazis, con la famosa estrella judaica cosida en sus vestidos. Los gorros, los trajes especiales o las estrellas podrían quitárselas, pero la "rayada" de la cabeza, difícilmente. A todos nos espantaría, en el siglo XX, una semejante disposición aprobada por un santo Concilio de la Iglesia, pero quienes conozcan el peligro mortal que para el resto del mundo ha significado

---

[208] Fuero Juzgo, edición citada, Ley 13, p. 194.

siempre la doctrina criminal de los judíos, se mostrarán más comprensivos. Estas señales preventivas, usadas en distintas épocas, fueron formas eficaces para que los judías pudieran ser distinguidos y para que los pueblos cristianos pudieran cuidarse de sus venenosas actividades... En nuestros días una forma de reconocerlos a tiempo, es investigando judicialmente el genocidio que cometieron los judíos bolcheviques contra los pueblos cristianos y musulmanes de los pueblos ex integrantes de la U.R.S.S., pero esta investigación no es posible porque los astutos judíos promovieron en los países cristianos que se tipificara como delito grave el revisionismo histórico, equiparándolo al anti semitismo, o sea el acusar a los judíos de haber conspirado y provocado las revoluciones judío masónicas contra los reinos europeos, y la revolución judío bolchevique para exterminar y someter a los pueblos alemán, ruso, y astro húngaro, originando las pasadas guerras mundiales y asumiendo hipócritamente el papel de víctimas. Sin embargo es de vital importancia exhibir permanentemente en los museos del holocausto la documental, testimonial y fotográfica de los campos de exterminio bolcheviques.

Volviendo al santo Concilio XII Toledano, señalaremos que entre las prescripciones aprobadas en su Canon IX, figuran las **leyes XIV y XV**, que establecen el texto de abjuración del judaísmo y a la vez, el texto del juramento de fidelidad al cristianismo, ambos fueron empleados en el que por desgracia fue un estéril intento de asegurar la sinceridad de esas falsas conversiones. A pesar de todas las medidas tomadas para evitarlo, el judío trata de ejercer actividades de dominio en todo pueblo que le abre sus puertas, o sea, sobre quienes le brindaron hospitalidad. **La ley XVII** trata, precisamente, de poner fin a una parte de esas actividades de dominio, prohibiendo a los israelitas, entre otras cosas, "...que no se atreva a apoderarse o mandar o coaccionar...o a mandar o vender o a tener poder sobre los cristianos, de ninguna manera..." ordenando castigos para los judíos que violaren esta ley y también para los nobles, varones con puesto público, que violándola dieren a los hebreos dominio sobre los cristianos. Desgraciadamente, los judíos azuzaron el espíritu rebelde de la aristocracia visigoda en contra del monarca para ganarse la protección de la primera, anulando en gran parte la eficacia de estas leyes. Otra medida aprobada por el santo Concilio para destruir a la quinta columna está incluida en **la ley XVIII,** que establecía un verdadero espionaje contra los cristianos descendientes de judío, en el seno mismo de su hogar, al obligar a sus siervos cristianos a que denunciaran sus prácticas judaicas, ofreciéndoles como premio de tal denuncia, su libertad de servidumbre. La citada ley, refiriéndose a los mencionados siervos, ordena: "...que en cualquier tiempo, cualquiera que se proclamase, se reconociere y dijere y jurare que es cristiano, o que se ha hecho cristiano, y descubriere la infidelidad de sus señores (amos), y los denunciare ante la autoridad de nuestra Santa Iglesia, en aquella hora salga libre públicamente, con todo su peculio y tenga la posibilidad de legarlo (a sus sucesores)". Quizá de todas las medidas citadas hasta ahora, tendientes a destruir el cripto judaísmo en el seno de la sociedad cristiana, la ley acabada de mencionar fue la más eficaz, ya que era lógico que un siervo, que era casi un esclavo, tuviera siempre interés en recobrar su libertad a cambio de denunciar las prácticas judaicas clandestinas de sus amos, solamente cristianos en apariencia. Aquí, los prelados del santo Concilio Toledano dieron un paso decisivo, porque a partir de esa disposición, los quinta columnistas iban a tener que cuidarse en su propio hogar de sus mismos siervos, que en cualquier momento podrían descubrir su judaísmo subterráneo y denunciarlo. Por desgracia, los falsos cristianos cripto judíos encontraron un medio para ocultar su judaísmo secreto, aun en el propio hogar, y la medida de los prelados fue insuficiente para destruir a la quinta columna, tornándose el cripto judaísmo cada vez más hermético y más oculto, como lo veremos en posteriores capítulos.

DESTIERRO DE OBISPOS Y SACERDOTES QUE DEN PODER A LOS JUDÍOS

Este santo Concilio XII de Toledo, se ocupó una vez más de condenar a los obispos y clérigos que entraban en nocivas complicidades con los hebreos; al efecto, en **la ley XIX** aprobada por el **Canon IX**, ordena: "...y si algún obispo, o sacerdote, o diácono o clérigo, o monje, diera poder a algún judío para supervisar alguna cosa de la Iglesia, o para despachar asuntos de los cristianos, que pague de su hacienda (bienes) la cantidad a que equivalgan aquellas cosas de la Iglesia sobre las cuales le dio poder, y si no tuviere de dónde pagar, que sea desterrado, para que por eso se le castigue con la pena de la penitencia, y que aprenda y entienda su mala acción...".[209] Los prelados del Concilio también aprobaron la legislación conducente a impedir que los cristianos de sangre judía aprovechasen los viajes de una población a otra para judaizar en secreto, al verse libres de la vigilancia de los clérigos del lugar donde radicaban.... Así, **la ley XX** del mismo Canon, dice que: "...si fuere de un lugar a otro, debe ir (a ver) al obispo de aquel lugar, o al sacerdote, o al alcalde de esa tierra y no se aparte de aquel sacerdote para que el dicho sacerdote testimonie en verdad que se ha alejado de guardar los sábados y las costumbres y las pascuas de los judíos, para que otros como él no tengan modo, cuando vayan a otras

---

[209] Fuero Juzgo, edición citada, p. 200.

tierras o lugares, de ocultar su error ni de esconderse en lugares ocultos para perseverar en su error antiguo y por eso (recomendamos) que guarden en aquellos días que estuvieren con los cristianos todas las leyes y preceptos de la cristiandad..." Después sigue diciendo que si se excusaren aduciendo que han de ir de un lugar a otro, que: "..no se vayan sin comisión (o alguna tarea) de los sacerdotes a quienes fueron a ver, hasta que pasen los sábados y sepan (los sacerdotes) con seguridad que ellos (los judíos) no los guardan, y escriba el sacerdote del lugar, una carta, de propia mano, (dirigida) a los sacerdotes (de los lugares) por donde han de pasar aquellos judíos, para que ya no caiga sobre ellos sospecha ni engaño, tanto si residen en algún lugar como si andan viajando y sean presionados para que hagan esto con derecho. Y si alguno de ellos no cumpliere esta orden nuestra, entonces el obispo del lugar, o el sacerdote, de acuerdo con el alcalde, pueden hacer que cada uno (de los que no cumplieren) reciba cien azotes, porque nosotros no permitimos que se vayan a sus casa si no es con cartas de los obispos o de los sacerdotes de aquellos lugares a donde fueren. Y que escriban en dichas cartas cuántos días permanecieron con el obispo de aquella ciudad y de cómo llegaron a ese lugar y en qué día salieron de allí y llegaron a sus casas".[210]

PROHIBICIÓN A LOS SACERDOTES DE QUE AMPAREN A LOS JUDÍOS

Es indudable que la obligación impuesta a los siervos cristianos de denunciar a sus amos también cristianos, cuando estos últimos practicaban en secreto el judaísmo, puso a los cripto judíos en graves dificultades para celebrar los ritos del sábado y las festividades judaicas, incluso en el secreto de su hogar, no quedándoles otro recurso que fingir un viaje para realizarlos en lugar clandestino y no vigilado; pero una vez descubiertas tales tretas, el santo Concilio y el cristianísimo rey Ervigio buscaron los medios de controlar al detalle esos viajes de los cripto judíos, con el fin de evitar que con ellos siguieran practicando el judaísmo quienes oficialmente eran cristianos.... A su vez, **la ley XXI** completa lo anterior renovando la antigua legislación tendiente a obligar a los hebreos a ir con el obispo, clérigo, o a falta de ellos, con buenos cristianos del lugar, los días de fiesta hebreos, "...con el fin de que allegándose (los judíos) a ellos (es decir, a los cristianos) testimonien con verdad que son cristianos y que viven rectamente". El objeto era impedir que los cristianos de sangre judía tuvieran la menor posibilidad de observar los días hebreos para ver si con

---

[210] Fuero Juzgo, edición citada, Libro XII, Título III, Ley 20.

ello se convertían, a la larga, en sinceros cristianos, dejando de practicar subterráneamente el judaísmo.... **La ley XXIII** del Canon IX da poder a los sacerdotes para que hagan cumplir estas disposiciones, ordenando terminantemente a dichos clérigos: "...y que ninguno (sacerdote) ampare a ningún judío, ni razone con él aunque persevere en su error y en su ley". Por lo visto el problema de los Judas (traidores), de los clérigos que ayudaban a los enemigos de la Iglesia era ya tan grave, que justificó también la aprobación de esta ley por el santo Sínodo.

EXCOMUNIÓN DE OBISPOS NEGLIGENTES

Pero **la ley XXIV** es todavía más explícito al respecto cuando ordena: "Los sacerdotes de la Iglesia de Dios deben pensar y evitar de no cometer el pecado de dejar a las gentes perseverar en su error...Y por tanto establecemos, para recordarles su negligencia, que si algún obispo fuere vencido de la codicia y de malos pensamientos y fuere débil de corazón para hacer cumplir a los judíos estas leyes, y después de saber sus yerros (de los judíos) y se le averiguare su necedad y no los presionare (a los judíos) y no los castigare, sea excomulgado (el sacerdote) por tres meses y pague al rey una libra de oro y si no tuviere de dónde pagarla, quede excomulgado seis meses para que se castigue por su negligencia y su flaqueza de corazón. Y damos poder a cualquier obispo que tenga celo de Dios, para que refrene y constriña el yerro de aquellos judíos y para que enmiende sus locuras, y (haga esto) en vez del obispo negligente y que acabe lo que el otro olvidó. Y si no se moviere gustosamente para hacerlo y fuere negligente y semejante al otro, y no tuviere celo de Dios, ni fuere cuidadoso, entonces el rey enmiende sus yerros y condénelos por el pecado. Esta misma ley que damos para los obispos que son negligentes en enmendar el yerro de los judíos, la aplicamos a los otros religiosos, tanto sacerdotes como diáconos y clérigos...".[211] Al aprobar el Concilio Toledano esta ley, en su Canon sagrado número IX, declaró que era pecado mortal ya no sólo el hecho de ayudar a los judíos, sino el de que el obispo, sacerdote o religioso fuera negligente en el cumplimiento de sus obligaciones en la lucha contra el judaísmo, sancionando ese pecado mortal con la excomunión del obispo culpable. ... Aquí cabría preguntar: ¿cuántos obispos y altos dignatarios de la Iglesia serían excomulgados en la actualidad si se aplicara lo sancionado por el Canon IX del mencionado santo Concilio, dado que está tan generalizada en el clero del siglo XX la comisión de este delito y pecado mortal, de ayudar a los judíos en una forma o en otra....

---

[211] Fuero Juzgo, edición citada, Libro XII, Título III, Ley 24.

La ley XXVII establece algo muy importante al ordenar que la sinceridad del cristianismo en los cristianos de origen judío sea comprobada, no solamente por el testimonio de los obispos, sacerdotes o alcaldes del lugar, sino también por las acciones de dicho cristiano. No basta, por lo tanto, el que ellos aseguren que se convirtieron sinceramente, sino que es preciso que con hechos lo demuestren. Esta ley se ocupa, en forma muy rigurosa, de aquellos cristianos que habiendo sido descubiertos como cripto judíos ya hayan sido perdonados por haber convencido con sus palabras y obras de su arrepentimiento, para luego ser descubiertos de nuevo practicando el judaísmo. Para estos reincidentes, dice la citada ley: "...que no merezcan jamás ser perdonados y sufran lo que merecen, ya sea pena de muerte o bien otra pena máxima, (pero) sin ninguna palabra falla y sin ninguna piedad de ninguna índole".[212] Al aprobar esta ley el santo Concilio XII de Toledo, estableció, una vez más, la doctrina de la Iglesia Cristiana al respecto, ya que una cosa es que Dios Nuestro Señor esté dispuesto a perdonar a todo pecador antes de la muerte y otra que los judíos, que constituyen una amenaza constante para la Iglesia y la humanidad, deban ser castigados por la autoridad civil por sus delitos, no siendo lícito que puedan aducir, para evitar el justo castigo, la sublime doctrina del perdón a los enemigos, enseñada por Nuestro Divino Salvador, porque Él se refería al perdón de los agravios que un particular le cause a otro particular, pero no a los delitos o crímenes cometidos por un delincuente en perjuicio de la sociedad o de la nación.

Los clérigos que en nuestros días están al servicio del judaísmo forjan a este respecto sofisticadas conclusiones, tratando de utilizar en forma hasta sacrílega, las doctrinas sublimes de amor y de perdón de Nuestro Redentor Jesucristo, con el ánimo de impedir que los pueblos amenazados de esclavitud y genocidio por el judaísmo, puedan hacer uso del derecho natural de legítima defensa, luchando contra los criminales conspiradores hebreos o propinándoles el justo castigo.... No hay que olvidar, además, la gran autoridad que la Santa Iglesia ha concedido siempre a los citados Concilios toledanos, en lo que respecta a la definición de la política eclesiástica y en cuanto a las medidas tomadas en contra de los judíos por el Concilio XII; su vigor, como doctrina, de la Santa Iglesia, es mayor en vista de que reunido en el año de 683 un nuevo concilio de Toledo, el número XIII, no sólo confirmó en su Canon IX las leyes aprobadas en el Sínodo anterior, sino que ordenó que tuvieran vigor y solidez eternamente, dándoles con el, el carácter perenne de Doctrina de la Iglesia. Al efecto, el citado Canon IX del Concilio XIII de Toledo, dice: "De la confirmación del Concilio XII, celebrado en el año primero del gloriosísimo rey Ervigio.

---

[212] Fuero Juzgo, edición citada, Libro XII, Título III, Ley 24.

Aunque las actas sinodales del Concilio Toledano XII, fueron dispuestas y arregladas por el fallo unánime de nuestro consentimiento en esta ciudad real, sin embargo ahora reproducido este apoyo de nuestra firme decisión, decretamos que semejantes actas como se escribieron u ordenaron, tengan vigor y solidez eternamente".[213]

---

[213] Juan Tejada y Ramiro, compilación de cánones citada, tomo II, p. 505.

Capítulo XV

EL CONCILIO XVI DE TOLEDO CONSIDERA NECESARIA Y VITAL LA DESTRUCCIÓN DE LA QUINTA COLUMNA JUDÍA

Como ya hemos dicho, en vista de la casi universal falsa conversión de los judíos al cristianismo, el Imperio Visigodo se encontraba luchando tenazmente en contra de un tipo de judaísmo mucho más peligroso: el cubierto con la máscara del cristianismo. Los esfuerzos realizados por los santos **Concilios XII y XIII** de Toledo para destruir este poderoso bloque de hebreos introducidos en el seno de la Santa Iglesia, habían fracasado por completo. La minuciosa y enérgica legislación anti judía aprobada por ambos Concilios, fue incapaz de aniquilar la peligrosísima quinta columna, al impedir que los cristianos de sangre hebrea abandonaran sus clandestinas prácticas judaicas y se convirtieran en verdaderos cristianos. Prueba de ello es que diez años después, reinando ya Egica, el **Concilio XVI** Toledano volvió a ocuparse de este relevante asunto, precisamente en su **Canon I**, dice: "De la perfidia de los judíos.- Aunque en condenación de la perfidia de los judíos, hay infinitas sentencias de los Padres antiguos y brillan además muchas leyes nuevas; sin embargo como según el vaticinio profético relativo a su obstinación, el pecado de Judá está escrito con pluma de hierro y sobre uña de diamante, más duros que una piedra en su ceguera y terquedad. Es, por lo tanto, muy conveniente que el muro de su infidelidad debe ser combatido más estrechamente con las máquinas de la Iglesia Cristiana, de modo que, o lleguen a corregirse en contra de su voluntad, o sean destruidos de manera que perezcan para siempre por juicio del Señor".[214] Después de establecer claramente ese punto de doctrina, el santo Concilio en el canon citado, continúa enumerando medidas adicionales que debían de tomarse de inmediato contra los judíos.

---

[214] Juan Tejada y Ramiro, compilación de cánones citada, tomo II, pp. 563, 564.

Esta definición de la política y la legislación canónica de la Santa Iglesia en contra de los hebreos sirvió de base para que, siglos después, Papas y Concilios aprobaran la pena de muerte en contra de los cripto judíos infiltrados en el seno del cristianismo, no por causa de sus prácticas o ritos piadosos, devociónales o religiosos sino por su ideología criminal y genocida. En defensa de la legislación y de la política de la Santa Iglesia, ya hemos dicho qué medidas similares han aprobado siempre -y aprueban todavía en la actualidad- la generalidad de los Estados del mundo cristiano y del mundo gentil en contra de los espías o saboteadores de naciones enemigas. Nadie ha pretendido nunca criticar a ningún gobierno porque ejecute a los anarquistas sediciosos, espías subversivos, guerrilleros terroristas, a los traidores separatistas o quinta columnistas (vg: China), potestad del Estado soberano que aprovecharon al máximo los bolcheviques judíos para exterminar por millones a sus posibles opositores cristianos acusándolos de contra revolucionarios, arguyendo que eran asuntos internos. Sin embargo, toda la fuerza de la propaganda judaica, desde hace siglos, ha sido concentrada en contra de la Santa Iglesia, porque al igual que todas las naciones del mundo, consideró justificada la pena de muerte en contra de los judíos infiltrados en el seno de la Cristiandad con el ánimo de espiar, destruir o conquistar a la sociedad cristiana, y si algún Estado soberano como Alemania, Rusia o alguno de los países integrantes de la U.R.S.S. defiende heroicamente su soberanía contra el complot de los bolcheviques judíos o el complot del imperialismo capitalista judío, entonces lo acusan de anti semita y lo satánizan. Y así como las naciones tienen derecho a defenderse, también lo tuvo la Santa Iglesia, ya que al mismo tiempo que se defendía a sí misma, defendía a los pueblos que en ella habían depositado su fe y su confianza. Y así como los Estados que han defendido su soberanía oponiéndose a ser sometidos por los judíos, han sido calumniados y satánizados, También han sido satánizados la iglesia y sus instrumentos de defensa contra el judaísmo, máxime si se toma en cuenta que los judíos introducidos en el seno de la Santa Iglesia, además de constituir una vasta red de espías, saboteadores y traidores, constituyen la más destructora quinta columna en el seno mismo de la nación que por desgracia los tiene infiltrados dentro de sus instituciones. Así es que, por razones de Estado y en defensa de la Iglesia y los pueblos cristianos, procedía, sin duda alguna, la acción contra los judíos, acción que era precisamente dirigida tanto por la Santa iglesia, como por el Estado cristiano, ambos firmemente unidos. Lo ideal sería que los judíos abandonaran voluntariamente las naciones cristianas que bondadosamente les da albergue y se fueran a su patria, para que respetando el derecho a la independencia que todo pueblo tiene, no fueran perseguidos por complot, espionaje, sedición, sabotaje y traición en contra de los pueblos que generosamente les dan albergue; de esa manera nadie los molestaría y ellos dejarían vivir en paz al resto de las naciones. Pero si ellos persisten en continuar encubiertamente su lucha en contra las demás naciones, haciéndose reos de delitos de lesa patria y lesa humanidad sancionados con las máximas penas, serán los únicos responsables del castigo que a través de la historia han recibido pueblos como el de Cartago, después de que los ejércitos de Anibal invadieron Roma y en represalia los ejércitos romanos tomaron Cartago, destruyendo sus ciudades, exterminado y esclavizado sus ciudadanos y convirtiendo en desierto salando sus fecundos campos. Castigo que inexorablemente espera a Israel de acuerdo a lo profetizado desde los tiempos bíblicos a causa de su maldad y terquedad. Durante los siglos que no tuvieron patria, debieron haberse resignado a permanecer como el resto de los inmigrantes, viviendo en paz y respetando los derechos del pueblo que les dio albergue y de la religión que éste profesaba; de esta forma, nada les hubiera ocurrido. Lejos de hacer tal cosa, siempre traicionaron a las naciones que les dieron hospitalidad, tratando de conquistarlas encubiertamente para someterlas y despojarlas de su territorio y riquezas, e hicieron todo lo posible por aniquilar al cristianismo desde su nacimiento infiltrándose en su seno, tratando de desintegrarlo por dentro mediante herejías; impulsando y fomentaron las sangrientas persecuciones romanas, provocando con sus crímenes la repulsa universal, así como una reacción defensiva, no sólo de la Santa Iglesia y de los pueblos cristianos, sino también del Islam y de los pueblos a él sujetos.

Capítulo XVI

El Concilio XVII Toledano castiga con la esclavitud las conspiraciones de los judíos

En el año 694, reinando todavía Egica, fue descubierta una vastísima conspiración de los falsos cristianos, practicantes en secreto del judaísmo. La conspiración constaba de grandes ramificaciones y varios objetivos tendientes, por una parte, a perturbar el estado de la Iglesia y a usurpar el trono y, por otra, a traicionar a la patria y a destruir a la nación visigoda. En esos tiempos, San Félix, Arzobispo de Toledo, había convocado a un nuevo concilio, al que asistieron todos los prelados del Imperio, incluyendo algunos de la Galia narbonense -ya que una peste impidió que todos los de esa región acudieran. Ya reunido, el santo Sínodo tuvo conocimiento y pruebas de la conspiración cripto judía que tramaba una revolución en todos los órdenes, de tan mortal peligro para nuestra Santa Iglesia y para el Estado cristiano, que se abocó a ella el Santo Concilio, congregado en la iglesia de Santa Leocadia de la vega, en la ciudad de Toledo y presidido por el propio San Félix, quien en esta tremenda lucha fue el nuevo caudillo de la cristiandad frente a los judíos. Las actas de este santo Sínodo constituyen uno de los más valiosos documentos ilustrativos de lo que es capaz, en un momento dado, la quinta columna hebrea introducida en el seno de la Iglesia e infiltrada también dentro de las estructuras de gobierno del Estado cristiano. Creemos que el documento no sólo es de importancia para los cristianos, sino también para los hombres de cualquier pueblo o religión que se enfrenten a la amenaza del imperialismo judaico. Lo más interesante de este Concilio en su Canon VIII, que ordena literalmente: "De la condenación de los judíos (Iudaeorum damnatione). Y porque se sabe que la plebe judía está manchada con una feísima nota de sacrilegio y cruenta efusión de sangre de Jesucristo, y contaminada además con la profanación del juramento (entre otras cosas porque habían jurado ser fieles cristianos y no judaizar en secreto), de manera que sus maldades son sin número; por eso es necesario que lloren haber incurrido en tan grave pecado de animadversión, aquéllos que a causa de sus maldades, no sólo han querido perturbar el estado de la Iglesia, sino que con atrevimiento tiránico han intentado arruinar la patria y la nación, tanto que alegrándose por creer que había ya llegado su tiempo, han causado diversos estragos a los cristianos. Por cuyo motivo la presunción cruel y estupenda debe extirparse con un suplicio más cruel. De manera que el juicio debe ser contra ellos tanto más severo, cuanto en todas partes se castiga lo que se sabe haber sido definido perversamente. Caminando en este Santo Concilio con toda cautela, por la senda de otras causas, llegó a nuestros oídos la conspiración de los mismos, de manera que no sólo en contra de su promesa, por la observancia de sus sectas, mancharon la túnica de la fe, con que les había vestido la Santa Madre Iglesia al darles el agua del sagrado bautismo, sino que quisieron usurpar el trono real por medio de una conspiración, y habiendo llegado plenísimamente a nuestros oídos por confesión de ellos mismos esta infausta maldad mandamos que por sentencia de nuestro decreto sean castigados con irrevocable censura; a saber, que en observancia del mandato del piadosísimo y religiosísimo príncipe nuestro Egica, que encendido del celo del Señor e impelido de la santa fe, no sólo quiere vengar la injuria hecha a la Cruz de Cristo, sino también al exterminio proyectado de su gente y patria que ellos decretaron con muchísima crueldad, se trate de extirparlos con más rigor, privándolos de todas sus cosas y aplicándolas al fisco, quedando además sujetos a perpetua esclavitud en todas las provincias de España, las personas de los mismos pérfidos, sus mujeres, hijos y toda su descendencia, expelidos de sus propios lugares y dispersándolos, debiendo servir, a aquéllos a quienes la liberalidad real los cediere...Y respecto a sus hijos de ambos sexos, decretamos que tan luego como cumplan siete años, se les separe de la compañía de sus padres, sin permitirles ningún roce con ellos, debiendo entregarlos sus mismos señores, a cristianos fidelísimos, para que los eduquen, con objeto de que los varones lleguen a casarse con mujeres cristianas y viceversa, no teniendo licencia como ya hemos dicho, los padres ni tampoco los hijos, para celebrar bajo ningún concepto, las ceremonias de la superstición judaica, ni para volver en ninguna ocasión a la senda de la infidelidad".[215]

Como primer comentario a este sagrado Canon VIII del santo Concilio XVII Toledano, podemos asegurar que de haberse celebrado este santo Sínodo de la Iglesia Cristiana en nuestros días, tanto el Arzobispo San Félix que lo presidió, como el Santo Concilio en pleno, hubieran sido condenados por anti semitas. En efecto, es muy notorio, en la actualidad,

---

[215] Juan Tejada y Ramiro, compilación de cánones citada, tomo II, pp. 602, 603.

cómo aquellos cardenales y obispos que más sirven a la Sinagoga de Satanás que de la Santa Iglesia, fulminan censuras y condenaciones contra los cristianos que defienden de la amenaza judaica tanto a la Santa Iglesia como a su Patria.... Por otra parte, la gran habilidad de los hebreos para la intriga trastornó todos los planes del santo Concilio e hizo fracasar, una vez más, las medidas extremas que tomaron la Santa Iglesia y la monarquía visigoda con el fin de defenderse de la amenaza judía. Hay un dato interesantísimo en las actas de este santo Concilio en donde se pone de manifiesto que ya en esos remotos tiempos, es decir, hace casi mil doscientos años, habían estallado varias rebeliones y conspiraciones hebreas contra los reyes cristianos, hecho que hace constar el rey Egica en su pliego al santo Sínodo cuando manifiesta que "...en algunas partes del mundo se rebelaron (los hebreos) contra sus príncipes cristianos y que muchos perecieron a manos de éstos por justo juicio de Dios".[216] ... Es evidente que las constantes rebeliones promovidas por los hebreos en contra los príncipes cristianos, a través de los siglos les permitieron perfeccionarlas por medio de la experiencia y el aprendizaje, así comprendieron que para realizar las rebeliones con éxito, tendrían que convertir en sus aliados o colaboradores inconscientes a los propios pueblos cristianos, para lograrlo los agitadores israelitas -cubiertos con la falsa máscara de redentores se dedicaron a fomentar las discordias entre los reinos, las discordias entre los aspirantes al trono, las rebeliones de los príncipes y los nobles contra el rey, las divisiones entre los príncipes y los terratenientes, y organizar movimientos revolucionarios y liberales, con el fin secreto de obtener un ejército de idiotas útiles a su servicio, ofreciendo liberar de su yugo a los pueblos oprimidos por las monarquías, los señores feudales, los terratenientes, los industriales o los capitalistas...

Hay que tener presente que los terribles castigos aprobados contra los conspiradores cripto judíos por el Concilio XVII, se aplicaron en todos los dominios del Imperio Gótico, con excepción de la Galia narbonense, asolada por mortal epidemia y por otras causas, se encontraba, según lo aclara el pliego del soberano, "casi despoblada". Por eso se permitiría vivir allí a los judíos como antes, "con todas sus cosas, sujetos al duque de aquella misma tierra para que aprovechen a las públicas debilidades".[217] Es, pues, muy posible, que el referido duque de la Galia gótica haya ejercido presión para lograr que se dejara a los hebreos de su región libres de los castigos acordados por el santo Concilio contra los del resto del Imperio, lo que no solamente salvó a esos falsos cristianos, sino que provocó la fuga de muchos otros de las regiones afectadas hacia la Galia narbonense,

---

[216] Juan Tejada y Ramiro, compilación de cánones citada, tomo II, p. 593.
[217] Juan Tejada y Ramiro, compilación de cánones citada, tomo II, p. 594.

huyendo de la amenaza de esclavitud y demás castigos contra ellos decretados. Con esto empezó a crecer el porcentaje de la población judía en el mediodía de Francia, hasta llegar a convertirse en una segunda Judea. Es cierto que esa tolerancia en la Galia narbonense, se sujetó a la condición de que los protegidos se convirtieran en sinceros cristianos y se abstuvieran de practicar en secreto el judaísmo, so pena - en caso contrario- de incurrir en las fuertes sanciones aprobadas por el santo Sínodo. Pero como pudo comprobarse en siglos posteriores, lejos de abandonar su judaísmo esos falsos cristianos, lo tornaron tan hermético, que el mediodía de Francia se hizo famoso durante la Edad Media por estar convertido en el más peligroso nido de judíos clandestinos, cubiertos habilísimamente con la máscara de un sincero cristianismo, estableciendo en esa región el verdadero cuartel general de las más destructoras herejías revolucionarias, las cuales estuvieron a punto de aniquilar a la Iglesia y a la Cristiandad entera en los siglos del medioevo. Esto muestra con toda claridad los resultados desastrosos que se obtienen al tener contemplaciones y benevolencias con un enemigo tan tenaz y perverso.

La rebelión judía contra el rey a que aluden las citadas actas sinodales y que fue sofocada a tiempo con todo rigor por Egica y por las enérgicas sanciones del Concilio XVII de Toledo, alcanzó tan grandes proporciones, que estuvo a punto de aniquilar al Estado cristiano y sustituirlo por un Estado judío. Para comprender esto, es necesario que examinemos algunos antecedentes. El escritor cristiano, don Ricardo C. Albanés, hablando de la situación de los hebreos en la monarquía visigoda, dice al respecto: "Los judíos se habían multiplicado de manera asombrosa en la España gótica, como había acontecido antes en el antiguo Egipto, y como en éste adquirieron grande importancia y también riquezas, al extremo de hacerse necesarios a los conquistadores visigodos. Se dedicaron con preferencia al comercio, particularmente monopolizaban el tráfico mercantil con el Oriente, para lo cual les servían de maravilla sus relaciones de linaje e idioma. La riqueza les permitió comprar, gran número de esclavos a los que trataban duramente. Pero no sólo se iban enseñoreando los judíos del país de los godos, sino que no cejaban de minar cuanto podían la fe cristiana. Su ayuda solapaba a los herejes como a los arrianos primero y a los priscilianistas después, a la vez que la labor de los judaizantes agravó el conflicto que se desarrollaba en tierras hispánicas entre el cristianismo y el cripto judaísmo, determinando que no sólo los concilios, sino también los mismos reyes dictasen muy pronto duras medidas antisemíticas".[218] Pero además ese inmenso poderío que los judíos habían adquirido mediante el comercio, les sirvió para cabildear la política seguida por la Santa Iglesia y

---

[218] Ricardo C. Albanés, Los judíos a través de los siglos. México, D.F., 1939.pp. 167, 168.

los reyes cristianos de colmar de honores, de dar valiosas posiciones y hasta títulos de nobleza a los judíos que se convirtieran sinceramente al cristianismo, abriéndoles las puertas del sacerdocio y de las dignidades eclesiásticas. Canonjías que lejos de traer las consecuencias anheladas, logrando que los judíos se convirtieran sinceramente, produjo resultados muy contrarios a los deseados; ya que entonces fingían con mayor hipocresía haberse convertido sinceramente al cristianismo para alcanzar los beneficios y valiosas posiciones con que se premiaba a los sinceros conversos, pudiendo así encumbrarse cada vez más en las instituciones religiosas y políticas de la sociedad cristiana y llegar a adquirir en ellas mayor poder. Esta situación les hizo abrigar la esperanza de poder hacer triunfar una bien preparada rebelión, que les permitiera aniquilar el Estado cristiano para sustituirlo por uno judío, para lo cual aseguraron, con tiempo, la ayuda militar de poderosos núcleos hebreos del norte de África que invadirían la Península Ibérica al estallar en ella la rebelión general de los falsos cristianos, practicantes en secreto del judaísmo.

El ilustre historiador español Marcelino Menéndez y Pelayo explica lo siguiente: "Deseosos de acelerar la difusión del Cristianismo y la paz entre ambas razas, los Concilios XII y XIII de Toledo conceden inusitados privilegios a los judíos conversos de veras (plena mentis intentione), haciéndoles nobles y exentos de capitación. Pero todo fue en vano: los judaizantes (cristianos cripto judíos) que eran ricos y numerosos en tiempos de Egica, conspiraron contra la seguridad del Estado...El peligro era inminente. Aquel rey y el Concilio XVII de Toledo apelaron a un recurso extremo y durísimo, confiscando los bienes de los judíos, declarándolos siervos, y separándolos de sus hijos, para que fueran educados en el Cristianismo"...[219] Ya se puede ver cómo, desde hace doce siglos, los judíos se burlaron de la noble aspiración cristiana de establecer la paz y la armonía entre las distintas razas, sacando cruel provecho de tan evangélico anhelo y adquiriendo posiciones valiosas que les permitieran destruir la sociedad cristiana y sojuzgar al pueblo que ingenuamente les había abierto sus fronteras. En nuestros días, siguen utilizando con gran éxito el deseo nobilísimo de la unidad de los pueblos y la hermandad de las razas, con los mismos fines perversos.

El famosos historiador holandés Reinhart Dozy, da interesantes detalles sobre la conspiración judía que estamos analizando, los cuales son confirmados por la "Enciclopedia Judaica Castellana", que es una voz autorizada del judaísmo. Dicho investigados, refiriéndose a los israelitas

---

[219] Marcelino Menéndez y Pelayo, Historia de los heterodoxos españoles. Imprenta F. Maroto e hijos. Tomo I, p. 627. 172.

del Imperio Gótico, dice: "Hacia 694, diecisiete años antes de la conquista de España por los musulmanes, los hebreos proyectaron una sublevación general, de acuerdo con sus correligionarios de allende el Estrecho, donde varias tribus bereberes profesaban el judaísmo y donde los judíos desterrados de España habían encontrado refugio. La rebelión probablemente debía estallar en varios lugares a la vez, en el momento en que los judíos de África hubiesen desembarcado en las costas de España; más antes de llegar el momento convenido para la ejecución del plan, los gobernantes fueron puestos en conocimiento de la conspiración. El rey Egica tomó inmediatamente las medidas dictadas por la necesidad; luego, habiendo convocado un Concilio en Toledo, informó a sus guías espirituales y temporales de los proyectos criminales de los judíos y les pidió que castigaran severamente a esa 'raza maldita'. Escuchadas las declaraciones de algunos israelitas, de las que resultó que el complot pretendía nada menos que convertir España en un Estado Judío, los obispos, estremeciéndose de ira e indignación, condenaron a todos los judíos a la pérdida de sus bienes y de su libertad. El rey los entregaría como esclavos a los cristianos y aun a quienes hasta entonces habían sido esclavos de los judíos y a los que el rey emancipaba".[220] Un caso típico de cómo actúa la quinta columna judía en contra de las naciones que le brindan albergue.

---

[220] Reinhart Dozy, Histoire des musulmans d'Espagne. Leiden, 1932. p.267; Enciclopedia Judaica Castellana, vocablo España, tomo IV, p. 142, col. 2.

Capítulo XVII

Reconciliación cristiano-judía: preludio de ruina

Muerto Egica, ocurrió lo que con tanta frecuencia ha sucedido en los Estados cristianos, los nuevos gobernantes olvidan el arte de continuar la sabia política de sus antecesores y tratan de hacer toda clase de innovaciones, que en poco tiempo destruyen la labor de años de trabajo concienzudo, fruto de la experiencia y la necesidad de defenderse de los planes subversivos de los Judíos. Una de las causas del éxito de los planes supremaciítas judíos, ha sido que han encubierto cuidadosamente sus planes de guerra hasta que el confiado enemigo es sorprendido indefenso, atacado y sometido; tal como el ataque que perpetraron los japoneses a las tropas norteamericanas acampadas en la base naval de Pearl Harbor el 7 de diciembre de 1941 comparados con las indolentes políticas de defensa de nuestras instituciones del Estado laico y de la Iglesia-- Los éxitos y fracasos habidos en esta guerra sucia, solo han sido episodios, es decir batallas que permiten vislumbrar el resultado final que se ha ido fraguando a través de siglos, siguiendo una política uniforme y definida contra los que consideran sus enemigos, es decir, contra el resto de la humanidad. En cambio, ni nosotros los cristianos, hemos sido capaces de sostener una misma política continuada frente al judaísmo por más de dos o tres generaciones sucesivas, por muy adecuada que ésta haya sido y aunque haya estado inspirada en la más elemental necesidad de defensa y sobre vivencia contra los ataques de un enemigo encubierto. Witiza, hijo de Egica, que fue llamado al trono al morir éste, empezó por desbaratar todo lo que había hecho su padre, tanto lo bueno como lo malo. Hombre de violentas pasiones -muy dado a los placeres mundanos pero con buenas intenciones. Durante los primeros tiempos de su reinado, subió al trono con el magnífico deseo de perdonar a todos los enemigos de su padre y de lograr la unidad de sus súbditos. La crónica del pacense nos muestra a Witiza como un individuo conciliador, amante de reparar injusticias pasadas, llegando al extremo de hacer quemar los documentos falsificados por los cripto judíos utilizados para defraudar el erario real. Los falsos cristianos -sometidos a la sazón a dura esclavitud después de fracasada su monstruosa conspiración- vieron en las intenciones conciliadoras y en el justo anhelo de unificación del reino que inspiraban Witiza, el medio de librarse del tremendo castigo y de recobrar su perdida influencia y obtener del nuevo rey una proclama que los librara de la pesada servidumbre y los elevara, por el momento, a un rango de igualdad con los demás súbditos. ... Como otros reyes y gobernantes, Witiza cayó en la trampa. Creyó que la solución del problema judío radicaba en la reconciliación cristiano-judía, la cual pondría fin a una larga lucha de siglos y consolidaría la paz interna del Imperio, bajo las bases de respeto mutuo, igualdad de derechos, mayor comprensión y hasta convivencia fraternal y amistosa entre cristianos e israelitas, lo que ahora llaman los hebreos y sus agentes encubiertos en el clero "fraternidad judeo-cristiana".

Una reconciliación de este tipo puede ser una solución magnífica y deseable, pero sólo es posible cuando las dos partes la desean verdaderamente; más cuando una de ellas obra de buena fe, y en aras de la reconciliación renuncia a su legítima defensa, destruye sus murallas defensivas y se queda inerme, confiando en la buena fe de la otra parte, mientras ésta, en cambio, nada más aprovecha la generosa actitud de su antiguo adversario para buscar el momento para darle la puñalada mortal; entonces, la supuesta reconciliación, la naciente y falsa fraternidad, es sólo preludio de muerte, esclavitud y ruina. Eso es lo que ha ocurrido en todos los casos en que cristianos y gentiles, engañados por las hábiles maniobras diplomáticas de los judíos, han creído en la amistad y lealtad de éstos o en la reconciliación cristiano-israelita, debido a que, desgraciadamente, los hebreos usan esos tan nobles como hermosos postulados sólo como un medio para desarmar a quienes en el fondo de su corazón y secretamente, siguen considerando sus mortales enemigos. Todo ello con el fin de que, una vez desarmados y adormecidos los cristianos por el néctar aromático de la amistad y la fraternidad, puedan ser cómodamente esclavizados o aniquilados. Los hebreos han tenido siempre como norma - cuando están débiles o amenazados peligrosamente fingirse amigos de sus enemigos para poderlos dominar más fácilmente. Desgraciadamente, la maniobra les ha dado resultado a través de los siglos y les sigue dando todavía a causa de que los cripto judíos infiltrados en la Iglesia y los centros de poder de los Estados cristianos promueven la enajenación colectiva o desentendimiento de la defensa en tiempos de guerra subterránea. La diplomacia hebrea es clásica: pintan con negros colores las persecuciones, las servidumbres o las matanzas de que fueron víctimas para mover a compasión; ocultan, sin embargo, con todo cuidado, las persecuciones, los complots y la matanzas que ellos han perpetrado o urdido en contra de los pueblos cristianos, motivos por los que han perseguidos y combatidos a lo largo de la historia de occidente. Una vez que logran inspirar compasión, tratan de convertirla hábilmente en colaboración sin límites, para después luchar sin descanso para obtener toda clase de ventajas al amparo de la colaboración. Esa compasión y colaboración son las que siempre tienden a destruir las defensas que contra ellos hayan levantado los jerarcas religiosos y los gobernantes civiles, y son, asimismo, las que facilitan a los judíos la victoria sobre el infeliz Estado cristiano agredido no solo por los judíos encubiertos, sino por la colonia judía local e internacional, que incita a los demás Estados cristianos a declarar la guerra contra sus hermanos cristianos. A medida que los hebreos adquieren mayor influencia en el país que les brinda hospitalidad, al amparo de estas maniobras, se van convirtiendo, de perseguidos en perseguidores implacables de los verdaderos patriotas que intentan defender a la religión o a su país contra l acción dominadora o destructora de los extranjeros indeseables, hasta que los israelitas logran el dominio del Estado cristiano o gentil; o su destrucción, si así lo tienen planeado No fue otra cosa lo que ocurrió durante el reinado de Witiza: primero, los hebreos lograron moverlo a compasión e inspirarle simpatía, logrando que los librara de la dura servidumbre decretada sobre ellos por el Concilio XVII de Toledo y por el rey Egica, quienes la promulgaron como defensa en contra de los judaicos planes de conquista. Las defensas que la Santa Iglesia y la monarquía visigoda habían creado para protegerse del imperialismo judaico fueron, por lo tanto, demolidas. Witiza los elevó fraternalmente a la misma categoría de los cristianos. Incluso, cuando los hebreos se ganaron la simpatía del monarca, éste los amparó y protegió, llegando a otorgarles mayores honores que los otorgados a las iglesias y a los prelados. Todo esto nos lo demuestran las célebres crónicas del siglo XIII, "De Rebus Hispaniae" de Rodrigo Jiménez de rada, Arzobispo de Toledo, y el "Chronicon" del Obispo Lucas de Tuy (Lucas Tudensis). Como se ve, los hebreos lograron colocarse en posición superior a la de las iglesias y prelados, una vez que obtuvieron la liberación y la igualdad. Como es natural, todas estas medidas empezaron a sembrar el descontento entre los cristianos y entre los clérigos celosos defensores de la Santa Iglesia, siendo muy posible que tan creciente oposición haya inclinado a Witiza a reforzar la posición de sus nuevos aliados israelitas; y así, como afirma el Obispo Lucas de Tuy en su Crónica citada, Witiza abrió las puertas del reino a los judíos expulsados del Imperio Gótico por anteriores concilios y reyes. Volvieron aquéllos en gran número a su nueva tierra de promisión, para ampliar e intensificar el creciente poderío que iban adquiriendo en el reino de los visigodos.[221] El historiador del siglo pasado José Amador de los

---

[221] Rodrigo Jiménez de Rada, Arzobispo de Toledo, De Rebus Hispaniae, Libro III, Cap.

Ríos, conocido por su hábil defensa en favor de los judíos, reconoce, sin embargo, que, respecto a los hebreos, Witiza hizo todo lo contrario de lo que habían hecho su padre y los reyes que le precedieron: "Revocando, pues, por medio de un nuevo Concilio nacional, los cánones de los anteriores y las leyes que había la nación recibido con entusiasmo, abrió Witiza las puertas del reino a los que habían huido a extrañas tierras por no abrazar la religión Cristiana; relajó el juramento de los que habían recibido el agua del bautismo, y colocó, por último, en elevados puestos a muchos descendientes de aquella raza proscrita. No pudieron menos de producir estas precipitadas y poco discretas medidas los resultados que hubieran debido esperarse. Lograda en breve por los judíos una preponderancia verdaderamente peligrosa, convirtieron en provecho suyo todas las ocasiones que al efecto se les presentaban; y fraguando tal vez nuevos planes de venganza, preparándose en secreto a desquitarse de las ofensas recibidas bajo la dominación visigoda".[222] Este investigador, insospechable de antisemitismo y a quien los historiadores judíos toman, por lo general, como fuente digna de todo crédito, nos ha descrito en pocas palabras las terribles consecuencias que acarreó a los cristianos la política que inició el rey Witiza a principios de su reinado, con el señuelo de libertar a los hebreos oprimidos y de lograr después la reconciliación cristiano-judía y la pacificación de ambos pueblos.

El padre jesuita Juan de Mariana, historiador del siglo XVI, dice lo siguiente respecto del cambio de actitud operado en Witiza: "Verdad es, que al principio Witiza dio muestra de buen Príncipe, de querer volver por la inocencia y reprimir la maldad. Perdonó el destierro a los que su padre tenía fuera de sus casas y para que el beneficio fuese más colmado, los restituyó en todas sus haciendas, honras y cargos. Además de esto hizo quemar la documental de los procesos en contra de los judíos para que no quedase memoria de los delitos y supuestas infamias que les achacaron, y por los cuales fueron condenados en aquella revuelta de tiempos. Buenos principios eran estos, si continuara, y adelante no se trocara del todo y mudara. Es muy difícil refrenar la edad inconsistente y el poder imperial con la razón, virtud y templanza. El primer escalón para destronarlo fue entregarse a los aduladores judíos." Sigue el historiador jesuita narrando todas las torpezas cometidas por Witiza y que hizo aprobar por ese conciliábulo de que habla Amador de los Ríos. Es curioso el comentario que hace el padre Mariana con respecto a las leyes que permitieron a los hebreos públicos regresar a España, señalando al efecto: "En particular

---

XV, XVI; Isidoro Pacense, Chronicon; Lucas de Tuy, Chronicon in Hispania Ilustrata, tomo IV.
[222] José Amador de los Ríos, obra citada, tomo I, pp. 102, 103.

contra lo que por leyes antiguas estaba dispuesto, se dio licencia a los judíos para que volviesen y morasen en España. Desde entonces se comenzó a revolver todo y a despeñarse con el retorno de los hebreos expulsados y con la entrega a los judíos de puestos de gobierno".[223] Esto es lo que ha ocurrido casi siempre a través de la historia cuando los cristianos, en forma generosa, han tendido la mano de la amistad a los judíos dándoles influencia y poder, ya que lejos de agradecer los israelitas estos gestos de magnanimidad, lo han "revuelto todo y lo han lanzado al despeñadero", usando la atinada frase del padre Mariana. El historiador cristiano Ricardo C. Albanés, describe el cambio operado en Witiza de la siguiente manera: "La energía de Egica había sabido tener a raya la rebeldía de los judíos y las intentonas muslímicas, pero su hijo y sucesor Witiza (700-710), tras un breve período en que siguió una conducta loable, se transformó en un monarca despótico y profundamente vicioso, echándose en brazos de los judíos, otorgándoles honores y cargos públicos...".[224]

Con respecto a la corrupción lamentable de Witiza, la valiosa crónica del siglo IX conocida como "Chronicon Moissiacense", hace una impresionante descripción del negro fango de vicios en que se sumiera Witiza y su corte, quien llegó al extremo de tener un harem en su palacio; y para dar valor legal a esta situación, estableció la poligamia en su reino, permitiendo incluso a los clérigos tener varias esposas, con escándalo general de toda la Cristiandad. Este hecho está también narrado por el "Chronicon" de Sebastián, Obispo de Salamanca, que además afirma que Witiza hostilizó en forma rabiosa a los clérigos que se oponían a sus desvaríos, llegando al extremo de disolver concilios e impedir por la fuerza que los sagrados cánones vigentes fueran ejecutados, colocándose en abierta rebeldía contra la Santa Iglesia.[225] Pero Witiza no sólo disolvió un concilio que lo condenaba, sino que por medio de los clérigos que los seguían incondicionalmente, convocó otro que -según narran el ilustrísimo Obispo Lucas de Tuy en su crónica medieval, el famoso historiador jesuita Juan de Mariana y otros no menos ilustres cronistas e historiadores- se reunió en Toledo, en la Iglesia de San Pedro y San Pablo del Arrabal, donde a la sazón se encontraba un convento de monjas de San Benito. Dicho concilio aprobó tales aberraciones en contra de la doctrina tradicional de la Iglesia, y al hacerlo se tornó en verdadero conciliábulo, cuyos cánones carecieron de toda legalidad. Según afirman los cronistas e historiadores citados, el conciliábulo empezó a contradecir la doctrina y aquellos cánones de la Santa Iglesia que condenaban a los judíos y que

---

[223] Juan de Mariana, S.J., obra citada, tomo II, Cap. XIX, pp. 369, 371.
[224] Ricardo C. Albanés, obra citada, pp. 171, 172.
[225] Chronicon Moissiacense y Chronicon Sebastiani, en España Sagrada, tomo XIII, p. 477.

ordenaban a los cristianos, y a los clérigos en particular, que no los ayudasen ni fuesen negligentes en su lucha contra los hebreos, bajo pena de excomunión.

El conciliábulo, contradiciendo lo anterior, dictó medidas de protección para los judíos y aprobó el retorno de aquellos hebreos expulsados en reinados anteriores; además, suprimió la monogamia y estableció la poligamia, permitiendo incluso a los clérigos tener no sólo una, sino varias esposas. Las actas del conciliábulo, que fue convocado con el carácter de Concilio XVIII de Toledo, se perdieron; sólo se tiene noticia de algunos de los asuntos allí aprobados, a través de las crónicas mencionadas. Algunos cronistas medievales llegan a asegurar que enfurecido Witiza porque S.S. el Papa no aprobó sus desafueros, negó obediencia al pontífice, provocando escandaloso cisma; y que, para dar fuerza a tal separación, ésta fue aprobada por el citado conciliábulo.[226]

La persecución en contra de los clérigos fieles a la santa Iglesia fue tan dura que muchos, por cobardía o espíritu acomodaticio, llegaron a doblegarse al tirano. El padre Mariana, por ejemplo, consigna lo siguiente: "Era por este tiempo Arzobispo de Toledo Gunderico sucesor de Félix, persona de grandes prendas y partes, si tuviera el valor y ánimo para contrastar a males tan grandes; que hay personas a quienes aunque desplace la maldad, no tienen bastante ánimo para hacer rostro al que la comete. Quedaban algunos Sacerdotes, que como por la memoria del tiempo pasado se mantuviesen en su puridad, no aprobaban los desórdenes de Witiza: a éstos él persiguió y afligió de todas maneras hasta rendirlos a su voluntad, como lo hizo con Sinderedo sucesor de Gunderico, que se acomodó con los tiempos y se sujetó al Rey, autorizando que Oppas hermano de Witiza, Arzobispo de la Iglesia de Sevilla, fuese trasladado a Toledo, originando un nuevo conflicto debido a que hubiese juntamente dos prelados en aquella ciudad contra lo que disponen las leyes Eclesiásticas".[227] En este, como en muchos otros casos, la compasión hacia los hebreos convertida luego en filo semitismo y en colaboración disfrazada de pretendida reconciliación o fraternidad cristiano- judía permitió a los israelitas libertarse primero de la servidumbre y luego apoderarse del ánimo del monarca que quedó sujeto a su influencia, con la que lograron encumbrarse a los puestos de gobierno. Por desgracia, en tiempos de Witiza faltó un San Atanasio, un San Juan Crisóstomo o un San Félix que salvaran la situación. Por el contrario, los

---

[226] Lucas de Tuy, obra citada, tomo IV; Juan de Mariana, S.J., obra citada, tomo II, Cap. XIX. Otros historiadores ponen en duda que las cosas hayan llegado hasta el extremo de segregar de Roma a la Iglesia Visigoda.
[227] Juan de Mariana, S.J., obra citada, tomo II, Cap. XIX, pp. 372 y 373.

arzobispos y obispos-más deseosos de vivir cómodamente que de cumplir con su deber- acabaron por someterse al tirano. Una situación así no podía desembocar sino en espantosa catástrofe tanto para la sociedad cristiana como para la iglesia visigoda, que no tardaron en sucumbir sangrienta y devastadoramente. ... La situación que estamos analizando tiene especial importancia por su notable parecido con la situación actual. La santa iglesia se encuentra amenazada de muerte por el comunismo, la masonería y el judaísmo; y, por desgracia, no se ve surgir por ningún lado el nuevo San Atanasio, el nuevo San Cirilo de Alejandría o el nuevo San Félix que salven la situación. Los conjurados se aprestan a destruir la defensa de la Iglesia, a modificar sus ritos, a maniatar a los cristianos y entregarlos, como entonces, en las garras del imperialismo judaico. Los buenos se encuentran acobardados, porque hasta estos momentos no se ve claro cuáles cardenales o prelados tomarán en forma eficaz, ahora más que nunca, la defensa de la Santa Iglesia y de la humanidad amenazadas por el imperialismo hebreo de ultra izquierda y de ultra derecha impuestos a través de la revolución comunista o a través de las trasnacionales y potentados judíos. Los altos jerarcas de la Iglesia deben tener presente que si por acomodarse al tiempo claudican como claudicó el alto clero de los tiempos de Witiza, serán tan culpables como lo fueron en gran parte esos prelados y clérigos, que en los últimos días del Imperio Visigodo facilitaron con su cobardía y su posición acomodaticia la cruel destrucción que luego sobrevino a la Cristiandad en los confines del ferozmente aniquilado Imperio. Destrucción realizada por los musulmanes con la ayuda eficaz y decisiva de la quinta columna judía.

El reinado de Witiza nos presenta otro ejemplo clásico de lo que ocurre con una nación que los judíos quieren hundir y que adormecida y engañada por un supuesto deseo de cimentar la reconciliación cristiano-judía, la unidad de los pueblos, la igualdad de los hombres y otros ideales por el estilo, hermosos si fueran sinceros, comete el error de permitir que los israelitas escalen posiciones elevadas en la nación que planean arruinar o conquistar. En tales casos, la historia nos demuestra que los judíos siembran por todos los medios a su alcance la inmoralidad y la corrupción, ya que es relativamente fácil arruinar a un pueblo debilitado por ambas plagas, porque así quedará incapacitado para defenderse adecuadamente ... .La corrupción de costumbres que llegó a caracterizar los reinados de Witiza y el brevísimo de Rodrigo, es descrita con elocuentes palabras por el Padre Mariana S.J., quien dice: "Todo era convites, manjares delicados y vino, con que tenían estragadas las fuerzas, y con las deshonestidades de todo punto perdidas; y a ejemplo de los principales, los más del pueblo hacían una vida torpe e infame. Eran muy a propósito para levantar bullicios, para ser fieros y desgarros; pero muy inhábiles para acudir a las armas y venir a las puñadas con los enemigos.

Finalmente el imperio y señorío ganado por valor y esfuerzo se perdió por la abundancia y deleites que de ordinario le acompañan. Todo aquel vigor y esfuerzo con que tan grandes cosas en guerra y en paz acabaron, los vicios le apagaron, y juntamente desbarataron toda la disciplina militar, de suerte que no se pudiera hallar cosa en aquel tiempo más estragada que las costumbres de España, ni gente más curiosa en buscar todo género de regalo".[228] El comentario que hace a estos renglones el diligente historiador José Amador de los Ríos es también interesante: "Imposible parece leer estas líneas, que trasladamos de un historiador muy digno de respeto, sin lograr el convencimiento de que un pueblo venido a tal estado, se hallaba al borde de una gran catástrofe. Ningún sentimiento noble y generoso, había logrado sobrenadar, en tan deshecha borrasca: todo era escarnecido y envuelto en el más afrentoso vilipendio. Aquellos crímenes, aquellas aberraciones habían menester de grandes expiaciones y castigos; y no corrieron muchos años sin que los 'campos de placer' humearan con la sangre visigoda, y sin que el fuego musulmán devorase los palacios que había levantado la molicie de los descendientes de Ataúlfo".[229]

Urge hacer hincapié en dos significativas coincidencias. Primera: no había en esos tiempos en la Cristiandad sociedad más estragada por la corrupción que la del Imperio Godo, hecho que coincide con la circunstancia de que tampoco había en la Cristiandad reino en que los judíos hubiesen adquirido tanta influencia, ya que los demás, fieles a las doctrinas tradicionales de la Iglesia, seguían luchando en mayor o menor grado en contra del judaísmo. Segunda: tal estado de corrupción vino precisamente cuando los judíos, liberados de las cadenas que les impedían hacer el mal, lograron encumbrarse a posiciones elevadas en la sociedad visigoda. ... Después de mil doscientos años de ocurridos estos hechos, las estrategias judías siguen siendo en esencia las mismas. Quieren aniquilar el poderío de estados Unidos, de Inglaterra y de otros Estados occidentales y están sembrando en ellos la corrupción y la inmoralidad. Son muchos los escritores patriotas que han denunciado a las mafias judías como los principales agentes en la trata de blancas, en el comercio de drogas, en la difusión del teatro y cine pornográfico y deprimente; cosas todas que están causando estragos en la juventud norteamericana, británica, francesa y de otros países, cuyo hundimiento está decretado por el judaísmo. Como podrá verse, los sistemas poco han cambiado en mil doscientos años.

---

[228] Juan de Mariana, S.J., obra citada, tomo II, Cap. XXI, p. 375.
[229] José Amador de los Ríos, obra citada, tomo I, p. 104.

Capítulo XVIII

LOS JUDÍOS TRAICIONAN A SUS MÁS FIELES AMIGOS

Witiza, echado en brazos de los hebreos y rodeado de consejeros israelitas, llegó al colmo de los desatinos en una política que se nos antoja suicida. Mandó convertir las armas en arados y demoler las murallas de muchas ciudades con sus poderosas fortificaciones -que habrían dificultado enormemente la invasión musulmana-, según unos, so pretexto de su amor a la paz, y según otros, para poder reprimir más fácilmente a los opositores de su absurda política que cada día crecían en número y fuerza. Mientras, los judíos -traicionando a su leal amigo Witiza- estaban instigando la invasión musulmana a España desde el norte de África, con el fin de aniquilar para siempre al Estado cristiano y de ser posible a toda la Cristiandad europea. El Arzobispo Rodrigo de Toledo y el Obispo Lucas de Tuy, en sus crónicas ya citadas, narran cómo el gobierno de Witiza mandó derrumbar los muros de las ciudades, destruir las fortificaciones y convertir las armas en arados.[230] El célebre historiador español del siglo pasado, Marcelino Menéndez Pelayo, al hacer mención de la traición de los judíos, dice: "La población nativa hubiera podido resistir al puñado de árabes que pasó el estrecho; pero Witiza les había desarmado, las torres estaban por tierra y las lanzas convertidas en rastrillos".[231] Mientras el Imperio Visigodo, bajo la influencia de los judíos consejeros y amigos de Witiza, se desarmaba, destruía sus defensas y anulaba su poderío bélico, los hebreos alentaban a los musulmanes a realizar la invasión y destrucción del imperio cristiano, para lo cual hacían grandes preparativos en el norte de África. Por el año de 709 el descontento de la nobleza y del pueblo contra Witiza había tomado proporciones tales que su situación se tornaba insostenible; fue entonces cuando el judaísmo nos brindó una lección más de su alta

---

[230] Lucas de Tuy, Chronicon, era 733; Rodrigo Jiménez de rada, Arzobispo de Toledo, Rerum in Hispania gestarum, Libro III, Cap. XV y XVI.
[231] Marcelino Menéndez y Pelayo, Historia de los heterodoxos españoles. Madrid: Consejo Superior de Investigaciones Científicas, 1946. Tomo I, Cap. III, p. 373.

política, empleando un sistema que después de doce siglos ha perfeccionado en forma eficacísima: cuando consideran perdida la causa que ellos sostienen, destacan elementos al bando rival antes de sobrevenir el derrumbe, para que si se hace inevitable su triunfo, al consumarse éste luchen esos judíos por quedar siempre arriba y de ser posible a la cabeza del nuevo régimen. En esta forma, triunfe un bando o el otro, ellos quedan siempre dominando la situación. Practican con científica maestría el principio de que la única manera segura de acertar una carta es apostando a todas a la vez. Este ha sido uno de los grandes secretos del triunfo progresivo del imperialismo judaico a través de los siglos que les ha permitido llegar al dominio universal; por eso, todos los dirigentes religiosos y políticos de la humanidad deben tomar muy en cuenta esta clásica maniobra de la alta política judaica, previniendo el engaño y evitando la trampa. Viendo prácticamente perdida la causa de su protector y leal amigo Witiza, no tuvieron los hebreos escrúpulos en traicionarlo, para poder a tiempo escalar posiciones decisivas en el bando contrario, posiciones que les permitieran dominarlo al obtenerse la victoria.

Los israelitas inculcaban el pacifismo en el país que deseaban arruinar y, en cambio en el que iban a utilizar como instrumento para arruinar al anterior, predicaban el belicismo; táctica judaica clásica, utilizada a través de los siglos en diversos países y que en la actualidad practican con toda la perfección que les permite una experiencia de cuatro milenios. Es curioso notar que los hebreos en la actualidad predican el pacifismo y el desarme en el mundo libre, por medio de las organizaciones masónicas, teosóficas, partidos socialistas, comunistas, agentes infiltrados en las diversas Iglesias cristianas, o a través de una campaña mediática: prensa, radio y televisión, etc., mientras que en la Unión Soviética y demás estados sujetos a la dictadura socialista totalitaria inculcan al pueblo el belicismo. Es también importante hacer notar que los judíos al término de la pasada guerra mundial, después de desarmar a los Estados Unidos de Norteamérica y a Inglaterra en forma peligrosísima, han ido entregando al comunismo posiciones vitales y destruyendo, al mismo tiempo, las defensas básicas de esas dos grandes potencias occidentales, armando hasta los dientes a la URSS y a los demás países comunistas, incluso con gigantescos recursos bélicos sacados traidoramente de Norteamérica por los hebreos quinta columnistas que han controlado los gobiernos de Washington, incluyendo los secretos atómicos y de los proyectiles intercontinentales. En concreto, las tácticas son las mismas que hace mil doscientos años. Si los pueblos de Estados Unidos, de Inglaterra y otras naciones del mundo libre no abren los ojos a tiempo y reducen a la impotencia a la quinta columna judaica que tienen introducida, muy pronto verán a sus países arrasados y dominados por la horda judeo bolchevique que los reducirá a la esclavitud, como pasó hace más de doce siglos con el cristiano Imperio Visigodo. Es curioso observar que hasta en detalles siguen practicando los hebreos tácticas similares. Nos ha tocado ver grabado en distintos lugares de los Estados Unidos el texto del pasaje bíblico relativo a que "las armas se convertirán en arados", ideal sublime pero sólo factible de realización cuando todos los bandos contendientes lo practiquen por igual. Los hebreos lo utilizan ahora, como hace mil doscientos años, para inducir al pacifismo y al desarme a los pueblos que quieren hundir, es decir, a todos los pueblos del mundo que se encuentran todavía libres de su dictadura totalitaria y comunista, porque en los estados socialistas en donde ya la impusieron y que están siendo utilizados para esclavizar al mundo libre, lejos de convertirse las armas en arados, han creado la más gigantesca y destructora industria bélica de todos los tiempos. Así pues, por una parte los pueblos de la humanidad libre son adormecidos por las prédicas pacíficas, la corrupción y las discordias promovidas por la quinta columna hebrea introducida en ellos y, por otra parte, al otro lado del telón de acero, se prepara la demoledora invasión que en forma aplastante podrá triunfar si los pueblos libres dejan subsistir las traidoras quinta columnas que entre ellos tienen los israelitas y que facilitarán el triunfo del comunismo en la hora precisa. Como facilitaron también, en la hora adecuada, la destrucción del Estado cristiano de los visigodos.

El siguiente dato, que debemos a la acuciosa investigación de un docto historiador, Ricardo C. Albanés, es muy elocuente: "Esta degeneración y despotismo provocó un profundo descontento, por lo que desde principios del año 710 estaba condenada la dinastía de Witiza.

El célebre Eudon, judío según se ha sostenido y cuya raza ocultaba, púsose al frente del partido español o romano, amenazado por la fatídica ley de razas derogada por Recesvinto, y mediante una rápida y hábil conspiración, aprehendió a Witiza. Constituidos los sublevados en junta (Senado romano), pensaron en nombrar rey a Rodrigo, nieto del gran Recesvinto, a cuyo rey tanto debían los españoles romanos por haber derogado los aborrecidos privilegios góticos (que tenían sojuzgada a la raza hispano latina conquistada por los godos). Rodrigo, retirado a la vida del hogar, resistía ceñir la corona que le ofrecía el conspirador, pero cediendo a la postre ocupó el trono, recompensando enseguida a Eudon al nombrarle conde de los Notarios, esto es, ministro de estado y hombre de todas las confianzas reales".[232] Triunfante la conjura, el voto de la mayoría de los magnates visigodos, descontentos ya con Witiza, legalizó al parecer el reinado de Rodrigo. Por otra parte, después de su derrocamiento murió

---

[232] Ricardo C. Albanés, obra citada, p. 173.

Witiza, según algunos de muerte natural y según otros cruelmente martirizado por Rodrigo que le mandó sacar los ojos. Esta última versión es verosímil, si se toma en cuenta que Witiza había asesinado años antes al padre de Rodrigo y le había también sacado los ojos, dejándolo cautivo y ciego. Era, pues, de esperarse que nada bueno hubiera de ocurrir a Witiza al caer en manos del hijo de Teodofredo, martirizado en la forma que queda expuesta. Así pagó el judaísmo subversivo los grandes beneficios que recibió de Witiza, quien no sólo liberó de la esclavitud a los cripto judíos del reino, sino que llamó del exilio a los judíos públicos, les permitió practicar a unos y a otros libremente el judaísmo, los encumbró a las más altas posiciones y les brindó su más absoluta confianza, en aras de la reconciliación cristiano-judía y de la hermandad de los pueblos. ... La historia nos brinda con frecuencia ejemplos trágicos de este tipo. Para el judío imperialista, la amistad del cristiano o gentil y la fraternidad cristiano-judía no es más que un simple medio para obtener ventajas que faciliten la tarea del judaísmo, tendiente a aniquilar a sus enemigos y a conquistar los demás pueblos mediante la destrucción de sus defensas internas; al fin de cuentas, si les conviene, acaban por traicionar también, en la forma más cruel, a los ingenuos que se entregan en sus brazos o que inconscientemente les hacen el juego. ¡Pobre del que se deja engañar por los alardes de amistad y por la hábil diplomacia de los hipócritas hebreos! La historia está llena de trágicos desenlaces para los que infantilmente creyeron en tal amistad judía y se dejaron envolver por tan experimentada diplomacia.

Es fácil comprender la influencia decisiva que debe haber tenido el judío Eudon, ministro de estado del rey Rodrigo, sobre este hombre, que ni siquiera quería ser rey y que sólo accedió a serlo debido a las instancias repetidas del hebreo, pues en primer lugar, el artífice de esta nueva situación política necesariamente tuvo, sobre ella, influencia decisiva por lo menos durante algún tiempo y no existen indicios de que el débil Rodrigo, dado también a los vicios y a la lujuria, haya siquiera intentado sacudirse el poder de su ministro de Estado. Por otra parte, la política seguida por Rodrigo es, en sí, tan suicida que a las claras se ve que fue inspirada por quienes planearan su ruina y con ella la de la Cristiandad en el moribundo Imperio Gótico. La benéfica influencia que pudiera haber ejercido Pelayo, jefe de la Guardia Real, no se deja sentir, siendo evidente que fueron otros los que manejaron la política del débil monarca que entregó el mando de parte de sus ejércitos al Arzobispo Oppas, personaje que no sólo era pariente cercano de Witiza, sino brazo derecho de éste en la dirección de la desastrosa política eclesiástica del monarca. Además, en el preciso momento de estarse preparando los musulmanes a invadir el imperio por el sur, con la ayuda de los judíos, era inducido el rey Rodrigo a marchar hacia el norte con sus ejércitos para conquistar la Vasconia, que nunca habían podido dominar los godos. El historiador Ricardo C. Albanés, después de señalar que Tarik ben-Ziyad en esos días logró avanzar al frente de cuatro mil sarracenos hasta el norte del actual Marruecos, dice: "...fue entonces cuando el traidor conde don Julián, gobernador de Ceuta y uno de los conjurados, entregó a Tárik esa importantísima llave del estrecho de Gibraltar, excitándole enseguida a pasar a España y ofreciéndose de guía. En la corte de Toledo no se daba importancia a tales sucesos, calificándolas de intentonas que fácilmente podría dominar Teodomiro, duque de la Bética, induciéndose por el contrario a Rodrigo para que, al frente de su ejército, se trasladase al norte de España, a realizar la conquista de la Vasconia, que no habían logrado los más poderosos monarcas godos. Y para determinar esta movilización se rebeló Pamplona, movida por las intrigas y el oro de la poderosa y antigua judería de dicha ciudad. Mientras tanto Tárik al frente de sus berberiscos, franquea el estrecho y arrolla en la Bética las huestes del leal Teodomiro, escribiendo entonces este aguerrido general la célebre carta en la que angustiosamente pedía auxilio a Rodrigo, quien se encontraba en la Vasconia gótica".[233]

Estando ya los hijos de Witiza y el traidor Arzobispo Oppas en secreto contubernio con los judíos y los musulmanes, Rodrigo comete el error mortal de entregarles el mando de importante parte del ejército, el cual debería librar la batalla decisiva contra los musulmanes invasores. La víspera de la batalla, que los españoles llaman del Guadalete, los hijos de Witiza conferenciaron con los nobles godos y judíos conjurados. Al efecto, la crónica árabe "Ajbar Machmuá" narra que dijeron: "Este mal nacido, dijeron refiriéndose a Rodrigo, se ha hecho dueño de nuestro reino sin ser de nuestra estirpe real; antes bien, uno de nuestros inferiores; aquella gente que viene del África no pretende establecerse en nuestro país; lo único que desea es ganar botín: conseguido esto, se marchará y nos dejará. Emprendamos la fuga en el momento de la pelea, y ese miserable será derrotado".[234] Los doce mil musulmanes mandados por Tarik se enfrentaron al día siguiente con los cien mil cristianos comandados por Rodrigo, el Arzobispo Oppas y los dos hijos de Witiza. La batalla se desarrollaba como era natural en forma favorable para los visigodos, pero entonces el Arzobispo traidor y los dos hijos de Witiza, en el momento adecuado, lejos de huir y dejar solo a Rodrigo, se pasaron con sus ejércitos al bando islámico, haciendo pedazos al resto de la tropa que permanecía fiel al rey Rodrigo, según lo narra el cronista Al-Makkari.[235] En esta batalla

---

[233] Ricardo C. Albanés, obra citada, pp. 174, 175.
[234] Ajbar Machmuá, traducción de don Emilio Lafuente y Alcántara. Madrid: Real Academia de la Historia. Tomo I (Col. De obras arábigas de Historia y Geografía).
[235] Al-Makkari, citado por Ricardo C. Albanés en su obra citada, pp. 175, 176.

decisiva perdió la vida Rodrigo, según sostienen la mayoría de los historiadores. Todavía queda impreso el recuerdo, en distintas regiones de España, de la traición del arzobispo Oppas, que como digno sucesor los enemigos de ésta en la destrucción de la Cristiandad en lo que fuera en otro tiempo esplendoroso Imperio de los visigodos. Gran amigo de los judíos (como su pariente Witiza), el Arzobispo Oppas acabó por traicionar en la forma más catastrófica a su patria y a su Iglesia, en combinación con los hebreos que utilizaban ahora, para destruir al cristianismo, la pujante fuerza del naciente Islam, al igual que otrora habían dirigido el poder omnipotente del Imperio Romano contra los cristianos, y posteriormente cuando la religión cristiana se convirtió en la religión del imperio, traicionando a los romanos colaboraron con los ejércitos germánicos para invadir a Roma. ... Desgraciadamente, en nuestros días, hay en el alto clero muchos imitadores del Arzobispo Oppas, que en oculto contubernio con el judaísmo facilitan los triunfos del de la masonería, el comunismo y el imperio de los potentados de las finanzas, de la banca y de la bolsa, que impulsan el imperio de las trasnacionales para atacar y someter a los pueblos desde la ultra izquierda y la ultra derecha, destrozando por la espalda tanto a los clérigos como a los cuadillos seglares que defienden a la Santa Iglesia o a su patria, en la misma forma en que el Arzobispo Oppas atacó en ese entonces por la espalda al ejército de Rodrigo, defensor de la Cristiandad en aquellos momentos decisivos.... ¡Que Cristo Nuestro Señor ayude a la Santa Iglesia y a la humanidad contra las traiciones de los Oppas del siglo XX!

La Enciclopedia española Espasa Calpe narra la traición del Arzobispo Oppas, tomando en cuenta crónicas cristianas, de la siguiente manera: "...reforzadas las tropas de éste (Tarik) por 5.000 berberiscos, enviados a su petición por Muza, muchos judíos y los cristianos partidarios de Witiza (en total unos 25.000 hombres, contra 40.000) acepta la batalla. Esta duró dos días, llevando en el primero la ventaja los visigodos, gracias a su caballería, de que carecían los berberiscos. Entonces tuvo lugar la traición de Sisberto y Oppas, que se pasaron al enemigo, y aunque el centro del ejército, mandado por el rey, peleó con valor, fue derrotado (19 y 20 de julio de 711)".[236] Con respecto a la traición del Arzobispo Oppas, que hizo perder a la Cristiandad un vasto imperio, el historiador jesuita del siglo XVI, Juan de Mariana, narra como dicho prelado asistió primero a los hijos de Witiza en los preparativos de la negra conspiración, y después, refiriéndose al papel de Oppas en la batalla decisiva, dice: "La victoria estuvo hasta gran parte del día sin declararse: sólo los Moros daban alguna muestra de flaqueza, y parece querían retroceder y aún volver las espaldas,

---

[236] Enciclopedia Espasa Calpe, tomo XXI, vocablo España, p. 906.

cuando D. Oppas en lo más recio de la pelea según que de secreto lo tenía concertado, con un buen golpe de los suyos se pasó a los enemigos. Juntóse con D. Julián que tenía consigo gran número de lso Godos, y de través por el costado más flaco acometió a los nuestros. Ellos atónitos con traición tan grande, y por estar cansados de pelear no pudieron sufrir aquel nuevo ímpetu, y sin dificultad fueron rotos y puestos en huída...".[237] Es natural que haya diferencias entre las cifras fijadas a ambos ejércitos por los historiadores cristianos y musulmanes, pero es evidente que en cualquier forma el ejército cristiano era superior en número al sarraceno y que sólo la traición del arzobispo y la conjura dirigida, principalmente, por la quinta columna judía hicieron posible que un imperio tan vasto haya podido ser conquistado tan rápidamente por un pequeño ejército. El rey Rodrigo tenía razón al restar importancia a la invasión islámica, dado el pequeño contingente de los ejércitos invasores, pero con lo que no contaba era con la traición que se estaba fraguando en secreto, ni con el terrible poder de la quinta columna judía, que como luego demostraremos, desempeñó un papel decisivo en la lucha. ... Quiera Dios que las naciones del mundo libre aprovechen las experiencias de la Historia; y que éstas- aunque se consideren más fuertes que las naciones dominadas por el comunismo- tengan siempre en cuenta que en una guerra pueden fallar catastrófica todos los cálculos si se permite a las quinta columnas judías que sigan minando en secreto a los países libres, porque en un momento dado pueden éstas desarticular por completo sus defensas y dar un fácil triunfo al comunismo.

Para completar el conjunto de pruebas que demuestran la destrucción de un Estado cristiano hace más de mil doscientos años y su entrega por la quinta columna judía a los enemigos de la Cristiandad, vamos a presentar diversos testimonios históricos de cristianos, musulmanes y judíos que dan por cierta la complicidad de los israelitas residentes en el Imperio Gótico y en varias naciones del Norte de África, con la invasión de los musulmanes, a los cuales ayudaron en diversas formas. Las pruebas que vamos a presentar son, en conjunto, incontrovertibles, ya que además de la autoridad de los cronistas o historiadores citados, es inverosímil que en medio de esa enconada guerra de siglos, sostenida por cristianos y musulmanes, se hayan puesto de acuerdo las partes antagónicas para culpar a los judíos de la traición al Estado en que habitaban; aún más, los autores israelitas han coincidido con los anteriores, precisamente, en ese mismo hecho histórico. El famoso historiador cristiano Marcelino Menéndez y Pelayo, de gran reputación mundial, escribe lo siguiente: "Averiguado está que la invasión de los árabes fué inicuamente patrocinada por los judíos

---

[237] Juan de Mariana, S.J., obra citada, tomo I, Cap. XXIII, p. 364.

que habitaban en España. Ellos les abrieron las puertas de las principales ciudades"[238].... El historiador holandés, descendiente de hugonotes, Reinhart Dozy, que tanto prestigio adquirió en el siglo pasado, aporta en su obra maestra "Historia de los musulmanes de España", una serie de datos que confirman la ayuda valiosísima que los hebreos prestaron a los sarracenos, facilitándoles la conquista del Imperio Gótico...[239] El historiador judío norteamericano, doctor Abram León Sachar, que fue director nacional de las Fundaciones Hilel para las universidades en Estados Unidos, en su obra titulada "Historia de los judíos" asevera, entre otras cosas, que las huestes árabes cruzaron los estrechos que las separaban de España en 711 y se hicieron dueños del país, ayudadas por la condición decadente del reino visigodo y sin duda, por la colaboración de los judíos...[240] "La Comisión de Sinagogas Unidas para la Educación Judía", con domicilio en Nueva York, hizo una edición oficial de la obra titulada "El pueblo judío", de Deborah Pessin, en donde se afirma: "En el año 711, España fue conquistada por los musulmanes, y los judíos saludaron su venida con júbilo. Ellos regresaron a España de los países a los que habían huido. Ellos salieron al encuentro de los conquistadores ayudándoles a tomar las ciudades de España".[241] En pocas palabras, esta publicación oficial hebrea resume la acción de los israelitas, que como se había visto, fue doble: por una parte, los judíos del norte de África que, en el siglo anterior habían sido expulsados de España, se unieron a los ejércitos musulmanes invasores; y, por otra parte, los israelitas habitantes del Imperio Gótico, la quinta columna, abrieron a los invasores las puertas del reino, quebrantando las defensas por dentro.

El historiador judío alemán, Josef Kastein, en su obra "Historia y destino de los judíos" dice: "Los berberiscos ayudaron al movimiento árabe a extenderse hasta España, mientras lo judíos sostenían la empresa a la vez con hombres y con dinero. En el año 711 los berberiscos comandados por Tarik cruzaron el estrecho y ocuparon Andalucía. Los judíos aportaron piquetes de tropas y guarniciones para el distrito...".[242] Este historiador israelita nos aporta el valioso dato de que los hebreos sostuvieron también financieramente la invasión y conquista del Imperio Visigodo, es decir fueron los instigadores y patrocinadores de la invasión

---

[238] Marcelino Menéndez y Pelayo, obra citada, tomo I, Cap. III, p. 373.
[239] Reinhart Dozy, obra citada, pp. 267 y ss.
[240] Abram León Sachar, Historia de los judíos. Santiago de Chile: Ediciones Ercilla, 1945. Cap. XIV, p. 227.
[241] Deborah Pessin, The Jewish People. Nueva York: United Synagogue Commission on Jewish Education, 5712 (1952). Libro II, pp. 200, 201.
[242] Josef Kastein, History and Destiny of the Jews, traducida del alemán por Huntley Paterson. Nueva York: Garden City Publishing Co., 1936. p. 239.

sarracena... El historiador hebreo Graetz, después de mencionar que en la conquista del Imperio Visigodo por los musulmanes intervinieron tanto los judíos del norte de África como los que residían en España, sigue narrando que: "Después de la batalla de Jerez (julio 711) y la muerte de Rodrigo, el último rey visigodo, los árabes victoriosos siguieron avanzando, y en todas partes fueron apoyados por los judíos. En cada ciudad que conquistaban, los generales musulmanes no estaban en posibilidad de dejar sino una pequeña guarnición de sus propias tropas, ya que necesitaban de todos sus hombres para someter al país, por eso confiaban su custodia a los judíos. De esta manera los judíos, que hasta recientemente habían estado sometidos a la servidumbre, ahora se convertían en los amos de Córdoba, Granada, Málaga y muchas otras ciudades"...[243] El rabino Jacob S. Raisin indica que la invasión de la España goda fue realizada por un ejército de "doce mil judíos y moros", acaudillados por un judío converso al Islam, hijo de Cahena, una heroína perteneciente a una tribu de berberiscos judaizantes y que fue la madre de Tarik-es-Said. Luego sigue: "En la batalla de Jerez (año 711) el rey visigodo Rodrigo fue derrotado por uno de los generales de Cahena, Tarif-es- Zaid 'un judío de la tribu de Simeón' debido al cual se dio el nombre de Tarifa a la isla. El fue el primer 'moro' que puso pie en el suelo de España".[244] Es curioso que el citado rabino, a pesar de indicar que Tarik-es-Said profesaba ya la religión musulmana, lo sigue llamando judío de la tribu de Simeón. Esto lo pueden comprender fácilmente quienes saben el nulo valor que tienen las conversiones de los judíos a otras religiones, ya que con rarísimas excepciones, son siempre fingidas.

Entre los historiadores árabes y sus crónicas, se habla de la complicidad de los judíos en la invasión y conquista del Imperio Visigodo, entre otras, la crónica formada por una colección de tradiciones compiladas en el siglo XI y conocida como "Ajbar Machmuá", que menciona la conspiración de los judíos para traicionar a Rodrigo. Estos judíos iban en el ejército visigodo con los hijos de Witiza y con los nobles godos descontentos, la víspera de la batalla decisiva. Hay también otros detalles sobre la complicidad de los hebreos que habitaban en España, pues según se narra, cuando hallaban los árabes muchos judíos en una ciudad, les dejaban la custodia de ésta junto con un destacamento de musulmanes, mientras el grueso de las tropas seguía avanzando. En otros casos, simplemente confiaron la custodia de las ciudades capturadas a los habitantes judíos sin dejar ningún destacamento islámico. Así, refiriéndose la mencionada

---

[243] Graetz, obra citada, tomo III, p. 109.
[244] Rabino Jacob S. Raisin, Gentile Reactions to Jewish Ideals (Reacciones de los gentiles al ideal judaico), Nueva York: Philosophical Library, 1953, p. 429.

crónica árabe a la captura de Córdoba, constata que: "Reunió Moguits en Córdoba a los judíos, a quienes encomendó la guarda de la ciudad". Y refiriéndose a Sevilla, afirma: "Confió Muza la guarda de la ciudad a los judíos".[245] Lo mismo dice de Elvira (Granada) y de otras poblaciones. Datos no menos interesantes sobre este asunto relata el historiador sarraceno Al- Makkari, quien refiriéndose a los musulmanes invasores dice: "...tenían por costumbre juntar a los judíos en las fortalezas con algunos pocos musulmanes, encargándoles la guarda de las ciudades, para que continuase la demás tropa su marcha a otros puntos".[246] .....El cronista islámico Ibn-el-Athir, en su famosa crónica "El Kamel", dio diversos detalles sobre la invasión musulmana en el Imperio Gótico y sobre la complicidad judaica, datos que fueron también confirmados después por el historiador musulmán Ibn-Khaldoun, nacido en Túnez en 1332, en su célebre "Historia de los berberiscos". De él tomamos el siguiente hecho, por ser de capital importancia, para ilustrarnos sobre lo que entienden los israelitas por reconciliación o fraternidad cristiano-judía.... Ibn-Khaldoun, citando a Ibn-el- Athir, dice que después de tomada Toledo por los musulmanes "...los otros destacamentos capturaron las ciudades contra las cuales se les había enviado y que Taric estableció en Toledo a los judíos, con uno que otro de sus compañeros, y se dirigió a Sevilla."[247]

¿Y qué fue lo que ocurrió a la población civil cristiana cuando quedó en las garras de los judíos? ¿Sería posible que esa reconciliación y amistad cristiano-judía que los hebreos traicionaron en forma ya de sobra demostrada, sirviera ahora que ya tenían aherrojadas a sus víctimas, para usar hacia ellas de clemencia y tolerancia que tanto querían? La Crónica del siglo XII del ilustrísimo Obispo Lucas de Tuy, nos brinda datos muy reveladores al respecto. Esta versión de los hechos es repetida después por casi todos los historiadores toledanos, al afirmar que sitiada la capital visigoda por el caudillo Tarikben-Zeyad, "...salieron los cristianos de la ciudad a celebrar en la próxima basílica de Santa Leocadia, la Pasión del Salvador, el domingo de Ramos del año 712, y que aprovechándose los judíos de su ausencia, pusieron en manos de los musulmanes la silla de Leovigildo y de Recaredo, siendo los cristianos degollados, parte en la vega y parte en la misma basílica"...[248] El historiador judío Graetz da una versión que coincide con la anterior, al decir que cuando Tarik llegó frente a Toledo ésta estaba custodiada por una pequeña guarnición, y que

---

[245] Ajbar Machmuá citada en José Amador de los Ríos, obra citada, tomo I, p. 106.
[246] Al-Makkari, en Vicente Risco, Historia de los judíos. Barcelona: Editorial Surco, 1960. p. 212.
[247] Ibn-el Athir, Crónica El Kamel, e Ibn-Khaldoun, Histoire des Berbères, traducción del árabe al francés por el barón de Slane, edición de Argel, año 1852.
[248] Lucas de Tuy, Chronicon in Hispania Ilustrata, tomo IV.

"mientras los cristianos estaban en la iglesia rezando por la salvación de su país y de su religión, los judíos abrieron las puertas de la ciudad a los árabes victoriosos (el Domingo de Ramos del año 712), recibiéndolos con aclamaciones y vengando así los mucas desdichas que habían caído sobre ellos en el curso de un siglo (como castigo a sus constantes conspiraciones) desde los tiempos de Recaredo y Sisebuto".[249] Naturalmente que dicho historiador judío se abstiene de mencionar la matanza de cristianos que luego sobrevino y de que habla tanto la Crónica del Obispo don Lucas de Tuy, como la mayoría de los antiguos historiadores de Toledo

Es de citarse, al respecto, un precedente interesante: hacía más o menos un siglo que el emperador bizantino Heraclio había presionado a los monarcas visigodos para que expulsasen a los judíos de España, porque su estancia en los estados cristianos constituía un peligro para la vida de éstos, citando el hecho de que los israelitas habían "...comprado a Cosroes 80.000 cautivos cristianos, a los que degollaron sin piedad...".[250] Desgraciadamente, Sisebuto, lejos de extirpar de raíz la peligrosa y mortal quinta columna, puso a los hebreos ante la disyuntiva de expulsión o conversión, empujando con esto a la inmensa mayoría a convertirse fingidamente al cristianismo, tornando así a la quinta columna judía incrustada en el Estado cristiano, en una quinta columna dentro del seno de la misma Iglesia, aumentando con ello inmensamente su peligrosidad.

Es evidente que en la matanza de los cristianos deben haber intervenido musulmanes y judíos; por una parte, hubo la benignidad y tolerancia de los conquistadores árabes en España que es reconocida hasta por los escritores judíos, y, por otra parte, los hechos nos han demostrado que los israelitas, siempre que pudieron saciar sus odios contra los cristianos, organizaron ellos mismos matanzas e incitaron después a los paganos a ejecutarlas. Además, siempre que ha triunfado alguna herejía o revolución dirigida por el judaísmo, ha degenerado con frecuencia en matanzas de cristianos; y ya no se diga de las revoluciones judeo-comunistas de nuestros días, en que los asesinatos masivos están a la orden del día. Ante la reconocida tolerancia de los árabes victoriosos en España y los hechos expuestos, es fácil imaginar quiénes fueron los principales inspiradores de las degollinas de cristianos en el sojuzgado Imperio Gótico. Sea lo que fuere, una cosa es evidente: la política de reconciliación cristiano-judía, iniciada en el reino visigodo por Witiza, tuvo catastróficos resultados, ya que a la larga trajo la destrucción de un Estado cristiano, la

---

[249] Graetz, obra citada, tomo III, p. 109.
[250] Enciclopedia Espasa Calpe, tomo XXI, vocablo España, p. 904.

pérdida de la independencia, patria y hasta la matanza cruel de innumerables cristianos...

Para terminar este capítulo, insertaremos lo que dice al respecto el gran amigo de los judíos, el historiador José Amador de los Ríos, insospechable de antisemitismo, refiriéndose a la ya citada invasión musulmana: "Y ¿cuál fue entre tanto la conducta del pueblo hebreo?...¿Aprestóse acaso a la pelea en defensa de su patria adoptiva?...¿Ofreció al combatido imperio sus tesoros?...¿O bien permaneció neutral en medio de tanto estrago, ya que no le era dado resistir el ímpetu de los vencedores?...El amor a la patria, es decir, el amor al suelo en que se ha nacido, y la gratitud a las disposiciones de los reyes godos que beneficiaron a los judíos graciosamente, parecían exigir de aquel pueblo que en reciprocidad uniera sus fuerzas con las de la nación visigoda, para rechazar la invasión extranjera, abriendo al propio tiempo sus arcas para subvenir a las apremiantes necesidades del Estado. Pero, en contrapeso de estas razones existían los antiguos odios y los vivos recuerdos de pasados ultrajes: la condición de los judíos, como pueblo que tenía igualmente su morada en todos los ángulos de la tierra; sus intereses generales y particulares; sus costumbres, y el género de vida errante que a la continua llevaban, incitábanlos permanentemente a solicitar nuevos privilegios y derechos por encima de los nativos, mientras los impulsaba poderosamente el fanatismo religioso a atentar en contra de sus odiados anfitriones para precipitar su perdición y su ruina. De otro modo no se hubiera realizado y propagado la invasión y la victoria musulmana en toda la Península Ibérica. Poderosas fortalezas y nobles ciudades, donde prosperaba en número y riqueza la generación israelita, y que hubieran costado sin duda mucha sangre a los ejércitos de Tariq y de Muza, eran entregadas por los hebreos a los invasores, quienes hermanados con los africanos las reciban después en guarda,"...[251] Finalmente, daremos unos datos interesantísimos, proporcionados por una monumental obra oficial del judaísmo, la "Enciclopedia Judaica Castellana", que en su vocablo España entre otras cosas dice:

Es un hecho indiscutible que lo que determinó a Muza, indeciso pese a las persuasivas invitaciones del partido de Witiza, a lanzar sus huestes a España, fueron los informes secretos que recibió de los judíos españoles, quienes le revelaron al Emir la impotencia militar de la corona, el estado ruinoso de los castillos, el agotamiento del Tesoro Real y la exasperación tanto de la nobleza como del pueblo, ante una opresión que se había

---

[251] José Amador de los Ríos, obra citada, tomo I, pp. 105, 106.

hecho general". Y después afirma que: "El 19 de julio del año 711, Tarik[252] aniquiló a los visigodos en la batalla del lago de Janda o del Guadalete, en la que Rodrigo, al parecer, encontró la muerte. En este histórico encuentro, se vio a muchos soldados judíos mogrebinos luchar al lado del vencedor. Inmediatamente, sus correligionarios españoles se sublevaron en todas partes y se pusieron a disposición de Tarik y de Muza...".[253] En este capítulo nos dimos una idea de la forma en que actuaba hace mil doscientos años el imperialismo judaico y su quinta columna en el seno de la Iglesia para destruir un Estado cristiano; sin embargo, podemos asegurar que la experiencia de doce siglos ha permitido, al imperialismo hebreo y a sus quinta columnistas, perfeccionar sus métodos subversivos en extremo...

---

[252] Las diferencias de ortografía, tanto en lo que respecta al vocablo "Tarif", como "Tarik", "Taric" y otros, se deben a las distintas fuentes citadas, cuyos textos se copian literalmente.
[253] Enciclopedia Judaica Castellana, vocablo España, tomo IV, p. 144.

MAURICE PINAY

Capítulo XIX

Los concilios de la Iglesia luchan contra el judaísmo

Ante la falsedad repetida de las conversiones de los judíos al cristianismo, la Santa Iglesia intentó tomar algunas precauciones que fueron aprobadas en distintos concilios. El Concilio de Agde, ciudad meridional de las Galias, celebrado en el año de 506 bajo los auspicios de San Cesáreo, Primado de la Provincia de Arlés, con la tolerancia de Alarico, estableció lo siguiente: Canon XXXIV. "Cómo se han de recibir los judíos que desean convertirse. Los judíos cuya perfidia los vuelve frecuentemente al vómito, si quisieren convertirse a la Ley Cristiana, estarán ocho meses de catecúmenos y si se conoce que vienen con fe pura, pasado este tiempo, sean bautizados...".[254] Los hechos, sin embargo, demostraron que de nada sirvió este término de prueba para garantizar la sinceridad de sus conversiones. En el Concilio Trulano del año de 692, considerado como un suplemento de los Concilios Ecuménicos V y VI, se dice que la herejía de Nestorio renovaba la impiedad judía, cuando en su canon I, expresa: "Reconocemos al mismo tiempo, la doctrina proclamada en Éfeso por los doscientos Padres ortodoxos persiguiendo la inepta división de Nestorio, como segregada de la suerte divina, puesto que declaraba que Jesucristo era hombre separadamente, renovando la impiedad judaica". ....Y después, en su Canon XI, establece la pena de deposición para los clérigos que se relacionen íntimamente con los judíos. Se ve pues, que ya desde esos remotos tiempos fue para la Santa Iglesia una verdadera pesadilla la de esos sacerdotes que entablaban amistades peligrosas con los hebreos, habiendo tenido necesidad de establecer penas, hasta de destitución, para los clérigos amigos de los israelitas. Al efecto, el sagrado Canon XI, dice: "Ningún sacerdote o lego, coma los Ázimos de los judíos, tenga familiaridad con ellos, los visite en sus enfermedades, reciba sus medicinas, ni tampoco se bañe en su compañía en los gimnasios públicos; el que

---

[254] Concilio de Agde, Canon XXXIV, en Juan Tejada y Ramiro, compilación de cánones citada, tomo I, p. 413.

contraviniere a esta disposición, si es clérigo, sea depuesto, y si lego separado".[255] Y no es que la Santa Iglesia se apartara con esto de la caridad y fraternidad cristiana, que ha patrocinado siempre, ya que entre las obras de misericordia existe la nobilísima costumbre de visitar a los enfermos; sino que, conocedores los prelados de este santo Concilio del hecho, universalmente comprobado, de que los hebreos aprovechan siempre hasta las generosas obras de la cristiana caridad para adquirir influencia sobre los cristianos con miras a socavar nuestra santa religión, vieron de urgente necesidad prohibir todo aquello que pudiera tender lazos de peligrosa amistad entre cristianos y judíos; misma que pusiera a los primeros en peligro de caer en las garras de esos peligrosos carniceros. Es indudable que tuvo razón la Santa Iglesia al amenazar a los clérigos con la destitución y con la separación de la Iglesia a los seglares amigos de los judíos, ya que estas familiaridades - como las llama el canon- han demostrado siempre, a medida que se estrechan, constituir un peligro mortal para la Cristiandad. ¿Qué ocurriría si se aplicara este sagrado canon a los clérigos que en la actualidad tienen tanta familiaridad y estrecha amistad con los israelitas en esas llamadas confraternidades judeo cristianas de nuestros días? Si se les aplicase este canon, de seguro que se daría un paso agigantado para salvar a la Santa Iglesia del sabotaje mortal de la quinta columna judía en el clero actual....

EL CONCILIO ECUMÉNICO II DE NICEA
LOS CRIPTO JUDÍOS

La peste de los falsos cristianos, judíos en secreto, llegó a constituir tal peligro para la Cristiandad a fines del siglo VIII -sobre todo después de la caída del Imperio Visigodo en manos de los musulmanes-, que el Concilio Ecuménico II de Nicea estableció que los conversos que practicaban en secreto el judaísmo, era preferible que fueran hebreos manifiestos y no falsos cristianos. Las actividades anti cristianas que en el seno de la Santa Iglesia realizaban los israelitas ya propagando levantamientos y rebeliones contra los romanos, ya persiguiendo y exterminando a los primeros cristianos, ya propagando herejías apostatas para atentar contra la doctrina de la Iglesia, ya conspirando contra los emperadores romanos para perseguir y exterminar a los cristianos, ya conspirando con los bárbaros germánicos para invadir el Imperio romano, ya conspirando con los reyes del imperio germánico para nuevamente perseguir y exterminar a los

---

[255] Concilio Truliano, Canon II, en Juan Tejada y Ramiro, compilación de cánones citada, tomo III.

cristianos, ya conspirando con los musulmanes del Norte de África para invadir la Península Ibérica y derrotar al monarca visigodo, abriéndoles las puertas amuralladas de las ciudades cristianas, a cambio de tener el poder para perseguir y exterminar a los cristianos habían sembrado tal alarma en la Cristiandad, que la Santa Iglesia prefería mejor que siguieran siendo judíos públicos y declarados, y no falsos conversos. En esta forma, la Iglesia tendría al enemigo fuera y no dentro de sus propias filas. Las medidas tomadas, a este respecto, por el santo Sínodo no pudieron ser más acertadas, pero por desgracia, los israelitas ya habían notado las grandes ventajas que les proporcionaba su infiltración en el seno de la Iglesia y de la sociedad cristiana.

El **Canon VIII** del Concilio Ecuménico II de Nicea, dice textualmente: "Y porque algunos hebreos aparentaron hacerse cristianos, pero en secreto judaizan y guardan el sábado, establecemos: que no sean admitidos a la comunión, a la oración ni a la Iglesia; sino que sean al descubierto verdaderos hebreos, no sean bautizados sus hijos, ni se les permita que compren o posean siervos cristianos. Pero si alguno, obrando con pureza y sinceridad, se convirtiere y divulgare sus costumbres y actividades secretas, cual si hubiera obtenido un triunfo, será admitido y bautizado lo mismo que sus hijos, empleando cautela para no dejarse volver a seducir; mas si no se portan así, no serán admitidos".[256] El Concilio Ecuménico que estamos citando, se ocupó también de la condenación de la herejía de los iconoclastas. No hay cosa que odien más los israelitas que las imágenes Cristianas, a las que llaman ídolos. Por ello, siempre que han podido ejercer su influencia sobre cierto sector de la Cristiandad, han pretendido suprimir las imágenes. La herejía de los iconoclastas fue inspirada por los israelitas, cuyos falsos conversos cripto judíos viven más a gusto en un cristianismo sin imágenes, porque les cuesta trabajo rendirles aunque sea simple veneración. Sin embargo, prácticos como lo son cuando por algún motivo les ha convenido no contrariar los sentimientos de la población cristiana, han tenido que tolerar el culto a las imágenes y hasta han llenado de éstas sus hogares. Fue un judío prestidigitador, según el historiador eclesiástico Juan Tejada y Ramiro, quien persuadió al emperador bizantino, León el Isaurio, las ideas anti iconoclastas. Dicho monarca tomó con tanto fanatismo estas ideas, que empezó por derribar la imagen de Nuestro Señor Jesucristo que estaba colocada a gran altura sobre la puerta de Constantinopla, imagen que, según afirma el docto compilador de

---

[256] Concilio II de Nicea, Canon VIII, en Juan Tejada y Ramiro, compilación de cánones citada, tomo III, p. 819.

cánones, "...con despecho de los judíos, desde hacía muchos años, que veneraba el pueblo".[257]

El Concilio Ecuménico que estamos citando, entre otras medidas tomadas contra la herejía, ordenó la destitución de los obispos, presbíteros o diáconos que ocultaban los libros propagadores de las ideas iconoclastas. Así, el **Canon IX**, prescribe: "Todas las burlas infantiles e insanas diversiones y escritos que han atentado contra la honra y enaltecimiento del ejemplo de los santos y los mártires, recordados a través de sus venerables imágenes, os apercibo para que sean denunciados al Obispo de Constantinopla los herejes iconoclastas, para que se incluyan con los libros de los demás herejes. Pero si se encontrare que cualquiera oculta estas cosas, si fuere obispo, presbítero o diácono, sea depuesto. Pero si fuere monje o laico, sea excomulgado".[258] La Santa Iglesia no sólo actuaba contra cripto judíos y herejes, sino de manera muy enérgica contra los obispos y demás clérigos que ayudaban a la herejía o al judaísmo. A medida que fue creciendo la acción destructora de la quinta columna, la acción defensiva de la Santa Iglesia fue extremándose más y más. ... Ya en este santo Concilio Ecuménico de Nicea se establece la pena de destitución contra los obispos y clérigos que simplemente escondan los libros heréticos. ¿Qué merecerán en la actualidad esos altos clérigos que no sólo solapan las apostasías que promueven los cripto judíos, sino que colaboran activamente para que las revoluciones masónicas y comunistas destrocen a la Cristiandad?...

Volviendo al iconoclasta emperador León el Isaurio, es útil hacer notar que a los herejes iconoclastas se les volteó el emperador. Al principio se alió con ellos contra la ortodoxia cristiana, pero cuando se dio cuenta del inmenso peligro que significaban para el cristianismo, trató de conjurar dicho peligro recurriendo al mismo lamentable recurso a que habían recurrido los concilios: el de presionar a los hebreos para que se convirtieran al cristianismo, y puso a los judíos iconoclastas, ante la disyuntiva de convertirse o ser castigados severamente. Sobre la "sinceridad" de esta nueva conversión general de judíos en Grecia y los Balcanes, parte de Asia Menor y demás dominios del Imperio Bizantino, el historiador israelita Graetz, dice lo siguiente: "León el Isaurio, hijo de padres aldeanos, habiéndole los judíos y los árabes llamado la atención sobre el carácter idolátrico del culto a las imágenes, que se practicaba en las iglesias, llevó a cabo una lucha con la intención de destruir esas

---

[257] Concilio II de Nicea, Canon IX, en Juan Tejada y Ramiro, compilación de cánones citada, tomo III, p. 808.
[258] Joannis Harduini, S.J. Acta Conciliorum et epistolae decretales, ac constitutione Summorum Pontificum, Studio, París, 1714.

imágenes. Sin embargo, habiendo sido acusado como un hereje y un judío ante las turbas incultas, por el clero adorador de imágenes, León procedió a reivindicar su ortodoxia persiguiendo a los herejes y a los judíos. Promulgó un decreto ordenando a todos los judíos del Imperio Bizantino y a los restos de Montanistas de Asia Menor, a abrazar el cristianismo de la Iglesia Griega, bajo la amenaza de severo castigo (año de 723). Muchos judíos se sometieron a este decreto, y con repugnancia recibieron el bautismo; fueron pues menos firmes que los Montanistas, quienes permanecieron fieles a sus convicciones. Los judíos que permitieron que los bautizaran, fueron de la opinión de que la tormenta pasaría pronto, y que se les volvería a permitir regresar al judaísmo. Por ello, abrazaron el cristianismo sólo en lo exterior, ya que ellos observaban en secreto los ritos judíos..."; y termina el célebre historiador hebreo con este muy ilustrativo comentario: "Así, los judíos del Imperio Bizantino se esfumaron, ante las incesantes persecuciones, y por un tiempo permanecieron ocultos a los ojos de la historia"...[259] Estas desapariciones del judaísmo para permanecer oculto a los ojos de la historia, usando estos felices términos de Graetz, han sido siempre de lo más peligroso, ya que de ser una quinta columna visible, se transforma en un poder oculto, en una fuerza invisible que, como tal, es mucho más difícil de combatir. Con el tiempo, los Balcanes, minados por completo por este poder oculto, habrían de convertirse en peligroso epifoco de las sectas secretas de los cátaros. Después, dicho poder oculto se torna en traidora quinta columna que entrega el Imperio bizantino a los turcos musulmanes; y en los tiempos modernos, en semillero de organizaciones carbonarias y terroristas, que tanta influencia tuvieron en el desencadenamiento de la guerra mundial 1914-1918. Ya veremos, después, cómo desapariciones similares del judaísmo -para permanecer oculto a los ojos de la historia tuvieron lugar en toda Francia, Inglaterra, Rusia, imperio español y portugués, y en partes de Italia, Alemania y de otros países de la Cristiandad, con resultados desastrosos, a la larga, para esas naciones y para la humanidad entera....

Sobre la terrible lucha que tenían que sostener la Santa Iglesia y las monarquías cristianas en contra del judaísmo en Francia, vamos a dejar un poco la palabra al historiador israelita Graetz, cuya autoridad, además de insospechable de antisemitismo, es tan respetada en los medios hebreos. Refiriéndose al rey Segismundo de Burgundia, constata que: "Fue este rey, quien levantó primero (en Francia) las barreras entre cristianos y judíos. El confirmó la decisión del Concilio de Epaone, verificado bajo la presidencia del obispo sediento de sangre Avito, prohibiendo incluso a los laicos

---

[259] Graetz, obra citada, tomo III, pp. 122, 123.

tomar parte en banquetes judíos (año 517). Un espíritu de hostilidad hacia los judíos gradualmente se esparció de Burgundia hacia los reinos franceses. Ya en los Concilios III y IV de Orleáns (años 538 y 545), se aprobaron en contra de ellos severas disposiciones... El Concilio de Mâcon (año 581) adoptó varias resoluciones asignando a los judíos una posición de inferioridad en la sociedad. Se les prohibía ser jueces, recolectores de impuestos, 'por recelo de que pudieran sujetar a ellos la población cristiana'. Se les obligó a mostrar profunda reverencia a los sacerdotes cristianos...Aun el rey Chilperico, aunque no tenía buena voluntad para el clero cristiano, imitó el ejemplo de Avito. El también obligó a los judíos de su imperio a recibir el bautismo, y él personalmente acudió a la pila bautismal como se contentaba con la mera apariencia de la conversión, y no hostilizó a los judíos aunque ellos continuaran celebrando el sábado y observaran las leyes del judaísmo".[260] Error lamentable de este monarca que, por una parte presiona a los judíos para que se conviertan sirviéndoles hasta de padrino de bautismo; y, por otra parte, permite que los nuevos cristianos practiquen en secreto el judaísmo, facilitando así la creación y fortalecimiento de ese poder oculto que tantas discordias y revoluciones había de provocar en Francia, en los siglos venideros. Sobre esta conversión de judíos del tiempo de Chilperico, San Gregorio, Obispo de Tours, llamado con toda razón el padre de la Historia Francesa, nos narra que entre los obligados a convertirse figuró, ni más ni menos, que Priscus, tesorero real, lo que equivale en la actualidad a ministro de Hacienda,[261] el cual, como se negara a hacerlo, fue encarcelado y después asesinado por otro judío converso; este último, a su vez, muerto por un pariente del ex tesorero real.[262] La caída de Priscus fue un duro golpe para los hebreos, que tenían como arma favorita el encumbrar a uno de los suyos como tesorero real, para lograr en esa forma una influencia decisiva sobre los monarcas cristianos, aprovechando la fama de buenos financieros y hacendistas que tenían los israelitas y los cristianos cripto judíos.

Refiriéndose Graetz, a Clotario II y al santo Concilio de París, dice: "Los últimos reyes merovingios se tornaron más y más fanáticos, en consecuencia, su odio a los judíos creció. Clotario II a quien fue entregado el dominio completo del Imperio Franco (año 613), era un matricida, pero sin embargo era considerado como un modelo de piedad religiosa. El sancionó decisiones del Concilio de París, que prohibió a los judíos adquirir poderes en la magistratura, y tomar parte (año 615) en el

---

[260] Concilios de Epaone, III y IV de Orleans y de Macon, citados por Gratez, obra citada, tomo III, pp. 39, 40.
[261] San Gregorio, Obispo de Tours, Historia Francorum, tomo VI, p. 17.
[262] Rabino Jacob S. Raisin, obra citada, p. 440.

ejército".²⁶³ Aquí Graetz, después de observar el tradicional sistema de enlodar la memoria de los gobernantes que han luchado contra el peligro judío, dice algo que es una gran verdad: que un cristiano, cuanto más fanático es (los hebreos llaman fanático a un cristiano celoso de defender a su religión y a su patria), tiene que ser más anti judío. ...Esto no tiene nada de extraño si se toma en cuenta que los hebreos son los enemigos capitales de la Cristiandad y del género humano y si se llaga a comprender que quien defiende a la Iglesia, a su patria o a la humanidad, tiene que enfrentarse con energía al enemigo número uno, si no quiere fracasar en su defensa. Por ello, el gran Padre de la Iglesia, San Jerónimo, decía que si para ser buen cristiano era preciso abominar a los judíos y al judaísmo, él quería hacerlo en forma ejemplar. Sólo los falsos cristianos que practican el judaísmo en secreto tratan de negar esta doctrina tradicional de la Iglesia y hacernos creer que es pecado enfrentarse a los judíos y a su imperialismo satánico, para paralizar con ello las defensas de la Iglesia y de la civilización cristiana....

Con respecto a esta enconada lucha de la Santa Iglesia contra la sinagoga, el rabino Jacob S. Raisin dice que ya en las Galias, desde tiempo de Clodoveo -que había destruido el arrianismo-, el Obispo San Avito incitó a las turbas a destruir sinagogas el día de la Ascensión.²⁶⁴ Ya vimos cómo otro historiador israelita, Graetz, califica a este prelado como "obispo sediento de sangre". Lo que ocurría es que en esos tiempos gloriosos para la Iglesia, los obispos consideraban como una obligación defenderla de sus enemigos capitales y como buenos pastores protegían a sus ovejas del lobo, mientras que ahora no sólo no las defienden, sino que los nuevos Judas ni siquiera les permiten que se defiendan de los lobos. El rabino que estamos citando se refiere después a los acuerdos anti judíos de los concilios de Agde y de los primeros de Orleans, que ya hemos señalado, para hacer notar que el Concilio de Orleáns, que tuvo lugar en el año 541, decretó la confiscación de bienes para el judío que reconvirtiera a otro judío,²⁶⁵ es decir, a un cristiano descendiente de judíos. Como se ve, también este santo Sínodo se preocupó por evitar la continuidad del judaísmo clandestino, que hubiera podido acabarse si se hubiera logrado que los cristianos descendientes de israelitas no hubieran sido iniciados en el judaísmo. Para evitar eso, el Santo Concilio estableció la pena de confiscación de bienes para los infractores. Se ve que los prelados del Concilio entendían bien el problema.... El historiador judío Josef Kastein, refiriéndose en general a la lucha gigantesca entablada en estos tiempos

---

²⁶³ Concilio de París, citado por Graetz, obra citada, tomo III, pp. 39, 40.
²⁶⁴ Rabino Jacob S. Raisin, obra citada, p. 438.
²⁶⁵ Concilio IV de Orleans, citado por el Rabino Jacob S. Raisin, obra citada, p.439.

entre la Santa Iglesia y los judíos, hace constar que: "La Iglesia cristiana, ya sea en Italia, ya en la Galia, en el Imperio Franco o en España, desató la lucha contra el judaísmo".[266] ...Es indudable que por tal motivo la Santa Iglesia hubiera sido condenada en nuestros tiempos de racismo o antisemitismo por los cómplices de la sinagoga en las filas de la Cristiandad.... El diligente, aunque apasionado rabino Raisin, relata cómo con posterioridad, en Tolosa tres veces al año, se azotaba primero a todos los hebreos de la población y después sólo a su rabino, "...con el pretexto de que los judíos, en cierta ocasión, intentaron entregar la ciudad a los moros".[267] Es muy conocido el intento que realizó la quinta columna judía en Francia, la cual, imitando a los hebreos quinta columnistas del Imperio Gótico, pretendió entregar a los musulmanes este otro cristianísimo imperio; por fortuna, Carlos Martell hizo fracasar para siempre este criminal empeño. ... Después de las matanzas de cristianos ocurridas en España por esta causa, es comprensible la indignación que tenían contra los israelitas los habitantes de Tolosa, que harto hacían con permitir que siguieran viviendo en su ciudad tan peligrosos traidores. Es muy lamentable que los hebreos hayan tenido que recibir, por tal motivo, un azotaina al año, pero es justo tener en cuenta que en todas partes las naciones del mundo ese tipo de traición a la Patria se castiga no con azotes, sino hasta con la pena de muerte.

Con Dagoberto I (600-638), la monarquía merovingia llega a su apogeo; sus dominios se extendían desde el Elba hasta los Pirineos y desde el Atlántico hasta las fronteras de Bohemia y Hungría. Dagoberto I, hijo de Clotario II, tuvo como tutor durante su minoría de edad a Arnulfo, Obispo de Metz. Más tarde, entregó vitales puestos de su gobierno a venerados santos canonizados por la Iglesia, como San Ovano, a quien dio el cargo de Canciller de Neustria y que fue después Obispo de Ruán, y a San Eloy, a quien nombró su tesorero real y quien, al retirarse del mundo, fue designado Obispo de Noyon. La situación de la Cristiandad en sus dominios era sumamente grave, pues se encontraba minada por completo por los falsos cristianos cripto judíos, cuyas simulaciones toleró Chilperico en la forma indicada. Dagoberto I llevó una vida sexual desordenada, sin que pudieran refrenarla sus consejeros tan ilustres, pero por otra parte comprendió -debido quizá a la sabia formación y consejo de tan santos varones el peligro que representaban los judíos de sus dominios, cubiertos muchos, a la sazón, con la máscara de un falso cristianismo. Debido a ello, Dagoberto I trató de poner un remedio radical: promulgó en el año de 629, un decreto en que declaró que, o abrazaban con sinceridad el

---

[266] Josef Kastein, obra citada, p. 229.
[267] Rabino Jacob S. Raisin, obra citada, p. 439.

cristianismo todos los hebreos del reino antes de un día determinado, o serían considerados como enemigos y condenados a muerte. Este enfoque de la situación dado por Dagoberto I, al considerar como enemigos a los judíos, correspondía, por desgracia, a una realidad existente siglos atrás; el propio San Pablo, con su divina inspiración, los llamó enemigos de todos los hombres. Lo grave para Francia y el sur de Alemania fue que se les dejó abierta la puerta de escape una vez más; error capital que siguieron cometiendo, siglos después, todos los monarcas cristianos, ya que para salvarse, los israelitas siempre juraron y prometieron ser en lo sucesivo cristianos sinceros y leales, escondiendo, al mismo tiempo, con mayor habilidad su judaísmo clandestino. Hubiera sido acertado que Dagoberto I los hubiera expulsado en masa como se expulsa del país cuya hospitalidad se traiciona, a todo extraño dañino y conspirador, dejándoles la oportunidad de convertirse sinceramente al cristianismo en otras tierras. Así se hubieran librado Francia y Alemania de la terrible quinta columna y de la demoledora fuerza oculta que ha terminado por dominar, sobre todo a Francia, en perjuicio del cristianismo y de los mismos franceses. El judaísmo, una vez más desapareció de la superficie por un tiempo solamente, para infiltrarse en forma peligrosísima, en todos los sectores del Imperio Franco, en el clero y en la corte, provocando años después, la más tremenda descomposición de la sociedad cristiana, en tiempos de Luis el Piadoso.

ORIGEN DE LA QUITA COLUMNA JUDÍA ALEMANA

Para terminar, diremos algo sobre el origen de los judíos Alemanes, cuyo pelo y ojos azules contrastan con otro tipo de hebreos. Afirmaba el israelita Graetz, que el origen de los judíos en el sur de Alemania fue el siguiente: "...los primeros judíos del distrito del Rhin son descendientes de los legionarios germanos que tomaron parte en la campaña contra la sublevación Judía, que culminó con la destrucción del Templo. De entre de entre los prisioneros judíos, los vangiones (suevos germanos) llevaron con ellos algunas judías a sus puestos en las orillas del Rhin y del Meno. Los hijos de padre germano y madre judía, fueron criados e iniciados por sus madres en la religión judaica; ya que sus padres no se preocupaban al respecto".[268] Si se toma en cuenta que las conversiones fingidas de judíos al cristianismo empezaron en las posesiones de los merovingios en tiempo de Chilperico y de Dagoberto I, se podrá comprender que la existencia de la quinta columna hebrea en la Cristiandad alemana data de tiempos remotísimos, y que por lo tanto los nazis cometieron el más grave error

---

[268] Graetz, obra citada, tomo III, pp. 40, 41.

cuando creyeron que podrían localizar a los judíos Alemanes con una investigación genealógica de tres generaciones. Evidentemente los falsos cristianos cripto judíos pudieron, de esta manera, infiltrar el propio nazismo y realizar labor de espionaje y sabotaje que facilitó el triunfo de las potencias enemigas de Alemania en la Segunda Guerra Mundial.

Capítulo XX

Intento de judaización del Sacro Imperio Romano Germánico

Los siguientes hechos son de vital importancia para los dirigentes religiosos y políticos de todos los tiempos, ya que el judaísmo, sobre todo el clandestino, constituye un poder oculto cuya peligrosidad en toda su magnitud puede pasar inadvertida, en ciertas circunstancias, hasta para los más geniales caudillos: la hábil diplomacia de la sinagoga los puede inducir a cometer errores que con el tiempo pueden acarrear desastrosos resultados para la nación y, en algunos casos, para todo el orbe. Lo ocurrido a uno de los más grandes genios políticos de la Era Cristiana, debe constituir un poderoso llamado de atención para todos aquellos caudillos o jerarcas que, subestimando la maldad o la peligrosidad de los judíos, atraídos por tales o cuales ventajas momentáneas que puede representar la colaboración judía ofrecida en los términos más atractivos, bajan la guardia ante los halagos judíos pensando que no hay peligro alguno en aceptar su colaboración, influidos, quizá, por esa tendencia narcisista de los grandes personajes a creerse infalibles y omnipotentes, subestiman el peligro judío olvidando la tendencia judía, en todo momento y en cualquier circunstancia, a trabajar sin descanso por la supremacía de Israel sobre todas las naciones, que por lo general llegan a alcanzar a juzgar por sus logros... Carlomagno, el restaurador del Imperio Romano de Occidente, el gran protector de la Santa Iglesia, el gran impulsor de las ciencias, de las artes y del comercio, uno de los genios políticos más notables de todos los tiempos, tuvo, sin embargo, una gran debilidad: la de sucumbir ante los hábiles engaños y la muy diestra diplomacia del judaísmo. Y aprovechando el anhelo de unidad de los pueblos y de las razas, característico del nieto de Carlos Martell, la bestia judaica explotó la natural compasión del Emperador por los oprimidos y los perseguidos y capitalizó en su favor el deseo del monarca - por otra parte acertadísimo- de engrandecer y fortalecer su imperio, extendiendo su comercio. Carlomagno libertó a la bestia que con bastante motivo y prudencia habían encadenado los merovingios, devolviéndole su libertad de acción sin reparar que al hacerlo violaba los cánones de la Santa Iglesia a la que por otra parte colmaba con toda clase de beneficios. Con su habilidad secular, supieron los hebreos mover la natural compasión del Emperador hacia "su pueblo oprimido", logrando que les diera toda clase de libertades. Como de costumbre, supieron tornar esa compasión en simpatía, convenciéndolo de que la grandeza del imperio sólo se consolidaría con su pujanza económica, y ésta con el desarrollo de un comercio floreciente. Y como los israelitas a la sazón casi monopolizaban el comercio del mundo, convencieron al emperador Carlomagno de la utilidad de emplearlos para extender por todo el orbe el comercio del sacro Imperio. Se puede suponer fácilmente lo atractiva que debió haber parecido semejante perspectiva en los tiempos en que, por dedicarse la nobleza exclusivamente al arte de la guerra y lo siervos al cultivo del campo, los judíos, y los cristianos cripto judíos, eran casi los únicos que se dedicaban al comercio, la importación y exportación.

Comentando la nueva política de Carlomagno hacia los judíos, el historiador israelita Graetz consigna: "Aunque Carlomagno fue un protector de la Iglesia y ayudó a establecer la supremacía del Papado, y el Papa Adriano, contemporáneo del Emperador era todo menos amigo de los judíos, habiendo exhortado repetidamente a los obispos españoles a que ordenaran a los cristianos que no intimaran con los judíos y con los paganos (árabes). Carlomagno estaba muy lejos de compartir los prejuicios del clero hacia los judíos. Y contrariando todos los preceptos de la Iglesia y las decisiones de los concilios, el primer Emperador Franco favoreció a los judíos de su Imperio... Los judíos eran en ese período los principales representantes del comercio del mundo. Mientras los nobles se dedicaban al negocio de la guerra, los plebeyos a los oficios, y los aldeanos y los siervos a la agricultura. Los judíos que no estaban sujetos a prestar el servicio militar y no poseían tierras feudales, dirigieron su atención a la importación y exportación de mercancías y de esclavos, de manera que el favor con que los benefició Carlomagno fue en cierta forma un privilegio acordado entre un imperio político y un imperio comercial"...[269] El historiador judío Josef Kastein, refiriéndose a Carlomagno, afirma: "El supo valuar exactamente a los judíos como los principales sostenes del comercio internacional. Sus conexiones extendidas desde el Imperio Franco hasta la India y China. Sus comunidades esparcidas por todo el mundo actuaban como agencias; poseían una maravillosa facilidad para los idiomas, y estaban admirablemente adecuadas para actuar como eslabones

---

[269] Heinrich Graetz, History of the Jews. Filadelfia: Jewish Publication Society of America, 5717 (1956). Tomo III, Cap. V, p. 142.

entre Oriente y Occidente".²⁷⁰ Si en la actualidad los historiadores hebreos nos presentan este bosquejo de sus posibilidades en forma tan atractiva, es fácil imaginar cómo lo habrán presentado a Carlomagno para ganarse su apoyo. Pero no sólo lograron ese apoyo en materia comercial, sino que siguieron su tradicional táctica, ganada una posición, intentaron luego ganar otra, después la siguiente., posteriormente otra más, y así sucesivamente.... El judío Sedecías logró convertirse en el médico de confianza del Emperador, con lo que obtuvieron los israelitas acceso a la corte, en la que bien pronto se les ve desempeñar puestos importantes en el servicio diplomático de Carlomagno. Este mandó al judío Isaac como embajador ante el gobierno de Haroud al-Rashid,²⁷¹ bajo cuyo reinado llegó a su apogeo el califato de Bagdad, que por otra parte, justamente alarmado por los frecuentes crímenes de la secta judía de los asesinos dirigido contra quienes obstaculizarán el creciente poderío del judaísmo en tierras islámicas, emprendía contra éste medidas defensivas; entre otras, la de obligar a los hebreos a llevar zurcido al brazo un listón amarillo como una señal que los distinguiera de los musulmanes, medidas que contrastaban notablemente con el trato que les brindaba el Emperador cristiano.²⁷²

El israelita Graetz afirma que la protección de Carlomagno facilitó la introducción de los judíos al norte de Alemania y su penetración a los países eslavos.²⁷³ La actualización constructiva de los hebreos en tiempo de Carlomagno nos enseña cómo los israelitas iniciaron una nueva táctica, consistente en portarse bien y servir al monarca cristiano lealmente a cambio de que éste los soltara de las cadenas que les impedían la libertad de movimientos, y poder ir ganando y escalando posiciones dentro del Estado cristiano. Inicialmente se abstuvieron de realizar cualquier labor subversiva mientras viviera el monarca, genial y poderosísimo, que los hubiera aplastado sin duda al primer mal paso que hubieran dado, y siguieron contando, mientras tanto, con la protección imperial y adquiriendo más y más fuerza para dar, en el momento oportuno, el zarpazo traidor, cosa que ocurrió cuando muerto el Emperador lo sucedió en el trono su hijo, un hombre mediocre, débil de carácter, tornadizo y fácil de manejar. En efecto, fallecido Carlomagno lo sucedió su hijo Luis, que debido a la extremada piedad que lo caracterizó durante sus primeros años, recibió el calificativo de Luis el Piadoso; pero éste,

---

²⁷⁰ Rabino Josef Kastein, History and Destiny of the Jews. traducida del alemán por Huntley Paterson. Nueva York: Garden City Publishing Co., 1936. Parte IV, p. 252.
²⁷¹ Rabino Jacob S. Raisin, obra citada, p. 441.
²⁷² Para distinguir a los judíos de los musulmanes, el Gran Califa obligó a los primeros a llevar una insignia amarilla en el vestido.
²⁷³ H. Graetz, obra citada, tomo III, Cap. V, pp. 141, 142.

desgraciadamente, fue un hombre carente de talento y de fuerza de voluntad, fácil presa de los aduladores y de quien supiera manejarlo hábilmente. Al heredar el trono, empezó a desterrar a sus medios hermanos y después a los ministros de su padre. A Bernardo, rey de Italia, que se había rebelado contra él, le mandó sacar los ojos, hechos todos que hacen ver que la llamada piedad de este monarca no era tan auténtica como parecía. Muerta su primera esposa se casó con Judith, que apareció en la corte rodeada de israelitas y que como nueva emperatriz, en unión del tesorero real Bernardo, llegó a ejercer una influencia decisiva sobre el monarca. En la corte éste apoyó a los judíos públicos y a cristianos descendientes de israelitas, cosa que no es de extrañar si se tiene en cuenta que el Emperador, desde niño, había visto que su padre protegía a los hebreos y los encumbraba.

Es evidente que si no hubiera sido por el surgimiento de nuevos caudillos cristianos anti judíos que con indomable energía lucharon en contra de la bestia hebraica, el Sacro Imperio Romano Germánico hubiera caído, quizá, hace once siglos en las garras del imperialismo judaico, y al caer ese imperio -que era a la sazón el más poderoso del mundo-, el judaísmo, tal vez, hubiera logrado en breve la conquista del orbe entero. El rabino Jacob S. Raisin dice, refiriéndose a Luis el Piadoso, lo siguiente: "Luis el Piadoso (814-840), fue todavía más allá que su padre. El notificó a todos los obispos, abades, condes, prefectos, gobernadores, etc., que los judíos estaban bajo la protección del Emperador y que no debían ser molestados ni en la observación de su religión ni en su tráfico comercial". Sigue mencionando otros beneficios que acordó Luis a los hebreos, para luego decir: "Y debido a que los judíos se abstenían de hacer negocios en sábado, el día de mercado que era éste fue cambiado al domingo. Luis también nombró un magistrado especial para defender a los judíos contra la intolerancia del clero". Respecto a la lucha emprendida contra los hebreos por Agobardo, Arzobispo de Lyon y San Bernardo, Arzobispo de Viena, dice el estudioso rabino: "Las reacciones de la Iglesia en contra de las medidas de Luis suprimiendo ciertas prihibiciones legales a los judíos, fueron expresadas por Agobardo, Arzobispo de Lyon (años 779-840), quien junto con San Bernardo, Arzobispo de Viena, destituyeron al Emperador, quien a su vez los destituyó a ellos. En cuatro cartas dirigidas al rey, los obispos y el clero, se quejaban de esas gentes (los judíos) 'que se vestían con la maldición como si fuese vestido', y que alardeaban de ser muy apreciadas por el rey y por la nobleza; que por otra parte las mujeres observaban el sábado con los judíos, y trabajaban con ellos el domingo, y tomaban parte en sus comidas en la cuaresma, y que los judíos no sólo convertían a los esclavos paganos, sino que en su calidad de cobradores de impuestos, sobornaban a los aldeanos, induciéndolos a aceptar el judaísmo, a cambio de condonarles dichos impuestos".[274] ... Se ve, pues, que los israelitas siguiendo el ejemplo de Jose en la corte del faraón de Egipto, aprovechaban en máxima escala la protección del Emperador y de la nobleza, hasta encumbrar su posición como cobradores de las contribuciones para presionar al pueblo cristiano a convertirse al judaísmo y renegar de su propia fe. En esos tiempos, es indudable que la sinagoga pensó dominar a los pueblos por medio de la judaización de los cristianos utilizando el llamado proselitismo de la puerta (que utilizan actualmente los falsos cristianos testigos de Jehová para judaizar puerta por puerta disfrazados de piadosos cristianos). Los sistemas han sido iguales en las diferentes épocas y países, pero la finalidad ha sido siempre la misma, o sea, la conquista y dominio de los pueblos que ingenuamente admitieron a los judíos dentro de su territorio...

San Bernardo, Arzobispo de Viena, y Agobardo, Arzobispo de Lyon, unieron la pluma a la acción en la lucha sin cuartel contra los judíos, siendo interesante para los estudiosos del problema hebreo el libro escrito por Agobardo contra los judíos, el cual fue elaborado con la valiosa colaboración de San Bernardo de Viena. El historiador hebreo Josef Kastein dice que Luis el Piadoso: "No sólo tomó bajo su personal protección a los judíos, individualmente, sino a las comunidades, otorgándoles derechos y un 'magíster judaeorum' que velara porque estos derechos fueran respetados"...[275] Para darnos cuenta en forma más clara de la dura situación del cristianismo en este funesto reinado, dejaremos la palabra una vez más al prestigioso historiador judío Heinrich Graetz, quien refiriéndose a la actitud del Emperador hacia los israelitas: "El los tomó a ellos bajo su especial protección, defendiéndolos de las injusticias tanto de los barones como del clero. Ellos tuvieron el derecho de residir en cualquier parte del reino. A pesar de numerosos decretos que lo prohibían, ellos no sólo pudieron emplear trabajadores cristianos, sino también importar esclavos. Al clero le fue prohibido bautizar a los esclavos de los judíos, así como darles la posibilidad de recobrar la libertad. En atención a ellos el mercado fue cambiado del sábado al domingo...Fueron además librados de la sujeción a las pruebas duras y bárbaras del fuego y del agua...Ellos también arrendaban los impuestos y obtenían por medio de este privilegio un cierto poder sobre los cristianos, aunque ello contrariaba lo ordenado por las leyes canónicas".[276] Estos hechos nos hacen ver el grado de preponderancia que los judíos habían adquirido sobre los cristianos en el Sacro Imperio, ya que por una parte mientras éstos yacían

---

[274] Rabino Jacob S. Raisin, obra citada, Cap. XVI, pp. 441, 442.
[275] Rabino Josef Kastein, obra citada, p. 252.
[276] H. Graetz, obra citada, tomo III, Cap. VI, p. 161.

sujetos a las pruebas entonces acostumbradas del fuego y del agua, los hebreos recibían el privilegio especial de no estar sujetos a ellas; además, como en el mundo cristiano de esa época se observaba rigurosamente la festividad del domingo, el mercado se realizaba los sábados, siendo inaudito que en una monarquía cristiana en esos tiempos se haya llegado al extremo de dar gusto a los israelitas cambiando el mercado del sábado al domingo, permitiéndoles a los judíos guardar su día de fiesta y no así a los cristianos. Ni en el mundo tan judaizado de nuestros tiempos se ha llegado a tales extremos.

Esto demuestra quiénes eran los que verdaderamente gobernaban en la corte de Luis y de Judith, en donde para colmo de desgracias los hebreos, por medio del tributo de hacienda, dueños de los impuestos, utilizaban tan valiosa posición para presionar económicamente a los aldeanos, induciéndolos a renegar del cristianismo y a adoptar el judaísmo con el aliciente de condonarles o rebajarles las agobiadoras cargas impositivas. Ahora eran los judíos los que en una monarquía cristiana trataban de obligar a los fieles cristianos a renegar de su fe. Los papeles se habían cambiado en unos cuantos años de política filo semita. Esta lamentable situación empezó a prepararse desde tiempos del mismo Carlomagno debido al contacto y convivencia de judíos y cristianos; tal hecho nos lo comprueban las lamentaciones del Papa Esteban III, a quien cita el docto historiador Josef Kastein, el cual transcribe textualmente la queja enviada por el Papa Esteban III al Obispo de Narbona, en el sur de Francia, expresándole: "Con gran pena y mortal ansiedad hemos oído de que los judíos...en territorio cristiano y gozando de los mismos derechos que los cristianos, poseen en propiedad bienes alodiales en la ciudad y en los suburbios que ellos llaman su ciudad...Hombres cristianos y mujeres viven en el mismo techo con estos traidores y manchan sus almas día y noche pronunciando palabras de blasfemia"...[277] El Papa Esteban III al llamar traidores a los judíos puso el dedo en la llaga, siendo seguro que si hubiera vivido en nuestros días, habría sido condenado por racista y anti semita... Por otra parte, parte comprender otro de los motivos de queja del Papa, es necesario aclarar que en esos tiempos los bienes raíces estaban sujetos a los derechos feudales, con excepción de los llamados bienes alodiales, que constituían un verdadero privilegio para unos cuantos nobles, pero del cual gozaban los judíos de Narbona en contraste con el pueblo cristiano que no gozaba de tales prebendas.

Señala Graetz que la principal razón por la que los israelitas lograron tanta protección fue que: "La emperatriz Judith, segunda esposa de Luis,

---

[277] Papa Esteban III, citado por el Rabino Josef Kastein, obra citada, p. 252.

es muy amistosa hacia el judaísmo. Esta hermosa e inteligente reina, en quien la admiración de sus amigos sólo era igualada por la hostilidad de sus enemigos, tenía un gran respeto por los héroes judíos de la antigüedad. Cuando el culto Abad de Fulda, Mauro Rabano, quiso ganarse su favor, él no pudo encontrar medio más eficaz que dedicar a ella sus trabajos sobre los libros bíblicos de Esther y Judith y compararla con ambas heroínas hebreas. La emperatriz y sus amigos y probablemente también el tesorero Bernhard, que era el verdadero gobernante del reino, se convirtieron en protectores de los judíos porque éstos eran descendientes de los patriarcas y de los profetas.

'Ellos deben de ser honrados por este motivo' decían sus amigos en la corte, y sus opiniones eran respaldadas por el Emperador".[278] Pero como de costumbre, de la protección a los judíos y del filo semitismo, se pasa al dominio de los judíos sobre los cristianos y a la actividad anti cristiana... Lo que sigue narrando Graetz es muy elocuente al respecto: "Los cristianos cultos se regocijaron con los escritos del historiador judío Josefo y del filósofo hebreo Filón, y leían sus trabajos con preferencia a los de los apóstoles. Educadas señoras y cortesanas, abiertamente confesaban que ellas estimaban más al autor de la ley judía que al de la cristiana (es decir, más a Moisés que a Cristo). Ellas fueron tan lejos como solicitar a los hebreos su bendición. Los judíos tenían acceso libre a la corte y contacto directo con el Emperador y sus allegados. Los parientes del Emperador ofrendaban a las damas judías valiosas prendas para mostrarles su aprecio y respeto. Y como semejantes distinciones les eran mostradas en los círculos más altos, era natural que los judíos de los dominios francos (que también incluían a Alemania e Italia) hayan gozado de amplísima tolerancia, quizá mayor que en cualquier otro período de su historia.... Las odiosas leyes canónicas habían sido tácitamente anuladas. Se permitió a los judíos construir sinagogas, hablar libremente acerca del significado del judaísmo en las audiencias de los cristianos, y aún decir que ellos eran 'descendientes de los Patriarcas', 'la raza del Justo' (es decir de Cristo), 'los hijos de los Profetas'. Ellos podían sin temor alguno dar sus opiniones acerca del cristianismo, de los milagros de los santos, de las reliquias y del culto de las imágenes. Los cristianos visitaban las sinagogas y se quedaban cautivados por el método judío de conducir el servicio divino y todavía se quedaban más confortados con las pláticas de los predicadores judíos (darshanim) que con los sermones del clero, aunque los darshanim podían difícilmente haber estado en posibilidad de revelar el profundo contenido

---

[278] Graetz, obra citada, tomo III, Cap. VI, p. 162.

del judaísmo"²⁷⁹ (es decir alcanzar la supremacía de Israel sometiendo a las naciones gentiles). ...Según Graetz "Los clérigos que ocupaban altos cargos tomaban de los rabinos sus exposiciones sobre la Sagrada Escritura. Cita que el Abad Mauro Rabano de Fulda confesó que él había aprendido de los judíos muchas cosas que utilizó en su comentario a la Biblia dedicado a Luis el Germánico, quien después fue Emperador. Como consecuencia de la divulgación de las enseñanzas bíblicas de los rabinos en la corte, parte de los cristianos sentían gran inclinación hacia el judaísmo, considerándolo como la verdadera religión (judía mas no cristiana)".²⁸⁰ ...La descripción de Graetz, nos hace ver que esos argumentos empleados ahora por los clérigos cristianos que están al servicio del judaísmo, con los que tratan de embaucar a los cristianos e impedir que se defiendan del imperialismo satánico de la sinagoga, son los mismos que utilizaban con fines parecidos, hace once siglos, los judíos que entonces luchaban pérfidamente por hundir a la Cristiandad y judaizar al Sacro Imperio Romano Germánico. Los trucos, los sofismas o fábulas judaicas que dijera San Pablo, siguen siendo las mismas después de once centurias....

Pero en medio de tal desolación, Cristo Nuestro Señor salvó a la Santa Iglesia una vez más de la perfidia judaica. Esta vez los paladines fueron San Agobardo, Arzobispo de Lyon y Amolón, discípulo del primero y sucesor de él en dicha silla episcopal. Ellos se lanzaron a salvar a la Iglesia y al Sacro Imperio Romano Germánico de las garras del judaísmo....Una obra oficial de la Sociedad Hebraica Argentina, de reciente publicación, llama a Agobardo y a Amolón -sucesivos arzobispos de Lyon- los padres del antisemitismo medieval,²⁸¹ acusación que se antoja terrible, ya que los hebreos atribuyen al antisemitismo medieval los más grandes estragos causados al judaísmo que pueda imaginar una mente cristiana.... Sobre esta saludable reacción, el clásico historiador hebreo Graetz comenta que: "Los seguidores de la estricta disciplina de la Iglesia, vieron en la violación de las leyes canónicas, en el favor mostrado hacia los judíos, y en las libertades concedidas a ellos, la ruina de la Cristiandad. Envidia y odio se ocultaban bajo la capa de la ortodoxia. Los protectores de los judíos en la corte con la Emperatriz a la cabeza, eran odiados por el partido clerical... El exponente de la ortodoxia clerical y del odio contra los judíos en estos

---

²⁷⁹ Graetz, obra citada, tomo III, Cap. VI, pp. 162, 163. Como estudiaremos después, el profundo contenido del judaísmo, de sus doctrinas y su política secreta jamás son reveladas a los prosélitos de la puerta y sólo son patrimonio de los descendientes sanguíneos de Abraham, es decir, del pueblo judío.
²⁸⁰ Ibid., p. 163.
²⁸¹ Los judíos. Su historia. Su aporte a la cultura. Buenos Aires: Sociedad Hebraica Argentina, 1956. p. 186.

tiempos, fue Agobardo de Lyon, a quien la Iglesia ha canonizado.[282] Hombre incansable y apasionado, calumnió a la Emperatriz Judith, se rebeló contra el Emperador, e incitó a los príncipes a la rebelión...Este Obispo deseaba limitar la libertad de los judíos y reducirlos a la baja posición en que se encontraban bajo el reinado de los merovingios"...[283] Continúa Graetz diciendo que la lucha de San Agobardo contra los judíos duró muchos años y que tenía como base principal "...el sostenimiento y la confirmación de las leyes canónicas contra los judíos...y que se volvió a los representantes del Partido de la Iglesia en la corte, de quienes sabía que eran enemigos de la Emperatriz y de sus favoritos los judíos. Él les urgió a inducir al Emperador a restringir la libertad de los judíos. Parece que propusieron algo semejante al Emperador. Pero al mismo tiempo, los amigos de los judíos en la corte, buscaron la forma de frustrar los planes del clero".

Y continúa diciendo Graetz: "Agobardo pronunció sermones anti judíos, urgiendo a sus feligreses que rompieran toda relación con los judíos, que no hicieran negocios con ellos, que rechazaran entrar a su servicio. Por fortuna, sus protectores en la corte acudieron muy activos en apoyo de los hebreos e hicieron todo lo que pudieron para hacer fracasar los designios del fanático clérigo. Tan pronto como fueron informados de su labor, ellos obtuvieron cartas de protección ('indiculi') del Emperador, selladas con sello real y las enviaron a los judíos de Lyon. Una carta fue enviada, asimismo, al obispo ordenándole suspender sus sermones anti judíos, bajo la amenaza de severas sanciones. Otra carta fue enviada al gobernador del distrito de Lyon ordenándole prestar a los judíos toda clase de apoyo (año 828). Agobardo no hizo caso de esas cartas y alegó despectivamente que el decreto imperial era espúrio de hecho, no podía ser genuino"...[284] La labor del excelentísimo Arzobispo Agobardo fue de lucha incansable. Dirigió cartas a todo el episcopado instándolo a participar activamente en la lucha contra los judíos, fomentó la rebelión contra el Emperador y contra Judith, apoyándose en los hijos del primer matrimonio de Luis, y luchó encarnizadamente por salvar al Sacro Imperio y a la Cristiandad de la amenaza de desintegración que pesaba sobre ellos... El autorizado historiador Graetz hace de la posición asumida por San Agobardo el siguiente comentario: "Aunque el odio profundo de

---

[282] En efecto, se le dio culto en Lyon durante mucho tiempo, llegando a ser conocido como San Aguebaldo; y en el breviario de Lyon tenía su propio oficio divino; pero no tenemos pruebas de que la Santa Iglesia haya confirmado esta canonización. Con tales antecedentes, es pues muy explicable que Graetz, que fue tan cuidadoso, lo haya tenido como santo canonizado.
[283] Graetz, obra citada, tomo III, Cap. VI, p. 164.
[284] Graetz, obra citada, tomo III, Cap. VI, p. 165, 166.

Agobardo hacia los judíos debe considerarse principalmente una manifestación de sus propios sentimientos, no se puede negar que estaba en completa armonía con las enseñanzas de la Iglesia. El simplemente apelaba a lo dicho por los Apóstoles y a las leyes canónicas. Los inviolables decretos de los Concilios estaban también de su parte. Agobardo con su odio tenebroso era estrictamente ortodoxo, mientras que el emperador Luis con su tolerancia estaba inclinado a la herejía. Pero Agobardo no se aventuró a esparcir esta opinión abiertamente. Él más bien sugería en sus afirmaciones que no podía creer que fuera posible que el Emperador estuviera traicionando a la Iglesia en beneficio de los judíos. Sus quejas tuvieron eco en los corazones de los príncipes de la Iglesia".[285]

Estos comentarios de Graetz, sobre lo que durante tantos siglos ha sido considerado como auténtica doctrina de la Iglesia en relación con los judíos, no pueden ser más acertados y realistas. Es cierto que estas líneas fueron escritas por el célebre historiador en el siglo pasado, cuando la Sinagoga de Satanás no estaba todavía en condiciones de intentar, como ahora, la falsificación total de la verdadera doctrina Cristiana respecto a los hebreos. Sin embargo, se ve claro que Graetz ya captaba el problema en su esencia; y Graetz, en su tiempo, fue uno de los hombres más importantes del judaísmo. Sus obras históricas, sobre todo la que estamos citando, ejercieron influencia enorme en las organizaciones judías y en sus dirigentes. Además, era evidente para todos, que las leyes canónicas y acuerdos anti semitas de los santos concilios ecuménicos y provinciales eran el principal obstáculo con que tropezaban los que desde dentro de la Iglesia intentaban traicionarla, favoreciendo a sus enemigos capitales los judíos, porque quienes lo intentaran, así fueran obispos o clérigos de cualquier jerarquía, se hacían merecedores a la destitución, a la excomunión y demás penas acordadas por los sagrados cánones. Por ello, fue preocupación máxima de los nuevos Judas eliminar este molesto estorbo. Pero, ¿cómo era posible -en el siglo pasado- eliminar de un solo golpe la legislación canónica de mil quinientos años, las bulas Papales y la doctrina de los Padres? ¿Cómo destruirlas para que los clérigos cripto judíos pudieran ya, con toda libertad y sin peligro de destituciones y excomuniones, servir a sus amos hebreos dentro del clero, intentando incluso falsificar la doctrina de la Iglesia en relación con los judíos, para favorecer con ello la derrota definitiva de ésta y el triunfo de su enemigo secular?

---

[285] Graetz, obra citada, tomo III, Cao. VI, p. 167.

Capítulo XXI

El Concilio de Meaux lucha contra los judíos públicos y secretos

Ante el mortal peligro que amenazaba a la Iglesia en el nuevo Imperio Romano de Occidente, se reunieron varios arzobispos y obispos en Lyon el año de 829. En dicha reunión, según relata el historiador israelita Graetz, se trató de "...abatir a los judíos y turbar su apacible existencia. Ellos (los obispos) también discutieron cómo el Emperador podría ser influenciado mejor, para que adoptara sus resoluciones. Se acordó en la reunión que se entregara una carta al Emperador manifestándole la impiedad y el peligro que significaba favorecer a los judíos, y especificaba los privilegios que debían serles retirados. La carta del Sínodo, tal como la conservamos ahora, está firmada por tres obispos (año 829) y se titula: 'En relación con las supersticiones de los judíos'. Agobardo escribió el prefacio, en el que explica su posición en la lucha. En ella, después de acusar a los judíos, culpa a los amigos de éstos de ser los responsables de todo el mal. Los judíos, decía, se han tornado osados debido al apoyo de los influyentes, que han dado por hecho que los judíos no son tan malos después de todo, porque son muy queridos del Emperador". Y comenta a continuación: "Desde el punto de vista de la fe y de las leyes canónicas, el argumento de Agobardo y los otros obispos era irrefutable, y el emperador Luis el Piadoso, presionado por esta lógica, hubiera tenido que extirpar a los judíos desde sus raíces. Pero afortunadamente, él no se dio por enterado. Esto pudo haber ocurrido, o porque conocía el carácter de Agobardo o porque la carta conteniendo las acusaciones contra los judíos nunca le llegó. El temor de Agobardo de que la carta hubiera sido interceptada por los amigos de los judíos en la corte, debió estar bien fundado".[286] Es muy posible que el robo de esa carta por los israelitas haya sido decisivo en esa lucha. Es sistema de los hebreos silenciar a las autoridades religiosas o civiles que intenten hacer del conocimiento público las herejías, los complots, las

---

[286] Graetz, obra citada, tomo III, Cap. VI, pp. 167, 168.

traiciones o revoluciones promovidas para favorecer el triunfo de los cripto judíos masónicos o comunistas, o que a algún gobernante o funcionario está solapando a un movimiento revolucionario o régimen comunista, la primera reacción de los judíos es ejercer el soborno, el chantaje, la difamación, la violencia contra el denunciante y sus familiares para intimidarlo, y si, ni así cede, entonces los asesinan para silenciarlo; a pesar de este riesgo, es muy loable que se lance la acusación ante la autoridad capaz de poner remedio a tales traiciones, no sólo por un conducto, sino por dos o tres distintos, sin que los unos sepan que se utilizaron los otros; así, si en el camino la infiltración cripto judía intercepta una acusación o paraliza sus efectos, ésta llegará a su destino de todas maneras por los otros conductos que se emplearon.

Entre los hechos más destacados en ese proceso de judaización del Sacro Imperio Romano Germánico, destaca por su importancia la aparatosa apostasía del cristianismo y conversión al judaísmo de los obispos cristianos filo semitas de mayor confianza en la corte del Emperador y uno de sus principales consejeros: el obispo Bodo. De este prelado dice el historiador judío Graetz: "El emperador lo había favorecido, y con el fin de tenerlo constantemente cerca de él, lo convirtió en su director espiritual".[287] La lucha era más terrible, pues entre los consejeros íntimos del Emperador que auspiciaban su absurda política filo semita, había obispos de la Santa Iglesia. También en nuestros días, como entonces, los hay que favorecen los intereses de los judíos enemigos del cristianismo. Pero el caso del renegado Bodo, fue más grave. Muchos clérigos en esa época estaban sirviendo a los intereses de la Sinagoga de Satanás, aunque en apariencia se mantenían ortodoxos, con lo que indudablemente causaban más perjuicio. En consecuencia, debieron de sentirse muy poderosos para darse el lujo de quemar a uno de sus hombres más influyentes, al director espiritual del Emperador, que públicamente hizo alarde de renegar del cristianismo y convertirse al judaísmo, aduciendo la razón de que éste poseía la religión verdadera. Sobre el efecto que este golpe devastador causó en el pueblo cristiano, Graetz dice que: "La conversión (al judaísmo) del obispo Bodo, que hasta ese momento había ocupado muy elevada posición, causó gran sensación en su tiempo. Las crónicas hablan de este acontecimiento como lo hubieran hecho si se tratara de un fenómeno extraordinario. El suceso, indudablemente, fue acompañado de circunstancias peculiares, y fue un fuerte golpe a los piadosos cristianos".[288]

---

[287] Graetz, obra citada, tomo III, Cap. VI, p. 168.
[288] Graetz, obra citada, tomo III, Cap. VI, p. 168.

Por nuestra parte carecemos de datos suficiente para poder saber si se trató de un obispo cripto judío que realizó su teatral conversión con fines de propaganda, pretendiendo asestar un golpe que acabara de sembrar la desmoralización entre los cristianos y acelerara los intentos de judaización del imperio, o si se trató realmente de un obispo que fue encauzado por la tan peligrosa pendiente del filo semitismo hasta desembocar en la apostasía y conversión al judaísmo. Cualquiera que haya sido la verdad, es innegable que en las difíciles circunstancias por que atravesaba la Santa Iglesia en el Sacro Imperio Romano Germánico, el incidente debió haber sido en extremo perjudicial para la Cristiandad. Si Carlomagno hubiera resucitado, habría podido ver el resultado desastroso de desatar a la bestia encadenada por las leyes canónicas, inspirado en la conmiseración hacia los judíos oprimidos y en el deseo de utilizar sus valiosos servicios comerciales para el reino, y se habría percatado de haber sido víctima de los hábiles engaños de quienes han demostrado ser los timadores más hábiles del mundo. Es, pues, urgente que todos los dirigentes religiosos y políticos de la humanidad obtengan de esta dolorosa tragedia las múltiples enseñanzas que ella nos aporta, ya que si a uno de los más grandes genios políticos -como fue Carlomagno- pudieron engañarlo los hebreos con su hábil diplomacia, nada extraño es que los judíos hayan podido -a través de la historia y lo sigan logrando en nuestros tiempos- engañar y sorprender la buena fe de muchos Papas, reyes y dirigentes políticos y religiosos de la humanidad, con sus tácticas tradicionales de explotar la compasión humana, el deseo de todo hombre virtuoso de proteger a los oprimidos o de defender el postulado sublime de la igualdad de los pueblos y de las razas. Solamente el conocimiento pleno de la maldad judaica y de sus tradicionales tácticas de engaño, mantendrá a los buenos en alerta contra las fábulas judaicas, contra las que con toda sabiduría nos previno San Pablo; solamente así se podrá impedir que los buenos sigan cayendo presos en las redes de los maestros de la mentira y de la simulación.

Ante tan catastrófica situación, el incansable y valiente San Agobardo tomó parte en una conspiración en contra de emperatriz Judith y ayudó a los hijos del primer matrimonio del emperador Luis en la lucha para destronar al funesto Emperador. Agobardo fue destituido de su puesto y el imperio se sumió en una serie de guerras civiles, con alternativas de triunfo de una y otra parte. Sin embargo, la muerte de Luis constituyó un golpe decisivo contra el judaísmo, aunque el heroico arzobispo se haya ido también a la tumba, sin saborear la victoria y el fruto de su lucha. ... La política filo judía iniciada por Luis, malamente llamado el Piadoso, consistente en poner a los judíos bajo la protección de la Corona, tuvo consecuencias desastrosas para la humanidad, ya que en los siglos venideros fue imitada por muchos reyes cristianos, que permitieron al enemigo recibir protección en medio de sus más monstruosas conspiraciones, con la consideración de que los hebreos son muy útiles como cobradores de impuestos, de que ellos contribuyen con sus préstamos a nivelar los presupuestos en los tiempos difíciles, de que son un factor decisivo en el progreso del comercio y de que eficazmente ayudan a sostener el erario con sus propios impuestos, que pagan puntualmente. Es verdad que conspiran, que propagan herejías y sediciones, pero la monarquía medieval se sentía lo suficientemente poderosa para poder dominar fácilmente esos desórdenes; y en realidad, tanto la monarquía como la aristocracia medievales eran tan fuertes que por mucho tiempo pudieron lograrlo. Sin embargo, llegó un momento en que los descendientes de esos reyes y aristócratas optimistas tuvieron que llorar amargamente los errores cometidos por sus antepasados, errores que toda la humanidad está sufriendo todavía. Muerto Luis, el imperio quedó disgregado, dividido entre sus cuatro hijos. Como era de esperarse, la preponderancia judía sólo subsistió en los dominios de Carlos el Calvo, hijo de Judith, quien heredó de ésta su simpatía por los judíos, aunque sin llegar a tantos extremos. Sin embargo, algunos hebreos seguían teniendo influencia en la corte, entre ellos Sedecías, médico del rey, y sobre todo un favorito, por cuyos servicios políticos le decía el monarca "mi fiel Judá". Es curioso lo que el israelita Graetz relata sobre lo que sucedía en el sur de Europa en esos años: "El sur de Europa, perturbado por la anarquía y gobernado por un clero fanático, no ofrecía un campo adecuado para el desarrollo del judaísmo".[289] La preponderancia del judaísmo en Francia seguía en cualquier forma constituyendo un peligro tan serio para la Cristiandad que Amolón, nuevo Arzobispo de Lyon, tomó en sus manos la defensa de la Iglesia y del pueblo, continuando la lucha iniciada por su maestro y predecesor Agobardo. Amolón contó para tal objeto con el apoyo de la mayoría del episcopado, incluyendo hasta el del rebelde Hinkmar, Obispo de Reims, que había logrado captarse la confianza plena del rey Carlos, contrapesando en parte la mala influencia de los favoritos hebreos. El Arzobispo Amolón fue sin duda en esos días el instrumento de la Divina Providencia para defender a la Santa Iglesia y a Francia contra la acción anarquista y demoledora de los judíos. Además de luchar encarnizadamente contra el enemigo en la acción, lo hizo con la pluma, escribiendo su famoso tratado contra los judíos, en el que desenmascaraba públicamente la actividad perversa que éstos desarrollaban en contra de la Cristiandad y exhortaba a clérigos y seglares a emprender la pelea contra estos enemigos capitales.[290] Los obispos franceses encabezados por Amolón emprendieron importante lucha contra los hebreos en el santo

---

[289] Graetz, obra citada, tomo III, Cap. VI, p. 170.
[290] Amolón, Tratado contra los judíos, publicado en Biblioteca "Patrum Maxima", tomos XIII y XIV.

Concilio que se reunió en el año 845 en Meaux, cerca de París. Dicho Sínodo aprobó una lista de medidas anti judías que fueron sugeridas al rey para que las hiciera ejecutar; entre ellas figuraban los cánones vigentes desde los tiempos de Constantino, las leyes de Teodosio II -prohibiendo a los judíos desempeñar puestos públicos y recibir honores-, y el edicto del rey merovingio Childeberto que prohibía a los judíos desempañar puestos de jueces, de arrendadores de impuestos y ordenándoles respetar al clero. El problema de los cristianos cripto judíos, descendientes de los falsos conversos, que cada vez era más grande en Francia, ocupó, como es natural, la atención especial del santo Concilio. Se incluyeron en la lista antes mencionada, varias de las leyes canónicas aprobadas en sínodos de otros países, así como los cánones anti judíos de los Concilios Toledanos en contra de los bautizados que en secreto seguían siendo judíos, y los cánones que ordenaban recogerles sus hijos para educarlos entre los cristianos,[291] medidas que como ya hemos visto, tenían por objeto impedir que el cripto judaísmo se perpetuara ocultamente de generación en generación

Como se ve, este santo concilio de la Iglesia, intentando oponer a los grandes males, grandes remedios trataba de libertar a Francia de las garras judaicas, iniciando una guerra sin cuartel en contra del judaísmo público y del judaísmo clandestino. Desgraciadamente, Carlos el Calvo, sin duda influenciado todavía por la educación materna, en cuanto se dio cuenta de los acuerdos del Sínodo, lejos de acatar lo aprobado en él lo mandó disolver por la fuerza, pese a que había tomado parte en dicho concilio su consejero y amigo el Obispo Hinkmar, lo que demuestra que a la sazón los hebreos seguían teniendo influencia decisiva en la corte de Francia. Sin embargo, el Arzobispo Amolón no se amedrentó ante la brutalidad del rey y volvió a la carga, enviando al clero una Carta Pastoral que, según comentario de Graetz, estaba "llena de virulencia y de calumnias contra la raza judía" y que además: "...la carta virulenta de Amolón tuvo tan escasos resultados como la de Agobardo y el decreto del Concilio de Meaux. Pero gradualmente el veneno se esparció del clero al pueblo y a los príncipes".[292]

El historiador israelita Josef Kastein, refiriéndose a este último hecho, afirma que la Iglesia: "Utilizando el grito de combate de que la religión cristiana estaba amenazada, (la Iglesia) utilizó la más peligrosa de las armas: las masas ignorantes de la nación. En mentes susceptibles de ser influenciadas por cualquier cosa y por cada cosa, ella constantemente les

---

[291] Concilio de Meaux, citado por Graetz, obra citada, tomo III, Cap. VI, p. 171.
[292] Graetz, obra citada, tomo III, Cap. VI, pp. 172, 173.

daba el mismo argumento, que tarde o temprano tenían que captar. El resultado fue que las masas, de ser meras vecinas, se convirtieron en enemigos de los judíos. Y por este medio la Iglesia se aseguró las gran ventaja de lograr que el deseado cambio de actitud del populacho se llevara a cabo, independientemente de las condiciones políticas que prevalecieron en un momento dado."[293]

Kastein, al igual que Graetz y los principales historiadores hebreos, consideran que la Santa Iglesia fue la verdadera madre del anti semitismo medieval, en lo que indudablemente tienen razón, ya que entienden por anti semita todo movimiento tendiente a defender a la Cristiandad del imperialismo judaico y de su actividad revolucionaria. Por otra parte, es muy comprensible que frente a gobiernos más o menos filo semitas y a un judaísmo tan influyente como el de la Francia de esos tiempos, la manera más eficaz de salvar a la Cristiandad de la dominación judaica, fuera la de hacer labor de convencimiento entre el pueblo, haciéndole conocer en toda su amplitud el peligro judío y la amenaza que éste significaba para la religión y para el propio pueblo. Que tal labor de convencimiento fue en sos tiempos eficaz, nos lo confirma lo dicho por los propios historiadores hebreos al lamentarse de que la Santa Iglesia logró cambiar esa actitud filo semita que imperaba en la Francia de Luis el Piadoso y de Carlos el Calvo, por la actitud posterior de hostilidad popular hacia el judaísmo, lo que nos hace ver que también esta gigantesca batalla que los hebreos estuvieron a punto de ganar, terminó con el triunfo de la Santa Iglesia y la derrota de la Sinagoga de Satanás.

Al decir los escritores judíos que la Iglesia "utilizó la más peligrosa de las armas: las masas ignorantes de la nación", demuestran un cinismo verdaderamente increíble, ya que ésta ha sido precisamente el arma que los judíos han empleado siempre y siguen utilizando en nuestros días. Esta labor de convencimiento personal realizada en esos tiempos por la Iglesia, abriendo los ojos al pueblo sobre lo que son los judíos y señalando el peligro que significan, es lo único que puede salvar al mundo en las actuales circunstancias. Urge, por tanto, imitar lo que hizo la Santa Iglesia en aquellos tiempos difíciles y lanzar una intensa campaña de divulgación mediática para que todo el mundo conozca lo que significa el peligro del imperialismo judaico y de su acción subversiva, enterando a los fieles de su deber de luchar activa e intensamente defendiendo a la Iglesia y al cristianismo para que no sean sometidos y exterminados por el imperialismo judío.

---

[293] Rabino Josef Kastein, obra citada, pp. 252, 253.

Capítulo XXII

Terror judío en Castilla en el siglo XIV

Después de la traición de los judíos que facilitó la caída del imperio cristiano de los visigodos y su conquista por los musulmanes, empezó la llamada guerra de la Reconquista iniciada por los cristianos que bajo las órdenes del visigodo Pelayo se habían hecho fuertes en las sierras del norte de la Península Ibérica. Esta lucha de liberación iba a durar casi ocho siglos y empezó, como es natural, con sangrientas represalias contra los judíos, a quienes se culpaba de la caída del Estado cristiano y de las matanzas de cristianos que ocurrieron después de esa catástrofe. Ese sentimiento anti judío duró algunos siglos, hasta que los hebreos con su astucia y habilidad supieron aprovechar todas las oportunidades que se les presentaron para irlo desvaneciendo, sobre todo, prestando valiosos servicios a los reyes cristianos de la Península. Los judíos se propusieron convertir a la España Cristiana en un refugio para los israelitas que huían de toda Europa perseguidos, primero, por las monarquías cristianas y, después, por la Santa Inquisición Pontificia, que reaccionaban con violencia ante los intentos de la sinagoga para conquistar los estados cristianos y subvertir a la sociedad cristiana. Seis siglos antes de Cristo la comunidad judía que fue llevada a Babilonia por Nabucodonosor creció y prosperó tanto que algunos no quisieron retornar a su país de origen después de que Daniel logra que el emperador Ciro expidiera un edicto permitiendo que los judíos regresaran a Jerusalén. No obstante que los judíos aborrecían a todos los pueblos gentiles, la comunidad judía residió en relativa paz hasta el siglo X, desde Babilonia hasta a Alejandría debido a la tolerancia del Islam a hacia otros profetas y sus seguidores. Después de que los seguidores del Profeta Mahoma del Norte de África, apoyados por la comunidad judía, invadieron la Península Ibérica, los judíos que en un tiempo habían sido aliados de los musulmanes, desearon conquistar a los mahometanos y apropiarse los países conquistados. Traicionando su amistad con los islámicos, los judíos empezaron a conspirar y sembrar la descomposición en la sociedad islámica, tratando de dominarla por medio de sociedades secretas y herejías.

La principal sociedad secreta fundada por los judíos para subvertir a la sociedad islámica, fue la Secta criminal de los Asesinos, verdadera precursora de la masonería moderna, cuyo poder secreto se extendió por todo el Islam e incluso por la Europa cristiana, hasta que fue después aniquilada principalmente por los invasores mongoles. En cualquier forma, el mundo musulmán se encontraba en el siglo XII en estado de peligrosa decadencia, atribuida en parte a la múltiple acción subversiva de los judíos. La dinastía de los almohades, que sucedió en el norte de África y en la España islámica a la de los almorávides, tratando de salvar al Islam de la catástrofe, inició una guerra contra el judaísmo, la que, como de costumbre, provocó millares de conversiones fingidas al Islam y la huida de otros muchos hebreos a la España cristiana. Empeñados los monarcas ibéricos en expulsar de la Península a los sarracenos, olvidaron las antiguas traiciones de los israelitas y utilizaron sus servicios en la empresa de la Reconquista como prestamistas, arrendadores de los impuestos e incluso como espías, ya que ahora, tornándose los papeles, los judíos actuaban como quinta columna dentro de la España islámica en beneficio de la España cristiana, traicionando a sus antiguos aliados. Volvió una vez más la historia a repetirse y los habitantes judíos de una monarquía musulmana se convertían ahora en peligrosísima quinta columna en beneficio de los enemigos exteriores de dicho Estado, que eran a la sazón los reinos cristianos de Iberia, los cuales, influidos por los valiosos servicios que les prestaban los israelitas, los convertían en miembros de sus gobiernos y hasta en primeros ministros o en tesoreros reales, en violación de lo ordenado por los santos concilios de la Iglesia que prohibían el acceso de los hebreos a los puestos de gobierno.

Los israelitas volvieron, una vez más, a utilizar su tradicional táctica de ganarse a sus enemigos con un buen comportamiento temporal y con eficaces servicios para adquirir así valiosas posiciones, que les permitieran conquistar después los Estados que les brindaban protección. No desaprovecharon oportunidad alguna para intentar el dominio de esos reinos cristianos, convertidos ya para ellos en una nueva Palestina, a donde acudían solícitos. Los hebreos llegaron en Castilla a la cúspide de su poderío en tiempos del rey Pedro el Cruel, cuyo gobierno dominaron durante varios años. La forma como lograron conquistar temporalmente ese reino cristiano es sumamente interesante. Pedro el Cruel heredó el trono el año de 1350, cuando era un niño de quince años, habiendo pronto caído bajo la influencia del destacado dirigente judío Samuel Ha-Levi Abufalia, quien fomentando las pasiones del adolescente príncipe y adulándolo, pudo eliminar al que era tutor del mismo, Juan Alfonso, señor de Alburquerque, y nulificó también la benéfica influencia de la Reina Madre. Ha-Levi fue nombrado primero Tesorero Real y después, de hecho, Primer Ministro del reino,[294] con lo que este judío obtuvo un poder político que ningún otro hebreo de su tiempo había adquirido en un reino cristiano. Así, la influencia de los consejeros judíos del monarca creció en tal forma que muchos la consideraban ya peligrosa para los cristianos. Desde los primeros años, los iniciales desafueros que el joven rey cometía, empujado por sus malos consejeros, provocaron en el reino una rebelión general, formándose una Liga constituida por la Reina Madre, los medios hermanos (bastardos) del monarca, su tía Leonor, reina de Aragón y muchos poderosos nobles. Esta Liga tenía por objeto liberar al adolescente de los consejeros judíos y de toda la pandilla de gente inconveniente que lo rodeaba, entre la cual se encontraban los parientes de su amante María de padilla, por quien había abandonado a su esposa, la princesa Blanca de Borbón, hermana de la reina de Francia. Abandonada la causa de Pedro por la casi totalidad de los nobles del reino, accedió a ponerse bajo la tutela de su madre, acudiendo el joven rey a la ciudad de Toro, acompañado entre otros, según dice el cronista de la época Pedro López de Ayala, por Samuel Ha-Levi, quien según el cronista era "su muy grand privado é consejero."[295]

Una vez allí, tras de cariñosa recepción que le hicieron su madre y tía, fueron encarcelados los de su séquito, entre ellos el influyente ministro judío Samuel Ha-Levi. La muerte de don Juan Alfonso de Alburquerque, que según algunos fue envenenado,[296] constituyó un golpe fuerte para la Liga, ya que dicho magnate era el lazo de unión entre personas y fuerzas de intereses muy opuestos. El célebre historiador francés del siglo pasado Prosper Mérimée narra la forma en que Samuel Ha-Levi supo aprovechar la nueva situación para urdir una hábil intriga con objeto de desbaratar la Liga, ofreciendo a los Infantes de Aragón, de parte del rey adolescente, castillos y ricos dominios a cambio de que lo dejasen huir y ofreció villas y señoríos a gran número de magnates, hasta que el astuto consejero judío logró hacer pedazos la coalición y fugarse con el joven monarca cierto día que salieron de cacería.[297] El historiador, también del siglo pasado, J.

---

[294] Gutierrez Díez de Gámez, Crónica de Pedro Niño Conde de Buelna. Esta crónica fue escrita en el año de 1495. Los datos se toman de la edición de Madrid, 1782; Pedro López de Ayala, Crónica del rey don Pedro, años I, II, III, IV y ss., esta crónica fue manuscrita por su autor en la segunda mitad del siglo XIV; José Amador de los Ríos, Historia de los judíos de España y Portugal, Madrid, 1875. Tomo II, pp. 220 y ss.
[295] Pedro López de Ayala, Crónica del rey don Pedro, año V, Cap. XXXV.
[296] Otros niegan veracidad a esta versión.
[297] Prosper Mérimée, Histoire de don Pedro I, roi de Castille. París, 1848, pp. 182, 183.

Amador de los Ríos, refiriéndose a esta astuta maniobra dice: "Merced, pues, a la discreción y actividad de don Simuel (Samuel), lograba el hijo de Alfonso XI la libertad, de que habían logrado despojarle su madre y sus hermanos: merced al oro, que había sabido derramar y a las promesas hechas a nombre del rey, había introducido la desconfianza y la desunión en el campo de la Liga, desconcertando del todo los planes de los bastardos y viéndose en breve (el rey) rodeado de poderosos servidores, que le prometían fidelidad duradera. Don Simuel había conquistado la omnímoda confianza del rey don Pedro".[298] Y con el nuevo encumbramiento del ministro israelita, los judíos fueron adquiriendo en el reino cada vez mayor influencia.

Sobre lo que a este respecto ocurrió nos habla muy claro el ilustre historiador hebreo Bédarride, quien afirma que los judíos llegaron "a las cumbres del poder" en Castilla bajo el reinado de Pedro el Cruel.[299] Pero, desgraciadamente, la historia nos demuestra que siempre que los israelitas llegan "a las cumbres del poder atrás del trono" en un Estado cristiano o musulmán se desata una espantosa ola de asesinatos y de terror, que hace correr a torrentes la sangre cristiana o musulmana. Tal cosa ocurrió en el reinado de don Pedro a partir del momento en que los hebreos ejercieron sobre su educación y sobre su gobierno una influencia decisiva. Este niño inteligente, que demostró después ser joven de amplia visión, de grandes ilusiones y energía a toda prueba, quizá hubiera sido uno de los más grandes monarcas de la Cristiandad de no haber sido corrompido, en su adolescencia, por el mal ejemplo y los peores consejos de sus privados consejeros israelitas a quienes culpaba el pueblo de la ola de crímenes y de atropellos desatados durante ese sangriento gobierno en que los judíos fueron encumbrados y las sinagogas florecieron, mientras las iglesias decaían y el clero y los cristianos sufrían oprobiosas persecuciones. Sobre la influencia decisiva de los judíos en el joven monarca, así como de su siniestro influjo en las crueldades que se cometieron en ese tormentoso reinado, hablan muchos cronistas contemporáneos de los hechos, o un poco posteriores.... El coetáneo francés Cuvelier,[300] afirma que "Enrique, medio hermano del rey, fue requerido por los barones de España para que manifestara otra vez a su hermano el rey, que hacía muy mal de aconsejarse de los judíos y alejar a los cristianos...En tanto se fue Enrique al palacio donde estaba el rey su hermano, el cual hablaba en Consejo a

---

[298] José Amador de los Ríos, obra citada, tomo II, Cap. IV, pp. 223, 224.
[299] Bédarride. Les Juifs en France, en Italie et en Espagne. 12 edición. París: Michel Levy Frères Editeurs, 1861. p. 268.
[300] Cuvelier, Histoire de Messire Bertrand Du Guesclin, manuscrita en verso por el cronista y mandaba escribir en prosa por Juan de Estonteville el año de 1387. Traducción española de Berenguer. Madrid, 1882, pp. 108, 110.

varios judíos, entre los que no había ningún cristiano...suplicó don Enrique, a don Pedro que dejase el consejo de los judíos". Añade el cronista que don Enrique al percatarse de que un hebreo llamado Jacob, muy allegado a don Pedro, era el instigador de los actos de crueldad contra sus súbditos cristianos, monto en cólera. Otro ilustre cronista francés, Paul Hay, Seigneur de Châtelet, sobre el mismo episodio añade -refiriéndose al citado consejero del rey Pedro- que Enrique de Trastamara no pudo dominar su cólera "...al encontrarse con un judío de nombre Jacob que gozaba de toda la confianza y familiaridad de don Pedro y a quien atribuían ser el inspirador de todas sus acciones de crueldad"...[301] Sobre los crímenes espantosos cometidos durante el sanguinario reinado de Pedro el Cruel, se expresan la "Prima Vita Urbani V", el cronista italiano Matteo Villani, también contemporáneo, y el cronista musulmán, igualmente coetáneo de los hechos, Abou-Zeid-Ibn Khaldoun. Este último, entre otras cosas, afirma que "...oprimió con crueldad a la nación cristiana y por su tiranía se hizo tan odioso a los ojos de sus súbditos, que se insurreccionaron contra él...".

Una crónica, también contemporánea del rey Pedro de Aragón, describe en forma espeluznante la actuación criminal de ese reinado, y la famosa "Historia y Crónica memorable", del francés, Jean Froissart, además de mencionar la crueldad y tiranía que caracterizaron a ese gobierno, da especial importancia a la actitud hostil de Pedro el Cruel hacia la Iglesia y el Papado[302]... Los "Anales y crónicas de Francia" escritos por Nicolás Gilles a fines del siglo XV, llaman a Pedro "gran tirano" y "apóstata de la religión de Jesucristo", atribuyendo su triste fin a castigo del Cielo...[303] Pedro Fernández Niño, colaborador fiel de Pedro que le sirvió con lealtad hasta su muerte, en su célebre relato, recogido en la "Crónica de Pedro Niño", habla del derramamiento de mucha sangre de inocentes, afirmando también que el monarca: "Tenía por Privado a un judío al que llamaban Samuel Levi, quien le enseñaba a desechar a los grandes hombres y hacerles poca honra...se distanció de muchos, tendió el cuchillo y exterminó a muchos súbditos cristianos en su reino, por lo que lo aborreció la mayor parte de los súbditos". En esta crónica también se

---

[301] Paul Hay, Seigneur de Châtelet, Histoire de Monseigneur Bertrand Du Guesclin. París, 1666. Libro III, Cap. VI, pp. 92-94.
[302] Prima Vita Urbani V, edición Bosqueti, colección "Cum vetustis codicilius", publicada por Baluzius en su Vitae Paparum Avenionesum, París, 1693. pp. 374, 375, 386; Matteo Villani, Historia. Florencia, 1581. Libro I, Cap. LXI, pp. 30, 31; Abou-Zeid-Abd-er Rahman, Ibn-Khaldoun, Historia de los berberiscos, traducción francesa del Barón de Slane. Argel, 1865, tomo IV, pp. 379, 380; Jean Froissart, Histoire et Chronique Mémorable. París, 1514, Vol. I, Cap. CCXXX, p. 269 y Cap. CCXLV, p. 311.
[303] Nicole Gilles, Les Annales et Chroniques de France. París, 1666, p. 93.

habla de la afición a la astrología del joven rey,[304] hecho de gran importancia política, ya que los astrólogos de Pedro eran judíos - destacando entre ellos Abraham-Aben-Zarzal- e influían en sus actuaciones políticas, ya que el rey, antes de tomar cualquier medida importante, consultaba siempre a sus astrólogos para que le indicaran si tendría o no éxito. A este respecto, es interesante el hecho de que ya en vísperas de su ruina, don Pedro echó en cara al dicho Abraham que tanto él, como sus demás astrólogos le habían profetizado que tendría que conquistar tierras musulmanas hasta capturar Jerusalén y que las cosas iban tan mal que bien se veía que lo habían engañado.[305] Es comprensible que en esos tiempos en que los musulmanes estaban luchando heroicamente contra la amenaza hebrea, los judíos, dueños ya de Castilla, hayan querido incitar a Pedro a invadir y conquistar desde el norte de África hasta Jerusalén para lograr, una vez más, destruir a sus enemigos islámicos con mano ajena, y quizá hasta lograr su sueño dorado de libertar Palestina. Este último plan, que se les vino abajo con la derrota de Pedro, lo lograron siglos después cuando pudieron conquistar Inglaterra y utilizarla para que libertara a Palestina del dominio musulmán. Por medio de la astrología fue que los israelitas pudieron dominar la política de muchos reyes en el tiempo en que estaba en boga esa superchería adivinatoria...

El ilustre historiador y obispo, Rodrigo Sánchez, muerto en 1471, compara a Pedro de Castilla con Herodes[306]... Paul Hay, segundo cronista de Beltrán Du Gesclin, lo compara con Sardanápalo, con Nerón y con Domiciano[307]... El historiador francés L. Duchesne, refiriéndose al regreso de Pedro a Castilla, cuando éste fue restaurado en el trono por las tropas inglesas, dice: "...entrando don Pedro por Castilla como un lobo carnicero ensangrentado a medida que destrozaba a las ovejas. Iba precedido del terror y la muerte y seguido por arroyos de sangre"[308] (las mismas escenas apocalípticas precedieron a los carniceros bolcheviques judíos guiados por Lenin, ya que cuando los judíos tienen el poder, la carnicería de cristianos indefensos, no es coincidencia, sino una tradición judía).... El padre jesuita Juan de Mariana en su "Historia General de España", refiriéndose al

---

[304] Gutierre Díaz de Gámez, Crónica manuscrita de Pedro Niño Conde de Buelna, ed. Citada, pp. 14-21.
[305] Sumario de los reyes de España, compendio inserto en la edición de Liaguno y Amirola de la Crónica de don Pedro Niño. Madrid, 1782, Cap. XC.
[306] Antonio Ferrer del Río, Examen histórico crítico del reinado de don Pedrode Castilla, obra premiada por la Real Academia Española. Madrid, 1851, pp. 208-211.
[307] Antonio Ferrer del Río, Examen histórico crítico del reinado de don Pedrode Castilla, obra premiada por la Real Academia Española. Madrid, 1851, pp. 208-211.
[308] Louis Duchesne, maestro de sus altezas reales, los señores Infantes de España, Compendio de la Historia de España, traducción española del P. José Francisco de la Isla. Madrid, 1827, p. 172.

funesto reinado de Pedro el Cruel, afirma: "Acompañado de los más crueles exponentes de la secta de los asesinos, iba Pedro recorriendo la campiña. De esta manera con la sangre de inocentes los campos y las ciudades, villas y castillos, y los ríos y el mar estaban llenos y manchados: por donde quiera que se fuese, se hallaban rastros y señales de fiereza y crueldad. Qué tan grande fuese el terror de los del reino, no hay necesidad de decirlo: todos temían no les sucediese a ellos otro tanto, cada uno dudaba de su vida, ninguno la tenía segura"[309]... Es curioso notar que este relato escrito hace casi cuatrocientos años, parece describir con exactitud pasmosa la actual situación de terror que priva en la Unión Soviética y demás países sujetos a la dictadura Judeo bolchevique comunista... Existe además otra importante coincidencia: en el reinado de Pedro el Cruel, los judíos llegaron -según dice el famoso historiador israelita Bédarride- "a las cumbres del poder", y en la Unión Soviética y demás Estados socialistas, también han llegado los hebreos "a las cumbres del poder". Curiosa y trágica es la coincidencia entre dos situaciones distanciadas en el tiempo por largos seis siglos. Como ocurre en todo Estado en que los judíos alcanzan las "cumbres del poder", también en la Castilla de Pedro la Santa Iglesia fue perseguida mientras los hebreos eran encumbrados. Esto trajo por consecuencia las enérgicas protestas del clero castellano, consignadas en interesantes documentos entre los que se encuentra una escritura otorgada todavía en vida del monarca, en que el Cabildo de la Iglesia de Córdoba llama a Pedro "tirano hereje".[310] El rompimiento de la Santa Sede con este protector de judíos y opresor de los cristianos, ocurrió cuando el Papa excomulgó a Pedro declarándolo indigno de la Corona de Castilla en pleno consistorio, desligando a los castellanos y a sus demás súbditos del juramento de fidelidad, y dando la investidura de sus reinos a Enrique, Conde de Trastamara o al primer príncipe que pudiera ocuparla.[311] Esto facilitó la formación de una coalición entre los reinos de Francia, Aragón y Navarra que organizaron, bajo los auspicios del Papa, una especie de cruzada para liberar al reino de Castilla de la opresión que sufría.

Mientras que los cristianos, clérigos y seglares eran asesinados, encarcelados y oprimidos en toda forma, el judaísmo se encumbraba como quizá no había ocurrido antes en la España cristiana. En estos tiempos la ciudad de Toledo era prácticamente la capital del judaísmo internacional, como después lo serían sucesivamente Constantinopla, Amsterdam, Londres y Nueva York. El poderoso ministro Samuel Ha-Levi organizó un sínodo o congreso universal hebraico en dicha ciudad, al que concurrieron

---

[309] Juan de Mariana, S.J., Historia General de España. Valencia, 1785. Tomo II, libro 17, Cap. V, p. 59.
[310] Academia de la Historia, Privilegios de dicha Iglesia, p. 18.
[311] Paul Hay, Seigneur de Châtelet, crónica citada, libro III, Cap. VI, p. 94.

delegaciones de las comunidades israelitas residentes en las más lejanas tierras, tanto para elegir un jefe mundial del judaísmo como para admirar la nueva sinagoga que Pedro permitió que Samuel construyera, contraviniendo los cánones de la Iglesia. De la celebración de esta gran asamblea en dicha sinagoga - convertida con posterioridad en la Iglesia de Ntra. Sra. Del Tránsito- quedó constancia en dos inscripciones que constituyen un verdadero monumento histórico. Del texto de las inscripciones se desprende que el jefe electo fue el propio Samuel Ha-Levi, que al parecer se convirtió en el Baruch de esa época, lo que no obstó para que años después, un grupo influyente de israelitas enemigos de él, resentidos porque Ha levi no quería compartir con ellos su poder y riqueza, lo acusaron de estar robando el tesoro real desde hace veinte años, e incluso indujeron al rey a que le diese tormento para que revelase donde estaba el oro robado por el ministro, pero como Samuel muriese en el tormento sin revelar nada, continúa el cronista diciendo: "Y al rey le pesó mucho la traición del ministro Samuel), cuando lo supo, y por consejo de los dichos judíos mandóle tomar cuanto tenía. Y fueron escavadas sus casas que don Samuel tenía en Toledo, y hallaron una bodega hecha debajo de la tierra, de la cual sacaron tres montones de tesoro y de moneda y barras y plastas de oro y plata, que tan alto era cada montón que no se veía un hombre colocado en el lado opuesto. Y el rey don Pedro vino a verlos y dijo así: 'Si don Samuel me hubiera dado la tercera parte del más pequeño montón que aquí hay, yo no lo hubiera mandado atormentar. Pero prefirió morir sin decírmelo'".[312]

Esto de que los tesoreros o ministros de Hacienda judíos robaran no era nada nuevo; muchos habían sido destituidos por ese motivo; el incidente, sin embargo, nos revela cómo entre los mismos judíos como en cualquier otra banda de ladrones, a pesar de la hermandad, surgen envidias y discordias terribles, con resultados trágicos como el que acabamos de estudiar. Por otra parte, la influencia ejercida por los hebreos en el gobierno de Pedro siguió como siempre. Sólo hubo un simple cambio de personas. Entre las acusaciones que se emplearon como bandera para derrocar a Pedro figura la de que no sólo había entregado a los judíos el gobierno del reino, sino que él mismo era un hebreo, debido a que carente de sucesión masculina su padre el rey Alfonso XI, estaba tan disgustado que había amenazado a la reina seriamente si el próximo vástago era niña; y que habiendo ocurrido tal cosa, la reina -para salvarse- había aceptado que le cambiaran la niña por un niño, cosa que planeó y realizó su médico

---

[312] Continuación de la Crónica de España del Arzobispo Rodrigo Jiménez de Rada, publicada en el tomo 106 de la "Colección de documentos inéditos para la historia de España", pp. 92, 93.

partero israelita trayendo al hijo de unos hebreos el cual acababa de nacer y que creció como heredero del trono, sin saber el rey Alfonso XI que era un israelita el que hacían aparecer como su hijo. Decían además, que sabedor Pedro de su origen judío, se había circuncidado en secreto y que a ello se debía que hubiera entregado el gobierno del reino por completo a los hebreos. En el mismo sentido se expresan historiadores y cronistas que se basan en López de Ayala. Aunque compartimos los justos elogios que se hacen de tan distinguido cronista con respecto a este asunto, es digno de tomar en cuenta que su "Crónica del Rey don Pedro" fue escrita cuando doña Catalina de Lancaster, descendiente de dicho rey, ya se había casado con Enrique III, nieto de Trastamara,[313] en matrimonio político destinado a unir las dos estirpes rivales y poner fin a futuras discordias. Es natural, que habiéndose escrito la Crónica en una época en que el interés de la monarquía castellana era borrar el manchón de la posible ascendencia hebrea, López de Ayala haya sido obligado a callar todo lo relacionado con ese asunto que además podía herir el honor de la reina Catalina.

Por una parte, la Historia nos ha demostrado que los hebreos, en sus ambiciones de dominio mundial, son muy capaces de hacer cualquier cosa con tal de apoderarse de un reino, ya se trate de cambiar un heredero legítimo por un infante judío o disfrazados de cristianos infiltrarse en el alto clero o en la realeza, o tomar el poder utilizando a los tontos útiles que militan en las sociedades secretas, los movimientos revolucionarios, o comunistas, o de realizar cualquier otro truco que la oportunidad les presente...; pero en el caso que estamos analizando, nos parece también posible lo que han afirmado los defensores de Pedro el Cruel, masones o liberales, en el sentido de que la acusación del cambio de infantes fue una mera fábula urdida y difundida por Enrique de Trastamara para justificar su ascensión al trono, fábula que por cierto acabó por ser creída en Castilla y fuera de Castilla y consignada por las crónicas de esa época. Si en realidad se trató de una fábula, no nos parece imposible que ésta haya sido creada por los mismos judíos que rodeaban e influenciaban al adolescente monarca para inclinarlo a iniciarse en el judaísmo y poderlo dominar por completo. En apoyo de esta posibilidad está la constante tendencia de los hebreos a conquistar a los grandes dirigentes políticos cristianos o musulmanes, aduciendo que descienden de los patriarcas y profetas israelitas, pero sin decirles que son enemigos mortales de los gentiles desde los tiempos bíblicos, incluyendo a los cristianos. A Francisco I de Francia, lo quisieron embaucar inventado que era de ascendencia judía, pero se rió de ellos; al emperador Carlos V también, pero se indignó tanto que mandó

---

[313] Pedro López de Ayala, en el capítulo XIII del año V de su Crónica del rey donPedro, dice de doña Catalina "que es agora muger del Rey Don Enrique".

quemar al judío que intentó atraerlo en esa forma a la sinagoga; a Carlos II de Inglaterra hasta le falsificaron cuidadosamente su árbol genealógico y algo creyó de la fábula, lo que permitió que los judíos lograran de él algunas concesiones; ante el emperador del Japón llegaron con el embuste de que descendía de las diez tribus perdidas, con la intención de atraerlo al judaísmo y dominar por ese medio al país del Sol Naciente, pero por fortuna, el Mikado los consideró como dementes; En el libro de Mormon, inventaron la fábula de que los pueblos nativos del continente americano, son descendientes de una tribu perdida de Israel que emigro en busca de la tierra prometida. No es por lo tanto imposible que este mismo recurso hayan empleado con Pedro y que la noticia se haya filtrado al campo enemigo, siendo luego aprovechada por el de Trastamara como bandera contra aquél. Sea lo que fuere, es evidente que Pedro el cruel, con sus asesinatos de clérigos, su persecución de la Iglesia y su encumbramiento de los judíos, más obraba como israelita que como cristiano, lo que dio lugar a que se diera crédito a la historia del cambio de niños.

Entre las crónicas que afirman la ascendencia judía de Pedro de Castilla podemos mencionar: la de esa misma época del Rey Pedro IV de Aragón; la también contemporánea de los hechos del padre carmelita Juan de Venette; la crónica anónima de los cuatro primeros Valois; la crónica igualmente de esa época, de Cuvelier y otras, siendo curioso notar que un siglo después algunos documentos relacionados con la biografía del ilustre rabino de Burgos, Salomón Ha-Levi -que al bautizarse adoptó el nombre de Pablo de Santa María, ordenándose sacerdote y llegando a arzobispo de la misma ciudad en que había sido rabino- mencionan que el citado prelado era hijo de la infanta que fue cambiada por el niño judío que con el tiempo fue coronado rey como Pedro de Castilla. La infanta criada como judía luego casó con el israelita, padre del citado arzobispo. Entre los documentos que mencionan esto como muy difundido rumor podemos citar "El Libro de los Blasones" de García Alonso de Torres, MSS, fol. 1306 (Apellido Cartagena),... y la "Recopilación de honra y gloria mundana" del Capitán Francisco de Guzmán, MSS, fol. 2046, compendio, folios 28 v. Y 29[314]... Por su parte, Fray Cristóbal de Santoliz, al imprimir en 1591 la primera edición de su "Vida de don Pablo de Santa María", daba por seguro que el ilustre rabino, después arzobispo, era hijo de la princesita cambiada por el niño hebreo que después fue rey de Castilla.[315]

---

[314] Debemos la noticia de tan valiosos manuscritos a la diligencia del culto historiador José Amador de los Ríos, obra citada, tomo II, Cap. IV, pp. 210, 211.
[315] Juan Bautista Sitges y Grifoll, Las mujeres del rey don Pedro I de Castilla. Madrid, 1910, pp. 178, 179.

Con respecto a la intervención de los hebreos en el gobierno de Pedro, además de la confesión de la "Jewish Encyclopedia" que citamos en otro lugar, y de la de distinguidos historiadores israelitas, la crónica de esa época escrita en verso por Cuvelier, dice que:

"...tenía la malísima costumbre, que de todas las cosas cualesquiera que fuesen, se aconsejaba de los judíos que habitaban en su tierra y les descubría todos sus secretos y no a sus próximos amigos y parientes carnales, ni a ningún otro cristiano. Así pues era preciso que el hombre que de tan consejo se valía a sabiendas, debía de tener malas consecuencias para los cristianos"[316]... Otro cronista contemporáneo de Pedro -que asegura que dicho rey y su reino estaban gobernados por los judíos- el segundo continuador de la "Crónica Latina" de Guillermo de Nangis, afirma: "Que se le reprochaba a dicho monarca, que tanto él como su Casa estaban regidos por judíos, los que existían en gran abundancia en España y que todo el reino era gobernado por ellos"[317]... El segundo cronista de Beltrán Du Guesclin, Paul Hay, afirma en relación a este punto que los malos consejeros de don Pedro crearon en toda Castilla serias dificultades, colmándola de asesinatos y sembrando el descontento y desolación; que además inspiraron en el monarca una aversión general para las personas más distinguidas de su reino, quebrantando ese mutuo afecto que liga a los buenos reyes con sus súbditos y a los pueblos con sus príncipes; que don Pedro despojó a las iglesias de sus bienes para enriquecer a los ministros de sus abominaciones, renunciando secretamente, según se decía, a su bautismo, para ser circuncidado y que ejerció mil crueldades que llenaron a España de sangre y lágrimas, al reunir en su persona los defectos de los Sardanápalos, de los Nerones y de los inquisidores Domicianos, estando poseído en toda forma su espíritu por sus favoritos, sobre todo judíos.[318]

---

[316] Cuvelier, crónica en verso citada, mandada escribir en prosa por Juan de Estonteville, p. 107.
[317] Continuatio Chronici Guillemi de Nangis, publicada en el "Specilegium sive Aliquot Scriptorum qui in Galliae Bibliothecis delituerant". París, 1723. Tomo III, p. 139.
[318] Paul Hay, Seigneur de Châtelet, crónica citada, ed. Cit., p. 93.

Capítulo XXIII

LOS JUDÍOS TRAICIONARON A SU MÁS GENEROSO PROTECTOR

Además de las verdaderas matanzas de cristianos realizadas durante esta odiosa dictadura judaica que fue el reinado de Pedro el Cruel, hubo crímenes que por su resonancia estremecieron a Europa, como el asesinato de don Suero, Arzobispo de Santiago, el de Pedro Álvarez, deán de esa catedral, la quema en la hoguera del sacerdote de Santo Domingo de la Calzada y el asesinato del Abad Maestre de San Bernardo, que precipitó la excomunión proveniente del Papa Urbano V, excomunión que al ser comunicada a Pedro, por poco cuesta la vida al representante de Su Santidad. Pero dejaremos hablar al Padre Fray Joseph Álvarez de la Fuente, a quien debemos los anteriores datos: "Por esta muerte como dije y porque tenía el rey don Pedro fuera de sus iglesias a los obispos de Calahorra y de Lugo, envió el Papa Urbano V un arcediano que le notificase la excomunión: éste usando cautela, se vino por el río de Sevilla en galeota muy ligera y se puso a la ribera del campo de Tablada, cerca de la ciudad, esperando que pasase el rey cerca y le oyera. Y le intimó las bulas del Papa y escapó río abajo a vela tendida, ayudándole a escapar la menguante de las aguas". El ilustre fraile señala que don Pedro se metió al agua queriendo matar al Arcediano a puñaladas, estando a punto de ahogarse porque el caballo se cansó de nadar.[319] En esta época hubo otros muchos asesinatos espeluznantes tribuidos a los judíos incrustados en el poder real, pero nos limitaremos solamente a mencionar el de la jovencita inocente e indefensa Blanca de Borbón, hermana de la reina de Francia, que fue la esposa legítima de Pedro, encarcelada y villanamente asesinada después.... El cronista Cuvelier, contemporáneo de Pedro, narra el asesinato de la joven afirmando que al consultar don Pedro con un judío sobre la forma en que podría deshacerse de la reina sin que se notase, dicho hebreo, además de su consejo se prestó a cometer el asesinato en unión de otros judíos que la ahogaron en su

---

[319] Fray Joseph Alvarez de la Fuente, *Sucesión real de España*, p. 79.

propia alcoba, dejándola tendida en su cama donde fue encontrada muerta al día siguiente. Y continúa el cronista diciendo que dichos israelitas mataron a cuatro miembros de la servidumbre que querían armar escándalo, y encerraron a otros. Que luego el rey Pedro dijo que no había autorizado tal hecho, en lugar de ejecutar a los asesinos de la reina, mandando desterrar a los judíos asesinos, pero que sólo lo hizo para disimular[320]... Otro documento de autenticidad incontrovertible nos confirma la responsabilidad de los judíos en este verdadero reinado del terror; se trata del "Ordenamiento de Peticiones" otorgado por el rey Enrique en las Cortes que celebró en Burgos, después de haber sido proclamado rey en el año de 1367, del cual tomamos el texto de la publicación hecha por la real Academia de la Historia de Madrid, en el que contesta el nuevo rey a los representantes de los diversos sectores del pueblo en las Cortes, organismo semejante al parlamento medieval o a los Estados generales:

"Núm. 10.- Otros, a los que nos dijeron que todos los de las ciudades villas y lugares de nuestros reinos, que tuvieron muchos males, daños, muertes y destierros, que ocurrieron en tiempos pasados, por consejo de los judíos, que fueron Privados (es decir, Primeros Ministros, o consejeros principales) u oficiales de los reyes anteriores, porque querían mal y daño de los cristianos, y que nos pedían por merced, que mandásemos que ni en nuestra casa, ni en la de la reina, ni en la de los Infantes mis hijos, se dé entrada a ningunos judíos, ni como oficiales, ni como médicos, ni que tengan oficio ninguno". A esto respondemos que tenemos en servicio lo que por este motivo nos piden, pero que nunca a los otros reyes que hubo en Castilla les fue pedido tal cosa. Y aunque algunos judíos anden en nuestra casa, no los pondremos en nuestro Consejo, ni les daremos tal poder porque venga por ellos daño alguno a nuestra tierra".[321] Aquí podrá observarse algo sorprendente: Enrique de Trastamara se sublevó contra su medio hermano y obtuvo el apoyo moral del Papa y el material del Rey de Francia y de otros monarcas para destronarlo, alegando que Pedro había apostatado, que practicaba en secreto el judaísmo y que había entregado el gobierno de Castilla a los hebreos; además, por haber enarbolado esa bandera libertadora, había obtenido el apoyo de la nobleza, del clero y del pueblo, y ahora, contradiciendo lo sostenido en su campaña, después de haber triunfado y de haber sido coronado rey, empezaba a utilizar israelitas en su palacio.... ¿Qué había ocurrido en el curso de la guerra civil, para que el mismo que había entrado en Castilla matando judíos, después los

---

[320] Cuvelier, crónica citada, ed. Cit., pp. 111-114.
[321] Cortes de los antiguos reinos de León y Castilla. Madrid: Real Academia de la Historia, 1863. Tomo II, pp. 150, 151.

admitiera en su Corte? ¿Qué hicieron los hebreos para poder evitar una catástrofe que se antojaba definitiva y quedar más o menos bien parados al triunfar el bando contrario? Los siguientes documentos históricos nos descifran el enigma.... La "Jewish Encyclopedia", obra monumental del judaísmo moderno, dice que Pedro, desde el comienzo de su reinado, se rodeó de tantos judíos, que sus enemigos llamaban a su Corte "la corte judía", y que los hebreos fueron siempre sus leales partidarios[322]... Esto último era de esperarse, ya que el joven monarca, por entregarse en manos de los israelitas y elevarlos a las cumbres del poder, había provocado la fatal guerra civil y contra otros reinos que iba a costarle el trono y la vida. Sin embargo, las crónicas contemporáneas e historiadores, insospechables de antisemitismo, nos dan la evidencia de que es falso que los israelitas hayan sido leales a su incondicional aliado y amigo, sino que por el contrario, cometieron con él la más negra de las traiciones, como acostumbran siempre hacerlo los hebreos con sus mejores amigos y protectores. Para los israelitas nada vale la más sincera de las amistades, ni los servicios y favores recibidos de los gentiles cristianos, por más grandes que éstos sean; cuando conviene a sus intereses políticos, son capaces de crucificar hasta a quienes los favorecieron.... El rey don Pedro, en su lealtad hacia los judíos, llegó a cometer tremendos actos de represalia en contra de los que atentaban contra ellos. Dice el cronista y notable literato de esos tiempos Pedro López de Ayala que, cuando Pedro "..fue a Miranda de Ebro, por cuanto habían robado é muerto allí los Judíos, é tenían la parte del Conde, é fizo justicia de dos hombres de la villa, é a uno decían Pedro Martínez fijo de Chantre, é al otro Pero Sánchez de Bañuelos; é al Pedro Martínez fizo cocer en un caldero, é al Pedro Sánchez fizo asar estando el Rey delante, é fizo matar otros de la villa"[323]... En el quinto año de su reinado, había dado muestras de generosidad, promulgando un indulto incluso en favor de quienes habían atentado contra el trono, pero en dicho indulto no fueron incluidos quienes habían causado daños a los judíos. Era pues de esperar que éstos le hubieran permanecido fieles en los momentos difíciles. Los hechos, sin embargo, demuestran lo contrario.... El cronista francés Cuvelier, que fue testigo presencial de los acontecimientos, ya que acompañaba a Beltrán Du Guesclin y a Trastamara en su campaña, dice refiriéndose a la época en que las trágicas derrotas de los ejércitos de Pedro hacían ver claro que el peso de la balanza se había cargado del lado contrario, que después de evacuar Burgos, Toledo y Córdoba, Pedro el Cruel se dirigió a Sevilla y dos de sus consejeros judíos más queridos e influyentes, llamados Danyot y Turquant,

---

[322] Jewish Encyclopedia, vol. XI, vocablo Spain, p. 493, col. 2.
[323] Pedro López de Ayala, Crónica del rey don Pedro. Abreviada, nota 1 del Cap. VIII del año IX, p. 504, tomado de la Crónica de los reyes de España, Biblioteca de Autores Españoles, vol. LXVI, p. 504.

acordaron traicionarlo y entregarlo en manos de Enrique en cuanto se les presentara la ocasión.[324]

El filo semita José Amador de los Ríos, confiesa claramente que: "Fue también fama en Castilla y fuera de ella, que al presentarse Don Enrique y los suyos en ciertas ciudades, daban en ellas entrada a los bretones de Beltrán Claquin (Du Guesclin) las mismas juderías".[325] (Así llamaban en Castilla a las comunidades hebreas). El conocimiento de estas alevosas traiciones de sus protegidos judíos, indignó indudablemente al rey Pedro.... El citado cronista francés, testigo de los acontecimientos, refiere que después de enterarse el rey don Pedro de la caída de Córdoba en manos de su medio hermano, tuvo un fuerte altercado con esos dos consejeros judíos que habían resuelto traicionarlo, y les dijo: "Señores, por mal destino me he valido de vuestros consejos hace ya muchos años, por vosotros y por vuestra fe ha sido asesinada mi mujer y falseada mi ley, maldita sea la hora y el día primero en que os tuve a mi lado, pues por mis pecados y por haberos creído, soy echado de este modo de mis tierras. Así os echo ahora mismo de mi Cámara y de mi Corte y guardaos bien de entrar nunca a ellas, sino que ahora mismo saldréis de esta ciudad". Y sigue relatando el mismo cronista que los dos consejeros israelitas entraron en tratos secretos con don Enrique de Trastamara para entregarle la ciudad de Sevilla, en donde se encontraba refugiado don Pedro; arreglando con los Doctores de la Ley de la comunidad hebrea en dicha población que diesen entrada a las tropas de Enrique por el bArrió judío. Que sin embargo, tuvo conocimiento muy a tiempo Pedro de lo que los hebreos tramaban en su contra por su amante judía, quien no queriendo perder la riqueza y el poder que en la cama había ganado, enteró oportunamente a su amante del complot en su contra, por lo que el rey batiéndose en retirada evacuó la ciudad.[326]

Paul Hay, Seigneur de Châtelet, segundo cronista de Beltrán Du Guesclin, señala que don Pedro tuvo conocimiento en Sevilla del complot en su contra, por una concubina hebrea que lo amaba mucho y que a escondidas de su padre fue a informarle, que los judíos estaban conjurando en secreto con don Enrique de Trastamara, para entregar a éste la ciudad. Noticia que al ser recibida por don Pedro acabó de abatir al desafortunado monarca.[327] Indudablemente los hebreos, siguiendo su táctica tradicional para controlar mejor al rey, le allegaron amantes israelitas; pero el amor a la riqueza y al poder, es a veces una espada de doble filo; y en este caso,

---

[324] Cuvelier, crónica citada, p. 143.
[325] José Amador de los Ríos, obra citada, edic. citada, tomo II, p. 253.
[326] Cuvelier, crónica citada, edic. citada, pp. 143-146.
[327] Paul Hay, crónica citada, edic. citada, libro III, Cap. XII, p. 110.

como en muchos de los protagonizados por los judíos, pudo más el temor perder lo ganado en la cama, que sus creencias religiosas o el temor a las represalias, ya que los judíos usan su religión como trampolín para enriquecerse y hacerse del poder; pero una vez adquirido defienden su botín como los perros defienden su hueso.... Al leer estas crónicas nos parece cada vez más evidente la peligrosidad de esos núcleos de judíos extranjeros inasimilables que a través de la historia han demostrado nunca ser leales a nadie y estar siempre prestos a convertirse en mortales quinta columnas al servicio de potencias o fuerzas enemigas, incluso en perjuicio de sus más valiosos y fanáticos protectores o amigos. Estos hechos nos explican por qué los hebreos, viéndose amenazados con la victoria del pueblo cristiano de Castilla acaudillado por Enrique de Trastamara, supieron a tiempo infiltrarse en el bando contrario, es decir, en el de Trastamara, para convertir la inminente derrota de su protector en un triunfo. Esta maquiavélica maniobra ha sido perfeccionada por los judíos a través de los siglos. En nuestros tiempos ya no se esperan a que sus enemigos estén a punto de lograr la victoria, sino que desde que surge la oposición cristiana o anticomunista a sus planes siniestros, destacan elementos a infiltrarse en las filas de dicha oposición para hacerla fracasar, o por lo menos queda colocados en situación valiosa dentro del campo enemigo, con posibilidad de hundirlo en la primera oportunidad que se presente.

Derrotado Pedro, huyó a Portugal y de allí a Inglaterra, donde logró el respaldo del del rey moro de Granada, regresando a Castilla con el apoyo del ejército inglés y después con la alianza del Príncipe Negro.[328] En esta fase de la lucha vemos a los hebreos infiltrados en ambos bandos rivales. Habían descubierto ya el secreto de los triunfos futuros: apostar a las dos cartas para salir ganando siempre. Pero es claro que para lograr éxito en este tipo de maniobras, han acostumbrado los israelitas fingir la existencia de cismas o divisiones aparentes en sus filas, de manera que parezca natural que un grupo se infiltre en un bando contendiente y el otro en el bando contrario. En esta forma lograron después del desastre de Pedro de Montiel, quedar bien situados en el gobierno del vencedor. Es sorprendente que Enrique en aquel duelo alevoso que costó la vida a Pedro, haya tenido el cinismo de decirle judío por última vez, ya que el bastardo a la sazón, comprado tanto por las traiciones de los judíos contra Pedro como por el oro que le facilitaron las comunidades hebreas, les daba acceso de nuevo al poder real, en medio de la justa alarma de las cortes del reino. Así, la lucha que podía haber terminado con una victoria completa

---

[328] Justo es aclarar que cuando el caballeroso Príncipe de Gales se convenció que Pedro lo había engañado y que era mala la causa que éste sostenía, le retiró apoyo.

de los cristianos, se prolongó fiera hasta desembocar, a fines del siglo, en las matanzas de judíos ocurridas en toda la Península el año de 1391 y que indebidamente se han atribuido a las prédicas del sacerdote cristiano Ferrán Martínez, ya que tales prédicas no fueron más que la chispa que hizo explotar la indignación hasta entonces contenida de un pueblo oprimido, robado, asesinado y extorsionado por los judíos que durante varios reinados habían escalado los más altos puestos en la Iglesia y en el gobierno real, debido a la inconsciencia de monarcas forjadores, con sus complacencias y traiciones, de la Edad de Oro de los judíos en la España cristiana. Esta situación fue de trágicos resultados para los cristianos y también lesiva para los musulmanes cuando hicieron posible la Edad de Oro hebrea en la España islámica.

Capítulo XXIV

La infiltración judía en el clero

El presente capítulo tiene por objeto ilustrar la forma en que los falsos cristianos cripto judíos acostumbran realizar su infiltración en el clero de la Iglesia. Para conquistar al mundo cristiano, el imperialismo judaico consideró indispensable dominar a su principal baluarte, la Iglesia de Cristo, empleando para ello diversas tácticas que variaron desde los ataques frontales hasta las infiltraciones. El arma favorita de la quinta columna consistió en introducir en las filas del clero a jóvenes cristianos descendientes de judíos que practicaban en secreto el judaísmo, para que una vez ordenados sacerdotes trataran de ir escalando las jerarquías de la Santa Iglesia -ya fuera en el clero secular o en las órdenes religiosas- con el fin de usar luego las posiciones adquiridas dentro de la clerecía en perjuicio de la Iglesia y en beneficio del judaísmo y de sus planes de conquista, así como de sus movimientos heréticos o revolucionarios. En tan delicadas tareas de infiltración, el judaísmo subterráneo emplea jovencitos dotados no sólo de gran religiosidad. Sino de una gran mística y fanatismo de la religión judía y deben estar resueltos a dar su vida por la causa del Dios de Israel y del pueblo escogido. En el judaísmo abunda esta clase de místicos; y a ellos se deben principalmente los grandes triunfos que ha ido logrando el imperialismo teológico de los hebreos, porque el niño o joven que ingresa en los seminarios del clero cristiano, sabe que va a desempeñar la más santa labor de destrucción contra el enemigo capital del pueblo escogido: el cristianismo, y de manera especial la Iglesia católica. Sabe que con las actividades que realice, al destruir o debilitar las defensas de la Cristiandad, facilita el cumplimiento de la *"voluntad divina"*, favoreciendo la consecución del dominio de Israel sobre la Tierra. El clérigo falso cristiano, cripto judío, está realizando -según su criterio- una empresa santa que además le asegura la salvación eterna. Cuanto mayores males pueda causar a la Iglesia como sacerdote, fraile, canónigo, prior de convento, provincial, obispo, arzobispo o cardenal, mayores méritos tiene -según los israelitas- a los ojos de Dios y de su pueblo escogido. Se puede asegurar que esta legión de místicos y fanáticos cripto judíos fueron los que lograron, a la postre, quebrar la supremacía de la Santa Iglesia en la Edad media, facilitando después el triunfo de las herejías en el siglo XVI, y el de los movimientos revolucionarios judeo-masónicos o judeo-comunistas en los tiempos modernos. La quinta columna judía en el clero es, por lo tanto, uno de los pilares básicos del judaísmo internacional.... El magistral arte de revertir las acciones cristianas en contra de los judíos, en acciones a favor, en la guerra sin cuartel que sigue Israel en contra de la Iglesia y los Estados cristianos, es explicada claramente en un interesante documento que dio a la publicidad en Francia el abate Chabauty y que cita el señor Arzobispo de Port- Louis, Monseñor León Meurin, S.J. Se trata de una carta del jefe secreto de los judíos internacionales, radicado a fines del siglo XV en Constantinopla, dirigida a los hebreos de Francia dándoles instrucciones, en contestación a una carta anterior que Chamor, rabino de Arlés, le había dirigido solicitándolas. Este documento cayó en manos de las autoridades francesas y el abate Chabauty lo dio a la publicidad. La carta dice textualmente:

"Queridísimos hermanos en Moisés: Hemos recibido vuestra carta, en la que nos hacéis conocer las ansiedades e infortunios que os veis obligados a soportar, debido a que los gentiles cristianos no se dejan someter voluntariamente ni disponéis de un gran ejército para sitiarlos y doblegarlos por la fuerza como lo señala nuestra Ley, lo cuan nos apena sobre manera y nos hallamos penetrados de un dolor tan grande como el vuestro; pero sabéis que nuestra fuerza no radica en un ejército poderoso, sino en la astucia, el poder del dinero y de la religión". El consejo de los más grandes sabios de nuestra Ley, es el siguiente:

> *Decís que el rey de Francia os obliga a haceros cristianos; pues bien, hacedlo, pero guardad la Ley de Moisés en vuestros corazones. Ser forzado no es una desventaja sino una ventaja para penetrar a la intimidad de los hogares de nobles y potentados cristianos, así podéis acercaros al rey y a los ministros para seducirlos con halagos y prestamos, y como Josué en la corte del faraón de Egipto os encarguen la administración de rentas del Estado, y consigáis canonjías y privilegios para nuestro pueblo que no gozan ni los propios lugareños. Asistid a los partos y cambiar sus herederos por nuestros hijos, seducid a sus hijas y esposas, así sus hijos serán judíos incrustados en las mejores y más poderosas familias y podrán llegar a ser ministros de Estado, magistrados y jueces. Asesinad a vuestros enemigos, difamad a los que estorban vuestros planes, sobornad y corromped a los ministros y funcionarios para facilitar vuestros asuntos públicos; y así desde las entrañas de la Iglesia, el Estado y la sociedad cristiana, podréis conspirar, urdir alianzas, divisiones internas, intrigas, pactos, traiciones y revoluciones para destruir y someter a vuestros enemigos desde el interior y el exterior.*

> *Decís que quieren arrebatar vuestros bienes: haced a vuestros hijos mercaderes, para que ellos despojen de los suyos a los cristianos por medio del tráfico.*

> *Decís que atentan contra vuestras vidas: haced a vuestros hijos médicos y boticarios, a fin de que ellos priven de la suya a los cristianos, sin temor al castigo.*
> *Decís que os hacen objeto de otras vejaciones: haced a vuestros hijos abogados, notarios o miembros de otras profesiones que están corrientemente a cargo de los asuntos públicos y, por este medio, dominaréis a los cristianos, os apropiaréis de sus tierras, y os vengaréis de ellos.*
> *Seguid estas indicaciones que os damos, y veréis por experiencia que, por abatidos que estéis, llegaréis a la cúspide del poderío y como esta profetizado alcanzaréis la supremacía de Israel sobre todas las naciones.*
> *V.S.S.U.E.F., Príncipe de los Judíos de Constantinopla. 21 de Casleo de 148*

Las infiltraciones realizadas por los cripto judíos en el clero francés de esa época fueron muy perjudiciales, ya que facilitaron la expansión del movimiento de los hugonotes en el siglo XVI, secta que estaba impulsada por los judíos secretos, cubiertos con la máscara del cristianismo. A diferencia de la Iglesias luteranas que tomaron incluso derroteros anti judíos. El objeto de la infiltración cripto judía en el clero cristiano es bien claro: la destrucción de la Iglesia por dentro. Lo que dice la carta antes mencionada, está confirmado hasta la saciedad en muchísimos procesos seguidos por la Santa Inquisición contra los clérigos judaizantes. Las actividades traidoras de los clérigos quinta columnistas son las más diversas que puedan imaginarse, pero todas tienden al mismo fin: defender a los judíos con pasión, favorecer a los movimientos heréticos, y a los movimientos revolucionarios abiertamente anticristianos, debilitar las defensas de la Iglesia y atacar a los buenos cristianos, especialmente a los defensores eficaces de la Cristiandad, para desprestigiarlos y anularlos, preparando el triunfo de las organizaciones judaicas heréticas, masónicas o comunistas, con miras a lograr en un futuro la destrucción completa de la Iglesia. Los procesos seguidos por la Santa Inquisición contra arzobispos, canónigos, priores de conventos, sacerdotes y frailes cripto judíos, son muy ilustrativos en lo referente a las tácticas empleadas por los clérigos quinta columnistas. El fenómeno de la infiltración cripto judía en el clero existe, como se ha visto, desde los principios del cristianismo y fue constantemente uno de los mayores peligros que tuvo que afrontar la Santa Iglesia -no en tal o cual país, sino en todo el mundo cristiano. Pero como estudiar este problema en toda su universalidad requeriría una obra de varios tomos, nos reduciremos aquí, basados en fuentes insospechables de antisemitismo, a estudiar uno de tantos ejemplos de esos trágicos procesos históricos de la infiltración judía en el clero, que han hecho posibles los triunfos actuales del imperialismo judaico.

El ejemplo que sigue bastará para dar una idea de cómo la sinagoga realiza sus infiltraciones en el clero cristiano, ya que sus tácticas han sido similares en diversos tiempos y naciones. El docto historiador israelita Abram León Sachar -uno de los directores de las Fundaciones Hilel de la *B'nai B'rith*, dirigente comunal hebreo, después presidente de la Brandeis University-, en su obra *"Historia de los judíos"*, refiriéndose a las conversiones de judíos al cristianismo realizadas en España a partir del año 1391 y a los resultados posteriores de dichas conversiones, dice lo siguiente: "Pero después de 1391, cuando la presión sobre los judíos se hizo más violenta, comunidades enteras abrazaron la fe cristiana. La mayoría de los neófitos se aprovechó ansiosamente de su nueva posición. Se agolparon en cientos y miles en los lugares de los cuales habían estado excluidos anteriormente por su fe. Ingresaron a profesiones vedadas y a los tranquilos claustros de las universidades. Conquistaron puestos importantes en el Estado y hasta penetraron al *sanctum sanctorum* de la Iglesia. Su poder aumentó con su riqueza, y muchos pudieron aspirar a ser admitidos en las familias más antiguas y más aristocráticas de España...Un italiano casi contemporáneo observó que los conversos judíos gobernaban prácticamente en España, mientras su adhesión secreta al judaísmo, estaba arruinando la fe cristiana. Una cuña de odio separó inevitablemente las relaciones de los cristianos antiguos y los nuevos. Los neófitos fueron conocidos como marranos (probablemente 'los réprobos' o 'los puercos'). Fueron despreciados por sus triunfos, por su orgullo, por su cínica adhesión a las prácticas católicas. En tanto que las masas miraban con sombría amargura los triunfos de los nuevos cristianos, el clero denunciaba su deslealtad y su falta de sinceridad. Sospechaban la verdad de que la mayoría de los conversos eran aún judíos de corazón, que la conversión obligada no había extirpado la herencia de siglos. Decenas de miles de los nuevos cristianos se sometían exteriormente, iban mecánicamente a la iglesia, mascullaban oraciones, ejecutaban ritos y observaban las costumbres. Pero el espíritu no había sido convertido."[329]

Difícilmente se puede sintetizar en forma tan elocuente la conversión de los judíos al cristianismo, que pasa a ser una verdadera quinta columna hebrea en el seno de la sociedad cristiana, y cómo esa quinta columna logra adueñarse de los puestos del gobierno, de las posiciones estratégicas en las universidades y en todos los sectores de la vida social, incluyendo las familias de la nobleza e incluso en donde es más demoledora: en el *"sanctum sanctorum de la Iglesia"*, como acertadamente describe, el citado universitario hebreo, la infiltración judía en el clero. Después de afirmar

---

[329] Abram León Sachar, Historia de los judíos. Santiago de Chile: Ediciones Ercilla, 1945. cap. XVI (Los marranos y la Inquisición), pp. 276, 277.

dicho historiador israelita que los conversos cuando bautizaban a sus hijos les "borraban inmediatamente la marca del bautismo de sus cabezas", continúa diciendo: "Se creía que guardaban secretamente las fiestas judías, que comían alimentos judíos, conservaban amistades judías y estudiaban la antigua ciencia judía. Los informes de numerosos espías tendieron a confirmar las sospechas. ¿Qué hijo piadoso de la Iglesia podía permanecer tranquilo mientras esos hipócritas -que se burlaban íntimamente de las prácticas cristianas- acumulaban riquezas y honores?"[330] Todo esto se confirmó hasta la saciedad, ya que la Inquisición española fue la institución que mejor supo introducir en las filas mismas del judaísmo, espías que le sirvieron maravillosamente para conocer los más recónditos secretos del mismo, por más bien cubierto que estuviera con la máscara de un falso cristianismo. Entre otros, el que acabamos de mencionar es uno de los motivos principales que explican el profundo odio israelita a la Inquisición española, siendo esta la razón más importante por la que han organizado contra ella, desde hace varios siglos, una campaña mundial de calumnia y difamación, que ha creado espesos nubarrones de prejuicios y cubierto de lodo la verdad histórica.... El historiador israelita Cecil Roth, de tanto prestigio en los medios hebreos, en su "Historia de los Marranos" -publicación oficial judía de la Editorial Israel de Buenos Aires-, en relación a estos mismos acontecimientos, afirma que aunque algunos fueron conversos sinceros, la enorme mayoría "...seguían siendo, en su fuero interno, tan judíos como lo fueron antes. Aparentemente, vivían como cristianos. Hacían bautizar a sus hijos en la iglesia, aunque se apresuraban a lavar las trazas de la ceremonia en cuanto regresaban al hogar. Iban en busca del cura para que los casara, pero no se contentaban con esa ceremonia, y en lo privado realizaban otra, que la completaba. A veces acudían al confesionario; pero sus confesiones eran tan irreales, que un sacerdote, dícese, pidió a uno de ellos una pieza de su vestimenta, como reliquia de un alma tan inmaculada. Detrás de esta ficción puramente exterior, continuaban siendo lo que fueron siempre. Su falta de fe en los dogmas de la Iglesia era notoria...". Pasa luego el historiador hebreo a asegurar que los falsos conversos seguían observando las ceremonias israelitas hasta en sus menores detalles, que guardaban el sábado cuando podían hacerlo y que contraían a veces matrimonio con los vástagos judíos públicos.

Sigue después el hebreo Roth dando estos interesantísimos datos: "Frecuentaban furtivamente las sinagogas, para cuya iluminación enviaban regularmente óbolos de aceite. Constituían también asociaciones religiosas, de aparentes finalidades católicas, bajo el patronato de algún santo

---

[330] Abram León Sachar, obra citada, Cap. XVI, p. 277.

cristiano, y las usaban como un biombo, que les permitía observar sus ritos ancestrales. Por su raza y su fe, continuaban siendo lo mismo que habían sido antes de su conversión. Eran judíos en todo, menos en el nombre; cristianos en nada, a no ser en la forma. Al ser removidos los obstáculos religiosos que les cerraban previamente el paso, el progreso social y económico de los recién convertidos y de sus descendientes hízose fenomenalmente rápido. Por dudosa que fuese su sinceridad, no se podía ya excluirlos de ninguna parte, a causa de su credo. La carrera judicial, la administración, el ejército, las universidades y la misma Iglesia se vieron pronto abarrotados por los recién convertidos, de sinceridad más o menos dudosa, o por sus inmediatos descendientes. Los más ricos se casaron con la más alta nobleza del país, pues muy pocos condes o hidalgos empobrecidos pudieron resistir la atracción de su dinero"[331]... Es muy interesante lo que el israelita Cecil Roth dice en la nota número 3 del capítulo: "Jerome Munzer, un viajero alemán que visitó a España en 1494-95, cuenta que hasta pocos años antes había existido en Valencia, en el sitio ocupado luego por el convento de Santa Catalina de Siena, una iglesia dedicada a San Cristóbal. Aquí los marranos (esto es, falsos cristianos, interiormente judíos), tenían sus sepulturas. Cuando uno de ellos moría, fingían conformarse a los ritos de la religión cristiana, y marchaban en procesión, con el ataúd cubierto con un paño de oro, y llevando al frente una imagen de San Cristóbal. Con todo, lavaban en secreto el cuerpo del muerto, y lo enterraban de acuerdo a sus propios ritos... El mismo caso, indica, ocurría en Barcelona, donde, si un marrano decía: "Vamos hoy a la iglesia de la Santa Cruz", referíase a la sinagoga secreta, llamada de ese modo. El relato clásico de las condiciones y subterfugios de los marranos de ese período puede leerse en Bernáldez, *"Historia de los Reyes Católicos"*, Cap. XLIII".[332]

En las páginas siguientes de la mencionada *"Historia de los Marranos"*, Roth expone varios casos de cómo lograron encumbrarse algunos de ellos. Por ejemplo, el judío Azarías Chinillo al convertirse al cristianismo, adoptó el nombre de Luis de Santángel, pasó a Zaragoza y estudió leyes, obtuvo un alto puesto en la corte y se le confirió un título de nobleza. "Su sobrino, Pedro de Santángel, fue obispo de Mallorca. Su hijo, Martín, fue 'zalmedina', o magistrado, en la capital. Otros miembros de la familia ocuparon altos puestos en la Iglesia y en la administración del Estado. Después sigue el famoso historiador hebreo mencionando otros encumbramientos eclesiásticos como el de "...Juan de Torquemada,

---

[331] Cecil Roth, Historia de los marranos, Buenos Aires: Editorial Israel, 1946 (5706). Cap. I, pp. 26, 27.
[332] Cecil Roth, obra citada, edic. citada, Cap. I, nota 3 de la p. 27.

cardenal de San Sixto, era de inmediata ascendencia judía,[333] lo mismo que el piadoso Hernando de Talavera, arzobispo de Granada, y Alonso de Oropesa, general de la Orden de los Jerónimos...Don Juan Pacheco, marqués de Villena y Gran Maestre de la Orden de Santiago (virtualmente soberano de Castilla durante el reinado de Enrique el Impotente y aspirante tenaz a la mano de Isabel) y descendía, por ambos lados, del judío Ruy Capón. Su hermano, Pedro Girón, fue Gran Maestre de la Orden (católica militar) de Calatrava y el arzobispo de Toledo era su tío. Siete, por lo menos, de los principales prelados del reino tenían sangre judía. Lo mismo ocurría con el 'contador mayor'.... La importancia numérica de los conversos, con sus descendientes que se multiplicaban rápidamente y sus vastas relaciones de familia, era muy grande. En el sur del país constituían, dícese, un tercio de la población de las principales ciudades. Si éste era el caso, deberían de haber sido por lo menos trescientos mil en toda la Península, entre los cuales se incluía a los de pura sangre judía y a sus parientes semi gentiles. Los primeros no eran tan numerosos. Con todo, formaban dentro del organismo del Estado un vasto cuerpo imposible de asimilar y nada despreciable. Los convertidos al cristianismo, y aun sus remotos descendientes, eran conocidos entre los judíos como 'anusim', 'forzados', o sea personas a quienes se obligara a adoptar la religión dominante".

Y continúa su interesante historia el escritor judío: "Una nueva generación había surgido, nacida después de la conversión de sus padres y bautizada, naturalmente en la infancia. La situación canónica de los últimos no podía ser más clara. Eran cristianos en todo el sentido de la palabra y la observancia del catolicismo les competía tanto como a cualquier otro hijo o hija de la Iglesia. Sabíase, con todo, que su cristianismo lo era sólo de nombre; prestaban un mínimo de pública aquiescencia a la nueva fe y, en privado, un máximo de aquiescencia a la vieja. La posición de la iglesia habíase hecho mucho más dificultosa que antes del año fatal de 1391. Previamente a esa fecha, había habido numerosos incrédulos, fácilmente reconocibles y vueltos inocuos gracias a una serie sistemática de reglamentaciones gubernamentales y eclesiásticas. Esos mismos incrédulos encontrabanse ahora, en cambio, en el seno de la Iglesia y se abrían camino en todos los sectores de la vida eclesiástica minando con si influencia la masa total de los fieles. El bautismo no había hecho más que convertir a una considerable porción de los judíos, de infieles fuera de la Iglesia, que lo habían sido antes, en heréticos dentro,

---

[333] No debe ser confundido con Fray Tomás de Torquemada, Gran Inquisidor, como muchos lo hacen, lamentablemente.

que lo eran ahora".[334] Las palabras del autorizado historiador judío hablan por sí solas y sobran los cometarios. Sin embargo, la interesante confesión de que "Esos mismos incrédulos encontrabanse ahora, en cambio, en el seno de la Iglesia y se abrían camino en todos los sectores de la vida eclesiástica minando con si influencia la masa total de los fieles" es de capital importancia, porque nos describe, en pocas palabras, la naturaleza y mortal peligrosidad de la quinta columna judía en la Cristiandad a través de los siglos, hasta la actualidad. Además de sus ambiciones tendientes a controlar a la Iglesia por dentro, acaparando sus más altas jerarquías, los falsos cristianos contaminan con su influencia a la masa total de fieles, dando lugar a las herejías y a los movimientos revolucionarios de origen cripto judaico....El gran literato y culto historiador del siglo pasado, José Amador de los Ríos, considerado por los hebreos, con justicia, como una de las más importantes fuentes de la historia en la Península Ibérica, quizá sólo igualado hasta ahora por el hebreo Cecil Roth, refiriéndose a estos hechos, dice de los conversos del judaísmo: "...asaltaban, a beneficio de aquel improvisado título, todos los puestos del Estado, apoderándose de todas las dignidades y honras de la república. Y osaban y lograban más todavía: mezclando su sangre con la generosa sangre hispano-latina, penetraban de golpe en todas las esferas de la familia cristiana, no perdonadas las más altas jerarquías de la nobleza, y subiendo, con sus soberbias pretensiones, hasta sentarse en las mismas gradas del trono. Dábales aliento su ingénita osadía, apoyándose en la ponderada claridad de su estirpe, cuya raíz buscaban ahora, orgullosos o desvanecidos, en las familias más ilustres de las tribus de Judáh o de Leví, representantes y tradicionales depositarias del sacerdocio y del imperio...

Concretándonos ahora a los judíos confesos (así se llamaban también a los judíos conversos) de Aragón y de Castilla, lícito es asentar, en efecto, que mientras se contentaban los conversos mudéjares con ser respetados en la modesta situación donde los había encontrado el bautismo, llenaban aquellos todas las esferas del mundo oficial, como llenaban todas las jerarquías sociales. En la alta curia del Pontífice, cual en sus privados cubículos; en los consejos de Estado, cual en las aulas regias y en las chancillerías; al frente de la administración de las rentas públicas como de la suprema justicia; en las cátedras y recTorahdos de las universidades, como en las sillas de los diocesanos y de los abades y en las dignidades eclesiásticas; solicitando y obteniendo de la corona señoríos y condados, marquesados y baronías, destinados a eclipsar con el tiempo los esclarecidos timbres de la antigua nobleza; en todas partes y bajo todos los conceptos aparecen a la tranquila e investigadora mirada del historiador

---

[334] Cecil Roth, obra citada, Cap. I y II, pp. 28, 30, 31, 32, 35, 36.

aquellos ardentísimos neófitos, brindándose bajo multiplicados aspectos, tanto a muy racional admiración como a largos y no estériles estudios. Hacíase su iniciativa sensible e incontrastable en todas las regiones de la actividad y de la inteligencia: hombres de estado, rentistas, arrendadores, guerreros, prelados, teólogos, legistas, escriturarios, médicos, comerciantes, industriales, artesanos, todo lo fueron al par, porque todo lo ambicionaron, los conversos del judaísmo". Y después de terminar esta exposición se hace el historiador la siguiente pregunta: "¿Podría la raza española abdicar por completo ante la no saciada ambición, que había despertado entre los cristianos nuevos su afortunado advenimiento a la vida del catolicismo?"[335]... Refiriéndose a los hijos del rabí Salomón Ha-Leví, que adoptó al convertirse el nombre de Pablo de Santa María, tomando las órdenes sacerdotales y escalando el Arzobispo de Burgos, después de mencionar las distinciones alcanzadas por Alvar García de Santa María, Amador de los Ríos dice textualmente: "Igual distinción alcanzaba el primogénito de don Pablo, que lo era Gonzalo García, investido ya en 1412 con el arcedianato de Briviesca. Elegido en 1414 para representar a Aragón en el Concilio de Constanza (ecuménico), tenía la gloria de que los PP. allí congregados pusieran en él sus ojos, para que, ayudado de otros esclarecidos varones, propusiera y formulara la resolución de las arduas y elevadísimas cuestiones, que en aquella suprema asamblea debían ventilarse. Don Alfonso, nacido después que doña María, apenas entrado en los veinticinco años, lograba apellidarse doctor, y poco después deán de Santiago y de Segovia (Crónica de don Juan II, año 1420, Cap. XVIII.- Es de notar que en dicha 'crónica' se le apellida constantemente, hasta ser elegido obispo, 'Deán de las Iglesias de Santiago é de Segovia', lo cual prueba que acumulaba ambas dignidades). Pedro, todavía en la primera juventud, obtenía el honroso y comprometido cargo de Guardia de la persona del rey..."[336]

En el capítulo siguiente de la obra citada, el historiador José Amador de los Ríos, insistiendo en la captura por los conversos del judaísmo de las jerarquías de la Iglesia dice algo muy ilustrativo al respecto: "Indicamos en el capítulo precedente cómo, en fuerza de la libertad que la conversión les conquistaba y por virtud de su ilustración, sus riquezas y su natural osadía, habían los conversos de Aragón y de castilla escalado, no ya sólo todos los cargos de la república, sino también todas las jerarquías sociales, no perdonadas, y antes bien tomadas cual por asalto, las más altas dignidades de la Iglesia".[337] Este feliz término de tomar por asalto las más altas

---

[335] José Amador de los Ríos, obra citada, tomo III, Cap. I, pp. 12-16.
[336] Crónica de don Juan II, año 1420, Cap. XVIII, citada por José Amador de los Ríos, obra citada, tomo III, Cap. I, pp. 12, 16, 20.
[337] José Amador de los Ríos, obra citada, tomo III, Cap. II, p. 88.

dignidades de la Iglesia, es interesante por su gran actualidad, ahora que los quintacolumnistas al servicio del judaísmo, han tomado verdaderamente por asalto las dignidades en algunas diócesis, moviendo como es natural sus influencias en Roma. Esto explica perfectamente el que en diversas ocasiones quienes verdaderamente merecerían por su virtud y su lealtad a la Iglesia las jerarquías eclesiásticas, sean hechos a un lado, discriminados, para dar preferencia a esos clérigos que defienden al judaísmo, favorecen los triunfos de las masonería o del comunismo y atacan con ferocidad a los verdaderos defensores de la Santa Iglesia. En tales casos, el engranaje de intriga y de influencias de la quinta columna, sorprendiendo con engaños la bondad y buena fe de la Santa Sede, se ha anotado nuevos triunfos no sólo asegurando la sucesión en las diócesis controladas, sino hasta introduciéndose en las diócesis ajenas para controlar en ellas la sucesión, en perjuicio de quienes mayores derechos tendrían para ocuparlas. Por fortuna, este tipo de maniobras ha fracasado por completo en muchos casos. Nosotros esperamos que al conocerse la verdad y desenmascarar al enemigo como lo estamos haciendo, sean mayores en un futuro los fracasos de la quinta columna, ya que además la Santa Iglesia, como en ocasiones anteriores, se salvará nuevamente de las mortales asechanzas de la Sinagoga de Satanás. Cristo Nuestro Señor dijo claramente que la Verdad nos haría libres; por eso nos hemos atrevido a decir la verdad, aunque esto disguste en extremo a los clérigos y seglares que en secreto practican el judaísmo, traicionando a la Iglesia y a la Cristiandad.

El ilustre historiador que estamos transcribiendo, al referirse a la ciudad de Zaragoza, capital del reino de Aragón, comenta que: "Los conversos, que se conceptuaron depositarios de la antigua cultura de sus mayores, pusieron la mira no solamente en los cargos menores de la república, sino también en las dignidades eclesiásticas..." En otro lugar, presenta un dato interesante relativo al importante entronque de una judía con un príncipe de la sangre, como lo era don Alfonso de Aragón, que se enamoró de una judía pública, hija de Aviatar-Ha Cohen, la cual: "...a las súplicas del príncipe, abrazó la fe del Salvador; y tomando en el bautismo el nombre de María, hacíale padre de cuatro hijos. Fueron éstos don Juan de Aragón, primer conde de Ribagorza; don Alfonso de Aragón, obispo de Tortosa, y ya en tiempo de los Reyes Católicos, Arzobispo de Tarragona; don Fernando de Aragón, comendador de San Juan y Prior de Cataluña, y doña Leonor de Aragón, esposa del conde de Albaida en el reino de Valencia"[338]... Sigue citando, el ilustre historiador, a las familias conversas del judaísmo que se propusieron entroncar con la más rancia nobleza, proceso que no terminó hasta que la Inquisición española sustituyó a los

---

[338] José Amador de los Ríos, obra citada, tomo III, Cap. II, pp. 91, 95, 96.

antiguos Tribunales de la Fe. Hace notar también, el culto literato, que muchas de esas familias de estirpe hebraica hacían alarde de descender de David y de tener parentesco directo con María Santísima.[339] Se ve pues, que usaban este truco desde hacia mil quinientos años. ...Hablando de la familia de la Caballería, constata que fueron hermanos de don Bonafós:"...don Simuel, que recibió, como don Bonafós, el nombre de Pedro; don Achab, que se llamó Mosén Felipe; don Simuel Aben-Jehudáh, Juan; don Isaac, Fernando; don Abrahán, Francisco; don Selemóh, Pedro Pablo; y Luis, cuyo nombre hebraico no llegó a consignarse, por haber recibido muy niño las aguas del bautismo. Bástenos saber, por lo que a estos siete ilustres conversos toca, que abrazada la carrera eclesiástica, gozó Pedro (Simuel) de grande autoridad en el clero, con el priorato de Egea; alcanzó Mosén Felipe la representación de caballeros e infanzones en las Cortes del reino, (especie de Parlamento)...Los hijos de Fernando (don Isahák) tomaban parte, con otros conversos, en los arrendamientos de las rentas públicas, bajo las alas de Luis, su tío; los de éste, que fueron tres, obtuvieron: Luis, el primogénito, la plaza de Camarero de la Seo; Juan una ración en la misma Iglesia, y Gonzalo, distinguido puesto entre los caballeros de la corte".[340]

Tanto en la familia Santa María como en la de la Caballería, hubo después varios procesados por la Inquisición, acusados de practicar el judaísmo en secreto. La familia entera de Vidal de la Caballería fue quemada por el Santo Oficio en Barcelona y hasta el historiador y notable jurista Tomás García de Santa María fue procesado. Quien quiera profundizar más en este interesante asunto puede consultar, además de la obra que citamos, el llamado *"Libro Verde de Aragón"* de Juan de Anchias, donde vienen interesantísimos detalles de la infiltración judaica en el clero, en el gobierno y en la nobleza; preciosos manuscrito que fue después editado y que se encuentra en la Biblioteca Nacional de Madrid. También es interesante, a este respecto, el libro del siglo XVI, llamado *"Tizón de la nobleza española"*, del Cardenal Mendoza y Bobadilla, que también se encuentra en dicha biblioteca.... Antes de terminar este capítulo, citaremos otras fuentes de autoridad incontrovertible, empezando por otra publicación de la Editorial Israel de Buenos Aires: la obra de Rufus Learsi, titulada *"Israel, a History of the Jewish People"* elaborada por su autor, con la "generosa ayuda de la Jewish History Foundation Inc.", la que refiriéndose a los acontecimientos citados, dice literalmente: "En verdad era contra los cristianos nuevos contra quienes ardía con mayor intensidad y seguía creciendo constantemente la ira general. No era tan sólo que se sospechara

---

[339] José Amador de los Ríos, obra citada, tomo III, Cap. II, pp. 97, 98, nota 1.
[340] José Amador de los Ríos, obra citada, tomo III, Cap. II, pp. 1000, 101.

que seguían clandestinamente leales a la fe a que habían renunciado, aunque a los ojos del clero ningún crimen podía ser más odioso que tal herejía; los cristianos nuevos suscitaban un resentimiento mucho más enconado aún por los éxitos que lograban. Un número demasiado elevado de ellos, ahora que la religión había dejado de obstaculizar su camino, se tornó rico y poderoso. Ocupaban altas posiciones en el gobierno, el ejército, las universidades...¡en la misma Iglesia!. En todos ellos, incluso en los que llevaban los hábitos de la Iglesia, los sacerdotes y los frailes veían herejes, e inflamaban contra ellos las pasiones del pueblo hasta llevarlos a la violencia. En 1440, y nuevamente en 1467, la chusma se desató en Toledo y muchos cristianos nuevos fueron asesinados y sus casas incendiadas. Seis años más tarde volvieron a producirse sangrientos tumultos contra ellos en Córdoba, Jaén y Segovia".[341] Es natural que el clero viera herejes en los descendientes de judíos que vestían los hábitos de la Iglesia, ya que había datos de sobra para justificar esta creencia, y que medio siglo después, cuando fue fundada la Inquisición española, pudo comprobarse plenamente. Por otra parte, Rufus Learsi culpa al clero de la ola de antisemitismo que se desató contra los cristianos de origen hebreo, pero para comprender esta situación, es preciso conocer en todos sus detalles los motivos que los marranos dieron para que se desataran en su contra esas reacciones.

El historiador israelita, Joseph Kastein, profundiza más en el estudio de tales motivos en su interesante *"Historia de los judíos"*, al referirse a las grandes y falsas conversiones de hebreos al cristianismo: "Al principio, ambos, el pueblo y la alta sociedad, percibieron a los conversos como un grupo homogéneo; la nobleza y el clero en particular vieron en ellos el fruto de la victoria y en un principio, fueron recibidos con una explosión de júbilo. Numerosos conversos, traspasaron las puertas abiertas a ellos y se introdujeron en la sociedad española y en el clero español..." A continuación el mismo historiador hebreo recalca que los conversos del judaísmo, "empezaron a aparecer...en las más altas y exaltadas posiciones de la organización del clero...Los conversos se convirtieron en miembros de la sociedad española, con iguales derechos, pero ello no trajo por consecuencia que perdieran las cualidades que siempre habían tenido. Previamente habían ejercido sus dotes peculiares como comerciantes, industriales, financieros y políticos. Y ahora lo hacían de nuevo, pero con esta diferencia, que estaban ya dentro de la sociedad española y no fuera de ella. Habían sido forzados a entrar en ella, con el fin de eliminar a los

---

[341] Rufus Learsi, Historia del pueblo judío, traducción castellana de Editorial Israel, Buenos Aires. Escrita con la ayuda de la Jewish History Foundation Inc. 1959- 5719. Cap. XXXVII, pp. 324, 325.

extranjeros peligrosos. Y ahora éstos se encontraban establecido dentro de la casa. El problema había sido sólo trasladado del exterior, al interior mismo de la estructura social".[342] Difícilmente se podrá encontrar estudio tan profundo y tan minucioso de lo que en su esencia constituye la infiltración de los judíos en la sociedad cristiana y en el clero por medio de su falsa conversión. Y termina el historiador israelita el párrafo con el más despectivo concepto acerca de la utilidad del bautismo para los judíos, cuando dice, irónicamente, que un apologista judío de esos tiempos afirmaba: "Hay tres modos de desperdiciar el agua: bautizando a un judío; dejando que el agua del río corra al mar, y mezclándola con el vino".

En siguientes párrafos, el historiador hebreo profundiza su estudio sobre los cristianos nuevos, diciendo que los conversos: "Buscaron su ascenso donde los que los habían obligado a convertirse lo buscaron, o sea, en los altos círculos de la corte, en la nobleza y el clero. Su propósito no era tanto adquirir más fuerza económica, sino obtener influencia política y social... Ellos se habían convertido en miembros de la Iglesia pero no en adictos a la fe. Los nexos indisolubles de miles de años de desarrollo religioso, los obligaron a llevar el judaísmo secretamente en su corazón, todavía indestructible, llevándolo consigo en forma más profunda. Tomando precauciones para no ser descubiertos por los miembros de su nueva religión, ellos observaban todos los ritos y leyes, festivales y costumbres de su propia fe, temerosos y en secreto ellos lucharon por el derecho de hacerlo así y vivían una doble vida y cada hombre llevaba una doble carga"...Y añade el citado historiador israelita que cuando la Iglesia descubrió lo que estaba ocurriendo: "Un nuevo grito de batalla se levantó: '¡La Iglesia está en peligro! ¡Los judíos han forzado su entrada dentro de la Iglesia y dentro de la sociedad, con el fin de minarlas por dentro!' La inevitable aunque absurda consecuencia de esto fue que la guerra fue declarada contra el 'enemigo interno'. Y para poderla realizar, el clero se armó con la maquinaria de la Inquisición; recurrió al pueblo, llevó sus intrigas a la corte e hicieron todo lo posible para influenciar a la alta sociedad. Y los conversos que habían sido con anterioridad el objetivo de la política religiosa nacional, se convirtieron en marranos, una palabra vulgar con el significado de 'maldito', 'cerdo'. A partir de esos momentos ya no se hizo distinción entre los verdaderos y falsos conversos, todos eran considerados marranos y la guerra que hizo la Iglesia contra ellos...se inspiraba más en motivos sociales y económicos que en los religiosos...".[343] Difícilmente hubiéramos podido describir con tanta exactitud, como lo hace el profundo historiador israelita, lo que es la esencia de la quinta

---

[342] Josef Kastein, History and Destiny of the Jews. Nueva York, 1936, pp. 290, 291.
[343] Josef Kastein, obra citada, pp. 291, 292.

columna judía introducida en el seno de la Santa Iglesia y de la sociedad cristiana, y los verdaderos motivos que dieron nacimiento a la Inquisición española, que fue considerada por el pueblo y sus dirigentes como "remedio venido del cielo para remediar tantos males"; pero cuya necesidad y utilidad fueron desvirtuadas después por medio de una campaña generalizada de calumnias que ha durado siglos.

La *"Enciclopedia Judaica Castellana"* dice que: "Daniel Israel Bonafou, Miguel Cardozo (1630-1706), José Querido, Mardoqueo Mojíaj, y otros, defendían al marranismo como un método para socavar los cimientos del enemigo y como un medio que contribuía a hacer más elástica la lucha contra él". Y en otro lugar, refiriéndose a los marranos, dice: *"La reina Esther 'que no confesó su raza ni su nacimiento'...les parecía su propio prototipo"*.[344] En cuanto al nombre de cristianos nuevos, que todavía en la actualidad conservan en secreto los falsos cristianos cripto judíos, sobre todo aquellos que son de origen español y postugués, es usado también entre los musulmanes. La referida Enciclopedia Judaica, en su vocablo *"Cripto judíos"*, citando casos, afirma: "Es de fecha relativamente reciente el cripto judaísmo que surgió cuando el 'Shah' de Persia obligó en 1838 a la comunidad hebrea de Meshed a aceptar el islamismo. Varios centenares de judíos constituyeron entonces una congregación conocida por *'Djalid ul-Islam'* (musulmanes nuevos) que mientras aparentaba observar los ritos mahometanos, sin dejar de emprender las peregrinaciones de rigor a la Meca, continuó en secreto practicando las usanzas religiosas de sus mayores. Los *'Djalid ul-Islam'* celebraban reuniones espirituales en sinagogas subterráneas, circuncidaban a sus hijos, santificaban el sábado, respetaban leyes dietéticas y supieron sobrevivir a los peligros a los que así se exponían. Posteriormente, sin embargo, muchos de ellos abandonaron Meshed y fundaron ramificaciones de su secta en Herat (Afganistán), Merv y Samarkanda (Turkestán), Bombay, Jerusalén y hasta en Europa (Londres). Pese a su emigración créese que su número aumentó hasta unos 3.000 en Meshed y que cuentan con medio millar de fieles en Jerusalén. ...El viajero y orientalista Walter Fischel hizo una descripción de las costumbres y tradiciones de los *'Djalid ul-Islam'* en su obra *'Una comunidad de marranos en Persia'*(en hebreo, 1930)"[345]: Cuídense los ingleses, pues muchos de los musulmanes radicados en Londres son judíos secretos, como muchos otros mahometanos dispersos en el mundo islámicotambién lo son. Los falsos musulmanes, que en secreto son judíos, constituyen un

---

[344] Enciclopedia Judaica Castellana, México, 1948. Tomo VII, vocablo Marranos, pp. 292, 294.
[345] Enciclopedia Judaica Castellana, tomo III, vocablo Criptojudaísmo, p. 206, col. 1 y 2.

grave peligro para el Islam y los países afroasiáticos: a ambos tratan de engancharlos al carro comunista.

MAURICE PINAY

Capítulo XXV

Un cardenal cripto judío usurpa el papado

La meta de la quinta columna judía introducida en el clero católico ha sido siempre adueñarse del papado, colocando en la silla de san Pedro a un judío secreto que les permita utilizar a la Iglesia en beneficio de los planes imperialistas revolucionarios de la sinagoga y causar a nuestra santa religión todos los daños que permitan facilitar su destrucción. El judaísmo estuvo a punto de lograrlo en el año de 1130, hace aproximadamente ochocientos treinta y dos años. Para el estudio de este escalofriante capítulo, nos hemos servido de fuentes de seriedad reconocida, así como de fuentes hebreas, insospechables por lo mismo de antisemitismo. El célebre historiador del siglo pasado Fernando Gregorovius, de fama mundial como lo saben todos los eruditos, y además en extremo favorable a los judíos, se refiere a estos hechos históricos en su obra monumental titulada *"Historia de la Ciudad de Roma en la Edad Media"*, cuya primera traducción italiana fue oficialmente costeada por el Ayuntamiento de Roma, que además honró al autor con el título de ciudadano romano. De dicha obra tomamos los siguientes datos: "Volumen II. Tomo 2. capítulo III.- Los Pierleoni. Su origen judío. La Sinagoga. Pedro León y su hijo Pedro cardenal. Cisma entre Inocencio II y Anacleto II. Inocencio en Francia. Carta de los Romanos a Lotario. Rogerio I. Rey de Sicilia". Un cisma de origen y de índole puramente civil, debió dar a conocer al mundo que los reyes Alemanes no tenían siempre la culpa de las divisiones eclesiásticas.... La riqueza y el poder de los Pierleoni y más todavía, los grandes méritos que habían alcanzado cerca de la Iglesia, les daban una buena esperanza de elevar al Papado a uno de su familia. El hecho extraño de descender ésta de origen judío y de haber llegado a ser tan ilustre, nos permite la oportunidad de dar una ojeada a la sinagoga de Roma". Continúa Gregorovius haciendo historia de la comunidad hebrea de Roma desde tiempos de Pompeyo, para luego mencionar que Benjamín de Tudela, el célebre viajero hebreo que anduvo por medio mundo visitando todas las organizaciones judías existentes en su época, afirmó, con respecto a los israelitas de Roma, que en tiempo del Papa Alejandro III los había de gran influencia en la corte pontificia, lo mismo que rabinos sapientísimos como lo eran Daniel, Geiele, Joab, Natán, Menahem y otros del Trastévere. Dice también Gregorovius que los judíos de la Ciudad Eterna habían sufrido persecución sólo una vez y aunque reducidos a esclavitud, su raza supo defenderse contra los que la hacían sufrir gracias a su astucia, al ingenio y a la potencia del oro acumulado en secreto; en sus casas miserables prestaban dinero con usura y en su libro de deudores escribían los nombres de los más ilustres cónsules de Roma y hasta de los Papas que estuviesen angustiados por falta de dinero. Y de aquella despreciada sinagoga judía salió una familia senatorial que debía su fortuna y su potencia a sus grandes usuras.

El abuelo del referido Pedro León, que tuvo una intervención considerable en la controversia de las investiduras, tuvo también, en su carácter de banquero, tratos comerciales con la corte pontificia, aliviando muchas veces sus estrecheces financieras. Por último, se hizo bautizar tomando el nombre de Benedictus Cristianus. Muy pronto su hijo León, que tomó en el bautismo el nombre del Papa León IX, pudo abrirse una magnífico camino como convenía a un hombre riquísimo, provisto de ingenio, audaz y ambicioso. Se emparentó con magnates romanos que casarón a sus hijos con las ricas hijas del magnate, o que casaban sus propias hijas con los hijos bautizados de los judíos.[346] Afirma Gregorovius que uno de sus hijos llamado Pedro León, que fue el primero que ostentó el apellido Pierleoni, llegó a ser en Roma de enorme influencia y consultado en toda ocasión. Además de la fortaleza, situada junto al teatro de Marcelo, que sin duda había erigido su padre León, Pedro León dominaba también la próxima isla Tiberina. Urbano II le confió también la custodia del castillo de Sant'Angelo y murió en la casa de su acreedor y protector, usando las palabras del propio Gregorovius. Sus sucesores -sigue diciendo- se afanaban por obtener el patrocinio del poderoso Pierleoni. Pero el pueblo lo aborrecía porque era un usurero, la nobleza lo odiaba, y podemos ver que a pesar de ser amigo del Papa Pascual, no pudo obtener la prefectura para su hijo por ser *"noble nuevo"*. Mas la amistad de los pontífices, el esplendor de la parentela, las riquezas y el poder, borraron muy pronto la mancha de su origen judío y en muy poco tiempo los Pierleoni fueron enaltecidos como la más grande de las familias principescas de Roma. León y sus sucesores se ornaron con el título de "cónsules de los romanos" y lo tuvieron, según afirma Gregorovius, "con

---

[346] Ferdinand Gregorovius, Geschichte der Stadt Rom im Mittelalter (Historia dela ciudad de Roma en la Edad Media). Traducción italiana de Renato Manzato. Turín. Vol. II, tomo II, Cap. III, pp. 72, 73.

orgullo y con dignidad magistral, como si fuesen patricios muy antiguos". Añade el famoso historiador que los Pierleoni fueron güelfos, es decir, tomaron decididamente el partido de los Papas contra los emperadores Alemanes, pues no debemos olvidar que ya para estos tiempos eran, al menos en apariencia, devotos cristianos.

Lo que en seguida narra Gregorovius es también muy ilustrativo: afirma que Pierleoni murió el 2 de junio del año de 1128 cubierto de honores que nunca tuvo un cónsul de la Roma antigua, y que aunque se destruyeron los sepulcros de los papas de aquel tiempo, está todavía en pie *"el mausoleo de este craso israelita"*, como lo llama aquí Gregorovius, a pesar de ser oficialmente muy católico. Comenta que "...dejó mucha descendencia y que tan maravillosa como una fábula fue la fortuna de estos vástagos del guetto, que uno de sus hijos llegó a ser Papa, otro fue hecho patricio de Roma y una hija se casó con Rogerio de Sicilia. Este potente señor había destinado a su hijo Pedro a un puesto en la Iglesia. ¿Acaso el vestuario pontificio era un deseo demasiado temerario para el hijo de Pierleoni? El joven Pedro fue enviado a París, para que completara su erudición y ahí, sin duda, fue de los oyentes de Abelardo; terminados sus estudios tomó en Cluny el hábito monástico que sin duda era la vestimenta más recomendable para los candidatos al pontificado...Condescendiendo a un deseo de su padre, Pascual lo llamó a Roma y lo hizo cardenal de San Cosme y San Damián...Junto con su hermano acompañó después a Gelasio a Francia y volvió con Calixto, llegando a ser Cardenal cura de Santa María en aquel mismo Trastévere del que era originaria su familia. Después fue como legado a Francia donde reunió concilios, y a Inglaterra donde fue recibido por el rey Enrique con magnificencia de príncipe".[347]

Con la experiencia de una lucha de siglos contra la Sinagoga de Satanás, la Santa Iglesia fue construyendo sus defensas a través de las leyes canónicas anti judías, cuya aplicación fiel garantizaba a la misma la manera de defenderse eficazmente de su mayor enemigo. Desgraciadamente, ya vimos cómo hubo monarcas como Witiza, Luis el Piadoso o Pedro el Cruel que cayendo bajo la influencia de los israelitas convirtieron en letra muerta los sagrados cánones anti hebreos, brindando protección al enemigo capital de la Cristiandad y permitiéndole encumbrarse en la gobernación del estado, con resultados trágicos tanto para la Santa Iglesia como para los pueblos que cayeron en las garras de los israelitas. Sin embargo, estas tragedias fueron por su naturaleza de carácter local, pues mientras un Witiza o un Luis el Piadoso entregaban a sus pueblos en garras del enemigo, el papado y otros estados cristianos seguían con ardor

---

[347] Ferdinand Gregorovius, obra citada, vol. II. Tomo II, cap. III, pp. 74, 75.

la lucha en defensa de la Iglesia y de la catolicidad. La nueva situación era, sin duda, el preludio de una tragedia ya no local, sino universal, que abarcaría a la Cristiandad entera, ya que el enemigo estaba infiltrándose en la más alta jefatura de la Santa Iglesia y la crisis tenía que afectar necesariamente a todo el mundo cristiano... En esta ocasión, la enconada pugna entre el papado y el imperio con motivo de las investiduras y del problema de la supremacía, iba a presentar al judaísmo la magnífica oportunidad de infiltrarse en la Santa Sede, ofreciéndole valiosos servicios y haciendo méritos indudables. En el fragor de aquella lucha surgida entre Papas y emperadores, los hebreos, y también los judíos conversos, empezaron por tomar resueltamente el partido de los güelfos, es decir, el del Sumo Pontífice que en aquellas circunstancias difícilmente podía rehusar tan inesperado como al parecer valioso apoyo, mayor éste todavía por venir unido al financiamiento económico que en esos tiempos, con frecuencia, necesitaba urgentemente la Santa Sede. Ante el apremio de las circunstancias olvidáronse de momento las leyes canónicas que habían sido fruto de la experiencia de siglos; y los hebreos, con su interesada adhesión al partido de los Papas, pudieron infiltrarse en un terreno que les había sido antes vedado. Las luchas fratricidas entre los cristianos han sido siempre el mejor aliado de la Sinagoga de Satanás para lograr que sus planes imperialistas hagan gigantescos avances. Y así como ahora lo lograban apoyando al poder eclesiástico contra el civil, después, en el siglo XVI, o sea cuatrocientos cincuenta años más tarde, desgarrarían definitivamente a la Cristiandad apoyando entonces a los reyes contra el papado. En el presente caso se hicieron imprescindibles como banqueros y a ellos tenía que recurrir el papado para solucionar sus problemas económicos.

El célebre rabino, poeta e historiador Louis Israel Newman, en su interesantísima obra titulada "*Influencia judía en los movimientos de reforma del cristianismo*", refiriéndose al cisma provocado en la Santa Iglesia por el Cardenal Pedro Pierleoni, da a éste (Pierleoni) una importancia decisiva en el desarrollo de la llamada herejía judaica en la edad Media, que con toda razón fue llamada por Papas, concilios e inquisidores "*la madre de todas las herejías*", ya que el Santo Oficio llegó a comprobar que eran los judíos clandestinos, es decir, los herejes judaizantes, los organizadores y propagadores de los demás movimientos heréticos. Asevera el mencionado rabino que: "El principal factor para la preparación del estallido de la herejía judaizante durante el siglo doce, fue la elección de Anacleto II, un miembro de la casa judía de los Pierleoni, a la silla pontifical en el año de 1130".³⁴⁸ Esta confesión es de capital importancia por venir de un dirigente destacado del judaísmo y porque además se ajusta por completo a la realidad, pues un golpe de audacia de ese tipo, además de sembrar la desmoralización en la Cristiandad, debió de haber alentado en extremo a los israelitas que pudieron considerar que de allí en adelante todo era ya posible para ellos. El referido rabino confirma lo anterior en otro pasaje de su interesante obra, donde afirma: "Pruebas adicionales en relación con el profundo impacto hecho por la carrera de Anacleto sobre las mentes judías, pueden encontrarse en la copiosa literatura del mítico Papa judío, que en la leyenda hebrea es llamado Andreas o Elchanan. Es por completo digno de aplauso, que la elevación al poder de un miembro de una antigua familia judía, haya dado ímpetu a la actividad de las comunidades judías italianas locales y a una vigorosa reafirmación de sus propias tradiciones y opiniones".³⁴⁹

Aquí el ya citado rabino va demasiado lejos sacando a relucir uno de los grandes argumentos que emplean los hebreos en sus conventículos secretos para tratar de demostrar que su religión, y no la cristiana, es la verdadera. Dicen que el hecho de lograr infiltrarse en las jerarquías de la Iglesia, sin perdonar los obispados y el cardenalato, cometiendo toda clase de sacrilegios, y poder incluso escalar el trono de San Pedro, aunque sea por medio de antipapas, que ellos llaman Papas, reafirma sus opiniones y sus tradiciones, es decir, demuestra que son ellos y no los cristianos quienes tienen razón al creer que su religión es la que cuenta con el apoyo divino. Nosotros contestaríamos a este sofisma con un argumento elocuente: de no ser por la asistencia divina, cualquier institución humana habría podido ser controlada ya, desde hace muchos siglos, por la satánica quinta columna judía introducida en el clero, que hace ochocientos treinta y dos años creyó haber capturado por fin al Sumo Pontificado y pensó tener a la Santa iglesia en sus garras; pero entonces fracasó su intento demoníaco, como sigue fracasando ocho siglos después en que se contempla esa conquista como una simple ansiada ambición, todavía no lograda. Si la Santa Iglesia no tuviera la asistencia de Dios Nuestro Señor, habría ya sucumbido ante el empuje infernal del judaísmo, considerado por muchos, con razón, como el más poderoso instrumento del Anticristo. Cristo Nuestro Señor llamó al judaísmo la Sinagoga de Satanás y denominó a los judíos hijos del Diablo, no sólo por su maldad, sino quizá por el poder extraordinario que recibirían del demonio. Por algo, también el santo Concilio XII Toledano afirmó que los clérigos que ayudaban a los

---

³⁴⁸ Rabino Louis Israel Newman, Jewish Influence on Christian Reform Movements. Nueva York: Columbia University Press, 1925. Libro II. Cap. IV, p. 248. (Columbia University Oriental Series, no. XXIII).
³⁴⁹ Rabino Louis Israel Newman, obra citada, libro II, cap. IV, pp. 252, 253.

judíos en perjuicio de la fe formaban parte del cuerpo del Anticristo, llamando a los hebreos ministros del Anticristo, denominación que les confirmaron ilustres Padres y santos de la Iglesia.

Este poder para hacer el mal, que se antoja a veces sobrenatural, les viene del dragón, como lo profetizó San Juan en su Apocalipsis; pero la bestia y el dragón serán vencidos después de su temporal supremacía. Así está dispuesto por Dios, pero recordemos que San Juan en el capítulo XIII del Apocalipsis lo profetizó: "1. Y vi salir de la mar una bestia, que tenía siete cabezas, y diez cuernos, y sobre sus cuernos diez coronas, y sobre sus cabezas nombres de blasfemia..." "2. Y le dio el dragón su poder, y grande fuerza". "3. Y se maravilló toda la la tierra en pos de la bestia". "4. Y adoraron al dragón, que dio poder a la bestia: y adoraron a la bestia, diciendo: ¿Quién hay semejante a la bestia? ¿Y quién puede lidiar con ella? 5. Y le fue dada boca con que hablaba altanerías y blasfemias..." "7. Y le fue dado que hiciese guerra a los santos, y que los venciese. Y le fue dado poder sobre toda tribu, y pueblo, y lengua, y nación".[350] El poder que le había sido dado a la bestia por el dragón, coincide en forma asombrosa con el que ha sido dado a la Sinagoga de Satanás para hacer el mal; además, está profetizado su poder temporal para vencer a los buenos. Ese vomitar blasfemias de la bestia, sobre todo en los países comunistas, está bien profetizado. Parece pues, muy acertada la interpretación que han hecho en diversas épocas algunos Padres de la Iglesia, teólogos y jerarcas del catolicismo, al considerar que el judaísmo post bíblico es la bestia del Apocalipsis. Los hechos coinciden en forma tan asombrosa con la profecía que parece no haber lugar a duda. Pero también está profetizado por Dios que la bestia y el dragón, después de sus triunfos temporales, serán definitivamente vencidos y arrojados al fuego. El Apocalipsis en su capítulo XX dice: "9. Y Dios hizo descender fuego del cielo, y los tragó. Y el diablo, que los engañaba, fue metido en el estanque de fuego, y de azufre: en donde (estará) también la bestia". "10. Y el falso profeta será atormentado día y noche en los siglos de los siglos"...

La profecía del Apocalipsis también menciona una segunda bestia, cuyas características coinciden en forma sorprendente con la quinta columna judía introducida en el clero, ya que tiene la apariencia del Cordero y, sin embargo, actúa como el dragón y su misión es ayudar a la primera bestia, como la misión de la quinta columna es facilitar los triunfos de la Sinagoga de Satanás. En el capítulo XIII dice: "11. Y vi otra bestia que subía de la tierra, y que tenía dos cuernos semejantes a los del Cordero, más hablaba como el dragón". "12. Y ejercía todo el poder de la

---

[350] Biblia, Apocalipsis, Cap. XIII, Vers. 1, 2, 3, 4, 5, 7.

primera bestia en su presencia: e hizo que la tierra, y sus moradores, adorasen a la primera bestia, cuya herida mortal fue curada". "14. Y engañó a los moradores de la tierra con los prodigios que se le permitieran hacer delante de la bestia, diciendo a los moradores de la tierra, que hagan la figura de la bestia, que tiene la herida de espada, y vivió"[351]... A muchos parece en realidad sorprendente que el judaísmo, herido de muerte por la Inquisición y por la acción de los buenos, haya sobrevivido y curado sus heridas. Por otra parte, esa misión de la bestia con apariencia del Cordero, consistente en lograr que los hombres adoren a la primera bestia, coincide también en forma admirable con la labor que hacen los clérigos quinta columnistas para que los fieles casi adoren a los judíos, pretendiendo que son de la sangre de Cristo Nuestro Señor, siendo que Él los llamó hijos del Diablo y además son el enemigo capital de la Santa Iglesia. Recordemos que quienes siguen a la bestia *"cuyos nombres no están el libro de la vida"* (Apocalipsis Cap. XVII, Ver. 8), *"y el que no fue hallado escrito en el libro de la vida fue lanzado en el estanque de fuego"* (Ap. Cap. XX, Ver. 15).

Después de este paréntesis, necesario para impedir que la tragedia que se está analizando debilite y abrume a los medrosos, seguiremos narrando sintéticamente el desarrollo del espantoso drama. A las claras se veía que el cardenal Pierleoni y sus secuaces lo estaban preparando todo para su elevación al pontificado al morir el Papa reinante; y los cardenales y clérigos mejor orientados, más fieles a la santa iglesia, estaban justamente alarmados, ya que se encontraban convencidos de que el cardenal Pierleoni practicaba el judaísmo en secreto y de que con su elevación al trono de San Pedro, la Santa Iglesia caería en las garras de su enemigo secular, la sinagoga. Al efecto, contra dicho cardenal se lanzaban, entre otras, las siguientes acusaciones:

1ª. Que bajo la máscara de un cristianismo aparentemente fervoroso y sincero, Pierleoni practicaba el judaísmo en secreto, disimulándolo con el velo de elocuentes y piadosos sermones, ya que fue él uno de los mejores oradores sagrados de su época. Disimulaba su judaísmo con buenas obras y con una labor impresionante como administrador y organizador de las cosas de la Iglesia, demostrada en el puesto de Nuncio de Su Santidad, como organizador de concilios en Francia y como cardenal.

2ª. Que al margen de su riqueza particular estaba acumulando otra, mediante el despojo de iglesias, que había realizado con la colaboración de otros judíos, dinero que luego empleaba para intentar la corrupción del cuerpo cardenalicio y lograr el encumbramiento de los suyos a los

---

[351] Biblia, Apocalipsis, Cap. XIII, Vers. 11, 12, 14 y Cap. XX, Vers. 9, 10.

obispados y al cardenalato por medio de intrigas e influencias, comprando incluso, a precio de oro, el voto de algunos cardenales para la siguiente elección papal.

Ante el peligro mortal, fue formándose en el Sacro Colegio Cardenalicio un grupo de oposición a Pierleoni de tendencias fuertemente anti judías, encabezado por el cardenal Gregorio de Sant'Angelo, por el Cardenal Aimerico y por Giovanni de Crema. Sin embargo, el cardenal Pierleoni llevaba en la enconada lucha, visible ventaja, por que contaba con el apoyo de la nobleza -muy infiltrada de judaísmo- y del pueblo, ganado por el oro y el poderío del cardenal cripto judío. Además, había tenido el cuidado de ir controlando las fuerzas armadas. Sabiendo que los cardenales opositores lo acusaban de practicar el judaísmo, Pierleoni trataba de desmentir tales acusaciones con sus sermones piadosos e impecablemente ortodoxos, con una magnífica actuación en distintos campos, y hasta se dice que incluso construyó templos. Con todo esto, lograba desorientar a clérigos y seglares, haciéndoles creer que las acusaciones lanzadas contra él eran calumniosas y que en realidad el Cardenal Pierleoni era un sincero cristiano, atacado injustamente por los envidiosos y los anti judíos, propensos a ver israelitas hasta donde no los hay[352]... El Papa Honorio II, ya enfermo, se veía sujeto a las encontradas y fuertes presiones de ambos grupos. Viendo los cardenales anti judíos que el bloque filo semita de Pierleoni adquiría cada vez más fuerza y que tenía asegurado el voto de la mayoría de los cardenales, dio un golpe de audacia debido a la energía y resolución del cardenal francés Aimerico, canciller de la iglesia Romana, quien súbitamente hizo trasladar al Papa moribundo al monasterio de San Gregorio, ubicado en un monte. En medio de los forcejeos de ambas facciones, convinieron con Honorio en que la elección del nuevo Papa la harían ocho cardenales, al parecer designados por el mismo pontífice reinante y entre los cuales figuraba Pierleoni. Dichos purpurados estaban a la cabecera del moribundo esperando el fatal desenlace para proceder a la elección del nuevo Papa....El fallecimiento de Honorio ocurrió providencialmente en un momento en que Pierleoni se había ausentado en unión de Jonatás; y los otros seis cardenales, estando todavía en el monasterio de San Gregorio, procedieron a enterrar precipitadamente al difunto para llevar a cabo, con gran sigilo, la elección de un nuevo Papa. Que recayó en la persona del virtuoso Gregorio Papareshi, cardenal de Sant'Angelo, de tendencias anti judías y quien al asumir el pontificado tomó el nombre de Inocencio II...Cuando Pierleoni, que ya se consideraba

---

[352] Hermán Vogelstein y Pablo Rieger, Geschichte der Juden in Rom. Berlín, 1896; Jewish Encyclopedia y Enciclopedia Judaica Castellana, vocablos Anacletus y Pierleoni; Elphege Vacancard, Vie de Saint Bernard. París, 1895; Codex Udalrici, no. 240 a 261; F. Gregorovius y Rabino Louis Israel Newman, obras citadas.

casi Papa electo, vio que Papareschi, uno de sus rivales, había sido ya electo pontífice, no se dio por vencido, sino que, según dice Gregorovius: "...asistido por sus hermanos León, Giordano, Rogerio, Uguccione y de numerosos clientes, marchó hacia San Pedro, abrió sus puertas con violencia y se hizo consagrar Papa por Pietro di Porto, tomó por asalto el Laterano, y se sentó sobre los tronos papales que estaban en aquella Iglesia y fue a santa maría Mayor y secuestró el tesoro de la Iglesia. Toda Roma resonó con el estruendo de la guerra civil, ahí mismo donde millares de manos se extendían ávidamente para recoger el oro que Anacleto derrochaba".[353]

Indudablemente este Pierleoni fue, en cuanto a simonía se refiere, un digno discípulo de su antecesor judío Simón el Mago, y quizá hasta le aventajó, iluminado tal vez con la experiencia hebraica de siglos, logrando por diversos medios que más de las dos terceras partes de los cardenales lo eligieran Papa, adoptando el nombre de Anacleto II. El craso judío se adueñó fácilmente de la situación y le llovieron adhesiones de todos lados, mientras Inocencio II tenía que huir con sus fieles cardenales, refugiándose en el palacio, amparado por la defensa de la fortaleza de los Frangipani. Las tropas de Pierleoni asaltaron el palacio sin éxito, pero como, según dice Gregorovius, "...viera Inocencio que por sus murallas penetraba el oro de su enemigo, huyó en abril o en mayo al Trastévere donde se escondió en la torre de su familia, mientras Anacleto celebraba tranquilamente en san pedro la fiesta de la Pascua, excomulgaba a su contrincante, destituía a los cardenales que le eran contrarios, y designaba otros en su lugar. La defección declarada de los Frangipani dejó a Inocencio al descubierto y sin defensa, por lo que no le quedó otra alternativa que la fuga"[354]... Todo parecía humanamente perdido para la Santa Iglesia; el triunfo de la quinta columna judía introducida en el clero se antojaba ya definitivo; su sueño secular de conquista del papado parecía al fin realizado. La Cristiandad, al parecer, había sucumbido en la lucha contra la Sinagoga de Satanás.

---

[353] F. Gregorovius, obra citada, vol. II, tomo II, Cap. III, p. 76.
[354] F. Gregorovius, obra citada, vol. II, tomo II, Cap. III, p. 76, 77.

Capítulo XXVI

San Bernardo y San Norberto liberan a la Iglesia de las garras del judaísmo

En esta crisis de la Iglesia, la Divina providencia, según lo tiene prometido, acudió a salvarla. Para ello se valió -como acostumbraba siempre- del surgimiento de hombres capaces y resueltos a sacrificarlo todo para lograr la salvación de la catolicidad; caudillos que en un momento dado por inspiración de Dios, saben estimar en toda su magnitud el desastre ocurrido o la catástrofe que se avecina y que se lanzan en cuerpo y alma con desinterés, con mística superior y empuje arrollador, a la lucha contra la sinagoga y sus secuaces. Así surgió San Ireneo, cuando el gnosticismo judaico amenazó desintegrar a la cristiandad; de igual manera apareció san Atanasio, el gran caudillo anti judío, cuando la herejía del hebreo Arrió estuvo a punto de desquiciar a la Iglesia y así surgieron después, en situaciones parecidas, San Juan Crisóstomo, San Ambrosio de Milán, San Cirilo de Alejandría, San Isidoro de Sevilla, San Félix, San Agobardo, el arzobispo Amolón y muchos otros, todos luchando implacables, iluminados por la gracia divina, tanto en contra de los judíos enemigos seculares de la Santa iglesia, como de su quinta columna, de sus herejías y de sus movimientos subversivos... Ahora que la Iglesia sufría quizá la más grave crisis desde su nacimiento, ¿quién surgiría? ¿quién o quiénes serían los caudillos anti judíos, instrumentos de Cristo en esta ocasión para salvar a su Santa Iglesia? Como de costumbre, la asistencia de Dios se manifestó a través de la aparición de dos grandes luchadores: San Bernardo, Doctor de la Iglesia y Abad de Clairvaux y San Norberto, fundador de la Orden Norbertina y Arzobispo de Magdeburgo, emparentado con la familia imperial de Alemania. Cuando San Bernardo tuvo noticia de los infaustos acontecimientos ocurridos en Roma, tomó una resolución que muchos se resisten a tomar, o sea, la de dejar la vida apacible y tranquila del convento para lanzarse a una lucha dura, llena de incomodidades, sufrimientos y peligros, que además a todos se antojaba perdida, ya que el supuesto Papa -el cripto judío Pierleoni- dominaba por completo la situación con su oro y con el apoyo que seguía recibiendo.

Mientras, Inocencio II, abandonado y fugitivo, excomulgado por Anacleto, parecía tenerlo todo perdido, debilitando todavía más sus pretensiones una elección que, según el decir de teólogos e historiadores eclesiásticos de peso, no era muy canónica.

Sin embargo, San bernardo tomó en sus manos la causa ya casi liquidada, sólo porque tenía la convicción de que era la buena, de que la santa iglesia no podía en tal forma caer en las garras de su peor enemigo: el judaísmo. Prescindiendo del problema de que la mayoría de 23 cardenales habían votado por Anacleto en contra de seis que votaron por Inocencio y haciendo caso omiso de la forma en que había sido electo éste, San bernardo consideró la cuestión desde el punto de vista que debía considerarse. En carta dirigida al emperador Lotario de Alemania, decía entre otras cosas: "...*Que era 'una afrenta para Cristo que un vástago judío ocupara el trono de San Pedro'"*. Con ello ponía el santo Doctor de la Iglesia el dedo en llaga y diagnosticaba la situación en toda su gravedad, pues en realidad, era imposible que un judío, enemigo de la santa iglesia, fuera Papa. También, en dicha carta al emperador decía que: "...la reputación de Anacleto era baja incluso entre sus amigos, mientras que Inocencio II estaba al abrigo de toda sospecha"... El Abad Ernald, biógrafo contemporáneo de San Bernardo, informa que Pierleoni, como legado y como cardenal había amasado inmensas riquezas y "...que después había robado a las iglesias despojándolas de sus valores....Y que cuando incluso los malos cristianos que lo seguían se habían negado a destruir cálices y crucifijos de oro para fundirlos, Anacleto utilizó judíos con este propósito y ellos celosamente destrozaron los vasos sagrados y los grabados, y con el dinero obtenido de la venta de estos objetos, Anacleto según se tenían informes, estaba en posibilidad de perseguir a los partidarios de Inocencio II, su rival".

El Obispo Humberto de Lucca, el Dux veneciano Andreas Dándolo, Anselmo Abad de Gembloux y otros cronistas e historiadores presentan estas y otras gravísimas acusaciones contra el antipapa judaico.[355] El punto clave en esta lucha radicaba principalmente en la persona del emperador de Alemania y también en el rey de Francia, representando ambos las fuerzas políticas entonces más potentes en la catolicidad. San bernardo, con la ayuda de su gran amigo San Norberto, dirigió todo su empeño a convencer a ambos monarcas que se encontraban indecisos, para que prestaran todo su apoyo a Inocencio, con ese objeto les envió cartas y

---

[355] Humberto de Lucca, Crónica en Codex Udalrici, no. 246. p. 246; Rabino Louis Israel Newman, obra citada, libro II, p. 251; Elphege Vacancard, Vie de Saint Bernard, artículo contra Anacleto.

realizó ante ellos toda clase de gestiones. Luis VI de Francia no se resolvió al fin y pidió que se reuniera un concilio, congregado de acuerdo con su deseo en Etampes,[356] al que acudió San Bernardo, quien con su elocuencia y ardor logró que los Padres del sínodo se declararan a favor de Inocencio, aduciendo entre otras razones, además de las ya apuntadas, la de haber sido electo primero y la de que, aunque Anacleto había tenido después el voto de una mayoría abrumadora de cardenales, la elección primera seguiría siendo válida mientras no fuera jurídicamente anulada. Se argüía además que Inocencio había recibido su consagración pontifical de manos del funcionario competente para realizarla, es decir, del cardenal Obispo de Ostia. De mucho sirvió la audacia y energía del heroico cardenal Aimerico, que en forma precipitada y secreta mandó enterrar al Papa, inmediatamente después de fallecido, procediendo en forma rápida, aunque de una manera un tanto irregular, a la elección de Inocencio. La santa iglesia, la Cristiandad, y en general la Humanidad entera deben estar agradecidas y honrar la memoria de este audaz y activo cardenal, que al iniciar con su golpe de mano la lucha por la salvación de la santa iglesia, contribuyó a la salvación de todo el mundo, pues si los judíos hubieran logrado el dominio de la Cristiandad hace ocho siglos, la catástrofe que ahora amenaza en forma aterradora el orbe entero, hubiera ocurrido quizá varios siglos antes; en una época en la cual el Islam también se encontraba seriamente amenazado por la red de organizaciones secretas revolucionarias cripto judías, que como los Batinis y los Asesinos, amenazaban con desintegrarlo y dominarlo.

Inocencio II, que había llegado a Francia recientemente, fugitivo de Italia, con el apoyo del santo Concilio de Etampes vio resurgir su causa, al parecer ya perdida. El reconocimiento y respaldo conciliar fue seguido por el muy valioso, en el orden temporal, del rey de Francia, que a partir de ese momento se constituyó en uno de los principales sostenes de Inocencio en contra de su rival, declarado entonces antipapa por el citado sínodo. Siguiendo el monarca francés la pauta observada por San Bernardo, no discutió ya cuál de los papas electos era el legítimo, sino cuál de ellos era más digno, según lo dejó consignado el célebre Sugerio, Abad de Saint Denis. Fracasó pues, ante la arrolladora actividad de san bernardo, la habilísima diplomacia de Anacleto, que hacía alardes de piadoso cristianismo, empleando todos los medios a su alcance para ganarse el apoyo del rey de Francia. Fingía aparatosa piedad y disfrazaba sus proyectos reformistas con la idea de pugnar por devolver a la iglesia la

---

[356] No ha sido posible localizar las actas y cánones del Concilio de Etampes, del cual sólo hemos podido encontrar relaciones incompletas; por lo que nos tememos que se hayan perdido, por razones que son fáciles de comprender.

pureza de sus primeros tiempos, bandera siempre muy popular, por ser loable y noble. Había empezado por adoptar el nombre del segundo sucesor de San Pedro, es decir, del Papa Anacleto I... Nos encontramos pues, al parecer, delante de una de las primeras manifestaciones de esa bestia apocalíptica, cubierta con las apariencias del Cordero, es decir, de Cristo Nuestro Señor, pero que actúa como dragón. Por algo fue común, en esa época, entre santos, obispos, clérigos y seglares, considerar a Anacleto II como Anticristo, o en el más benévolo de los casos, como precursor del Anticristo. La actitud que asumiera Lotario, emperador de Alemania, iba a ser decisiva en esta fecha. Con gran acierto indicó que este asunto era de la competencia de la misma Iglesia y al efecto fue convocado otro concilio en Wurzburgo, en el que intervino San Norberto en forma decisiva, inclinando al episcopado alemán a brindar todo su respaldo a Inocencio. Sin embargo, una batalla casi decisiva iba a realizarse en el santo Concilio de Reims, celebrado a fines del año 1131, que fue una derrota completa para Pedro Pierleoni, ya que en tal sínodo los obispos de Inglaterra, Castilla y Aragón reconocieron a Inocencio como Papa legítimo, uniéndose en tal sentido a los episcopados francés y alemán que ya lo habían reconocido. En dicho sínodo fue también excomulgado Pierleoni. Justo es reconocer que en esta lucha fueron también un elemento vital las Ordenes religiosas, que conscientes, en esos tiempos, del peligro que representaba el judaísmo para la iglesia, veían en Anacleto el mayor mal que había enfrentado hasta ese momento la Cristiandad; y con dinamismo y pasión volcaron la actividad de sus conventos, empeñados en salvar a la Santa Iglesia de la amenaza mortal.

Desgraciadamente en nuestros tiempos en que la Santa iglesia está tan amenazada por el comunismo y la quinta columna judaica introducida en el clero, no se ven indicios de que la gigantesca fuerza de la Ordenes religiosas -que podría quizá salvar la situación- se apreste a la lucha. Su día entero lo tienen ocupado en piadosos menesteres, muy dignos de elogio, pero que en las actuales circunstancias les impiden dedicar su actividad a la tarea fundamental de salvar a la iglesia. Creemos que si estas Ordenes despertaran de su letargo, se darían cuenta de que ahora, como en los tiempos de Pierleoni, es indispensable dejar en gran parte, por el momento, los piadosos menesteres que les absorben todo su tiempo, para dedicar buena parte de él a la lucha para salvar a la Cristiandad, con lo que se daría un paso decisivo hacia la salvación. ¡Que Dios Nuestro Señor ilumine a los Padres generales de dichas Ordenes y les haga ver la necesidad de tomar una suprema y decisiva resolución al respecto! Las oraciones y actividades de la Regla son muy importantes; pero más importante todavía es salvar a la Santa Iglesia del peligro judeo-comunista que amenaza con aniquilarla. San Bernardo y muchas legiones de frailes tuvieron que dejar la tranquilidad de los conventos y la observancia rigurosa de las Reglas (naturalmente con los permisos adecuados), para lanzarse a las calles a salvar a la Cristiandad. ¡Y lo lograron! ...

Después del Concilio de Reims ya no quedaba a Pierleoni sino el apoyo de Italia (en su mayoría) y, principalmente, el del Duque Rogerio II de Sicilia, su cuñado, que prácticamente dominaba la situación de la península. De algo había servido el matrimonio de la judía conversa Pierleoni, hermana del antipapa, con el citado duque. El estratégico matrimonio estaba ya rindiendo sus frutos. Para lograr el triunfo definitivo contra el judío que usurpaba en Roma el trono de San Pedro, era preciso una invasión militar, una especie de cruzada; y fueron San Bernardo y San Norberto los que convencieron a Lotario, emperador de Alemania, para que la realizara. Este, con un modesto ejército, se reunió con Inocencio en el norte de Italia y avanzó desde ahí hasta tomar Roma sin resistencia, ya que muchos nobles italianos traicionaron a Anacleto a última hora. Lotario instaló a Inocencio II en Letrán, mientras que Pedro Pierleoni se refugiaba en Sant'Angelo, controlando San Pedro, razón por la cual el emperador fue coronado por Inocencio en Letrán. Pero como Rogerio de Sicilia avanzase entonces al frente de un poderoso ejército, Lotario tuvo que retirarse, por lo cual no pudo sostenerse en Roma Su Santidad el Papa, que tuvo que volver a huir, dejando de nuevo allí al antipapa judío dueño de la situación. Retirado Inocencio a Pisa, reunió en esta ciudad un magno concilio, al que asistieron obispos de casi toda la Cristiandad y gran cantidad de priores de conventos, que desempeñaron un papel muy importante en esta lucha. Entre ellos se encontraba San bernardo, acaudillando siempre la pelea. Al año siguiente, Lotario volvió a invadir Italia para instalar en Roma al Papa legítimo y arrojar de allí al judío usurpador. La conducta del emperador de Alemania es muy digna de tomarse en cuenta, ya que en esos momentos críticos para la Iglesia y para el mundo cristiano, supo hacer a un lado sus intereses personales y los resentimientos del imperio a causa de la dura lucha de las investiduras, para entregarse en cuerpo y alma a la tarea de salvar a la Cristiandad. Con muy justa razón S.S. el papa Inocencio II, en el fragor de la terrible lucha, escribía al emperador Lotario diciéndole: "La Iglesia, con divina inspiración, te ha escogido y elegido a ti en calidad de legislador como a un segundo Justiniano, y como a un segundo Constantino para combatir la herética impiedad de los judíos"[357]...¡Ojalá que en la actual crisis mundial abunden los jerarcas que imiten una tan noble conducta y que sepan posponer sus intereses particulares a las necesidades generales, olvidando rencores -muchas veces justificados- en aras de la unión de todos los

---

[357] Rabino Louis Israel Newman, obra citada, libro II, p. 252.

pueblos en la lucha de liberación universal que debe sostenerse en contra del imperialismo judaico y de sus dictaduras masónicas o comunistas!

La campaña victoriosa llevó a Lotario hasta derrotar a Rogerio y replegarlo hasta Sicilia, pero no pudo tomar Roma, en donde siguió instalado el antipapa judío, para escándalo de toda la Cristiandad. Al retirarse de Italia, Lotario y sus ejércitos, Rogerio de Sicilia la reconquistó casi por completo, con lo que la causa de Pierleoni parecía resurgir en forma peligrosa. La alarma en la Cristiandad fue cada vez mayor, ya que surgía de nuevo amenazadora la potencia del antipapa, a quien Arnulfo, obispo de Liseaux, Manfredo, obispo de Mantua y otros distinguidos prelados, llamaban a secas "judío". El arzobispo Walter de Rávena denunciaba el cisma de Anacleto como *"herejía de la perfidia judía"* y el rabino Louis Israel Newman afirma que el partido de Inocencio decía que Anacleto era el *"Anticristo"*, opiniones que fueron confirmadas al emperador Lotario por los cardenales que apoyaron al Papa ortodoxo. El propio Inocencio II, convirtió en grito de batalla la afirmación de que la usurpación de Anacleto era *"una insensata perfidia judía"*.... El estudioso rabino citado termina su narración de esta lucha con el siguiente comentario: "El *'Pontífice judío'* mantuvo con éxito su posición, hasta su muerte el 25 de enero de 1138...". Este dirigente israelita, más honrado como historiador que otros, no tiene pues, reticencias ni temores y afirma con toda claridad que Pierleoni fue un hebreo, llamándolo además expresamente *"Pontífice judío"*, mientras llega su osadía al grado de llamar antipapa a Inocencio II.[358] Muerto en Roma el judío usurpador con todos los honores papales, el Cuerpo Cardenalicio -que según se decía estaba inundado por purpurados que practicaban en secreto el judaísmo- procedió a designar un nuevo Papa, o mejor dicho antipapa, nombramiento que recayó en la persona del cardenal Gregorio, designado con la aprobación y el apoyo de Rogerio de Sicilia. El nuevo Papa -antipapa- tomó el nombre de Víctor IV, mientras la incansable predicación de San Bernardo, junto con la presión de los ejércitos Alemanes, había logrado ir conquistando para el papa legítimo la adhesión de los principales baluartes de Pierleoni, como Milán y otras ciudades italianas, terminando por conquistar la misma Roma por la santidad y elocuencia de San Bernardo... El antipapa judío tuvo que refugiarse en esta ciudad en los últimos días, otras veces en San Pedro, ocupando también el poderoso castillo de Sant'Angelo. Sin embargo, el partido de los Pierleoni decrecía y se hundía paulatinamente, hasta que el nuevo antipapa Víctor IV se

---

[358] Rabino Louis Israel Newman, obra citada, libro II, pp. 250 a 252; Codex Udalrici, no. 240 a 261; Louis Dúchense, Liber Pontificalis, París, 1955 vol. 3, tomo II; J.M. Watterich, Vitae Romanorum Pontificum ab exeunte saeculo IX usque ad finem saeculi XIII, (2 vol.), Leipzig, 1862; H. Vogelstein y P. Rieger, obra citada, tomo I, p. 221.

encontró ante una situación prácticamente insostenible. La elocuencia de San bernardo acabó por convencerlo a capitular.

En este episodio vemos de nuevo surgir la táctica que en el judaísmo sigue desempeñando un papel decisivo a través de sus luchas políticas: cuando una facción judaica o dominada por el judaísmo se ve perdida, trata de impedir que la derrota inminente se convierta en destrucción y en catástrofe, fingiendo a tiempo rendirse a su enemigo, implorando misericordia o negociando el permiso para conservar las mayores posiciones posibles, a cambio de prometer sumisión y fidelidad. Al salvarse esa fuerza judaica de la destrucción, conserva a menudo algunas posiciones valiosas en el nuevo régimen del vencedor, que lejos de agradecer, utiliza las sombras para conspirar, para ir reorganizando en secreto sus fuerzas, para irlas acrecentando con el tiempo más y más, y para dar, en el momento oportuno, el golpe traidor que aniquilará al enemigo confiado y generoso, que en vez de destruir al ingrato adversario cuando pudo hacerlo, le dio la posibilidad de resurgir y dar de nuevo el zarpazo. Esta ha sido la historia de las luchas entre cristianos y judíos durante más de mil años y ha sido también una de las cusas principales de los resurgimientos de la sinagoga, tras de sus espectaculares derrotas... Tanto Giordano como los demás hermanos de Pedro Pierleoni fingieron arrepentimiento, pidieron perdón, abjuraron de toda herejía y se reconciliaron con la legítima autoridad pontificia; con sus actitudes hipócritas conmovieron al papa Inocencio II y a San bernardo, quienes generosamente les perdonaron. En vez de destruir su fuerza. Su Santidad les conservó sus grados y su posición en la corte pontificia; y después, hasta los honró con homenajes y cargos, con el ánimo de lograr la unificación firme y duradera de la Santa Iglesia, tratando de conquistar con bondad extrema a esos cripto judíos que quizá conmovidos por tanta generosidad, tendrían al fin un sincero arrepentimiento.

En el terreno eclesiástico obró Inocencio con mayor energía, y habiendo reunido en 1139 un concilio ecuménico, que fue el II de Letrán, al mismo tiempo que se condenaban las doctrinas de Arnaldo de Brescia y de Pedro de Bruys, fueron anulados los actos de Anacleto y degradados todos los sacerdotes, obispos y cardenales; en una palabra, todos los clérigos ordenados por Pierleoni, y declaradas ilícitas todas sus ordenaciones,[359] ya que se les tenía por cismáticos, y la opinión general consideraba que abundaban entre ellos los herejes judaizantes, o sea, los

---

[359] Concilio II de Letrán, Canon XXX, compilación de Acta Conciliorum et epistolae decretales, ac Constituciones Summorum Pontificum, Studio de Joannis Harduini, S.J., Paría, 1714, Tomo VI, parte II, pp. 1207 y ss

que practicaban ocultamente el judaísmo, con lo cual el Santo Padre limpió el clero de judíos secretos, saneando las jerarquías y destruyendo de un solo golpe todas las infiltraciones hebraicas dentro del mismo, realizadas, como es fácil comprender, al amparo del *"Pontífice judío"*, como lo llama el ilustre rabino Newman. Pero la magnanimidad que en lo político había tenido el Papa con el vencido Giordano Pierleoni y sus hermanos, iba a ser trágica para la Santa Sede. ... Es necesario hacer notar que en esta política de perdón debe haber influido San bernardo, a quien su excesiva bondad hizo concebir la idea de que quizá cambiando de política hacia los hebreos podría la Santa Iglesia ablandar su endurecido corazón de los mismos. San Bernardo, al mismo tiempo que combatía las actividades cismáticas y heréticas de los judíos, usaba con ellos de extrema indulgencia, oponiéndose a que se les persiguiera y a que se les causara perjuicio alguno. Quiso, en otras palabras, amansar lobos a base de bondad, pensando quitarles así su ferocidad. Como siempre, los israelitas abusaron de la bondad de San Bernardo y demostraron con hechos muy elocuentes que es imposible convertir a los lobos en dóciles ovejas. Los acontecimientos de los siglos posteriores así lo demostraron y obligaron a la santa Iglesia a obrar de forma enérgica y a veces implacable en su lucha contra los hebreos. Las hogueras de la Inquisición fueron, en gran parte, el resultado del lamentable y triste fracaso de la generosa política de perdón, tolerancia y bondad preconizada por San Bernardo.

Capítulo XXVII

Una revolución judeo republicana en el siglo XII

Varios papas anteriores habían permitido generosamente el acceso de los judíos a la corte pontificia, brindándoles amistad y utilizándolos como banqueros, lo cual había conducido a la Santa Iglesia al cisma de Pierleoni, que estuvo a punto de hundirla. La generosidad del Papa Inocencio II con la familia de judíos conversos de Giordano Pierleoni, iba a margar los últimos días del bondadoso pontífice y a causar estragos al papado, amenazándolo ahora en el terreno político. Cinco años después de la muerte del antipapa judío, su hermano Giordano - aprovechando las posiciones valiosas y los recursos que le había permitido conservar la bondad de sus adversarios organizó una revolución en la sombra y luego la hizo estallar, revolución que de haber progresado, hubiera sido de incalculables alcances. Los conspiradores, mostrando gran genio político, supieron elaborar un programa de lucha atractivo hasta el máximo para el pueblo romano, único quizá suficientemente atractivo para arrastrar a nobleza y pueblo en un movimiento contra el Sumo Pontífice de la Cristiandad, en tiempos en que la religiosidad era intensa. El movimiento acaudillado por Giordano Pierleoni no se cansaba de evocar a los moradores de la Ciudad Eterna los recuerdos gloriosos de la antigua República, cuando Roma era gobernada por sus patricios y su pueblo y no por autócratas llegando así a convertirse en la primera nación del mundo antiguo. Se hizo intensa labor personal, recordando las glorias del antiguo Senado Romano y señalando el contraste de ese esplendor glorioso de tiempos de la República, con el estado de postración en que se encontraba en el siglo XII. Era urgente que los romanos hicieran un esfuerzo por salir de la decadencia y volver a los tiempos en que Roma era la primera ciudad del mundo, la más poderosa en los órdenes político, militar y económico; época en que los romanos dictaban su voluntad y su ley a todo el orbe. (ardid demagógico utilizado que posteriormente por Benito Musulini para hacerse del poder absoluto). Desgraciadamente, el poder temporal del Papa era un estorbo. Todos, como cristianos respetaban al Santo Padre, pero éste no debía estorbar el resurgimiento y engrandecimiento de Roma, debiendo para ello reducirse a sus funciones religiosas y dejar que la ciudad hiciese un esfuerzo por recuperar los esplendores del pasado y volver a las formas de gobierno que le permitieron gozar de ese pretérito glorioso. Con este plan o plataforma de lucha -como lo llamarían en nuestros días antecedente de las directivas criminales que siguieron las revoluciones judío masónicas contra la realeza en Francia (años 1789, 1848 y 1871), y las revoluciones de los bolcheviques judío comunistas contra la realeza zarista en Rusia y contra el pueblo alemán al iniciar el siglo XX-- los Pierleoni demostraron ser capaces de sentar escuela y fijar normas, para el futuro, a la quinta columna judía introducida en la Cristiandad, no sólo en el terreno religioso, sino también en el político.

La nobleza romana -muy minada como hemos visto por los entronques judaicos-, así como los habitantes de la ciudad, se emborracharon con tales prédicas y se fueron adhiriendo al movimiento acaudillado por Giordano Pierleoni, hasta que éste adquirió en el año de 1143 tal fuerza que pudo dar una especie de golpe de Estado, suprimiendo la prefectura urbana, convertida en odiosa por la propaganda de los conspiradores. Estos conspiradores desconocieron además el poder temporal del Papa sobre la ciudad, constituyeron el Senado, instalándolo en el antiguo Capitolio y proclamaron la República Romana bajo la dirección del ilustre patricio Giordano Pierleoni. Así pagaba este cristiano cripto judío el perdón recibido del Papa Inocencio II y de San Bernardo, así como el permiso para conservar riquezas y posiciones, que ahora empleaba para hacer triunfar tan novedosa revolución... El heroico y benemérito Papa Inocencio II murió amargado, sin haber podido triunfar contra esa dolorosa revuelta. Y su sucesor, Celestino II, sólo duró cinco meses de pontífice, refugiado en la fortaleza de los Frangipani. Mientras la nobleza y el pueblo de Roma increpaban al Papa, vitoreaban a la República, al Senado y al nuevo amo de la situación: Giordano Pierleoni.... El siguiente Papa, Lucio II, intentó salir del cautiverio con la ayuda de algunos nobles fieles a la Iglesia para tratar de apoderarse del Capitolio; pero fue herido mortalmente de una pedrada por las turbas de Pierleoni, muriendo a los once meses de haber sido consagrado Papa. De esta forma Giordano Pierleoni y su pandilla consolidaron su poder sobre la nueva República. En tan difíciles circunstancias fue electo y consagrado Papa un humilde monje que estando retirado del mundo en un convento ubicado a la salida de Roma, fue elevado al pontificado con el nombre de Eugenio III, el año de 1145. En cuanto fue electo, las fuerzas revolucionarias lo instaron a que diera su aprobación a la constitución republicana y a que reconociera al Senado, ambas cosas a las que se negó el Papa, por lo que tuvo que huir de Roma para ser consagrado en un monasterio fuera de la ciudad, estableciéndose después en Viterbo, donde dio muestras de gran energía, excomulgando al caudillo revolucionario, cripto cristiano, y Giordano Pierleoni y a los miembros de su Senado Romano, mientras el populacho -con la protección de éstos- asaltaba los palacios y las fortalezas de los cardenales y de los nobles partidarios del Sumo Pontífice, y cometía crueles asesinatos en las personas de los cristianos fieles a la Santa Sede. Es indudable que la generosidad con los perversos puede convertirse en gravísimo peligro para los que los perdonan, sobre todo cuando se ejerce a favor de los hebreos. Pero así es la ley de la vida: toda generosidad y tolerancia que se tenga con el lobo equivale a darle facilidad para que devore a las ovejas...

Ese generoso perdón que el glorioso Papa Inocencio II había brindado a los Pierleoni permitió a éstos acumular una fuerza política que no sólo amenazaba ya gravemente a la Santa Iglesia, sino que se traducía en grave peligro para la vida y bienes de los ciudadanos y el de la Iglesia. Sin embargo, el Papa contaba con la fidelidad de los campesinos, y con el apoyo de éstos y de algunos nobles del campo logró asediar la ciudad e impedir la entrada de víveres, hasta obligar a los revoltosos a entrar en tratos con el pontífice, reconociendo éstos la autoridad del Papa a cambio del reconocimiento pontificio a la constitución republicana y al Senado, cuyas facultades quedarían limitadas a las municipalidades. Mediante esta transacción, pudo el Papa Eugenio III entrar en Roma e instalar su corte en la Ciudad Eterna en el año de 1145. Esta tregua fue sólo la precursora de una nueva tormenta, ya que como de costumbre el judaísmo las aprovecha para reorganizar sus fuerzas en la sombra, adquirir mayor poder y dar luego una nueva embestida.... Al estallar otra vez la insurrección, en la que tomó parte también un nuevo caudillo de las masas populares, llamado Arnaldo de Brescia, el Santo Padre tuvo que huir de Roma otra vez, sin que una nueva intervención de San Bernardo en su favor ante el pueblo de Roma recibiera atención de una multitud enloquecida por los revolucionarios. Arnaldo de Brescia, apoyando el movimiento organizado por Giordano Pierleoni, lo desviaba del terreno meramente político - en que se había iniciado- al religioso, acusando a los cardenales de avaros, soberbios, enriquecidos a costa de los sudores del pueblo y al Papa de ser un ente sanguinario, verdugo de las iglesias, cuyo arte consistía en llenar de dinero sus bolsillos y vaciar los ajenos, diciendo también que la Santa Iglesia, lejos de ser tal, era una cueva de ladrones.... Afirmaba además, que ni la Iglesia ni los clérigos deberían poseer riquezas, las cuales pertenecían, en legítima propiedad, a los seglares y fundamentalmente al príncipe, con lo que hábilmente incitaba la codicia de las monarcas y de los nobles para inclinarlos a expropiar los bienes del clero. En su huida, Su Santidad tuvo que ir a refugiarse a Francia que en esa época era, junto con el Imperio

Germánico, el más generoso sostén de la Santa Iglesia y el baluarte principal de ésta en la lucha contra el judaísmo. Allí, el combativo fraile convertido en Papa, obtuvo el apoyo del rey Luis VII de Francia y organizó un ejército, al frente del cual penetró en Italia, llegando hasta las puertas de Roma donde recibió el ofrecimiento inesperado de Rogerio de Sicilia consistente en toda clase de apoyo para restablecer su autoridad. En realidad, el magnate normando había cambiado mucho en estos años. Casado con una hermana de los Pierleoni, lo vimos volcando toda su fuerza a favor del antipapa judío, al mismo tiempo que protegía y beneficiaba a los israelitas y a los musulmanes. Pero los hebreos abusaron, como siempre, de la protección que se les brindó y del encumbramiento que al amparo de ella lograron, hasta que al fin de cuentas, Rogerio de Sicilia abrió los ojos al peligro judío. Entonces varió su política hacia los israelitas tratando de destruir al judaísmo, pero recurriendo al ya gastado y fracasado recurso de obligarlos a convertirse al cristianismo, para lo cual promulgó unas leyes al respecto.

En cualquier forma, cuando ofreció su apoyo al Santo Padre, Rogerio de Sicilia había ya dado un viraje completo con respecto a su anterior política y el Papa aceptó desde luego su respaldo, entrando en Roma apoyado por las tropas del normando el 28 de noviembre de 1149. Desgraciadamente, los revolucionarios manejaban ya a su antojo al pueblo de Roma, presentándose ahora como redentores; y sólo siete meses después tuvo, Su Santidad, que huir de nuevo precipitadamente de la ciudad, refugiándose en Anagni, donde murió el mismo año en que falleció el gran San Bernardo. Después del efímero reinado del Papa Atanasio IV, fue electo Papa el cardenal inglés Nicolás Breakspeare, Obispo de Albano, conocido como Adrián IV. Cuando este ilustre y enérgico Papa subió al trono de San Pedro, la situación de la Iglesia en Roma era catastrófica. La fuerza revolucionaria que organizara y dirigiera el judaico Giordano Pierleoni era dueña de la ciudad y auTorah de infinidad de asesinatos, que alcanzaban incluso a los peregrinos llegados a la capital del mundo cristiano a impulsos de su fe.... Arnaldo de Brescia instigaba con sus prédicas los progresos de la revolución, que empezaba a extenderse amenazadoramente a otros lugares de Italia. La osadía de los revoltosos llegó al extremo de herir de gravedad a Guido, Cardenal de Santa Prudenciana, lo que colmó la medida haciendo que el Papa se resolviera a poner remedio radicalmente. Empezó por lanzar un "entredicho" -por primera vez en la historia contra la ciudad de Roma, por el cual se suspendieron las ceremonias de culto; y el pueblo, que aunque engañado por los jefes de la revuelta seguía siendo inmensamente religioso, abandonó en su mayor parte a los agitadores. Al mismo tiempo, Su Santidad aprovechó el apoyo que le brindaba el nuevo emperador de

Alemania, Federico Barbarroja, poniéndole como condición para coronarlo que sofocara la revuelta y le entregara a Arnaldo de Brescia, cosa que cumplió en cuanto entraron sus tropas en Roma. Como de costumbre, se movió el engranaje de la judería para gestionar que el Papa perdonara la vida de Arnaldo de Brescia, pero ante este combativo Papa, consciente del peligro, nada valieron todas las intrigas y diplomacias, que de haber tenido éxito hubieran permitido a la conspiración reanudar en el futuro su revolución, como ya lo habían hecho en anteriores ocasiones. De acuerdo con el Papa, el Emperador -después de arrestar a Arnaldo- lo entregó al prefecto de Roma, quien lo mandó ahorcar, quemando su cadáver y lanzando sus cenizas al Tíber. Ante tan inesperada como enérgica actitud del Papa, los revoltosos de Roma se espantaron y por fin se restableció y consolidó la anhelada paz en la ciudad y en sus alrededores.[360]

La Santa Iglesia se había resistido a emplear la violencia en contra de sus enemigos; pero éstos habían abusado de su bondad y habían sembrado la anarquía, causando grandes estragos y cometiendo infinidad de crímenes. El enérgico Papa inglés comprendió que para salvaguardar la vida y los derechos de los cristianos era necesario aplastar a los judíos, aunque el empleo de la violencia repugnara al Vicario de Cristo. Una nueva política se iniciaba en la Iglesia de Roma, consistente en aniquilar a los lobos para poder salvar a las ovejas. La responsabilidad de este cambio de política no recae sobre el papado, como han dicho los escritores judíos y sus secuaces, sino sobre la Sinagoga de Satanás, que con sus conspiraciones, sus movimientos herético revolucionarios, sus crímenes y con la anarquía provocada, obligó a la Santa Iglesia a buscar medios de defensa más efectivos. Es preciso aclarar que Arnaldo de Brescia siendo muy joven, se fue a Francia donde fue discípulo del heresiarca Abelardo, del que recibió sus ponzoñosas enseñanzas. Respecto a Abelardo podemos decir que fue adepto de la herejía del israelita Arrío y condenado por ello. Además, son muy interesantes las doctrinas que con respecto a los hebreos tenía Abelardo... El rabino Jacob S. Raisin dice que Abelardo, el profesor más popular en esos días, sostenía entre otras cosas que "los judíos no debían ser culpados por la crucifixión de Cristo". Abelardo atacaba la autoridad de los Padres de la Iglesia.[361] Y era, en lo general, favorable a los hebreos....Por otra parte, es indudable que si el Papa Inocencio II no hubiera limpiado al clero de la Santa Iglesia de quinta columnistas -con la

---

[360] Louis Dúchense, Liber Pontificalis, tomo II; J.M. Watterich, Vitae Romanorum Pontificum ab exeunte saeculo IX usque ad finem saeculi XIII, tomo II; Rabino Louis Israel Newman, obra citada; FerdinandGregorovius, obra citada, vol. II, tomo II; B. Llorca, S.J., García Villoslada, S.J. y F.J. Montalbán, S.J., Historia de la Iglesia católica, tomo II; Otto de Frisinga, Crónica, tomo VII.
[361] Rabino Jacob S. Raisin, cap. XVII, p. 457.

degradación de todos los clérigos, incluyendo obispos y cardenales adictos al antipapa judío Pierleoni o consagrados por él-, la Iglesia quizá hubiera sucumbido ante el empuje del movimiento revolucionario que hemos analizado en esta capítulo, o ante el ataque insidioso de las sociedades secretas heréticas, que cual amenazadora red habían tendido por toda la Cristiandad los falsos cristianos, practicantes en secreto del judaísmo. Si en los momentos de esta lucha los quinta columnistas hubieran conservado sus posiciones en el Cuerpo Cardenalicio y en los obispados, hubieran combinado su acción a la fuerza revolucionaria de las sectas heréticas para lograr la desintegración de la Iglesia en sus más altas jerarquías. La depuración hecha por Inocencio salvó a la Cristiandad de una inminente catástrofe en las siguientes décadas.

Con respecto al judaísmo subterráneo de la familia italiana aristocrática de los Pierleoni, un documento oficial de la sinagoga, la "Enciclopedia Judaica Castellana", en su vocablo Pierleoni dice textualmente: "Pierleoni, familia romana prominente desde el s. XI hasta el s. XIII. Baruj Leoni, financiero del Papa, aceptó el bautismo y el nombre de Benedicto Cristiano. Su hijo León fue jefe del partido papista que favorecía a Gregorio VII. El hijo de León, Pedro Leonis (Pierleoni), fue también jefe del partido papal y defendió a Pascual II contra el emperador alemán Enrique V. Su hijo, Pierleoni II, fue nombrado cardenal en 1116 y elegido Papa en 1130, adoptando el nombre de Anacleto II. Lucrecia Pierleoni mandó registrar al pie de su busto sus relaciones de parentesco con las casas reales de Austria y de España. Pese a los bautismos y matrimonios mixtos, los Pierleoni mantuvieron durante siglos sus lazos con la comunidad judía".[362] En unos cuantos renglones, una obra de autoridad indiscutible y sobre todo insospechable de antisemitismo, nos revela que los falsos cristianos cripto judíos de la familia Pierleoni establecieron hace más de ochocientos años un conjunto de directivas estratégicas cripto judías, que vemos repetirse a menudo y que han sido decisivas en los triunfos hebreos tanto de esos tiempos como de los siglos posteriores: 1°. Introducirse y adquirir influencia con los jerarcas eclesiásticos y políticos, por medio de la ayuda bancaria; 2°. Infiltrase en los partidos cristianos liberales y en los conservadores para aduañarse de su jefatura y después llevar a la ruina la causa cuya dirección lograron obtener; 3°. Engañar con un tan falso como aparente cristianismo papel que desempeñan a la perfección, ya que no sólo son astutos, sino verdaderos maestros de la hipocresía y el disfraz que engañaron incluso a Papas, como Gregorio VII que por añadidura, como hemos expuesto en otro lugar, era enemigo

---

[362] Enciclopedia Judaica Castellana, edición citada, tomo VIII, vocablo Pierleoni, p. 452, col. 2.

radical y enérgico del judaísmo; 4°. Hacer méritos tan valiosos como defender al pontífice Pascual II del Emperador, de quien luego obtuvieron leyes favorables a ellos y el capelo cardenalicio para uno de los Pierleoni, quien habría de desgarrar después a la Santa iglesia con el espantoso cisma que estudiamos en capítulos anteriores, habiendo estado a punto de adueñarse por completo de la Iglesia; 5°. Y finalmente, inventar fábulas de un pretendido parentesco con las casas reales de España y Austria, fábulas que han venido utilizando constantemente para engañar a incautos gobernantes con el fin de lograr de ellos protección y valiosísimas ventajas políticas, que siempre han redundado en perjuicio de las naciones cristianas o de la causa de la defensa de la humanidad en contra del imperialismo judaico. También nos revelan que en Italia, como en el resto del mundo, una familia de origen hebreo -a pesar de los repetidos bautismos, de los matrimonios mixtos y de su aparente cristianismo- sigue durante siglos ligada a la quinta columna hebrea.

Capítulo XXVIII

LA QUINTAESENCIA DE LAS REVOLUCIONES JUDAICAS. ATAQUES SECULARES A LA TRADICIÓN DE LA IGLESIA

El rabino Benjamín de Tudela en su famoso "Itinerario", manifiesta que es magnífica la situación de los hebreos en el mundo islámico en el siglo XII, con el reinado del Príncipe de la Cautividad; éste les otorgaba su título a los rabinos y cantores de la tierra de Sinar o caldea, de Persia, Khorsabad, Sheba o Arabia Feliz (Yemen), Mesopotamia, Alania, Sicaria, hasta las montañas de Asana en Georgia, tan lejos como hasta el río Gihon, hasta el país del Tibet y hasta la India. Todas esas sinagogas recibían, según el decir del ilustre viajero, su permiso para tener rabinos y cantores quienes iban a Bagdad capital mundial del judaísmo oriental en esos tiempos para ser instalados solemnemente en su oficio y recibir su autoridad de manos del Príncipe de la Cautividad, llamados por todos Hijo de David. Por el contrario, en el mundo cristiano del mismo siglo XII, decía el rabino Kimhi, otro destacado dirigente del judaísmo: "Estos son los días del exilio en los cuales estamos ahora y no tenemos ni Rey ni Príncipe en Israel, pero tenemos el dominio de los gentiles y de sus Príncipes y reyes tanto en oriente como en occidente".[363] De acuerdo a los datos que tenemos, el Príncipe del Destierro tenía jurisdicción solamente sobre las comunidades hebreas de Oriente; las de Occidente, aunque en alianza estrecha con las anteriores, estaban gobernadas por sus consejos comunales y sínodos generales de dirigentes ancianos, potentados y rabinos, uno de los cuales ya vimos que tuvo lugar en Toledo. Pero lo que es interesante es la confesión del citado rabino, al señalar que en el siglo XII dominaban los judíos a los gentiles (el resto de la humanidad no judía, entre los que incluyen a los cristianos helenistas, y excluyen a los judíos cristianos), a sus reyes y a sus príncipes. Esto era y

---

[363] James Finn, Sephardism History of the Jews in Spain Londres: J.G.F. y Rivington, Church Yard, 1841, pp. 216.

sigue siendo una triste realidad, no sólo en Oriente sino también en Occidente. El imperialismo judaico -como lo confiesa el distinguido rabino- había ya hecho progresos inmensos en su labor subterránea de dominar a las naciones gentiles. Es verdad que en la Cristiandad, en varios reinos y señoríos, en cumplimiento de los cánones de la Santa Iglesia, estaba prohibido el acceso a los puestos de gobierno a los israelitas, pero, por una parte, algunos monarcas desobedecían los sagrados cánones y, por la otra, los que se sujetaban a sus mandatos no podían impedir que judíos clandestinos, cubiertos con la máscara de la religión cristiana desde generaciones atrás, pudieran infiltrarse mediante una labor bien organizada dentro de los puestos de gobierno de Francia, Alemania, Italia, Inglaterra y demás países de la Cristiandad; de igual forma se introducían también en el sacerdocio seglar y en las Órdenes religiosas, escalando las jerarquías de la Iglesia.

El judaísmo en esas fechas tenía ya, por lo tanto, un gigantesco poder invisible que se filtraba por todas partes, sin que los Papas, los emperadores y los reyes pudieran evitarlo. Este poder oculto tropezaba, sin embargo, con serios obstáculos para obtener un dominio rápido del mundo cristiano. En primer lugar, la monarquía y la nobleza hereditarias en que el título se heredaba al primogénito, dificultaba la tarea de que los judíos secretos pudieran escalar rápidamente la jefatura suprema del Estado; podían ganarse la confianza del rey, llegar a ministros, pero les era casi imposible llegar a ser reyes, pero en algunos casos su astucia y su falta de escrúpulos supero este obstáculo recurriendo a la sustitución de infantes. En segundo lugar, su posición en el gobierno real era algo inseguro y estaban expuestos a ser destituidos cualquier día por el monarca que los nombraba, viniéndose abajo un dominio alcanzado después de muchos años de preparación y de esfuerzo, pero su astucia superó ese obstáculo conspirando contra los monarcas a fin de sustituirlo por otro que los reinstalara. Por otra parte, los príncipes de sangre real sólo podían casarse con princesas de sangre real, por lo que las jefaturas de los estados estaban salvaguardadas con una muralla de la sangre que hacía imposible o casi imposible el acceso de los plebeyos al trono. En tales condiciones, por más que se pudieran infiltrar los israelitas en los puestos dirigentes de la sociedad cristiana, la muralla de la sangre real impedía su acceso al trono, pero no a los ricos y poderosos hijos de los magnates cripto judíos que con su astucia salvaban ese obstáculo. Lo cual sucedió a través de los siglos en la nobleza y a pesar de los obstáculos los hebreos lograron perforar esa muralla de la sangre aristocrática, debido a que desde que nacen sin escrúpulo alguno están orientados hacia el poder o el dinero con el fin de someter a los gentiles infiltrando la Iglesia, el Estado y la sociedad, lo cual fue un desastre para la sociedad cristiana, ya que con sus estrategias de infiltración de la Iglesia, sustitución de infantes, matrimonios mixtos, servicios financieros o complots para derrocar a los monarcas, traición o alianzas con los enemigos de los imperios y los reinos donde residían, sin escrúpulo alguno pudieron los israelitas escalar valiosas posiciones, desde las cuales apoyaron sus cismas y sus revoluciones mediante las cuales pudieron someter y exterminar impunemente a los pueblos cristianos con una crueldad bestial. En los siglos XVIII y XIX las batallas ganadas por los judíos contra las naciones cristianas fueron lo suficientemente poderosas para facilitar el triunfo de las revoluciones masónico-liberales que derrocaron a las monarquías cristianas y musulmanas, posteriormente las revoluciones bolcheviques judío comunistas sometieron a las naciones y pueblos del Este de Europa desde Alemania hasta Rusia, y desde Dinamarca hasta los Balcanes. Sin embargo, la guerra no ha terminado, faltan otras batallas, que a diferencia de las anteriores no va a ser subterránea, ni va a ser una guerra fratricida azuzados por los judíos infiltrados en uno y otro bando, ya que está pendiente la batalla frontal de Occidente cristiano contra Israel, visualizada por los profetas desde los tiempos bíblicos, en donde Israel va a ser totalmente exterminado, solo es cuestión de promover la guerra total contra los judíos en todos los países cristianos y musulmanes al mismo tiempo, expulsándolos a su tierra, y cuando estén todos juntos se daría cumplimiento a las profecías apocalípticas al levantarse la abominación del hongo termo nuclear sobre las ciudades de Israel, a causa de su maldad.

La aristocracia de la sangre era una casta cerrada y difícil de perforar por los plebeyos, sobre todo en algunos países, por lo que para infiltrarla y controlarla, por ejemplo en Inglaterra, necesitaron los israelitas una labor de varios siglos. En cambio, en otros lugares como Italia, España y Francia, lograron en algunas épocas grandes progresos con su penetración en la aristocracia; no obstante, la Inquisición en algunos casos y por algún tiempo, les echó abajo sus conquistas, que se vieron reducidas grandemente. En cualquier forma, la nobleza representaba una barrera de la sangre que en muchos países estorbó la infiltración de los hebreos en las altas esferas de la sociedad. La monarquía hereditaria presentaba el obstáculo principal para que los judíos, disfrazados de buenos cristianos, pudieran escalar la jefatura del Estado. Es, pues, comprensible que los israelitas del siglo XII no quisieran esperarse a que fructificara una larga y desesperante labor de siglos, consistente en la infiltración progresiva en las dinastías reales y aristocráticas; por eso, sin dejar nunca de intentarlo, idearon, no obstante, un camino más rápido para lograr el objeto deseado: la destrucción revolucionaria de las monarquías hereditarias y de la aristocracia de la sangre, y la sustitución de esos regímenes por repúblicas, en las que los judíos pudieran escalar, sin dificultad y rápidamente, la jefatura de los estados. Por ello fue de tanta importancia la revolución organizada en Roma por el judaico Giordano Pierleoni, que alcanzó con rapidez la jefatura máxima de la pequeña república. Aunque esta revuelta no fue dirigida contra un rey, al dar este golpe de mano y colocarse en unos cuantos días en la cúspide del poder, el hermano del antipapa judío había puesto la muestra al judaísmo universal enseñándole cómo perforar y destruir, en breve plazo, esa barrera de la sangre constituida por la monarquía hereditaria. Sin embargo, ese querer alcanzar tantas metas de un golpe, sólo logró unir más, en el medioevo, a los reyes, a la nobleza y al clero, que mientras permanecieron unidos hicieron fracasar los intentos revolucionarios del judaísmo. Ante esos fracasos, acabaron por comprender que no era posible lograr de una sola vez tantos y tan ambiciosos objetivos. Otro obstáculo que estorbaba el rápido dominio de los pueblos cristianos por los cripto judíos lo constituía la Santa iglesia con su clero, sus jerarquías y sobre todo sus Órdenes religiosas; pero a partir del siglo XI se sintieron con fuerza y decisión para tratar de escalar las máximas jefaturas resolviendo entonces que si no se podía por medio de la infiltración lenta y difícil, lo harían por revolución rápida y contundente. Para lograrlo había que destruir las barreras que se oponían a ello enarbolando como bandera la reforma revolucionaria de las instituciones religiosas, políticas y sociales. Este plan no podía ser ejecutado con éxito por los israelitas -identificados como tales- que practicaban públicamente su judaísmo, ya que la Santa Iglesia y las monarquías cristianas, a través de los siglos, habían creado una legislación eclesiástica y civil que les impedía el acceso a los puestos dirigentes de la sociedad; y aunque esta legislación era violada por algunos monarcas, seguía en vigor por casi todos los demás Estados cristianos. Además, en aquellos casos en que por haber sido olvidada dicha legislación se dio paso a los judíos hasta las cumbres del poder como en el ejemplo que analizamos de Castilla, las salvadoras cruzadas organizadas por otros monarcas, bajo los auspicios de la Santa Sede, salvaban la situación.

Los judíos clandestinos ciertamente estaban en posibilidad de lograr tales objetivos. Igualados por el bautismo con los demás habitantes de la región o por su magistral mimetismo para disfrazar su origen judío adoptando nombres y apellidos cristianos. Su judaísmo subterráneo, transmitido de padres a hijos de una generación a otra, se había ido haciendo más oculto, hasta que ya en el siglo XI era imposible percibirlo en los Estados cristianos, en donde existía un judaísmo secretísimo de muchas familias que aparecían como cristianas de generaciones atrás, algunas de las cuales aunque en escaso número, habían logrado incluso conservar los títulos de nobleza adquiridos en la forma que ya se ha analizado. La inmensa mayoría de estos judíos secretos pertenecían a una nueva clase social que iba surgiendo: la burguesía, en la cual eran, sin duda, el elemento más poderoso y sobre todo el mejor organizado y más rico. Por ello, no puede considerarse como coincidencia el hecho de que a medida que la burguesía iba creciendo en poder, el judaísmo fuera también aumentando sus posibilidades de dominar a los pueblos. Para entender la fuerza decisiva que los judíos tenían en la burguesía medieval es preciso tomar en cuenta que en unos casos monopolizaban el comercio y en otros casos desempeñaban un papel capital en el control del mismo, de la banca y de los préstamos a la realeza. Al mismo tiempo, en el terreno de las parteras y los abogados los hijos de Israel representaban un elevado porcentaje

Es comprensible que para los falsos cristianos, judaizantes en secreto, fuera un verdadero sacrificio infiltrarse en el clero, máxime si se trataba de las Órdenes religiosas, sin tener una verdadera vocación y sólo con el objeto de controlar las jerarquías de la Iglesia y preparar su ruina. Si lo hicieron y lo siguen haciendo es porque tienen una mística y un fanatismo paranoicos; pero es indudable que una solución más rápida y que implicara menos sacrificios, tenía que ser vista por ellos como preferible. Los hebreos han tenido la gran cualidad de aprovechar siempre las lecciones del pasado; por ello, en su nueva revolución que empezó en el siglo XVI ya no atacaron al mismo tiempo a los reyes, a la nobleza y al clero, sino que por el contrario trataron primero de reformar y dominar a la Iglesia con la ayuda de los monarcas y de los aristócratas, para después, mediante nuevos movimientos revolucionarios, derrocar a éstos. Ante la imposibilidad de destruir a la Iglesia, dado su arraigo en el pueblo, optaron por intentar su reforma revolucionaria por medio de los movimientos heréticos, mientras que organizaron los judíos secretos desde la Edad media hasta nuestros días, entre otros objetivos, tendieron siempre hacia los siguientes:

1º. Supresión, en primer término, de las órdenes monásticas, cuyo voto de pobreza, vida comunal, dura Regla y dificultad para satisfacer en ellas el apetito de notoriedad, poder y riqueza, obstaculizaban mucho su infiltración. Como nos lo demuestran documentos incontrovertibles -entre ellos los procesos inquisitoriales- de los cripto judíos que en diversas épocas llegaron a realizar peligrosas penetraciones en la Ordenes monásticas que más les importaba infiltrar, como lo fueron en un tiempo los Dominicos y los Franciscanos y, posteriormente, los Jesuitas, además de algunas otras, demostrando los judaizantes ser capaces, como los cristianos, de los mayores sacrificios por su causa. Pero es indudable que para el judaísmo subterráneo lo más cómodo era destruir estas difíciles barreras, logrando en una forma u otra la disolución de las Órdenes religiosas.

2°. Supresión del celibato de los clérigos. Aunque los procesos de la Inquisición nos demuestran que los clérigos cripto judíos se han dado siempre sus mañas, con ayuda de sus correligionarios, para tener su mujer clandestina o para introducir dentro del clero prácticas homosexuales que les permitieran satisfacer su voraz apetito sexual característico de los judíos que llevó a uno de sus teóricos académicos más ditínguidos explicar y fundamentar la conducta humana y los traumas o disfunciones orgánicas y psíquicas en función del sexo, aun así para el judaísmo subterráneo, cubierto con la máscara del cristianismo, era mucho más cómodo realizar una reforma revolucionaria de la Iglesia que suprimiera el celibato de los clérigos. Por ello, siempre que pudieron hacerlo, en un movimiento herético, abolieron dicho celibato. ...

3°. Supresión de la jerarquía de la Iglesia. La actual jerarquía es difícil de escalar; y si bien es cierto que los judíos quinta columnistas han llegado hasta la cúspide, también lo es que esa labor ha sido siempre dificilísima y tardada. La Santa Iglesia ha ido acumulando con el tiempo defensas naturales en sus propias instituciones; por eso, en los movimientos heréticos medievales y del Renacimiento que controlaron los judíos secretos, suprimieron la jerarquía eclesiástica sustituyéndolas por Consejos de presbíteros y por una especie de democracia religiosa... Los judíos ya llevaban siglos infiltrándose en puestos de mando secundarios dentro de la Iglesia y el Estado. Es claro que en la Unión Soviética, en donde poseen ya un dominio absoluto, no tienen gran interés en suprimir la jerarquía, ya que habiendo asesinado a los obispos independientes, los han sustituido por judíos colocados en las diócesis, según lo han denunciado escritores diversos. En tales condiciones, la jerarquía les sirve incluso para tener más afianzado el control sobre dichas iglesias... Pero en la Edad Media, y después en tiempos de los cripto judíos Calvino y Zwinglio, la situación era distinta. En aquel entonces, para dominar rápidamente las Iglesias cristianas, el mejor camino era el de la supresión revolucionaria de las jerarquía eclesiástica, porque así cualquier cripto judío se elevaba de golpe a la jefatura de la Iglesia, sin tener que pasar por el larguísimo e incierto proceso de ir escalando los grados de presbítero, canónigo, obispo, arzobispo, cardenal y Papa, como ha sido costumbre de la Iglesia desde hace algunos siglos. Por eso, en las monarquías protestantes también lucharon encarnizadamente contra las Iglesias episcopales, tratando de establecer las de carácter presbiteriano y si fracasaron en sus intentos fue debido al apoyo prestado por los reyes a las primeras. El hecho de que los monarcas desempeñaran un papel decisivo en el nombramiento de los obispos, si no la impedían del todo, cuando menos obstaculizaban la infiltración cripto judaica en esas Iglesias protestantes, como ocurría también en las Iglesias ortodoxas de Europa Oriental. El control de los reyes sobre ellas las salvó, durante varios siglos, de caer bajo el dominio judaico. Al ser suprimidos los monarcas, esas Iglesias episcopales han ido cayendo en manos del cripto judaísmo y las que han resistido, fueron dominadas al quedar bajo el control del Consejo Mundial de las Iglesias, organizado por el poder oculto judaico para controlar lo más posible aquellas Iglesias que no habían podido dominar por la simple infiltración. Es urgente que las iglesias reformadas protestantes abran los ojos y combatan la apostasía promovida por los cripto y filo judíos infiltrados en el Consejo Mundial de las Iglesias.

4°. Supresión de las imágenes. Un asunto que molestaba mucho a los judaizantes cubiertos con el disfraz del cristianismo era el culto obligado que tenían que rendir a las imágenes de Cristo, maría Santísima y de los santos. Eso de tener que ir con frecuencia a iglesias llenas de imágenes, era de lo más repugnante para los cripto judíos, tanto por sus convicciones religiosas que consideran idolátrica esta clase de culto, como por el odio que tienen a María Santísima y a los santos, sobre todo a aquéllos que se distinguieron como caudillos anti judíos. ...La invaluable la obra pictórica, plasmada en los lienzos y libros, tallada en los retablos y esculpida en los mármoles, escenificando pasajes bíblicos, evocando a Cristo, la virgen María, los apóstoles, los santos, los mártires, o remembrado hechos históricos y personajes insignes de la cristiandad, es un legado que deviene de nuestras raíces culturales helénicas, que son las verdaderas raices de los gentiles cristianos. El odio de los judíos por los gentiles, es tal que no solo se traduce en atentados contra la Iglesia, los Estados cristianos y sus instituciones, sino que atenta contra la sociedad cristiana sus tradiciones y su cultura, por eso quiere destruir la magistrales obras de arte religioso cristiano. Ya que reforma luterana, fue promovida por los cripto y filo judíos, es natural que las Iglesias cristianas de la reforma sean judaizantes, y siendo gentiles cristianos se comportan como si fueran judíos cristianos, y luchan por destruir nuestro legado helenista aduciendo idolatría, sin darse cuenta de que son colaboracionistas renegados, traidores a Cristo y al cristianismo helénico, y por lo tanto es urgente preservar y proteger nuestro legado cultural helenista de la labor judaizante de las Iglesias reformadas...

5°. Otro de los objetivos de la acción cripto judía en la sociedad cristiana era suprimir lo que ahora se llama anti semitismo, porque comprendían que mientras los cristianos estuvieran conscientes del peligro que los hebreos significaban para ellos, para la Santa iglesia y para las naciones cristianas, estarían en posibilidad de defenderse mejor de la acción conquistadora del imperialismo judaico y se provocarían a menudo constantes reacciones defensivas que seguirían haciendo fracasar, como hasta esos momentos las empresas de dominio realizadas una y otra vez por la sinagoga. En cambio, si la Santa Iglesia y los fieles perdían la noción de ese peligro, tendrían menores posibilidades de defenderse de su imperio, sometimiento y exterminio. Por eso, desde los movimientos heréticos cripto judíos del primer milenio y, sobre todo, en los de la Edad Media, se nota una tendencia a lograr la judaización de la mentalidad de los cristianos y de los dirigentes de la Iglesia y del Estado, intentando cambiar su anti judaísmo por un filo judaísmo, plan que dio origen a esos constantes movimientos pro judíos organizados por la quinta columna hebrea introducida en la sociedad cristiana y en la Iglesia. Vemos, pues, surgir en muchas herejías medievales esas tendencias filo judías, defendidas con ardor por muchos de los más distinguidos heresiarcas de estirpe israelita, fenómeno que se repitió en diversas sectas protestantes de origen unitario o calvinista en los siglos XVI y XVII, sectas que fueron denunciadas por la Inquisición -tanto la española como la portuguesa- como empresas controladas secretamente por los judíos ocultos bajo el disfraz del cristianismo. En la Edad Media los judíos subterráneos obtuvieron algunos éxitos aislados y fugaces; y sólo a partir del siglo XVIII, con ayuda de la francmasonería, pudieron emancipar a sus hermanos, los judíos públicos.

¿Pero cómo lograr todo lo anterior si la doctrina de los Padres de la Iglesia, de los Papas, de los concilios ecuménicos y provinciales y de los principales santos de la Iglesia comenzando ni más ni menos que por Cristo condenaba en diversas formas a los judíos y tenía que ser acatada por los fieles cristianos? Los conspiradores israelitas solucionaron este problema cortando por lo sano e incluyendo en el programa de sus movimientos heréticos el desconocimiento de la Tradición de la Iglesia, como fuente de la Revelación, y sosteniendo que la única fuente de la Verdad Revelada era la Sagrada Biblia, como si todos los gentiles cristianos fuéramos judíos. Esta guerra a muerte contra la Tradición anti judía en defensa de las naciones cristianas de origen helenista y de la Iglesia, la renovaron cada vez que pudieron los clérigos cripto judíos -es decir, los dignos sucesores de Judas Iscariote-, desde el siglo XI hasta nuestros días, con una perseverancia digna de mejor causa; hasta que lograron sus primeros éxitos en la Reforma Protestante abrogando la doctrina de la Iglesia fruto de los concilios cristianos. Lo que siempre ha pretendido el judaísmo y sus agentes infiltrados en el clero con esa encarnizada lucha contra la Tradición de la Iglesia, ha sido echar abajo la doctrina anti judía de los Padres de la Iglesia, de los Papas y de los santos concilios, para poder hacer prevalecer en la Cristiandad tesis filo judías que faciliten a la Sinagoga de Satanás el dominio, tanto de la Iglesia como de los pueblos cristianos. En todo esto coinciden asombrosamente todas las sectas judaizantes que han surgido desde el siglo XI hasta el actual. Por otra parte, como en la liturgia y en los ritos de la Santa Iglesia fueron incluidas frecuentemente alusiones a la perfidia judaica, al crimen del deicidio, etc., con el propósito de que los fieles tuvieran un constante y frecuente recordatorio de la peligrosidad del enemigo capital de los gentiles y junto con los clérigos estuvieran listos para defender a los pueblos cristianos de las asechanzas de la más feroz y nefasta de las razas humanas; lo primero que ha hecho una herejía de este tipo, ha sido suprimir de la liturgia y del ritual todas esas alusiones contra los hebreos, tratando de borrar de nuestra memoria, nuestro origen helénico, es decir que no somos judíos cristianos, sino gentiles cristianos, cosa que es ciertamente muy significativa... Una vez que se quitaba a la sagrada Tradición toda autoridad como fuente de la Verdad Revelada, ya sólo quedaba como tal la Sagrada Biblia y aunque el Nuevo Testamento tiene repetidas alusiones a la maldad hebraica, ya lo único que restaría a los hebreos sería intentar la falsificación de los Santos Evangelios, suprimiendo en ellos los conceptos ingratos a los oídos israelitas y, aunque parezca increíble, en algunas sectas heréticas han llegado al extremo de realizar verdaderas falsificaciones de los pasajes del Nuevo Testamento, alegando que la Vulgata es una Biblia apócrifa, que falsea el contenido de los documentos originales, sin embargo las traducciones posteriores no difieren en lo que es importante, excepto las mal intencionadas como la que usan los Testigos de Jehová.

6°. Otro de los objetivos propuestos con el cambio de ideología de los cristianos (de un antisemitismo existente por siglos, al filo semitismo), fue el obtener la derogación de todas las leyes civiles y canónicas que dificultaban la acción de los judíos para lograr su dominio sobre todos los pueblos de la tierra. En este sentido, quienes podían obtener lo que ellos han llamado liberación de los judíos (públicos) tenían que ser los judíos clandestinos que por medio de infiltración o de revolución podían controlar los gobiernos cristianos y los movimientos liberales, y derogar las leyes que impedían el dominio y sometimiento de las naciones cristianas o musulmanas. El patriotismo de los ciudadanos gentiles constituía el primero de los obstáculos ideógicos en los Estados cristianos, por ello, no hubo pensador judío que no atacara el nacionalismo y patriotismo de los cristianos, y promoviera el anarquismo y terrorismo, y atacará la soberanía y la autonomía de los Estados cristianos, atacara las constituciones, el Gobierno: sus Poderes e Instituciones, abogando por un gobierno mundial promoviendo ideologías comunistas o imponiendo el pensamiento imperial de las trasnacionales y potentados supremacistas sobre libre mercado globalizado para someter a las naciones, los gobiernos, la sociedad y los individuos. El segundo de los obstáculos ideológicos estaba contenido en el antisemitismo de los textos del Nuevo Testamento y en la correspondiente doctrina anti semita de la Iglesia. Obstáculo que intentan superar abrogando el dogma de la Santísima Trinidad y la divinidad de Cristo, en complicidad con los filo y crito judíos infiltrados en las altas jerarquías de la la Iglesia, y el Consejo Mundial de las Iglesias, promoviendo las reformas en el Concilio Vaticano II, en comunión con los rabinos y los organismos y organizaciones internacionales judíos, amparados en el diálogo ecuménico.

7°. Otra de las aspiraciones máximas de los hebreos ha sido la de adueñarse de las riquezas de los demás pueblos. Ya expusimos en otro lugar los fundamentos teológicos de esta pretensión, afirmando que es la voluntad de Dios. Durante la Edad Media lograron alcanzar en parte esta meta por medio de la usura y el comercio, acumulando gigantescas riquezas a través de los más despiadados despojos. Hasta en algunas herejías medievales de origen hebreo se predica ya el comunismo, la abolición de la propiedad privada y la expropiación general de los bienes de la Iglesia, la nobleza, la realeza y la burguesía. El hecho de que se expropiaran los bienes también a la naciente burguesía en nada afectaba a los hebreos, ya que los únicos perjudicados eran los burgueses cristianos o gentiles, pues controlando los israelitas el nuevo régimen comunista, en manos de ellos estarían las riquezas de reyes, clero, nobles y burgueses. Sin embargo, la experiencia mostró a los hebreos que el querer alcanzar tantos objetivos de golpe sólo unía a todos los afectados, provocando reacciones violentas de defensa contra ellos, que combinadas acababan por aplastar el intento revolucionario. Comprendieron que no era posible vencer a todos sus enemigos al mismo tiempo; y en los siglos posteriores prefirieron ir realizando por partes su gran revolución, dividiendo incluso el campo contrario y aprovechando una parte de él para lanzarla contra la otra, hasta conseguir poco a poco, pero con paso más seguro, todos sus propósitos. Todos estos fines siniestros de las revoluciones judaicas han sido cuidadosamente ocultados a las masas, a las que se ha engañado siempre con programas muy atractivos, capaces de arrastrarlas haciéndoles creer que la herejía o revolución es un movimiento surgido del mismo pueblo para beneficiarlo, para establecer la democracia y la libertad, para suprimir los abusos y las inmoralidades de los clérigos o de los gobernantes civiles, purificar a la iglesia o al Estado, acabar con la tiranía y la explotación y hasta convertir en un paraíso esta tierra... Los caudillos cripto judíos han sido siempre maestros del engaño; arrastran tras de sí al pueblo con un bello programa, mientras que en secreto planean realizar algo muy distinto.

Esta hábil estratagema ha sido siempre otra de las claves del éxito de los heresiarcas y de los caudillos revolucionarios hebreos.

El hecho universal de que los israelitas cubiertos bajo la máscara del cristianismo o de otra religión, estén diluidos en el pueblo usando sus nombres y apellidos cristianos sin que nadie sospeche que son judíos, es decir extranjeros que están en plan de conquista, ha hecho aparecer sus herejías o sus movimientos revolucionarios como salidos del mismo pueblo. Es cierto que en la Edad Media todavía se recordaba el origen hebreo próximo o lejano de muchos falsos cristianos, lo cual permitió a clérigos, monarcas y aristócratas localizar el origen judío de esas revueltas y de esas sectas, pero a medida que los siglos pasaron se fue olvidando el origen de tales familias -que por otra parte hicieron todo lo posible para que se borrara el recuerdo de su ascendencia judía-, hasta que un buen día ya nadie sospechaba que bajo la apariencia de un piadoso cristiano se ocultaba un judío subterráneo que conspiraba constantemente contra la Iglesia y el Estado y que no desaprovechaba oportunidad para organizar revueltas y conspiraciones, las cuales, en tales circunstancias, aparecen como surgidas del propio pueblo y como meras luchas intestinas entre miembros de una misma nación, siendo que en realidad son verdaderas guerras sostenidas por un pueblo invadido en la peor forma contra invasores extranjeros muy bien disfrazados, dispuestos a conquistarlo, utilizando para ello a una gran parte del mismo pueblo atrapado en las redes de los quinta columnistas mediante hermosos planes revolucionarios, programas bellísimos con los cuales hacen creer a las futuras víctimas que al apoyarlos están trabajando por su propio mejoramiento y redención al luchar por la superación de sus instituciones políticas, sociales o religiosas.

En pocas palabras acabamos de resumir lo que podríamos llamar la quinta esencia de los movimientos revolucionarios hebreos del siglo XI en adelante. Quien anhele profundizar en este tema y conocerlo a fondo debe hacer un estudio en los archivos, tanto de la Inquisición Pontificia como de la Inquisición española y portuguesa que en otro lugar enumeramos, ya que tales instituciones lograron penetrar en los secretos más recónditos del judaísmo subterráneo y de los movimientos herético revolucionarios que éste organizó en la sombra. En diversas ocasiones la Inquisición estuvo a punto de destruir por completo a la quinta columna judía en tal o cual Estado cristiano; pero los israelitas lograron hacer fracasar las victorias a punto de lograrse manipulando y moviendo a compasión de los Papas y de los reyes aduciendo ser, como es cierto, descendientes de los profetas de Israel, o correligionarios de Cristo, la virgen y los apóstoles. En otras ocasiones organizaban campañas de calumnias contra los inquisidores, hasta lograr que se desechara la investigación en contra de ellos. Pero lo decisivo fue que lograron que se estableciera lo siguiente: que la primera vez que se descubriera a un cristiano practicando el judaísmo en secreto, podía éste obtener el perdón de su vida con solo arrepentirse y pedir perdón; siendo condenados a la hoguera solamente si después de reconciliarse con la Iglesia era descubierto practicando de nuevo el judaísmo; es decir lograron generalizar el error y perpetuarlo hasta nuestros días, de hacer creer a los gentiles cristianos tradicionalmente tolerantes para con todas las religiones y los pueblos, que el delito que la inquisición perseguía era el de herejía (ya que la herejía solo era un delito para los judíos, no para los pueblos helénicos), siendo que lo verdaderamente importante era el delito de conspiración y subversión judía contra la Iglesia y el Estado, acusando a la Iglesia y al Estado de intolerancia religiosa a fin de conseguir la indulgencia. Lo que ocurrió fue que la inmensa mayoría, después de salvar la vida en forma tan fácil, tomaba excesivas precauciones al practicar el ritual judío, y así evitaba que se descubrieran los hilos de la conspiración criminal judía. La bondad de los papas y de los reyes que maniataba a la Inquisición, daba tiempo al judaísmo secreto para infiltrarse en la propia Inquisición y paralizar por dentro su eficacia, fracasando con ello un sistema defensivo que pudo cortar el mal de raíz y evitar la catástrofe que está llevando al mundo a la esclavización.... En resumen: en algunas herejías de la Edad Media, además de la Reforma de la Iglesia, ya proyectaban el derrocamiento de los monarcas y el exterminio de la nobleza para someter a las naciones cristianas; lo cual lograron mediante las revoluciones judío masónicas y judío comunistas, y en los tiempos modernos lo han venido obteniendo, enarbolando la bandera de la democracia y de el imperio mundial de las trasnacionales sobre la soberanía de las naciones mediante el libre mercado globalizado....

Capítulo XXIX

El cripto judaísmo y las herejías medievales. Los Albigenses

Resulta muy significativo comprobar que en las regiones del mundo cristiano en donde el porcentaje de la población judía era más elevado y donde los israelitas eran más influyentes, era precisamente donde nacían las más importantes herejías medievales y donde indiscutiblemente los movimientos heréticos tomaron mayor fuerza. En su mayoría se iniciaron como movimientos de protesta contra las inmoralidades del clero, contra la simonía y contra la acumulación de riquezas por los eclesiásticos, propugnando un retorno a la pobreza y austeridad de los primeros cristianos. Sin percatarse de que estos vicios eran cometidos por los cripto judíos infiltrados en la Iglesia los cuales al no tener una verdadera vocación cristiana y tener como misión escalar las altas jerarquías para destruir desde el interior la Iglesia, enriquecerse y someter a los fieles, enlodaban con su conducta disoluta a la Iglesia ya que si los cripto judíos hubieran sido modelos de virtud no hubiera ninguna diferencia ni conflicto entre judíos y cristianos, lo cual hemos ilustrado y esclarecido ampliamente las masas guiadas por los judíos bautizados que habían infiltrado y escalado la cúspide de la nobleza, atacaban desde el exterior los antivalores, la opresión y tiranía de Papas, cardenales, obispos y sacerdotes cripto judíos tratando de abolir de la jerarquía eclesiástica para demoler y dividir la Iglesia. En este complot contra la Iglesia, urdido por los cripto judíos, como en otros movimientos heréticos tuvo especial importancia el aspecto social revolucionario, ya que para incitar la rebelión de las masas esgrimían como finalidad fundamental del movimiento anti clerical la redención de los pobres.

En nombre de la redención de los pobres los judíos, no solamente han promovido las revoluciones sociales sino las herejias: el Arzobispo Obispo de Port-Louis, Monseñor León Meurin, S.J., citando a Hurter en su obra "Innocent" (p.50), dice: "En Francia, en 1184, un carpintero llamado Durad pretextó una aparición de la Virgen, y, con tal motivo, reunió a buen número de sus compatriotas, agrupándolos con el nombre de hermanos del Bonete Blanco; aplicó los principios de la herejía Catarina y dedicó todos sus esfuerzos al derrocamiento del poder superior. Pretendía crear el pretendido estado de igualdad existente entre los hombres primitivos, según el cual no debería haber ninguna diferencia externa entre ellos. Toda autoridad, tanto espiritual como temporal, era declarada perniciosa. Sus adeptos elaboraron un pacto de fraternidad entre ellos, con el fin de asegurar, a golpe de cuchillo, la dominación de su secta. Lo nuevo en esta secta de coalición de todos los elementos contrarios al orden era el celo fanático que caracterizaba a sus adeptos y promotores; lo antiguo, el apoyo que los judíos le prestaban".[364] ¡Esto es el colmo! Utilizar una supuesta aparición de la Virgen María, para obtener influencia sobre las gentes; y luego emplear esa influencia en organizar una secta para destruir a golpe de cuchillo el orden de cosas existente y establecer un régimen basado en principios parecidos a los del comunismo moderno.... El cronista del siglo XIII, obispo Lucas de Tuy, decía que: "Los príncipes del Estado y los nobles son persuadidos a seguir las doctrinas heréticas por medio de los cripto judíos a quienes tienen por familiares y amigos".[365] Con mucha razón los Concilios Ecuménicos III y IV de Letrán y el Papa Inocencio III establecieron un régimen de separación de los judíos y los cristianos, con el fin de evitar que los primeros envenenaran a los segundos con sus doctrinas subversivas....El rabino Louis Israel Newman en su valiosa obra titulada "Jewish Influence on Christian Reform Movements", edición citada, página 135, dice: "La presencia de judíos en el sur de Francia suministró un potente estímulo al surgimiento del pensamiento liberal". Y en la página 136 afirma: "Concomitante con el crecimiento del pensamiento liberal en el sur de Francia, se fue gradualmente desarrollando una actitud más liberal hacia los judíos. El estado de cosas favorable al judaísmo en Provenza no sólo dio impulso al crecimiento de oposición general a la jerarquía de la Iglesia, sino que abrió las puertas a una importante contribución por parte de los judíos y del judaísmo, al desarrollo de varios movimientos heterodoxos; por añadidura, alentó una distinta tendencia judaizante y un grupo judaizante separado en cada localidad donde florecieron estos movimientos".[366] Y en la página 137 afirma: "No sólo los cristianos eruditos sino también los investigadores judíos, entre ellos Levy, han observado que la disminución de la animosidad contra los judíos era acompañada por la oposición a la doctrina de la Iglesia que ofendían su razón, y a los abusos que eran notorios en los círculos eclesiásticos". A continuación el rabino Newman refuerza sus datos afirmando que también el escritor israelita Loeb en su

---

[364] Mons. León Meurin, S. citada, libro I, Cap. XI, p. 169.
[365] Lucas Tudensis, De altera adversus Albigensis errores.
[366] Rabino Louis Israel Newman, citada, libro II, pp. 135, 136.

obra "La Controverse Religieuse", señala el hecho de la relación existente "...entre la actividad judía y la agitación religiosa en el Languedoc".[367]

San Bernardo, a su vez, comentando su reciente visita al Languedoc, se lamenta que allí: **"Las iglesias son vistas como sinagogas y el Santuario del Señor ya no es santo"**...[368] La obra monumental del judaísmo sefardita, la "Enciclopedia Judaica Castellana", refiriéndose a las regiones más afectadas por las herejías, dice textualmente: "Durante los siglos XI, XII y XIII, las regiones más afectadas por la herejía, el mediodía de Francia y el norte de Italia, gozaban de prosperidad material y espiritual sin paralelo en el mundo cristiano (desde luego refiriéndose a que se habían judaizado) y sólo comparable con el florecimiento cultural en la España mora; es decir excluyendo todo lo que era verdaderamente cristiano... Era allí donde la Iglesia romana, presa de creciente corrupción, y el clero cripto judío cada vez más mundano, suscitaban indudable hostilidad que compartían todas las capas de la población. Por otra parte, esos países albergaban comunidades judías numerosas, ricas y respetadas por los gobernantes y por el pueblo, que generaban una atmósfera aparente de mutua tolerancia que Europa no volvió a conocer hasta los días de la Ilustración. Inmersos en esta atmósfera aparente, los judíos revestidos de sacralidad y puritanismo hipócrita, eran admitidos a los puestos públicos, empleados en la administración tributaria de las tierras del Estado, eran la minoría prominente en las academias y escuelas, donde apretando los dientes, tapándose la boca y las fosas nasales, convivían en aparente amistad con los gentiles, quienes frecuentemente compartían su mesa e incluso la celebración de su sábado. La minoría pudiente de rabinos, médicos, banqueros y comerciantes judíos, mantenían relaciones estrechas con sus colegas cristianos y sufrían unos y otros influjos culturales recíprocos. Nada más natural pues, que los judíos, en libre posesión de la Biblia original, imprimieran poderoso impulso a los movimientos que restaban autoridad a los Evangelios y a la doctrina de la Iglesia aduciendo luchar contra la falsificación y desfiguración del cristianismo primitivo por la Iglesia".[369] (Es decir cuando los primeros cristianos eran judíos obligados a observar la ley de Israel; en contraste a los gentiles cristianos que estaban obligados a cumplir las leyes romanas). Es curioso percibir cómo entienden los judíos la tolerancia mutua entre hebreos y cristianos, que según dicen, imperaba en esas zonas de gran influencia israelita, **siendo para ellos un impedimento sagrado la convivencia pacífica con los gentiles.**

---

[367] Rabino Louis Israel Newman, citada, libro II, p. 137.
[368] San Bernardo, Epístola
[369] Enciclopedia Judaica Castellana, edic. cit., tomo III, vocablo Cristianismo, p. 222, col. 2.

Es preciso notar que así como la aparente fraternidad judeo-cristiana y la tolerancia mutua degeneraron en aquellos tiempos en un poderoso impulso a los movimientos antipapistas, en sangrientas revoluciones y en asesinatos de cristianos la época de la Ilustración, anterior a la Revolución Francesa fue, asimismo, el preludio de las grandes matanzas de cristianos, clérigos y seglares, realizadas por los masones jacobinos controlados por el judaísmo, como ya lo ilustramos pero que abundaremos más adelante. Y es que los hebreos emplean la pretendida tolerancia o convivencia pacífica, como han dado en llamarle ahora, como una simple estrategia que les dé libertad de acción para poder dominar a los cristianos y aniquilar sus instituciones políticas y religiosas. La espantosa revolución que pudo organizarse, no sólo contra la Iglesia, sino contra todo el orden social existente, y que creció al amparo de esta pretendida tolerancia en los siglos XII y XIII, demostró claramente lo que para los hebreos significaban estos atractivos y hermosos postulados... El escritor Dr. Ezequiel Teyssier, basándose entre otras fuentes en el "Manual Masónico" de Condorcet, nos describe la inmensa trascendencia de la gran revolución de los albigenses, diciendo: "Formaron una agrupación enorme que contaba con burgueses, soldados y hasta personajes de altísima importancia como el Rey de Aragón, el Conde de Tolosa, el Conde de Foix, el Vizconde de Bezieres y Carcasona...Alcanzó en lo político gran fuerza al aparecer en público. Sus teorías eran: en lo teológico, el dualismo moral; y en lo social, la anarquía. Esto acontecía en el siglo XIII... La Santa Sede y los tronos pronto se enteraron de este asunto. Al verse descubiertos y creyéndose suficientemente poderosos dieron el grito de rebelión, formando una revolución que tenía como cuartel general a Albi, de donde proviene el nombre de Albigenses. Su arma era el terror y la comunidad de bienes, la independencia del hombre de toda autoridad suprema, odio a las instituciones sociales y principalmente a la Iglesia y a los Tribunales del Estado. Comunicaban sus secretos solamente a los individuos asegurados por largas y grandes pruebas, e imponían la obligación de guardarlos hasta de sus familiares. Sus jefes eran desconocidos de la multitud, lo mismo que los signos de reconocimiento en la manera de hablar y de entenderse, antecedentes de la liturgia judío masónica.(Condorcet- 'Manuel Maçonnique')... Los albigenses, protegidos por magnates poderosísimos, incendiaban, asolaban, perpetraban por todas partes crímenes sin número ni semejanza. Organizados en ejércitos de 100.000 hombres entraban a las ciudades destrozándolas, especialmente los templos y los monasterios. Ningún crimen dejó de serles familiar ni deleitoso, los pueblos eran presa de terror..."[370] Así terminó la convivencia pacífica entre judíos y cristianos del sur de Francia. Para apagar esta gigantesca revolución que amenazaba

---

[370] Ezequiel Teyssier, México, los judíos. México: E. Claridad, 186, 187.

hundir a toda la Cristiandad, fue necesaria la implantación de la Inquisición Pontificia y la organización de una gran cruzada por el Papa Inocencio III reuniendo un ejército de los más poderosos hasta entonces conocidos, con medio millón de soldados, que después de sangrienta y larga guerra, logró aplastar la revolución; ésta, en sus sectores más radicales, aspiraba ya a la implantación de la comunidad de bienes, es decir, al comunismo.

Otro aspecto importante de los movimientos revolucionarios controlados por el cripto judaísmo es que han sabido y saben explotar en forma habilísima todos los defectos del régimen imperante y las inmoralidades de los jerarcas religiosos y políticos casi siempre cometidas por ellos mismos en forma subterránea. Y de manera hipócrita aparecen ellos mismos como reformadores de tales defectos y correctores de dichas inmoralidades, ganándose así el apoyo del pueblo, que a la postre se ha visto defraudado, porque una vez derrocado el orden de cosas vigente, los redentores cripto judíos incurren, por lo general, en peores excesos y mayores inmoralidades que las que supuestamente pretendían corregir... La Enciclopedia española "Espasa Calpe" reconoce que entre las causas que favorecieron el desarrollo de la herejía de los albigenses, aparece la de la conducta inconveniente de muchos clérigos, señalando lo siguiente: "Uno de los primeros actos de estos herejes fue una ruda oposición al clero, en el que hallaron tierra abonada para explotar contra él el odio del pueblo, pues ciertos prebendados dejaban qué desear en la ciencia y en la virtud...el pueblo tomó el partido de los herejes"...[371] El historiador anticristiano Henry Charles Lea, confirma lo anterior diciendo: "...Otro (clérigo) reconoce que los principales argumentos de los herejes estaban en contra del orgullo, la avaricia y las vidas poco limpias de clérigos y prelados".[372] A pesar de lo bien fundamentado que llegaban a ser estos ataques, todos sabemos que con frecuencia los anti testimonios de la fe eran cometidos intencionalmente por los clérigos cripto judíos para desprestigiar a la Iglesia. ... En éste como en todos los casos, la falta de escrúpulos inmoralidades de los jerarcas civiles o eclesiásticos del Estado o la Iglesia, son explotados hábilmente por los conspiradores cripto judíos para lanzar al pueblo contra esos jerarcas y su gobierno. Por eso: Como nos duele la enajenada labor judaizante de las Iglesias luteranas y los exitosos esfuerzos de las altas jerarquías del clero cripto y filo judío, por abrogar la doctrina milenaria de la Iglesia que sostiene la divinidad de Cristo, y asume la defensa de la Iglesia y el cristianismo, luchando contra el judaísmo. Como nos duele a los cristianos la deplorable fragmentación de la Iglesia de

---

[371] Enciclopedia Espasa-Calpe, IV, vocablo Albigenses, p. 157.
[372] Henry Charles Lea. A History Inquisition of the Middle Ages. York: Russell and Russell, 1958. Cap. II, p. 61.

Cristo en miles de Iglesias a raíz de la reforma luterana promovida por los judíos para dividirnos y vencernos. Como nos duele el fanatismo religioso de las masas enajenadas con prácticas piadosas que rayan en la idolatría, o enajenadas por el Libro de Israel, lo cual ha impedido a que sigan el altruismo y misticismo intenso ejemplificados e indicados por Cristo para alanzar la trascendencia humana y la sociedad perfecta. Por consiguiente un medio indispensable para evitar el triunfo de las revueltas judaicas siempre ha sido reconocer nuestros defectos para rectificarlos, haciendo del conocimiento de los fieles las batallas, las victorias y derrotas, y el nombre de los protagonistas que han defendido la Iglesia desde sus orígenes, informando a los fieles en las homilías a los niños la catequesis que la lucha continúa hasta nuestros días, y que estamos a punto de ser derrotados por judaísmo sino participamos todos en la defensa de la Iglesia y la sociedad cristiana, comenzando por moralizar nuestras propias filas y evitar que el enemigo pueda echar mano de lacras reales que le sirvan de bandera para justificar sus movimientos de rebelión y engañó a las masas...

Así lo comprendieron entre otros San Bernardo, San Francisco de Así, Santo Domingo de Guzmán y los Papas Inocencio II e Inocencio III, que en aquellos tiempos tanto lucharon, precisamente, contra la corrupción del clero, contribuyendo, sinceramente con su obra sanadora a la derrota de las herejías de su época, al quitarles con esto un de las principales banderas para atraer adeptos y derrocar a reyes y pontífices cristianos... Una publicación oficial destinada al consumo interno del judaísmo, cuyo autor es el destacado historiador israelita Narcisse Leven, titulada "Cincuenta años de historia. La Alianza Israelita Universal", de la que se hicieron sólo 25 ejemplares en papel Japón y 50 en papel Holanda, numerados del uno al setenta y cinco, y destinados a destacados dirigentes judíos, dice textualmente: "A principios del siglo XIII la Iglesia tenía que enfrentarse a una herejía, la de los albigenses, que había estallado en el sur de Francia". Los albigenses no eran los únicos cristianos que atacan a la Iglesia y a sus dogmas; hay incrédulos también en otros lugares. Los judíos son los creadores de la herejía que sostiene que la doctrina de los judíos es muy superior a la de los cristianos porque el judaísmo es la verdadera religión de los patriarcas y profetas de Israel, y los cristianos al decirse hijos adoptivos del Abraham y del rey David no solo están mintiendo al plagiar una genealogía que no les corresponde, sino suplantando un pueblo ajeno diciendo que los cristianos son el verdadero Israel (desde luego el conflicto existía entre los judíos cristianos y los judíos mosaicos u ortodoxos, pero los gentiles cristianos nunca hemos pretendido ser Israel, pues así como ellos detestan a los gentiles nosotros detestamos a los judíos y estamos mas que orgullosos de nuestras raíces helenistas). Los albigenses eran instruidos por los judíos para que se armaran y atrincheraran en un castillo fortificado e inexpugnable, y la Iglesia no lo duda enfrentarlos con la fuerza. El Papa no quiere al principio de su reinado ni la muerte de los judíos ni su conversión por la fuerza, pero el cisma cunde y se rebela contra la autoridad papal; ante su insolencia, el Papa dirige su ataque contra los albigenses. El Mediodía de Francia es sometido a sangre y fuego. Los judíos se ven mezclados con los albigenses y mueren con ellos... El Concilio de Aviñón impuso, después bajo juramento a todos los barones y a todas las ciudades libres, la obligación de alejar a los judíos de todos los empleos y de todo servicio entre los cristianos, y de imponerles las observancias de la religión cristiana".[373] Esto último se refiere concretamente a los falsos cristianos que judaizaban en secreto, ya que en esos tiempos, mientras que la Santa Iglesia prohibía imponer por la fuerza a los hebreos la religión cristiana, a los cristianos de ascendencia israelita que practicaban el judaísmo en secreto, sí se les obligaba a abandonar esas prácticas y a que observaran sinceramente la religión cristiana, que era la que oficialmente profesaban. Era, pues, un intento de extirpar la quinta columna.

Por otra parte, no es de admirar que en la guerra contra los albigenses hubieran muerto muchos hebreos, ya que eran los judíos los instigadores y creadores de esta herejía y andaban por ello mezclados entre tales herejes. Además, esta importante obra del judaísmo reconoce que los judíos eran también los instigadores de otras herejías e incredulidades. El historiador Vicente Risco indica que: "En Provenza y Languedoc, bajo el gobierno condal, los judíos gozaron de la mayor prosperidad e influencia. Desempeñaban empleos y cargos públicos, incluso bailías y ejercieron verdadera influencia sobre los cristianos en materia filosófica y religiosa, a lo cual se atribuye por algunos autores judíos, el nacimiento de la herejía de los cátaros y albigenses..."[374]... El doctor rabino y literato Lewis Browne afirma que: "Si se conociese bien la verdad, probablemente se sabría que los instruidos judíos de Provenza eran en parte responsables de la existencia de los albigenses. Las doctrinas que los judíos habían esparcido por las naciones durante siglos no podían menos que minar el poder de la Iglesia".[375] Pero como es de todos conocido, si la herejía de los albigenses llegó a constituir un serio peligro para la Cristiandad, fue porque gran parte de la nobleza del sur de Francia no sólo le prestaba su apoyo, sino que hasta dirigía el gigantesco movimiento revolucionario que derramó torrentes de sangre, asesinando a fieles cristianos y a piadosos clérigos... El

---

[373] Narcisse Leven, Cinquante d'histoire. L'Alliance Israélite (1860-1910). París, 1911, Tomo.
[374] Vicente Risco, Historia. Barcelona: Editorial Surco, 1960. Cap. II, p. 306.
[375] Rabino Lewis Browne. Fiction. Nueva York. 1925.

célebre historiador galo del siglo pasado, Jules Michelet -uno de los jefes de los Archivos Históricos Franceses- en su obra monumental titulada "Historia de Francia", constata que: "Fue entre los nobles del Languedoc, donde los albigenses encontraron su principal apoyo. Esta 'Judea de Francia', como ha sido llamada, fue poblada por una mezcla de razas ibéricas, gálicas, romanas y semíticas. Los nobles de allí, muy diferentes a la caballería piadosa del Norte, habían perdido el respeto a las tradiciones..." afirmando expresamente Michelet que: "Había pocos de quienes al remontarse a sus ancestros, nos e encontrara alguna abuela sarracena o judía en su genealogía".[376]

Lo de la abuela sarracena no tiene importancia, porque los musulmanes de Francia y Europa, debido a la tolerancia del Islam para otras religiones y sus profetas, por lo general, se convirtieron sinceramente al cristianismo; pero sobre todo porque el mensaje de Cristo es universal y hermana a toda la humanidad y por lo tanto no antagoniza con los pueblos musulmanes, tal como lo hace el judaísmo que es enemigo acérrimo de los pueblos palestinos desde los tiempos bíblicos; lo cual deja en claro que las guerras que a través de la historia han emprendido las naciones cristianas contra los países mahometanos árabes y palestinos solo son evidencia del triunfo del judaísmo sobre el cristianismo al infiltrar las esferas del poder de los Estados cristianos, y utilizarnos como mercenarios gratuitos para derrotar a los países islámicos; lo cual no quiere decir que los aprecien la defensa gratuita que prestan las potencias cristianas a Israel; sino que lo toman como el servicio de una bestia que fue domesticada para atacar arteramente a los enemigos ancestrales de Israel, y así poder someterlos y despojarlos impunemente.... En cambio lo de la abuela judía sí es muy grave, ya que genera insuperables conflictos internos entre los judíos cristianos debido al antagonismo radical entre el cristianismo y el judaísmo, porque es una obligación impositiva para todos los hebreos -y deben cumplirla con fanatismo pues hay severas mediadas coercitivas para los infractores, remisos y tibios- el iniciar a sus hijos en la sinagoga, aunque sea en secreto, cuando no puede hacerse en público...

De hecho, en los tiempos de esa espantosa revolución se lanzaron acusaciones insistentes contra el conde Raymundo VI de Tolosa, el conde De Comminges y otros, en el sentido de que tras la apariencia de cristianos practicaban el judaísmo en secreto; y ambos condes eran los principales apoyos de la herejía... La diligente historiadora inglesa Nesta H. Webster, además de confirmar lo dicho por Michelet, añade que A. E. Waite asegura que en esos tiempos: "El sur de Francia era el centro del cual irradiaba

---

[376] Jules Michelet, Histoire edición francesa de 1879. Tomo 18-19.

hacia el exterior el ocultismo básico de la judería y sus sueños teosóficos".[377] Y continúa diciendo Webster: "El conde de Comminges practicaba la poligamia y de acuerdo con las crónicas eclesiásticas Raymundo VI, conde de Tolosa, uno de los más ardientes de los creyentes albigenses, tenía su harem. El movimiento albigense ha sido falsamente representado como una mera protesta contra la tiranía de la Iglesia Romana; en realidad se levantaba contra las doctrinas fundamentales de la Iglesia y más aún, contra todo principio de religión y moral. Pues mientras algunos de la secta declaraban abiertamente que la ley judía era preferible a la de los cristianos, ya que eran cripto judíos (Graetz, 'History of the Jews'. III, pág. 517), Para otros el Dios del Antiguo Testamento era tan abominable como el 'falso Cristo' que sufrió en el Gólgota; el viejo odio de los gnósticos y de los maniqueos por el Demiurgo, revivió en estos rebeldes contra el orden social. Precursores de los libertinos del siglo XVII y de los Iluminados del XVIII, los nobles albigenses, con el pretexto de combatir al sacerdocio, se esforzaron por echar abajo todas las normas que la Iglesia había establecido"[378]... El destacado rabino Louis Israel Newman, después de mencionar algunas doctrinas anti bíblicas de los cátaros precursores de los albigenses, basadas en el dualismo maniqueo; sin embargo en su obra "Influencia judía en los movimientos de reforma cristiana", edición citada, páginas 173 y 174, afirma que: "El dogma central del catarismo, a saber, el dualismo de la divinidad, encuentra un paralelo en ciertos aspectos de la tradición judía. Debido a que habido en el judaísmo, a pesar de su estricta predisposición monoteísta, un dualismo nativo, basado en material de la Haggadah y aún en porciones apocalípticas del Antiguo Testamento; durante los siglos en que el catarismo floreció, nosotros encontramos un recrudecimiento de la discusión judía sobre el dualismo, en la Cábala contemporánea". Y en la página 176 dice: "Posiciones paralelas pueden encontrarse, punto por punto, entre las opiniones de los cátaros y la Cábala...".[379]

No debe olvidarse que la herejía de los albigenses, además de ser una derivación de la catarense, conservó como ésta el dualismo teológico. La influencia de los judíos cabalistas sobre cátaros y albigenses y sobre su dualismo teológico, es aceptada por distinguidos escritores judíos. Por otra parte aparece evidente que, en el movimiento de los albigenses, el judaísmo no tuvo escrúpulos al imponer una teología aparentemente anti bíblica-sobre todo en sus infanterías- en que se blasfemaba contra el Dios Bíblico; como ahora no tiene escrúpulos en propagar el ateísmo en los

---

[377] Nesta H. Webster, Secret and Subversive Movements. Londres. Boswell and Publishing Co. Ltd. 1924. pág. 75.
[378] Nesta H. Webster, obra citada, edic. cit, Cap. IV, p. 75.
[379] Rabino Louis Israel Newman, obra citada, libro II, pp. 173-176.

países comunistas. Pero, tal cosa era explicable dado que en la Europa de esos tiempos las grandes masas cristianas de la población eran intensamente anti judías, éstas no podían controlarse con un movimiento filo semita, sino que para atraparlas era necesario rodear a la secta de un ambiente que hiciera creer a los incautos que los judíos nada tenían que ver en el movimiento herético; y el medio más adecuado para lograrlo era blasfemas contra Jehová, renovando las teorías gnósticas que lo identificaban con el malvado Demiurgo y tomando doctrinas del maniqueísmo. Además, como los dirigentes de la secta eran judíos secretos, cubiertos con la máscara del herejísmo cristiano, a primera vista no se podía percibir -como ocurrió siglos después con la francmasonería o los carbonarios- que muchos de ellos eran judíos, puesto que aparecían bien disfrazados, esgrimiendo su origen cristiano, sus nombres y apellidos cristianos, de acuerdo con los de la región.

La Santa Iglesia no sólo descubrió que la secta era dirigida por cripto judíos, sino que esa ideología aparentemente anti hebrea en las bajas esferas, iba siendo transformada, poco a poco, hasta llegar a los círculos superiores de la secta, en donde se llegaba a afirmar que la ley judía, es decir, la religión judía era mejor que la cristiana. En la francmasonería del siglo XVIII -en la que aparentemente se prohibía a los hebreos el ingreso a sus filas- la ideología de los iniciados también se iba transformando sucesivamente en los distinto grados ascendentes mediante lecturas de libros, conferencias, liturgia, ceremonial y adoctrinamiento especial en los distintos grados a medida que el masón iba ascendiendo, poco a poco iba transformando su ideología, cambiando el, antisemitismo que privaba en la sociedad de esos tiempos, en filo judaísmo. Por este medio, los judíos secretos, cubiertos con el disfraz del cristianismo, lograron formar en la masonería legiones de aliados dispuestos a organizar las revoluciones liberales y a promulgar las leyes que emancipaban a los judíos públicos y los igualaban en derechos políticos y sociales al resto de la población, echando abajo los cánones de la Iglesia y las leyes civiles, que desde hacía siglos eran el principal resguardo de la sociedad cristiana. Cuando los judíos clandestinos, por medio de la masonería y del liberalismo, lograron extirpar en la sociedad de los siglos XVIII y XIX el sentimiento anti judío que imperaba, terminaron con la farsa y suprimieron de las constituciones masónicas los artículos que prohibían la entrada de judíos a la masonería, la cual, muy pronto se vio inundada en sus puestos dirigentes por israelitas, profesantes abiertos de su religión, ante la sorpresa de algunos hombres libres como Benjamín Franklin, que se alarmaron con esa invasión.... Para terminar con el tema de la herejía de los albigenses, vamos a insertar un interesante dato sobre sus principios proporcionado por el rabino Jacob S. Raisin en su obra titulada "Reacciones gentiles a los ideales judíos", en donde se lee lo siguiente: "La revolución contra la jerarquía eclesiástica fue especialmente fuerte entre los albigenses. Aparecieron primero en Aquitania en 1010 y en 1017 oímos de ellos como una sociedad secreta en Orleáns, de la que eran miembros diez canónigos de una iglesia y un confesor de la reina. Un poco después, los encontramos en Lieja y Arras, en Soissons y Flandes, en muchas provincias de España, en Inglaterra, Alemania e Italia, sin exceptuar Roma, donde se les unieron no pocos de la nobleza; y el pueblo, afectuosamente, les llamaba hombres buenos (Bonshommes)". Sigue diciendo después el citado rabino que a pesar de las represiones ordenadas por la Iglesia "...los herejes persistían en su desatino y continuaban predicando sus doctrinas y lograban éxitos ganándose algunos obispos y nobles".[380]

Los datos que cita el rabino son muy interesantes, pues nos dan oportunidad de hacer hincapié en una de las tácticas utilizadas por el judaísmo para la fundación de sus movimientos subversivos dentro de la Cristiandad. Estos movimientos inicialmente los constituyen un grupo de judíos secretos, cubiertos con la máscara del cristianismo, con lo cual aparentemente no se perciben judíos en el núcleo, aunque lo sean todos. Además, suelen adornar la sociedad secreta naciente o el movimiento público que surge, con clérigos cristianos, si se trata de un país cristiano o protestantes u ortodoxos, según el caso. Lo pueden hacer fácilmente, ya que la quinta columna hebrea introducida en el clero les proporciona los sacerdotes, canónigos o clérigos de mayor jerarquía que necesiten. Esta medida tiene por objeto lograr que los fieles cristianos, al ingresar a la asociación, crean que es muy buena, ya que si forma parte de ella un piadoso canónigo o un ilustre cardenal, se pude suponer que se trata de algo bueno. Se ve claro que los clérigos quinta columnistas son utilizados en estos casos como señuelo para atrapar incautos. Así, la herejía albigense empezó con canónigos y hasta con un confesor de Su Majestad la reina, y después siguió adornando con obispos sus secretos conventículos para darles apariencia de bondad y atrapar más fácilmente al pueblo ingenuo.

El mismo sistema siguieron los judíos siglos después en la francmasonería, a la que en sus primeros grados dieron apariencia de institución cristiana y de sociedad filantrópica, y cuyas logias fueron adornadas con sacerdotes, canónigos y hasta clérigos de mayor jerarquía, lo que permitió al judaísmo desorientar a la Iglesia y a los cristianos durante mucho tiempo e iniciar en la secta a millares de engañados, siendo los principales responsables de tal engaño los clérigos cripto judíos, masones militantes, que sirvieron de anzuelo para atrapar incautos.

---

[380] Rabino Jacob S. Raisin, obra citada, Cap. XVII, pp. 454, 455.

Cuando la Santa Sede y las monarquías se dieron cuenta del fraude y el Papa excomulgó a los masones, ya la fraternidad había adquirido tal fuerza universal que no fue posible ni a la Iglesia ni a los reyes contener su arrollador empuje, pues el embuste inicial había dado resultados decisivos. Actualmente todavía en Inglaterra y en Estados Unidos los judíos subterráneos siguen presentando a la masonería como institución cristiana y asociación filantrópica en sus primeros grados, haciendo incluso alarde de que es extraña a la política, para que una vez prestados los juramentos, permanezcan atrapados en la ratonera y en forma inconsciente sirvan de dóciles instrumentos al judaísmo; manteniendo con ello la Sinagoga de Satanás su dominio sobre esas las potencias cristianas. En cuanto al comunismo, la judería observa parecidos sistemas. Hay clérigos cripto hebreos, introducidos en la Iglesia Cristiana, en las protestantes y ortodoxas de Oriente, y afiliados a los partidos comunistas, tratando de desorientar a los cristianos al quererles hacer creer que el comunismo busca la emancipación de los proletarios, y que se puede pactar con él. La misión de estos Judas es adormecer al mundo libre para que afloje sus defensas, y debilitar la resistencia anti comunista de los pueblos de los que tales clérigos se dicen pastores, para con ello facilitar el triunfo definitivo del comunismo judaico. Las tácticas del judaísmo a este respecto son en esencia las mismas, tanto en la época de los albigenses como en nuestros días. Y es claro, mientras más altas jerarquías pueda escalar dentro del clero la quinta columna cripto hebraica, mayores serán los estragos que en todos sentidos haga a la Cristiandad. También las llamadas confraternidades judeo cristianas que han surgido en la actualidad las encontramos adornadas con clérigos quinta columnistas de tan hipócrita como aparente piedad, que con su presencia en tales organizaciones engañan y atraen a muchos jerarcas de la Iglesia bien intencionados. Estos, ignorando los secretos fines de tales confraternidades, que son los de convertir a sus miembros cristianos en satélites del judaísmo, dan su adhesión a ellas, con lo cual aumenta, como es natural, la desorientación de los fieles, que son más fácilmente atrapados por dichas asociaciones, para empujarlos luego a servir como instrumentos de la Sinagoga de Satanás en las actividades que realiza para aplastar a los patriotas que luchan contra ella en defensa de la Iglesia y de los pueblos amenazados por el imperialismo judaico.

TERCERA PARTE

SOMETIMIENTO MUNDIAL AL IMPERIALISMO JUDÍO

CAPÍTULO I

EL PODER OCULTO DE LA MASONERÍA

En vista de que el tema ha sido tratado con tal maestría y profundidad por personalidades eminentes y copiosamente documentadas, como Su Santidad el Papa León XIII, el Eminentísimo Cardenal José María Caro R., Arzobispo de Santiago de Chile, por Mons. León Meurin, S.J., Arzobispo Obispo de Port-Louis y otros varios eruditos escritores eclesiásticos y seglares, nos limitaremos a transcribir literalmente tan autorizadas opiniones para no desvirtuar en lo más mínimo su gran autoridad:

1) Su Santidad León XIII, en su Encíclica "Humanum Genus", dice literalmente: "Los Romanos Pontífices, Nuestros Antecesores, velando solícitos por la salvación del pueblo cristiano, conocieron bien pronto quién era y qué quería este capital enemigo apenas asomaba entre las tinieblas de su oculta conjuración, y cómo, declarando su santo y seña, amonestaron con previsión a Príncipes y pueblos que no se dejaran coger en las malas artes y asechanzas preparadas para engañarlos.
2) Dióse el primer aviso del peligro el año 1738 por el Papa Clemente XII (Const. In eminenti, die 24 Aprilis 1738),
3) Constitución que confirmó y renovó Benedicto XIV (Const. Providas, die 18 Maii 1751),
4) Pío VII (Const. Ecclesiam a Iesu Christo, die 13 Septembris 1821) siguió las huellas de Cemente XII y Benedicto XVI
5) Leon XII, incluyendo en la Constitución Apostólica Quo graviora (Cont. Apost. Data die 13 martii 1825) lo decretado en esta materia por los anteriores, lo ratificó y confirmó para siempre. Y así lo hicieron:
6) Pío VIII (Encicl. Traditi, die 21 Maii 1829),
7) Gregorio XVI (Encicl. Mirari vos, die 15 Augusti 1832)
8) Pío IX (Encicl. Qui pluribus, die 9 Novemb. 1846; Aloc. consist. Multiplices inter, die 25 Septemb. 1865, etc.) por cierto (...) repetidas veces, hablaron en el mismo sentido..." "Ahora a ejemplo de

Nuestros Predecesores, hemos resuelto declararnos de frente contra la misma sociedad masónica, contra el sistema de su doctrina, sus intentos y manera de sentir y obrar, para más y más poner en claro su fuerza maléfica e impedir así el contagio de tan funesta peste (...). No puede el árbol bueno dar malos frutos, ni el árbol malo dar buenos frutos (Matth. cap. VII, v. 18), y los frutos de la secta masónica son, además de dañosos, acerbísimos. Porque de los certísimos indicios que hemos mencionado antes resulta el último y principal de sus intentos, a saber: el destruir hasta los fundamentos todo el orden religioso y civil establecido por el Cristianismo, levantando a su manera otro nuevo con fundamentos y leyes sacadas de las entrañas del Naturalismo..." "Sin esto, los turbulentos errores que ya llevamos enumerados han de bastar por sí mismos para infundir a los Estados miedo y espanto. Porque quitado el temor de Dios y el respeto a las leyes divinas, menospreciada la autoridad de los Príncipes, consentida y legitimada la manía de las revoluciones, sueltas con la mayor licencia las pasiones populares, sin otro freno que la pena, ha de seguirse por fuerza universal mudanza y trastorno. Y aún precisamente esta mudanza y trastorno es lo que muy de pensado maquinan y ostentan de consuno muchas sociedades de comunistas y socialistas, a cuyos designios no podrá decirse ajena la secta de los masones, como que favorecen en gran manera sus intentos y conviene con ellas en los principales dogmas..." "Sea como quiera, ante un mal tan grave y ya tan extendido, lo que a Nos toca, Venerables Hermanos, es aplicarnos con toda el alma en busca de remedios. Y porque sabemos que la mejor y más firme esperanza de remedio está puesta en la virtud de la religión divina, tanto más odiada de los masones cuanto más temida, juzgamos ser lo principal el servirnos contra el común enemigo de esta virtud tan saludable. Así que todo lo que decretaron todos los Romanos Pontífices, Nuestros Antecesores, para impedir las tentativas y los esfuerzos de la secta masónica, cuanto sancionaron para alejar a los hombres de semejantes sociedades o sacarlos de ellas, todas y cada una de estas cosas damos por ratificadas y las confirmamos con Nuestra autoridad apostólica".[381] Como se ve, tanto Su Santidad el Papa León XIII como varios Sumos Pontífices anteriores son muy claros al condenar la masonería, reconociendo asimismo sus intentos de destruir a la Cristiandad, aliada con socialistas y comunistas. ¿Y quiénes dirigen la masonería? Como lo demostraremos en los capítulos siguientes, son los mismos que dirigen al socialismo, es decir los judíos.

---

[381] León XIII, Carta Encíclica Humanum Genus, abril 20 de 1884.

CAPITULO II

LOS JUDÍOS: FUNDADORES DE LA MASONERÍA

"Desenmascarar a la masonería es vencerla", dijo León XIII. Si la desnudamos de sus velos, todo espíritu recto, todo corazón honrado se apartará de ella con horror; y por este solo hecho caerá anonadada y execrada por los mismos que la obedecen. El Ilustre sabio jesuita Monseñor León Meurin, S.J., Arzobispo Obispo de Port-Louis, en su laboriosísima obra "Simbolismo de la Masonería", demuestra con documentación aplastante que los judíos son los fundadores, organizadores y dirigentes de la masonería, la cual utilizan para lograr el dominio mundial, destruir a la Santa Iglesia Cristiana y demás religiones existentes. Entre la autorizada bibliografía que presenta al respecto figuran algunas citas que mencionaremos a continuación: "El Primer Consejo Supremo, como ya hemos dicho, fue constituido el 31 de mayo de 1801, en Charleston, grado 33 de latitud norte, bajo la presidencia del judío Isaac Long, hecho Inspector General por el judío Moisés Cohen, que había recibido su grado en Spitzer, de Hyes, de Franken y del judío Morin".[382] "Eran pues judíos los fundadores del primer Gran Consejo que había de convertirse en el centro de la masonería cosmopolita. Y lo situaron en América, en una ciudad elegida precisamente en el grado 33 de latitud norte. El Jefe Supremo vive desde 1801 en Charleston. Este jefe era en 1889 Albert Pike, a quien ya hemos nombrado en su Carta Encíclica, fechada el 14 de julio de 1889, aniversario y centenario célebres, él toma los títulos de cada uno de los 33 grados y añade los siguientes: Muy Poderoso Soberano Comendador, Gran Maestre del Supremo Consejo de Charleston, Primer Consejo Supremo del Globo, Gran Maestre Conservador del Palladium Sagrado, Soberano Pontífice de la Masonería Universal'. Con estos títulos pomposos, publicó su carta Encíclica, en el año trigésimo primero de su pontificado, asistido por diez Ilustrísimos, Muy Iluminados y Muy Sublimes hermanos, Soberanos Grandes Inspectores Generales, Magos Elegidos, que componen el Serenísimo

---

[382] Pablo Rosen, Satán y Cía. Buenos Aires, 1947. p. 219.

Gran Colegio de los masones eméritos, Consejo de la Falange de Selección y del Batallón Sagrado de la Orden".[383]

La Encíclica enumera a los 23 Consejeros Supremos 'engendrados' hasta el presente, ya directamente, ya indirectamente, por el de Charleston, esparcidos por el mundo entero. Luego enumera cien Grandes Orientes y Grandes Logias de todos los Ritos en comunicación con el Supremo Consejo de Charleston como soberana Potencia masónica; por ejemplo, el Gran Oriente de Francia, el Consejo General del Rito de Misrain, el Gran Consejo de los masones Oddfellows, etc. De lo que antecede hemos de concluir que la Masonería es una sobre todo el globo, con formas "innumerables, pero bajo la dirección suprema del Soberano Pontífice de Charleston.[384]

Los ritos y símbolos de la masonería y de otras sociedades secretas recuerdan constantemente la cábala y el judaísmo: la reconstrucción del Templo de Salomón, la estrella de David, el sello de Salomón, los nombres de los diferentes grados, como por ejemplo: Caballero Kadosh ("Kadosh" en hebreo significa santo), Príncipe de Jerusalén, Príncipe de Líbano, Caballero de la serpiente de Airain, etc. Y la plegaria de los masones ingleses, adoptada en una reunión celebrada en 1663, ¿no recuerda de una manera evidente el judaísmo?[385] "Finalmente la masonería escocesa se servía de la Era judía; por ejemplo, un libro del masón americano Pike,[386] escrito en 1881, está fechado en el 'anno mundi 5641'. Actualmente no se conserva esta cronología sino en los altos grados, mientras que los masones añaden generalmente cuatro mil años en la Era cristiana y no 3760 como los judíos".[387] El sabio rabino Benamozegh escribe lo que sigue: "Los que quieran tomarse el trabajo de examinar cuidadosamente las cuestiones de las relaciones entre el judaísmo y la francmasonería filosófica, la teosofía y los misterios en general, perderán un poco de su soberbio desdén por la Cábala. Cesarán de sonreír despectivamente ante la idea de que la teología cabalística puede tener una misión que cumplir en la transformación religiosa del porvenir".[388] ¿Quiénes son los verdaderos dirigentes de la masonería? Este es uno de los misterios de la secta, uno de los secretos más cuidadosamente guardados; pero puede asegurarse que el

---

[383] Adolphe Ricoux, L'existence des loges de femmes. París: Téqui, 1891. pp. 78-95.
[384] Monseñor León Meurin, S.J. Arzobispo de Port-Louis, Simbolismo de la masonería. Madrid: Editorial Nos, 1957. pp. 201-202.
[385] "Revue Internationale des Sociétés Secrètes" (RISS). París, 1913, no. 2, p. 58.
[386] Albert Pike, La moral y el dogma en el rito escocés. Anno mundi 5641 (1881).
[387] Maurice Fara, La masonería en descubierto. Buenos Aires: La hoja de roblre, 1960. p. 23.
[388] Rabino Benamozegh, Israel y la humanidad. París, 1914. p. 71.

trabajo masónico en el mundo entero se desarrolla de acuerdo con un mismo y único plan, que sus medios son siempre y en todas partes idénticos, y que los fines perseguidos son constantemente los mismos. Esto nos induce a creer que existe un centro único que dirige todos los movimientos de la secta.

Más adelante abordaremos esta cuestión, pero recordemos que la "Carta de Colonia" fechada el 24 de junio de 1535 hablaba de un director de la masonería: el Gran Maestre Patriarca que aunque conocido por muy pocos hermanos existe en realidad; y Gougenot des Mousseaux indica que "esta selección de la Orden, estos jefes efectivos que muy pocos iniciados conocen, funcionan en la provechosa y secreta dependencia de los cabalistas israelitas", y que los verdaderos jefes de la masonería son "los amigos, los auxiliares, los vasallos del judío a quien acatan como soberano señor".[389]

De la misma opinión participan Eckert, Drumont, Deschamps, Monseñor Jouin, Lambelin y otros conocedores de las cuestiones masónicas y judías. Dejemos a un lado las enseñanzas dogmáticas de la masonería y del hebraísmo y examinemos las alianzas entre el judaísmo y la masonería desde el punto de vista meramente práctico y real. Discurriendo con lógica no puede menos que aceptarse la conclusión siguiente formulada por L. de Poncins en "Las fuerzas secretas de la revolución":

1) "La universalidad de la Francmasonería, su duración, la invariabilidad de sus fines, que se explican perfectamente si se trata de una creación judía para servir a intereses judíos, serían absolutamente incomprensibles si su origen fuera cristiano. La misma finalidad de la Francmasonería, la destrucción de la civilización cristiana, nos descubre al judío, porque sólo el judío puede resultar beneficiado y únicamente el judío está animado de un odio suficientemente violento contra el Cristianismo, para crear una organización semejante". Prosigue Poncins: "La Francmasonería es una sociedad secreta. Está dirigida por una minoría internacional. Ha jurado un odio implacable al Cristianismo. Estos tres rasgos característicos son precisamente los mismos que definen al judaísmo y constituye la demostración de que los judíos son el elemento director de las logias".[390]
2) La "Revue Internationale des Sociétés Secretès" informaba en 1926 que: "Ya en 1867 se organiza la "Liga Internacional permanente de la

---

[389] Gougenot des Mousseaux, Le juif, le judaïsme et la judaïsation des peuples chrétiene París, 1869. pp. 338-339.
[390] León de Poncins, Les forces secrètes de la Revolution pp. 139-140.

Paz" y su secretario el judío Passy esboza la idea de un tribunal para zanjar sin apelación todos los conflictos entre las naciones".[391]

3) El periódico "Los Archivos Israelitas" soñaba con un tribunal análogo en 1864. "¿No es natural y aún necesario —escribía un tal Levy Bing- que veamos pronto establecido un tribunal supremo al que se sometan los grandes conflictos públicos, las querellas entre nación y nación, que juzgue en última instancia y cuya última palabra haga fe? Esta palabra será la palabra de Dios, pronunciada por sus hijos primogénitos (los hebreos), y ante la cual se inclinará con respeto la universalidad de los hombres, nuestros hermanos, nuestros amigos, nuestros discípulos".[392] Tales son los sueños de Israel. Como siempre, coinciden con los de la masonería.

4) El "Almanaque de los Francmasones", escribe: "Cuando se haya establecido la república en toda la vieja Europa...será cuando reine Israel en autócrata sobre esta vieja Europa"[393] (13).

5) En el Congreso Universal de la Juventud Judía celebrado el 4 de agosto de 1926, proclamaba el masón H. Justin Godard que los judíos son "el más firme sostén de la Sociedad de las Naciones, que les debe su existencia".[394]

6) Aún precisa más el judío Cassin: "El renacimiento del Sionismo es obra de la Sociedad de las Naciones.[395] Por eso las organizaciones judías se presentan como defensoras de la Sociedad de las Naciones y por eso los representantes del pueblo elegido pululan en Ginebra".[396] (No obstante Israel no acata las resoluciones en su contra)

---

[391] "Revue Internationale des Siciétés Secrètes" (R.I.S.S.), 1926, no. 8, p. 269.
[392] "Archivos Israelitas", 1864, p. 335.
[393] "Almanaque de los franc-masones". Leipzig, 1884.
[394] "Les cahiers de l'ordre", 1926, no. 3- 4, p. 22.
[395] "Les cahiers de l'ordre", 1926, no. 3- 4, p. 23.
[396] Maurice Fara, obra citada, p. 111.

Capítulo III

Los Judíos: Dirigentes de la Masonería

El Eminentísimo Cardenal José María Caro, Arzobispo de Santiago y Primado de Chile, también en su documentada obra "El misterio de la masonería", demuestra que son los judíos quienes dirigen a dicha secta con el objeto de dominar al mundo y aniquilar a la Santa Iglesia. En relación a su origen afirma: "El Ritual masónico denuncia con evidencia su origen judío: los símbolos, comenzando por la misma Biblia, el escudo de armas, en que se trata de desplegar heráldicamente las varias formas de los querubines descritos en la segunda visión de Ezequiel, un buey, un hombre, un león y un águila, las dos columnas del templo masónico, recuerdo este último del templo de Salomón; la reconstrucción del templo, que es la obra masónica, etc. Las leyendas y catecismos, tomados de gran parte de la Biblia, tergiversándola casi siempre al saber masónico, especialmente la leyenda de Hiram, que tan importante papel desempeña en el ritual masónico. Las palabras o términos usuales, como los nombres de las columnas, Boaz y Jakin, las palabras de reconocimiento y de pase, v.gr., Tubalcaín, Schiboleth, Macbenac, Giblim o Moabon, Nekum o Nekam, Abibalc, etc. La importancia que se da a los números, cosa muy propia de la Cábala, es también otro testimonio de la influencia cabalística en la masonería". "Finalmente, los hechos, el reinado de terror, la explosión de odio satánico contra la Iglesia, contra N.S. Jesucristo, las horribles blasfemias en que prorrumpían los revolucionarios masones de Francia, no son más que la expresión y el cumplimiento de las aspiraciones de las sectas cabalísticas y secretas que durante tantos siglos venían trabajando secretamente en contra del Cristianismo. Lo que los bolchevistas, judíos en su mayor parte, hacen ahora en Rusia contra el Cristianismo, no es más que otra edición de lo que hicieron los masones en la Revolución Francesa. Los ejecutores son distintos; la doctrina que mueve y autoriza y la dirección es la misma".[397]

---

[397] José María Cardenal Caro R., Arzobispo de Santiago, Primado de Chile, El misterio de la masonería. 2ª ed. Buenos Aires: Editorial Difusión, 1954, p. 258. Col. Hoy, no. 49.

El ilustre sabio jesuita Monseñor León Meurin, Arzobispo Obispo de Port-Louis, en su documentada obra "Filosofía de la masonería", afirma lo siguiente: "Los primeros once grados de la masonería (del rito escocés) como veremos más adelante, están destinados a transformar al 'profano' en 'Hombre verdadero', en el sentido masónico; la segunda serie que va del grado 12 al 22 debe consagrar al Hombre 'Pontífice judío' y la serie tercera del grado 23 al 33 ha de consagrar al Pontífice 'Rey judío' o 'Emperador cabalístico'..." "Lo primero que sorprende al nuevo adepto a una logia es el carácter judío de todo cuanto en ella encuentra. Desde el grado uno hasta el 30 no oye hablar sino de la 'Gran obra', de reconstruir el templo de Salomón, del asesinato del arquitecto Hiram-Abiff; de las dos columnas Boaz y Jakin (III, Reyes, VII, 21), de multitud de contraseñas y palabras sagradas hebreas y de la Era judía, añadiendo 4000 años a la nuestra, para no honrar el nacimiento del divino Salvador" "Tras haber establecido firmemente a la masonería en los diversos países cristianos, los judíos se aseguraron el predominio de los Grandes Orientes en número e influencia. Por otra parte establecieron gran número de logias formadas exclusivamente por judíos. Ya antes de la revolución de 1789, los hermanos von Ecker y Eckhoffen habían fundado en Hamburgo la 'Logia de Melquisedec', reservada a judíos. Los hebreos von Hirschfeld y Cotter crearon en Berlín a finales del siglo XVIII la 'Logia de la Tolerancia', con el fin de aproximar por medio de la masonería a los cristianos y a los judíos[398]...". Ya desde entonces usaban los judíos el truco de aproximar a judíos y cristianos con el fin de controlar ideológica y políticamente a estos últimos, o desorientarlos; pero, en esa época tenían que recurrir a las "Sociedades Secretas", ya que las leyes y las costumbres de los estados cristianos de Europa estaban saturadas de medidas tendientes a proteger a los cristianos en contra de los engaños de los judíos. El citado arzobispo sigue diciendo que: "El periódico secreto masónico de Leipzig en su número correspondiente a octubre de 1864 decía que 'el centro de las logias judías funcionaba en París, bajo la dirección de Crémieux y el Gran Rabino."[399]

LAS DOCTRINAS, SÍMBOLOS Y GRADOS MASÓNICOS TIENEN SU ORIGEN EN EL JUDAÍSMO

---

[398] Monseñor León Meurin, S.J.,. Filosofía de la masonería. Madrid: Editorial Nos, 1957. pp. 30, 211-212.
[399] Monseñor León Meurin, S.J.,. Filosofía de la masonería. Madrid: Editorial Nos, 1957, p. 212.

El ilustre Arzobispo Obispo de Port-Louis, hablando sobre el origen judío de las doctrinas masónicas, dice lo siguiente: "Los dogmas de la masonería son los de la Cábala judía y en particular los de su libro 'Zohar'". (Luz). "Ello no consta en ningún documento masónico pues es uno de los grandes secretos que los judíos guardan para sólo conocerlos ellos mismos. Sin embargo, hemos podido descubrirlo siguiendo los rastros del número once..." "Es aquí donde hemos descubierto los dogmas fundamentales de la Cábala judía incorporados a la masonería".[400]

Y en su obra "Simbolismo de la masonería" el citado arzobispo dice: "En los capítulos precedentes quedaba siempre cierto número de símbolos masónicos más o menos inaplicables. En éste, todo cuanto representa un papel en la masonería y en su leyenda se aplica al pueblo judío con una facilidad asombrosa. En realidad cuanto existe en la masonería es profunda, exclusiva, apasionadamente judío desde el principio hasta el fin". "¿Qué interés tienen las demás naciones en reconstruir el templo de Salomón? ¿Lo hacen por ellas mismas o por los judíos? ¿Son estas naciones o son los judíos quienes obtendrán de ello algún beneficio? ¿Qué ventajas representa para ellas devorarse unas a otras a fin de que triunfen en todo el mundo los 'Príncipes de Jerusalén' (grado 16), 'Jefes del Tabernáculo' (grado 23) o **Príncipes** del Tabernáculo'(grado 24)? ¿Se han puesto de acuerdo las naciones para servir de escabel a los pies de los judíos? (Salmo 109) ¿Por qué, pues, se apresuran a colocar la corona (kether) en su cabeza y el reino (malkuth) bajo sus pies?". "Es tan evidente que la masonería no es sino una herramienta en manos de los judíos, que son los que la manejan, que uno se siente tentado a creer que los masones no judíos pierden la inteligencia y la facultad de raciocinio el mismo día en que por primera vez les vendan los ojos".[401]

El Eminentísimo Cardenal Caro en su obra "El misterio de la masonería" dice: Consideración masónica por los judíos: "En la masonería se ha visto siempre una grande y especialísima consideración por los judíos: cuando se habla de supersticiones jamás se menciona la religión judía. Cuando estalló la Revolución Francesa, se pidió con insistencia la ciudadanía francesa para los judíos; rechazada una vez, se insistió en pedirla, y fue concedida; así mismo se insistió hasta la saciedad en que tanto las personas como los bienes judíos eran intocables. El lector recordará que en esos días se perseguía a muerte a los cristianos. Cuando en la Comuna de París se propagaron los saqueos indiscriminados, muchos

---

[400] Monseñor León Meurin, S. J., Filosofía de la masonería. Madrid: Editorial Nos, 1957, pp. 41-42.
[401] Monseñor León Meurin, S.J., Simbolismo de la masonería. Madrid: Editorial Nos, 1957. p. 34.

fueron los intentos para saquear la Caja de fondos del Banco de Francia, y fue necesario que el ejercitó lo defendiera instalando barricadas fuertemente armadas; pero nadie amenazó los Bancos judíos. "La masonería ha mirado con horror el antisemitismo, a tal punto, que un Hermano anti semita, que creía de buena fe en la tolerancia de las opiniones políticas de la masonería se presentó en Francia como candidato a diputado una vez y salió elegido y cuando de trató de la reelección, se dieron órdenes expresas a las logias para que se le hiciera la guerra, órdenes que no se ven casi nunca en las logias y tuvieron que ser cumplidas".

PREPONDERANCIA JUDÍA EN LAS LOGIAS

1) "En 1862, un masón de Berlín, dándose cuenta de la preponderancia judía en las logias de Munich, escribía en una hoja: 'Hay en Alemania una sociedad secreta de formas masónicas que está sujeta a jefes desconocidos. Los miembros de esta asociación son en su mayor parte
2) En Londres, donde se encuentra, como se sabe, el foco de la revolución, bajo el Gran Maestre Palmerston, hay dos logias judías que no vieron jamás a cristiano pasar sus umbrales; allí es donde se juntan todos los hilos de los elementos revolucionarios que anidan en las Logias de Munich".
3) "En Roma, otra Logia enteramente compuesta de judíos, donde se reúnen todos los hilos de las tramas urdidas en las Logias Cristianas, es el Supremo Tribunal de la Revolución". "Desde allí son dirigidas las otras logias, por jefes secretos, de modo que la mayor parte de los revolucionarios cristianos no son más que muñecos puestos en movimiento por judíos, mediante el misterio".
4) "En Leipzig, con ocasión de la feria que hace acudir a esa ciudad una parte de los altos negociantes judíos y cristianos de la Europa entera, la Logia Judía secreta es cada vez más permanente, y jamás masón cristiano ha sido recibido en ella. 5) He ahí lo que hace abrir los ojos a más de uno de nosotros...No hay sino emisarios que tienen acceso a las logias judías de Hamburgo y de Francfort".
5) Gougenot des Mousseaux refiere este hecho que confirma lo anterior: "Desde la recrudescencia revolucionaria de 1848 me encontraba en relación con un judío que, por vanidad, traicionaba el secreto de las sociedades secretas en las cuales estaba asociado y que me advertía con ocho o diez días de anticipación todas las revoluciones que iban a estallar en un punto cualquiera de Europa. Le debo la inquebrantable convicción de que todos esos grandes movimientos de los pueblos

oprimidos, etc., son combinados por una media docena de individuos que dan sus órdenes a las sociedades secretas de toda Europa. El suelo está enteramente minado bajo nuestros pies y los judíos suministran un gran contingente a esos minadores".

6) "En 1870, De Camille escribía a 'Le Monde' que una gira por Italia había encontrado a uno de sus antiguos conocidos, masón, y habiéndole preguntado cómo estaba la Orden, le respondió: 'He dejado mi Logia de la Orden definitivamente, porque he adquirido la convicción profunda de que no éramos sino los instrumentos de los judíos que nos empujaban a la destrucción total del Cristianismo' . ('La F. M. Secte Juive', 43-46). "Como confirmación de lo anterior voy a transcribir una información que se encuentra en la 'Revue des Sociétés Secrètes' (págs. 118-119, 1924). "

7) 1ª. La Internacional dorada (plutocracia y alta finanza internacional), a cuya cabeza se encuentra: a) En América: P. Morgan, Rockefeller, Wanderbilt y Wanderlippe (Varios de estos nombres no parecen ser de lo mejor escogidos); b) En Europa: la casa Rothschild y otras de orden secundario.

8) 2ª. La Internacional roja o Unión Internacional de la democracia social obrera. Esta comprende: a) la segunda Internacional (la de Bélgica, judío Vandervelde); b) la Internacional No. 2 ½ (la de Viena, judío Adler); y

9) 3ª. la Internacional No. 3 o Internacional comunista (la de Moscú, judíos Apfelbaum y Radek).

10) A esta hidra de tres cabezas que para más comodidad obran separadamente, se agrega el Profintern (Oficina Internacional de las asociaciones profesionales) que tiene su sede en Amsterdam y dicta la palabra judaica a los sindicatos no afiliados aún al bolchevismo.

11) La Internacional negra o Unión del Judaísmo de combate. El principal papel es desempeñado en ella por la organización universal de los Sionistas (Londres); por la Alianza Israelita Universal fundada en París por el judío Crémieux; por la Orden judía de los B'naï - Moiche (hijos de Moisés) y las sociedades judías 'Henoloustz', 'Hitakhdoute', 'Tarbout', 'Keren- Haessode', y otras cien, más o menos enmascaradas, diseminadas en todos los países del viejo y del nuevo mundo.

12) 4ª. La Internacional azul o Masonería Internacional que únifica por medio de 'la Logia Reunida de la Gran Bretaña', por medio de 'la Gran Logia de Francia' y por medio de los Grandes Orientes de Francia, Bélgica, Italia, Turquía y de los demás países, a todos los masones del universo. (El centro activo de esta agrupación, como lo saben los lectores, es la Gran Logia 'Alpina').

13) La Orden judeo-masónica de los 'B'naï-B'rith', que, contra los estatutos de las logias masónicas, no acepta sino judíos, y que cuenta en el mundo más de 426 logias puramente judías, sirve de lazo entre todas las Internacionales enumeradas más arriba. Los dirigentes de la 'B'naï- B'rith' son los judíos: Morgentau, antiguo Embajador de los Estados Unidos en Constantinopla; Brandeis, juez supremo en los Estados Unidos; Mack, sionista, Warburg (Félix), banquero; Elkuss; Krauss (Alfred), su primer presidente; Schiff, muerto ya, que ha subvencionado el movimiento de emancipación de los Judíos en Rusia; Marchall (Luis), sionista. Sabemos de cierto, dice Webster, que los cinco poderes a que nos hemos referido –la Masonería del Gran Oriente, laTeosofía, el Pan-Germanismo, la Finanza Internacional y la Revolución Social- tienen una existencia muy real y ejercen una influencia muy definida en los negocios del mundo. En esto no tratamos de hipótesis sino de hechos basados sobre evidencia documentada.".[402] "Los judíos han sido los más conspicuos en conexión con la Francmasonería en Francia desde la Revolución".[403]

---

[402] José María Cardenal Caro R., Arzobispo de Santiago, obra citada, pp. 263, 265-266.
[403] Jewish Encyclopedia. New York: Funk and Wagnalis Company, 1903. Vol. V, p. 504.

Capítulo IV

Crímenes de la Masonería

Sobre los monstruosos crímenes de esa obra maestra del judaísmo moderno que es la masonería, dice textualmente el Emmo. Cardenal Caro: "La lectura del Ritual masónico deja ver, al menos en varios grados, que prepara a sus adeptos para la venganza, la revolución y, por lo tanto, el crimen. 'En todos sus ritos' dice Benoit, 'los masones son sometidos a una educación que les enseña, en la teoría y en la práctica, la violencia. Se les dice que la Orden masónica tien por objeto vengar la muerte de Adonhirán, de sus tres compañeros traidores, o la de Jacobo Molay, de sus asesinos, el Papa, el Rey y Noffodai. En un grado, el que va a iniciarse ensaya su valor sobre el cuello y cabezas guarnecidas de tripas llenas de sangre; en otro grado, el que va a ser recibido debe derribar cabezas colocadas sobre una serpiente, o aun degollar un cordero (grado 30 del Rito Escocés A.A.), creyendo matar a un hombre. Aquí debe trabar sangrientos combates con enemigos que le disputan la vuelta a la patria; allí hay cabezas humanas expuestas sobre estacas, hay un cadáver encerrado en un ataúd y, alrededor, los hermanos, de duelo, conciertan la venganza'". "Estas ceremonias diversas...tienen como fin enseñar a los adeptos que es por medio de la violencia como la masonería ha de destruir a sus enemigos, los sacerdotes y los reyes...".[404] Pero suspendamos por un momento la cita que transcribimos del Cardenal Caro R., para preguntar: ¿Por qué la masonería considera sus enemigos a los sacerdotes y a los reyes y ha luchado por destruirlos? La contestación la encontrará el lector a partir de la Cuarta Parte de esta obra, en que con vasta documentación demostramos que fueron durante casi dieciocho siglos, precisamente los sacerdotes y los reyes, quienes, una vez tras otra, hicieron fracasar las conspiraciones judías tendientes a dominar al mundo. Pero sigamos con lo que afirma el Cardenal Caro R. en su documentada obra:

1) "Todos conocen el asesinato de Rossi, Ministro de Pío IX, por sus antiguos hermanos de la Carbonaria. Todos saben que Orsini fue

---

[404] José María Cardenal Caro R., Arzobispo de Santiago, obra citada, pp. 190-191.

encargado por las logias, en 1858, para atentar contra la vida de Napoleón III..." (el intento de asesinato fracasó).

2) "En el último siglo, el caballero Lescure, que quiso renunciar a la Logia Ermenonville, fue envenenado: 'Muerto víctima de esta infame horda de los iluminados'".

3) "El 22 de octubre de 1916 fue asesinado el conde Stürgkh, canciller de Austria. Fritz Adler, el asesino, era masón o hijo de masón, miembro de una logia de altos dignatarios masónicos en Suiza. En su declaración defendió el derecho de hacer justicia por sí mismo."

4) "En Francia, con ocasión del asunto Dreyfus, fueron asesinados el Cap. d'Attel, que declaró contra Dreyfus; el diputado Chaulin Serviniere, que había recibido de d'Attel los detalles de la confesión de Dreyfus; e prefecto Laurenceau, que denunció sumas de dinero enviadas del extranjero a los amigos de Dreyfus, a su parecer para soborno; el empleado del presidio, Rocher, que sostenía haber oído a Dreyfus confesar parcialmente su delito. El Cap. Valerio, uno de los testigo contra Dreyfus, y el presidente Faure, que se había declarado contrario a la revisión del proceso, desaparecieron también en breve. Todos los defensores de Dreyfus eran masones, especialmente judíos".

5) "En Francia, se les atribuye la muerte de Luis XVI. El Card. Mathieu, Arzob. de Besançon, y Mons. Bessan, Ob. de Nimes, han referido en cartas conocidas de todo el mundo, las revelaciones que les han sido hechas sobre la resolución tomada en 1787, por el convento de Wilhelmsbad, de asesinar a Luis XVI y al rey de Suecia. Estas revelaciones les habían sido hechas por dos antiguos miembros de este convento...

6) "En Suecia, el Hermano Gustavo III fue asesinado por el H. Ankeström, Emisario de la Gr. Log. que presidía Condorcet, según acuerdo de los masones reunidos en 1786, en Francfort sur Maine."

7) "En Rusia, fue asesinado Pablo I, masón, que, conociendo lo peligroso de la Hermandad, la prohibió estrictamente. Igual suerte y por igual motivo tuvo su hijo Alejandro I, asesinado en Taganrog, 1825. ('Los grandes crímenes de la masonería' Trad.)"

8) El asesinato del duque de Berry...el del gran patriota y ardiente cristiano de Lucerna, Suiza, Leu..., han sido resueltos y ejecutados por sectarios..." "

9) En Austria, el famoso crimen de Sarajevo, ocasión de la Gran Guerra, fue decretado, anunciado con anticipación y ejecutado a su tiempo por la masonería. 'Un suizo, alto dignatario masónico, se expresó en el año 1912, sobre este hecho, de la siguiente manera: El heredero es un personaje de mucho talento, lastima que este condenado; morirá en el camino al trono. Madame de Tebes

anunció su muerte con antelación dos años antes. Los principales culpables eran en su totalidad masones'. Todo esto, dice Wicht, no es suposición, sino hechos judicialmente comprobados que se silencian intencionalmente..."

10) "En Alemania fueron asesinados el mariscal Echhorn y su ayudante, el capitán von Dressler, el 30 de julio de 1918. El día antes el diario masónico de París. 'Le Matin', escribía que una 'sociedad secreta patriótica' había ofrecido un gran precio por la cabeza de Echhorn. ya se puede suponer qué clase de sociedad suministraría a 'Le Matin' la noticia".

11) "En Italia fue asesinado Umberto I por el anarquista Pressi, masón de una logia de Paterson, en Nueva Jersey, Estados Unidos, aún cuando é mismo no había estado en América...Así se ponía en práctica la explicación que en ciertos grados daban los carbonarios a la inscripción de la cruz: I.N.R.I. 'iustum necare reges Italiae': es justo asesinar a los reyes de Italia". "El 26 de marzo de 1855 cayó asesinado en Parma el duque Carlos III; el asesino Antonio Carra, había sido escogido y estimulado por Lemni el día antes en reunión secreta presidida por Lemni, que fue más tarde Soberano Gran Maestre de la Masonería Italiana y mundial, según parece. Un tal Lippo había confeccionado un maniquí para enseñar a dar golpes de puñal más terribles y el ejecutor fue sorteado". "El 22 de mayo murió Fernando II de Nápoles; se le dio en una rebanada de melón un veneno que le ocasionó una muerte horriblemente dolorosa. El autor de este regicidio fue un francmasón afiliado a una de las ramas más criminales de la secta, la llamada de los 'Sublimes Maestros Perfectos'. Era discípulo de Mazzini y una de las personas más respetables de la corte. Margiotta no se atreve a dar su nombre (Marg., A.L. 21-34). En este autor se pueden leer innumerables crímenes cometidos por la masonería en Italia".

12) "En Portugal fue asesinado el rey Carlos y su hijo Luis. Los masones prepararon la caída de la monarquía. El Ven. H. Magalhaes da Lima fue a París, en diciembre de 1907, donde el H. Moses, miembro del Consejo de la Gr. Lo. lo recibió solemnemente. Magalhaes dio conferencias en las que anunciaba 'el hundimiento de la monarquía en Portugal, la próxima constitución de la República'. El conocido adversario de la masonería, Abbé Tourmentin, escribía entonces que los masones estaban preparando manifiestamente un golpe contra la casa real portuguesa, expresando el temor de que dentro de poco se despojaría o se asesinaría al rey Carlos. Diez semanas después se cumplían sus temores, y Tourmentin inculpaba pública y francamente a los masones de ese asesinato. Estos han preferido el silencio".

13) "En América. Se puede leer en Eckert algunos detalles de la persecución y del asesinato de que fue víctima Morgan, e Estados Unidos, por querer publicar un libro para revelar lo secretos de la Masonería, y la destrucción de la imprenta y persecución del impresor, y de otros odiosos crímenes que sucedieron a ese asesinato, y la indignación pública que hubo al saberse todo el favor que las autoridades, masones por lo general, prestaron a los asesinos y el favor con que las logias los miraron. (Eckert, II, 201 y sigs.)".

14) "Sería necesario leer la descripción de Taine, librepensador, para tener idea de lo que pasó en Francia cuando dominaron los masones en 1789 y tres años siguientes: Cuenta más de 150.000 fugitivos y desterrados; 10.000 personas ejecutadas sin ser juzgadas en la sola provincia de Anjou; 50.000 muertos en la sola provincia del Oeste. En 1796 el general Hoche escribía al ministro del Interior: 'Solo sobrevivio un hombre de veinte en la población de 1789'. Ha habido hasta 400.000 detenidos a la vez en las prisiones, Más de un millón doscientos mil ciudadanos han sufrido violencia en sus personas; varios millones ha sufrido en sus bienes. (Taine, cit. por Benoit, F.M. II, 268, nota)".[405] (El que desee más datos debe leer la obra del Eminentísimo Cardenal Caro "El misterio de la masonería".

---

[405] José María Cardenal Caro R., Arzobispo de Santiago, obra citada, pp. 190-191, 193-201.

Capítulo V

La masonería propagadora de las revoluciones jacobinas

El Arzobispo Obispo de Port- Louis, Monseñor León Meurin, en su obra "Filosofía de la Masonería", dice: "En 1844, Disraeli ponía en boca del judío Sidonia las siguientes palabras (Coningsby, VI, XV): 'Desde que la sociedad inglesa ha comenzado a agitarse y sus instituciones se ven amenazadas por asociaciones poderosas, ven ustedes a los judíos, antes tan leales, en las filas de los revolucionarios...Esa misteriosa diplomacia rusa que tanto alarma a los occidentales, está organizada, y en su mayor parte realizada por judíos...: la formidable revolución que se está preparando en Alemania, cuyos efectos serán aún más grandes que los de la Reforma, se lleva a cabo totalmente bajo los auspicios de los judíos. En el conde Cancrín, ministro de finanzas ruso, reconozco a un judío lituano; en el ministro español señor Mendizábal, veo un judío aragonés; en el presidente del Consejo francés mariscal Soult, reconozco al hijo de un judío francés; en el ministro prusiano, conde de Arnim veo un judío...Ya ve, querido Coningsby, que el mundo está gobernado por personajes muy distintos de los que creen los que no están entre bastidores'". "Durante la revolución de 1848, dirigida por el Gran Oriente de Francia, su Gran Maestre, el judío Crémieux, llegó a ser ministro de Justicia. Este hombre fundó en 1860 la Alianza Israelita Universal y proclamó, con inconcebibl descaro en los Archivos Israelitas de 1861 (pág. 651) que 'en lugar de los Papas y los Césares, va a surgir un nuevo reino, una nueva Jerusalén'. ¡Y nuestros buenos masones, con los ojos vendados, ayudan a los judíos en la 'Gran Obra' de construir ese nuevo Templo de Salomón, ese nuevo Reino césaro-papista de los cabalistas!":

1. "En 1862, un masón berlinés hizo editar un folleto de ocho páginas, quejándose de la preponderancia que los judíos tenían en las logias. Bajo el título 'Signo de los tiempos', señalaba el peligroso carácter de las elecciones berlinesas del 28 de abril y 6 de mayo del mencionado

año. 'Un elemento -decía- ha aflorado a la superficie y ha ejercido una peligrosa influencia disolvente en todos los sentidos: el judío. Los judíos están a la cabeza con sus escritos, palabras y acciones; son jefes y agentes principales en todas las empresas revolucionarias, hasta la construcción de barricadas. Bien claro se ha visto esto en Berlín, en 1848. ¿Cómo es posible que en Berlín hayan sido elegidos 217 electores especiales judíos y que, en dos distritos, hayan sido elegidos sólo judíos con exclusión de cualquier otro candidato cristiano?". "Este estado de cosas iba a empeorar desde entonces. Los judíos formaban la mayoría de la Corporación municipal, de modo que Berlín podía ser llamado, con justicia, la capital de los judíos". El peligro para el trono y el altar, amenazados por el poder de los judíos, puede esclarecerse del discurso de los jefes de la Masonería Alemána', al decir: 'Los judíos han comprendido que el 'arte real' (el arte masónico) era un medio capital para establecer sólidamente su propio reino esotérico...El peligro amenaza, no solamente al rey y a nuestra Orden, sino a los estados en general. ". El pueblo judío forma una casta en oposición hostil a toda la raza humana, ya que según ellos, el Dios de Israel no ha elegido más que a un pueblo, al que todos los demás han de servir de 'escabel'". "Considerad que entre los 17 millones de habitantes de la Prusia, no hay más de 600.000 judíos; considerad con qué ardor convulsivo trabaja esta nación, de vivacidad oriental e irreprimible, para lograr por todos los medios subvertir el estado; por ocupar, incluso mediante dinero, los establecimientos de enseñanza superior y monopolizar en su favor los puestos del Gobierno. "Carlyle, una de las mayores autoridades masónicas, dice, (pág. 86): 'La Masonería de la Gran Logia es, en la actualidad, enteramente judía'." "La 'Gaceta de la Cruz', órgano principal de los conservadores prusianos, dedicó, del 29 de junio al 3 de julio de 1875, una serie de artículos en los que se demostraba que los principales ministros de los gobiernos alemán y prusiano, sin exceptuar al príncipe de Bismarck, estaban en manos de los reyes judíos de la Bolsa, y que los banqueros judíos eran quienes, de manera práctica, gobernaban Prusia y Alemania. Esto hizo decir al judío Gutzkow: 'Los verdaderos fundadores del nuevo Imperio alemán son los judíos; judíos son los adelantados en todas las ciencias, la prensa, la escena y la política'.

2 Los judíos encuentran en las logias múltiples ocasiones para practicar su archiconocido sistema de corrupción, sembrando la confusión en muchos asuntos...Si se tiene presente el papel que jugaron los judíos en los crímenes de la Revolución francesa y en la usurpación corsa; si se tiene en cuenta la obstinada creencia de los judíos en un futuro Reinado israelita sobre todo el universo y su influencia sobre el gran

número de ministros de Estado, se advertirá cuán peligrosa puede ser su actividad en los asuntos masónicos. "En la Prensa francesa, los judíos hablan del 'pueblo' y de la 'nación judía', como si sólo hubiese judíos y los cristianos no existiesen. La explicación de tal hecho pueden darla los masones agitadores que, según el Hermano Lamartine, originaron las revoluciones de 1789, 1830, 1848, etc, etc., declaración confirmada por el Hermano Garnier Pagés, ministro de la República, que declaró públicamente, en 1848, que 'la revolución francesa de 1848 constituía el triunfo de los principios de la liga masónica; que Francia había recibido la iniciación masónica, y que 40.000 masones habían comprometido su ayuda para concluir la obra gloriosa del establecimiento de la República, destinada a extenderse por toda Europa, y, al fin, sobre toda la faz de la tierra'". "El colmo de todo esto es la impunidad y el poder político y revolucionario de los judíos, según las palabras de J. Weil, jefe de los masones judíos, que decía en un informe secreto: 'Ejercemos una poderosa influencia sobre los movimientos de nuestro tiempo y del progreso de la civilización hacia la republicanización de los pueblos'. Otro jefe masónico, el judío Louis Boerne, decía, también en un escrito secreto:'Hemos sacudido con mano poderosa los pilares sobre los que se asienta el viejo edificio, hasta hacerles gemir'.

3. "Mendizábal, también judío, alma de la revolución española de 1820, llevó a cabo la toma de Oporto y Lisboa y, en 1838, realizando, mediante su influencia masónica, la revolución en España, llegando a primer ministro". Y sigue diciendo el Excmo. Sr. Arzobispo: "El judío Mendizábal, había prometido como ministro, restaurar las precarias finanzas de España, pero, en corto espacio de tiempo, el resultado de sus manipulaciones fue un terrible aumento de la deuda nacional, y una gran disminución de la renta, en tanto que él y sus amigos amasaban inmensas fortunas. La venta de más de 900 instituciones cristianas, religiosas y de caridad, que las cortes habían declarado propiedad nacional a instigación de los judíos, les proporcionó magnífica ocasión para el fabuloso aumento de sus fortunas personales. Del mismo modo, fueron tratados los bienes eclesiásticos. La burla impudente de los sentimientos religiosos y nacionales, llegó hasta el punto de que la querida de Mendizábal se atrevió a lucir en público un magnífico collar que, hasta poco tiempo antes, había servido de adorno a una imagen de la Santa Virgen María, en una de las iglesias de Madrid."

4. "M. Stammter escribió en 1860 un libro sobre este tema, en el que se prueba que 'el reino de la libertad universal sobre la tierra será fundado por los judíos'. En el mismo año, Sammter publicó en el Volsblait una larga carta para demostrar que 'los judíos ocuparán muy

pronto el lugar de la nobleza cristiana; la aristocracia caduca debe perder su puesto en esta época de luz y de libertad universales, a la que tan próximos estamos. ¿No comprendéis -escribe- el verdadero sentido de la promesa hecha por el Señor Dios Sabaoth a nuestro padre Abraham?, promesa que se ha de cumplir con seguridad, la de que un día todas las naciones de la tierra serán sometidas a Israel. ¿Creéis que Dios se refería a una monarquía universal, con Israel como rey? ¡Oh, no! Dios dispersó a los judíos sobre toda la superficie del globo, a fin de que constituyesen una especie de fermento, entre todas las razas, y al cabo, como elegidos que son, extendiesen su dominación sobre ellas". "No es probable que la terrible opresión sufrida por las naciones cristianas de Europa, que se ven empobrecidas por la usura y la avaricia de los judíos, y que se quejan de ver las riquezas nacionales acumuladas en manos de los grandes banqueros, se calme con esporádicos levantamientos anti semitas. Las monarquías cuyos cimientos no están aún pulverizados por el martillo masónico, y cuyas dinastías no están aún reducidas al nivel de los masones descamisados, descalzos y con los ojos vendados, se coaligarán contra la secta monstruosa, y harán pedazos las filas de los anarquistas. El propio Carlyle, masón furioso dice, aterrado de la suerte de la humanidad entre las manos de los judíos: 'Cuando los legisladores vuelvan a ocuparse de las sociedades secretas, harán bien en no hacer una excepción en favor de la Masonería'". "El privilegio del secreto está legalmente acordado a los masones en Inglaterra, Francia, Alemania, y, creemos que en todos los países. El hecho de que todas las revoluciones salgan del fondo de las logias, sería inexplicable si no supiéramos, que, con la momentánea excepción de Bélgica, los ministerios de todos los países se hallan en manos de masones dirigidos, en el fondo, por los judíos".[406]

5. Uno de los testimonios más interesantes es seguramente el del masón Haugwitz, inspector de las logias de Prusia y de Polonia. En 1777 -escribe en sus memorias- "me hice cargo de la dirección de las logias de Prusia, Polonia y Rusia. Allí he adquirido la firme convicción de que todo lo que ha sucedido en Francia desde 1789, la Revolución, es una palabra, incluso el asesinato del rey con todos sus horrores, no sólo se había decretado en aquel tiempo, sino que todo fue preparado por medio de reuniones, instrucciones, juramentos y señales que no dejan lugar a duda ninguna acerca de la inteligencia judía que todo lo meditó y dirigió".[407]

---

[406] Monseñor León Meurin, S. J., Arzobispo de Port-Louis, Filosofía de la masonería. Madrid: Editorial Nos, 1957. pp. 212- 215, 217-218.
[407] Von Haugwitz, Memorias.

6. En lo que concierne al asesinato de Luis XVI, tenemos igualmente el testimonio del jesuita padre Abel. "En 1784 - declara- tuvo lugar en Francfort una reunión extraordinaria de la Gran Logia Ecléctica...Uno de los miembros puso a discusión la condenación a muerte de Luis XVI, rey de Francia, y de Gustavo III, rey de Suecia. Ese hombre se llamaba Abel. Era mi abuelo".[408]

7. Barruel, en su obra "Memorias para la historia del Jacobinismo", dice: "Después de esta reunión uno de sus miembros, el marqués de Visieu, declaraba lo siguiente: 'Lo que puedo deciros es que se trama una conspiración tan bien urdida y tan profunda, que será muy difícil que no sucumban la religión y los gobiernos".

8. Maurice Fara, en su libro "La masonería en descubierto",[409] dice que: "La existencia de esta conspiración y su propósito de asesinar al rey de Francia y al rey de Suecia aparecen igualmente confirmados por la mayor parte de los autores que han hecho investigaciones serias sobre la cuestión masónica[410] y los acontecimientos trágicos las confirman igualmente. El 21 de enero de 1793 el rey Luis XVI muere guillotinado después de un simulacro de juicio en el que la mayoría de los jueces son masones. Un año después, el rey Gustavo III es asesinado por Aukastrem, discípulo de Condorcet. El mismo año desaparece misteriosamente el emperador Leopoldo".

9. "En un discurso pronunciado el 4 de marzo de 1882 en la logia 'Libre Pensamiento', de Aurillac, decía el masón Paul Roques: 'Después de haber trabajado en la revolución política, la Franc Masonería debe trabajar en la revolución social...".[411] Y en la Memoria del Gran Oriente de Francia se afirma: "Que Francia, para vivir, no sacrifique la razón misma de su existencia: el ideal filosófico, político y social de sus antepasados de 1789; que no apague la antorcha del genio revolucionario con la que ha iluminado al mundo". Y añade el mismo orador: "La peor humillación para Francia consistiría en renegar de la obra de la revolución...que perezca al menos sin haber abdicado su ideal".[412] Otros documentos masónicos de indiscutible valor nos informan que: "Nunca se podrá olvidar que fue la revolución francesa la que dio realidad a los principios masónicos preparados en nuestros

---

[408] Declaración del P. Abel en "La nueva prensa libre". Viena, 1898.
[409] Barruel, Mémoires pour servir a histoire du Jacobinisme. Citado por Maurice Fara, obra citada, p. 62.
[410] Barruel, Mémoires pour servir a histoire du Jacobinisme. Citado por Maurice Fara, obra citada, p. 62.
[411] "Cadena de Unión" de julio de 1882. Citado por Maurice Fara en "La masonería en descubierto", p. 63.
[412] "Memoria de la Asamblea General del G. O. de Francia", 1913. p. 337. Citado por Maurice Fara, obra citada, pp. 63-64.

templos", decía un orador en el Congreso Masónico de Bruselas[413] y en una reunión de la logia de Angers celebrada en 1922 exclamaba uno de los hermanos: "La Franc- Masonería, que ha desempeñado el papel más importante en 1789, debe estar dispuesta a suministrar sus cuadros de combate a una revolución siempre posible".[414]

Pasemos al estudio de la participación de los judíos en las revoluciones en general. Ya en 1648 el gran jefe revolucionario Cromwell estaba sostenido por los judíos; una delegación venida 'del fondo de Asia y dirigida por el rabino Jacob ben Azabel' se presentó ante el dictador inglés. No se hicieron esperar los resultados de las conversaciones que se entablaron y Cromwell usó de todo su poder para derogar las leyes de restricción impuestas a los judíos en Inglaterra.[415] Uno de los más íntimos colaboradores de Cromwell fue el rabino de Amsterdam, Manassé ben Israel".[416]

1) El famoso investigador de la masonería Maurice Fara, nos cita que: "Ernesto Renán, que no puede ser sospechoso de antisemitismo, escribía lo que sigue: 'En el movimiento revolucionario francés el elemento judío desempeñaba un papel capital' y es muy difícil no estar de acuerdo con él. Es verdad que hacia 1789 los judíos operaban con mucha prudencia y se ocultaban tras las organizaciones masónicas y las sociedades filosóficas, pero esto no impedía que algunos de los hijos de Israel tomaran parteactiva en los acontecimientos revolucionarios y se aprovecharan de ellos desde el punto de vista material. El primer tiro contra los guardias suizos de la Tullerías, el 10 de agosto de 1791, fue disparado por el judío Zalkind Hourwitz Lang,[417] pero como este ardor bélico encierra muchos peligros, prefieren los judíos dedicarse a otras actividades menos peligrosas y sobre todo más lucrativas. El viejo hebreo Benoltas, hombre millonario de esta plaza (Cádiz) queda nombrado por ahora tesorero general de la Orden, y cuenta ya con un fondo disponible de trescientos mil pesos fuertes (Máxima 44 del Grande Oriente Español, 1° de abril de 1824)".[418]

2) P. Gaxotte, en su obra "La Revolución Francesa", afirma que: "El avituallamiento de los Ejércitos republicanos se realizaba por los

---

[413] "Memoria del congreso masónico internacional de Bruselas de 1910", p. 124.
[414] "Boletín oficial del G. O. de Francia", oct., 1922. p. 281.
[415] León Halevy, Resumen de la historia de los judíos.
[416] León Kahn, Los judíos de París durante la revolución. Citado por Maurice Fara, obra citada, pp. 82-83.
[417] Maurice Fara, obra citada, p. 83, nota n. 28 del traductor.
[418] Maurice Fara, obra citada, p. 83, nota n. 28 del traductor.

israelitas Bidermann, Max Beer, Moselmann y otros, y esto dio lugar a las quejas formuladas por el comandante Bernanville, del Ejército del Mosela, porque se le enviaban para las tropas calzados de adolescente con suela de cartón, medias de niño y lonas para tienda completamente podridas".[419]

3) Capefigue, en su obra "Las grandes operaciones financieras", dice que: "En cuanto fueron abolidas las leyes que restringían los derechos de los judíos gracias a la intervención del abate Gregoire, de Mirabeau, Robespierre y otros (esto lo hacen el primer día todos los Gobiernos revolucionarios), y en cuanto prevalecieron las ideas de 1789, descargó sobre Francia una verdadera nube de extranjeros, especialmente judíos de las orillas del Rhin.[420] Entonces fue cuando aparecieron en la arena política los Klotz, los Benjamin Veitel Ephraim, los Etta Palm, etc.

4) 'El Mesías ha venido para nosotros el 28 de febrero de 1790 con los Derechos del Hombre',[421] escribía el judío Cahen, y, en efecto, la concesión a los judíos de todos los derechos de ciudadanía fue una de las grandes victorias de Israel".

5) Dice el historiador israelita Bédarride: "La revolución de 1830 no ha hecho sino consagrar estos felices resultados. Cuando en 1848 la soberanía del pueblo alcanzó sus últimos límites surgieron nombres israelitas en las más altas regiones del poder".[422] Estos elegidos, estos representantes del pueblo ostentaban apellidos tan franceses como los de Fould, Cerfbeer, Crémieux, etc. Pero no fue sólo en Francia donde la judería desempeñó un papel preponderante en los movimientos revolucionarios.

6) El culto escritor francés R. Lambelin afirma: "El movimiento revolucionario que agitó la Europa central en 1848, fue preparado y sostenido por los judíos,"[423] así lo demuestran numerosos hechos y documentos. "Entre los autores de la revolución de 1870 y entre los miembros de la Commune, aparecen igualmente los judíos representados por Ravel Isaac Calmer, Jacob Pereyra y otros. El autor precitado señala la presencia de 18 judíos entre los principales miembros de la Commune".[424]

7) El escritor francés Drumont, asegura que durante el incendio de París en 1871 los incendiarios dejaron intactos los 150 edificios que pertenecían a la familia Rothschild. Continuando el estudio de estos

---

[419] P. Gaxotte, La revolución francesa, pp. 279-280.
[420] Capefigue, Histoire des grandes opérationes financières.
[421] "Archivos Israelitas", 1847. Vol. VIII, p. 801.
[422] Bédarride, Les juifs en la France, l'Italie et l'Espagne . pp. 428-430.
[423] R. Lambelin, obra citada, p. 62.
[424] R. Lambelin, obra citada, p. 10.

movimientos en Europa, volvemos a encontrar a los judíos. Drumont escribe: "Para destruir la antigua sociedad que lo repelía, el judío ha sabido colocarse a la cabeza de la acción democrática. Los Carlos Marx, los Lasalle, los principales nihilistas, todos los jefes de la revolución cosmopolita son judíos. de este modo imprimen los judíos al movimiento la dirección que le conviene".[425]

Y el escritor francés, Mauruce Fara, dice: "No olvidemos que los fundadores de la Internacional en 1864 fueron los judíos Marx, Neumeier, Fribourg, James Cohen, Lasalle, Aaron, Adler, Franckel , etc. "Para dirigir el movimiento revolucionario se fundó en Francia el tan conocido diario 'L'Humanité'. Para ello se abrió una suscripción que proporcionó la suma de 780.000 francos. Citaremos entre los doce donantes que 'por casualidad' eran todos judíos: Levy Brul, Levy Bram, A. Dreyfus, L. Dreyfus, Herr, Eli Rodríguez, León Picard, Blum, Rouff, Kasevitz, Salomón Reinach y Sachs".[426] Después de leído lo que procede no puede causar extrañeza que en el sínodo judío de Leipzig del 29 de junio de 1869 se aprobara la siguiente moción: El Sínodo reconoce que el desarrollo y la realización de los principios modernos (léase revolucionarios) son las más firmes garantías para el presente y el porvenir del judaísmo y de sus miembros. Son las condiciones más enérgicamente vitales para la existencia expansiva y el mayor desarrollo del judaísmo".[427] En muchos aspectos la revolución no ha sido sino una aplicación del ideal que 'Israel había traído al mundo,'"[428] según escribe Leroy Beaulieu, autor nada tachado de antisemitismo. Es preciso darle la razón porque no se puede negar la importancia de la intervención judía en la obra revolucionaria.

El citado investigador Maurice Fara, afirma que: "Hemos visto a la Sociedad las Naciones fundada y sostenida por las mismas fuerzas ocultas que nos encontramos siempre que se trata de destruir a la sociedad y a los Estados cristianos; hoy en día detrás de la masonería, los partidos de ultra izquierda y ultra derecha, la judería trata de exterminar el patriotismo, el nacionalismo, y el principio de soberanía de los Estados Para sustituirlos por un super-gobierno Internacional judío, y al mismo tiempo trata de desmoralizar a los pueblos con una propaganda supuestamente antimilitarista y pacifista de modo que todas las naciones queden supeditadas a una coalición de potencias imperialistas. Perdido el sentimiento nacional, esos pueblos estarán completamente desarmados frente a esta fuerza oculta y sagaz que pudiéramos llamar imperialismo

---

[425] Edouard Drumont, La France juive París, 1888.
[426] Maurice Fara, obra citada, p. 85.
[427] Gougenot des Mousseaux, obra citada, p. 332.
[428] Leroy Beaulieu, Israel entre las naciones, p. 66.

judeo-masónico". La Sociedad de las Naciones fue inaugurada el 10 de enero de 1920; los estatutos elaborados en las Asambleas masónicas fueron muy poco modificados...".[429]

Y en una nota del traductor argentino, a la citada página 115 de la obra de Maurice Fara, se lee lo siguiente: El H. Eugenio Berteaux ha propuesto recientemente a Gran Logia de Francia que derogue el artículo 17 de la Constitución de dicha Gran Logia, que prescribe a todos adeptos que se sometan a legislación del país en que tengan facultad de reunirse libremente, y que se hallen dispuestos a todos los sacrificios que su patria les exija', porque 'conforme a los principios de una moral universal, todo franc-masón es por definición, un hombre esencialmente libre, que no depende sino de su conciencia', y 'nuestra conciencia masónica no puede exigir imperativamente a sus adeptos que estén dispuestos a todos los sacrificios que la Patria les exija'. La derogación que propone redundará 'en beneficio de la salvaguardia de las conciencias individuales, entendiéndose que, en caso de reproducirse conflictos trágicos, esas conciencias individuales obedecerán o no, bajo su propia responsabilidad, a los llamamientos de su sensibilidad, de su razón y de su fe en la Verdad Suprema" ¿...cual?.[430]

El Eminentísimo Cardenal Caro, nos asegura, a este respecto, que: "Es indudable que la acción de la masonería contra la Iglesia Cristiana no es más que la continuación de la guerra a Cristo practicada por el Judaísmo desde hace más 1900 años, eso sí que acomodada, mediante el secreto, el engaño y la hipocresía, a las circunstancias en que tiene que hacerla".

1) "No olvidemos que el Judaísmo rabínico es el declarado e implacable enemigo del Cristianismo, dice Webster. El odio al Cristianismo y a la persona de Cristo no es cosa de historia remota ni puede mirarse como el resultado de persecución: forma una parte íntegra de la tradición rabínica originada antes de que tuviera lugar cualquiera persecución de los judíos por los cristianos, y ha continuado en nuestro país mucho después de que esa persecución ha terminado."[431]

2) Por su parte, el "The British Guardian" (13 Marzo 1925), hace esta afirmación: "...la Iglesia Cristiana es atacada hoy como no lo ha sido jamás durante siglos, y este ataque es casi exclusivamente la obra de los judíos".[432]

---

[429] Maurice Fara, obra citada, p. 115.
[430] Maurice Fara, obra citada, p. 115, nota del traductor.
[431] José Mª Caro R., Arzobispo de Santiago, obra citada, p. 267.
[432] "Revue Internationale des Societés Secrètes" (R.I.S.S.), 1925, p. 430.

3) Añade el Excmo. Mons. Cardenal José Mª Caro: "Por lo demás, las relaciones de la Masonería o del Judaísmo perseguidor de la Iglesia Cristiana y, según los casos, de todo el Cristianismo, con el Bolchevismo y Comunismo, en Méjico, en Rusia, en Hungría y con la amenaza de hacerlo en todas partes, es cosa pública, como lo es la relación del Judaísmo con la Masonería."[433]

Habiendo desarrollado el fino olfato de las aves carroñeras, a millas de distancia los dirigentes judíos detectan los caldos de cultivo para promover sus revoluciones, entre 1848 y 1849 las sociedades secretas judío masónicas, generaron la atmósfera potencial de perpetuos conflictos. Primero promoviendo alianzas entre los Imperios y los reinos europeos. Segundo generando conflictos internos, azuzando a los dirigentes del pueblo, de los obreros y de los campesinos, a revelar a las masas contra sus gobernantes, que propicien el auxilio de los reinos Aliados. Tercero obligar a los aliados a dar cumplimiento a los tratados de defensa mutua a fin de que los pueblos cristianos se aniquilen entre si, y la victoria de cuaquiera de las partes en conflicto se transforme en victoria judía sobre los pueblos cristianos derrotados. Así es que siendo muy competentes para sembrar la discordia entre los adversarios con el fin de poder prevalecer sobre todos, después del triunfo de la revolución francesa, los dirigentes judíos de las Sociedades masonicas se avocarón a gudizar las discordias entre los diferentes pueblos que integraban el Sacro Imperio Alemán. Una revuelta liberal en Viena que acabó con el régimen centralista y conservador del canciller austriaco Klemens Metternic, pronto se extendió por diversos territorios del Imperio que reivindicaban mayor autonomía política. Sin embargo, el ejército imperial sofocó las revueltas, aunque el emperador Fernando I abdicó en 1848 a favor de su sobrino Francisco José I, que ejerció el poder de forma absoluta hasta su fallecimiento. A mediados del siglo XIX, las sociedades masónicas se avocarón a promover la revolución comunista en la rusia Zarista, azuzando a los campesinos rusos para derrotar al Zar. En 1914 el atentado terrorista perpetrado por un comando judío masónico encabezado por el servio Gavrilo Princip, que asesinó al Archiduque de Austria Francisco Fernando de Habsburgo y su esposa, propició la iniciación de los conflictos mundiales que se avecinaban, azuzados por los diplomáticos judíos infiltrados en el Servicio Exterior de las potencias cristianas y la Sociedad de las Naciones a fin de que los aliados atacaran conjuntamente al Imperio Aleman del Kaiser y el imperio Austro Hungaro para desmebrar y someter a sus pueblos, y afianzar el poder de los judíos bolcheviques en Rusia. Después de haberse firmado el Armisticio de la Compañía firmado incondicionamente por el alto mando

---

[433] José Mª Cardenal Caro, Arzobispo de Santiago, obra citada, pp. 267-268.

del ejército del Kaiser para detener y dar fin al conflicto sin vencidos ni vencedores, los diplomaticos judíos utilizarón el Armisticio como un cheque en blanco para cercar y matarar por hambre al ejército y el pueblo aleman, para desmebrar, despojar y someter impunemente a los imperios Aleman y Austro Hungaro, obligandolos los a pagar exorbitantes reparaciones de guerra. Imposición draconiana que no fue suficiente para doblegar la fortaleza del pueblo aleman, y ante la reivindicación de su dignidad y su derecho a no dejarse someter por los judíos alemanes infiltrados en los sindicatos y los partidos bolcheviques, el lobby internacional judío de la diplomacia, la política, la banca, la bolsa, la industria y el comercio, declaró la guerra a los patriotas y las manufacturas y productos alemanes, alimentando los conflictos que propiciarón la SGM. El judaísmo internacional, aprovecho la segunda guerra mundial para pertrechar el ejército comunista ruso a costa de las potencias aliadas, y permitir que invadiera a los paises colindantes con Alemania nazi. Y al terminar la segunda guerra mundial, después de haber exterminado más ochenta por ciento de los ciudadanos alemanes, conquistado y destruido todas las ciudades y factorias industriales, los potentados de la diplomacia internacional judía en la conferencia de Yalta, traicionarón la ayuda que los pueblos y naciones habian prestado para derrotar a los ejeritos del Eje, y el principio de autodeterminación de los pueblos consagrado en la Sociedad de las Naciones, legalizado la ocupación y sometimiento a perpetuidad de los pueblos integrantes del ex Imperio Austro húngaro y Aleman. Esta estrategia ha sido uno de los grandes secretos de sus victorias; y es preciso que lo tomen muy en cuenta los jerarcas religiosos y políticos de toda la cristiandad para que se cuiden de tan maquiavélicas maniobras, pues los buitres bolcheviques judíos, que durante más de medio siglo se hartarón de destripar y alimentarse de las vísceras de los pueblos europeos que sometierón y esclavizaron. Ante tal abundancia las colonías judías se reproducierón a mil por uno, y hoy en día vestidos de rigurosa levita y kippa, enormes parvadas de buitres oscurecen el cielo de las principales ciudades norteamericanas anunciando el próximo festin, pues los agentes judíos ya están listos para promover conflictos raciales en Norteamérica cristiana a fin de someterla y esclavizarla... **Más adelante proporcionamos algunos nombres de los comensales asistentes al pasado festín de los buitres.**

Cuarta parte

El motor secreto del comunismo

MAURICE PINAY

Capítulo I

El comunismo destructor y asesino

De todos los sistemas revolucionarios ideados en el devenir histórico con el fin de destruir nuestros valores civilizados, sistemas que han ido siendo aplicados a través del tiempo en la forma más efectiva y en el momento siempre más oportuno, el más perfecto, el más eficiente y el más inmisericorde es, sin duda, el comunismo, porque representa la etapa más avanzada de la revolución mundial en cuyos postulados ya no solamente se trata de destruir determinada institución política, social, económica o moral, sino de anular a la vez a la Santa Iglesia y, más aún, a todas y cada una de las manifestaciones culturales cristianas que son parte de nuestra civilización. Si todas las tendencias revolucionarias de origen judío han atacado con curiosa unanimidad al cristianismo en diversos aspectos, el comunismo lucha por hacerlo desaparecer de la faz de la Tierra sin dejar de él ni el menor rastro. La saña destructiva de esta tendencia satánica, exhibiendo ante los ojos del mundo los más espantosos cuadros de horror y destrucción que se hayan imaginado, no puede estar fundamentada sino en la misma esencia de la negación y en el repudio más virulento y lleno de odio hacia todo lo existente hasta la fecha, porque de otra manera no sería concebible la vesania inaudita de sus tácticas criminales y el espíritu de destrucción, aniquilamiento, vulneración, contradicción y oposición de sus dirigentes hacia todo aquello que representa criterios axiológicos, no solamente cristianos, sino religiosos en general. La finalidad del comunismo, como es patente en Rusia y en los demás países en donde se ha implantado, no es otra que la anulación del pueblo en lo económico, en lo político, en lo social, en lo humano y en lo trascendente para posibilitar a una minoría el dominio por la fuerza. En términos internacionales la meta no puede ser más clara: lograr por la fuerza el dominio mundial de una minoría insignificante sometiendo a todos los demás humanos sin escrúpulo alguno, aunque para ello haya que asesinar a grandes núcleos de la población. Bastante conocido es en el mundo entero el impulso homicida que ha caracterizado a los dirigentes soviéticos; pocos hay que no hayan sentido escalofríos de terror al conocer las sangrientas depredaciones llevadas a cabo en Rusia por los marxistas. Basta recordar algunos datos que llenan de pavor e indignación a las mentes civilizadas:

"En sus comienzos, el terror rojo se dedicaba, sobre todo, a exterminar la intelectualidad rusa":[434]

1) S.P. Melgunov, constata lo siguiente, refiriéndose a las comisiones extraordinarias que surgieron en Rusia en los primeros tiempos de la revolución soviética: "Las comisiones extraordinarias no son órganos de justicia, sino de exterminio sin piedad, según la expresión del Comité Central Comunista" que también declaró lo siguiente: La comisión extraordinaria "no es una comisión de encuesta, ni un juzgado, ni un tribunal, sino que ella misma determina sus atribuciones. Es un órgano de combate que obra sobre el frente interior de la guerra civil. No juzga al enemigo, sino que lo extermina; ni perdona al que está al otro lado de la barricada, sino que lo aplasta". No es difícil imaginarse cómo debe obrar ese órgano de exterminio sin piedad, cuando en lugar del "código muerto de las leyes", reina solamente la experiencia revolucionaria y la conciencia. La conciencia es subjetiva, y la experiencia deja sitio forzosamente a la voluntad, que toma formas irritantes según la calidad de los jueces..."[435]

2) "No hagamos la guerra contra las personas en particular (escribió el dirigente comunista Latáis exterminemos la burguesía como clase. No busquéis en la encuesta de los documentos y de las pruebas lo que ha hecho el acusado en obras o en palabras contra la autoridad soviética. la única pregunta que debéis hacerle es: a qué clase pertenece, cuál es su origen, su educación, su instrucción, su profesión."[436]

3) Durante la dictadura sangrienta de Lenin, la comisión de encuesta de Rohrberg, que entró en Kiev después de la toma de esta ciudad por los voluntarios en agosto de 1919, señala lo siguiente: "Todo el suelo de cemento del gran garaje (se trata de la sala de ejecución de la Checa provincial de Kiev) estaba inundado de sangre; y ésta no corría, sino que formaba una capa de algunas pulgadas; era una horrible mezcla de sangre, de sesos, de pedazos de cráneos, de mechones de cabellos y demás restos humanos. Todas las paredes, agujereadas con millares de balas, estaban salpicadas de sangre, y pedazos de sesos y de cuero cabelludo estaban pegados en ellas".

---

[434] León de Poncins, Las fuerzas secretas de la revolución: Francmasonería –Judaísmo. Madrid: Ediciones Fax, 1932, p. 161.
[435] S. P. Melgunov, La terreur rouge en Russie: de 1918 a 1923 Payot, 1927.
[436] Latsis, "El terror rojo" del 19 de noviembre de 1918.

"Una zanja de 25 centímetros de ancho por 25 de hondo y de unos 10 metros de largo, iba del centro del garaje a un local próximo, donde había un tubo subterráneo de salida. esa zanja estaba completamente llena de sangre". "De ordinario, inmediatamente después de la matanza, transportaban fuera de la ciudad los cuerpos en camiones, automóviles o en furgones y los enterraban en una fosa común. En un rincón del jardín topamos con otra fosa más antigua que contenía unos ochenta cuerpos; y allí descubrimos en los cuerpos señales de crueldades y mutilaciones, las más diversas e inimaginables. Allí yacían cadáveres destripados; otros tenían varios miembros amputados; algunos estaban descuartizados; y otros los ojos sacados, y la cabeza, la cara, el cuello y el tronco cubiertos de profundas heridas. Más lejos encontramos un cadáver con una cuña clavada en el pecho; y otros no tenían lengua. En un rincón de la fosa descubrimos muchos brazos y piernas separados del tronco."[437] La enorme montaña de cadáveres que ha amontonado en su haber y sigue amontonando el socialismo comunista de Marx, quizá no se llegará a conocer nunca, pero rebasa todo lo imaginable. "No es posible saber con exactitud el número de víctimas. Todos los cálculos son inferiores a la realidad".

4) "En el diario de Edimburgo, 'The Scotsman' del 7 de noviembre de 1923, da el profesor Farolea las cifras siguientes: "28 obispos; 1.219 sacerdotes; 6.000 profesores y maestros; 9.000 doctores; 54.000 oficiales; 260.000 soldados; 70.000 policías; 12.950 propietarios; 355.250 intelectuales y profesionales liberales; 193.290 obreros y 815.000 campesinos".

5) "La comisión de información de Denikin sobre las intrigas bolcheviques durante el período 1918-1919, en un ensayo sobre el terror rojo, contó en sólo estos dos años, un millón setecientas mil víctimas."[438]

6) Ev. Kommin, en el "Roul" del 3 de agosto de 1923, hace la siguiente consideración: "Durante el invierno de 1920 la URSS comprendía 52 gobiernos, con 52 comisiones extraordinarias (Tchecas), 52 secciones especiales y 52 tribunales revolucionarios. Además de innumerables 'Erte-Tchecas', redes de transporte, tribunales de ferrocarriles, tribunales de tropas de seguridad interior. A esta lista de cámaras de tortura hay que añadir las secciones especiales, o sea, 16 tribunales de ejército y división. Entre todo, hay que contar mil cámaras de tortura, y si se toma en consideración que en ese tiempo existían comisiones cantonales, hay que contar más. Luego, los muchos gobiernos de la

---

[437] S. P. Melgunov, obra citada, p. 161.
[438] León de Poncins, obra citada, pp. 164-165.

URSS aumentaron; la Siberia; la Crimea, y el Extremo Oriente fueron conquistados. El número de Tchecas (comisiones) aumentó en proporción geométrica".

7) "Según los datos soviéticos (en 1920, cuando no había disminuido el terror y no se habían restringido los medios de información), se podía establecer una cifra media al día para cada tribunal; la curva de las ejecuciones se eleva de uno a cincuenta (en los grandes centros), y hasta ciento en las regiones recientemente conquistadas por el ejército rojo. Las crisis del terror eran periódicas, y luego cesaban; de manera que puede fijarse el número (modesto) de cinco víctimas diarias...que, multiplicado por los mil tribunales, dan cinco mil cada día. Y al año, alrededor de millón y medio."[439]

8) Recordamos estas matanzas inauditas no porque sean las más cuantiosas en conjunto ni las más inmisericordes, sino porque al encontrarnos a cuarenta y cinco años de estas masacres pueden haberse borrado del cuadro actual comunista, incluso para las personas que todavía alcanzaron a ser contemporáneas de los acontecimientos, y, que viviendo aún, se han olvidado de esas tragedias con esa facilidad con que los humanos olvidan no solamente los hechos desagradables que no les afectan directamente, sino aun aquellos de los que fueron víctimas. Desgraciadamente el tiempo ha venido a mostrarnos una superación verdaderamente demoníaca del comunismo en sus actividades asesinas, de las cuales no damos los detalles ni presentamos las monstruosas estadísticas por ser de todos conocidas, máxime que algunas de estas feroces matanzas han sido tan recientes que parecen escucharse todavía los gritos de terror de los torturados, los lamentos de los acosados, los estertores de los moribundos y la muda, pavorosa y constante acusación de los cadáveres. Basta recordar las gigantescas y recientes matanzas de Hungría, de Katyn, de Polonia, de Alemania Oriental y de Cuba; las anteriores purgas masivas de Stalin y el aniquilamiento de millones de chinos por el gobierno comunista de Mao Tse-tung.

9) Una estadística valiosa de las víctimas del comunismo obra en la publicación titulada "Rivelazione d'interesse mondiale", Vermijon, Roma, 1957, reproduciendo a su vez información tomada del "Russkaja Mysl", periódico ruso publicado en Francia el 30 de noviembre de 1947. Pero aun los ensayos comunistas que no pudieron tener permanencia definitiva, como el del comunista Bela Kun, que de manera rapsódica ocupó Hungría a mediados del año 1919; el de España de 1936 en que los bolcheviques se apoderaron de

---

[439] León de Poncins, obra citada, pp. 164-165.

Madrid y parte de las provincias hispanas, asesinando "más de 16000 sacerdotes, religiosas, religiosos y doce obispos".[440]

Y el ensayo, felizmente fracasado, de Alemania de 1918 dirigido por Hugo Haase y que tuvo su mejor realización en la República roja de Baviera en 1919, fueron verdaderas orgías de sangre y de bestialidad desenfrenada. Y no hay que olvidar que esta apocalíptica tormenta que va formando un henchido cauce de cadáveres, sangre y lágrimas, se desploma sobre el mundo con un solo fin: destruir no sólo a la Iglesia Cristiana y a toda la civilización cristiana, sino también al Islam, al budismo y a toda religión, menos a una de la que hablaremos después. Ante este cuadro estremecedor el mundo se pregunta con el corazón oprimido: ¿Quién puede odiar de tal forma criterios cristianos para tratar de destruirlos con saña tan malvada? ¿Quién ha sido capaz de urdir esta sangrienta maquinaria de aniquilación? ¿Quién puede con tanta insensibilidad dirigir y ordenar este criminal proceso gigantesco? Y la realidad nos contesta, sin lugar a dudas, que son los judíos los responsables, como se demostrará más adelante.

---

[440] Traian Romanescu, La gran conspiración judía. 3ª ed. México, 1961. p. 272.

Capítulo II

LOS CREADORES DEL SISTEMA COMUNISTA

No cabe la menor duda de que los inventores del comunismo son los judíos. Ellos han sido los forjadores de la doctrina sobre la cual se fundamenta todo ese monstruoso sistema que actualmente domina con poder absoluto en la mayor parte de Europa y Asia, que convulsiona a los países de América y que invade progresivamente a todos los pueblos del mundo como un cáncer letal, como un tumor que va comiendo las entrañas de las naciones libres, sin que parezca encontrarse un remedio eficaz contra él. También son los inventores y directores de la práctica comunista, de las eficientes tácticas de lucha, de la insensible y precisa política inhumana de gobierno y de la agresiva estrategia internacional. Que los teóricos comunistas fueron todos judíos, es cosa que está plenamente comprobada, pese al sistema que constantemente usaron los judíos -tanto los teóricos como los revolucionarios prácticos- de adquirir a modo de sobrenombre un apellido y un nombre que velara su origen a los ojos del pueblo en donde vivieron. Esta estrategia la practican los judíos desde tiempos de Cristo, al respecto San Pablo dijo: *"Soy judío entre los judíos y griego entre los griegos"*.

1.- En Alemania, Karl Heinrich Marx; judío alemán, cuyo verdadero nombre era el de Kissel Mordecay, nacido en Treves, Prusia Renana, hijo de un abogado judío. A sus doctrinas comunistas le dio el nombre de socialismo científico, nombre injustificado ya que los hechos han demostrado que ninguna base científica tiene muchos de sus postulados básicos. Antes de su famosa obra "El Capital" -concepción fundamental del comunismo teórico y cuyas ideas se dedicó a propagar por el mundo con inagotable actividad hasta su muerte en 1887- había escrito y publicado en Londres el "Manifiesto Comunista" en compañía del judío Engels el año de 1848. Anteriormente, entre 1843 y 1847, había formulado en Inglaterra -cuyos gobiernos en forma extraña lo protegieron- la primera concepción moderna del nacionalismo hebreo a través de sus artículos, como el publicado en 1844 en la revista "Deustch- Französische Jahrbücher" titulado "Zur Judenfrage" (Sobre la cuestión judía) y que tiene una tendencia ultranacionalista judía. (Paradójicamente el Nacional Socialismo Alemán y el moderno Nacional Socialismo Israelí, son exactamente iguales, solo es cuestión de matices según el cristal con que se mira).

2.- Frederik Engels, creador junto con Marx de la Primera Internacional y colaborador íntimo de Marx. Judío, nació en Barmen, Alemania, siendo su padre un comerciante judío de algodón de la localidad. Murió en 1894.

3.- Karl Kautski, cuyo verdadero apellido fue Kaus; autor del libro. "Los orígenes del cristianismo" en donde principalmente combate los fundamentos del cristianismo. Fue el más importante intérprete de Marx. Publicó en 1887 "Las enseñanzas económicas de Kart Marx para el entendimiento de todos"; "La matanza de Chisinaw" y "La cuestión judía"en 1903; "La lucha de clases", que fue para Mao Tse-tung, en China, el libro fundamental para la instrucción comunista; y la obra intitulada "La vanguardia del socialismo", en el año 1921. Fue también el autor del"Programa socialista" de Ehrfurt, Alemania. Este judío nació en Praga en 1854 y murió en 1938 en La Haya, Holanda. Debido a esos pleitos de familia que surgen con frecuencia entre los dirigentes judíos, se vio envuelto con posterioridad en una enconada lucha con Lenin.

4.- Ferdinand Lassalle, judío nacido en Breslau en 1825; después de haberse mezclado en la revolución democrática de 1848, publica en el año de 1863 su obra titulada "Contestaciones abiertas", en la que traza un plan revolucionario para los obreros Alemanes. Desde entonces trabajó incansablemente en una intensa campaña "socialista" tendiente a la rebelión de los obreros, para lo cual publica otra obra con el título de "Kapital und Arbeit". Su socialismo, aunque en algunos aspectos difería del de Marx, coincidía con éste en sus resultados finales, o sea, suprimir la propiedad privada para ponerla en manos del Estado, controlado por el judaísmo, naturalmente.

5.- Eduard Bernstein, judío nacido en Berlín en 1850. Sus principales obras son: "Suposiciones sobre el socialismo", "Adelante socialismo", "Documentos del socialismo", "Historia y teoría del socialismo", "Socialdemocracia de hoy en teoría y práctica", "Los deberes de la socialdemocracia" y "Revolución Alemána", todas ellas estructurando la doctrina comunista y fundamentadas en las concepciones de Marx. En 1918 fue nombrado ministro de Hacienda del Estado alemán socialista, que felizmente no llegó a sostenerse sino unos meses.

6.- Jacob Lastrow, Max Hirsch, Edgar Löening, Wirschauer, Babel, Schatz, David Ricardo y otros muchos escritores del comunismo teórico, fueron judíos. En todos los países se encuentran casi exclusivamente escritores judíos predicando el comunismo a las masas, aunque tratando en muchas ocasiones de proceder con cautela en sus escritos, dándoles siempre un sentido de humanidad y hermandad que ya hemos visto en la práctica loque significan.[441] Todos los judíos anotados -por muy teóricos que hayan sido- no se han contentado solamente con sentar las bases doctrinarias del socialismo marxista o comunismo, sino que cada uno de ellos ha sido un revolucionario práctico que se ha dedicado en el país donde se encontraba a preparar, dirigir o ayudar la subversión de hecho, y, como jefes o miembros connotados de asociaciones revolucionarias, han tomado siempre parte activa en el desarrollo del marxismo. Pero aparte de los judíos considerados como principalmente teóricos, encontramos que casi todos los dirigentes materiales que desarrollan las tácticas comunistas son también de esta misma raza y llevan a cabo su cometido con la máxima eficiencia. Por lo pronto, en los países en donde abortó la conspiración judía comunista ya a punto de estallar o en donde el marxismo se apoderó del gobierno inicialmente, aunque después haya sido expulsado, los datos verídicos con que se cuenta hoy en día demuestran la plena y total responsabilidad judía. Como ejemplos incontrovertibles pueden señalarse dos movimientos de este tipo:

A.) Alemania en 1918 es teatro de una revolución comunista dirigida por los judíos. La República de los Consejos de Munich era judía, como, lo prueban sus jefes Liebknecht, Rosa Luxemburgo, Kurt Eisner y otros muchos. A la caída del imperio, los judíos se apoderaron del país y el gobierno alemán queda dominado por los judíos: Haase (ministro de estado) y Landsberg, apareciendo con ellos Kautski, Kohn y Herzfeld. El ministro de Hacienda, también judío, tiene como ayudante al judío Bernstein y el del Interior, Preuss, también judío, busca la colaboración de su hermano de raza el doctor Freund quien lo auxilia en sus labores. Kurt Eisner, presidente de la República Bávara de los Consejos, fue el jefe de la revolución bolchevique de Munich. "Once hombrecillos hicieron la revolución -decía Kurt Eisner en la embriaguez del triunfo a su colega el ministro Auer-. Es muy justo conservar el recuerdo imperecedero de estos hombrecillos, que son los judíos: Max Löwenberg, el doctor Kurt Rosenfeld, Gaspar Wollheim, Max Rotschild, Carlos Arnold, Kranold, Rosenhek, Birnbaum, Reis y Kaisser. Los diez, con Kurt Eisner van Israelovitch, estaban al frente del 'tribunal revolucionario de Alemania.

---

[441] Datos tomados de Traian Romanescu, obra citada, pp. 19-23.

Los once son francmasones y pertenecían a la logia secreta número 11, que tenía su asiento en Munich, Briennerstrasse 51".[442]

"El primer gabinete de Alemania en 1918 estaba compuesto por los judíos: 1.- Preuss, ministro de Gobernación. 2.- Freund, vise ministro de Gobernación. 3.- Landsberg, Hacienda. 4.- Karl Kautski, Hacienda. 5.- Schiffer, Hacienda. 6.- Eduard Bernstein, secretario del Tesoro del Estado 7.- Fritz Max Cohen, jefe del servicio oficial de informaciones. (Este judío era antes corresponsal del diario judío "Frankfurter Zeitung").

"El segundo gobierno 'socialista alemán de 1918 estaba integrado por los judíos: 1.- Hirsch, ministro de Gobernación. 2.- Rosenfeld, ministro de Gracia y Justicia. 3.- Futran, Enseñanza. 4.- Arndt, Enseñanza. 5.- Simón, secretario de Hacienda. 6.- Kastenberg, director del negociado de las Colonias. 7.- Stathgen, ministro de Fomento. 8.- Meyer-Gerhardt, director del Negociado de las Colonias. 9.- Wurm, secretario de Alimentación. 10.- Merz, Weil, Katzenstein, Löwenberg, Fränkel, Schlesinger, Israelowitz, Selingsohn, Laubenheim, etc., ocupaban altos cargos en los ministerios.

"Entre los otros judíos que controlaban los sectores vitales del estado alemán, derrotado por la intervención americana en la guerra, se encontraban en 1918 y más tarde: 1.- Kohen, presidente del Comité de los Soldados y los Obreros Alemanes (similar al soviético de los Soldados y Obreros de Moscú, el mismo año). 2.- Ernst, presidente de la Policía de Berlín. 3.- Sinzheimer, presidente de la Policía de Frankfurt. 4.- Lewy, presidente de la Policía de Hessen. 5.- Kurt Eisner, presidente del Estado de Baviera. 6.- Jaffe, ministro de Hacienda del Estado de Baviera. 7.- Brentano, ministro de Industria, Comercio y Tráfico. 8.- Talheimer, ministro de Würtenberg. 9.- Heimann, otro ministro de estado de Würtenberg. 10.- Fulda, Gobierno de Hessen. 11.- Theodor Wolf, redactor jefe del periódico 'Berliner Tangenblatt'. 12.- Gwinwer, director del Deutsche Bank".[443]

B).- Hungría en 1919: el 20 de marzo de 1919, el judío Bela Kun (Cohn), se apodera de Hungría y proclama la República Soviética Húngara a la que sumerge a partir de ese momento en un horripilante mar de sangre. "Con él (Bela Kun), 26 comisarios componían el nuevo gobierno y de éstos, 18 eran israelitas. Proporción inaudita, si se tiene en cuenta que en Hungría había un millón y medio de israelitas sobre 22 millones de

---

[442] Monseñor Jouin, Le péril judéomaçonnique (5 vols. 1919-1927). Vol. I, p. 161.
[443] Traian Romanescu, obra citada, pp.259-260.

habitantes. Los 18 comisarios tenían en sus manos la dirección efectiva del poder, y los ocho comisarios hungarosno podían hacer nada".[444]

Más del 90% de los miembros del gobierno y de los hombres de confianza de Bela Kun fueron también judíos: 1.- Bela Kun, secretario general del Gobierno, judío. 2.- Sandor Gabai, presidente 'oficial' del Gobierno, usado por los judíos como pantalla; húngaro. 3.- Peter Agoston, lugarteniente del secretario general; judío. 4.- Dr. E. Landler, comisario del pueblo para Asuntos Interiores; judío. 5.- Bela Vago, lugarteniente de Landler; judío apellidado Weiss. 6.- E. Hamburger, comisario para la Agricultura; judío. 7.- Vantus, lugarteniente de Hamburger; judío. 8.- Czismadia, lugarteniente de Hamburger; judío. 9.- Nyisztor, lugarteniente de Hamburger; húngaro. 10.- Varga, comisario para los Asuntos Financieros; judío llamado Weichselbaum. 11.- Szkely, lugarteniente de Varga; judío llamado Schlesinger. 12.- Kunfi, comisario para la Educación; judío llamado Kunstater. 13.- Lukacs, lugarteniente de Kunfi; judío llamado en realidad Löwinger, hijo del director general de una casa bancaria de Budapest. 14.- D. Bokanyi, comisario para el Trabajo; húngaro. 15.- Fiedler, lugarteniente de Bokanyi; judío. 16.- Jozsef Pogany, comisario para la Guerra; judío llamado en realidad Schwartz. 17.- Szanto, lugarteniente de Pogany; judío llamado Schreiber. 18.- Tibor Szamuelly, lugarteniente de Pogany; judío llamado Samuel. 19.- Matyas Rakosi, comisario para el Comercio; judío llamado en realidad Matthew Roth Rosenkranz. Dictador comunista en la actualidad. 20.- Ronai, comisario para la 'Justicia'. 21.- Ladai, lugarteniente de Ronai; judío. 22.- Erdelyi, comisario para el Abastecimiento; judío llamado Eisenstein. 23.- Vilmos Boehm, comisario para la Socialización; judío. 24.- Hevesi, lugarteniente de Boehm; judío llamado Honig. 25.- Dovsak, segundo lugarteniente de Boehm; judío. 26.- Oszkar Jaszai, comisario para las Nacionalidades; judío de nombre Jakubovits. 27.- Otto Korvin, comisario para la Investigación Política; judío llamado Klein. 28.- Kerekes, fiscal del Estado; judío llamado Krauss. 29.- Biro, jefe de la Policía Política; judío llamado Blau. 30.- Seider, ayudante de Biro; judío. 31.- Oszkar Faber, comisario para la Liquidación de los Bienes de la Iglesia; judío. 32.- J. Czerni, comandante de la banda terrorista conocida con el nombre de "Los jóvenes de Lenin"; húngaro. 33.- Illés, comisario superior de Policía; judío. 34.- Szabados, comisario superior de Policía; judío llamado Singer. 35.- Kalmar, comisario superior de Policía; judío alemán. 36.- Szabó, comisario superior de Policía; judío ruteno llamado en realidad Schwarz. 37.- Vince, comisario popular de la ciudad de Budapest; judío llamado en realidad Weinstein. 38.- M. Krauss, comisario popular de Budapest; judío. 39.- A. Dienes, comisario popular

---

[444] J. J. Tharaud, Causerie sur Israël. Marcelle Lesage, 1926. p. 27.

de Budapest; judío. 40.- Lengyel, presidente del Banco Austro-Húngaro; judío llamado Levkovits. 41.- Laszlo, presidente del Tribunal Revolucionario Comunista; judío llamado enrealidad Löwy".[445]

En este gobierno que ocupó temporalmente Hungría, sobresalen por sus innumerables crímenes y depredaciones, además del mismo Bela Kun, que recorría el país en un lujoso coche -con su eficiente secretaria judía R. S. Salkind, alias Semliachkay-, y una gran horca instalada en el vehículo a manera de distintivo; y el jefe de la checa húngara, el judío Szamuelly, que viajaba por Hungría en su tren particular sembrando el terror y la muerte, según lo describe un testigo de la época: "Aquel tren de la muerte atravesaba rugiendo la negrura de las noches húngaras; donde se detenía había hombres colgados de los árboles y sangre que corría por el suelo. A lo largo de la vía, se veían cadáveres desnudos y mutilados. Szamuelly, dicta sus sentencias en aquel tren, y nadie que se vea obligado a subir a él podrá contar nunca lo que vio". "Szamuelly vive en él constantemente. Una treintena de terroristas escogidos velan por su seguridad. Verdugos seleccionados le acompañan. El tren está compuesto de dos coches-salón, de dos coches de primera clase, que ocupan los terroristas, y de dos coches de tercera para las víctimas. Allí se perpetran las ejecuciones. La tarima de estos coches está manchada de sangre. Los cadáveres son arrojados por las ventanillas, mientras Szamuelly, cómodamente sentado en el despacho coquetón de su departamento tapizado de damasco rosa y adornado con lunas biseladas, con un gesto de la mano decide la vida o la muerte".[446]

13. El periódico italiano "La Divina parola" (La Divina Palabra) de 25 de abril de 1920, resalta cómo en Hungría: "...durante la reacción antibolchevique contra el israelita Bela Kun, fueron encontrados cadáveres de frailes amontonados confusamente en unos subterráneos. Los diplomáticos extranjeros llamados por el pueblo para constatarlo con sus propios ojos, han atestiguado que vieron muchos cadáveres de religiosos y religiosas que tenían clavado en el corazón el crucifijo que solían llevar sobre el pecho".

---

[445] Traian Romanescu, obra citada, pp. 203-205.
[446] Cécile de Tormay, Le livre proscrit Plon Nourrit, 1919. p.204.

Capítulo III

La cabeza del comunismo

No cabe la menor duda de que la teoría marxista (comunista) es obra judía, como lo es también toda acción encaminada a poner en práctica esta doctrina y los millones de asesinatos cometidos. Los directores y organizadores de cualquier movimiento comunista anterior al establecimiento definitivo del bolchevismo en Rusia fueron judíos en su casi totalidad, como también la gran mayoría de los dirigentes materiales de las revoluciones a que dieron origen. Pero en Rusia, primer país en donde triunfó definitivamente el bolchevismo y que ha sido y es en estos momentos el centro motor del comunismo mundial, la paternidad judía del sistema, de la organización y de la práctica soviética no deja tampoco lugar a error. De acuerdo con los datos incontrastables, plenamente demostrados y aceptados por todos los escritores imparciales que han tratado este tema, la obra comunista de los hebreos en la nación de los zares, queda tan patente, que sería vano empeño negarles este ominosos triunfo en exclusiva. Basta con recordar los nombres de los que formaron los gobiernos y los principales organismos directivos en la Unión Soviética para saber a qué atenerse, ante la clara y rotunda demostración de los hechos.

Miembros del primer gobierno comunista de Moscú (1918) (Consejo de "Comisarios del Pueblo")

1.- Ilich Ulin (Vladimir Ilich Ulianov o Nicolás Lenin), presidente del Soviet Supremo; judío en la línea materna. Su madre se llamaba Blank, judía de origen alemán.

2.- Lew Davidovich Bronstein (León Trotsky), comisario del Ejército Rojo y de la Marina; judío.

3.- Iosiph David Vissarionovich Djugashvili-Kochba (José Vissarionovich Stalin), comisario de las Nacionalidades; descendiente de judíos georgianos.
4.- Chicherin, comisario para los Asuntos Exteriores; ruso.
5.- Apfelbaum (Grigore Zinoviev), comisario para los Asuntos Interiores; judío.
6.- Kohen (Volodarsky), comisario de la Prensa y Propaganda; judío.
7.- Samuel Kaufman, comisario para los Terrenos del Estado; judío.
8.- Steinberg, comisario de Justicia; judío.
9.- Schmidt, comisario de la Prensa y Propaganda; judío.
10.- Ethel Knigkisen (Lilianan), comisaria del Abastecimiento; judía.
11.- Pfenistein, comisario para el Acomodo de los refugiados; judío.
12.- Schlichter (Vostanolenin), comisario para los Encuartelamientos (traspasos de casas particulares a los rojos); judío.
13.- Lurie (Larin), presidente del Soviet Económico Superior; judío.
14.- Kukor (Kukorsky), comisario de la Economía; judío.
15.- Spitzberg, comisario de la Economía; judío.
16.- Urisky (Radomilsky), comisario para las 'Elecciones; judío.
17.- Lunacharsky, comisario de Enseñanza Pública; ruso.
18.- Simasko, comisario para la Higiene; judío.
19.- Protzian, comisario para la Agricultura; armenio.[447]

"Otra estadística, publicada al parecer por el periódico contrarrevolucionario ruso "Le Ruse Nationaliste", después del triunfo de los judeo-comunistas en Rusia, indica que de un número de 554 dirigentes comunistas de primer orden, en diversos cargos, han sido: Judíos 447, Lituanos 43, Rusos 30, Armenios 13, Alemanes 12, Finlandeses 3, Polacos 2, Georgianos 2, Checos 1, Húngaros 1."[448]

Durante la Segunda Guerra Mundial y posteriormente hasta nuestros día, la pandilla judaica que gobierna la Unión de Repúblicas Socialistas Soviéticas sigue siendo muy numerosa, pues sus nombres están encabezados por el mismo Stalin, que durante algún tiempo se ha considerado como georgiano de pura cepa y se ha venido a descubrir que es de raza judía, porque Djugashvili, que es un apellido, significa "hijo de Djou" y Djou es una pequeña isla de Persia hacia donde emigraron muchos judíos "marranos" portugueses exiliados, que posteriormente pasaron a Georgia. Actualmente está totalmente comprobado que Stalin tenía sangre judía, aunque él jamás haya confirmado o desmentido los

---

[447] Traian Romanescu, obra citada, p.143.
[448] Traian Romanescu, obra citada, p.161.

rumores que comenzaban acorrer al respecto.[449] Veamos una lista de los funcionarios soviéticos judíos en el gobierno de Stalin:

1.- Zdanov (Yadanov); judío, llamado en realidad Liphshitz, ex-comandante de la defensa de Leningrado durante la guerra; miembro del Politburó hasta 1948 y uno de los autores de la resolución que excluía a Tito del Cominform en 1948; muerto poco más tarde.

2.- Lavrenty Beria; judío, jefe de la M.V.D. (policía secreta) y de la Industria Pesada soviética, miembro de la Industria Atómica soviética; ejecutado por orden de Malenkov por el mismo motivo que Stalin liquidó a Yagoda.

3.- Lazar Kaganovich; judío, jefe de la Industria Pesada soviética; miembro del Politburó desde 1944 hasta 1952; luego miembro del Presidium y actualmente presidente del Presidium Supremo de la URSS.

4.- Malenkov (Georgi Maximilianovich Malenk), miembro del Politburó y Orgburó hasta 1952; después miembro del Presidium Supremo; presidente del Consejo de Ministros tras la muerte de Stalin; ministro del gobierno de Bulganin desde 1955. Es judío de Ornenburg, no cosaco como se afirma. El nombre de su padre, Maximilian Malenk, es típicamente judío ruso. Hay después un detalle muy importante que descubre el verdadero origen de Malenkov y también el de Khruschev. La actual esposa de Melenkov es la judía Pearl-Mutter, conocida como la 'camarada Schemschuschne' , que ha sido ministra (comisaría) de la Industria del Pescado en el gobierno soviético en 1938...No existe una biografía oficial de Malenkov y esto se debe seguramente a que no quiere que se descubra su origen judío.

5.- Nicolás Salomón Khruschev, actual jefe del Partido Comunista soviético; miembro del Politburó desde 1939, es decir, el año en que Malenkov fue elegido miembro del Orgburó. Es hermano de la esposa de Malenkov, o sea, de la judía Pearl-Mutter. Khruschev es judío y se apellida en realidad Pearl-Mutter.

6.- Mariscal Nicolai Bulganin, actual primer ministro soviético; ex-funcionario de un banco, fue uno de los diez judíos miembros del Comisariado para la Liquidación de los Bancos particulares de 1919.

---

[449] Bernard Hutton, revista francesa "Constellation", marzo de 1962, no. 167. p. 202.

7.- Anastasio Iosifovich Mikoyan, miembro del Politburó desde 1935; miembro del Presidium Supremo desde 1952; ministro de Comercio y vice-presidente en el gobierno de Malenkov. Es judío de Armenia y no armenio auténtico como se cree.

8.- Kruglov; judío, jefe de la M. V. D. (policía secreta) después de Beria. Por orden de Kruglov fueron puestos en libertad los médicos judíos arrestados en 1953 por Riumin; sub-jefe de la policía durante el mandato de Beria. Al morir Stalin surgieron esos pleitos de familia entre judíos que estallan a veces por ambiciones de mando. El judío Beria fue asesinado por sus hermanos israelitas del gobierno de Moscú, como años antes los judíos Stalin, Vishinsky, Kaganovich y socios habían mandado matar a los judíos Trotsky, Zinoviev, Kamenev, Radek, Bujarin y a miles de sus partidarios israelitas en la lucha intestina, verdadera guerra civil ocurrida en el seno del judaísmo. Guerra que ambas facciones hebreas sostuvieron entre sí por el control de la infeliz Rusia y del comunismo internacional.

9.- Alejandro Kosygin; judío; fue miembro del Politburó hasta 1952, después suplente en el Presidium Supremo y ministro de la Industria Ligera y de Alimentación en el gobierno de Malenkov.

10.- Nicolás Schvernik, miembro del Politburó hasta 1952; luego miembro del Partido Supremo y miembro del Presidium del Comité Central del Partido Comunista; judío.

11.- André Andreievich Andreiev, que era conocido como el 'Politburócrato' de las 3 A; miembro de Politburó entre 1931 y 1952; judío de Galitzia, Polonia; utiliza seudónimo ruso.

12.- P. K. Ponomarenko; judío; miembro del Orgburó en 1952; después miembro del presidium Supremo y ministro de Cultura en el gobierno de Malenkov, 1953; judío.

13.- P. F. Yudin (Iuden), miembro suplente del Presidium Supremo y titular del ministerio de Materiales de Construcción en el gobierno de Malenkov, 1953; judío.

14.- Mihail Pervukin; judío, miembro del Presidium del Comité Central del Partido Comunista desde 1953.

15.- N. Schalatin, potentado en el sub-secretariado del Comité Central del Partido Comunista; judío.

16.- K. P. Gorschenin; judío, ministro de Justicia en el gobierno de Malenkov.

17.- D. Ustinov (Zambinovich); judío, embajador soviético en Atenas, Grecia, hasta la Segunda Guerra Mundial. Ministro de Defensa en el gobierno de Malenkov.

18.- V. Merkulov, ministro del Control del Estado en el tiempo de Malenkov; judío.

19.- A. Zasyadko, ministro de la Industria del Carbón con Malenkov; judío.

20.- Cherburg, jefe de Propaganda soviética; judío.

21.- Milstein, uno de los jefes del Espionaje soviético en Europa; judío.

22.- Ferentz Kiss, jefe del Servicio de espionaje soviético en Europa; judío.

23.- Potschrebitscher (Poscrevichev), ex-secretario particular de Stalin; actualmente jefe de los Archivos secretos del Kremlin; judío.

24.- Ilya Ehremburg, diputado de Moscú en el Soviet Supremo; escritor comunista; judío. **25.-** Mark Spivak, diputado de Stalino (Ucrania) en el Soviet Supremo de Moscú; judío. **26.-** Rosalía Goldenberg, diputada de Birobidjan en el Soviet Supremo de Moscú; judía.

27.- Ana E. Kaluger, diputada de Besarabia en el Soviet Supremo; judía. Su hermano, llamado ahora no Kaluger sino Calugaru en rumano, es un potentado comunista en la administración de Rumania.

28.- Kalinin, presidente títere durante el gobierno de Stalin, muerto hace tiempo, era judío.[450]

Es de todos conocido que fue una gran falsedad el antisemitismo de Stalin y que la matanza de los judíos trotskistas, zinovietistas y bujarinistas que llevó a cabo para asegurarse en el poder, se realizó por otros judíos. En última instancia, la lucha entre el judío Trotsky y el judío Stalin, fue una contienda entre bandos judíos por el control del gobierno comunista que

---

[450] Traian Romanescu, obra citada, pp.174-176.

ellos crearon; simplemente un pleito de familia. Sirva de prueba la siguiente lista de comisarios de Asuntos Exteriores, cuando Stalin se deshacía de cuantos judíos eran peligrosos para su poder personal:

1.- Maxim Maximovich Litvinoff, ministro soviético de Asuntos Exteriores hasta 1939 cuando fue reemplazado por Molotov; ocupando después altos cargos en el mismo ministerio hasta su muerte en febrero de 1952. Nació en Polonia, hijo del 'bankleark' (agente de banca) judío Meer Genokh Moiseevich Vallakh. Para ocultar su verdadero nombre Maxim Moiseevich Vallakh (Litvinoff) utilizó durante su carrera varios seudónimos entre ellos Finkelstein, Ludwig Nietz, Maxim Harryson, David Mordecay, Félix y por fin cuando llegó a potentado en el régimen comunista de Rusia adoptó el de Litvinoff o Litvinov. Cuando este judío fue reemplazado por Molotov en 1939, la judería del mundo occidental y toda la prensa judeo-masónica comenzaron a gritar que había sido alejado por Stalin 'porque era judío'; pero no dijeron después que Litvinov quedó en el ministerio hasta su muerte.¿Para qué decirlo si esto no interesaba a la conspiración?. En las memorias de Litvinov publicadas después de su muerte, está escrito que en su opinión nada cambiará en Rusia soviética después de la muerte de Stalin. En efecto, Stalin murió un año después que Litvinov y nada cambió en la política interior y exterior soviética. Lo que en Occidente llaman cambios en la política de la URSS no son más que sencillos engaños de propaganda, adecuados a las necesidades del plan de dominación mundial de los judíos. Nada ha cambiado tras la muerte de Stalin. Hay un poco de agitación debido a la falta de un nuevo jefe único del calibre de Stalin o Lenin; eso es todo. Por esto, los conspiradores judeo-masones de Occidente quieren pintar al tenebroso cuervo soviéticocomunista con colores brillantes de 'pacifismo, coexistencialismo', 'humanización', etc., para presentarlo al mundo como algo inofensivo...Cuando Litvinov afirmó que nada cambiaría con la muerte de Stalin sabía muy bien que esto ocurriría, porque Stalin no era más que uno de los trabajadores de la banda judaica que dirige a la URSS, y que después de éste se quedarían otros judíos para seguir el plan de dominación mundial en el que colaboran Bulganin, Baruch, Reading, Thorez, Mendes, France, David Ben Gurión y otros muchos. Continuando la lista de los judíos en el ministerio de Asuntos Exteriores de la URSS tenemos a:

2.- Andrés Ianuarevich Vishinsky, muerto ya; fue ministro del Exterior de la URSS antes de la muerte de la muerte de Stalin; después, delegado permanente de la Unión Soviética en la ONU, donde no perdía oportunidad para lanzar palabrotas contra los países no comunistas tal como lo hacía cuando era 'juez popular. Su nombre judío era Abraham Ianuarevin (Este judío fue fiscal en los procesos que condenaron a muerte a sus hermanos de raza judía que constituían la vieja guardia revolucionaria de Lenin y que fueron asesinados por Stalin y su pandilla también judía en la lucha por el poder en Rusia).

3.- Jacob Malik, representante soviético ante la ONU y gran personaje en la jerarquía diplomática soviética; judío.

4.- Valerian Zorin, un tiempo embajador en Londres y también gran figura de la diplomacia soviética que cambia de cargo según las necesidades.

5.- Andrei Gromyko, diplomático judío de Galitzia; hoy, ministro de Asuntos Exteriores de la URSS.

6.- Alejandro Panyushkin, ex embajador soviético en Washington; embajador en Pekín en 1955, considerado como el verdadero dictador de la China Roja hasta que Mao Tse-tung, fiel al stalinismo, se rebeló contra Khruschev cuando éste traicionó al dicho stalinismo.

7.- Zambinovich (Ustinov), embajador en Atenas hasta 1940; judío.

8.- Almirante Radionovich, embajador en Atenas entre 1945 y 1946, o sea hasta cuando se preparó el 'golpe de Estado' comunista en Grecia; judío.

9.- Constantin Umansky, enviado a Washington durante la Segunda Guerra Mundial y después potentado en el ministerio de Asuntos Exteriores de Moscú; judío.

10.- Dimitri Manuilsky, ex representante en Ucrania y en la ONU; ex-presidente de Ucrania; judío.

11.- Ivan Maisky, embajador en Londres durante la guerra; luego alto funcionario del ministerio de Asuntos Exteriores en Moscú; judío.

12.- Madame Kolontay; judía; embajadora en Estocolmo hasta su muerte en marzo de 1952. (Antes estuvo en México. Su familia hebrea se había mezclado con la aristocracia rusa a la que traicionó, como lo han hecho todos esos judíos infiltrados en la nobleza por medio de matrimonios mixtos o por títulos de nobleza obtenidos por servicios prestados a los reyes, los cuales sin darse cuenta minaron en esa forma la fuerza de la nobleza de sangre, facilitando al judaísmo su control; como ocurrió en Inglaterra o el derrocamiento de las monarquías como sucedió en otros países).

13.- Daniel Solod, embajador en El Cairo en 1955. Este, ayudado por un grupo de judíos afiliados al cuerpo diplomático en El Cairo, dirige la conspiración israelita dentro del mundo árabe bajo la protección diplomática soviética, sin que el gobierno egipcio se dé cuenta. Este gobierno no debería olvidar que David Ben Gurión, primer ministro de Israel y también Golda Meyerson, ministra de Israel en Moscú, son judíos rusos como D. Solod.[451] No debe olvidarse que fue el judío Yagoda, jefe en esos días de la policía secreta de Stalin, el que dirigió con su equipo de verdugos israelitas la matanza de los judíos enemigos de Stalin en la URSS.

Datos estadísticos sobre los organismos del gobierno comunista de la Unión Soviética, del Partido, del Ejército, de la Policía y los Sindicatos.

COMISARIADO DEL INTERIOR (1918). (ALTOS FUNCIONARIOS DEPENDIENTES DE ESTE COMISARIADO)

1.- Ederer, presidente del Soviet de Petrogrado; judío.

2.- Rosenthal, comisario de la Seguridad de Moscú.

3.- Goldenrudin, director de la propaganda del Comisariado de Asuntos Exteriores; judío. 4.- Krasikov, comisario de la Prensa de Moscú; judío.

5.- Rudnik, vicepresidente del Comisariado de Higiene; judío.

6.- Abraham Krochmal, primer secretario del Comisariado para el Acomodo de los Refugiados; judío, alias Saguersky.

7.- Marthenson, director de la Oficina de Prensa del Comisariado de Asuntos Interiores: judío.

---

[451] Traian Romanescu, obra citada, pp.176-178.

8.- Pdeierman, comisario jefe de la Policía comunista de Petrogrado; judío.

9.- Schneider, comisario político de Petrogrado; judío.

10.- Minnor, comisario político de Moscú; judío americano.

COMISARIADO DE ASUNTOS EXTERIORES.
(FUNCIONARIOS SUPERIORES)

1.- Margolin, director del Servicio de pasaportes; judío.

2.- Fritz, director del Comisariado de Asuntos Exteriores; judío.

3.- Iafet (Joffe), embajador soviético en Berlín; judío.

4.- Lewin, primer secretario de la embajada soviética de Berlín; judío.

5.- Askerloth, director de la oficina de Prensa e Informaciones de la embajada soviética en Berlín; judío.

6.- Beck, enviado especial del gobierno soviético a Londres y París; judío.

7.- Benitler (Beintler), embajador soviético en Oslo; judío.

8.- Martius, embajador soviético en Washington; alemán (¿).

9.- Lew Rosenfeld (Kamenev), embajador soviético en Viena; judío.

10.- Vaslaw Vorovsky, ex ministro soviético en Roma hasta el año 1922; asesinado por el ex- oficial zarista M. A. Kontrady, el 10 de mayo de 1923, en Lausana; judío.

11.- Peter Lazarovich Voicoff, ministro soviético en Varsovia hasta el día 7 de junio de 1927 cuando fue asesinado por un joven ruso; judío.

12.- Malkin, cónsul soviético en Glasgow, Inglaterra en 1919; judío.

13.- Kain Rako (Rakovsky), presidente del Comité para la Paz, de Kiev; judío.

14.- Manuilsky, primer ayudante de Rako y actualmente gran potentado comunista de Ukrania; judío.

15.- Astzumb-Ilssen, primer consejero jurídico del Comisariado de Asuntos Exteriores Soviético (1918); judío.

16.- Abel Beck, cónsul general en Odessa; judío.

17.- Grundbaum (Cevinsky), cónsul general en Kiev; judío.

FUNCIONARIOS SUPERIORES EN EL COMISARIADO SOVIÉTICO DE LA ECONOMÍA (1918)

1.- Merzvin (Merzwinsky), primer comisario económico; judío.

2.- Solvein, secretario de Merzvin; judío.

3.- Haskyn, secretario general del Comisariado de Economía Soviética; judío.

4.- Bertha Hinewitz, ayudante de Haskyn; judía.

5.- Isidor Gurko (Gurkowsky), segundo comisario de la Economía; judío.

6.- Jaks (Gladneff), secretario de Gurko; judío.

7.- Latz (Latsis), presidente del Consejo Económico; judío, de Lituania.

8.- Weisman, secretario del Consejo Económico; judío.

9.- Satnikov, consejero del Banco Popular de Moscú; ruso.

10.- Jaks (hermanod el otro), consejero del Banco Popular; judío.

11.- Axelrod (Orthodox), consejero del Banco Popular; judío.

12.- Michelson, consejero del Banco Popular; judío norteamericano.

13.- Furstemberg (Ganetsky), comisario para la Reglamentación de los Asuntos Económicos "Soviético- Alemanes", en realidad el agente de enlace entre los revolucionarios judíos de Rusia y los grupos bancarios judíos Kuhn-Loeb and Co. de Nueva York; Warburg de Estocolmo; Speyer and Co. de Londres; Lazar Frères de París, etcétera, que subvencionaban la revolución comunista de Rusia, a través del sindicato bancario Renano-westfaliano de Alemania; judío.

14.- Kogan (uno de los hermanos Kaganovich), primer secretario de Furstemberg; judío.

FUNCIONARIOS SUPERIORES DEL COMISARIADO DE JUSTICIA (1918-1919)

1.- Ioseph Steimberg, hermano del Steimberg titular del Comisariado; judío. Ocupa la función de primer comisario "popular".

2.- Iacob Berman, presidente del Tribunal revolucionario de Moscú; judío. Es probablemente el mismo Iacob Berman, jefe actual del Partido Comunista de Polonia.

3.- Lutzk (Lutzky), comisario judicial de la Fuerzas Militares "populares"; judío.

4.- Berg, comisario judicial de Petrogrado; judío.

5.- Goinbark, director de la oficina de Codificaciones; judío.

6.- Scherwin, primer secretario de la "Comuna Popular" de Moscú; judío.

7.- Glausman, presidente de la Comisión de Control, adjunta del Comisariado de Justicia; judío.

8.- Schraeder, comisario jefe de la Corte Suprema de Moscú (El Tribunal Supremo); judío.

9.- Legendorf, controlador-jefe del Tribunal revolucionario de Moscú; judío.

10.- Schultz (Glazunov), controlador segundo del Tribunal revolucionario de Moscú; judío.

FUNCIONARIOS SUPERIORES DEL COMISARIADO DE LA ENSEÑANZA PÚBLICA

1.- Groinim, comisario para las Regiones del Sur de Rusia; judío.

2.- Lurie, hermano del presidente del Soviet Económico Superior; director de la Sección de las Escuelas Primarias del Comisariado de la Enseñanza Pública; judío.

3.- Liuba Rosenfeld, direcTorah de la Sección Teatral del Ministerio de la Enseñanza Pública; judía.

4.- Rebeca Jatz, secretaria de la antes mencionada; judía.

5.- Sternberg, director de la Sección de Artes Plásticas, del Comisariado de la Enseñanza Pública; judío.

6.- Iacob Zolotin, presidente del Consejo de Dirección del Instituto de Educación Comunista; judío.

7.- Grünberg, comisario de Enseñanza para las Regiones Nórdicas; judío.

8.- Max Eikengold, primer secretario del Comisariado de la Enseñanza Pública; judío.

POTENTADOS EN EL COMISARIADO DEL EJÉRCITO

1.- Schorodak, consejero particular de Trotsky; judío.

2.- Slansk, consejero particular de trotsky; judío.

3.- Petz, consejero particular de Trotsky; judío.

4.- Gerschfeld, consejero particular de Trotsky; judío.

5.- Fruntze, comandante supremo de los Ejércitos Comunistas del Sur; judío.

6.- Fichman, jefe del Estado Mayor de los Ejércitos Comunistas del Norte; judío.

7.- Potzern, presidente del Soviet (Consejo de Dirección) del Frente del Oeste; judío.

8.- Schutzman (Schusmanovich), consejero militar de la Región de Moscú; judío.

9.- Gübelman, comisario político de la Región Militar de Moscú; judío americano.

10.- Levensohn, consejero jurídico del Ejército Rojo; judío.

11.- Deitz, consejero político de la Región Militar de Vitebsk; judío.

12.- Glusman, consejero militar de la Brigada Comunista de Samara; judío.

13.- Beckman, comisario político de la Región de Samara; judío.

14.- Kalman, consejero militar de las Fuerzas Comunistas de Slusk; judío.

REPRESENTANTES DEL EJÉRCITO ROJO EN EL EXTRANJERO

1.- Sobelsohn (Radek), representante militar soviético en Berlín; judío.

2.- Neisenbaum, representante militar en Bucarest; judío.

3.- Bergman, representante militar en Viena; judío.

4.- Abraham Baum, representante militar en Copenhague; judío.

5.- Moisievich, ayudante de Baum; judío.

6.- Alter Klotzman, representante militar en Varsovia; judío.

7.- Abraham Klotzman, ayudante del anterior; judío.

CONSEJEROS MILITARES DEL GOBIERNO COMUNISTA DE MOSCÚ

1.- Lechtiner, consejero del Soviet Militar del Ejército de caucasia; judío.

2.- Watsertish, comandante del Frente del Oeste, contra los checoslovacos; judío.

3.- Bruno, consejero especial para el Frente del Este; judío.

4.- Schulman, consejero segundo del Gobierno de Moscú (Consejo de los Comisarios del Pueblo) para el Frente del Este; judío.

5.- Schmidowitz, comandante de las Fuerzas Comunistas de Crimea; judío.

6.- Jack, comandante segundo de las Fuerzas Comunistas de Crimea; judío.

7.- Schnesur, tercer comandante del mismo ejército; judío lituano.

8.- Melgor, jefe del Soviet Militar de Kazan; judío.

9.- Nazurkolyz, comisario del Soviet Militar de Kazan; judío.

10.- Rosenkoltz, comisario del Soviet Militar de Kazán; judío.

11.- Samuel Gleitzer, comisario comandante de la Escuela Soviética de Tropas para la Frontera (guardafronteras); judío.

12.- Kolmann, comandante de la Comuna Militar de Moscú; judío.

13.- Latzmer (Lazimov), ayudante del anterior; judío.

14.- Dulis, consejero militar del gobierno soviético; judío.

15.- Steingar, consejero militar del gobierno; judío.

16.-Gititz, comisario político de la Región Militar de Petrogrado; judío.

17.- Dzenitz, comisario político de 15ª Brigada Comunista; judío.

18.- Bitziss, comandante de la Región Militar de Moscú; judío.

19.- Gecker, comandante del Ejército Comunista de Jaroslav; judío.

20.- Mitkaz, consejero militar del gobierno para la Región Militar de Moscú; judío.

21.- Tzeiger, comandante del Soviet Militar de Petrogrado; judío.

FUNCIONARIOS SUPERIORES EN EL COMISARIADO DE HIGIENE

1.- Dauge, vicecomisario del Comisariado de Higiene; judío.

2.- Wempertz, presidente de la Comisión para la Lucha contra las Enfermedades Venéreas; judío.

3.- Rappoport, director de la Sección Farmacéutica del Comisariado; judío (más tarde comisario político de Petrogrado).

4.- Fuchs, secretario de Rappopport; judío.

5.- Bloschon, presidente de la Comisión para la Lucha contra las Enfermedades Contagiosas; judío.

Miembros del Soviet Superior de la Economía Popular (Moscú, 1919)

1.- Rosenfeld (Kamenev), presidente del Soviet Económico de Moscú; judío.

2.- Krasikov, vicepresidente del Soviet Económico de Moscú; judío.

3.- Abraham Schotman, director del Soviet Económico de Moscú; judío.

4.- Heikina, secretaria de Schotman; judía.

5.- Eismondt, presidente del Soviet Económico de Petersburgo; judío.

6.- Landeman, vicepresidente del Soviet Económico de Petersburgo; judío.

7.- Kreinitz, director del Soviet Económico de Petersburgo; judío.

8.- Abel Alperovitz, comisario de la Sección Metalúrgica del Soviet Económico Superior; judío.

9.- Hertz, comisario de la Sección de Transportes del Soviet Económico Superior; judío.

10.- Schlimon, secretario de Hertz; judío.

11.- Tavrid, presidente del Comisariado para la Colección del Aceite de Tornasol; judío.

12.- Rotemberg, presidente del Comisariado de la Industria Carbonífera, dependiente del Soviet Económico Superior; judío.

13.- Klammer, presidente del Comisariado para la Colección de Pescado; judío.

14.- Kisswalter, presidente del Comisariado de la Reconstrucción Económica; judío americano.

MIEMBROS DEL PRIMER SOVIET DE LOS SOLDADOS Y OBREROS DE MOSCÚ

1.- Model, presidente del Soviet; judío.

2.- Smitdowitz, presidente de la Delegación de los Obreros; judío.

3.- Leibu Kuwitz, presidente de la Delegación de los Soldados; judío.

4.- Klautzner, miembro del Soviet; judío.

5.- Andersohn, miembro del Soviet; judío.

6.- Michelson, miembro del Soviet; judío.

7.- Scharach, miembro del Soviet; judío.

8.- Grünberg, miembro del Soviet; judío.

9.- Riphkin, miembro del Soviet; judío.

10.- Vimpa, miembro del Soviet; lituano.

11.- Klammer (otro); miembro del Soviet; judío.

12.- Scheischman, miembro del Soviet; judío.

13.- Lewinson, miembro del Soviet; judío.

14.- Termizan, miembro del Soviet; judío.

15.- Rosenkoltz, miembro del Soviet; judío.

16.- Katzstein, miembro del Soviet; judío.

17.- Zenderbaum (Martov), miembro del Soviet; judío.

18.- Sola, miembro del Soviet; lituano.

19.- Pfalin, miembro del Soviet; judío.

20.- Krasnopolsky, miembro del Soviet; judío.

21.- Simson, miembro del Soviet; judío americano.

22.- Schick, miembro del Soviet; judío.

23.- Tapkin, miembro del Soviet; judío.

Miembros del Comité Central del Partido Comunista Soviético (1918- 1923)

1.- Gimel (Sujanov); judío.

2.- Kauner; judío.

3.- Pappopport; judío.

4.- Wilken; judío.

5.- Siatroff; ruso.

6.- Gräbner; judío.

7.- Diamandt; judío.

Comisarios permanentes a la disposición del Soviet Supremo de Moscú

1.- Tziwin (Piatinsky); judío.

2.- Gurevich (Dan); judío.

3.- Silberstein (Bogdanov); judío.

4.- Garfeld (Garin); judío.

5.- Rosenblum (Maklakowsky); judío.

6.- Kernomordik; judío.

7.- Loewenshein; judío.

8.- Goldenberg (Meshkowski); judío.

9.- Tzibar (Martinov); judío

MIEMBROS DEL COMITÉ CENTRAL DEL CUARTO CONGRESO DE LOS SINDICATOS DE LOS OBREROS Y LOS LABRIEGOS SOVIÉTICOS

1.- Iankel Swerdin (Swerdlov), presidente del comité; judío.

2.- Gremmer, miembro del comité; judío.

3.- Bronstein (no Trotsky), miembro del comité; judío.

4.- Katz (Kamkov), miembro del comité; judío.

5.- Goldstein, miembro del comité; judío.

6.- Abelman, miembro del comité; judío.

7.- Zünderbaum, miembro del comité; judío.

8.- Urisky, miembro del comité; judío.

9.- Rein (Abramovich), miembro del comité; judío.

10.- Benjamín Schmidowitz, miembro del comité; judío.

11.- Tzeimbus, miembro del comité; judío.

12.- Rifkin, miembro del comité; judío.

13.- Schirota, miembro del comité; judío.

14.- Tzernin Chernilovsky, miembro del comité; judío.

15.- Lewin (Lewinsky), miembro del comité; judío.

16.- Weltman, miembro del comité; judío.

17.- Axelrod (Orthodox), miembro del comité; judío.

18.- Lundber, miembro del comité; judío.

19.- Apfelbaum (Zinoviev), miembro del comité; judío.

20.- Fuschman, miembro del comité; judío.

21.- Krasicov, miembro del comité; judío.

22.- Knitzunck, miembro del comité; judío.

23.- Radner, miembro del comité; judío.

24.- Haskyn, miembro del comité; judío.

25.- Goldenrubin, miembro del comité; judío.

26.- Frich, miembro del comité; judío.

27.- Bleichman (Soltntzev), miembro del comité; judío.

28.- Lantzer, miembro del comité; judío.

29.- Lishatz, miembro del comité; judío.

30.- Lenin, miembro del comité; judío en línea materna.

MIEMBROS DEL COMITÉ CENTRAL DEL QUINTO CONGRESO DE LOS SINDICATOS SOVIÉTICOS

1.- Radek, presidente; judío.

2.- Ganitzberg, miembro; judío.

3.- Knigknisen, miembro; judío.

4.- Amanessoff, miembro; judío.

5.- Tzesulin, miembro; judío.

6.- Rosenthal, miembro; judío.

7.- Pfrumkin, miembro; judío.

8.- Kopning, miembro; judío.

9.- Krilenko, miembro; ruso.

10.- Jacks, miembro; judío americano.

11.- Feldman, miembro; judío.

12.- Bruno, miembro; judío.

13.- Rozin, miembro; judío.

14.- Theodorovich, miembro; judío.

15.- Siansk (Siansky), miembro; judío.

16.- Schmilka, miembro; judío.

17.- Rosenfeld (Kamenev), miembro; judío.

18.- Samuel Kripnik, miembro; judío.

19.- Breslau, miembro; judío.

20.- Steiman, miembro; judío.

21.- Scheikman, miembro; judío.

22.- Askenatz, miembro; judío.

23.- Sverdin, miembro; judío.

24.- Stutzka, miembro; judío.

25.- Dimenstein, miembro; judío.

26.- Rupzuptas, miembro; lituano.

27.- Schmidowitz, miembro; judío.

28.- Nachamkes (Steklov),

29.- Schlichter, miembro; judío.

30.- Peterson, miembro; judío.

31.- Sasnovsky, miembro; judío.

32.- Baptzinsk, miembro; judío.

33.- Valach (Litvinov), miembro; judío.

34.- Tegel (Tegelsky), miembro; judío.

35.- Weiberg, miembro; judío.

36.- Peter, miembro; lituano.

37.- Terian, miembro; armenio.

38.- Bronstein, miembro; judío.

39.- Ganletz, miembro; judío.

40.- Starck, miembro; judío.

41.- Erdling, miembro; judío.

42.- Karachan, miembro; armenio.

43.- Bukharin, miembro; judío.

44.- Langewer, miembro; judío.

45.- Harklin, miembro; judío.

46.- Lunatarsky, miembro; ruso.

47.- Woloch, miembro; judío.

48.- Laksis, miembro; judío.

49.- Kaul, miembro; judío.

50.- Ehrman, miembro; judío.

51.- Tzirtzivatze, miembro; georgiano.

52.- Longer, miembro; judío.

53.- Lewin, miembro; judío.

54.- Tzurupa, miembro; lituano.

55.- Iafet (Joffe), miembro; judío.

56.- Knitsuck, miembro; judío.

57.- Apfelbaum, miembro; judío.

58.- Natansohn (Babrof), miembro; judío.

59.- Daniel (Danielevsky), miembro; judío.

LOS JEFES DE LA POLICÍA C.E.K.A. (1919)

1.- Derzhin (Derzinsky), jefe supremo de la C.E.K.A.; ESTA BESTIA CRIMINAL Y TODO SU APARATO DE TERROR SON JUDÍOS:

2.- Peters, subjefe de la C.E.K.A.; judío.

3.- Limbert, el director de la famosa prisión Tagansky de Moscú, donde fue asesinada gran parte de la aristocracia zarista, y muchos ex ministros, generales, diplomáticos, artistas, escritores, etc., del viejo régimen. es también judío.

4.- Vogel, comisario ejecutivo de la C.E.K.A.; judío.

5.- Deipkyn, comisario ejecutivo de la C.E.K.A.; judío.

6.- Bizensk, comisario ejecutivo de la C.E.K.A.; judío.

7.- Razmirovich, comisario ejecutivo de la C.E.K.A.; judío.

8.- Iankel Swerdin (Sverdlov), comisario ejecutivo de la C.E.K.A.; judío.

9.- Janson, comisario ejecutivo de la C.E.K.A.; judío.

10.- Kneiwitz, comisario ejecutivo de la C.E.K.A.; judío.

11.- Finesh, comisario ejecutivo de la C.E.K.A.; judío.

12.- Delavanoff, comisario ejecutivo de la C.E.K.A.; judío.

13.- Ziskyn, comisario ejecutivo de la C.E.K.A.; judío.

14.- Iacob Golden, comisario ejecutivo de la C.E.K.A.; judío.

15.- Scholovsky, comisario ejecutivo de la C.E.K.A.; judío.

16.- Reintenverg, comisario ejecutivo de la C.E.K.A.; judío.

17.- Gal Pernstein, comisario ejecutivo de la C.E.K.A.; judío.

18.- Zakis, comisario ejecutivo de la C.E.K.A.; lituano.

19.- Knigkisen, comisario ejecutivo de la C.E.K.A.; judío.

20.- Skeljizan, comisario ejecutivo de la C.E.K.A.; armenio.

21.- Blum (Blumkin), comisario ejecutivo de la C.E.K.A.; judío.

22.- Grundberg, comisario ejecutivo de la C.E.K.A.; judío.

23.- Latz, comisario ejecutivo de la C.E.K.A.; judío.

24.- Heinika, comisario ejecutivo de la C.E.K.A.; judío.

25.- Ripfkin, comisario ejecutivo de la C.E.K.A.; judío.

26.- Katz (Kamkov), comisario ejecutivo de la C.E.K.A.; judío.

27.- Alexandrovich, comisario ejecutivo de la C.E.K.A.; ruso.

28.- Jacks, comisario ejecutivo de la C.E.K.A.; judío.

29.- Woinstein (Zwesdin), comisario ejecutivo de la C.E.K.A.; judío.

30.- Lendovich, comisario ejecutivo de la C.E.K.A.; judío.

31.- Gleinstein, comisario ejecutivo de la C.E.K.A.; judío.

32.- Helphand (Parvis), comisario ejecutivo de la C.E.K.A.; judío.

33.- Silencus, comisaria ejecutiva de la C.E.K.A.; judía.

34.- Iacob Model, jefe de la guardia comunista "Pedro y Pablo", para represiones en masa; judío.

COMISARIOS EJECUTIVOS DE LA C.E.K.A.

1.- Isilevich; judío.

2.- Anwelt; judío.

3.- Meichman; judío americano.

4.- Iiudith Rozmirovich; judía.

5.- Giller; judío.

6.- Buhan; armenio.

7.- Dispper (Disperoff); judío.

8.- Heim Model; judío.

9.- Krasnik; judío.

10.- Koslowsky; polaco.

11.- Mehrbey; judío americano.

12.- Paykis; lituano.

Nota: (Aquellos apellidos que aparecen dos o más veces en estas listas representan a individuos distintos, que teníanlos mismos apellidos o a veces los mismos individuos que entre 1918 y 1923 han tenido diversoscargos).

MIEMBROS DEL CUERPO JUDICIAL SUPERIOR

1.- Katzell; judío.

2.- Goldman; judío.

3.- Walkperr; judío.

4.- Kasior; judío.

5.- Schnell; judío.

6.- Schorteil; ruso.

7.- Zercov; ruso.

8.- Schmitd; judío.

9.- Blum; judío.

10.- Rudzistarck; judío.

JUECES POPULARES DE MOSCÚ

1.- Iacob Davidov; judío.

2.- Raúl Bitzk; judío.

3.- Iakob Adokolsk; judío.

4.- Iosiph Beyer; judío.

5.- Abraham Gundram; judío.

6.-Kastariaz; armenio.

7.- Veniamin Aronovitz; judío.

MIEMBROS DE LA COMISIÓN PARA LA DETENCIÓN DE LOS SIMPATIZANTES DEL RÉGIMEN ZARISTA

1.- Muraviov, presidente; ruso.

2.- Salomon, miembro; judío.

3.- Edelsohn, miembro; judío.

4.- Goldstein, miembro; judío.

5.- Gruzenberg, miembro; judío.

6.- Tanker, miembro; judío.

Comisarios populares de Petrogrado

1.- Rodomill; judío.

2.- Djorka (Zorka); judío

Miembros del comisariado superior del trabajo en Moscú

1.- Benjamín Schmitd, comisario popular; judío.

2.- Zencovich, secretario de Schmitd; judío.

3.- Raskyn, secretario general del Comisariado de Trabajo; judío.

4.- Zarach, director de la Sección de Abastecimiento de los Trabajadores; judío.

5.- Weltman, segundo comisario de los Trabajadores Públicos; judío.

6.- Kaufman, ayudante de Weltman; judío.

7.- Goldbarh, presidente de la Comisión de Obras Públicas; judío.

8.- Kuchner, primer consejero del Comisariado de Trabajos Públicos; judío.

Miembros del soviet superior del comité del Don

1.- Polonsky; ruso.

2.- Rosenthal; judío.

3.- Krutze; judío.

4.- Bernstein (Koganov); judío.

5.- Zimanovich; judío.

6.- Klasin; letón.

7.- Otzkins; judío.

8.- Wichter; judío.

9.- Kirtz; judío.

10.- Liphsitz; judío.

11.- Bitzk; judío.

COMISARIOS Y POTENTADOS COMUNISTAS EN PROVINCIAS

1.- Isaac Latsk, comisario supremo de la República del Don; judío.

2.- Reichenstein, comisariopopular de la República del Don; judío.

3.- Schmulker, secretario del anterior; judío.

4.- Levinson, presidente del Soviet del Don; judío.

5.- Haytis, comisario para Siberia; judío.

6.- Dretling, presidente del Soviet de Kiew; judío.

7.- Ziumperger, ayudante del anterior; judío.

8.- Zackheim, presidente del Soviet de Jaroslaw; judío.

9.- Sheikman, presidente del Soviet civil de Kazan; judío.

10.- Willing, presidente del Soviet de Ornemburg (hoy Chicalov); judío.

11.- Berlin (Berlinsky), presidente del Soviet de Penza; judío.

12.- Limbersohn, presidente del Soviet de Sizrn; judío.

13.- Somur, comisario económico de Transcaucasia; judío.

14.- Schlutz (Slusky), presidente del Soviet de Tavrida; judío.

15.- Herman, presidente del Soviet de Tzarinsk; judío.

16.- Rotganzen, presidente del Soviet de Bielatzerkowsk ; judío.

17.- Lemberg, el secretario de Rotganzen; judío.

18.- Daumann, presidente del Soviet de Narwsky; judío.

MIEMBROS DE LA OFICINA CENTRAL DEL SOVIET ECONÓMICO SUPERIOR

1.-Rabinovich; judío.

2.- Weinberg; judío.

3.- Larin; judío.

4.- Galalt; judío.

5.- Kreitman; judío.

6.- Zupper; judío.

7.- Krasin; ruso.

8.- Alperovitz; judío.

Miembros de la Oficina Central de las Cooperativas del Estado

1.- Sidelgenim; judío.

2.- Heikinn; judío.

3.- Lubomirsky; ruso.

4.- Kritzer (Krisev); judío.

5.- Tanger; judío.

6.- Kinstung; judío.

Miembros del Comité Central del Sindicato de los Artesanos

1.- Ravetz; judío.

2.- Zmirnov; ruso.

3.- Gitzemberg; judío.

4.- Davidsohn; judío.

5.- Brillante; judío.

Redactores de los Periódicos Comunistas "Pravda", "Ekonomichenskaya Zizin" e "Izvestia"

1.- Najamkes (se firma Steklov); judío.

2.- Iacob Golin; judío.

3.- Kohn; judío.

4.- Samuel Daumann; judío.

5.- Ilin Tziger; judío.

6.- Máximo Gorky; ruso.

7.- Dean; judío.

8.- Bitner; judío.

9.- Kleisner; judío.

10.- Bergman; judío.

11.- Alperovich; judío.

12.- Laurie (se firma Rimiantzeff), judío.

13.- Brahmson; judío.

14.- Grossman (se firma Rozin); judío.

15.- Abraham Toberth; judío.

Por consiguiente, con la excepción de Gorki, toda la prensa comunista se encontraba en manos judías, lo mismo que ahora.

REDACTORES DEL PERIÓDICO COMUNISTA "TORGVOPROMISLEVNOY GAZZETY"

1.- Abel Pretz; judío.

2.- Rafalowitz; judío.

3.- Gogan; judío.

4.- Bastell; judío.

5.- Grochmann; judío.

6.- Bernstein; judío.

7.- Moch; judío.

8.- Abraham Salomón Emanson; judío.

9.- Goldenberg; judío.

10.- Slavensohn; judío.

11.- Benjamín Rosenber; judío.

12.- Schuman; judío.

13.- Kulliser; judío.

14.- Goldman; judío.

15.- Iacob Giler (se firmaba Gilev); judío.

Todos los redactores de este periódico "ruso" son judíos.

REDACTORES DEL PERIÓDICO COMUNISTA "LA BANDERA DEL TRABAJO" (1920)

1.- Schumacher; judío.

2.- David (Daviodv); judío.

3.- Jarin (Yarolavsky); judío.

4.- Lander; judío.

5.- Samson Lewin; judío.

6.- Steinbeck; judío.

7.- Bilin; judío.

8.- Evron; judío.

9 Katz (Kamkov); judío.

10.- Jacks; judío.

11.- Eisenberg (Poliansky); judío.

Profesores de la Academia "Socialista" de Moscú (Centro de Instrucción de los agentes del comunismo mundial)

1.- Sketenberg; judío.

2.- Nadezda Krupp (Krupskaya, o sea la esposa de Lenin), judía,

3.- Kraskowsko; judío.

4.- Gleitzer, judío, amante de la segunda esposa de Stalin, fusilado en 1932, por este motivo, aunque el asunto se hizo aparecer como "trotskista".

5.- Keltsman; judío.

6.- Schutzka; judío.

7.- Schirolla; judío finlandés.

8.- Rotstein; judío.

9.- Reisner; judío.

10.- Iosif Rakovsky; judío.

11.- Iakov Lurie; judío.

12.- Rozin; judío.

13.- Petrovsky; ruso.

14.- Karl Levin; judío.

15.- Gimel (Sujanov); judío.

16.- Budin; judío.

17.- Ehrperg; judío.

18.- Nemirovich; judío.

19.- Goikburg; judío.

20.- Rappopport; judío.

21.- Grossmann; judío.

22.- Fritz; judío.

23.- Najamkes; judío.

24.- Ludberg; judío.

25.- Dand (Dauzewsky); judío.

26.- Goldenbach (Riazanov); judío.

27.- Kusinen; finlandés.

28.- Weltman; judío.

29.- Salomón Olansky; judío.

30.- Ursiner (Ursinov); judío.

31.- Gurivich; judío.

32.- Rosa Luxemburg; judía alemána.

33.- Eichenkoltz; judío.

34.- Tzerkina; judía.

35.- Gatze; judío.

36.- Moisés Ulansk; judío.

37.- Broito (Broitman); judío.

Miembros de la Comisión de Ayuda a los Columnistas

1.- Ethel Knigkisen, comisaria popular; judía.

2.- Geldman, secretario de la anterior; judío.

3.- Rosa Kaufman, ayudante del anterior; judía.

4.- Pautzner, director de la Comisión de Ayuda; judío.

5.- K. Rosenthall, jefe de la oficina direcTorah de la Comisión de Ayuda; judío.

Gentes Económicos Soviéticos en el Extranjero

1.- Abraham Shekman, agente económico en Estocolmo, conectado con los bancos Warburg y Nye Banken; judío.

2.- Landau, agente económico en Berlín; judío.

3.- Worowski, agente económico en Copenhague; judío.

Miembros del Comisariado para la Liquidación de los Bancos Particulares

1.- Henrik, comisario especial del gobierno; judío.

2.- Moisekovsk, ayudante del anterior; judío.

3.- Kahn, contralor general de los depósitos bancarios particulares; judío americano.

4.- Iakov Giftling, consejero técnico del Comisariado; judío.

5.- Nathan Elliasevich,; segundo consejero técnico; judío.

6.- Sarraeh Elliasevich, ayudante del precedente; judía.

7.- Abraham Ramker; consejero del Comisariado; judío.

8.- Plat, consejero; judío letón.

9.- Abraham Rosenstein, consejero; judío.

10.- Lemerich, consejero del Comisariado; judío.

Miembros de la Sección Filológica del Proletariado (Encargados de la creación de un nuevo diccionario propagandístico comunista).

1.- Veniamin Zeitzer; judío.

2.- Pozner; judío.

3.- Maxim Gorky; ruso.

4.- Alter; judío.

5.- Eichenkoltz; judío.

6.- Schwartz; judío.

7.- Berender; judío.

8.- Kalinin; judío.

9.- Hadasevich; judío.

10.- Leben (Lebedeef); judío.

11.- Kersonskaya; judía.

Actualmente, según los datos comprobados entre el 80% y el 90% de los puestos clave en todos los ministerios de Moscú y de las demás repúblicas soviéticas están ocupados por judíos. El Duque de la Victoria después de minucioso estudio concluye: "No creo que pueda haber duda del origen de todos los que dirigieron y ocuparon los primeros puestos en Moscú desde los primeros momentos de la revolución; lo lamentable para los rusos es que después del tiempo transcurrido están muchísimo peor, porque ha aumentado de una manera alarmante la cantidad de judíos que existen en Rusia y todos los principales puestos directivos están en sus manos..."[452] Al igual que Rusia, los países de Europa en donde el bolchevismo se ha enseñoreado, han sido totalmente dominados por la minoría judía que aparece siempre dirigiendo el gobierno comunista con mano férrea, criminal e inmisericorde, para lograr la total esclavitud de los ciudadanos autóctonos por un grupo insignificante de judíos. Pero más convincente que cualquier argumento, es pasar revista a los principales dirigentes de las dictaduras socialistas europeas que se encuentran siempre en manos de los israelitas. Haremos mención de los principales.

A.- HUNGRÍA

1.- El jefe comunista más importante desde que el país fue ocupado por las tropas soviéticas es Mathias Rakosi; israelita cuyo verdadero nombre es Mathew Roth Rosenkranz, nacido en el año 1892 en Szabadka.

---

[452] Duque de la Victoria, Israel manda. México, Latino Americana,1955. pp. 287-288.

2.- Frenk Muennich; judío, primer ministro de Hungría en 1959, después de Janos Kadar.

3.- Ernö Gerö, ministro del Interior hasta 1954; judío.

4.- Szebeni, ministro del Interior antes del judío Gerö, israelita.

5.- General Laszlo Kiros, ministro del Interior desde julio de 1954; al mismo tiempo jefe de la A.V.O. (policía secreta) correspondiente húngara de la M.V.D. soviética; judío.

6.- General Peter Gabor, jefe de la Policía Política comunista de Hungría hasta 1953; judío, llamado en realidad Benjamín Ausspitz, antiguo sastre de SáTorahljaujhely, Hungría.

7.- Varga, secretario de Estado para la Economía Planificada; judío, llamado en realidad Weischselbaum; ex-ministro del gobierno de Bela-Kun. También presidente del Consejo Superior Económico.

8.- Beregi, ministro de Asuntos Exteriores.

9.- Julius Egry, ministro de Agricultura de la R.P.H.; judío.

10.- Zoltan Vas, presidente del Consejo Superior Económico; judío llamado en realidad Weinberger.

11.- Josef Revai, dictador de la prensa húngara y director del periódico rojo 'Szabad Nep' (El pueblo libre); judío, llamado en realidad Moisés Kahána.

12.- Révai (otro), ministro de Educación Nacional; judío, llamado Rabinovits.

13.- Jozsef Gerö, ministro de Comunicaciones; judío, llamado Singer.

14.- Mihály Farkas, ministro de Defensa Nacional; judío, llamado Freedmann.

15.- Veres, ministro de Estado; judío.

16.- Vajda, ministro de Estado; judío.

17.- Szántó, comisario para la Depuración, enviado desdeMoscú en 1951; judío, llamado Schreiber; ex-ministro del gobierno de Bela Kun.

18.- Gyula Déssi, ministro de Justicia hasta 1953; hoy, jefe de la Policía Secreta; judío.

19.- Emil Weil, embajador de Hungría en Washington. Es el doctor judío que torturó al Cardenal Mindszenty.

Entre otros potentados judíos destacados, hay que mencionar a:

1.- Imre Szirmay, el director de la sociedad magyar de radiodifusión.

2.- Gyula Garay, juez 'popular'del tribunal comunista de Budapest.

3.- Coronel Caspo, sub-jefe de la Policía Secreta.

4.- Profesor Laszlo Benedek; judío, dictador en cuestiones de enseñanza. El único comunista importante de origen cristiano fue el masón Laszlo Rajk, ex ministro de Asuntos Exteriores juzgado y condenado bajo culpa de 'traición' por sus 'hermanos'judíos,[453] como les ha pasado en las dictaduras comunistas a todos los masones de origen cristiano o gentil, engañados por el poder oculto judaico que controla tras bambalinas la fraternidad masónica, que los ha empujado en algunos países a trabajar por el triunfo de la revolución socialista, para después al instaurarse la llamada 'dictadura del proletariado irlos matando en las famosas purgas.

B.- CHECOSLOVAQUIA

1.- Clement Gottwald, uno de los fundadores del Partido Comunista en Checoslovaquia y presidente de este país entre 1948 y 1953; judío, muerto poco después de Stalin.

2.- Wladimir Clementis, ex ministro comunista de Asuntos Exteriores de Checoslovaquia, 'juzgado y condenado en 1952; judío, víctima de esas pugnas internas surgidas entre los hebreos comunistas.

---

[453] Traian Romanescu, obra citada, pp.206-207.

3.- Vaclav David, el actual ministro de Asuntos Exteriores de Checoslovaquia (1955); judío.

4.- Rudolf Slaski, ex-secretario general del PCCH, 'condenado' en 1952; judío, llamado Rudolf Salzmann.

5.- Firi Hendrich, el actual secretario general del P.C.; judío.

6.- General Bendric Reicin, 'condenado' en 1952; judío.

7.- Andrés Simón, 'condenado' en 1952; judío, llamado Otto Katz.

8.- Gustav Bares, secretario general adjunto del P.C.; judío.

9.- Iosef Frank, ex-secretario general adjunto del P.C.,'condenado' en 1952; judío.

10.- Karel Schab, ex-ministro de Seguridad, 'condenado' en 1952; judío.[454]

C.- POLONIA:

1.- Boleislaw Beirut, presidente de Polonia hasta 1954; judío.

2.- Iacob Berman, secretario general del P.C.P.; judío.

3.- Iulius Kazuky (Katz), ministro de Asuntos Exteriores de Polonia, bien conocido por sus discursos violentos en la ONU; judío.

4.- Karl Swierezewsky, ex viceministro de la Defensa Nacional de Polonia, muerto por los campesinos anticomunistas ucranianos en el sur de Polonia; judío. (No siempre es amorfa la masa del pueblo).

5.- Iosif Cyrankiewicz, primer ministro de Polonia desde 1954, después de Beirut; judío.

6.- Hillary Mink, vice-primer ministro desde 1954; judío.

---

[454] Traian Romanescu, obra citada, pp.210.

7.- Zenon Nowek, segundo primer ministro de Polonia desde 1954; judío.

8.- Zenon Kliszko, ministro de Justicia; judío.

9.- Tadeo Kochcanowiecz, ministro de Trabajo; judío.

El único comunista polaco de origen cristiano, importantes, es Wladislaw Gomulka, que fue alejado de la dirección política desde 1949 cuando perdió el cargo de primer ministro, y más tarde o más temprano, pasará con él lo que ha pasado con Rajk en Hungría.[455] Últimamente fue repuesto en la dirección del Partido y del Estado.

D.- RUMANÍA:

1.- Ana Pauker; judía, ex ministra de Asuntos Exteriores de la 'República Popular Rumana' y agente No. 1 del Kremlin en Rumanía hasta el mes de junio de 1952 cuando pasó a la sombra, pero libre en Bucarest hasta hoy día. Esta hiena judía llamada originalmente Anna Rabinsohn, es hija de un rabino judío venido a Rumanía desde Polonia. Nació en Moldavia en 1892...

2.- Ilka Wassermann; exsecretaria particular de Anna Pauker; actualmente la verdadera dirigente del ministerio de Asuntos Exteriores; judía.

3.- Iosif Kisinevsky, el actual agente No. 1 del Kremlin en Rumanía; miembro del Comité Central del Partido Comunista y vice-presidente del Consejo de Ministros. Es judío de Bessarabia; su nombre real es Ioska Broitman. Es el verdadero jefe del Partido Comunista en Rusia, aunque 'oficialmente' el secretario general de este partido es el cerrajero rumano Gheorghe Gheorghiu Dez, que juega un simple papel de pantalla política. Kisinevsky tomó su actual seudónimo del nombre de la ciudad de Kisinau, Bessarabia, donde antes de la llegada del Ejército Rojo tenía una sastrería; judío.

4.- Teohari Georgescu, ministro de Asuntos Interiores en el gobierno comunista de Bucarest entre 1945 y 1952; en la actualidad está relegado a un cargo secundario, aunque 'oficialmente' fue 'expulsado' del Partido

---

[455] Traian Romanescu, obra citada, p.213.

Comunista. Está en la misma situación que Anna Pauker. Su nombre verdadero es Burach Tescovich, y es un judío originario de Galatz, puerto rumano del Danubio...

5.- Avram Bunaciu, es el actual (1955) secretario general del Presidium de la Gran Asamblea Nacional de la 'República Popular Rumana', o sea el verdadero jefe de esta asamblea, ya que Petru Groza, el presidente 'oficial', es solamente un viejo maniquí, masón, casado con una judía, cuyo papel es puramente decorativo. Avram Bunaciu se llama en realidad Abraham Guttman (Gutman traducido es el nombre correspondiente en rumano a 'Bunaciu', o sea el seudónimo adoptado por este judío).

6.- Lotar Radaceanu, otro ministro del gobierno comunista de Bucarest 'depuesto' en 1952 y reaparecido en la tribuna de honor en 1955. Es judío de Transilvania. Se llama Lotear Würtzel. Como la palabra 'würtzel' traducida al rumano significa 'radacina', o sea 'raíz' en castellano, este judío ha transferido sencillamente su nombre hebreo al rumano y se llama ahora 'Radaceanu'.

7.- Mirón Constantinescu, miembro del Comité central del Partido Comunista y ministro de las Minas y el Petróleo, cambia de vez en cuando sus cargos ministeriales. Es un judío de Galatzi, Rumanía, llamado en realidad Mehr Kohn, y usa, como es costumbre en ellos, seudónimo rumano.

8.- General Locotenent Moisés Haupt, comandante de la Región Militar de Bucarest; judío.

9.- Coronel General Zamfir, jefe de la 'Seguridad General' comunista de Rumanía y el responsable de millares de asesinatos ejecutados por esta policía secreta. Es judío originario del puerto de Braila, sobre el Danubio. Se llama Laurian Rechler.

10.- Heim Gutman, jefe del Servicio Secreto Civil de la 'República Popular Rumana'; judío.

11.- Mayor General William Suder, jefe del Servicio de Información y Contraespionaje del Ejército comunista rumano. Es judío llamado Wilman Süder. Ex-oficial del Ejército soviético.

12.- Coronel Roman, ex-director del Servicio E.C.P. (Educación, Cultura y Propaganda) del Ejército rumano hasta 1949, y actualmente ministro en el gobierno comunista. Su nombre judío es Walter.

13.- Alejandro Moghiorosh, ministro de la Nacionalidad en el gobierno rojo; judío de Hungría.

14.- Alejandro Badau, jefe del Servicio de Control de los Extranjeros en Rumanía. Es judío originario de la ciudad de Targoviste cuyo nombre auténtico es Braunstein. Antes de 1940 su familia tenía un gran almacén comercial en Targoviste.

15.- Mayor Lewin, jefe de la censura de la Prensa; judío, exoficial del Ejército Rojo.

16.- Coronel Holban, jefe de la 'Seguridad' comunista de Bucarest; judío, llamdo Moscovich. Ex-jefe sindical.

17.- George Silviu, secretario general administrativo del ministerio de Asuntos Interiores; judío, llamado Gersh Golinger.

18.- Erwin Voigulescu, jefe de la división de pasaportes en el ministerio de Asuntos exteriores; judío, llamado Edwin Weinberg.

19.- Gheorghe Apostol, jefe de la Confederación General del Trabajo de Rumanía; judío, llamado Gerschwin.

20.- Stupineanu, jefe del Servicio de espionaje Económico; judío, llamado Stappnau.

21.- Emmerick Stoffel, ministro de la 'República Popular Rumana' en Suiza; judío de Hungría, especialista en cuestiones bancarias.

22.- Harry Fainaru, 'ex consejero' (jefe) de la Legación comunista rumana en Washington hasta 1954; y actualmente potentado en el ministerio de Asuntos exteriores de Bucarest; judío, llamado Hersch Feiner. Antes de 1940 su familia tenía un comercio de cereales en Galatzi.

23.- Ida Szillagy, la verdadera jefa de la Legación rumana de Londres; judía, amiga de Anna Pauker.

24.- Lazarescu, el 'chargé d'affaires', del gobierno rumano en París; judío, llamado en realidad Burach Lazarovich, hijo de un comerciante judío de Bucarest.

25.- Simón Oieru, sub-secretario de estado rumano; judío, llamado Schaffer.

26.- Aurel Baranga, inspector general de la Artes; judío, llamado Ariel Leibovich.

27.- Liuba Kisinevski, presidenta de la U.F.A.R. (Unión de mujeres antifascistas 'rumanos); judía, originaria de Cernautzi, Bucovina, llamada en realidad Liuba Broitman, esposa de Iosif Kisinevski, del Comité Central del partido.

28.- Lew Zeiger, director del Ministerio de Economía Nacional; judío.

29.- Doctor Zeider, jurisconsulto del Ministerio de Asuntos Exteriores; judío.

30.- Marcel Breslasu, director general de Artes; judío, llamado Mark Breslau.

31.- Silviu Brucan, redactor jefe del diario 'Scanteia', órgano oficial del partido; judío, de nombre Brücker. Éste dirige toda la campaña de mentiras con la cual se quiere engañar al pueblo rumano sobre la verdadera situación creada por el comunismo. Al mismo tiempo el judío Brücker dirige la falsa campaña 'anti semita' de la prensa comunista de Rumanía.

32.- Samoila, director administrativo del periódico 'Scanteia'; judío, llamado Samuel Rubinstein.

33.- Horia Liman, el segundo redactor del periódico comunista

34.- Ingeniero Schnapp, director administrativo del periódico comunista 'Romania Libera' (Rumania Libre), el segundo diario comunista en tiraje; judío.

35.- Jean Mihai, jefe de la Cinematografía rumana (propaganda comunista a través de las películas); judío, cuyo nombre es Iacob Michael.

36.- Alejandro Graur, director general de la sociedad rumana de radiodifusión, totalmente al servicio del partido Comunista. Es un profesor judío llamado en realidad Alter Brauer, originario de Bucarest.

37.- Mihail Roller, actual presidente de la Academia Rumana, es un oscuro profesor judío totalmente desconocido antes de la llegada de los soviéticos a Rumanía. Hoy es presidente de nuestra Academia y más aún, ha escrito una 'nueva historia del pueblo rumano falsificando las realidades históricas.

38.- Profesor Weigel, uno de los tiranos judíos de la Universidad de Bucarest que dirige la 'depuración' permanente de los estudiantes rumanos abiertamente hostiles al régimen comunista judío.

39.- Profesor Levin Bercovich, otro tirano de la Universidad de Bucarest que controla con sus agentes la actividad de los profesores rumanos y sus relaciones sociales; judío, llegado de Rusia.

40.- Silviu Iosifescu, el 'crítico literario' oficial que ha 'censurado' y cambiado la forma y el fondo de las poesías de nuestros mejores poetas como Eminescu Alecsandri, Vlahutza, Carlova, etc., - todos muertos hace decenas de años o más de medio siglo- porque estas poesías 'no estaban en concordancia con las ideas marxista-comunistas. Este asesino literario es judío, llamado en realidad Samoson Iosifovich.

41.- Ioan Vinter, el segundo 'crítico literario marxista del régimen, autor de un libro titulado 'El problema de la herencia literaria'; judío, de nombre Iacob Winter.

42.- Los tres ex-secretarios de la Confederación General del Trabajo hasta 1950, o sea Alejandro Sencovich, Mischa Levin y Sam Asriel (Serban), eran todos judíos.[456]

E.- YUGOSLAVIA:

1.- El mariscal Tito, cuyo verdadero nombre judío es el de Iosif Walter Weiss, originario de Polonia.

---

[456] Traian Romanescu, obra citada, pp.187-193.

2.- Moisés Pijade, secretario general del Partido Comunista y en realidad la 'eminencia gris' del régimen; judío sefardita.

3.- Kardelj, miembro del Comité Central del P.C. yugoslavo y ministro de Asuntos Exteriores; judío de origen húngaro, llamado en realidad Kardayl.

4.- Rankovic, miembro del Comité Central del P.C. yugoslavo y ministro de Asuntos Interiores; judío austriaco, llamado antes Rankau.

5.- Alejandro Bebler, miembro del Comité Central del P.C. y delegado permanente de Yugoslavia en la ONU; judío austriaco.

6.- Ioza Vilfan (Joseph Wilfan), consejero económico de Tito, en realidad el dictador económico de Yugoslavia; judío de Sarajevo.[457]

Como en Yugoslavia no había tantos judíos como en otros países, encontramos mayor número de nacionales en el gobierno comunista de su país, pero siempre en puestos secundarios, porque los principales dirigentes antes señalados son los que en realidad dominan totalmente el gobierno yugoslavo. Numerosos autores cristianos han realizado estudios estadísticos que también demuestran que el comunismo es obra judía. En el libro "La guerra oculta" de Malinski y de Poncins, edición italiana, Milán, 1961, recientemente publicado, se incluye un apéndice de Monseñor Jouin con datos estadísticos muy reveladores al respecto. Es importante también el estudio sobre la materia aparecido en Roma con el título: "La rivoluzione mondiale e gli hebrei" (La revolución mundial y los hebreos), publicado por la revista de los jesuitas en esta ciudad, titulada "Civiltà cattòlica" en el opúsculo 17361 del año de 1922.

---

[457] Traian Romanescu, obra citada, pp.200-201.

Capítulo IV

Los financieros del comunismo

La judería internacional tiende en conjunto al socialismo comunista de Marx realizado por ellos actualmente en la Unión de Repúblicas Socialistas Soviéticas y en todos sus satélites, porque el comunismo es la meta inmediata de sus aspiraciones de dominación mundial y de poder omnímodo sobre todos los pueblos de la Tierra. Siempre han manifestado tal criterio y desde el principio han tendido conjuntamente a este fin. Este resultado final comunista es concebido por todos los judíos como su propia meta con una absoluta unanimidad, aunque muchas personas no judías, defectuosamente informadas o intencionalmente engañadas, piensen que el gran número de judíos multimillonarios que hay en el mundo y que incluso dominan las finanzas mundiales, tienen que estar situados en contra de esa ideología que trata de arrebatarles sus riquezas. A simple vista, nada más lógico que pensar en un acaudalado financiero, en un rico comerciante o en un importante industrial como el enemigo natural más acérrimo del comunismo; pero si los industriales, comerciantes o financieros son judíos, no habrá la menor duda de que serán también comunistas, ya que el socialismo comunista de Marx ha sido creado y realizado por ellos no para perder los bienes que poseen, sino para adueñarse de todos los demás que aún no les pertenecen y acaparar en sus manos toda la riqueza mundial, que según su sentir detentan indebidamente todos los que no son de la raza israelita:

El conocido escritor Werner Sombart, dice: "El principal carácter de la religión judía consiste en que es una religión que no tiene que ver con el más allá, una religión, por decirlo así, única y esencialmente terrestre". "El hombre no puede experimentar el bien o el mal mas que en este mundo; si Dios quiere castigar o recompensar, no puede hacerlo mas que en vida del hombre. Por eso aquí abajo debe prosperar el justo y sufrir el impío". "Es inútil insistir sobre las diferencias que se deducen de esta oposición entre las dos maneras de ver tocante a las actitudes respectivas del judío piadoso y del cristiano piadoso con respecto a la adquisición de las riquezas.

Mientras el cristiano piadoso que se había hecho culpable de usura, está atormentado en su lecho de muerte por las torturas del arrepentimiento y estaba dispuesto a renunciar a cuanto poseía porque el bien injustamente adquirido le abrasaba; el judío piadoso, llegado al término de la vida, miraba con complacencia las arcas y cofres llenos hasta crujir, en donde estaban acumulados los cequíes (moneda) descontados durante cristianos y también sobre los pobres musulmanes; espectáculo en el que su corazón piadoso podía regocijarse, porque cada perrilla de interés que estaba allí encerrada era como un sacrificio ofrecido a su Dios."[458]

Al mismo tiempo el dinero judío es el instrumento poderosísimo que ha permitido al socialismo marxista financiar ampliamente los movimientos revolucionarios, sin cuyo apoyo no hubiera podido triunfar jamás; y la forma de corromper en todos los aspectos la civilización cristiana, ya sea materializando al individuo al hacerle preferir la riqueza a los valores trascendentes, o bien por los medios directos que tan efectivamente saben usar como el cohecho, el peculado, la concusión y en general la compra de las conciencias. La idea judía de acaparar todas las riquezas del mundo por medio del comunismo aparece con toda diafanidad en muchos famosos escritores judíos como Edmond Fleg, Barbusse, André Spire y otros, pero principalmente en la conocida carta enviada por el célebre judío neomesianista Baruch Levy a Karl Marx, descubierta en 1888 y publicada por primera vez en ese mismo año. Su texto es el siguiente: "El pueblo judío tomado colectivamente será él mismo su Mesías. Su reino sobre el universo se obtendrá por la unificación de las otras razas humanas, la supresión de las fronteras y de las monarquías que son los baluartes del particularismo, y el establecimiento de una república universal que reconocerá por doquier los derechos de la ciudadanía a los judíos. En esta nueva organización de la humanidad, los hijos de Israel diseminados actualmente sobre toda la superficie del globo, todos de la misma raza y de igual formación tradicional, sin formar no obstante una nacionalidad distinta, llegarán a ser sin oposición el elemento dirigente en todas partes, sobre todo si llegan a imponer a las masas obreras la dirección estable de algunos de entre ellos. Los gobiernos de las naciones al formar la república universal pasarán todos sin esfuerzo a manos de los israelitas a favor de la victoria del proletariado. La propiedad individual podrá entonces ser suprimida por los gobiernos de raza judía que administrarán en todas partes la fortuna pública. Así se realizará la promesa del Talmud que cuando los tiempos del Mesías hayan llegado los

---

[458] Werner Sombart, Les juifs et la vie économique Payot, 1923. pp. 277, 286, 291.

judíos tendrán bajo sus llaves los bienes de todos los pueblos del mundo."⁴⁵⁹

Siguiendo esta táctica de acaparamiento económico, es perfectamente natural que veamos a los financieros y banqueros judíos más importantes del mundo financiar las revoluciones comunistas; y no es difícil, teniendo en cuenta los datos citados, aclarar una situación que superficialmente parecería paradójica y absurda al contemplar siempre unidos a los más acaudalados judíos del mundo con los dirigentes israelitas de los movimientos comunistas. Si las explicaciones de los más connotados judíos son suficientes para mostrarnos esta estrecha relación con claridad meridiana, más ilustrativos son los hechos tan notorios que nos permiten borrar hasta el más leve resquicio de incertidumbre. Después de la derrota francesa de 1870 y la caída del Imperio de Napoleón III, los marxistas, dirigidos desde Londres por Kart Marx, se adueñaron de París el 18 de marzo de 1871 por más de dos meses, con apoyo de la guardia nacional que se había constituido en un organismo armado totalmente dependiente de la Internacional marxista. Cuando la Comuna no pudo resistir el ataque de las tropas del gobierno que tenían su sede en Versalles, y al considerar los comunistas segura su derrota, se dedicaron al robo, al asesinato y al incendio para destruir la capital de acuerdo con la consigna dada anteriormente por Clauserets en 1869: "¡Nosotros o nada! Yo os afirmo: París será nuestro o no existirá más". En esta ocasión quedó claramente manifiesta la complicidad de los banqueros judíos franceses con los comunistas judíos, al constatar -como lo señala Salluste en su libro "Les origines secrètes du bolchevisme"- que Rothschild, por una parte, hacía presión en Versalles ante Thiers, presidente de la República, para evitar una acción decidida del ejército en contra de los comunistas marxistas, hablando de posibles entendimientos y acomodos con el Comité central de los Federados (marxistas); y por otra parte, gozaba de una total impunidad tanto en su persona como en sus bienes en la ciudad de París, sumida en un espantoso y sangriento caos. A este respecto nos dice Salluste en su obra citada, pág. 137: "M. de Rothschild es cierto que tenía buenas razones para creer posible la conciliación: su chalet de la calle Saint-Florentin estaba protegido día y noche por un piquete de federados (marxistas) encargados de evitarle cualquier depredación, piquete que estuvo renovándose durante dos meses hasta el momento en que la gran barricada que se levantaba a dos pasos de ahí fue tomada por las tropas de Versalles". "Cuando los rehenes eran fusilados inmediatamente, cuando los más bellos palacios de París ardían y millares de franceses morían

---

⁴⁵⁹ Salluste, Les origines secrètes du bolchevisme: Henri Heine el Karl Marx París: Jules Tallandier, 1929, p. 23.

víctimas de la guerra civil, es curioso constatar que la protección acordada por los comunistas al gran banquero judío no cesó por un momento".

Otro ejemplo acaecido ya en nuestro siglo, mencionado por Esteban J. Malanni en su obra "Comunismo y Judaísmo" es el siguiente: "En 1916 el teniente general del ejército imperial ruso A. Nechvolodof transcribe una información secreta de uno de los agentes del Estado Mayor, con fecha 15 de febrero de ese año, recibida en el Estado Mayor del generalísimo ruso en los siguientes términos: El Partido revolucionario ruso en Norteamérica ha determinado llegar a los hechos. En consecuencia, de un momento a otro, se pueden esperar revueltas". "La primera reunión secreta que señala el principio en la era de los actos de violencia se verificó el lunes por la tarde del 14 de febrero, en el East End de Nueva York. Debían reunirse sesenta y dos delegados, de los cuales cincuenta eran 'veteranos' de la revolución de 1905, y los demás, miembros nuevos. La mayor parte de los asistentes eran judíos, y entre ellos, muchos eran gente instruida, como doctores, publicistas, etcétera...También se encontraban entre ellos algunos revolucionarios de profesión...". "Los comienzos de esta primera reunión fueron casi totalmente dedicados a examinar los medios y posibilidades de hacer en Rusia una gran revolución. El momento era de los más favorables. "Se dijo que el partido acababa de recibir de Rusia informes secretos, según los cuales la situación era del todo propicia, porque ya estaban concluidos todos los acuerdos preliminares para una sublevación inmediata. El único obstáculo serio era la cuestión del dinero; pero apenas se hizo esta observación, contestaron inmediatamente algunos miembros que eso no debía suscitar ninguna duda, porque en el momento que se necesitare, darían sumas considerables personas que simpatizaban con el movimiento para libertar al pueblo ruso. Y a este propósito se pronunció repetidas veces el nombre deL acaudalado banquero judío Jacobo Schiff."[460]

A principios de 1919, el servicio secreto de Estados Unidos de Norteamérica, entregó al alto delegado de la República Francesa en ese país un memorial en el que categóricamente señala la participación de los principales banqueros en la preparación de la revolución comunista rusa: " 7-618-6 No. 912-S. R. 2 Transmitido por el Estado Mayor II del ejército 2°. Despacho. En febrero de 1916, se supo por primera vez que en Rusia se estaba fomentando una revolución. Se descubrió que las personas y firmas bancarias que se mencionan estaban complicadas en esta obra de destrucción: 1.- Jacob Schiff; judío. 2.- Kuhn, Loeb and Co., firma judía. Dirección: Jacobo Schiff, judío; Félix Warburg, judío; Otto Kahn, judío;

---

[460] Esteban Malanni, Comunismo y judaísmo. Buenos Aires, La Mazorca, 1944. pp. 54-55.

Mortimer Schiff, judío; Jerónimo H. Hanauer, judío; 3.- Guggenheim, judío; 4.- Max Breitung, judío.[461] "A principios de 1917 el poderoso banquero Jacobo Schiff comenzó a proteger a Trotsky, judío y francmasón, cuyo verdadero nombre es Bronstein; la misión que se le encomendaba era dirigir en Rusia la revolución social. El periódico de Nueva York "Forward", cotidiano judío y bolchevista, también le protegió con el mismo objeto. También le ayudaban financieramente los grandes bancos: Casa judía Max Warburg, de Estocolmo; el Sindicato "Westphalien- Rhenan", por el judío Olef Aschberg de la Nye-Banken de Estocolmo y por Jivotovsky, judío, cuya hija se casó con Trotsky y de este modo se establecieron las relaciones entre los multimillonarios judíos y los judíos proletarios..."

"La firma judía Kuhn, Loeb and Co., está en relación con la Sindical "Westphalien- Rhenan", firma judía de Alemania; lo mismo que los hermanos Lazare, casa judía de París, lo está con la Gunzbourg, casa judía de Petrogrado, Tokio y París; si observamos además que todos los asuntos se resuelven también con las casas judías Speyer and Co., de Londres, Nueva York y Francfort-sur-le-Mein, y lo mismo con las casas Nye Banken, que es la encargada de los negocios judíos-bolcheviques de Estocolmo, podremos deducir que la relación que tiene la Banca con todos los movimientos bolcheviques, debe pensarse que en la práctica representa la expresión verdadera de un movimiento general judío, y que ciertas Casas de banca judías están interesadas en la organización de esos movimientos."[462] "En el folleto de S. De Baamonde vuelvo a encontrar más sobre la banca Kuhn and Co. Jacob Schiff era un israelita de origen alemán. Su padre, que vivió en Francfort, fue en esa ciudad un modesto corredor de la casa Rothschild. El hijo emigró a los Estados Unidos y allí hizo una rápida carrera que le convirtió pronto en jefe de la gran firma Kuhn, Loeb and Co., principal banco israelita de (Estados Unidos) América". "En el mundo bancario judío Jacobo Schiff no se significó solamente por su ciencia en los negocios y por el atrevimiento de sus concepciones. Aportó también proyectos e intenciones muy decididas, aunque no nuevas ni propias, sobre la acción política dirigente que esa banca debe ejercer sobre los destinos del mundo: 'The spiritual direction of human affairs'."

"Otra de las constantes preocupaciones del plutócrata, era la intervención a toda costa en los asuntos políticos de Rusia para provocar en ese país un cambio de régimen. La conquista política de Rusia que hasta

---

[461] Esteban J. Malanni, obra citada, pp.56-57.
[462] Duque de la Victoria, obra citada, pp.312-313.

entonces había escapado a la influencia masónica, gracias a un régimen nacional, debía ser el mejor medio de asegurar en el Universo entero el poder de Israel."[463] "En la primavera de 1917, Jacobo Schiff comenzó a comanditar a Trotsky (judío) para que hiciera la revolución social en Rusia. El diario judío bolchevique de Nueva York, "Forward", se cotizó también con el mismo objeto" "Desde Estocolmo, el judío Max Warburg habilitaba igualmente a Trotsky y Cía; y lo mismo hacían el Sindicato Westfaliano-Renano, importante consorcio judío; el judío Olef Aschberg, del Nye Banken de Estocolmo; y Yivotovsky, un judío con cuya hija está casado Trotsky". "Al mismo tiempo, un judío, Paul Warburg, demostraba tener relaciones tan estrechas con los personajes bolcheviques que no fue reelegido en la 'Federal Reserve Board'.[464]

El "Times" de Londres del 9 de febrero de 1918 y el "New York Times", en dos artículos de Samuel Gompers publicados en los números de 1°. de mayo de 1922 y 31 de diciembre de 1923, decía lo siguiente: "Si tenemos en cuenta el hecho de que la firma judía Kuhn-Loeb and Co. está en relaciones con el Sindicato Westfaliano- Renano, firma judía de Alemania; con Lazare Frères, casa judía de París; y también con la casa bancaria Gunzburg, firma judía de Petrogrado, Tokio y París; y si advertimos además que los precedentes negocios judíos mantienen estrechas relaciones con la casa judía Speyer and Co., de Londres, NuevaYork y Francfort del Meno; lo mismo que con el Nye Banken, casa judía bolchevique de Estocolmo; comprobaremos que el movimiento bolchevique en sí, es, hasta cierto punto, la expresión de un movimiento general judío y que determinadas casas bancarias judías están interesadas en la organización de este movimiento."[465] El general Nechvolodof apunta en su obra el fuerte financiamiento judío a la revolución comunista de Rusia: "Durante los años que precedieron a la revolución, doce millones de dólares habían sido entregados por Jacobo Schiff a los revolucionarios rusos. Por otra parte, según M. Bakmetieff, embajador deL gobierno imperial ruso en Estados Unidos, fallecido en París, hace algún tiempo, los bolcheviques triunfantes habían remitido, entre 1918 y 1922, 600 millones de rublos de oro a la firma Kuhn, Loeb and Co."[466]

Después de esta evidencia tan objetiva, no creo que a ninguno se le ocurra llegar a la optimista conclusión de que hay judíos malos (los comunistas) y judíos buenos (los capitalistas); y que mientras unos tienden a acabar con las riquezas de los particulares y a hacer desaparecer la

---

[463] Duque de la Victoria, obra citada, pp.318-319.
[464] Esteban J. Malanni, obra citada, pp.58-60.
[465] Esteban J. Malanni, obra citada, pp.62-63.
[466] Esteban J. Malanni, obra citada, p. 63.

propiedad privada, otros tienden a defender ambas cosas para no perder sus enormes fortunas. Desgraciadamente para nuestra civilización el complot judío presenta caracteres de absoluta unidad y el judaísmo constituye una fuerza monolítica tendiente a acaparar, por medio del socialismo comunista de Marx, todas las riquezas del mundo sin excepción. El hecho de que -como en todas las instituciones humanas- en el judaísmo surjan a veces rivalidades y luchas internas no altera esta situación. Estos pleitos de familia surgen generalmente por ambiciones de mando, aunque sean disfrazados por razones religiosas o de estrategia a seguir, pero los bandos en pugna siempre coinciden en desear el dominio del mundo (en los órdenes político, económico y religioso) y en que el mejor medio de lograr ese dominio total es por medio de la dictadura socialista o comunista, que permitirá a los judíos adueñarse de la riqueza de todos los pueblos de la Tierra. Hoy en día, en nuestro mundo civilizado se considera el racismo como el mayor pecado en que pueden incurrir los humanos, falta que deja perenne y escandaloso estigma de salvajismo y brutalidad, siempre que no sea el pueblo judío el que lo practique. Gracias a la propaganda (casi totalmente acaparada en el mundo por los israelitas: cine, radio, prensa, televisión, editoriales, etc.), el antisemitismo es la manifestación racista más abominable de todas.

Los judíos han hecho del antisemitismo una patente de impunidad que impide sean denunciados y procesados por sus crímenes contra los pueblos cristianos del Este de Europa, porque los que se atreven a denunciarlo son etiquetados de antisemismo nulificando el esfuerzo de las innumerables personas u organizaciones que habiendo comprendido claramente el genocidio cometido por los judíos bolcheviques verdadera cabeza del comunismo -pese a los disfraces y estratagemas usados por esta raza para ocultar sus verdaderas actividades-, han querido dar la voz de alerta horrorizados ante el ominoso fin que cada vez está más próximo. Su patente de impunidad ha sido tan efectiva, que la mayoría de los anticomunistas queriendo acabar con el monstruo marxista lanzan sus valerosos y decididos ataques a los tentáculos del pulpo, ignorando la existencia de la terrible cabeza judía, que regenera los miembros destruidos, dirige los movimientos y armoniza las actividades de todas las partes de su sistema. La única posibilidad de destruir el socialismo comunista de Marx, es atacar a la cabeza del mismo, que actualmente es el judaísmo, según nos lo indican los hechos más incontrovertibles y los testimonios más irrecusables de los mismos judíos. Mientras los países cristianos son anti-racistas porque fundamentan su idea en el concepto del prójimo, los judíos han sido siempre y son en la actualidad los racistas más furibundos. Basan su racismo en las ideas del Talmud, partiendo del principio de que el no judío ni siquiera es un ser humano. Pero este antiracismo cristiano es explotado muy hábilmente por los judíos y, a la sombra del mismo, tejen sus infernales maquinaciones en contra de la Iglesia Cristiana y de todo orden cristiano, estructurando el sistema comunista en donde no hay Dios, no hay Iglesia, ni hay principios trascendentales de ninguna clase. En cuanto son atacados, se quejan con clamorosas lamentaciones presentándose como víctimas del racismo inhumano, con el fin de paralizar cualquier labor de defensa que se oponga a sus ataques destructores. Sin embargo, la verdadera defensa contra el comunismo, que forzosamente tiene que dirigirse contra los judíos (contra la cabeza), no puede considerarse de ningún modo como una pecaminosa manifestación de un sentimiento de aversión a una raza determinada, ya que el criterio de discriminación racial es totalmente ajeno a nuestra cultura y a nuestros principios cristianos; pero no se puede soslayar un problema de tanta gravedad y trascendencia por el sólo hecho de temer el calificativo de "anti semita" que sin duda caerá sobre cualquiera que comprenda la situación actual del mundo. No se trata, pues, de luchar contra los judíos por consideraciones de orden racial ni religioso. Si el problema se nos plantea actualmente en estos términos, la culpa es exclusivamente de los judíos que no nos dejan lugar a escoger con su racismo a ultranza, su absoluto desprecio por todos los que no son de su raza y sus ansias de dominación mundial. Para los cristianos en particular y para el mundo civilizado en general, que todavía cree en los principios axiológicos y en los valores trascendentes, la legítima defensa contra este pueblo genocida y criminal, es de justicia puesto que están en riezgo la supervivencia y soberanía de las naciones cristianas, ya que el nítido dilema que nos presenta el judaísmo es: dominación judía comunista o exterminio.

Capítulo V

Testimonios judíos

Los mismos judíos -no obstante su hermetismo acostumbrado e incluso a pesar de sus tácticas de engaño y ocultamiento con que han logrado permanecer generalmente en la oscuridad para no revelar su plan comunista de conquista mundial- han sufrido algunos momentos de debilidad, llevados por el optimismo o el excesivo júbilo ante la contemplación de sus éxitos, que han provocado en determinadas ocasiones algunas declaraciones indiscretas, sumamente ilustrativas. Kadmi-Cohen12, prestigiado escritor judío, señalaba: "En lo concerniente a los judíos, su papel en el socialismo mundial es tan importante que no puede pasar en silencio. ¿No basta recordar los nombres de los grandes revolucionarios judíos de los siglos XIX y XX, como los Carlos Marx, Lasalle, Kurt Eisner, Bala Kun, Trotsky y León Blum, para que aparezcan así los nombres de los teóricos del socialismo moderno?". "¡Qué confirmación brillante no encuentran las tendencias de los judíos en el comunismo fuera de la colaboración material en organizaciones de partidos, en la aversión profunda que un gran judío y gran poeta, Enrique Heine, sentía por el derecho romano! Y las causas subjetivas, las causas pasionales de la rebelión de Rabbi Aquiba y Bar-Kochba del año 70 y 132 después de Jesucristo contra la paz romana y el derecho romano, comprendidas y sentidas subjetiva y pasionalmente por un judío del siglo XIX que aparentemente no había conservado ningún lazo con su raza". "Y los revolucionarios judíos y los comunistas que atacan el principio de la propiedad privada, cuyo monumento más sólido en el Código de derecho Civil de Justiniano, de Ulpiano, etc...., no hacen sino lo que sus antepasados, que resistían a Vespasiano y a Tito. En realidad, son los 'muertos que hablan'[467] El escritor judío, Alfredo Nossig, nos dice: "El socialismo y el mosaísmo de ninguna manera se oponen; sino, por el contrario, entre las ideas fundamentales de ambas doctrinas hay una conformidad sorprendente. No debe desviarse más el nacionalismo judío del socialismo, como de un peligro que amenaza su ideal, que el socialismo

---

[467] Kadmi-Cohen, Nomades; essai sur l'âme juive. F. Alcan, 1929, p. 86.

judío, del mosaísmo, pues ambos ideales paralelos se han de realizar en el mismo camino."[468]

"Del examen de los hechos resulta de modo irrefutable que no sólo los judíos modernos han cooperado de una manera decisiva a la creación del socialismo; sus propios padres ya eran los fundadores del mosaísmo:

1) La semilla del mosaísmo obró a través de los siglos en cuanto a doctrina y a ley de un modo consciente para unos e inconsciente para otros"....
2) "El movimiento socialista moderno es para la mayoría obra de judíos; los judíos fueron los que imprimieron en él la marca de su cerebro; igualmente fueron judíos los que tuvieron parte preponderante en la dirección de las primeras repúblicas socialistas..."
3) "El socialismo mundial actual, forma el primer estado del cumplimiento del mosaísmo, el principio de la realización del estado futuro del mundo anunciado por los profetas".[469]
4) El libro, "Integrales Judentum", ratifica esta idea del socialismo como doctrina judía, cuando escribe falazmente lo siguiente: "Si los pueblos quieren progresar de veras deben despojarse del temor medieval de los judíos y de los prejuicios reaccionarios que tienen contra ellos; deben reconocer lo que son en realidad: los precursores más sinceros del desarrollo de la humanidad. Hoy exige la salvación del judaísmo que reconozcamos el programa del socialismo abiertamente a la faz del mundo. Y la salvación de la humanidad en los siglos venideros depende de la victoria de ese programa".[470]
5) La razón de esta postura revolucionaria judía está claramente explicada por el conocido escritor judío E. Eberlin, en la siguiente cita: "Cuanto más radical es la revolución, tanta más libertad e igualdad para los judíos resulta de ella. Toda corriente de progreso no deja de consolidar la posición de los judíos. Del mismo modo, todo retroceso y toda reacción los alcanza en primer lugar. A menudo basta una simple orientación en las derechas para exponer a los judíos al boicoteo. Bajo este aspecto, el judío es el manómetro de la caldera social". "Como entidad, la nación judía no puede colocarse al lado de la reacción, porque la reacción, es decir, la vuelta al pasado, significa para los judíos la continuación de las condiciones anormales de su existencia".[471]

---

[468] "Westfällschen Merkur", diario de Münster, no. 405 de 6 de octubre de 1926.
[469] Alfred Nossig, Integrales Judentum París: L. Chailley. pp. 68, 71, 74.
[470] Alfred Nossig, obra citada, p. 79.
[471] Elie Eberlin, Les juifs d'aujourd'hui. París, 1928, p. 201.

6) El connotado judío Jacob de Haas en "The Maccabean", nos dice claramente que: "La revolución rusa es una revolución del judaísmo. Ella significa un cambio en la historia del pueblo judío. Digamos francamente que era una revolución judaica, porque los judíos eran los revolucionarios más activos de Rusia"...

7) En el periódico judeo-francés, titulado: "Le Peuple Juif", del 16 de febrero de 1919, se lee lo siguiente: "La revolución rusa que estamos viendo, será obra exclusivamente de nuestras manos".

8) Por su parte Ricardo Jorge, que prologa un libro del famoso escritor judío Samuel Schwarz, dice lo siguiente: "Si de las cumbres de la ciencia pura descendemos a la arena en que se entrechocan las pasiones y los intereses de los hombres, surge ante nosotros el oráculo de la nueva religión socio-política, el judío Karl Marx, el caudillo doctrinario de la guerra sin cuartel del proletariado, que encuentra en la cabeza y en el brazo de Lenin, la realización de sus credos, inspiradores del estado soviético, que amenaza subvertir los fundamentos de las instituciones tradicionales de la sociedad ".[472]

9) Asimismo, otro judío, Hans Gohen, en "Die Politische Idee", afirma que: "El socialismo de Marx es el fin de nuestras aspiraciones". En el Nº. 12 del periódico "El Comunista", publicado en Karkoff con fecha 12 de abril de 1919, el judío M. Cohen, escribía: "Sin exageración puede asegurarse que la gran revolución social de Rusia se llevó a cabo por medio de los judíos...Cierto es que en las filas del ejército rojo hay soldados que no son judíos, en cuanto toca a los soldados rasos, pero en los comités y en la organización soviet, como los comisarios, los judíos llevan con valor a las masas de proletariados rusos ante la victoria"[473] (40). "Al frente de los revolucionarios rusos iban los alumnos de la Escuela Rabínica de Lidia...Triunfó el judaísmo sobre la espada y el fuego...mandando con nuestros hermano Marx, que es el encargado de cumplir con lo que han mandado nuestros profetas, elaborando el plan conveniente por medio de las reivindicaciones del proletariado. Todas estas frases aparecen en el periódico judío "Haijnt" de Varsovia del 3 de agosto de 1928".[474]

10) El "Mundo Judío" del 10 de enero de 1929, expresaba esta blasfema opinión: "El hecho del bolchevismo mismo, y que tantos judíos son bolcheviques, y que el ideal del bolchevismo está sobre muchos puntos de acuerdo con el más sublime ideal del judaísmo, del que una

---

[472] Ricardo Jorge, Pró Israel, prólogo a la obra de Samuel Schwarz Os cristiãosnovos em Portugal no século XX. Lisboa, 1925, p. XI.
[473] Citado por Nesta H. Webster en World Revolution; The Plot Against Civilization, 2ª ed. Constable & Co., 1922.
[474] Alfonso Castro, El problema judío. México, D. F.: Ed. Actualidad, 1939. pp. 152-153.

parte formó la base de las mejores enseñanzas del Cristianismo, todo eso tiene gran significación, que examinará cuidadosamente el judío reflexivo".[475]

11) Para no extendernos demasiado, citaremos por último las referencias que hace orgullosamente el israelita Paul Sokolowski, en su obra titulada "Die Versandung Europeas", en las que se vanagloria del papel preponderante que jugaban los judíos en la revolución rusa, dando detalles de las claves que usaban para comunicarse entre ellos, incluso por medio de la prensa, sin llamar la atención de las autoridades y de cómo repartían la propaganda comunista que elaboraban por medio de los niños judíos, a los que entrenaban cuidadosamente en sus colonias para estos menesteres.[476] Este odio infernal judeo comunista, principalmente manifestado hacia la civilización cristiana, no es meramente gratuito, sino que tiene sus causas muy hondas, que pueden apreciarse con claridad en este párrafo del "Sepher-ha-Zohar", libro sagrado del judaísmo moderno, que se transcribe y que representa el sentir de todos los judíos: "Jeshu (Jesús) Nazareno, que ha apartado al mundo de la fe del Santo, que bendito sea, será juzgado eternamente en esperma hirviente;.su cuerpo es reconstituido todos los viernes por la tarde, y al amanecer del sábado es arrojado en la esperma hirviente. El infierno se consumirá, pero su castigo y sus tormentos no acabarán nunca. Jeshu y Mahoma son esos huesos impuros de la carroña de que dice la Escritura: 'Los arrojaréis a los perros'. Son la suciedad de perro que mancha, y por haber seducido a los hombres, los han arrojado al infierno, de donde no saldrán jamás".[477]

---

[475] "The Ideals of Bolshevism", "Jewish World" del 10 de enero de 1929, no. 2912.
[476] Alfonso Castro, obra citada, p. 153.
[477] Sepher-Ha-Zohar, II, tr. Jean de Pauly. París: Ernest Leroux, 1907, p. 88.

Capítulo VI

CONCLUSIÓN

La minuciosa y exhaustiva relación de los documentos pontificios y sinodales que fe-datan el esfuerzo de los padres de la Iglesia desarrollado a través de todos los Concilios de la Iglesia que se han celebrado hasta la fecha, ilustrada con la narración cronológica de los hechos históricos que propiciaron las victorias y derrotas de la Iglesia y el cristianismo en su defensa contra la sinagoga y judaísmo, desde la Era común hasta los actos preparativos del Concilio Vaticano II, **ofrecidos por los obispos y cardenales liberales como fundamento para denunciar anticipadamente un nuevo complot contra la iglesia promobido por los obispos y cardenales cripto y filo judíos conjurados con los purpurados ortodoxos y conservadores, con objeto convertir las Iglesias en sinagogas, lo sacerdotes y pastores en rabinos, y los cristianos en esclavos de los Judíos, abrogando de la fe cristiana la divinidad de Cristo convirtiéndolo en un testigo más de Jehová** sustituyendo la plataforma donde se desplanta el desarrollo y el futuro de la humanidad enmarcado en la doctrina y la teoría de trascendencia humana, desarrollada por los seguidores del humanismo helenista e ilustrada por Cristo por la plataforma donde se desplanta la constitución de Israel como nación a través del Pacto del Sinaí, que eleva únicamente al pueblo de Israel hasta la dignidad humana y deja al nivel de las bestias a todos los pueblos gentiles, para que sean sometidos y sirvan a Israel o sean exterminados si no se someten voluntariamente. Desgraciadamente la denuncia anticipada del complot contra la Iglesia, no fue suficiente para mover la conciencia y voluntad de la curia romana, evitando que el Concilio Vaticano II triunfaran los traidores conspiradores, como lo demuestran acontecimientos y declaraciones post conciliares apostatas expuestos en el prólogo a esta edición. La persuasión intensiva de los rabinos en las sinagogas, en los hogares, las comunas, en las mutualidades, en las escuelas confesionales, en los deportivos, en las logias y sociedades secretas, a través de los medios y en cualquier foro donde exista la presencia judía, educan y preparan al pueblo judío desde su infancia a luchar incasablemente para lograr la supremacía de Israel sometiendo a las naciones gentiles En contraste con la ausencia de información sobre esta lucha en la que se juega la trascendencia humana, la paz mundial y la soberanía de la naciones y por consiguiente el zenit o extinción de la humanidad, promovida por las Iglesias y organizaciones religiosas fideístas infiltradas por los cripto y filo judíos, para enagenar a los fieles a fin de someter a los pueblos cristianos a los designios sagrados de Israel Ha contribuido al triunfo de la doctrina supremacista judía, sobre la doctrina de la trascendencia humana ilustrada por Cristo con su vida, ejemplo y enseñanzas, sin que las naciones cristianas hayan reaccionado ante el peligro y las consecuencias de este latrocinio de lesa humanidad. Es por ello que en nombre de los libres pensadores, retomamos la defensa de Maurice Pinay criticando la utopía cristiana en defensa de la humanidad, el cristianismo y la Iglesia, esperando que todos los Estados, instituciones, organizaciones y pueblos cristianos la hagan suya.

Ciudad Universitaria, México D.F. a 18 de septiembre del 2006

www.ingramcontent.com/pod-product-compliance
Lightning Source LLC
Chambersburg PA
CBHW060312230426
43663CB00009B/1674